Buchner
Wirtschaftliches Prüfungswesen

Bibliothek 4. OG
Prüfung

Wirtschaftliches Prüfungswesen

von

Dr. Robert Buchner
o. Professor für Betriebswirtschaftslehre
an der Universität Mannheim

2., aktualisierte und erweiterte Auflage

Verlag Franz Vahlen München

Die Deutsche Bibliothek – CIP-Einheitsaufnahme
Buchner, Robert:
Wirtschaftliches Prüfungswesen / von
Robert Buchner. – 2., aktualisierte und erw. Aufl. –
München : Vahlen, 1997
   ISBN 3 8006 2151 7

ISBN 3 8006 2151 7

© 1997 Verlag Franz Vahlen GmbH, München
Satz: DTP-Vorlagen des Autors
Druck und Bindung: C. H. Beck'sche Buchdruckerei, Nördlingen
Gedruckt auf säurefreiem, alterungsbeständigem Papier
(hergestellt aus chlorfrei gebleichtem Zellstoff)

Vorwort

Mit vorliegender Monographie sollen ein umfassender Überblick über den derzeitigen Entwicklungsstand des wirtschaftlichen Prüfungswesens vermittelt und sich abzeichnende Weiterentwicklungen dieser Disziplin aufgezeigt werden. Einleitend und im ersten Hauptteil werden die für die Tätigkeiten der Berufsstände des wirtschaftlichen Prüfungswesens maßgeblichen konstitutiven und institutionellen Rahmendaten und hiermit zusammenhängende Probleme und Entwicklungen dargestellt. Der zweite Hauptteil behandelt die einzelnen Funktionsbereiche des wirtschaftlichen Prüfungswesens: Prüfungs-, Sachverständigen- und Treuhandtätigkeiten. Hierbei stehen die charakteristischen Fragestellungen der Prüfertätigkeit im Mittelpunkt der Betrachtung. Diese Ausführungen zur Hauptaufgabe der Berufsstände des wirtschaftlichen Prüfungswesens werden ergänzt durch einen Anhang, in dem abrißartig auf die mit den Auswahlverfahren verbundenen mathematisch-statistischen Zusammenhänge eingegangen wird.
Im Rahmen der zweiten Auflage wurden die gesamten Ausführungen überarbeitet und aktualisiert. Von besonderer Bedeutung sind dabei die Änderungen im Berufsrecht, die insbesondere auf der Novellierung der Wirtschaftsprüferordnung sowie der Verabschiedung der Berufssatzung durch die Wirtschaftsprüferkammer (WPK) beruhen und eine umfassende Neukonzeption der entsprechenden Ausführungen erforderlich machten. Des weiteren wurden aktuelle Entwicklungen, wie z.B. die Prüfung nach der Öko-Audit-Verordnung, die Verabschiedung des Gesetzes über Partnerschaftsgesellschaften sowie die gemeinsame Stellungnahme der WPK und des IDW zur Qualitätssicherung eingearbeitet. Auch die Ausführungen zu den Prüfungsarten wurden umfassend überarbeitet und an den aktuellen Rechts- und Literaturstand angepaßt.
Zitiert wird in der Weise, daß im Text (bzw. in der Fußnote) anstelle eines vollständigen Quellenhinweises nur der Name des betreffenden Verfassers (bzw. Herausgebers) und das Erscheinungsjahr angegeben werden. Bei Angabe mehrerer Veröffentlichungen eines Autors (Herausgebers) innerhalb eines Erscheinungsjahres werden die einzelnen Veröffentlichungen durch den Zusatz einer Ordnungszahl zum Erscheinungsjahr voneinander unterschieden. Die vollständigen Quellenangaben sind aus dem Literaturverzeichnis ersichtlich.
Für Mitarbeit, Anregungen und Unterstützung danke ich den Herren Dr. J. Englert, Dr. H. Helmschrott, Dr. M. Wolz sowie den Herren Dipl.-Kfm. J. Korn, A. Pfeifer und A. Steiger. Frau Gersdorf sowie meinem Sohn Jürgen danke ich für die Unterstützung bei der Anfertigung des camera ready-Manuskripts.

Mannheim, im August 1996 *Robert Buchner*

Inhaltsverzeichnis

Vorwort V
Inhaltsverzeichnis VII
Abkürzungsverzeichnis XV

Einleitender Teil
Das wirtschaftliche Prüfungswesen 1

1. Kapitel
Entwicklung und Aufgaben des wirtschaftlichen Prüfungswesens 3
   A. Entwicklung und Aufgaben des externen Prüfungswesens 3
   B. Entwicklung und Aufgaben des internen Prüfungswesens 7

2. Kapitel
Tätigkeitsbereiche und Formen der Berufsausübung im wirtschaftlichen Prüfungswesen 9
   A. Die persönliche Berufsausübung in erwerbswirtschaftlichen Unternehmen 10
   B. Die persönliche Berufsausübung in Prüfungsverbänden und Prüfungsbehörden 11
      I. Die Prüfungsverbände der Genossenschaften 12
      II. Die Prüfungsverbände der Wohnungswirtschaft 14
      III. Die Prüfungsstellen der Sparkassen- und Giroverbände .. 15
      IV. Die überörtlichen Prüfungseinrichtungen der öffentlichen Körperschaften 15

3. Kapitel
Das wirtschaftliche Prüfungswesen als akademisches Ausbildungsfach 17
   A. Inhalt und Gestaltung des akademischen Ausbildungsfaches 17
   B. Die Anforderungen des wirtschaftlichen Prüfungswesens an den akademischen Berufsnachwuchs 18

Erster Hauptteil
Institutionelle Aspekte des wirtschaftlichen Prüfungswesens 21

1. Kapitel
Die Berufsstände des wirtschaftlichen Prüfungswesens 23
   A. Das Berufsbild des Wirtschaftsprüfers 23
      I. Die Voraussetzungen für die Anerkennung von Einzelpersonen 24
         a. Die persönlichen Voraussetzungen 24
         b. Die fachlichen Voraussetzungen und Prüfungsverfahren 24
            1. Die fachlichen Voraussetzungen und Prüfungsverfahren nach dem Normalanforderungsstandard 25
            2. Die fachlichen Voraussetzungen und Prüfungsverfahren beim erleichterten Zugang zum WP-Beruf 27
      II. Die Voraussetzungen für die Anerkennung als Wirtschaftsprüfungsgesellschaft 28
         a. Die speziellen Zulassungsvoraussetzungen des § 28 WPO 29
         b. Die Vereinbarkeit der Rechtsformen der Kapitalgesellschaft mit den Berufspflichten des WP 31
   B. Das Berufsbild des vereidigten Buchprüfers 32
      I. Voraussetzungen für die Anerkennung von Einzelpersonen 33
      II. Voraussetzungen für die Anerkennung als Buchprüfungsgesellschaft 34

2. Kapitel
Berufspflichten und allgemeine Berufsgrundsätze im wirtschaftlichen Prüfungswesen ... 35
A. Der Grundsatz der Objektivität ... 38
   I. Gesetzliche Normen und Standesnormen zur Sicherung der Unabhängigkeit und Unbefangenheit ... 41
      a. Normen zur Sicherung der Unabhängigkeit ... 41
         1. Der Ausschluß von Einzelprüfern ... 42
         2. Der Ausschluß von Prüfungsgesellschaften ... 44
      b. Normen zur Sicherung der Unbefangenheit ... 45
   II. Vorschläge zur Verbesserung der Normen zur Sicherung der Objektivität ... 48
B. Der Grundsatz der Eigenverantwortlichkeit ... 51
C. Der Grundsatz der Unparteilichkeit ... 53
D. Der Grundsatz der Sorgfalt ... 53
E. Der Grundsatz der Verschwiegenheit ... 55
F. Der Grundsatz der Treue ... 57
G. Der Grundsatz des berufswürdigen Verhaltens ... 57
   I. Der Grundsatz der Hauptberuflichkeit ... 58
   II. Der Grundsatz des Provisions- und Geschenkannahmeverbots sowie des Verbots von Erfolgshonoraren ... 60
   III. Der Grundsatz des Werbeverbots ... 63
   IV. Der Grundsatz kollegialen Verhaltens ... 68
      a. Das Verhalten gegenüber Berufskollegen ... 68
      b. Das Verhalten gegenüber Berufsorganisationen ... 70
H. Der Grundsatz der berufsrechtlichen Verantwortlichkeit ... 70

3. Kapitel
Grundsätze ordnungsmäßiger Prüfung im wirtschaftlichen Prüfungswesen ... 75
A. Die Rechtsnatur und Gewinnung der Grundsätze ordnungsmäßiger Prüfung ... 75
B. Der Inhalt und die Konkretisierung der Grundsätze ordnungsmäßiger Prüfung ... 78
   I. Die Fachgutachten des IDW ... 78
      a. Die Grundsätze ordnungsmäßiger Durchführung von Abschlußprüfungen (FG 1/1988) ... 78
      b. Die Grundsätze ordnungsmäßiger Berichterstattung bei Abschlußprüfungen (FG 2/1988) ... 80
      c. Die Grundsätze für die Erteilung von Bestätigungsvermerken bei Abschlußprüfungen (FG 3/1988) ... 82
   II. Die gemeinsame Stellungnahme des IDW und der WPK ... 83
   III. Die Berufssatzung ... 84

4. Kapitel
Standes- und Fachorganisationen im wirtschaftlichen Prüfungswesen ... 86
A. Die Organisationen auf nationaler Ebene ... 86
   I. Die Wirtschaftsprüferkammer (WPK) ... 86
      a. Die Aufgaben der WPK ... 87
         1. Die Ausübung der Berufsaufsicht ... 87
         2. Die Interessenvertretung der Gesamtheit der Mitglieder ... 89
         3. Die Mitwirkung bei berufsqualifizierenden Examina ... 89
         4. Die Ausarbeitung von Grundsätzen für die Berufsausübung ... 89
      b. Der organisatorische Aufbau der WPK ... 90

II.	Das Institut der Wirtschaftsprüfer in Deutschland e.V.	91
	a. Die Aufgaben des IDW	91
	1. Die Facharbeit	91
	(a) Gutachterliche Verlautbarungen und Stellungnahmen	92
	(b) Fachveranstaltungen	93
	(c) Ausbildungsprogramme des Berufsstandes	93
	b. Der organisatorische Aufbau des IDW	94
III.	Der Bundesverband der vereidigten Buchprüfer e.V. (BvB)	97
	a. Die Aufgaben des BvB	97
	1. Die Interessenvertretung der Mitglieder	97
	2. Die fachliche Förderung der Mitglieder	97
	b. Der organisatorische Aufbau des BvB	98
B. Die Organisationen auf internationaler Ebene		100
I.	Die International Federation of Accountants (IFAC)	100
	a. Die Aufgaben der IFAC	100
	b. Der organisatorische Aufbau der IFAC	100
II.	Das International Accounting Standards Comittee (IASC)	101
	a. Die Aufgaben des IASC	101
	b. Der organisatorische Aufbau des IASC	101
III.	Die Fédération des Experts Comptables Européens (FEE)	101
	a. Die Aufgaben der FEE	102
	b. Der organisatorische Aufbau der FEE	102

5. Kapitel
Grundlegende Entscheidungsprobleme der erwerbswirtschaftlichen Prüfungsunternehmung ... 105

A. Das Problem der Unternehmensform		105
I.	Die Einzelpraxis	105
II.	Prüfer- und Personengemeinschaften	106
	a. Bürogemeinschaften	106
	b. Auftragsgemeinschaften	106
	c. Arbeitsgemeinschaft	107
	d. Sozietät	107
III.	Prüfungsgesellschaften	109
B. Das Problem der Standortwahl		113
C. Das Problem der Unternehmensgröße		115
I.	Unternehmensgröße und Leistungsprogramm	115
II.	Unternehmensgröße und Anpassung an Nachfrageveränderungen	118
	a. Prüfungsunternehmensinterne Anpassungsmaßnahmen	119
	b. Nachfrageregulierende Maßnahmen	119
D. Das Problem der Aufbau- und Ablauforganisation		120
I.	Die Aufbauorganisation	121
II.	Die Ablauforganisation	123
E. Das Problem der fachlichen Willensbildung und Durchsetzung einheitlicher Fachnormen		125
I.	Die (kollektive) Willensbildung in Fachfragen	127
II.	Die Durchsetzung von einheitlichen Fachnormen	128

6. Kapitel
Gestaltungsprobleme des Rechnungswesens der erwerbswirtschaftlichen Prüfungsunternehmungen ... 131

A. Buchführungs- und Rechnungslegungsprobleme der erwerbswirtschaftlichen Prüfungsunternehmen		131
I.	Probleme der laufenden Aufschreibungen	131
	a. Buchführung und Buchführungspflicht	131
	1. Buchführungspflicht für Prüfertätigkeiten	131
	(a) Einzelprüfer und Personengemeinschaften	131
	(b) Prüfungsgesellschaften	132

　　　　2. Buchführungspflicht für Treuhandtätigkeiten 133
　　　b. Besonderheiten der laufenden Aufschreibungen bei erwerbswirtschaftlichen Prüfungsunternehmen 134
　　　　1. Laufende Aufschreibungen für Prüfertätigkeiten 134
　　　　　(a) Manuelle Auftragserfassung 135
　　　　　(b) EDV-gestützte Auftragserfassung 137
　　　　2. Laufende Aufschreibungen für Treuhandtätigkeiten .. 138
　　II. Probleme der Rechnungslegung 140
　　　a. Besonderheiten der Rechnungslegung für Prüfertätigkeiten 140
　　　　1. Besonderheiten der Bilanzierung 140
　　　　2. Besonderheiten der GVR 143
　　　　3. Besonderheiten der Berichterstattung im Anhang 144
　　　b. Besonderheiten der Rechnungslegung für Treuhandtätigkeiten 145
　B. Kostenrechnungsprobleme der erwerbswirtschaftlichen Prüfungsunternehmen 146
　　I. Vorkalkulation und Vollkostenrechnung 148
　　　a. Die Divisionskalkulation 148
　　　b. Die Zuschlagskalkulation 149
　　II. Vorkalkulation und Teilkostenrechnung 150

Zweiter Hauptteil
Funktionelle Aspekte des wirtschaftlichen Prüfungswesen 155

1. Kapitel
Die Prüfertätigkeiten 157
A. Der Prüfungsprozeß 158
　I. Die Prüfungsplanung 158
　　a. Die Prüfungsprogrammplanung 164
　　　1. Die Festlegung der Prüfungsstrategie 164
　　　2. Die Aufteilung des Prüfungsgebiets in Prüfungsfelder 167
　　　3. Die Berücksichtigung von Reihenfolgebedingungen 170
　　　4. Die Planung der Auswahlverfahren 171
　　　　(a) Das Problem der Anwendungsvoraussetzungen von Stichprobenverfahren 172
　　　　(b) Das Problem der Quantifizierbarkeit der Urteilsqualität 178
　　　　(c) Das Problem der Effizienz von Auswahlverfahren 202
　　　5. Die Planung des Prüfungsumfangs 203
　　　6. Die Bestimmung von Prüfungsschwerpunkten 205
　　b. Die Personaleinsatzplanung 207
　　　1. Aufgaben der Personaleinsatzplanung 208
　　　2. Prüferzuordnung mit Hilfe von Optimierungsverfahren 208
　　　　(a) Das lineare Zuordnungsproblem 209
　　　　(b) Verallgemeinerungen des linearen Zuordnungsproblems 210
　　　　(c) Das Flaschenhalsmodell 212
　　c. Die Prüfungszeitplanung 213
　　　1. Aufgaben der Prüfungszeitplanung 213
　　　2. Terminzuordnung mit Hilfe von Optimierungsverfahren (Netzplantechnik) 215
　　　　(a) Die Strukturplanung 216
　　　　(b) Die Terminplanung 217
　　　　(c) Die Kostenplanung 219
　　d. Simultane Personaleinsatz- und Prüfungszeitplanung 219
　　　1. Simultane Personaleinsatz- und Prüfungszeitplanung bei vollkommener Information 220

		2. Simultane Personaleinsatz- und Prüfungszeitplanung bei unvollkommener Information	222
	II.	Der Prozeß der Prüfungsdurchführung	225
		a. Der Istobjektermittlungsprozeß	226
		b. Der Sollobjektermittlungsprozeß	228
		1. Die direkte Sollobjektermittlung	229
		2. Die indirekte Sollobjektermittlung	232
		(a) Summarische Kontrollrechnungen	232
		(b) Verprobungen	234
		c. Der Vergleichs- oder Fehlerfeststellungsprozeß	234
		1. Der Vergleichsprozeß bei einer ergebnisorientierten Prüfung	235
		(a) Der Vergleichsprozeß bei direkter Sollobjektermittlung	235
		(b) Der Vergleichsprozeß bei indirekter Sollobjektermittlung	238
		2. Der Vergleichsprozeß bei einer systemorientierten Prüfung	239
		d. Der Urteilsbildungs- und Urteilsmitteilungsprozeß	241
	III.	Der Überwachungsprozeß und die Dokumentation der Prüfung	248
B.	Die Prüfungsarten		251
	I.	Systematisierung der Prüfungsarten	251
	II.	Beschreibung der wichtigsten Prüfungsarten	253
		a. Die gesetzlichen Prüfungen	253
		1. Die Prüfung der Rechnungslegung nach § 316,1 HGB	254
		2. Die Prüfung der Konzernrechnungslegung nach § 316,2 HGB	259
		3. Die Prüfung des Abhängigkeitsberichts nach § 313 AktG	262
		4. Die Prüfung der Gründung nach den §§ 33 und 34 AktG	265
		5. Die Prüfung der Rechnungslegung von Unternehmen bestimmter Größe nach § 6 PublG	269
		6. Die Prüfung der Konzernrechnungslegung von Unternehmen bestimmter Größe nach § 14 PublG	270
		7. Die Prüfung der Genossenschaft nach § 53 GenG und § 14 PublG	272
		8. Die Prüfung der Rechnungslegung von Kreditinstituten nach § 340k HGB	275
		9. Die Prüfung des Depotgeschäfts von Kreditinstituten nach § 30 KWG	278
		10. Die Prüfung des Sondervermögens und des Rechenschaftsberichts von Kapitalanlagegesellschaften nach § 24a,4 KAGG	280
		11. Die Prüfung der Rechnungslegung von Versicherungsunternehmen nach § 341k HGB	280
		12. Die Prüfung der öffentlichen Unternehmen nach § 53 HGrG	284
		b. Die freiwilligen Prüfungen	287
		1. Die Kreditwürdigkeitsprüfung	288
		2. Die Kreditüberwachungsprüfung	293
		3. Die Aufdeckungsprüfung	294
		4. Die Prüfung durch den Umweltgutachter gemäß der EU-Öko-Audit-Verordnung	296

2. Kapitel
Die Sachverständigentätigkeiten 299
  A. Die Beratertätigkeiten 302
    I. Die Beratertätigkeiten als Entscheidungshilfen 302

II. Die Objekte der Unternehmensberatung ... 304
    a. Die betriebswirtschaftliche Beratung ... 304
    b. Die Steuerberatung ... 304
    c. Die Rechtsberatung ... 306
B. Die Gutachtertätigkeiten ... 307
  I. Die Tätigkeiten als gerichtlich bestellter Sachverständigengutachter ... 309
  II. Die Tätigkeiten als Parteiengutachter ... 311
  III. Die Tätigkeiten als Schiedsgutachter ... 312

3. Kapitel
Die Treuhandtätigkeiten ... 314

A. Die Tätigkeit als Testamentsvollstrecker ... 319
B. Die Tätigkeit als Nachlaßpfleger und Nachlaßverwalter ... 320
C. Die Tätigkeit als Liquidator (Abwickler) ... 322
D. Die Tätigkeiten als Konkurs- und Vergleichsverwalter ... 324
E. Die Tätigkeiten als Sicherungstreuhänder ... 327
  I. Kreditsicherung durch Mobilien ... 327
    a. Die Verpfändung ... 327
    b. Die Sicherungsübereignung ... 328
    c. Die Sicherungszession ... 329
  II. Treuhandtätigkeiten aus der Kreditsicherung durch Immobilien ... 330
F. Die Tätigkeiten als Notvertreter und Schiedsrichter ... 332
  I. Die Tätigkeit als Notvertreter ... 333
  II. Die Tätigkeit als Schiedsrichter ... 333

Anhang
Ausgewählte mathematisch-statistische Zusammenhänge ... 336

1. Kapitel
Grundlagen ... 339

A. Einige grundlegende Begriffe ... 339
  I. Masse, Einheit, Merkmal und Merkmalsausprägung ... 339
  II. Das Rechnen mit Wahrscheinlichkeiten ... 342
    a. Das Additionstheorem für Wahrscheinlichkeiten ... 342
      1. Additionssatz und unverträgliche Ereignisse ... 343
      2. Additionssatz und beliebige Ereignisse ... 346
    b. Das Multiplikationstheorem für Wahrscheinlichkeiten ... 347
      1. Das Multiplikationstheorem für unabhängige Ereignisse ... 347
      2. Das Multiplikationstheorem für abhängige Ereignisse ... 348
  III. Verteilungen ... 353
    a. Häufigkeits- und Verteilungsfunktion einer diskreten Zufallsvariablen ... 353
    b. Dichtefunktion und Verteilungsfunktion einer stetigen Zufallsvariablen ... 358
  IV. Einige statistische Maßzahlen ... 361
    a. Das arithmetische Mittel ... 361
    b. Der Erwartungswert ... 363
      1. Der Erwartungswert einer diskreten Zufallsvariablen ... 363
      2. Der Erwartungswert einer stetigen Zufallsvariablen ... 365
      3. Rechenregeln für den Erwartungswert ... 365
    c. Die Varianz und daraus abgeleitete Maßzahlen: Standardabweichung und Variationskoeffizient ... 366
      1. Die Berechnung der Varianz aus bekannten Grundgesamtheiten ... 366
      2. Die Berechnung der Varianz aus Zufallsereignissen ... 368
        (a) Der Fall diskreter Zufallsvariablen ... 368

(b) Der Fall stetiger Zufallsvariablen 369
(c) Rechenregeln für die Varianz 369
3. Die Berechnung der Varianz als Schätzwert für unbekannte Grundgesamtheiten 370
B. Einige spezielle theoretische Verteilungen 371
 I. Die Binomialverteilung 372
  a. Herleitung 372
  b. Einige Eigenschaften der Binomialverteilung 373
   1. Das Rechnen mit Bernoullischen Wahrscheinlichkeiten 373
   2. Mittelwert und Varianz bei der Binomialverteilung 374
 II. Die Hypergeometrische Verteilung 375
  a. Herleitung 375
  b. Einige Eigenschaften der hypergeometrischen Verteilung 376
   1. Das Rechnen mit hypergeometrischen Wahrscheinlichkeiten und die Approximation der hypergeometrischen Verteilung 376
   2. Mittelwert und Varianz bei der hypergeometrischen Verteilung 378
 III. Die Poisson-Verteilung 378
  a. Herleitung 378
  b. Einige Eigenschaften der Poisson-Verteilung 379
   1. Das Rechnen mit Poisson-Wahrscheinlichkeiten 379
   2. Mittelwert und Varianz der Poisson-Verteilung 380
 IV. Die Normalverteilung 380
  a. Herleitung 380
   1. Die Herleitung der Normalverteilung aus dem lokalen Grenzwertsatz 380
   2. Die Herleitung der Normalverteilung aus dem globalen (zentralen) Grenzwertsatz 382
  b. Einige Eigenschaften der Normalverteilung 383
   1. Das Rechnen der Normalverteilung und deren Symmetrieeigenschaften 383
   2. Mittelwert und Varianz bei der Normalverteilung 385
C. Einige wichtige Stichprobenverteilungen 385
 I. Die Verteilung des Stichprobenmittels 385
  a. Ziehen mit Zurücklegen 385
  b. Ziehen ohne Zurücklegen 393
 II. Die Verteilung des Anteilswertes 394
  a. Ziehen mit Zurücklegen 395
  b. Ziehen ohne Zurücklegen 396

2. Kapitel
Anwendungsfälle 397
A. Schätzverfahren 397
 I. Schätzen des Mittelwertes 397
 II. Schätzen des Anteilswertes 400
 III. Kombination von Fehleranteils- und Fehlerbetragsschätzung 402
B. Testverfahren 410
 I. Einfacher Hypothesentest 410
 II. Sequentialtestverfahren 415
  a. Grundgedanken des Sequentialtests 415
  b. Sequentielle Entscheidungsfindung 416
  c. Der Anwendungsfall "Stichprobeninventur" 418
  d. Probleme bei der Anwendung des Sequentialtestverfahrens 421

Literaturverzeichnis 425
Index 445

Abkürzungsverzeichnis

ADS	Adler/Düring/Schmaltz	Diss.	Dissertation
AICPA	American Institute of Certified Public Accountants	DStR	Deutsches Steuerrecht
		DSWR	Datenverarbeitung, Steuern, Wirtschaft, Recht
AktG	Aktiengesetz		
AllGO	Allgemeine Gebührenordnung für die wirtschaftsprüfenden und steuerberatenden Berufe	DUS	Dollar-Unit-Sampling
		DVO	Durchführungsverordnung
		EGAktG	Einführungsgesetz zum Aktiengesetz
AO	Abgabenordnung	EGHGB	Einführungsgesetz zum Handelsgesetzbuch
AR	The Accounting Review oder: Aufsichtsrat	EigBG	Eigenbetriebsgesetz
		EWIV	Europäische wirtschaftliche Interessenvereinigung
BAK	Bundesaufsichtsamt für das Kreditwesen		
		FASB	Financial Accounting Standards Board
BAnz.	Bundesanzeiger		
BAV	Bundesaufsichtsamt für das Versicherungswesen	FAZ	Frankfurter Allgemeine Zeitung
BB	Betriebs-Berater	FEE	Fédération des Experts Comptables Européens
BFH	Bundesfinanzhof		
BFuP	Betriebswirtschaftliche Forschung und Praxis	FG	Fachgutachten
		FN	Fachnachrichten
		Fn	Fußnote
BGBl	Bundesgesetzblatt	GenG	Genossenschaftsgesetz
BGB	Bürgerliches Gesetzbuch	GE	Geldeinheiten
BGH	Bundesgerichtshof	GG	Grundgesetz
BHO	Bundeshaushaltsordnung	GKV	Gesamtkostenverfahren
bkVReV	Verordnung über die Rechnungslegung bestimmter kleiner VVaG	GmbHG	Gesetz betreffend die Gesellschaften mit beschränkter Haftung
BMF	Bundesminister der Finanzen	GoB	Grundsätze ordnungsmäßiger Buchführung
BPG	Buchprüfungsgesellschaft	GoP	Grundsätze ordnungsmäßiger Prüfung
BRAO	Bundesrechtsanwaltsordnung	GO	Gemeindeordnung
BStBl.	Bundessteuerblatt	GVR	Gewinn- und Verlustrechnung
BvB	Bundesverband der vereidigten Buchprüfer		
BVerfG	Bundesverfassungsgericht	GWB	Gesetz gegen Wettbewerbsbeschränkungen
CAV	Combined Attributes-Variables Sampling	GwO	Gewerbeordnung
CICA	Canadian Institute of Chartered Accountants	HdK	Handbuch der Konzernrechnungslegung
CPA	Certified Public Accountant	HdR	Handbuch der Rechnungslegung
DATEV	Datenverarbeitungsorganisation des steuerberatenden Berufes in Deutschland e.V.	HGB	Handelsgesetzbuch
		HGrG	Haushaltsgrundsätzegesetz
DBW	Die Betriebswirtschaft	HWB	Handwörterbuch der Betriebswirtschaft
DB	Der Betrieb		
DepotG	Depotgesetz		

HWÖ	Handwörterbuch der öffentlichen Betriebswirtschaft	SAS	Statement on Auditing Standards
HWProd	Handwörterbuch der Produktion	SEC	Securities and Exchange Commission
HWRev	Handwörterbuch der Revision	Sp.	Spalte
		StBerG	Steuerberatungsgesetz
HWR	Handwörterbuch des Rechnungswesens	Stbg	Die Steuerberatung
		StB	Steuerberater/-in
IASC	International Accounting Standards Committee	StGB	Strafgesetzbuch
		StPO	Strafprozeßordnung
IDW	Institut der Wirtschaftsprüfer in Deutschland e.V.	U.E.C.	Union Européenne des Experts Comptables Economiques et Financiers
IFAC	International Federation of Accountants		
		UKV	Umsatzkostenverfahren
IHK	Industrie- und Handelskammer	UmwG	Umwandlungsgesetz
		USt	Umsatzsteuer
IKS	Internes Kontrollsystem	VAG	Versicherungsaufsichtsgesetz
IOSCO	International Organisation of Securities Commissions		
		vBP	Vereidigter Buchprüfer/-in
JASA	Journal of the American Statistical Association	Vol.	Volume
		VO	Gemeinsame Stellungnahme der Wirtschaftsprüferkammer und des Instituts der Wirtschaftsprüfer oder: Vergleichsordnung
Jg.	Jahrgang		
JoA	The Journal of Accountancy		
KAGG	Gesetz über Kapitalanlagegesellschaften		
KO	Konkursordnung		
KVStG	Kapitalverkehrssteuergesetz	VUReV	Verordnung über die Rechnungslegung der VVaG
KWG	Gesetz über das Kreditwesen		
LHO	Landeshaushaltsordnung	VVaG	Versicherungsverein auf Gegenseitigkeit
m.w.N.	mit weiteren Nachweisen		
ME	Mengeneinheit	WGG	Gesetz über die Gemeinnützigkeit im Wohnungswesen (Wohnungsgemeinnützigkeitsgesetz)
NJW	Neue juristische Wochenschrift		
o. Jg.	ohne Jahrgang		
o.O.	ohne Ortsangabe		
OHG	Offene Handelsgesellschaft	WP	Wirtschaftsprüfer/-in
OLG	Oberlandesgericht	WPg	Die Wirtschaftsprüfung
PartG	Partnerschaftsgesellschaft	WPG	Wirtschaftsprüfungsgesellschaft
PartGG	Partnerschaftsgesellschaftsgesetz		
		WPK	Wirtschaftsprüferkammer
PPS	Probability Proportional to Size Sampling	WPO	Wirtschaftsprüferordnung
		ZfbF	Zeitschrift für betriebswirtschaftliche Forschung
PrüfO	Prüfungsordnung für Wirtschaftsprüfer	ZfB	Zeitschrift für Betriebswirtschaft
PublG	Publizitätsgesetz	ZIR	Zeitschrift interne Revision
RBerG	Rechtsberatungsgesetz	ZPO	Zivilprozeßordnung

Einleitender Teil

Das wirtschaftliche Prüfungswesen

1. Kapitel
Entwicklung und Aufgaben des wirtschaftlichen Prüfungswesens

Mit fortschreitender Bedeutung und Entfaltung wirtschaftlicher Unternehmen (wachsende Unternehmensgröße, räumliche Trennung der Betriebsstätten, Trennung von Eigentum und Dispositionsgewalt) entstand das Bedürfnis nach Überwachung des Rechnungswesens der am Wirtschaftsleben beteiligten Unternehmen, und zwar zunächst als **interne Revision** im Interesse des einzelnen Unternehmens und seiner Anteilseigner und im weiteren Verlauf auch als **externe Revision** im Interesse von Gläubigern und Öffentlichkeit. Das Bedürfnis nach Prüfungsleistungen externer, d.h. selbständiger Revisoren, führte zur Entwicklung der Berufsstände des heutigen wirtschaftlichen Prüfungswesens: dem Berufsstand des Wirtschaftsprüfers (WP) und des vereidigten Buchprüfers (vBP) sowie damit verbunden der Wirtschaftsprüfungsgesellschaft (WPG) und der Buchprüfungsgesellschaft (BPG).[1]

A. Entwicklung und Aufgaben des externen Prüfungswesens

Das Bild des wirtschaftlichen Prüfungswesens wird entscheidend durch die **historische Entwicklung** geprägt. Das heutige wirtschaftliche Prüfungswesen entstand einmal aus dem Beruf des vereidigten Bücherrevisors und zum anderen aus dem Tätigkeitsbereich von Treuhandgesellschaften. Demzufolge sind im heutigen wirtschaftlichen Prüfungswesen zwei nicht identische Berufsstände tätig, nämlich der vereidigte Buchprüfer (damit verbunden die Buchprüfungsgesellschaft) und der Wirtschaftsprüfer (damit verbunden die Wirtschaftsprüfungsgesellschaft), die neben der Prüfertätigkeit auch Sachverständigen- und Treuhandtätigkeiten ausüben.

Bei beiden Berufen handelt es sich um **freie Berufe**. Die besondere Eigenart eines freien Berufs liegt in dem Berufsverständnis, die Ausübung als Dienst an der Allgemeinheit anzusehen, der Bindung an berufsethische Regeln, der Berufstätigkeit als Anwendung abstrakten Wissens und theoretisch fundierter Spezialausbildung, der Auslese des Berufszugangs durch staatliche (oder berufsständische) Eignungsprüfungen und Zulassungsverfahren, der Bildung eines Berufsverbandes mit Disziplinierungsgewalt sowie in dem Verzicht auf vorrangiges Streben nach maximalem Einkommen.

Der Beruf des vereidigten Buchprüfers (vBP). Er entstand aus dem sich Ende des 19. Jahrhunderts etablierenden Stand der **Bücherrevisoren**. Bücherrevisoren wurden zur Prüfung der laufenden Abrechnung von Geschäftsführungen sowie in all den Fällen benötigt, in denen sich eine Überprüfung der Bücher durch einen unabhängigen Sachverständigen als erforderlich erwies, wie beim Ein- und Austritt von Gesellschaftern, bei Todesfällen und damit verbundenen Erbstreitigkeiten, bei Verdachtsmo-

---

[1] Seit 1.1.1995 können Frauen die Bezeichnung Wirtschaftsprüferin bzw. vereidigte Buchprüferin führen (§§ 18 und 128 WPO).

menten von Unregelmäßigkeiten u.ä. Vereidigte Bücherrevisoren wurden ursprünglich als Sachverständige bei Gericht vereidigt (nach dem Preußischen Handelskammergesetz vom 19.8.1897 durch die Industrie- und Handelskammern) und sind in der Novelle der GewO vom 30.1.1900 in § 36 namentlich aufgeführt. Seit 1926 regelten Normativbestimmungen des Deutschen Industrie- und Handelstages das Zulassungs- und Prüfungsverfahren für vereidigte Bücherrevisoren und die Grundsätze ihrer Berufsausübung. In der im Jahre 1943 erlassenen Verordnung über den Zusammenschluß auf dem Gebiet des wirtschaftlichen Prüfungswesens wurde die Berufsbezeichnung "Vereidigter Bücherrevisor" durch die Bezeichnung "**Vereidigter Buchprüfer**" ersetzt.

Nach 1945 wurde mit der Wirtschaftsprüferordnung vom 24.7.1961 (WPO) ein ländereinheitliches Berufsrecht im wirtschaftlichen Prüfungswesen geschaffen. Die WPO brachte vor allem folgende Neuerungen:

- Regelung des Berufsrechts der vBP unmittelbar in der WPO;
- die Übertragung der beruflichen Selbstverwaltung auf den Berufsstand im Rahmen einer bundesunmittelbaren und bundeszentralen Körperschaft des öffentlichen Rechts, der Wirtschaftsprüferkammer, die die Berufsaufsicht ausübt;
- die Einführung einer einheitlichen Berufsgerichtsbarkeit bei den ordentlichen Gerichten in besonderen Kammern und Senaten für WP-Sachen unter Beteiligung von Berufsangehörigen in drei Instanzen: Landgericht und Oberlandesgericht in Düsseldorf, Bundesgerichtshof;
- die Zusammenführung der Berufsstände der WP und der vBP durch die Einrichtung einer Übergangsprüfung, die letztmalig 1969 stattfand, bei gleichzeitigem Fortfall der Neubestellung von vBP, deren Berufsstand geschlossen werden sollte;
- die Vereinheitlichung des Zulassungs-, Prüfungs- und Bestellungsverfahrens mit Zuständigkeit bei den Ländern unter Beteiligung des Berufsstandes;
- die Ermächtigung zum Erlaß von Rechtsverordnungen. Dies sind im einzelnen eine Prüfungsordnung, eine Verordnung über die Gestaltung des Berufssiegels, Vorschriften über die obligatorische Berufshaftpflichtversicherung, eine Gebührenordnung sowie eine Ausbildungsordnung.

Eine Konsequenz der WPO war die Schließung des Berufsstands der vBP, denn mit Inkrafttreten der WPO waren Neubestellungen zum vBP nicht mehr möglich. Damit wurde dieser Berufsstand zwar nicht gänzlich abgeschafft, aber durch die Schließung bedeutungslos gemacht. Zum 1.1.1986 gab es daher nur noch 89 vBP und keine BPG mehr. Diese Schließung des Berufsstands wurde durch das Bilanzrichtlinien-Gesetz vom 19.12.1985 ab Juli 1986 aufgehoben (vgl. § 131,2 WPO). Der neue § 131 WPO schafft jedoch nur die Möglichkeit eines privilegierten Zugangs zum Beruf des vBP, denn er ist lediglich Steuerberatern und Rechtsanwälten vorbehalten.

Nach § 129 WPO haben vBP (BPG) die Aufgabe, Prüfungen auf dem Gebiet des betrieblichen Rechnungswesens, insbesondere Buch- und Bilanzprüfungen, vorzunehmen. Sie können Prüfungsvermerke erteilen. VBP (BPG) haben außerdem das Recht, die gesetzliche Abschlußprüfung von mittelgroßen GmbH (entsprechend den Größenklassen des § 267,2 HGB) nach § 316,1 HGB durchzuführen (vgl. § 319,1 HGB). Neben dieser im Vergleich zum WP enger umrissenen Aufgabe als Prüfer ist der vBP befugt, in steuerlichen Angelegenheiten zu beraten und zu vertreten. Ihm ist es des weiteren erlaubt, unter Berufung auf den Berufseid als Sachverständiger auf den Gebieten des betrieblichen Rechnungswesens tätig zu werden, in wirtschaftlichen Angelegenheit zu beraten und fremde Interessen zu wahren sowie treuhänderische Verwaltungsaufgaben wahrzunehmen. Hinsichtlich der Berufspflichten und den erlaubten Nebentätigkeiten gelten für vBP alle diesbezüglichen Bestimmungen für WP entsprechend (vgl. § 129 WPO).

Der Beruf des Wirtschaftsprüfers (WP). Der Berufsstand des WP entwickelte sich zum einen aus dem Beruf des vereidigten Bücherrevisors und zum anderen aus dem Tätigkeitsbereich von Treuhandgesellschaften. Den deutschen **Treuhandgesellschaften** oblagen anfänglich rein treuhänderische Aufgaben im Sinne der angelsächsischen Trust Companies - also die treuhänderische Vermögens- und Interessenverwaltung. Die Mitwirkung bei Sanierungen bzw. bei der Reorganisation notleidender Unternehmen hatte mit der Zeit zur Folge, daß die deutschen Treuhandgesellschaften zunehmend Wirtschaftsberatungen und Bilanzprüfungen bei den von ihnen betreuten Unternehmen durchführten. Ungefähr seit der Jahrhundertwende stellten diese Gesellschaften ihre Mitarbeiter allgemein der Wirtschaft für Buch- und Bilanzprüfungen bzw. für Beratungen und Begutachtungen zur Verfügung.

Diese spezifische Entwicklung schlägt sich auch im Sprachgebrauch des Wortes "Treuhandwesen" nieder. In der deutschsprachigen Wirtschaftspraxis hat der Begriff "Treuhandwesen" meist eine Bedeutung als Oberbegriff und bezeichnet als solcher das "Treuhandwesen im weiteren Sinne". Dieser Oberbegriff umfaßt neben der "Treuhandtätigkeit im engeren Sinne" auch die reine Prüfungstätigkeit sowie die Begutachtungs- und Beratungstätigkeit. Dem Treuhandwesen i.e.S. werden die treuhänderischen Vermögens- und Interessenverwaltungen subsumiert.[1] Hiervon zu unterscheiden ist der angelsächsische Sprachgebrauch. Dort gaben Ende des 19. Jahrhunderts gesetzliche Regelungen (so England: 1893 Trustee Act; USA: 1887 Gesetz des Staates New York über Trust Companies) Veranlassung dafür, daß sich die Treuhandtätigkeit i.e.S. einerseits und die Prüfungs-, Beratungs- und Begutachtungstätigkeiten andererseits in zwei vollkommen eigenständigen Berufen entwickelten. Die Durchführung der Treuhandtätigkeiten i.e.S. bleibt demnach den **Trustees** vorbehalten, während die Revisions-, Beratungs- und Begutachtungstätigkeiten vom Berufsstand der **Public Accountants** durchgeführt werden. Somit hat im angelsächsischen Raum der Begriff Treuhandwesen nicht die Inhaltserweiterung erfahren, wie sie zur Verdeutlichung in nachstehender Abb. 1 dargestellt wird.

---

1) Der Bezeichnung "**Treuhand**" kommt eine besondere Werbewirkung zu, da von einem "Treuhänder" in hohem Maße die Zurückstellung eigener Interessen erwartet wird. Das veranlaßt oft Unternehmen anderer Branchen dazu, sich dieser Bezeichnung zu bedienen (vgl. Gerstner [1926], S. 60 - 68). In vielen Ländern wurden daher die Bezeichnungen "Treuhand" bzw. "Treuhänder" durch Gesetz oder Rechtsprechung als selbständige Bezeichnung oder in der Wortkombination "Wirtschaftstreuhänder" geschützt (vgl. Gerstner [1926], S. 60 - 68; Leifer [1957], S. 20 - 24; IDW [1985], S. 18). - Analog ist der Begriff "**Revision**" nur Unternehmen des wirtschaftlichen Prüfungswesens als Firmenbezeichnung vorbehalten (s. Urteil OLG Bamberg [1990]).

Treuhandtätigkeit im weiteren Sinn	
Prüfung, Beratung, Begutachtung	Treuhandtätigkeit i.e.S.
Tätigkeitsbereich des Public Accountant	Tätigkeitsbereich des Trustee
Tätigkeitsbereich des Wirtschaftsprüfers	

Abb. 1: *Abgrenzung des Begriffes "Treuhandwesen" im deutschen und angelsächsischen Sprachraum.*

Der Berufsstand des WP fand erstmalig seine gesetzliche Grundlage mit einer Verordnung des Reichspräsidenten aus dem Jahre 1931. Das Erfordernis der Prüfung und Betreuung vornehmlich kaufmännischer Unternehmen führte mit der Novellierung des Aktienrechts und der Einführung der Pflichtprüfung zur Schaffung des Berufs des Wirtschaftsprüfers. Seitdem besteht für diesen Beruf eine gesetzliche Basis. Hiernach wird der WP in einem staatlichen Prüfungs- und Zulassungsverfahren nach Beurteilung seiner persönlichen und fachlichen Eignung bestellt und vereidigt.

Zum Tätigkeitsbereich des WP zählt eine Vielfalt unterschiedlicher Aufgaben. Als Hauptaufgabe haben WP gesetzlich vorgeschriebene (z.B. Jahresabschlußprüfung nach §§ 316 ff HGB) bzw. gesetzlich vorgesehene (z.B. Sonderprüfung wegen unzulässiger Unterbewertung gem. §§ 258 ff AktG) sowie vertraglich vereinbarte bzw. freiwillige betriebswirtschaftliche Prüfungen - insbesondere wirtschaftlicher Unternehmen - durchzuführen und über das Ergebnis Beurteilungen in Form von Bestätigungsvermerken und/oder Prüfungsberichten abzugeben. Von den betriebswirtschaftlichen Prüfungen sind die sog. **Vorbehaltsprüfungen** hervorzuheben, d.h. jene Prüfungsaufgaben, die aufgrund gesetzlicher Regelungen ausschließlich von bestellten WP (bzw. WPG) durchgeführt werden dürfen. Zu den wichtigsten Vorbehaltsprüfungen zählen die handelsrechtliche Jahresabschlußprüfung der großen Kapitalgesellschaft gem. § 316,1 i.V.m. § 319,1 HGB, die Konzernabschlußprüfung gem. § 316,2 i.V.m. § 319,1 HGB, die Prüfung der Rechnungslegung von Kreditinstituten gem. § 340k HGB und von Versicherungsunternehmen gem. § 341k HGB, die Prüfung des Jahresabschlusses und des Konzernabschlusses nach dem Gesetz über die Rechnungslegung bestimmter Unternehmen und Konzerne (§§ 6 u. 14 PublG) sowie die Prüfung des Berichts über Beziehungen zu verbundenen Unternehmen gem. § 313 AktG.

Neben dieser reinen Prüfertätigkeit üben WP auch umfangreiche **Treuhandtätigkeiten** aus. Hier sind einmal die Treuhandtätigkeiten im weiteren Sinne wie die Berater- und Gutachtertätigkeiten zu nennen. Zu ihnen zählen Beratung und Begutachtung in Steuerangelegenheiten (nach § 3 Nr. 2 StBerG sind WP zur Steuerberatung befugt), auf dem Gebiet der wirtschaftlichen Betriebsführung (z.B. Finanzierung, Organisation und Rechnungswesen) und in rechtlichen Angelegenheiten (vgl. hierzu Einschränkung des § 5 Rechtsberatungsgesetz, wonach WP nur in Rechtsangelegenheiten tätig werden dürfen, die unmittelbar mit ihren sonstigen Berufsaufgaben im Zusammenhang stehen). Zum anderen haben auch die ursprünglichen Treuhandaufgaben - also die Treuhandtätigkeiten im engeren Sinne - heute noch erhebliche Bedeutung für den Berufsstand der WP. Diese Aufgaben umfassen die gesetzlich oder privatrechtlich geregelten Treuhandschaften wie die treuhänderische Vermögensverwaltung (Vermögensanlage, Ausübung von Stimmrechten, mittel- oder unmittelbare Betriebsführung, Testamentsvollstreckung, Nachlaßverwaltung, Vergleichs- und Konkursverwaltung), die Übernahme von Pfandhalterschaften u.ä. In Ausnahmefällen kann die WPK eine treuhänderische Tätigkeit in einem Anstellungsverhältnis für vereinbar erklären, wenn sie nur vorübergehende Zeit dauert und die Übernahme der Treuhandfunktion ein Anstellungsverhältnis erfordert (§ 43a,3 Nr. 2 WPO). Des weiteren sind mit dem Beruf des WP u.a. die Ausübung eines freien Berufs auf dem Gebiet der Technik und des Rechtswesens, die Tätigkeit an wissenschaftlichen Instituten und als Lehrer an Hochschulen sowie eine freie schriftstellerische, wissenschaftliche, künstlerische Tätigkeit und die freie Vortragstätigkeit vereinbar (§ 43a,4 WPO).

B. Entwicklung und Aufgaben des internen Prüfungswesens

Die Überwachung einer Unternehmung gehört zu den hauptsächlichen Managementaufgaben. Die Aufgaben einer Unternehmensleitung werden aber mit der Expansion des Geschäftsvolumens und einer überregionalen Ausdehnung der Geschäftstätigkeit komplexer und komplizierter. Dadurch gewinnt die Managementaufgabe der Überwachung zwar immer mehr an Bedeutung, Unternehmensleitungen tendieren jedoch zu ihrer eigenen Entlastung dazu, Überwachungsaufgaben auszugliedern und Revisoren bzw. selbständigen Abteilungen (Stabsabteilungen) zu übertragen. In der geschichtlichen Entwicklung hatten diese Abteilungen zunächst "Polizeifunktionen" wahrzunehmen. Sie beschäftigten sich mit der Kassenrevision und waren primär Instrumente zur Verhinderung und Aufdeckung doloser Handlungen (**protective auditing**). Im Laufe der Zeit trat eine Aufgabenerweiterung ein, so daß heute zwischen folgenden Prüfungsaufgaben der internen Revision unterschieden werden kann:

Financial Auditing. Es beinhaltet formelle und materielle Ordnungsmäßigkeitsprüfungen im Finanz- und Rechnungswesen. Der interne Revisor hat hier eine dem externen Jahresabschlußprüfer vergleichbare Aufgabe. Er hat auf eine vollständige und normgerechte Erfassung und Verarbeitung der Geschäftsvorfälle im Rechnungswesen zu achten. Allerdings ist der interne Revisor hierbei im stärkeren Maße als der externe Prüfer an durch die Geschäftsleitung gesetzten unternehmensinterne Normen gebunden.

Operational Auditing. Damit sind Revisionsaufgaben verbunden, die eine Prüfung des Organisationssystems mit dem Zweck einer Systemverbesserung zum Gegenstand haben. Die Prüfungen des Operational Auditing sind daher Zweckmäßigkeitsprüfungen. Sie betreffen die Aufbauorganisation, das Kommunikations- und Informationssystem, die Ablauforganisation und das interne Kontrollsystem.

Management Auditing. Das Management Auditing hat sich aus dem Operational Auditing entwickelt und hat wie dieses zur Aufgabe, eine Verbesserung des Geschäftsablaufs zu bewirken. Das Management Auditing setzt bei den Managementaufgaben an und prüft die Angemessenheit der Unternehmensziele und der Unternehmenspolitik sowie die Aufgabenstellung und Leistungsqualität aller Manager.

Neben diesen Prüfungsaufgaben werden Revisionsabteilungen in zunehmendem Maße zu Unterstützungs-, Beratungs- und Begutachtungsaufgaben sowie zur Entwicklung von Verbesserungsvorschlägen herangezogen. Dazu zählen u.a. das Erstellen von Wirtschaftlichkeits- und Kreditwürdigkeitsanalysen, die Mitarbeit bei Planungsaufgaben, die Ausbildung und Schulung von Mitarbeitern und die Übernahme von Aufgaben, mit denen einzelne Abteilungen überfordert wären, z.B. die Durchführung von Inventuren oder Vertretungen im Urlaubs- oder Krankheitsfall.

Die Innenrevision ist eine von der Unternehmensleitung eingesetzte und ihr verantwortliche Institution. Sie kann ihre Aufgabe nur dann wirkungsvoll erfüllen, wenn sie uneingeschränkten Zugang zu allen erforderlichen Informationsquellen hat, die Fachkenntnisse der Mitarbeiter der internen Revision ausreichen, gewonnene Informationen sachgerecht auszuwerten, und sie in ihrer Urteilsbildung unabhängig ist. Die fachliche Qualifikation des Innenrevisors hat mindestens derjenigen Person zu entsprechen, deren Arbeitsgebiet er prüft. Während im externen Prüfungswesen Qualifikationsnachweise erforderlich sind, gibt es diese zur Zeit in Deutschland für den Beruf des Innenrevisors noch nicht. In den USA wird von privaten Institutionen der Titel "**Certified Internal Auditor**" verliehen (vgl. Hofmann [1990], S. 103). In Deutschland bemüht sich das 1958 gegründete "Deutsche Institut für Interne Revision e.V." (IIR) in Frankfurt/Main um die Entwicklung von Revisionsgrundsätzen und Revisionsmethoden sowie um die wissenschaftliche und praktische Weiterbildung von Mitarbeitern der internen Revision. Das IIR gibt u.a. auch die Zeitschrift "Interne Revision" (ZIR) heraus.

Was die Freiheit der Urteilsbildung angeht, so darf die Innenrevision nicht an Entscheidungen mitwirken oder Entscheidungen fällen, deren Konsequenzen sie später selbst beurteilt. Eine weitere Gefährdung der Urteilsfreiheit liegt in der Tatsache, daß Angehörige der internen Revision Angestellte der Unternehmung sind und so Weisungen übergeordneter Instanzen zu folgen haben. Das gilt auch für die von einer Konzernmuttergesellschaft eingerichtete Prüfungsinstitution (**Konzernrevision**), deren Prüfungen sich auf alle zum Konzern gehörenden Unternehmen erstrecken. Aus dem Angestelltenverhältnis können sich insbesondere Gefahren für die Freiheit der Urteilsbildung ergeben, wenn Personen, deren Arbeitsgebiet der Innenrevisor beurteilt, direkt oder indirekt Einfluß auf dessen Position oder berufliches Weiterkommen haben. Die Position des Innenrevisors ist daher durch organisatorische Maßnahmen vor Einflüssen zu schützen, die seine Urteilsfreiheit beeinträchtigen können. Daher sollte die Stellung des Leiters der Innenrevision der des oberen Managements entsprechen und die interne Revision der Unternehmungsspitze direkt als Stabsstelle zugeordnet werden.

2. Kapitel
Tätigkeitsbereiche und Formen der Berufsausübung im wirtschaftlichen Prüfungswesen

Der Begriff "Berufsausübung" hat im wirtschaftlichen Prüfungswesen zwei Aspekte. Einmal wird mit diesem Begriff die Frage angesprochen, in welchen Institutionen und in welchen Positionen der einzelne WP oder vBP seinen Beruf ausüben kann. Man spricht dann von den Formen der **persönlichen Berufsausübung**. Zum anderen wird mit diesem Begriff die Frage nach den Institutionen verbunden, in denen die Angehörigen des wirtschaftlichen Prüfungswesens tätig sein dürfen. Man spricht dann von den Formen der **institutionellen Berufsausübung** (vgl. Schruff [1992]).

WP und vBP haben ihre Berufstätigkeiten hauptberuflich und eigenverantwortlich auszuüben. Diese Tätigkeit kann in erwerbswirtschaftlichen Prüfungsunternehmen oder in Prüfungsverbänden bzw. Prüfungsbehörden, und zwar in selbständiger Position als Inhaber oder Gesellschafter einer erwerbswirtschaftlich tätigen Prüfungsunternehmung oder in leitender und eigenverantwortlicher Position in einer Prüfungsunternehmung, einem Prüfungsverband oder einer Prüfungsbehörde erfolgen.

Im Zusammenhang mit der hauptberuflichen Tätigkeit steht die Frage der erlaubten Nebentätigkeiten. WP und vBP haben sich nach § 43 WPO jeder Tätigkeit zu enthalten, die mit ihrem Beruf oder mit dem Ansehen ihrer Berufe nicht vereinbar ist. Sie dürfen daher grundsätzlich keine gewerbliche Tätigkeit und keine Tätigkeit aufgrund eines Anstellungsvertrages oder eines öffentlich-rechtlichen Dienst- oder Amtsverhältnisses ausüben. Ausnahmen erlauben die §§ 43a,4 u. 44a WPO unter bestimmten Voraussetzungen in folgenden Fällen:

- die Ausübung eines freien Berufs auf dem Gebiete der Technik und des Rechtswesens und eines nach § 44b,1 WPO sozietätsfähigen Berufs;
- die Tätigkeit an wissenschaftlichen Instituten und als Lehrer an Hochschulen;
- die Tätigkeit als Angestellter der Wirtschaftsprüferkammer;
- die Tätigkeit als Angestellter einer nicht gewerblich tätigen Personenvereinigung unter den Voraussetzungen des § 43a,4 Nr. 4 WPO;
- die Tätigkeit als Geschäftsführer einer Europäischen wirtschaftlichen Interessenvereinigung, deren Mitglieder ausschließlich sozietätsfähige Personen sind;
- die Durchführung von Lehr- und Vortragsveranstaltungen zur Vorbereitung auf die Prüfungen als WP, vBP und StB und zur Fortbildung der Mitglieder der Wirtschaftsprüferkammer;
- die freie schriftstellerische, wissenschaftliche und künstlerische Tätigkeit und die freie Vortragstätigkeit;
- die ehrenamtliche Tätigkeit in einem öffentlich-rechtlichen Dienst- oder Amtsverhältnis.

Durch die Beschränkung der Nebentätigkeiten soll sichergestellt werden, daß die Berufsangehörigen für ihre eigentlichen Berufsaufgaben frei bleiben und das für die Ausübung eines freien Berufs benötigte Vertrauen erhalten bleibt.

A. Die persönliche Berufsausübung in erwerbswirtschaftlichen Unternehmen

Unternehmen sind dann erwerbswirtschaftlich tätig, wenn sie die ihnen übertragenen Aufgaben als Grundlage der Einkommenserzielung ihrer Anteilseigner zu erfüllen trachten. Das Streben nach Einkommen ist mit der Zugehörigkeit des WP und des vBP zu den freien Berufen durchaus zu vereinbaren. Allerdings wirft diese Zugehörigkeit zu den freien Berufen auch besondere Probleme auf, denn die zur Einkommenserzielung durchzuführenden Tätigkeiten müssen mit den Umständen, d.h. den Nebenbedingungen, zu vereinbaren sein, welche die Handlungsfreiheit von Institutionen des wirtschaftlichen Prüfungswesens beschränken. Für die einem freien Beruf zugehörigen Prüfungsunternehmen kommt - im Verhältnis zu Gewerbebetrieben - als zusätzliche Nebenbedingung die Beachtung der Normen des Berufsrechts hinzu. Diese Nebenbedingungen erfordern einmal eine spezifische, von denjenigen anderer Unternehmen abweichende Gestaltung der Informationswege, der Befehlswege (Willensbildung und Willensdurchsetzung), der Auftragsdurchführung und der Überwachung. Zum anderen werden durch die Normen des Berufsrechts auch die Art und der Grad von Spezialisierungen, die Frage der Übernahme von Sachverständigentätigkeiten und Treuhandaufgaben i.e.S. und nicht zuletzt auch die Wahl und die Ausgestaltung der Unternehmensformen, d.h. der institutionellen Formen der Berufsausübung, beeinflußt. Als Formen der institutionellen Berufsausübung kommen die Einzelpraxis, die Berufsausübung in der **Sozietät**[1] und die Prüfungsgesellschaft in Frage.

Das wirtschaftliche Prüfungswesen bricht weitgehend mit der allgemeinen Vorstellung über die Art der Praktizierung eines freien Berufes. Üblicherweise werden freie Berufe in Einzelpraxen und in Sozietäten ausgeübt. Diese institutionellen Formen der Berufsausübung entsprechen am ehesten der verbreiteten Vorstellung von der Eigenverantwortlichkeit eines Freiberuflers, da hier Leitungskompetenz und Haftung allein auf den Praxisinhaber bzw. den Sozietätspartner zugeschnitten sind. Die Statistik zeigt aber, daß der Anteil der ausschließlich selbständigen Berufsausübung rückläufig und von 1965 bis 1996 von 56,1 % auf 37,7 % der WP gefallen ist (vgl. nachstehende Tab. 1). Noch augenscheinlicher wird diese Veränderung zuungunsten der selbständigen Berufsausübung, wenn man der Betrachtung Indexzahlen mit dem Basisjahr 1965 (= 100) zugrunde legt. Nachstehende Tab. 1 zeigt, daß in dem Zeitraum von 1965 bis 1996 der Index der Gesamtzahl der WP auf 411 gestiegen, während der Index für WP in ausschließlich selbständiger Berufsausübung auf 67 gefallen ist. Der Index für WP in ausschließlich nicht selbständiger Berufsausübung veränderte sich in diesem Zeitraum auf 107.

---

1) Sozietäten sind von Büro-, Auftrags- und Arbeitsgemeinschaften zu unterscheiden. Sozietäten sind Zusammenschlüsse selbständiger WP (vBP) in Form einer BGB-Gesellschaft (s. S. 107 - 109). Träger der Rechte und Pflichten bleiben die einzelnen Sozietätspartner. Büro-, Auftrags- und Arbeitsgemeinschaften werden auch als unechte Formen der Berufsausübung bezeichnet (vgl. Schruff [1992], Sp. 2195 - 2196).

	Anzahl der Wirtschafts-prüfer		Ausschließl. selbständige Berufsaus-übung		Sowohl selbst. als auch nicht-selbständige Berufsaus-übung		Ausschließlich nichtselbstän-dige Berufs-ausübung	
Jahr	Absolut	Index	Relativ	Index	Relativ	Index	Relativ	Index
1965	2.026	100	56,1	100	11,2	100	32,7	100
1970	2.556	126	54,3	97	13,5	121	32,2	98
1973	2.841	140	50,4	90	11,1	99	38,5	118
1976	3.339	165	46,2	82	15,2	136	38,6	118
1980	3.867	191	41,4	74	20,5	183	38,1	117
1984	4.575	226	37,4	67	26,9	240	35,7	109
1988	5.803	286	39,3	70	27,2	243	33,5	102
1992	6.928	342	39,2	70	27,6	246	33,1	101
1996	8.322	411	37,7	67	27,8	248	34,9	107

Tab. 1: *Entwicklung der einzelnen Formen der persönlichen Berufsausübung der WP (Quelle: jeweiliges WP-Verzeichnis bzw. WPK-Mitteilungen)*

Wie die Statistik veranschaulicht, üben Berufsangehörige ihren Beruf auch in einem Angestelltenverhältnis aus. Berufsrechtlich wird es für zulässig gehalten, daß eine Prüfungsgesellschaft oder ein Einzelprüfer (bzw. eine Sozietät) einen oder mehrere WP bzw. vBP im Rahmen von Anstellungsverträgen beschäftigt, vorausgesetzt, der Berufsangehörige kann seinen Beruf eigenverantwortlich ausüben. Eine Tätigkeit im Angestelltenverhältnis wird nach § 43a,1 i.V.m. § 44,1 WPO als eigenverantwortliche Tätigkeit bewertet, wenn für den Berufsangehörigen die Unabhängigkeit der Entscheidung in Berufsangelegenheiten gewährleistet ist.[1]

B. Die persönliche Berufsausübung in Prüfungsverbänden und Prüfungsbehörden

Neben der Tätigkeit in erwerbswirtschaftlichen Unternehmen können Berufsangehörige des wirtschaftlichen Prüfungswesens ihren Beruf auch in Prüfungsverbänden und Prüfungsbehörden ausüben. Prüfungsverbände sind die staatlich beaufsichtigten Prüfungsstellen der Genossenschaftsorganisationen, die Prüfungsstellen der Wohnungswirtschaft und die im Auftrag der Sparkassenaufsichtsbehörde tätig werdenden Prüfungsstellen der Sparkassenorganisation. Prüfungsbehörden sind Prü-

---

[1] Der Gesetzgeber hat sich hier über Bedenken einer uneingeschränkten Zulässigkeit der Anstellung von WP (vBP) durch selbständig tätige WP (vBP) hinweggesetzt. Im Standesrecht der Rechtsanwälte wird hingegen die Anstellung von Rechtsanwälten in solchen Fällen nur eingeschränkt für zulässig gehalten. Bedenken bestehen sowohl hinsichtlich einer Gefährdung der Unabhängigkeit des angestellten Berufsangehörigen als auch hinsichtlich eines Berufsangehörigen als Arbeitgeber: Der selbständige Berufsangehörige neige aus dem für ihn geltenden Gebot der Eigenverantwortlichkeit zu einer Kontrolle des angestellten Berufsangehörigen und gefährde so dessen Unabhängigkeit. Andererseits müsse der selbständige Berufsangehörige die volle persönliche Verantwortung tragen. Diese könne er nicht wahrnehmen, da ihn die Beachtung der Eigenverantwortlichkeit des angestellten Berufsangehörigen daran hindere (so: Schäuble [1971], S. 185 - 190).

fungseinrichtungen der öffentlichen Hand. Die Organisationsformen solcher Prüfungsbehörden sind aufgrund ihrer differenzierten Aufgaben und historischen Entwicklung recht unterschiedlich. Von diesen Prüfungsbehörden sind die sog. überörtlichen Prüfungseinrichtungen für Körperschaften und Anstalten des öffentlichen Rechts für WP bedeutsam.

In den genannten Prüfungseinrichtungen können WP tätig werden, sofern eine eigenverantwortliche Berufsausübung nach der Maßgabe des § 44 WPO gewährleistet ist, d.h. der angestellte WP darf nicht an Weisungen gebunden sein, die ihn verpflichten, Prüfungsberichte und Gutachten auch dann zu unterzeichnen, wenn ihr Inhalt sich nicht mit seiner Überzeugung deckt. Auch ist die praktische Ausbildung nach §§ 8 u. 9 WPO bei einem genossenschaftlichen Prüfungsverband, einer Prüfungsstelle eines Sparkassen- und Giroverbandes oder einer überörtlichen Prüfungseinrichtung für Körperschaften und Anstalten des öffentlichen Rechts möglich, wenn in diesen Institutionen WP eigenverantwortlich tätig sind.

I. Die Prüfungsverbände der Genossenschaften

Die Prüfungsverbände im genossenschaftlichen Prüfungswesen haben ihre gesetzlichen Grundlagen in den §§ 53 - 64c GenG und Art. 25 EGHGB. Genossenschaftliche Prüfungsverbände haben die Rechtsform eines eingetragenen Vereins und sind die Träger der genossenschaftlichen Pflichtprüfung. Sie sind des weiteren nach Art. 25,1 EGHGB unter bestimmten Voraussetzungen befugt, die Jahresabschlüsse von AG und GmbH zu prüfen, die ihnen als Mitglieder angehören und bei denen die Mehrheit der Stimmrechte Genossenschaften oder zur Prüfung von Genossenschaften zugelassenen Prüfungsverbänden zusteht. (Diese AG bzw. GmbH können sich aber auch von selbständigen WP oder WPG bzw. die den Größenklassen des § 267,2 HGB entsprechenden mittelgroßen GmbH von vBP oder BPG prüfen lassen)

Die Genossenschaftsprüfung. Als Genossenschaftsprüfung wird die durch § 53 GenG vorgeschriebene Prüfung bezeichnet, bei der die wirtschaftlichen Verhältnisse und die Ordnungsmäßigkeit der Geschäftsführung einer Genossenschaft in jedem zweiten Geschäftsjahr (bei einer Bilanzsumme ab 2 Mio. DM in jedem Geschäftsjahr) festzustellen sind. Die Prüfung der Geschäftsführung schließt die Prüfung des nach § 336 HGB zu erstellenden Jahresabschlusses und Lageberichts ein.

Jede Genossenschaft muß einem Prüfungsverband beitreten, der sie dann grundsätzlich auch prüft. Nach § 63b,5 GenG soll dem Vorstand des Prüfungsverbandes ein WP angehören. Ist dies nicht der Fall, so hat der Prüfungsverband einen WP als seinen besonderen Vertreter gem. § 30 BGB zu bestellen. Diese als Vorstand bzw. besondere Vertreter verpflichteten WP haben die Aufgabe, den Verbandsvorstand bei seinen Funktionen, insbesondere bei der Überwachung der Prüfertätigkeiten, zu unterstützen. Zur Durchführung der Prüfungen bedienen sich - bei der **direkten Prüfungsdurchführung** - die genossenschaftlichen Prüfungsverbände der von ihnen angestellten Prüfer. Diese sollen nach § 55,1 GenG im genossenschaftlichen Prüfungswesen ausreichend vorgebildet und erfahren sein. Der § 25 Nr. 5 WPO sieht vor, daß die nach der WPO als WP bestellten Personen auch zur Prüfung von Genossenschaften zugelassen sind. Die in den genossenschaftlichen Prüfungsverbänden tätigen WP sind an die Berufsgrundsätze gebunden. Die WPO (§§ 43a u. 44) läßt eine Angestelltentätigkeit in genossenschaftlichen Prüfungsverbänden unter der Voraussetzung zu, daß die WP sich nicht an Weisungen zu halten haben, die sie verpflichten, Prüfungsberichte und Gutachten auch dann zu unterschreiben, wenn ihr Inhalt sich nicht mit ihren Überzeugungen deckt.

Neben der direkten Prüfungsdurchführung nennt das GenG in den §§ 55,3 u. 56,2 die **indirekte Prüfungsdurchführung**. Diese betrifft im Fall des § 55,3 GenG das Vorliegen eines wichtigen Grundes, wie den der Besorgnis der Befangenheit oder den der Besorgnis einer nicht sach- und termingerechten Prüfung. Der Verband bedient sich bei diesem Tatbestand eines nicht von ihm angestellten WP, einer WPG oder eines anderen Prüfungsverbandes zur Durchführung der Prüfung. Der Prüfungsverband, dem die Genossenschaft angehört, schließt in solchen Fällen mit dem beauftragten Prüfer bzw. der beauftragten Prüfungsgesellschaft oder dem beauftragten Prüfungsverband einen Prüfungsvertrag ab und beaufsichtigt die ordnungsgemäße Prüfungsdurchführung, ohne selbst Prüfungsorgan zu sein.

Im Falle des § 56 GenG ruht bei den hier genannten Ausschlußgründen (personelle Verflechtung) das Prüfungsrecht des Verbandes. Ruht das Prüfungsrecht des Verbandes, so hat der Spitzenverband[1], dem der Prüfungsverband angehört, auf Antrag des Vorstands der Genossenschaft einen anderen Prüfungsverband, einen WP oder eine WPG als Prüfer zu bestellen. Bestellt der Spitzenverband keinen Prüfer oder gehört der Prüfungsverband keinem Spitzenverband an, so muß der Vorstand der Genossenschaft eine gerichtliche Bestellung (beim Gericht, in dessen Bezirk die Genossenschaft ihren Sitz hat) eines anderen Prüfungsverbandes, eines WP oder einer WPG beantragen (§ 56,2 WPO).

Die Prüfung nach Art. 25,1 EGHGB. Für die Prüfung der AG bzw. GmbH mit den eingangs beschriebenen Stimmrechten gelten die Bestimmungen des § 319 HGB entsprechend. Die Prüfung dieser Unternehmen fällt in die ausschließliche Verantwortlichkeit der im Prüfungsverband tätigen WP. Die Prüfungsberechtigung setzt voraus, daß mehr als die Hälfte der Mitglieder des Vorstands des Prüfungsverbands WP sind. Hat der Prüfungsverband nur zwei Vorstandsmitglieder, so muß einer von ihnen WP sein. Art. 25,2 EGHGB bestimmt über die Prüfungsdurchführung:

> Bei der Prüfung des Jahresabschlusses durch einen Prüfungsverband darf der gesetzlich vorgeschriebene Bestätigungsvermerk nur von WP unterzeichnet werden. Die im Prüfungsverband tätigen WP haben ihre Prüfungstätigkeit unabhängig, gewissenhaft, verschwiegen und eigenverantwortlich auszuüben. Sie haben sich, insbesondere bei der Erstattung von Prüfungs-

---

[1] Spitzenverbände der Genossenschaftsorganisation sind eingetragene Vereine. Ihre Mitgliederschaft setzt sich aus den Prüfungsverbänden und in einigen Fällen aus Genossenschaften und Verbundunternehmen (Unternehmen, an denen Genossenschaften und Prüfungsverbände beteiligt sind) des jeweiligen Bereichs zusammen. Zur Zeit sind folgende Spitzenverbände tätig:
- der Deutsche Genossenschafts- und Raiffeisenverband e.V.,
- der Revisionsverband Deutscher Konsumgenossenschaften und
- der Gesamtverband der Wohnungswirtschaft e.V.

berichten, unparteiisch zu verhalten. Weisungen dürfen ihnen hinsichtlich ihrer Prüfungstätigkeit von Personen, die nicht WP sind, nicht erteilt werden. Die Zahl der im Verband tätigen WP muß so bemessen sein, daß die den Bestätigungsvermerk unterschreibenden WP die Prüfung verantwortlich durchführen können.

II. Die Prüfungsverbände der Wohnungswirtschaft

Die Prüfungsverbände (Regionalverbände) der Wohnungswirtschaft wurden zur Durchführung der gemeinnützigkeitsrechtlichen Pflichtprüfungen im Wohnungswesen eingerichtet. Grundlage hierfür war das im Rahmen des Steuerreformgesetzes 1990 aufgehobene Gesetz über die Gemeinnützigkeit im Wohnungswesen vom 29.2.1940 (WGG). Nach § 26 dieses Gesetzes unterlagen Wohnungsunternehmen, die nach dem WGG als gemeinnützig anerkannt waren und nicht unter die Bestimmungen des Kreditwesengesetzes (vgl. § 27 KWG a.F.) fielen, einer regelmäßigen Prüfung und der Aufsicht der Anerkennungsbehörde. Eine Voraussetzung für die Anerkennung als gemeinnütziges Wohnungsunternehmen war, daß das Wohnungsunternehmen in der Rechtsform einer juristischen Person (AG, KGaA, GmbH oder eG) betrieben wurde (§ 2 WGG). Das als gemeinnützig anerkannte Wohnungsunternehmen war nach § 14 WGG verpflichtet, einem Prüfungsverband für Wohnungsunternehmen anzugehören, der den Vorschriften des Genossenschaftsgesetzes entsprach. Die zugelassenen Prüfungsverbände mußten sich einem Spitzenverband anschließen (§ 14 WGG).[1] Dieser stellte verbindliche Richtlinien für die von den Prüfungsverbänden durchzuführenden Prüfungen auf und konnte die Prüfungsberichte der Prüfungsverbände einfordern (§ 25,3 WGG).

Die gemeinnützigkeitsrechtliche Prüfung gem. § 26 WGG i.V.m. § 53 GenG erstreckte sich auf den Jahresabschluß unter Einbeziehung der Buchführung und des Lageberichts und hatte neben der Rechnungslegung die Prüfung der

- wirtschaftlichen Verhältnisse,
- Ordnungsmäßigkeit der Geschäftsführung,
- Einhaltung der sich aus dem WGG ergebenden Bindungen für gemeinnützige Wohnungsunternehmen

zum Gegenstand.

Durch die ersatzlose Aufhebung des WGG sind die gemeinnützigkeitsrechtlichen Pflichtprüfungen entfallen. **Wohnungsunternehmen in der Form der eG** unterliegen aber als solche weiterhin einer nach GenG durchzuführenden Betreuungsprüfung. Diese ist von den Prüfungsverbänden der Wohnungswirtschaft vorzunehmen, denen sie angehören. Insoweit existieren die Regionalverbände als Prüfungsverbände fort, und zwar als genossenschaftliche Prüfungsverbände.

---

[1] Zur Zeit der Aufhebung des WGG gab es als Spitzenverband den "Gesamtverband der gemeinnützigen Wohnungsunternehmen e.V." in Köln und zehn Regionalverbände (vgl. Jenkis [1989], Sp. 1832 - 1842; Röder [1992]).

Die **Wohnungsunternehmen in der Rechtsform der Kapitalgesellschaft** unterliegen grundsätzlich den rechtsform- und größenspezifischen Rechnungslegungs- und Prüfungsbestimmungen nach dem HGB. Für Nicht-Genossenschaften besteht jedoch eine dauerhafte **Übergangsregelung**: Kapitalgesellschaften, die als gemeinnützige Wohnungsunternehmen oder Organe der staatlichen Wohnungspolitik am 31.12.1989 anerkannt waren, können nach Art. 25,1 Nr. 2 EGHGB weiterhin von den bisher zuständigen Prüfungsverbänden (nach handelsrechtlichen Vorschriften) geprüft werden, falls die Hälfte des Vorstandes des Prüfungsverbandes WP sind. Das Prüfungsrecht von Prüfungsverbänden gilt auch für Konzernabschlüsse (Art. 25,3 EGHGB). Da die Prüfung von Nichtmitgliedern einem genossenschaftlichen Prüfungsverband nur eingeschränkt möglich ist, wird die weitere Mitgliedschaft im Prüfungsverband durch den § 162 GenG geregelt, der ein außerordentliches Kündigungsrecht der Mitgliedschaft zum 31.12.1991 vorsieht. Durch die weitere Mitgliedschaft von auch nicht genossenschaftlich organisierten Wohnungsunternehmen in den ehemalig wohnungsgemeinnützigen Prüfungsverbänden werden diese Prüfungsverbände auch in Zukunft ihre Bedeutung behalten.

III. Die Prüfungsstellen der Sparkassen- und Giroverbände

Als weitere nicht erwerbswirtschaftliche Prüfungsinstitute bieten die Prüfungsstellen der Sparkassen- und Giroverbände Tätigkeitsfelder für eine Berufsausübung von WP an. Die Prüfungsstellen der Sparkassen- und Giroverbände führen nach Maßgabe landesrechtlicher Vorschriften bei Sparkassen die Prüfung des Jahresabschlusses und auf Anordnung der Sparkassenaufsicht Sonderprüfungen sowie unvermutete Prüfungen durch. Auch auf Antrag der Sparkassen selbst kann die Prüfungsstelle tätig werden, so bspw. bei freiwilligen Prüfungen, Prüfungen von Grundstücksgesellschaften, Rechenzentren u.a. Von den Prüfungsstellen werden im Auftrag der Bankenaufsicht auch die Depotprüfungen nach § 30 KWG sowie die Prüfungen nach § 44 KWG vorgenommen. Die Prüfungsstellen sind organisatorisch verselbständigte Abteilungen der Sparkassen- und Giroverbände und werden von einem nach der WPO öffentlich bestellten WP verantwortlich geleitet.

IV. Die überörtlichen Prüfungseinrichtungen der Körperschaften und Anstalten des öffentlichen Rechts

Überörtliche Prüfungseinrichtungen für Körperschaften und Anstalten des öffentlichen Rechts sind einmal die Prüferstellen, die ähnlich den Prüferstellen für Sparkassen durch Landesgesetz geschaffen wurden, wie die Prüferstellen der Versorgungswerke der Ärztekammern, oder die behördlichen Prüferstellen, die sowohl auf Bundes- als auch auf Landesebene im öffentlich-rechtlichen Bereich Prüfungsaufgaben (Aufsichtsprüfungen) wahrnehmen. Solche Prüferstellen - auch **Prüferbehörden** genannt - sind auf Bundesebene der Bundesrechnungshof und auf Landesebene die Landesrechnungshöfe, die Gemeindeprüfungsämter auf kommunaler Ebene sowie die sonstigen kommunalen Prüfungseinrichtungen auf landesrechtlicher Basis. In dem Zusammenhang ist auf die Prüfungseinrichtungen für den Bereich der kommunalen Wirtschaftsbetriebe in Bayern, den öffentlich-rechtlichen Bayerischen Kommunalen Prüfungsverband, dem WP als Vorstand bzw. Leiter der Prüfungsabteilungen angehören müssen, sowie auf die Gemeindeprüfungsanstalt Baden-Württemberg zu verweisen, die auch selbst Jahresabschlußprüfungen vornehmen dürfen und deren Fachabteilung "Wirtschaftliche Unternehmen" verantwortlich durch einen WP geleitet wird.[1]

---

1) Einen Eindruck von den Möglichkeiten der persönlichen Berufsausübung für WP in Prüfungsverbänden und Prüfungsbehörden vermittelt folgende Tabelle, welche die Anzahl der jeweils beschäftigten WP angibt (alte Bundesländer):

	1976	1980	1984	1988	1992	1996
Baden-Württemberg	17	15	16	16	14	23
Bayern	12	14	17	18	12	16
Berlin	3	2	4	2	3	1
Bremen	-	-	-	-	-	-
Hamburg	13	8	8	6	8	7
Hessen	8	9	13	15	16	18
Niedersachsen	9	8	8	13	11	12
Nordrhein-Westfalen	22	27	34	34	32	23
Rheinland-Pfalz	4	6	4	3	3	3
Saarland	2	2	2	3	3	3
Schleswig-Holstein	1	2	5	6	10	12
Gesamt	91	93	111	116	112	118

3. Kapitel
Das wirtschaftliche Prüfungswesen als akademisches Ausbildungsfach

A. Inhalt und Gestaltung des akademischen Ausbildungsfaches

Historisch gesehen läßt sich das akademische Ausbildungsfach "Wirtschaftliches Prüfungswesen" auf die erstmals im Jahre 1907 an der Handelshochschule Leipzig durchgeführten Kurse zur Heranbildung von Bücherrevisoren zurückführen.[1] Inzwischen wird das Fach unter verschiedenen Bezeichnungen (so z.B. "Wirtschaftsprüfung und Treuhandwesen") an fast allen Universitäten, Hoch- und Gesamthochschulen mit wirtschaftswissenschaftlichen Fakultäten als **Spezielle Betriebswirtschaftslehre** angeboten. Das ist insofern eine Besonderheit, als diese Spezielle Betriebswirtschaftslehre somit Ausbildungsfach eines freien Berufes bzw. einer speziell abgegrenzten Berufslaufbahn ist, was in dieser Weise - neben der Betriebswirtschaftlichen Steuerlehre - für keine andere Spezielle Betriebswirtschaftslehre oder gar für die Allgemeine Betriebswirtschaftslehre zutrifft. Allerdings ist die Frage des Inhaltes und des Charakters dieser Speziellen Betriebswirtschaftslehre umstritten. Am ausgeprägtesten und für die wissenschaftliche Weiterentwicklung des Faches von Bedeutung ist die Zweiteilung - sie geht auf *Loitlsberger* (vgl. Loitlsberger [1966], S. 18 - 20) zurück - in ein **institutionelles** und ein **funktionelles Erkenntnisobjekt**. Die institutionelle Lehre vom Revisions- und Treuhandbetrieb umfaßt eine **Analyse der Revisions- und Treuhandaufgaben** sowie der **spezifischen Prozeßfaktoren**, d.h. der Bedingungen, unter denen die Leistungserstellung dieser Betriebe erfolgt. Innerhalb dieses Rahmens sind unter dem Gesichtspunkt des Wirtschaftlichkeitsprinzips die Fragen des Standorts, der Unternehmensform, der Organisation, des Rechnungswesens u.ä. - aber auch die Grundsätze der Berufsausübung - zu behandeln. Das funktionelle Erkenntnisobjekt beinhaltet neben der **Prüfungslehre** eine **Treuhand- und Beratungslehre**. Im Mittelpunkt der Funktionenlehre steht aber die Prüfungslehre, d.h. die Betrachtung der Buchprüfung als wirtschaftliche Veranstaltung. Sie beschäftigt sich einerseits mit der Analyse der bei den Prüfungen erforderlichen Teilprozesse (Prüfungsplanung, Prüfungsdurchführung, Urteilsbildung und -mitteilung, Prüfungskontrolle) und andererseits mit den Wirtschaftlichkeitsfaktoren der Prüfungsdurchführung (das sind Art der Prüfung [Prüfungsordnung], Buchführungsverfahren, Umfang und Struktur des Prüfungsstoffes, Fehlererwartung, Auswahlverfahren [einschließlich Stichprobentechniken] und Prüfungsumfang, Haftungsbestimmungen).

---

[1] Zur Entwicklung s. Ludewig [1993], Sp. 3786 - 3798; Meisel [1992], S. 124 - 128 und die dort angegebene Literatur; Quick [1990], S. 225 - 228.

Die akademische Ausbildung der Berufsangehörigen des wirtschaftlichen Prüfungswesens wird aber nicht allein durch die Wirtschaftswissenschaften geleistet. Nach § 8 WPO können auch Bewerber mit juristischem, landwirtschaftlichem und technischem Universitätsstudium oder einem anderen Universitätsstudium mit wirtschaftswissenschaftlicher Ausrichtung zu den Berufsexamen zugelassen werden. Unter bestimmten Voraussetzungen (vgl. § 8,2 WPO) kann aber auch eine mehrjährige Berufserfahrung den Nachweis eines abgeschlossenen Universitätsstudiums ersetzen. Wie nachstehende Tab. 2 verdeutlicht, stellen aber die Absolventen wirtschaftswissenschaftlicher Fakultäten den Hauptanteil des WP-Berufsnachwuchses, was jedoch nicht in gleicher Weise für vBP gilt.

Vorbildung	WP		vBP	
	Anzahl	%	Anzahl	%
betriebswirtschaftl. Studium	6.011	71,97	1.134	26,97
volkswirtschaftl. Studium	565	6,77	133	3,16
rechtswissenschaftl. Studium	605	7,24	533	12,67
technisches Studium	28	0,34	11	0,26
landwirtschaftl. Studium	17	0,20	6	0,14
anderer Studiengang	109	1,31	12	0,29
Fachhochschulabschluß	265	3,17	359	8,54
Ohne Universitäts- oder Fachhochschulabschluß	752	9,00	2.017	47,97
Gesamt	8.352	100,00	4.205	100,00

Tab. 2: *Vorbildung der Berufsangehörigen im wirtschaftlichen Prüfungswesen, Stand 1.1.1996 (WPK [1996 (1)], S. 48)*

B. Die Anforderungen des wirtschaftlichen Prüfungswesens an den akademischen Berufsnachwuchs

Die wichtigsten qualitativen Anforderungen, die von Unternehmen des wirtschaftlichen Prüfungswesens an akademische Berufsanfänger gestellt werden, sind Flexibilität und Mobilität, Berufserfahrung (z.B. durch Lehre oder Praktika), Studienrichtung und -ergebnisse sowie die Fächerkombination. Dies bestätigt auch eine Untersuchung von *Sieben/Hunger*,[1] in der 54 Wirtschaftsprüfungsunternehmen nach ihren **Einstellungskriterien** befragt wurden. Die den befragten Unternehmen zur Verfügung stehenden Kriterien waren in eine der Kategorien "besonders

---

1) Vgl. Sieben/Hunger [1979], S. 221 - 234; Heigl [1980], S. 67 - 70; Koch [1950], S. 65 - 69; ders. [1957], S. 225 - 226; Forster fordert neben Fachwissen folgende Eigenschaften: "Fähigkeit, Gedanken klar und eindeutig auszudrücken; Zielstrebigkeit; Ausdauer; Bereitschaft zur Teamarbeit; Unbestechlichkeit des Urteils; Phantasie und Vorstellungskraft; Kombinationsgabe; Anpassungsfähigkeit an ständig wechselnde Aufgaben; Genauigkeit; Ausgeglichenheit; Fähigkeit, komplizierte Sachverhalte zu überblicken und darzustellen; Verschwiegenheit; Einsatzbereitschaft; taktvolles Auftreten." (Forster [1976 (2)], Sp. 3440).

wichtig", "weniger wichtig" und "nicht wichtig"[1] einzuordnen. Aus der Häufigkeit der Nennungen ergibt sich für die wichtigen und weniger wichtigen Kriterien das in nachfolgender Tab. 3 angegebene Anforderungsprofil an die Hochschulabsolventen.

	Kriterien	Nennungen in %
A.	**Besonders wichtige Bewerbereigenschaften**	
	persönliche Flexibilität	93
	Praktika	77
	Studienrichtung	75
	abgeschlossene Lehre	68
	Fächerkombination	68
	sonstige Berufserfahrung	62
	gute Examensnote	51
	Bereitschaft zur räumlichen Mobilität	48
B.	**Weniger wichtige Bewerbereigenschaften**	
	Alter des Bewerbers	69
	Familienstand	60
	Thema der Diplomarbeit	59
	Fremdsprachenkenntnisse	56
	kurze Studienzeit	56
	Hochschulort	53
	Geschlecht	50

Tab. 3: *Anforderungsprofil an Hochschulabsolventen*

Die Auswertung der Befragung verdeutlicht, daß die **Persönlichkeit des Bewerbers** das maßgebliche Einstellungskriterium ist. Die Bedeutung der an zweiter Stelle genannten **praktischen Erfahrungen** wird durch Untersuchungen der Arbeitsämter bestätigt, wonach die Arbeitsmarktsituation im Rechnungs- und Prüfungswesen für berufserfahrene Jungakademiker als besonders günstig beurteilt wird. Als weiteres wichtiges Einstellungskriterium wird die **Studienrichtung** genannt, wobei der Studiengang zum **Diplom-Kaufmann** die besten Einstellungschancen eröffnet. Darüber hinaus bevorzugen die Wirtschaftsprüfungsunternehmen Bewerber mit **berufsorientierter Fächerkombination**. Der ideale Bewerber sollte die Fächer **Wirtschaftsprüfung**, **Steuerlehre** und **Steuerrecht** studiert haben.[2]
In der gleichen Studie wurde des weiteren untersucht, wie Studenten des Faches Revisions- und Treuhandwesen die Bedeutung der angegebenen Einstellungskriterien im Hinblick auf ihre späteren Berufschancen beurteilen. Dabei ergab sich eine weitgehende Übereinstimmung mit dem Anforderungsprofil der Prüfungsunternehmen. Als besonders wichtige Kriterien wurden auch von den Studenten persönliche Fächerkombination, Examensnote sowie Mobilitätsbereitschaft erkannt.

---

1) Die nicht wichtigen Bewerbereigenschaften betrafen: Doppelstudium, Promotion, außeruniversitäres Engagement, Managementschule und Assistententätigkeit an der Universität.

2) Zu ähnlichen Ergebnissen kommt eine in Österreich vorgenommene Untersuchung von Bertl/Fattinger. Dort ergaben sich Studienrichtung, einschlägige praktische Tätigkeiten, Alter des Bewerbers, Bereitschaft zur Mobilität und sonstige Berufserfahrung als besonders wichtige Eigenschaften (vgl. Bertl/Fattinger [1987], S. 53 - 55).

Erster Hauptteil

Institutionelle Aspekte des wirtschaftlichen Prüfungswesens

1. Kapitel
Die Berufsstände des wirtschaftlichen Prüfungswesens

A. Das Berufsbild des Wirtschaftsprüfers

Die Aufgaben des Wirtschaftsprüfungswesens werden von Einzelpersonen - den Wirtschaftsprüfern (WP) - und von Wirtschaftsprüfungsgesellschaften (WPG) wahrgenommen. Das Berufsrecht der WP und der WPG ist mit dem Berufsrecht der vBP (BPG) in dem Gesetz über eine **Berufsordnung** der Wirtschaftsprüfer - der Wirtschaftsprüferordnung (WPO) - geregelt. Danach ist der WP Angehöriger eines freien Berufsstandes, der die persönliche und fachliche Eignung zur Ausübung seines Berufes in einem staatlichen Zulassungs- und Prüfungsverfahren nachzuweisen hat und nach bestandenem Examen (und Abschluß einer Berufshaftpflichtversicherung sowie Ablegung des **Berufseides**[1]) als WP von der obersten Landesbehörde (Wirtschaftsministerium) bestellt wird. Die **Bestellung** ist ein Verwaltungsakt, durch den der Bewerber die mit dem Beruf verbundenen Rechte und Pflichten übernimmt. Der so bestellte WP ist zugleich WP im Genossenschaftswesen. Durch die Bestellung wird der Bewerber (Zwangs-)Mitglied der **Wirtschaftsprüferkammer** (WPK), einer bundesunmittelbaren und bundeszentralen Berufskörperschaft des öffentlichen Rechts mit Sitz in Düsseldorf, und ist verpflichtet, im beruflichen Verkehr die Berufsbezeichnung "Wirtschaftsprüfer" zu führen.

Die Bestellung erlischt durch Tod, Verzicht oder rechtskräftige Ausschließung aus dem Berufsstand. Die Bestellung ist mit Wirkung für die Zukunft zurückzunehmen, wenn nachträglich Tatsachen bekannt werden, bei deren Kenntnis die Bestellung hätte versagt werden müssen oder der WP wesentliche Berufspflichten verletzt hat bzw. ein Mangel in der persönlichen Eignung festgestellt wird (§ 20,1 u. 2 WPO). Sie kann, außer nach den Vorschriften der Verwaltungsverfahrensgesetze, zurückgenommen werden, wenn der Berufsangehörige nicht innerhalb von sechs Monaten nach der Bestellung eine berufliche Niederlassung begründet hat oder eine solche nicht unterhält (§ 20,3 WPO). Allerdings ist unter bestimmten Voraussetzungen eine Wiederbestellung möglich. Eine erneute Ablegung des WP-Examens ist hierbei in der Regel nicht erforderlich. Der Zulassungsausschuß kann aber im Einzelfall anordnen, daß sich der Bewerber der Prüfung oder Teilen derselben nochmals zu unterziehen hat, wenn die pflichtgemäße Ausübung des Berufes sonst nicht gewährleistet erscheint (§ 23,3 WPO).

Die Vielfalt an Berufsaufgaben sowie das durch die Öffentlichkeit in das Wirtschaftsprüfungswesen zu setzende Vertrauen bedingen eine sorgfältige Auslese der Prüfungsträger bzw. Berufsangehörigen im Wirtschaftsprüfungswesen sowie deren ständige Überwachung auf berufswürdiges Verhalten. In der Bundesrepublik Deutschland (u.a. auch in den USA)

---

[1] Die Eidesformel lautet: "Ich schwöre bei Gott dem Allmächtigen und Allwissenden, daß ich die Pflichten eines Wirtschaftsprüfers verantwortungsbewußt und sorgfältig erfüllen, insbesondere Verschwiegenheit bewahren und Prüfungsberichte und Gutachten gewissenhaft und unparteiisch erstatten werde, so wahr mir Gott helfe." Der Eid kann auch ohne religiöse Beteuerung geleistet werden.

garantieren staatliche Zulassungsprüfungen den qualitativen Standard des Berufsstandes. Nach § 57 WPO hat die WPK ein Aufsichtsrecht und die **Aufsichtspflicht** über WP und WPG. Die Überwachungspflicht erstreckt sich auch auf die Fortdauer der Eignung, die zu den Voraussetzungen für die öffentliche Bestellung bzw. Anerkennung als WP bzw. WPG gehört. Hinsichtlich der Anerkennung als Prüfungsträger im Wirtschaftsprüfungswesen ist zwischen der Anerkennung als Einzelprüfer und als Wirtschaftsprüfungsgesellschaft zu unterscheiden.

I. Die Voraussetzungen für die Anerkennung von Einzelpersonen

Der Zugang zum Beruf des WP ist in das Zulassungsverfahren und in das WP-Examen zu unterteilen. Das **Zulassungsverfahren** hat neben dem Examen die Aufgabe, die fachliche Auslese zu sichern. Über die Zulassung selbst entscheidet ein bei der obersten Landesbehörde gebildeter Ausschuß, der aus einem Vertreter der obersten Landesbehörde als Vorsitzendem, einem Vertreter der Wirtschaft und zwei WP besteht. Der Antrag auf Zulassung zum WP-Examen ist an den Zulassungsausschuß zu richten, in dessen Bereich der Bewerber seine Haupt- oder einzige Wohnung hat. Hat der Bewerber im Geltungsbereich dieses Gesetzes keine Wohnung, so ist der Zulassungsausschuß zuständig, der bei der obersten Landesbehörde des Landes gebildet ist, in dem die WPK ihren Sitz hat (§ 7,1 WPO). Die Zulassung eines Bewerbers wird von persönlichen und fachlichen Voraussetzungen abhängig gemacht.

a. Die persönlichen Voraussetzungen

Die **persönlichen** Voraussetzungen sind in solche zu unterscheiden, bei deren Fehlen eine Zulassung abgelehnt werden muß und in solche, bei deren Fehlen der Zulassungsausschuß die Zulassung versagen kann. Eine Ablehnung **muß** nach § 10,1 WPO erfolgen, wenn

- der Bewerber infolge strafgerichtlicher Verurteilung die Fähigkeit zur Bekleidung öffentlicher Ämter nicht besitzt;
- der Bewerber sich eines Verhaltens schuldig gemacht hat, das die Ausschließung aus dem Beruf rechtfertigen würde;
- der Bewerber infolge eines körperlichen Gebrechens oder wegen Schwäche seiner geistigen Kräfte oder wegen einer Sucht nicht nur vorübergehend unfähig ist, den Beruf des WP ordnungsgemäß auszuüben;
- der Bewerber sich nicht in geordneten wirtschaftlichen Verhältnissen befindet.

Die Zulassung **kann** nach § 10,2 WPO versagt werden, wenn

- der Bewerber sich so verhalten hat, daß die Besorgnis begründet ist, er werde den Berufspflichten als WP nicht genügen;
- der Bewerber nicht Deutscher i.S.d. Art. 116,1 des Grundgesetzes ist und die Gegenseitigkeit der Behandlung nicht gewährleistet ist (dies gilt nicht für Staatsangehörige der Mitgliedstaaten der Europäischen Gemeinschaften oder eines anderen Vertragsstaates des Abkommens über den Europäischen Wirtschaftsraum).

b. Die fachlichen Voraussetzungen und Prüfungsverfahren

Die **fachlichen** Voraussetzungen betreffen die Vorbildung und bisherige praktische Tätigkeit des Bewerbers. Hierbei unterscheidet die WPO hinsichtlich der fachlichen Voraussetzungen im Zulassungs- und Prüfungsverfahren nach dem Normalanforderungsstandard und den Ausnahmevorschriften vom Normalanforderungsstandard, d.h. dem erleichterten Zugang zum Beruf.

1. Die fachlichen Voraussetzungen und Prüfungsverfahren nach dem Normalanforderungsstandard

Die fachlichen Voraussetzungen. Die fachlichen Anforderungen im Normalanforderungsstandard betreffen die Vorbildung und bisherige praktische Tätigkeit des Bewerbers. Als Vorbildung setzt § 8,1 WPO in der Regel den Abschluß eines wirtschaftswissenschaftlichen, rechtswissenschaftlichen, technischen, landwirtschaftlichen oder eines anderen Universitätsstudiums mit wirtschaftswissenschaftlicher Ausrichtung für die Zulassung voraus. Ausländische Studiengänge werden bei "Gleichwertigkeit" (§ 8,3 WPO) durch den Zulassungsausschuß anerkannt. Jedoch ist das Berufsrecht des WP nicht vom reinen **Akademikerprinzip** geprägt: Der Nachweis eines abgeschlossenen Universitätsstudiums kann durch den Nachweis einer mindestens zehnjährigen Tätigkeit (mit Bewährung) im Wirtschaftsprüfungswesen oder durch eine mindestens fünfjährige Tätigkeit als vBP oder StB ersetzt werden. Fachhochschulabsolventen ist die für die jeweilige wirtschaftswissenschaftliche Fachrichtung festgelegte Mindeststudienzeit (also nicht die im Einzelfall darüber hinausgehende Studienzeit), höchstens jedoch vier Jahre, und das Berufspraktikum auf die vorgeschriebene zehnjährige Mindesttätigkeit anzurechnen.

Zusätzlich zur Vorbildung soll der Bewerber eine für die Ausübung des Berufes genügende praktische Ausbildung erhalten haben, insbesondere eine mindestens vierjährige Prüfungstätigkeit nachweisen. Davon muß der Bewerber zumindest zwei Jahre bei WP, WPG, vBP, BPG oder sonstigen Prüfungseinrichtungen tätig gewesen sein und an Abschlußprüfungen und der Abfassung von Prüfungsberichten mitgewirkt haben (§ 9,4 u. 5 WPO). Der Nachweis der Prüfungstätigkeit entfällt für solche Bewerber, die seit mindestens fünfzehn Jahren den Beruf als Steuerberater oder vBP ausgeübt haben, wobei bis zu zehn Jahre einer Tätigkeit als Steuerbevollmächtigter angerechnet werden (§ 9,1 WPO).

Die Prüfungsverfahren. Die Prüfung zum WP hat den Zweck, festzustellen, ob der Bewerber nach fachlichem Können und als Persönlichkeit befähigt ist, die beruflichen Aufgaben eines WP zu erfüllen. Diese Prüfung wird vor dem Prüfungsausschuß abgelegt, der bei der obersten Landesbehörde gebildet wird und dem folgende Mitglieder angehören: Ein Vertreter der obersten Landesbehörde als Vorsitzender, ein Hochschullehrer der Betriebswirtschaftslehre, ein Mitglied mit der Befähigung zum Richteramt, ein Vertreter der Finanzverwaltung, ein Vertreter der Wirtschaft und zwei WP.

Die Prüfung gliedert sich in sieben schriftliche Aufsichtsarbeiten (2 wirtschaftliches Prüfungswesen, 2 BWL/VWL, 1 Wirtschaftsrecht, 2 Steuerrecht; Zeit: je 4 - 6 Stunden) und einen mündlichen Prüfungsteil.[1] Die mündliche Prüfung beginnt mit einem Vortrag. Die anschließenden Fra-

---

[1] Einen Eindruck von den Anforderungen im schriftlichen Examen vermitteln die von der WPK im IDW-Verlag veröffentlichten Themen der Aufsichtsarbeiten für das WP-Examen.

gen beziehen sich auf alle in § 5 PrüfO genannten Prüfgebiete. Die Prüfungsdauer beträgt je Bewerber zwei Stunden. Unter bestimmten Voraussetzungen (§ 18 PrüfO) ist eine Ergänzungsprüfung für bestimmte Gebiete zur Aufbesserung einer unzureichenden Prüfungsleistung möglich. Die Prüfung darf zweimal wiederholt werden.

Das WP-Examen gilt als das schwerste Examen im Bereich der Staats- und Wirtschaftswissenschaften. Um die Schwierigkeiten im Bestehen des Examens zu verringern, wurde die Möglichkeit der Ergänzungsprüfung geschaffen. Die Zulässigkeit einer Ergänzungsprüfung nach § 18 PrüfO ist der nachstehenden Tab. 4 zu entnehmen.

Gesamtnote gem. § 16 PrüfO	Einzelnote(n) nach schriftl. u. mündl. Leistung	Endgültiges Prüfungsergebnis/ oder Ergänzungsprüfung
mindestens 4	in jedem Teilgebiet mindestens 4	bestanden
mindestens 4	in einem oder mehreren Teilgebieten unter 4	Ergänzungsprüfung(en) nach § 18,1 PrüfO
unter 4	nur in einem Teilgebiet unter 4	Ergänzungsprüfung nach § 18,2 PrüfO
unter 4	in mehr als einem Teilgebiet unter 4	nicht bestanden

Tab. 4: *Zulässigkeit einer Ergänzungsprüfung im WP-Examen gem. § 18 PrüfO*

Zur Ergänzungsprüfung kann sich der Bewerber nur innerhalb eines Jahres nach dem Tage der Mitteilung des Prüfungsergebnisses melden. Die Ergänzungsprüfung gilt dann als bestanden, wenn in jedem Teilgebiet, in dem eine Ergänzungsprüfung abzulegen ist, eine mindestens ausreichende Leistung erbracht wird.[1]

---

1) Nach §§ 10, 11 PrüfO werden für die Bewertung der einzelnen Prüfungsleistungen sechs Notenstufen gebildet. Es bedeuten:

Note 1 (sehr gut)	eine hervorragende Leistung,
Note 2 (gut)	eine erheblich über dem Durchschnitt liegende Leistung,
Note 3 (befriedigend)	eine Leistung, die in jeder Hinsicht durchschnittlichen Anforderungen gerecht wird,
Note 4 (ausreichend)	eine Leistung, die abgesehen von einzelnen Mängeln durchschnittlichen Anforderungen entspricht,
Note 5 (mangelhaft)	eine an erheblichen Mängeln leidende, im ganzen nicht mehr brauchbare Leistung,
Note 6 (ungenügend)	eine nicht abgegebene Arbeit oder eine völlig unbrauchbare Leistung.

Die Gesamtnoten errechnen sich aus der Summe der einzelnen Noten geteilt durch deren Zahl. Bei der Ermittlung von Gesamtnoten bedeuten:

Note 1	= sehr gut	Note 3,01 bis 4,00	= ausreichend
Note 1,01 bis 2,00	= gut	Note 4,01 bis 5,00	= mangelhaft
Note 2,01 bis 3,00	= befriedigend	Note 5,01 bis 6,00	= ungenügend

2. Die fachlichen Voraussetzungen und Prüfungsverfahren beim erleichterten Zugang zum WP-Beruf

Erleichterte Zugänge werden in den §§ 13 u. 13a sowie in den §§ 131g,1, 134a,4 u. 134a,5 WPO geregelt. Der § 13 WPO privilegiert Steuerberater und ermöglicht es ihnen, die Prüfung in verkürzter Form abzulegen. Bei dieser verkürzten Prüfung entfällt die schriftliche und mündliche Prüfung in Steuerrecht. Die Regelung des § 131g,1 WPO betrifft Staatsangehörige der Mitgliedstaaten der Europäischen Gemeinschaften oder eines anderen Vertragsstaates des Abkommens über den Europäischen Wirtschaftsraum. Durch die §§ 134a,4 u. 134a,5 WPO werden Staatsangehörige der ehemaligen DDR privilegiert.

Die Regelung des § 13a WPO. Sie betrifft das WP-Examen in verkürzter Form für vBP. Nach § 13a WPO entfällt bei vBP, die Steuerberater sind, die schriftliche und mündliche Prüfung in Steuerrecht sowie in Betriebs- und Volkswirtschaft. Für vBP, die Rechtsanwälte sind, entfällt die Prüfung in Wirtschaftsrecht und in Betriebs- und Volkswirtschaft. Der Vorteil des "dritten Weges" zum WP-Beruf besteht also darin, daß allen Kandidaten das Fach Betriebs- und Volkswirtschaft und den Kandidaten, die Steuerberater sind, zusätzlich das Fach Steuerrecht bzw. den Kandidaten, die Rechtsanwälte sind, zusätzlich das Fach Wirtschaftsrecht im WP-Examen erlassen wird. Dieser Vorteil wird allerdings mit dem zeitlichen Aufwand des Umwegs über das Buchprüferexamen und der Erfüllung der in § 131,1 WPO genannten Zulassungsvoraussetzungen für das Buchprüferexamen (fünfjährige Berufstätigkeit als Steuerberater einschließlich Steuerbevollmächtigtenzeit oder als Rechtsanwalt und dem Nachweis einer dreijährigen Prüfertätigkeit) sowie der Vorbereitungszeit zu den Berufen als Steuerberater oder Rechtsanwalt erkauft. Eine Doppelqualifikation als vBP und WP ist grundsätzlich ausgeschlossen, denn nach § 128,1 WPO erlischt die Bestellung zum vBP in dem Zeitpunkt, zu dem dieser zum WP bestellt wird.

Die Regelung des § 131g,1 WPO. Sie bezieht sich auf Staatsangehörige der Mitgliedstaaten der Europäischen Gemeinschaften oder eines anderen Vertragsstaates des Abkommens über den Europäischen Wirtschaftsraum, die in einem Mitgliedstaat außerhalb des Geltungsbereichs der WPO die beruflichen Voraussetzungen für die unmittelbare Zulassung zur Pflichtprüfung von Jahresabschlüssen und anderen Rechnungslegungsunterlagen erfüllen. Diese können nach Ablegung einer Eignungsprüfung als WP bestellt werden. Beruht der Befähigungsnachweis auf einer Ausbildung, die nicht überwiegend in den Europäischen Gemeinschaften stattgefunden hat, so besteht nach § 131g,2 WPO nur dann eine Berechtigung zur Ablegung der Eignungsprüfung, wenn der Bewerber eine dreijährige Berufserfahrung als gesetzlicher Abschlußprüfer nachweisen kann.

Die Eignungsprüfung umfaßt ausschließlich die beruflichen Kenntnisse des Bewerbers. Mit ihr soll seine Fähigkeit, den Beruf des WP in der Bundesrepublik Deutschland auszuüben, beurteilt werden. Die Eignungsprüfung muß dem Umstand Rechnung tragen, daß der Bewerber in einem Mitgliedstaat der Europäischen Gemeinschaften oder in einem anderen Vertragsstaat des Abkommens über den Europäischen Wirtschaftsraum die beruflichen Voraussetzungen für die Zulassung zur

Pflichtprüfung von Jahresabschlüssen und anderer Rechnungslegungsunterlagen erfüllt hat (§ 131h,2 WPO). Sie besteht aus einer schriftlichen und einer mündlichen Prüfung und wird in deutscher Sprache abgelegt. Prüfungsgebiete sind durch Rechtsverordnung[1] näher bestimmte Bereiche des wirtschaftlichen Prüfungswesens, des Wirtschaftsrechts, des Steuerrechts und des Berufsrechts der WP (§ 131h,3 WPO).

Die Regelung des § 134a,4 WPO. Bei Bewerbern, die deutsche Staatsangehörige oder Angehörige eines Mitgliedstaates der EG oder eines anderen Vertragsstaates des Abkommens über den Europäischen Wirtschaftsraum sind und am 31.12.1989 ihren Wohnsitz oder ständigen Aufenthalt in der ehemaligen DDR hatten, wird für eine Übergangszeit (Antragstellung bis 31.12.1996) die Zulassung zur Prüfung als WP erleichtert. Danach kann auf den Nachweis des abgeschlossenen Universitätsstudiums nach § 8,2 Nr. 1 WPO auch dann verzichtet werden, wenn der Bewerber sich in mindestens 10jähriger Tätigkeit als Mitarbeiter einer auf dem Gebiet des wirtschaftlichen Prüfungswesens tätigen Person, eines Prüfungsverbandes oder einer sonstigen Prüfungseinrichtung bewährt hat.

Die Regelung des § 134a,5 WPO. Bewerber können als WP auch bestellt werden, wenn sie nach einem postgradualen Studium vor dem 3.10.1990 in der ehemaligen DDR die Berechtigung erworben haben, die Berufsbezeichnung "Wirtschaftsprüfer" zu führen, falls sie die in § 134a,5 S. 3 WPO vorgesehene Eignungsprüfung bestanden haben. Die Eignungsprüfung besteht aus einem schriftlichen und einem mündlichen Teil und betrifft ausschließlich die beruflichen Kenntnisse des Bewerbers. Mit ihr soll die Fähigkeit des Bewerbers beurteilt werden, den Beruf eines WP auszuüben. Bestimmungen über die Zusammensetzung des Prüfungsausschusses und die Berufung seiner Mitglieder sowie die Einzelheiten der Prüfung und des Prüfungsverfahrens wurden vom Bundesminister für Wirtschaft durch Rechtsverordnung mit Zustimmung des Bundesrats erlassen.[2]

II. Die Voraussetzungen für die Anerkennung als Wirtschaftsprüfungsgesellschaft

Die Aufgaben des Wirtschaftsprüfungswesens können auch von Wirtschaftsprüfungsgesellschaften (WPG) wahrgenommen werden. Zuständig für die Anerkennung als WPG ist als oberste Landesbehörde das Wirtschaftsministerium des Landes, in dem die Gesellschaft ihren Sitz hat. Die Voraussetzungen für die Anerkennung werden vom Zulassungsausschuß geprüft. Hierbei finden die Vorschriften des § 7 WPO für die Zulassung natürlicher Personen sinngemäße Anwendung. Die Anerkennung als WPG setzt voraus, daß die Gesellschaft verantwortlich von WP geführt wird (§ 1,3 WPO). Des weiteren ist der Nachweis zu führen, daß mindestens ein Mitglied der Geschäftsführung oder ein persönlich haftender

---

1) Vgl. Prüfungsordnung für Wirtschaftsprüfer v. 31.7.1962 (BGBl. I 1962, S. 529), zuletzt geändert durch Verordnung v. 22.2.1995 (BGBl. I 1995, S. 233).

2) Vgl. Prüfungsordnung für Wirtschaftsprüfer v. 31.7.1962 (BGBl. I 1962, S. 529), zuletzt geändert durch Verordnung v. 22.2.1995 (BGBl. I 1995, S. 233 - 234).

Gesellschafter der **Residenzpflicht** in dem Sinne genügt, daß er seine berufliche Niederlassung am Sitz der Gesellschaft hat (§ 28,1 WPO). Die anerkannte Gesellschaft ist verpflichtet, die Bezeichnung "Wirtschaftsprüfungsgesellschaft" nach der Rechtsformbezeichnung in die Firmierung oder den Namen aufzunehmen (§ 31 WPO; § 29,1 Berufssatzung). Der Tätigkeitsbereich der WPG hat mit dem Aufgabenbereich des WP zu korrespondieren.

Prinzipiell kommen als **Rechtsformen für WPG** die Rechtsformen des Handels- und Gesellschaftsrechts - das sind die AG, KGaA, GmbH, OHG, KG und die Partnerschaftsgesellschaft - in Frage (§ 27 WPO). Die Anerkennung von OHG und KG - sie bedingen gem. den §§ 105 u. 161 HGB das Betreiben eines Handelsgewerbes - setzt voraus, daß sie wegen ihrer Treuhandtätigkeit als Handelsgesellschaften in das Handelsregister eingetragen worden sind.

Von den genannten für WPG zulässigen Rechtsformen waren die Rechtsformen der AG, GmbH - aber auch die der KGaA - insbesondere während der Zeit der Vorbereitung und Verabschiedung der WPO (1961) hinsichtlich ihrer Vereinbarkeit mit den Berufspflichten des WP umstritten.[1] Bei diesen Rechtsformen handelt es sich um Kapitalgesellschaften. Sie sind daher nicht ohne weiteres als angemessene Rechtsformen zur Ausübung eines freien Berufes anzusehen. Der Gesetzgeber trug den in dieser Diskussion vorgebrachten Argumenten insofern Rechnung, als er - und das lag im Zuge der Entwicklung des deutschen Prüfungswesens - die typischen Rechtsformen der Kapitalgesellschaft für die WPG zwar zugelassen hat, durch die Ausgestaltung der WPO - und durch spezielle Regelungen im AktG (alt) und im HGB - aber versucht hat, die Bedenken gegen die Zulassung der WPG als Prüfungsträger bzw. der Kapitalgesellschaft als Rechtsform der WPG zu berücksichtigen.

Im folgenden werden zunächst die Auflagen des § 28 WPO für die einzelnen Rechtsformen dargestellt. Anschließend soll auf (ausgewählte) Fragen der Vereinbarkeit der Rechtsformen der Kapitalgesellschaft in den Spezialisierungen des § 28 WPO mit den Berufspflichten eingegangen werden.

a. Die speziellen Zulassungsvoraussetzungen des § 28 WPO

Neben der eingangs bereits genannten Residenzpflicht verlangt die WPO in § 28 eine Reihe von Merkmalen, die für eine Anerkennung einer WPG in den einzelnen im Gesetz erlaubten Rechtsformen gegeben sein müssen. Sie lassen sich mit den Begriffen "verantwortliche Leitung durch WP", "Struktur der Beteiligungsverhältnisse", "Offenlegung der Beteiligungsverhältnisse" und "Haftungsbasis" wiedergeben.

Verantwortliche Leitung durch WP. Die WPO geht von dem Grundsatz aus, daß alle eine WPG leitenden Personen WP sein müssen. Der § 28 WPO gestattet jedoch folgende Ausnahmen von diesem Grundsatz:

---

1) Die Frage der Zulässigkeit von Prüfungsgesellschaften war bereits vor Einführung des Berufsstands des WP umstritten (vgl. Voss [1930], S. 113).

- *Angehörige anderer Berufe.* Neben WP sind auch vBP und StB berechtigt, Leitungsfunktionen zu übernehmen. Nach Anhörung der WPK kann die Zulassungsbehörde genehmigen, daß andere, besonders befähigte Personen, die einen mit dem Beruf des WP nach § 43a,4 Nr. 1 WPO zu vereinbarenden Beruf ausüben, als Vorstandsmitglieder, Geschäftsführer oder persönlich haftende Gesellschafter einer WPG tätig sein können. Die Genehmigung darf nur versagt werden, wenn die besondere Befähigung fehlt oder die Zuverlässigkeit nicht vorhanden ist. Voraussetzung jedoch ist, daß die Zahl dieser Personen die Zahl der WP nicht erreicht. Hat die WPG nur zwei Mitglieder der Geschäftsführung, so muß einer von diesen WP sein.
- *Ausländische Prüfer.* Ebenfalls kann die Zulassungsbehörde nach Anhörung der WPK genehmigen, daß Personen, die im Ausland als sachverständige Prüfer bestellt sind, Vorstandsmitglieder, Geschäftsführer oder persönlich haftende Gesellschafter einer WPG werden, wenn die Voraussetzungen für ihre Bestellung zum Prüfer denen der WPO im wesentlichen entsprechen und wenn in diesem ausländischen Staat eine ähnliche Regelung für deutsche WP getroffen worden ist. Allerdings darf die Zahl der Nicht-WP und die der ausländischen Prüfer die Zahl der WP in den genannten Gremien nicht erreichen, wobei gegebenenfalls jene ausländischen Prüfer, die persönlich haftende Gesellschafter sind, bei der Zählung unberücksichtigt bleiben, wenn sie nach dem Gesellschaftervertrag von der Geschäftsführung ausgeschlossen sind. Hat die WPG nur zwei Geschäftsführer, so muß einer von ihnen WP sein.

Struktur der Beteiligungsverhältnisse. Gesellschafter einer WPG müssen ausschließlich WP bzw. WPG oder in der WPG tätige vBP, StB, Steuerbevollmächtigte, Rechtsanwälte oder Personen sein, deren Tätigkeit als Geschäftsführer oder persönlich haftende Gesellschafter durch die oberste Landesbehörde genehmigt ist. Die Mehrheit der Anteile und die Mehrheit der Stimmrechte müssen den WP oder WPG zustehen (entsprechendes gilt für die Kommanditanteile bei Kommanditgesellschaften); die Anteile an einer WPG dürfen nicht für Rechnung Dritter gehalten werden und zur Ausübung von Gesellschaftsrechten können nur Gesellschafter bevollmächtigt werden, die WP sind.

Offenlegung der Beteiligungsverhältnisse. Aus Beteiligungsverhältnissen resultieren mitunter unerwünschte Abhängigkeiten, welche die Objektivität der Tätigkeiten der WPG zu beeinträchtigen vermögen. § 28 WPO fordert daher für die WPG in der Form der AG die Herausgabe vinkulierter Namensaktien und für WPG in Form der GmbH eine Satzungsregelung, wonach die Übertragung von Geschäftsanteilen an die Zustimmung der Gesellschaft gebunden ist. Diese Regelungen sind im Zusammenhang mit den Bestimmungen der §§ 37 u. 38 WPO zu sehen. Der § 38 WPO ist die Grundlage für die Offenlegung der Beteiligungsverhältnisse von WPG. Danach haben WPG eine Gesellschafterliste dem von der WPK zu führenden Berufsregister einzureichen, aus welcher Namen, Vornamen, Berufe und Anschriften der Gesellschafter sowie insbesondere die Höhe ihrer Aktien und Stammeinlagen zu entnehmen sind. Nach § 37,3 WPO ist das Berufsregister öffentlich.

Haftungsbasis: Mindestkapital und Mindesteinzahlung. Auch die Tätigkeit einer WPG (wie die eines Einzel-WP) ist in der Weise risikobehaftet, daß ein WP-Unternehmen von einem schlechten Geschäftsgang, von Sachverlusten (wie Brand, Diebstahl, Unterschlagung) sowie von Ansprüchen aus Schlechterfüllung bzw. Verletzung der Berufspflichten negativ betroffen sein kann. WPG bzw. WP haben daher seit 1941 eine

Berufshaftpflichtversicherung abzuschließen.[1] Mit einer Berufshaftpflichtversicherung lassen sich aber nicht alle genannten Risiken abdecken. Hierzu ist eine ausreichende Eigenkapitalbasis erforderlich. Rechtsformen der Kapitalgesellschaft bieten aber durch Begrenzung der Eigenkapitalbasis die Möglichkeit zur Haftungsbeschränkung. Diese Möglichkeit kann jedoch als Widerspruch zur Verantwortlichkeit eines Freiberuflers gesehen werden. Auf das sich nach § 7 AktG mindestens auf DM 100.000 belaufende Grundkapital der AG bzw. KGaA und auf das sich auf mindestens DM 50.000 belaufende Stammkapital der GmbH müssen daher nach § 28,6 WPO mindestens DM 50.000 eingezahlt sein.

b. Die Vereinbarkeit der Rechtsformen der Kapitalgesellschaft mit den Berufspflichten des WP

Seit Einführung des Berufsstandes des WP ist es umstritten, ob die Rechtsformen des Handels- und Gesellschaftsrechts - insbesondere aber die Kapitalgesellschaften - angemessene Rechtsformen für WPG sind.[2] In der zur Zeit der Verabschiedung der WPO (1961) geführten Diskussion wurden Argumente gegen die Zulassung von WP-Kapitalgesellschaften einmal mit dem Wesen des Berufes eines WP als freiem Beruf und zum anderen mit der Nichtvereinbarkeit bestimmter Berufspflichten mit den Besonderheiten dieser Rechtsformen als juristischen Personen begründet.

Die Argumentation der Unvereinbarkeit des WP-Berufes mit der Rechtsform einer Kapitalgesellschaft basiert im wesentlichen auf der Auffassung, daß WPG lediglich Organisationsformen, d.h. der Rahmen sind, in dem WP selbständig und eigenverantwortlich ihren Beruf ausüben. Dieser Auffassung stehen der § 164 AktG (alt) bzw. der § 319,1 HGB (Auswahl des Abschlußprüfers) sowie eine Reihe von Vorschriften der WPO (wie: § 32 Bestätigungsvermerk; § 56,1 Anwendung der Vorschriften über Rechte und Pflichten der WP auf WPG; § 57,2 i.V.m. § 58,1 Berufsauf-

---

1) Gem. § 54 i.V.m. § 130 WPO ist dem WP (vBP) bzw. der WPG (BPG) der Abschluß einer Berufshaftpflichtversicherung - auch wenn nur steuerberatende Tätigkeiten ausgeübt werden - zwingend vorgeschrieben. Die Mindestdeckungssumme für den einzelnen Versicherungsfall muß den in § 323,2 S. 1 HGB bezeichneten Umfang betragen. Sie beläuft sich z.Zt. auf DM 500.000 für den Einzelschadensfall bei unbegrenzter Jahreshöchstleistung und kann jedoch nicht abbedungen werden (§ 16 Berufssatzung). Besteht keine gesetzliche Haftungsbegrenzung, soll der WP (vBP) die Versicherungssumme erhöhen, wenn Art und Umfang der Haftungsrisiken dies erfordern (§ 17,2 Berufssatzung). Der Abschluß höherer Summen ist nicht selten. Unter den Bedingungen des § 54a WPO können die Ersatzansprüche für Tätigkeiten außerhalb der gesetzlichen Prüfungen vertraglich begrenzt werden. Die Berufshaftpflichtversicherung wird von den Mitgliedern der WPK überwiegend bei der "Versicherungsstelle für das wirtschaftliche Prüfungs- und Treuhandwesen" (mit Sitz in Wiesbaden) abgeschlossen. Bei dieser Versicherungsstelle ist ein **Versicherungsausschuß** eingerichtet, dem zur Hälfte Mitglieder des Berufsstandes bzw. der Berufsorganisation angehören. In diesem Versicherungsausschuß wird über Grundsatzfragen - wie Tarife und Versicherungsbedingungen, Deckungs- und Haftungsfragen u.ä. - beraten mit der Absicht, durch diese gemeinsame Beratung mit den Versicherern eine Verständigung in den anstehenden Problemen zu erreichen. Die Versicherungsstelle unterrichtet auch die Versicherten durch "Nachrichtenblätter" über allgemein interessierende Erfahrungen aus der Schadensabwicklung.

2) Diese Diskussion führte dahin, daß der Gesetzgeber die Rechtsform der Partnerschaft zum 1.7.95 eingeführt hat. Diese Rechtsform wird für die Berufsausübung des Freiberuflers als besonders adäquat angesehen. Vorbild ist die für die amerikanischen Prüfungsgesellschaften vorgeschriebene Rechtsform der "partnership", die, gemessen an ihrer rechtlichen Ausgestaltung, etwa zwischen der BGB-Gesellschaft und der OHG steht.

sicht) entgegen. Sie regeln, daß WPG - gleich welcher Rechtsform - als solche das Recht zur Durchführung von Prüfungen und zur Erteilung von Bestätigungsvermerken haben.
Kollisionsgefahren mit den Berufspflichten eines WP werden bei der WP-Kapitalgesellschaft insbesondere bei den Grundsätzen der Unabhängigkeit, der Eigenverantwortlichkeit und der Verschwiegenheit gesehen (vgl. Thümmel [1971], S. 399 - 400). Die Grundsätze der Unabhängigkeit und Eigenverantwortlichkeit werden in WP-Kapitalgesellschaften deshalb als besonders gefährdet betrachtet, weil sich angestellte WP in WP-Kapitalgesellschaften mehr als in Einzelpraxen bzw. WP-Personengesellschaften in der Gefahr der **Abhängigkeit** befinden, und zwar durch Einflußmöglichkeiten des Aufsichtsrates und der Anteilseigner. Die WPO sucht solchen möglichen Abhängigkeitsverhältnissen dadurch zu begegnen, daß sie

- in § 56,1 die Beachtung der Berufsgrundsätze nicht nur für die in der Gesellschaft tätigen Prüfer, sondern auch für die WPG selbst als verbindlich erklärt,
- in § 1,3 die Anerkennung der WPG von ihrer verantwortlichen Führung durch WP abhängig macht,
- in § 28,2 die Zahl der Nicht-WP in den Entscheidungs- und Aufsichtsgremien beschränkt,
- in § 32 festlegt, daß Bestätigungsvermerke nur von WP oder vBP - soweit diese gesetzlich dazu befugt sind - unterschrieben werden dürfen und
- in § 44,1 bestimmt, daß Weisungen der Geschäftsleitung an ihren angestellten WP, Prüfungsberichte und Gutachten zu unterschreiben, die sich nicht mit den Überzeugungen des WP decken, unzulässig sind.

Des weiteren ist auf § 319,2 u. 3 HGB zu verweisen, wo für eine Reihe der möglichen Beziehungen zwischen WP bzw. WPG und zu prüfenden Unternehmen die unwiderlegbare Vermutung der Abhängigkeit postuliert und ein Tätigwerden als Abschlußprüfer untersagt wird (s. S. 42 - 45).

Die **Einhaltung der Verschwiegenheitspflicht** schließlich wird durch § 56,2 WPO und § 323,3 HGB gesichert. Die WPO verpflichtet Vorstandsmitglieder, Geschäftsführer und persönlich haftende Gesellschafter, die nicht WP sind, sowie Mitglieder der durch Gesetz, Satzung oder Gesellschaftervertrag vorgesehenen Aufsichtsorgane von WPG zur Verschwiegenheit. Der § 323,3 HGB versperrt (legale) Wege zur Erlangung von Informationen über geprüfte Unternehmen und konstituiert eine Verschwiegenheitspflicht von angestellten Prüfern gegenüber dem Aufsichtsrat und den Mitgliedern des Aufsichtsrates einer WPG. Der Gesetzgeber bewertet somit die Verschwiegenheitspflicht des WP höher als die Überwachungspflichten des Aufsichtsrates einer WPG.[1]

B. Das Berufsbild des vereidigten Buchprüfers

Das Berufsrecht des vBP (und der BPG) ist ebenfalls in der WPO geregelt. Nach § 130 WPO bzw. § 40 Berufssatzung finden die einschlägigen Bestimmungen der WPO bzw. der Berufssatzung auf den vBP (und die BPG) entsprechende Anwendung. Damit ist der vBP ebenfalls Angehöriger ei-

---

1) Eine nicht so scharfe Regelung der Verschwiegenheitspflicht findet sich z.B. in § 62,4 GenG. Hiernach ist es dem Aufsichtsrat einer Prüfungsgesellschaft zur Erfüllung seiner Überwachungspflicht gestattet, Einblick in Prüfungsberichte zu nehmen.

nes freien Berufs. Auch er hat in einem staatlichen Zulassungs- und Prüfungsverfahren seine Eignung nachzuweisen, und er wird öffentlich bestellt. VBP (und BPG) sind Mitglieder der WPK (§ 128,3 WPO).

Nach § 129 WPO haben vBP (BPG) die Aufgabe, Prüfungen auf dem Gebiet des betrieblichen Rechnungswesens, insbesondere Buch- und Bilanzprüfungen, vorzunehmen. Sie können Prüfungsvermerke erteilen. VBP (BPG) haben weiterhin das Recht, die gesetzliche Abschlußprüfung von mittelgroßen GmbH (entsprechend den Größenklassen des § 267,2 HGB) nach § 316,1 HGB durchzuführen (vgl. § 319,1 HGB). Neben dieser im Vergleich zum WP enger umrissenen Aufgabe als Prüfer ist der vBP befugt, in steuerlichen Angelegenheiten zu beraten und zu vertreten. Ihm ist es des weiteren erlaubt, unter Berufung auf den **Berufseid** als Sachverständiger auf den Gebieten des betrieblichen Rechnungswesens aufzutreten, in wirtschaftlichen Angelegenheiten zu beraten und fremde Interessen zu wahren sowie treuhänderische Verwaltungsaufgaben wahrzunehmen. Gem. § 130 i.V.m. § 43a,4 u. § 44a WPO dürfen vBP die gleichen Nebentätigkeiten wie WP durchführen. Er darf dabei auch nach dem Rechtsberatungsgesetz (wie der WP) in Angelegenheiten, die mit seinen Berufsaufgaben in unmittelbarem Zusammenhang stehen, rechtlichen Rat erteilen. Hinsichtlich der Berufspflichten gelten für vBP - wie bereits erwähnt - alle diesbezüglichen Bestimmungen für WP entsprechend.

I. Voraussetzungen für die Anerkennung von Einzelpersonen

Bei der Wiederzulassung der Bestellung als vBP durch das Bilanzrichtlinien-Gesetz sah die WPO zwei Modalitäten des Zugangs zum vBP vor, und zwar die Dauerregelung des Normalanforderungsstandards in § 131,1 S. 1 und die in Satz 2 u. 3 desselben Absatzes festgelegten temporären Übergangsregelungen. Die temporären Übergangsregelungen sollten jenen Rechtsanwälten und Steuerberatern helfen, die evtl. von den Neuregelungen des Bilanzrichtlinien-Gesetzes benachteiligt wurden. Sie waren grundsätzlich befristet bis zum 31.12.1989.

Im Normalanforderungsstandard sind die Voraussetzungen für die **Zulassung** zur beruflichen Eignungsprüfung zum vBP eine mindestens fünfjährige Tätigkeit als Steuerberater, Steuerbevollmächtigter oder Rechtsanwalt[1] und der Nachweis einer mindestens dreijährigen Prüfungstätigkeit unter Mitwirkung bei der Abfassung von Prüfungsberichten. Das Erfordernis der Prüfertätigkeit ist erfüllt, wenn der Bewerber nachweislich in fremden Unternehmen Buch- und Bilanzprüfungen nach betriebswirtschaftlichen Grundsätzen durchgeführt hat (§ 131,1 i.V.m. § 9,1 S. 3 u. 4 WPO).

---

1) Bewerbern, die deutsche Staatsangehörige oder Angehörige eines Mitgliedstaates der EG oder eines anderen Vertragsstaates des Abkommens über den Europäischen Wirtschaftsraum sind und am 31.12.1989 ihren Wohnsitz oder ständigen Aufenthalt in der ehemaligen DDR hatten, wird nach § 134a,4 WPO für eine Übergangszeit (Antragstellung bis 31.12.1996) die Zulassung zur Prüfung als vBP dahingehend erleichtert, daß eine mindestens zweijährige Tätigkeit als Steuerberater, Steuerbevollmächtigter oder Rechtsanwalt genügt.

Auf die Prüfungstätigkeit kann die Tätigkeit als Revisor in größeren Unternehmen und die Tätigkeit als Steuerberater und eine mit der Prüfungstätigkeit (§ 2,1 WPO) in Zusammenhang stehende Tätigkeit bei der WPK oder bei einer Personenvereinigung nach § 43a,4 Nr. 4 WPO bis zur Höchstdauer von zwei Jahren angerechnet werden. Der Nachweis der Prüfungstätigkeit entfällt vollständig, wenn eine mindestens fünfzehnjährige Tätigkeit als Steuerberater, auf die eine Tätigkeit als Steuerbevollmächtigter bis zu zehn Jahren angerechnet werden kann, nachgewiesen wird (§ 131,1 i.V.m. § 9,1 S. 3 WPO).

Die **Prüfung** muß vor einem Prüfungsausschuß abgelegt werden, der sich aus einem Vertreter der obersten Landesbehörde als Vorsitzendem, einem Vertreter der Wirtschaft, einem WP, einem vBP oder einem WP, der zugleich Steuerberater oder Rechtsanwalt ist, zusammensetzt, wobei ein Mitglied die Befähigung zum Richteramt haben muß.

Das Buchprüferexamen besteht aus einer vier- bis sechsstündigen Klausur und einer mündlichen Prüfung, die eine Stunde pro Kandidat nicht überschreiten soll. Das Examen kann zweimal wiederholt werden. Die Prüfungsgebiete sind wirtschaftliches Prüfungswesen (Pflichtprüfung des Jahresabschlusses von GmbH), Betriebswirtschaft, Wirtschaftsrecht unter besonderer Berücksichtigung des Rechts der GmbH und einschließlich des Berufsrechts der vBP, wobei der praktischen Berufsarbeit des vBP bei gesetzlich vorgeschriebenen Abschlußprüfungen von GmbH eine besondere Bedeutung zukommt (§ 131a,3 WPO).

Die Zulassung nach dem Normalanforderungsstandard ist zwischenzeitlich ergänzt worden durch den § 131i WPO, der Staatsangehörigen von Mitgliedstaaten der Europäischen Gemeinschaften einen erleichterten Zugang zu dem Beruf des vBP verschafft. Nach § 131i WPO kann ein Bewerber, der die Voraussetzungen des § 131g,1 u. 2 WPO erfüllt (d.h. ein Staatsangehöriger eines Mitgliedstaates der Europäischen Gemeinschaften oder eines anderen Vertragsstaates des Abkommens über den Europäischen Wirtschaftsraum, der in einem dieser Staaten außerhalb des Geltungsbereichs der WPO den Befähigungsnachweis zur Pflichtprüfung von Jahresabschlüssen und anderen Rechnungslegungsunterlagen erbracht hat), als vBP bestellt werden, wenn er die speziell vorgesehene deutsche Eignungsprüfung bestanden hat. Prüfungsgebiete sind durch Rechtsverordnung näher zu bestimmende Bereiche des wirtschaftlichen Prüfungswesens, des Wirtschaftsrechts unter besonderer Berücksichtigung des Rechts der GmbH, des Steuerrechts und des Berufsrechts des vBP. § 131h,1, 2 u. 3 S. 1 u. 2 WPO gelten entsprechend (§ 131j WPO).

II. Voraussetzungen für die Anerkennung als Buchprüfungsgesellschaft

BPG können nach Maßgabe des § 128 WPO von der obersten Landesbehörde für Wirtschaft anerkannt werden. Die Anerkennung setzt den Nachweis voraus, daß die Gesellschaft von vBP verantwortlich geführt wird. Die Vorschriften über die Anerkennung von WPG finden entsprechende Anwendung. Für BPG gilt die WPO entsprechend (vgl. § 130 WPO). BPG können gem. § 319,1 HGB wie vBP gesetzliche Abschlußprüfer von mittelgroßen GmbH (i.S.d. § 267,2 HGB) sein.

2. Kapitel
Berufspflichten und allgemeine Berufsgrundsätze im wirtschaftlichen Prüfungswesen

Die Berufsstände des wirtschaftlichen Prüfungswesens sind als Beteiligte am allgemeinen Wirtschaftsprozeß - ebenso wie alle anderen Wirtschaftssubjekte - an gewisse allgemein-rechtliche und ethisch-soziale Normen gebunden. Hinzu treten aber auch spezifische Normen, die sich aus den besonderen **Aufgaben der Berufsstände** des wirtschaftlichen Prüfungswesens ergeben. Die Berufsstände der WP und vBP wurden seinerzeit geschaffen, um gewisse Schutz- und Ordnungsfunktionen, und zwar sowohl im Einzelinteresse wie im gesamtwirtschaftlichen Interesse, wahrzunehmen. Bei der Prüfung hat der WP bzw. vBP festzustellen, ob und inwieweit Rechnungslegungen Gesetz, Satzung oder Gesellschaftsvertrag entsprechen. Insofern nehmen der WP und vBP eine **Schutzfunktion** im Interesse der Anteilseigner, Gläubiger, Arbeitnehmer, Kunden und Lieferanten sowie anderer Beteiligter wahr, die auf die Richtigkeit der Rechnungslegung vertrauen. **Ordnungsaufgaben** ergeben sich für WP und vBP dort, wo sie Prüfungspflichten zur Unterstützung der Tätigkeit von Aufsichtsbehörden nachkommen, so etwa in den Fällen der Beaufsichtigung der Kreditinstitute nach den §§ 26,2 u. 29 KWG und der Versicherungsunternehmen nach den §§ 59 u. 81 VAG[1], oder wo sie zu behördlichen **Überwachungsaufgaben** herangezogen werden, so z.B. nach § 34c GewO für Bauträger.[2]

Die Leistungen des Berufsstandes der WP und vBP können in ihrer Qualität in den wenigsten Fällen unmittelbar überprüft werden. Auftraggeber und Öffentlichkeit sind daher auf die **Vertrauenswürdigkeit** der Berufsangehörigen angewiesen. Um dies zu gewährleisten, hat der Gesetzgeber, aber auch der Berufsstand der WP bzw. vBP selbst, im Berufseid sowie in den Berufspflichten und allgemeinen Berufsgrundsätzen ein Normensystem geschaffen, das Kriterien einer vertrauenswürdigen Berufsausübung beinhaltet. Sie sollen helfen, die Urteilsfähigkeit, Urteilsfreiheit und die Urteilsfindung des WP bzw. vBP (und dessen Mitarbeiter) zu sichern.

Berufspflichten hat der Gesetzgeber einmal in den Gesetzen niedergelegt, in denen Pflichtprüfungen durch WP und vBP verankert sind. Zu nennen sind hier bspw. die in § 323 HGB niedergelegte Verpflichtung zu einer gewissenhaften und unparteiischen Prüfung und die Verpflichtung zur Verschwiegenheit. Neben diesen Rechtsnormen hat der Gesetzgeber in den §§ 43 - 56 WPO die wichtigsten Berufspflichten kodifiziert, die das Bild der beruflichen Betätigung des WP prägen (statusbildender Charakter). Darüber hinaus wird in § 57,3 WPO die WPK ermächtigt, eine Satzung über die Rechte und Pflichten bei der Ausübung der Berufe des

---

1) Die Berichte der Abschlußprüfer gehören hierbei zu den Hilfsmitteln, mit denen das jeweilige Bundesaufsichtsamt die Kreditinstitute bzw. die Versicherungsunternehmen überwacht.

2) Vgl. Lutter [1975]; Schulze-Osterloh [1976], S. 411 - 434.

WP und des vBP (**Berufssatzung**) zu erlassen. Zuständiges Organ für den Erlaß der Berufssatzung ist der Beirat der WPK. Die Satzung tritt drei Monate nach Übermittlung an das Bundesministerium für Wirtschaft in Kraft, soweit nicht dieses die Satzung oder Teile derselben aufhebt.[1] § 57,4 WPO umschreibt den Regelungsumfang der Ermächtigung. Demnach soll die Berufssatzung bspw. allgemeine Berufspflichten (u.a. Unabhängigkeit, Gewissenhaftigkeit, Verschwiegenheit und Eigenverantwortlichkeit) sowie besondere Berufspflichten bei der Durchführung von Prüfungen und der Erstattung von Gutachten näher regeln. Die WPK hat von ihrem Satzungsrecht Gebrauch gemacht und eine Berufssatzung verabschiedet (WPK [1996 (2)]). Darüber hinaus ist die WPK nach § 57,2 Nr. 5 WPO berechtigt, die Gesetzesnormen und die Berufssatzung durch Richtlinien zu ergänzen.[2] Die aufgrund der Verabschiedung der Berufssatzung aufgehobenen Richtlinien der WPK in der Fassung vom 12.3.1987 können jedoch weiterhin Anhaltspunkte für die Verkehrsanschauung geben, soweit die WPO und die Berufssatzung keine Regelungen enthalten. Der Zweck der Richtlinien ist es, gesetzliche Regelungen der Berufspflichten zu kommentieren und zu ergänzen sowie die gesetzlich nicht festgelegte Standesauffassung - sog. **Standesnormen** - zu konkretisieren. Die vorliegenden Richtlinien befassen sich mit den Leitsätzen der Berufsausübung zu den Fragen der Unabhängigkeit und Unbefangenheit, der Eigenverantwortlichkeit, der Verschwiegenheit, der Unparteilichkeit, der Gewissenhaftigkeit, des berufswürdigen Verhaltens, der mit dem Beruf des WP bzw. vBP nicht zu vereinbarenden Tätigkeiten und den Grundsätzen für die Kundmachung und den Auftragsschutz. Diese Leitsätze werden durch sog. "Richtungsweisende Feststellungen" vertieft. Die Berufspflichten werden schließlich durch die Veröffentlichungen "Berufsgerichtliche Entscheidungen sowie Rügen in WP-Sachen"[3] verdeutlicht.

---

1) Auslöser dieser grundlegenden Änderung des Berufsrechts waren Beschlüsse des Bundesverfassungsgerichts (vgl. BVerfG [1988 (1)]; BVerfG [1988 (2)]), in denen auf die Frage eingegangen wurde, ob die Richtlinien des anwaltlichen Standesrechts eine ausreichende Grundlage für eine Einschränkung der anwaltlichen Berufsausübung bilden. Da die Standesrichtlinien weder eine Rechtsnorm i.S.d. Art. 12,1 Grundgesetz noch autonomes Satzungsrecht darstellen, reichen Standesauffassungen jedenfalls dann nicht aus, um Grundrechtsbeschränkungen zu legitimieren, wenn der Gesetzgeber bei seiner Normierung der Berufspflichten nicht darauf Bezug nimmt. Dieser Mangel kann aber durch den Erlaß einer Berufsordnung in Gestalt von Satzungsrecht behoben werden (vgl. BVerfG [1988 (1)], S. 192 - 193). Im Vergleich zu den Berufspflichten des Anwalts, die in § 43 BRAO in Form einer Generalklausel geregelt sind, sind die einzelnen Berufspflichten der WP und vBP - wie in diesem Kapitel bereits dargestellt - vom Gesetzgeber in der WPO genannt.

2) Diese liegen zur Zeit in Form der "**Richtlinien für die Berufsausübung** der Wirtschaftsprüfer und vereidigten Buchprüfer" in der Fassung vom 12.3.1987 vor (WPK [1987]). Sie beziehen sich auf den Rechtsstand vor der Novellierung der WPO und der Verabschiedung der Berufssatzung. Um eine Vereinheitlichung der Berufsgrundsätze bemühen sich auch internationale Berufsorganisationen, wie die IFAC (International Federation of Accountants) und die U.E.C. (Union Européenne des Experts Comptables Economiques et Financiers; seit dem 1.1.1987 führt die U.E.C. zusammen mit der Groupe d'Etude des Experts Comptables de la C.E.E. ihre Tätigkeit als Fédération des Experts Comptables Européens (FEE) fort). Vgl. zu den einzelnen erschienenen Stellungnahmen Wysocki [1988], S. 63, Fn. 17 und 18.

3) Erschienen sind bisher: Berufsgerichtliche Entscheidungen sowie Rügen in WP-Sachen, Band I (November 1961 bis Februar 1978; vgl. WPK [1978]) und Band II (März 1978 bis Juni 1992; vgl. WPK [1993 (2)]).

Bei der Beurteilung der **Rechtsnatur** der Berufspflichten und allgemeinen Berufsgrundsätze ist zwischen den in Gesetzen verankerten Normen, der Berufssatzung und den durch die WPK erlassenen Richtlinien und Kommentierungen zu unterscheiden. Soweit allgemeine Berufspflichten in Gesetzen aufgeführt sind, ist deren Rechtsnormcharakter unmittelbar ersichtlich. Die von der autonomen Körperschaft WPK erlassene Satzung besitzt als abgeleitete Rechtsnorm ebenfalls rechtlich bindende Wirkung.[1] Die Ausführungen in den Richtlinien und den Kommentierungen zu den wichtigsten Fragen "berufswürdigen Verhaltens" stellen dagegen nach h.M. die Verkehrsanschauung des Berufsstandes der WP und vBP dar und haben daher keinen Rechtsnormcharakter.[2] Aber auch wenn der Verkehrsanschauung unmittelbar kein Rechtsnormcharakter zukommt, so wird der Beweis eines ordnungsgemäßen Verhaltens in einem Streitfall außerordentlich erschwert, wenn der Berufsangehörige davon abweicht. Andererseits entscheidet in solchen Streitfällen letztlich ein Gericht, so daß eine Auslegung der Berufspflichten im Sinne der Verlautbarungen der WPK einen WP oder vBP nicht von seiner Eigenverantwortlichkeit entbindet.

Die **Berufspflichten** gelten für WP und vBP (auch für vorläufig bestellte Berufsangehörige nach § 131b und f WPO), und zwar für alle Tätigkeiten, die im Rahmen der Erfüllung der Berufsaufgaben nach §§ 2 bzw. 129 WPO im Inland wie im Ausland ausgeübt werden. Die **Einhaltung der Berufspflichten** und der allgemeinen Berufsgrundsätze wird durch die Berufsangehörigen selbst überwacht, denn nach § 7 Berufssatzung hat der WP (vBP) die Einhaltung der Berufspflichten in seiner Praxis in angemessenen Zeitabständen zu überprüfen und Mängel abzustellen. Nach § 57 WPO hat des weiteren die **WPK** die Aufgabe, die den Mitgliedern obliegenden Pflichten zu überwachen.[3] Hinzu treten mittelbar und ergänzend die Mitwirkung staatlicher Instanzen, und zwar einmal durch die staatliche Aufsicht, der die WPK nach § 66 WPO unterliegt, und zum anderen durch die Beteiligung der Staatsanwaltschaft und staatlichen Gerichte in berufsgerichtlichen Verfahren, wobei nach § 75 WPO an den Entscheidungen dieser Gerichte in WP-Angelegenheiten WP und in vBP-Angelegenheiten auch vBP ehrenamtlich beteiligt sind.[4]

---

1) Solche Satzungen stellen stets abgeleitete Rechtsnormen dar, weil sie aufgrund einer Ableitung von den ursprünglichen Rechtsquellen (Gesetz und Gewohnheitsrecht) entstehen (vgl. Köhler [1935], S. 60).

2) Vgl. in dem Zusammenhang auch die Rechtsprechung bzgl. der Rechtsnatur der Standesrichtlinien des Rechtsanwaltberufes, und zwar BGH [1966] und BVerfG [1973], [1988 (1)], [1988 (2)]. Dem Nichtrechtsnormcharakter der Richtlinien kommt auch insofern Bedeutung zu, als ein Berufsangehöriger, der gegen diese Richtlinien verstößt, die Möglichkeit hat nachzuweisen, daß die in den Richtlinien festgelegte Auffassung nicht mehr herrschende Standesauffassung ist.

3) Mitglieder der WPK sind bestellte WP, die Vorstandsmitglieder, Geschäftsführer oder persönlich haftenden Gesellschafter von WPG, die nicht WP sind, und anerkannte WPG (§ 58,1 WPO). Für vBP bzw. BPG gilt entsprechendes (§ 128,3 WPO). Die genossenschaftlichen Prüfungsverbände, die Sparkassen- und Giroverbände für die Prüfungsstellen sowie die überörtlichen Prüfungseinrichtungen für öffentliche Körperschaften, die freiwillig die Mitgliedschaft erwerben können, unterliegen dagegen nicht der Aufsicht durch die WPK (§ 58,2 WPO).

4) Zum Problem der Berufsaufsicht vgl. auch Emmerich [1977] und die dort angegebene Literatur.

Auf Probleme der Berufspflichten, der allgemeinen Berufsgrundsätze und auf die Fragen der Haftung sowie der Berufsaufsicht soll im folgenden näher eingegangen werden.

A. Der Grundsatz der Objektivität

WP und vBP sind - vergleichbar den Notaren - Personen öffentlichen Vertrauens. Das Vertrauen der Öffentlichkeit in die Arbeit und Urteilsbildung des WP und vBP basiert im wesentlichen auf deren Fachkenntnissen und Objektivität. Die Objektivität bei der Berufsausübung stellt daher einen fundamentalen Berufsgrundsatz für die Berufsangehörigen im wirtschaftlichen Prüfungswesen dar. WP und vBP haben sich hiernach bei ihrer Tätigkeit jeglicher Bevorzugung zu enthalten und jeden gleich zu behandeln. Sie haben frei zu sein von Einflüssen, Bindungen und Rücksichten, die die Objektivität ihrer Arbeit gefährden, und sich bei ihren Entscheidungen nur von sachlichen Gesichtspunkten unter Abwägung aller wesentlichen Tatbestände leiten zu lassen.

Mit dem Begriff der Objektivität werden die Begriffe "**Unabhängigkeit**" (bzw. "Abhängigkeit"), "**Unbefangenheit**" (bzw. "Befangenheit") und "**Besorgnis der Befangenheit**" in Zusammenhang gebracht.[1] Die Abgrenzung dieser Begriffe erfolgt nicht einheitlich. Ein Teil der Autoren ordnet dem Begriff Unabhängigkeit zwei Unterbegriffe zu, nämlich den der **äußeren** und den der **inneren Unabhängigkeit**. Die äußere Unabhängigkeit umfaßt dann das Freisein von rechtlichen und wirtschaftlichen Einwirkungsmöglichkeiten durch das zu prüfende Unternehmen oder durch Dritte, aber auch von den Verwaltungsorganen einer Prüfungsunternehmung.[2] Andere Autoren sehen die Unbefangenheit als zentralen Begriff an. Die Befangenheit betrifft dann die innere Einstellung des Prüfers zum Prüfungsobjekt. Bei der Berufsausübung innerlich frei zu sein bedeutet hiernach, daß der WP oder vBP keinerlei Einflüssen unterliegt, die seine Objektivität gefährden, d.h. daß er in der Lage ist, eine Prüfung ohne Rücksicht auf eigene und/oder fremde Interessen durchzuführen. Unabhängigkeit liegt nach dieser Unterscheidung vor, wenn keinerlei Einflußmöglichkeiten der zu prüfenden Unternehmung oder Dritter bestehen.[3]

---

1) Die WPO benutzt die Begriffe "unabhängig" und "Besorgnis der Befangenheit" (§§ 43,1 u. 49); das HGB kennt nur den Begriff "Besorgnis der Befangenheit" (§ 318,3), ebenso das AktG in § 142,4. Die Berufssatzung verwendet die Begriffe Unabhängigkeit (§ 2), Unbefangenheit und Besorgnis der Befangenheit (§§ 20 u. 21). Die Richtlinien für die Berufsausübung haben den ersten Abschnitt mit "Unabhängigkeit und Unbefangenheit" überschrieben, verwenden aber auch den Begriff "Besorgnis der Befangenheit".

2) Vgl. Kicherer [1970], S. 99 - 102. Die Unabhängigkeit eines WP kann auch aus der Stellung als angestellter Prüfer heraus gefährdet sein. Ein angestellter und nicht zugleich beteiligter WP muß z.B. befürchten, wegen seiner Entscheidung entlassen zu werden. Um seine Unabhängigkeit zu stärken, wird vorgeschlagen, daß eine WPG einem WP nur dann kündigen darf, wenn dem eine Aufsichtsbehörde zugestimmt hat (vgl. Schäuble [1971], S. 202). Entsprechendes wäre auch für den angestellten vBP zu fordern.

3) Vgl. Jäckel [1960], S. 38 - 40. Der sachliche Gehalt der beiden Ansichten deckt sich also, nur werden verschiedene Termini in der Weise verwendet, daß "innere Unabhängigkeit" und "Unbefangenheit" den gleichen Inhalt haben. Siehe in diesem Zusammenhang auch die Interpretation bei Windmöller [1996].

Beurteilt wird die Frage der Unabhängigkeit des Berufsangehörigen durch jene, zugunsten derer er seine Schutz- und Ordnungsfunktion ausübt. Das sind vor allem die an einer Rechnungslegung Interessierten, wie Anteilseigner, Gläubiger, die Belegschaft und die Öffentlichkeit. Von ihrer Einschätzung hängt es ab, ob das Urteil als vertrauenswürdig angesehen wird. Ein WP bzw. vBP muß daher nicht nur tatsächlich unabhängig sein, sondern er muß auch als unabhängig erscheinen. Damit ist das Problem der **Besorgnis der Befangenheit** angesprochen. Es handelt sich hierbei um die Frage, welche Situationen bzw. Konstellationen zwischen Prüfer und geprüfter Unternehmung zu vermeiden sind, damit vernünftige vorurteilslose Dritte keinen plausiblen Grund für Zweifel an der Unabhängigkeit des WP bzw. vBP haben.

Die Möglichkeiten der Bedrohung der Unabhängigkeit und Unbefangenheit und damit der Urteilsfreiheit sind außerordentlich vielgestaltig. In der Literatur werden insbesondere folgende typischen Situationen der Gefährdung der Urteilsfreiheit genannt:

Personelle Verflechtungen. Im wesentlichen lassen sich zwei Fallgruppen als personelle Verflechtung zwischen der zu prüfenden Unternehmung und dem WP/vBP (bzw. der WPG/BPG) unterscheiden. Im ersten Fall ist der Prüfer zugleich Träger von Funktionen bei der zu prüfenden Unternehmung oder bei einer mit dieser in naher Beziehung stehenden Unternehmung. Eine nahe Beziehung ist einerseits bei Verbundenheit i.S.v. § 271,2 HGB und andererseits dann gegeben, wenn das Unternehmen an der zu prüfenden Unternehmung eine bestimmte Quote von Anteilen besitzt. Ist der Prüfer Funktionsträger bei der prüfenden Unternehmung (Geschäftsführer, gesetzlicher Vertreter oder Mitglied des Aufsichtsrates bzw. Arbeitnehmer), so ist er für die Rechnungslegung des zu prüfenden Unternehmens unmittelbar verantwortlich und/oder hat diese mittelbar oder unmittelbar mitbestimmt oder die Möglichkeit hierzu gehabt. Es besteht so Grund zu der Annahme, daß diese Personen kein Interesse daran haben, daß durch eine Prüfung wesentliche Mängel in der Rechenschaftslegung aufgedeckt werden. Außerdem beziehen solche Prüfer Einkommen aus ihren Tätigkeiten für die geprüfte Unternehmung. Sie stehen somit in einem wirtschaftlichen Abhängigkeitsverhältnis zu der geprüften Unternehmung.

Im zweiten Fall üben Funktionsträger der Prüfungsunternehmung eine Doppelfunktion (interlocking directorate) bei der Prüfungsunternehmung und der zu prüfenden Unternehmung aus und haben als Geschäftsführer, gesetzlicher Vertreter oder Mitglied des Aufsichtsrates bzw. Arbeitnehmer das Interesse und die Möglichkeit, auf das Prüfungsurteil einzuwirken.

Finanzielle Interessen. Diese können einmal aus Beteiligungs- und Schuldverhältnissen und/oder aus der Leistungsbeziehung zu der geprüften Unternehmung selbst resultieren. Bestehen Beteiligungen des Prüfers (oder naher Verwandter) an dem geprüften Unternehmen, so ist die Gefahr gegeben, daß Prüfer im eigenen oder im Interesse von Verwandten nützliche Insiderinformationen sammeln, aber auch mit Mängeln behaftete Rechnungslegungen billigen, soweit sie ihren Beteiligungsinteressen nützlich sind (z.B. Ausweis eines zu hohen Gewinns). Im Falle einer Verschuldung des Prüfers (oder naher Verwandter) bei dem zu prüfenden Unternehmen bzw. bei mit diesem verbundenen Unternehmen oder bei einer Person, auf die das zu prüfende Unternehmen Einfluß hat, besteht bei einer Meinungsverschiedenheit zwischen Prüfer und zu prüfender Unternehmung die Möglichkeit, den Prüfer unter Druck zu setzen und so dessen Urteilsfreiheit einzuschränken.

Das finanzielle Interesse des Prüfers kann aber auch aus der Leistungsbeziehung der Prüfertätigkeit selbst zu einer negativen Auswirkung auf die Prüferfreiheit führen. Prüfer sind aus dem Motiv der Einkommenserzielung heraus daran interessiert, zusätzliche Aufträge zu erlangen oder vorhandene Aufträge zu behalten. Man spricht auch von der **Kundenabhängigkeit** des Prüfers und sieht die hieraus erwachsenden Gefahren für die Urteilsfreiheit im einzelnen bestimmt (1) von der relativen Höhe der Einnahmen von dem betreffenden Mandanten an den Gesamteinnahmen des Prüfers, (2) von den Chancen des Prüfers, Einnahmeausfälle durch andere Aufträge kompensieren zu können und (3) von der Bedeutung des Einkommenstrebens im Zielsystem des Prüfers und dem Einfluß eines bestimmten Einkommenausfalles auf die absolute Einkommenshöhe und damit auf den Lebensstandard des Prüfers.

Persönliche Beziehungen. Diese können auf Verwandtschaft oder sozialen Bindungen (z.B. gemeinsame Schul- oder Ausbildungszeit) beruhen. Persönliche Beziehungen können sowohl positiv als auch negativ auf die Urteilsfreiheit einwirken. So kann ein bestehendes Vertrauensverhältnis dazu beitragen, dem Prüfer die Informationsbeschaffung zu erleichtern und ihm helfen, bei unterschiedlicher Meinung die Durchsetzung seines Standpunktes zu ermöglichen. Auf der anderen Seite kann die Urteilsfreiheit bei einem Vorliegen menschlicher Bindungen durch die persönliche Rücksichtnahme gefährdet und ein Prüfer geneigt sein, Kompromisse hinzunehmen, die er in anderen Beurteilungssituationen nicht zu schließen bereit wäre.

Verbindung von Prüfungs- und Sachverständigentätigkeiten. Bedenken hinsichtlich der Prüferfreiheit werden in der Literatur dann geäußert, wenn ein Prüfer neben seiner Prüfertätigkeit Sachverständigentätigkeiten bei einer Unternehmung durchführt, die über eine Beratung hinsichtlich der Mängelbeanstandung und deren Beseitigung im Rahmen einer Buchprüfung hinausgehen. Hauptsächlich werden drei Einwände vorgebracht: (1) Durch das Hinzutreten des Sachverständigenauftrags steigt der Umsatz mit diesem Mandanten, so daß das finanzielle Interesse des Prüfers an der Geschäftsverbindung mit diesem Mandanten und damit die potentielle Kundenabhängigkeit wächst, (2) Sachverständigentätigkeiten setzen Vertrauensverhältnisse voraus, die als persönliche Bindungen die Urteilsfreiheit des Prüfers negativ zu beeinflussen vermögen und (3) die Tatsache der nicht immer hinreichend zu trennenden Prüfungs- und Sachverständigentätigkeiten hat zur Folge, daß der Prüfer u.U. Sachverhalte zu beurteilen hat, denen er nicht mehr vorbehaltlos gegenübersteht, da er an deren Gestaltung mitgewirkt hat.[1]

Zur Sicherung der für die ordnungsgemäße Berufsausübung wichtigen Frage der Unabhängigkeit hat eine umfangreiche Diskussion stattgefunden, die sich zum Teil in gesetzlichen Regelungen niedergeschlagen hat. Diese Regelungen richten sich gegen Situationen, aus denen sich erfah-

---

1) Siehe hierzu OLG Karlsruhe [1996] und die Besprechung bei Wysocki [1996]. Der Aspekt der Vereinbarkeit von Prüfungs- und Sachverständigentätigkeiten steht im Mittelpunkt der Diskussion über die Frage der Unabhängigkeit des WP (vBP) und der damit verbundenen Problematik. In dieser Diskussion werden Sachverständigentätigkeiten ohne Zusammenhang mit Prüfertätigkeiten bei einem Mandanten oder Sachverständigentätigkeiten, die sich unmittelbar in Erfüllung eines Prüfungsauftrages bei der Mängelbeseitigung ergeben, als unbedenklich angesehen. Zu der umstrittenen Vereinbarkeit von Sachverständigentätigkeiten, die über den Komplex der Mängelbeanstandung und deren Beseitigung hinausgehen, mit der Prüfertätigkeit finden sich auch rechtfertigende Argumente. So wird ausgeführt, daß die Sachverständigentätigkeit die fachliche Autorität des WP (vBP) stärke und eine "umgekehrte" Abhängigkeit schaffe, denn ein Unternehmen, das die Sachverständigentätigkeit eines kompetenten WP (vBP) nachfrage, würde sich auch dessen Integrität in Prüfungsfragen gefallen lassen (so: Mertens [1977], S. 23). Als weitere Argumente für die Vereinbarkeit einer Sachverständigentätigkeit mit der Prüfertätigkeit werden die Wirtschaftlichkeit und die Qualitätssteigerungen bei gleichzeitiger Ausübung dieser Tätigkeiten bei einem Mandanten geltend gemacht. Im Hinblick auf die Wirtschaftlichkeit wird argumentiert, daß durch die Verbindung von Prüfungs- und Sachverständigentätigkeiten Kosteneinsparungen möglich seien, weil für die Sachverständigentätigkeit auch die Arbeitsunterlagen und Erkenntnisse der Prüfung zur Verfügung ständen (vgl. Richter [1964], S. 80). Qualitätssteigerungen sowohl hinsichtlich der Prüfer- wie auch der Sachverständigentätigkeit werden insbesondere auf eine Verbesserung des Informationsstandes bei gleichzeitiger Wahrnehmung dieser Tätigkeiten beim gleichen Mandanten zurückgeführt (vgl. Luik [1977], S. 125 - 126; Barclay [1963], S. 649).

rungsgemäß "**Abhängigkeiten**"[1] ergeben. Sie werden ergänzt durch Normen, die eine Umschreibung und Einordnung des Tatbestandes der Besorgnis der Befangenheit beinhalten. Im folgenden soll zunächst auf solche Vorkehrungen des geltenden Rechts eingegangen werden, die darauf abzielen, die Unabhängigkeit des WP bzw. vBP zu sichern (Abschnitt I). Anschließend sollen die in der Diskussion über die Fragen der Unabhängigkeit gemachten Vorschläge behandelt werden, die sich bisher nicht in Gesetzesnormen niedergeschlagen haben, aber von grundsätzlichem Interesse sind (Abschnitt II).

I. Gesetzliche Normen und Standesnormen zur Sicherung der Unabhängigkeit und Unbefangenheit

Zwischen den Normenbereichen zur Sicherung der Unabhängigkeit und denen der Umschreibung der Besorgnis der Befangenheit bestehen insofern Zusammenhänge, als bei Beachtung der gesetzlichen Vorschriften zur Sicherung der Unabhängigkeit ein diesbezüglicher Anlaß zur Besorgnis der Befangenheit entfällt. Umgekehrt haben Vorschriften, die eine Besorgnis der Befangenheit verhindern, die Wirkung, daß ein die Unabhängigkeit gefährdender Tatbestand vermieden wird. Die beiden ineinandergreifenden Normenbereiche werden getrennt dargestellt.

a. Normen zur Sicherung der Unabhängigkeit

Sie sind enthalten in der WPO, der Berufssatzung, den Richtlinien sowie im HGB und sind zum einen an den Berufsangehörigen und zum anderen an das zu prüfende Unternehmen gerichtet.[2]
Der § 43,1 WPO verpflichtet den WP zu einer unabhängigen Berufsausübung. Nach § 44,1 WPO sind Weisungen der Geschäftsleitung von WPG an ihre angestellten Prüfer, Prüfungsberichte oder Gutachten zu unterschreiben, deren Inhalt sich nicht mit ihrer Überzeugung deckt, unzulässig. Nach § 130 i.V.m. §§ 43,1 u. 44,1 WPO gilt das entsprechend für den vBP bzw. die BPG. Der Sicherung der Unabhängigkeit dienen gleichfalls die Verbote, Erfolgshonorare zu vereinbaren, Provisionen anzunehmen, Mandantenrisiken zu übernehmen oder Versorgungszusagen von Auftraggebern anzunehmen (§ 2 Berufssatzung).
Die handelsrechtliche Regelung zur Sicherung der Unabhängigkeit befindet sich in § 319 HGB. Sie gilt für die handelsrechtliche Prüfung von Einzel- und Konzernabschluß. Ihr kommt allgemeine Bedeutung zu, denn § 319 HGB findet aufgrund von gesetzlichen Vorschriften auch Anwendung auf die Prüferauswahl bei Pflichtprüfungen außerhalb des HGB (so: §§ 6,1 u. 14,1 PublG; Art. 25,3 EGHGB). Die Berufssatzung erweitert

---
[1] "Als abhängig gilt, (1) wer verpflichtet ist, den Weisungen eines anderen bei der Urteilsabgabe zu folgen, (2) wer in seiner beruflichen Position, seinem Fortkommen, seinem Einkommen, seiner gesellschaftlichen Stellung und dergleichen von möglichen Sanktionen eines anderen betroffen wird, ohne sich hiergegen nennenswert wehren zu können, so daß er Wünsche des Betreffenden nahezu wie Weisungen akzeptieren muß." (Leffson [1988], S. 69, Fn. 18).

[2] Bedeutsam in diesem Zusammenhang sind die Bestrebungen zu einer europäischen Vereinheitlichung dieser Normen. Siehe hierzu das Positionspapier der FEE vom 27.6.95 "Audit, Independence, Objectivity" und die Grundsätze der IFAC zur Unabhängigkeit und Unbefangenheit in der Besprechung bei Windmöller [1996].

den Ausschlußbereich generell auf alle gesetzlich vorgeschriebenen Prüfungen sowie auf alle freiwillig vorgenommenen Abschlußprüfungen, bei denen ein Bestätigungsvermerk erteilt wird, der dem Bestätigungsvermerk in § 322 HGB nachgebildet ist (§ 24 Berufssatzung). Durch die Vorschriften in § 319,2 u. 3 HGB sollen durch den Ausschluß gewisser Prüfungsträger von der Tätigkeit als Abschlußprüfer bestimmte Interessenkollisionen bei der Prüfungsdurchführung verhindert werden. Das HGB enthält in § 319 keine Generalklausel für den Prüferausschluß, sondern einen erschöpfenden Katalog von verhältnismäßig eindeutig abgrenzbaren Ausschlußgründen, die für die ganze Dauer einer Prüfung Bedeutung haben.

Ein Verstoß gegen den § 319,2 oder 3 HGB führt nicht wie ein Verstoß gegen § 319,1 HGB (Fehlen der erforderlichen Berufszulassung) zur Nichtigkeit des Jahresabschlusses, sondern wird als Ordnungswidrigkeit des Abschlußprüfers geahndet (§ 334,2 HGB), die mit einer Geldbuße bis zu DM 50.000,- (§ 334,3 HGB) bedroht ist. Daneben besteht gem. § 67 ff WPO die Möglichkeit einer berufsgerichtlichen Ahndung. Diese unterschiedlichen Konsequenzen sind dadurch zu begründen, daß die Rechtsfolge der Nichtigkeit die zu prüfende Gesellschaft treffen würde, für die die einzelnen in § 319,2 u. 3 HGB verankerten Ausschlußgründe nicht oder nur schwer erkennbar sind.[1]

1. Der Ausschluß von Einzelprüfern nach § 319,2 HGB

In § 319,2 HGB werden Tatbestände genannt, bei deren Vorliegen WP bzw. vBP unwiderlegbar als abhängig gelten, wenn einer oder mehrere dieser Tatbestände gegeben sind. Allerdings sind nicht alle wichtigen Abhängigkeitsgründe in dieser gesetzlichen Regelung erfaßt. So fehlen bestimmte Tatbestände aus dem Bereich "nahe Beziehungen". Solche Beziehungen können persönlicher Art (Ehe, Verwandtschaft) oder geschäftlicher Art (Beratertätigkeit) sein (s. § 21,2 Berufssatzung). Für ihre Nichterfassung werden Schwierigkeiten einer normativen Abgrenzung solcher Tatbestände angeführt (vgl. Baetge/Hense [1990], S. 1980 - 1981). Diese Tatbestände sind jedoch insofern von Relevanz, als sie Anlaß zur Besorgnis der Befangenheit geben und Anfechtungsgründe für § 318,3 HGB beinhalten oder berufsrechtliche Ausschließungsgründe darstellen, deren Beachtung nach § 49 WPO geboten ist.

Eine Besonderheit der Regelung der Ausschlußtatbestände in § 319,2 HGB ist der Ausschluß wegen **indirekter Tatbestandserfüllung**. Demnach ist ein Einzelprüfer nicht nur dann von der Prüfung ausgeschlossen, wenn er selbst eines der Abhängigkeitsmerkmale des § 319,2 HGB erfüllt, sondern auch dann, wenn mindestens einer der in dieser gesetzlichen Regelung angeführten Tatbestände bei einer anderen Person vorliegt, mit der der Einzelprüfer seinen Beruf gemeinsam ausübt oder die bei der Prüfung beschäftigt ist. Diese Regelung hat den Sinn, die Umgehung des § 319,2 HGB zu erschweren bzw. zu verhindern.

---

1) Vgl. Biener/Berneke [1986], S. 419. Zur Feststellung von Ausschlußgründen, die Mitarbeiter bzw. Sozietätspartner betreffen, kann der WP bzw. vBP oder die WPG bzw. BPG Unabhängigkeitserklärungen heranziehen (vgl. hierzu IDW [1989 (1)], S. 5).

Unter gemeinsamer Berufsausübung im Sinne dieser gesetzlichen Vorschrift ist die berufliche Zusammenarbeit in derselben Praxis oder innerhalb einer Sozietät zu verstehen. Maßgebend für die Ausschließung ist die "Gleichrichtung von Interessen", d.h. das Vorliegen einer wirtschaftlichen Beziehung, die auch darin zu sehen ist, daß Einnahmen und Ausgaben ganz oder teilweise vergemeinschaftet sind.

Der Ausschluß eines Berufsangehörigen nach § 319,2 HGB wird durch nachfolgende Abb. 2 veranschaulicht (entnommen aus Baetge/Hense [1990], S. 1985).

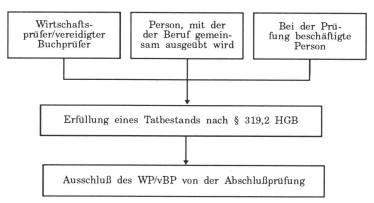

Abb. 2: *Ausschluß eines Einzelprüfers nach § 319,2 HGB*

Im einzelnen sieht der § 319,2 HGB drei Arten von Ausschließungsgründen vor, nämlich
- die Verflechtung mit der zu prüfenden Kapitalgesellschaft,
- die Mitwirkung an dem Zustandekommen von zu prüfenden Unterlagen,
- die finanzielle Abhängigkeit (Kundenabhängigkeit).

Danach darf ein WP bzw. vBP nicht Abschlußprüfer sein, wenn
- er, eine Person, mit der er seinen Beruf gemeinsam ausübt, oder eine bei der Prüfung beschäftigte Person Anteile an der zu prüfenden Kapitalgesellschaft besitzt (§ 319,2 Nr. 1 HGB);
- er, eine Person, mit der er seinen Beruf gemeinsam ausübt, oder eine bei der Prüfung beschäftigte Person gesetzlicher Vertreter oder Mitglied des Aufsichtsrats oder Arbeitnehmer der zu prüfenden Gesellschaft ist oder in den letzten drei Jahren vor seiner Bestellung war (§ 319,2 Nr. 2 HGB);
- er, eine Person, mit der er seinen Beruf gemeinsam ausübt, oder eine bei der Prüfung beschäftigte Person
  - gesetzlicher Vertreter oder Mitglied des Aufsichtsrats einer juristischen Person,
  - Gesellschafter einer Personengesellschaft,
  - Inhaber eines Unternehmens oder
  - Arbeitnehmer eines Unternehmens oder einer natürlichen Person ist und die juristische oder natürliche Person, die Personengesellschaft oder das Einzelunternehmen mit der zu prüfenden Kapitalgesellschaft verbunden ist oder von dieser mehr als 20 % der Anteile besitzt (§ 319,2 Nr. 3 u. 4 HGB);

- er, eine Person, mit der er seinen Beruf gemeinsam ausübt, oder eine bei der Prüfung beschäftigte Person bei der Führung der Bücher oder der Aufstellung des zu prüfenden Jahresabschlusses der Kapitalgesellschaft über die Prüfungstätigkeit hinaus mitgewirkt hat (§ 319,2 Nr. 5 HGB).[1] Dieser Ausschlußgrund gilt auch dann, wenn der WP (bzw. der vBP), eine Person, mit der er seinen Beruf gemeinsam ausübt, oder eine bei der Prüfung beschäftigte Person gesetzlicher Vertreter, Arbeitnehmer, Mitglied des Aufsichtsrats oder Gesellschafter einer juristischen oder natürlichen Person oder einer Personengesellschaft oder Inhaber eines Unternehmens ist und die unvereinbare Beratungstätigkeit von der juristischen oder natürlichen Person, der Personengesellschaft oder einem ihrer Gesellschafter oder von dem Unternehmen bei der zu prüfenden Kapitalgesellschaft durchgeführt wurde (§ 319,2 Nr. 6 HGB);
- er oder eine Person, mit der er seinen Beruf gemeinsam ausübt, in den letzten fünf Jahren mehr als die Hälfte der Gesamteinnahmen aus seiner beruflichen Tätigkeit aus der Prüfung und Beratung der zu prüfenden Kapitalgesellschaft und von Unternehmen, an denen die zu prüfende Kapitalgesellschaft mehr als 20 % der Anteile besitzt, bezogen hat und dies auch im laufenden Geschäftsjahr zu erwarten ist. Zur Vermeidung von Härtefällen kann die WPK hier befristete Ausnahmegenehmigungen erteilen (§ 319,2 Nr. 8 HGB).

2. Der Ausschluß von Prüfungsgesellschaften nach § 319,3 HGB

In § 319,3 HGB werden die Ausschlußtatbestände für Prüfungsgesellschaften im wesentlichen analog zu den Unvereinbarkeitstatbeständen geregelt, die zum Ausschluß von Einzelprüfern führen. Eine Prüfungsgesellschaft darf nach diesem Paragraphen nicht Abschlußprüfer sein, wenn

- sie Anteile an der zu prüfenden Kapitalgesellschaft besitzt oder mit dieser verbunden ist oder wenn ein mit ihr verbundenes Unternehmen an der zu prüfenden Kapitalgesellschaft mehr als 20 % der Anteile besitzt oder mit dieser verbunden ist;
- sie an der Buchführung oder dem zu prüfenden Abschluß mitgewirkt hat (= direkte Mitwirkung);
- sie Gesellschafter einer juristischen Person oder einer Personengesellschaft ist, die an der Buchführung oder der Erstellung des Abschlusses bei dem zu prüfenden Unternehmen mitgewirkt hat (= indirekte Mitwirkung);
- sie eine abhängige Person im Sinne des § 319,2 Nr. 7 HGB bei der Abschlußprüfung beschäftigt;
- sie im Sinne des § 319,2 Nr. 8 HGB von der zu prüfenden Unternehmung umsatzabhängig ist;
- sie die Rechtsform der Kapitalgesellschaft hat und auf einen ihrer gesetzlichen Vertreter oder auf einen ihrer Gesellschafter, der 50 % oder mehr der den Gesellschaftern zustehenden Stimmrechte besitzt, die Ausschlußtatbestände des § 319,2 Nr. 1 bis 4 HGB zutreffen. Letztere bedeuten:
  Nr. 1: Ausschluß wegen Anteilsbesitz an der zu prüfenden Kapitalgesellschaft;
  Nr. 2: Ausschluß wegen Tätigkeit in der zu prüfenden Kapitalgesellschaft;
  Nr. 3: Ausschluß wegen Organzugehörigkeit oder Inhaberschaft bei einer der zu prüfenden Gesellschaft nahestehenden Unternehmung;
  Nr. 4: Ausschluß wegen Arbeitnehmereigenschaft bei einer der zu prüfenden Kapitalgesellschaft nahestehenden Unternehmung oder Person;

---

1) Zur Abgrenzung von Prüfung und Jahresabschlußerstellung vgl. WPK [1996 (3)] sowie zur Abgrenzung einer steuerlichen Beratung von einer Mitwirkung bei der Aufstellung des Jahresabschlusses, die zu einem Ausschluß als Abschlußprüfer führt, vgl. OLG Karlsruhe [1996].

- sie nicht die Rechtsform der Kapitalgesellschaft hat und auf einen Gesellschafter die Ausschlußtatbestände des § 319,2 Nr. 1 bis 4 HGB zutreffen;
- sie einen Gesellschafter oder gesetzlichen Vertreter hat, der
  - bei dem zu prüfenden Unternehmen an der Buchführung oder der Aufstellung des Abschlusses mitgewirkt hat;
  - gleichzeitig Gesellschafter, gesetzlicher Vertreter, Mitglied des Aufsichtsrats oder Arbeitnehmer einer juristischen Person ist, die an der Buchführung oder dem Abschluß des zu prüfenden Unternehmens mitgewirkt hat;
  - gleichzeitig Gesellschafter oder Arbeitnehmer einer Personengesellschaft ist, die an der Buchführung oder dem Abschluß des zu prüfenden Unternehmens mitgewirkt hat;
  - gleichzeitig Inhaber eines Unternehmens ist, das an der Buchführung oder dem Abschluß des zu prüfenden Unternehmens mitgewirkt hat;
  - gleichzeitig Arbeitnehmer einer natürlichen Person ist, die an der Buchführung oder dem Abschluß des zu prüfenden Unternehmens mitgewirkt hat;
- sie ein Mitglied des Aufsichtsrats hat, das
  - gleichzeitig bzw. in den vergangenen drei Jahren gesetzlicher Vertreter, Mitglied des Aufsichtsrats oder Arbeitnehmer des zu prüfenden Unternehmens ist bzw. war;
  - an der Buchführung oder der Erstellung des Abschlusses des zu prüfenden Unternehmens mitgewirkt hat.

b. Normen zur Sicherung der Unbefangenheit

Das Berufsrecht verlangt in § 49 bzw. in § 130 i.V.m. § 49 WPO, daß der WP bzw. vBP seine Tätigkeit zu versagen hat, wenn er sich befangen fühlt oder ein sachlich vernünftiger Grund besteht, aus dem die Besorgnis abgeleitet werden kann, er sei befangen, also innerlich nicht frei. Diese berufsrechtliche Norm wird ausgefüllt durch die Berufssatzung, die Berufsrichtlinien und "Richtungweisenden Feststellungen" sowie ergänzt durch § 318,3 bzw. 6 HGB, der einen Schutz vor ungerechtfertigter Abwahl des Abschlußprüfers seitens des zu prüfenden Unternehmens beinhaltet bzw. eine Kündigung des Prüfungsauftrages seitens des Abschlußprüfers auf wichtige Gründe einschränkt (§ 318,6 HGB). Nach § 318,3 HGB hat das Gericht auf Antrag der gesetzlichen Vertreter, des Aufsichtsrats sowie von Gesellschaftern (bei AG und KGaA jedoch nur, wenn die Anteile dieser Gesellschafter zusammen 10 % des Grundkapitals oder den Nennbetrag von 2 Mio. DM erreichen) nach Anhörung der Beteiligten und des gewählten Prüfers einen anderen Abschlußprüfer zu bestellen, wenn dies aus einem in der Person des gewählten Prüfers liegenden Grund geboten erscheint, insbesondere wenn Besorgnis der Befangenheit besteht.[1] Der Antrag ist binnen zwei Wochen nach dem Tag der Wahl des Abschlußprüfers zu stellen. Die vom Antragsteller aufzuführenden Gründe müssen objektiv die Besorgnis rechtfertigen, daß der Prüfer befangen sei oder aus sonstigen Gründen die Prüfung nicht ordnungsgemäß durchführen könne (z.B. wegen mangelnder persönlicher Zuverlässigkeit). Gegen die Entscheidung des Gerichts ist die sofortige Beschwerde zulässig.

---

[1] Die Ausgestaltung des Widerspruchsrechts, insbesondere die formalen Anforderungen, hat dazu geführt, daß dieser Vorschrift (entsprechendes war bis 1985 in § 163,2 AktG geregelt) nur geringe praktische Bedeutung zukommt (vgl. Richter [1975], S. 121 - 125).

Der Widerruf eines wirksam erteilten Prüfungsauftrags durch das zu prüfende Unternehmen ist nach § 318,1 S. 5 HGB nur zulässig, wenn das Gericht gem. § 318,3 HGB einen neuen Prüfer bestellt hat.[1] Die Abwahl aus nicht in der Person des Abschlußprüfers liegenden Gründen (z.B. wenn das vom Prüfer zu erwartende Urteil nicht den Vorstellungen der Verwaltung entspricht) ist nicht möglich.

Der Schutz vor unberechtigter Abwahl wird ergänzt durch die Beschränkung des Kündigungsrechts des Abschlußprüfers. Eine Kündigung ist nur aus wichtigem Grund möglich. Eine Meinungsverschiedenheit über den Bestätigungsvermerk gilt nicht als wichtiger Grund. Dadurch soll vermieden werden, daß sich der Abschlußprüfer der sachlich begründeten Meinungsverschiedenheit entziehen kann.[2] Zulässig ist die Kündigung, wenn die Durchführung der Prüfung nicht mehr zumutbar ist.[3] Die Gründe sind schriftlich niederzulegen, und der Abschlußprüfer hat über das Ergebnis seiner bisherigen Prüfung zu berichten.

Während § 318,3 HGB den Organen und den Aktionären der Gesellschaft das Recht gewährt, einen befangenen Prüfer auszuwechseln, wendet sich der § 49 bzw. § 130 i.V.m. § 49 WPO an den Berufsangehörigen, indem er ihn verpflichtet, bei Besorgnis der Befangenheit sein Mandat abzulehnen. Ein Verstoß führt evtl. zu einem berufsgerichtlichen Vorgehen der WPK gegen den WP bzw. vBP (§§ 67 ff WPO).

Die Beziehungen, die eine Besorgnis der Befangenheit begründen können (jedoch nicht müssen), sind vielgestaltig. Zur Ausdeutung des Begriffes der Besorgnis der Befangenheit ist insbesondere die Berufssatzung sowie ergänzend die in den Richtlinien und den "Richtungweisenden Feststellungen" der WPK dargelegte Verkehrsanschauung heranzuziehen. Die Berufssatzung stellt auch klar, daß der Anwendungsbereich von § 49 WPO nicht allein auf die handelsrechtliche Abschlußprüfung beschränkt ist (§ 20 Berufssatzung). Anzuwenden ist der Grundsatz auch bei der Erstattung von Gutachten und allen ähnlichen Aufgaben, die die Unparteilichkeit nach § 43,1 WPO erfordern. Die nachstehend genannten Fälle geben aber lediglich Hinweise auf das berufliche Verhalten, ohne daß dadurch die Verkehrsanschauung des Berufsstandes der WP und vBP vollständig und abschließend beschrieben wird.[4] Im einzelnen kann die **Besorgnis der Befangenheit** begründet sein, wenn

---

1) Gemäß § 163,5 AktG a.F. konnte das zu prüfende Unternehmen den Prüfungsauftrag bis zur Vorlage des Prüfungsberichts an den Vorstand widerrufen und der Abschlußprüfer hatte nur die Möglichkeit, vor der Hauptversammlung über das Prüfungsergebnis zu berichten. Die Reform dieser Vorschrift wurde in der Literatur wiederholt gefordert, da der passive Schutz vor ungerechtfertigter Abwahl in Form des Rederechts nur dann wirksam war, wenn der Abschlußprüfer auf einen objektiv urteilenden Aufsichtsrat und eine sachverständige Hauptversammlung traf (vgl. Forster [1976 (1)], S. 329).

2) Für diese Meinungsverschiedenheiten ist das Spruchstellenverfahren nach § 324 HGB vorgesehen (vgl. Buchner [1996], S. 39 - 40).

3) Vgl. zu den möglichen Fällen ADS [1987], § 318 HGB, Tz. 255.

4) Befangenheit wird auch dann vermutet, wenn der Prüfer Funktionsträger bei einem Konkurrenzunternehmen ist.

(1) nahe Beziehungen des WP (vBP) zu einem Beteiligten oder zum Gegenstand der Beurteilung bestehen, die geeignet sein könnten, die Urteilsbildung zu beeinflussen. In diesem Sinne bestehen nahe Beziehungen insbesondere zwischen Angehörigen i.S. des § 15 AO, bei finanziellen oder kapitalmäßigen Bindungen gegenüber dem zu prüfenden, dem zu begutachtenden oder dem den Auftrag erteilenden Unternehmen, einem an der Sache Beteiligten oder einem widerstreitend Interessierten, sowie bei Gefahr einer Interessenkollision, z.B. bei Wahrnehmung der Interessen von Vertragspartnern des zu prüfenden, des zu begutachtenden oder des den Auftrag erteilenden Unternehmens (§ 21,1 u. 2 Berufssatzung). Die nahe Beziehung kann somit rein persönlicher, verwandtschaftlicher oder geschäftlicher Art sein. Besorgnis der Befangenheit kann auch vorliegen, wenn Partner, mit der Auftragsdurchführung befaßte Arbeitnehmer und Angehörige (§ 15 AO) nahe Beziehungen in diesem Sinne zu den genannten Personen unterhalten. Gleiches gilt bei WPG (BPG) für nahe Beziehungen von gesetzlichen Vertretern, Gesellschaftern und mit der Auftragsdurchführung befaßte Arbeitnehmer (§ 21,3 Berufssatzung).

(2) der WP (vBP) als Prüfer oder Gutachter einen Tatbestand zu beurteilen hat, an dessen Zustandekommen er über die Tätigkeit als Prüfer oder Gutachter hinaus selbst maßgeblich mitgewirkt hat (§ 23 Berufssatzung). Führt er insbesondere die Bücher eines Mandanten mit der Zuständigkeit auch für die Kontierung von Belegen oder das Erteilen von Buchungsanweisungen oder hat er den Jahresabschluß erstellt oder maßgeblich bei der Erstellung mitgewirkt, so ist eine Jahresabschlußprüfung nach Art und Umfang einer Pflichtprüfung durch ihn ausgeschlossen. Ist der Jahresabschluß vom Berufsangehörigen erstellt oder ist eine Prüfung des Jahresabschlusses nicht nach Art und Umfang einer Pflichtprüfung vorgenommen worden, so darf ebenfalls kein Bestätigungsvermerk, sondern nur eine Bescheinigung erteilt werden, aus der sich Art und Umfang der Tätigkeit ergeben.

(3) eine Beratertätigkeit über eine fachliche oder wissenschaftliche Sachklärung oder über eine gutachterliche Darstellung von Alternativen (Entscheidungshilfen) hinausgeht und wenn dadurch die Besorgnis hervorgerufen wird, daß die Funktion des außenstehenden objektiven, unabhängigen und unbefangenen WP (vBP) nicht mehr gegeben ist (vgl. auch WPK [1996 (3)], S. 2).

(4) eine gleichzeitige Mitgliedschaft im AR oder einem sonstigen Organ, das dem AR einer AG entspricht, und eine Tätigkeit als Abschlußprüfer desselben Unternehmens vorliegt. Entsprechendes gilt für die gleichzeitige Übernahme beider Mandate innerhalb verbundener Unternehmen bzw. wenn es sich zwar nicht um verbundene Unternehmen handelt, jedoch um Unternehmen, zwischen denen nennenswerte kapitalmäßige oder sonstige Verflechtungen bestehen.

(5) der WP (vBP) im Auftrag von Gesellschaftern Treuhandfunktionen in der zu prüfenden Gesellschaft wahrnimmt oder im zu prüfenden Zeitraum wahrgenommen hat, sofern es sich hierbei nicht lediglich um ergänzende Kontrolltätigkeiten im Auftrag von Gesellschaftern handelt bzw. gehandelt hat und alle anderen Gesellschafter dem zugestimmt haben. In diesen Fällen sind alle gesetzlich vorgeschriebenen Prüfungen, Prospektprüfungen und alle nicht gesetzlich vorgeschriebenen Abschlußprüfungen, bei denen ein Bestätigungsvermerk i.S. des § 322 HGB erteilt wird, durch ihn ausgeschlossen (§ 24,3 Berufssatzung).

(6) der WP (vBP) als Vergleichs- oder Konkursverwalter bei einem Unternehmen bestellt wird, das er vor Eintritt der Zahlungsschwierigkeiten beraten hat.

(7) Erfolgshonorare oder Provisionen vereinbart, Mandantenrisiken übernommen oder Versorgungszusagen von Auftraggebern angenommen werden (§ 2 Berufssatzung).

(8) das insgesamt von einem Mandanten (für den Prüfungsaufträge durchgeführt werden) gezahlte Honorar einen wesentlichen Anteil an den Einkünften des WP (vBP) bzw. der WPG (BPG) darstellt.

II. Vorschläge zur Verbesserung der Normen zur Sicherung der Objektivität

Im Schrifttum werden mitunter Auffassungen geäußert, wonach die Gesamtheit der dargestellten Regelungen als nicht ausreichend angesehen werden, um die Objektivität in dem erwünschten Umfang zu sichern. Das führt dazu, daß zusätzliche Regelungen oder Modifikationen bestehender Ansätze zur Sicherung der Urteilsfreiheit vorgeschlagen werden. Ein Teil dieser Vorschläge existiert schon seit längerer Zeit. Man kann daher sagen, daß sich einige dieser Vorschläge nicht oder nicht in vollem Umfang in den bisherigen Gesetzgebungsverfahren niedergeschlagen haben. Im folgenden soll im Überblick (und nicht abschließend) auf solche Reformvorschläge eingegangen werden.

1. Schutz vor einer aus unsachlichen Gründen nicht vorgesehenen Wiederwahl. Die Diskussion um den Schutz vor einer aus unsachlichen Gründen nicht erfolgenden Wiederwahl basiert auf der Überlegung, daß die Objektivität des Abschlußprüfers erhalten bleibt und gestärkt wird, wenn er nicht befürchten muß, sein Mandat aus unsachlichen Gründen zu verlieren. Das Handelsrecht geht - wie erwähnt - von dem Grundsatz aus, daß in der Regel im Rahmen der gesetzlichen Möglichkeiten bzw. Grenzen der §§ 318 u. 319 HGB die Wahl des Abschlußprüfers in das Belieben der prüfungspflichtigen Gesellschaft gestellt ist. Es bestehen keinerlei Sicherungen gegen eine aus unsachlichen Gründen nicht vorgesehene Wiederwahl. Die WP und vBP haben weder die Möglichkeit, gegen ihre Nichtwiederwahl in der Hauptversammlung Stellung zu nehmen, noch können sie sich an das Registergericht wenden.

Zur Stärkung der Position des Abschlußprüfers werden im Schrifttum einmal die mehrjährige Bestellung des Abschlußprüfers und zum anderen seine automatische Wiederwahl mit Rederecht vor der Hauptversammlung vorgeschlagen (vgl. Richter [1975], S. 110 - 113). Beide Vorschläge haben zur Konsequenz, daß der Abschlußprüfer für längere Zeit bestellt wird, so daß sich aus einer jährlichen Bestellung ergebende Gefahren der Kundenabhängigkeit erheblich reduziert werden. Die automatische Wiederwahl mit Rederecht hat den zusätzlichen Vorteil, die Hauptversammlung zu entlasten, ohne ihr die Möglichkeit zu nehmen, einen anderen Abschlußprüfer zu bestimmen. Das Rederecht des Abschlußprüfers erschwert seine Abwahl aus unsachlichen Gründen.

2. Stärkung der Neutralität des Abschlußprüfers durch Pflichtrotation. Neben Vorschlägen, die auf eine Verlängerung der "Amtszeit" eines Abschlußprüfers hinzielen, finden sich in der Literatur auch Vorschläge, die auf einen regelmäßigen Wechsel des Abschlußprüfers abstellen. So liegt dem Deutschen Bundestag ein Gesetzentwurf der SPD-Fraktion vor, der eine Pflichtrotation des Abschlußprüfers nach fünf Jahren vorsieht (BT 13/367). Angeregt werden solche Vorschläge durch die Erfahrung, daß in der Wirtschaftspraxis in der Regel die bisherigen Abschlußprüfer wiederbestellt werden (vgl. hierzu Tab. 10 bei Richter [1975], S. 104). In einer zu langen Verbindung zwischen Prüfer und geprüftem Unternehmen wird die Gefahr einer Beeinträchtigung der Objektivität bzw. einer Betriebsblindheit des Prüfers gesehen und ein turnusmäßiger Wechsel der Abschlußprüfer gefordert (vgl. Lutter [1975], S. 237; Westrick [1963], S. 87; s. auch Forster [1995], S. 2-3).

Der Vorschlag der Einschränkung der Wiederwahl impliziert gleiche Prüferqualitäten, ist aber selbst mit Gefahren verbunden. Ein ständiger Prüferwechsel erfordert eine Neueinarbeitung, denn der neue Prüfer muß sich erst mit Sachverhalten vertraut machen, die seinen Vorgängern geläufig waren. Hierdurch leidet die Effizienz der Prüfung, und es entstehen höhere Prüfungskosten, was zu einer Mehrbelastung der betroffenen Mandanten führt. Auch ist ein neuer Abschlußprüfer in der ersten Zeit seiner Tätigkeit in stärkerem Maße von Informationen der Verwaltung der geprüften Unternehmung abhängig als ein langjährig tätiger Abschlußprüfer. Das beeinträchtigt sein Durchsetzungsvermögen gegenüber der Verwaltung. In dem Zusammenhang ist auch zu beachten, daß WP (vBP) bestehende Gefahren der Fraternisierung und entstehende Betriebsblindheit durch periodische personelle Umbesetzungen der eingesetzten Prüferteams zu begegnen suchen. Da hierbei in keinem Jahr das gesamte Team ausgewechselt wird, werden sowohl die Vorteile des Prüferturnus als auch die der Prüferkontinuität ausgenutzt.

3. Reduzierung der Kundenabhängigkeit durch Untersagung aller mit Prüfertätigkeiten verbundenen Sachverständigentätigkeiten. Nach § 319,2 Nr. 5 u. 6 HGB und §§ 22 u. 23 Berufssatzung stoßen Sachverständigentätigkeiten nur dann auf Bedenken des Berufsstandes, wenn sie dazu führen, daß der Berufsangehörige mit dem Ergebnis seiner eigenen Tätigkeiten als Abschlußprüfer konfrontiert wird. Darüber hinaus werden in der Literatur aber auch Bedenken zu Sachverständigentätigkeiten geäußert, die bei einem Prüfungsmandanten vorgenommen werden, auch wenn sie sich auf Fragen beschränken, die keine enge Verbindung zum Jahresabschluß oder zum Geschäftsbericht haben, wie z.B. eine Organisationsberatung. Gefahren für die Objektivität des Abschlußprüfers werden hier darin gesehen, daß das wirtschaftliche Interesse des Abschlußprüfers an der Erhaltung des mit der Sachverständigentätigkeit verknüpften Prüfungsmandats größer ist als im Fall eines isolierten Prüfungsmandats. Der Abschlußprüfer könne so eher zu Zugeständnissen bereit sein, weil er befürchte, zugleich Prüfungs- und Sachverständigenauftrag zu verlieren. Demgemäß muß in einer Sachverständigentätigkeit, die zu einer ständigen Geschäftsbeziehung zu der zu prüfenden Unternehmung führt, ein die Objektivität des Abschlußprüfers unzulässig beeinträchtigender Umstand gesehen werden (vgl. Schulze-Osterloh [1977], S. 107).

4. Auswahl der Abschlußprüfer durch ein sog. "Auswahlamt". Der Gesetzgeber geht bei der Prüferauswahl von dem Prinzip aus, daß derjenige, dessen Tätigkeit geprüft werden soll, seinen Prüfer nicht selbst aussuchen darf. Daher wird der Abschlußprüfer im Regelfall auf Vorschlag des AR von der Hauptversammlung bzw. Gesellschafterversammlung gewählt (für AG § 318,1 HGB i.V.m. §§ 124,3 u. 119,1 Nr. 4 AktG; für KGaA § 318,1 HGB i.V.m. §§ 278,3, 124,3 u. 119,1 AktG; für GmbH § 318,1 HGB i.V.m. § 48,1 GmbHG). Dabei entspricht es der Erfahrung, daß die Hauptversammlung - insbesondere von Publikumsgesellschaften, in denen die Aktionäre oft weitgehend durch Kreditinstitute vertreten werden - fast immer dem Prüfervorschlag der Verwaltung zustimmt. Gegen diese Auswahlregelung werden Bedenken erhoben (vgl. Richter [1975], S. 103). Diese richten sich einmal gegen das Vorschlagsrecht des AR. Denn entscheidet der AR nach § 111,4 AktG über Geschäftsführungsmaßnahmen mit, die ihren Niederschlag im Jahresabschluß finden, werden auch Entscheidungen des AR Gegenstand der Abschlußprüfung. Das Prinzip, daß der zu Prüfende sich seinen Prüfer nicht selbst wählt, wird so verletzt. Auch wird das Prinzip dadurch in Frage gestellt, daß Aktionäre, die der Verwaltung angehören, das Stimmrecht ausüben dürfen. Letztlich wird eingewendet, daß ein durch die Hauptversammlung gewählter Abschlußprüfer insbesondere auch dann, wenn seine Wahl gegen den Vorschlag der Verwaltung erfolgt, zwar als ein Organ zur Kontrolle der geschäftsführenden Verwaltung, nicht unbedingt jedoch als ein Interessenwahrer aller Publizitätsadressaten angesehen werden kann.

Diese Kritik mündet in den Vorschlag, die Wahl des Abschlußprüfers durch eine neutrale Instanz außerhalb der Unternehmung vornehmen zu lassen (vgl. Richter [1975], S. 106 - 109 m.w.N.). Darüber, ob es sich bei diesen neutralen Stellen um eine Institution des Staates (z.B. Gerichte) oder private Stellen handeln soll, gehen die Auffassungen auseinander. Auch wird in diesem Zusammenhang vorgeschlagen, daß die Bezahlung der Abschlußprüfer durch eine von allen prüfungspflichtigen Gesellschaften zu erhebende Umlage zu sichern sei.

5. Verstärkung der Berufsaufsicht durch die WPK. Nach § 57,1 WPO hat die WPK auch die Aufgabe, ihre Mitglieder hinsichtlich der Erfüllung ihrer beruflichen Pflichten zu überwachen. Zu diesen Berufspflichten zählt auch die objektive Berufsausübung. Die Berufsaufsicht durch die WPK wird aber durch drei Umstände erschwert: Einmal werden Tatsachen, die eine Beeinträchtigung der Objektivität des WP (vBP) mit sich bringen, selten der WPK unmittelbar bekannt, zweitens ist die WPK bei ihren Ermittlungen durch die Verschwiegenheitspflicht des WP bzw.

vBP behindert und drittens stehen der WPK keine Auskunftsrechte gegenüber den der Pflichtprüfung unterworfenen Gesellschaften zu. Daher wird die bisherige Aufsichtstätigkeit der WPK als wenig wirksam eingestuft und eine Verstärkung der Selbstaufsichtsmöglichkeiten des Berufsstandes der WP und vBP durch die WPK gefordert. Hierzu sollen der WPK zusätzliche Möglichkeiten der Informationsbeschaffung gegeben werden, indem die Verschwiegenheitspflicht des Berufsangehörigen bei berufsaufsichtlichen Ermittlungen entfällt und die WPK das Recht erhält, Auskünfte von den in die Prüfung einbezogenen Unternehmen einzuholen, d.h. daß die WPK ihre Berufsaufsicht auch auf den Inhalt von Prüfungsberichten ausdehnen darf (vgl. Schulze-Osterloh [1977], S. 114 - 116).

6. Übertragung der Berufsaufsicht auf ein staatliches "Aufsichtsamt" bzw. ein staatliches "Prüfungsamt". In den Diskussionen über Reformen des Aktienrechts werden seit langem und wiederholt Zweifel an dem privatwirtschaftlich organisierten Wirtschaftsprüfungswesen erhoben und die Einrichtung eines staatlichen **Aktienaufsichtsamtes** gefordert.[1] Hierbei wird auf das im Bereich der Kredit- und Versicherungswirtschaft bestehende Bundesaufsichtsamt für das Kreditwesen und auf das Versicherungsaufsichtsamt[2] sowie auf die amerikanische SEC[3] verwiesen, die staatliche Aufsichtsfunktionen wahrnehmen. Unter den Befürwortern eines Aktienaufsichtsamtes besteht jedoch keine Einigkeit über die Befugnisse und die Aufgaben einer solchen Institution. So soll nach einem Vorschlag (vgl. Wiedemann [1968], S. 14) ein Aktienaufsichtsamt ähnliche Funktionen wie das Bundeskartellamt besitzen und (1) innergesellschaftliche Vorgänge auf ihre Rechtmäßigkeit prüfen, (2) den Aktienmarkt auf seine Fairness kontrollieren und (3) die Berufsangehörigen auf ihre Unabhängigkeit hin überwachen. Nach einer anderen Ansicht (vgl. Kicherer [1970], S. 360 - 365) soll ein solches Amt ein "Aufsichtsamt über das Wirtschaftsprüfungswesen" sein, das neben der Berufsaufsicht hauptsächlich die Richtlinienkompetenz über die GoP sowie die Grundsätze ordnungsmäßiger Rechenschaftslegung hat. Ein weitergehender Vorschlag (vgl. Richter [1975], S. 259 - 278) sieht vor, einem solchen Aktienaufsichtsamt neben der Berufsaufsicht und der beschriebenen Richtlinienkompetenz auch die Kontrolle der Publizität einschließlich dem Recht der Auswahl der Abschlußprüfer sowie die Führung eines Zentralregisters für AG zu übertragen.

Während diese Vorschläge nicht auf eine Entprivatisierung des wirtschaftlichen Prüfungswesens hinauslaufen, werden aber auch Reformkonzeptionen vorgetragen, die eine Abschaffung des Berufsstandes der WP und vBP zur Folge hätten. Die Entprivatisierung des wirtschaftlichen Prüfungswesens soll in der Form erfolgen, daß ein staatliches Aktien- bzw. Prüfungsamt mit der Abschlußprüfung beauftragt wird, das diese Aufgabe in der Weise erfüllt, daß es die Abschlußprüfung durch beamtete Abschlußprüfer durchführen läßt (vgl. Reinhardt [1952], S. B-31).

---

1) Faktisch wird eine solche Institution seit Ablösung der Staatsaufsicht in Gestalt des Konzessionssystems - also seit 1870 - mit unterschiedlicher Ausgestaltung und Aufgabenstellung gefordert. Es werden jedoch immer wieder zwei Aufgaben genannt: Sicherung der Publizität und Sicherung der Rechnungslegung und deren Kontrolle. Vgl. hierzu die Darstellung der Diskussion um ein Aktienamt bei Richter [1975], S. 245 - 258.

2) Allerdings kontrollieren diese Bundesaufsichtsämter weder die Rechnungslegung der von ihnen beaufsichtigten Unternehmen, noch ist es ihre Aufgabe, Aufsicht über Abschlußprüfer zu führen. Sie üben vielmehr die gewerberechtliche Aufsicht über Kreditinstitute und Versicherungsunternehmen aus und bedienen sich dabei als Informationsmöglichkeit der Prüfungserkenntnisse (Prüfungsberichte) der Abschlußprüfer.

3) Die SEC (= Securities and Exchange Commission) ist die US-amerikanische Wertpapier- und Börsenkommission. Sie wurde durch den Securities Exchange Act von 1934 als unabhängige und selbständige Bundesbehörde der USA gegründet und mit umfangreichen Vollmachten ausgestattet. Die SEC überwacht die Einhaltung der Gesetze, die Wertpapierhandel und Wertpapieremissionen betreffen und die speziell Investoren und generell die Öffentlichkeit bei finanziellen Transaktionen schützen sollen. Sie ist auch berechtigt, Abschlußprüfer, die Abschlüsse nicht sorgfältig geprüft haben, für einen bestimmten Zeitraum von der Prüfung auszuschließen.

B. Der Grundsatz der Eigenverantwortlichkeit

WP und vBP haben vor der öffentlichen Bestellung nachzuweisen, daß sie ihren Beruf gem. § 44 WPO, § 11 Berufssatzung bzw. § 130 i.V.m. § 44 WPO **eigenverantwortlich** ausüben werden. Durch die Eigenverantwortlichkeit soll die Unabhängigkeit des WP und vBP gestärkt werden, denn dieser Grundsatz besagt, daß der WP bzw. vBP in eigener Verantwortung und nach pflichtgemäßem Ermessen seine Entscheidungen zu treffen hat und nicht nach Weisungen Dritter handeln darf. Auch muß er in der Lage sein, die Tätigkeiten von Mitarbeitern derart zu überblicken und zu beurteilen, daß er sich eine eigene Meinung bilden kann. Der Grundsatz der Eigenverantwortlichkeit ist in mehreren Rechtsvorschriften der WPO (§§ 43, 43a, 44, 45 u. 47) angesprochen und wird in der Berufssatzung (§§ 11 u. 12) erläutert.

Eine eigenverantwortliche WP-/vBP-Tätigkeit verlangt, daß der WP bzw. vBP seinen Beruf in einer der folgenden Formen ausübt:

- als selbständiger WP bzw. vBP in eigener Praxis oder in gemeinsamer Berufsausübung gem. § 44b WPO;
- als Vorstandsmitglied, Geschäftsführer oder persönlich haftender Gesellschafter einer WPG bzw. BPG;
- als zeichnungsberechtigter Vertreter oder als zeichnungsberechtigter Angestellter bei WP, WPG bzw. vBP, BPG, genossenschaftlichen Prüfungsverbänden und Prüfungsstellen von Sparkassen- und Giroverbänden oder überörtlichen Prüfungseinrichtungen für öffentliche Körperschaften und Anstalten.

Auch der im Angestelltenverhältnis tätige WP (vBP) hat im Rahmen der ihm übertragenen Aufgaben eigenverantwortlich zu handeln. Weisungen, wonach ein WP (vBP) als zeichnungsberechtigter Vertreter oder als zeichnungsberechtigter Angestellter Prüfungsberichte oder Gutachten auch dann zu unterzeichnen hat, wenn ihr Inhalt sich nicht mit seiner Überzeugung deckt, sind unzulässig (§ 44,1 WPO).[1] Zur Stärkung der Eigenverantwortlichkeit wird gesetzlichen Vertretern und Gesellschaftern einer WPG bzw. BPG, die nicht WP bzw. vBP sind, sowie Mitgliedern des Aufsichtsrates der WPG bzw. BPG untersagt, auf die Durchführung der Abschlußprüfungen so Einfluß zu nehmen, daß die Unabhängigkeit des verantwortlichen WP bzw. vBP beeinträchtigt wird (§ 44,1 WPO).

Zur Gewährleistung der Eigenverantwortlichkeit von WP und vBP muß - wie erwähnt - ihr Tätigkeits- und Aufgabenbereich überschaubar bleiben. In der Berufssatzung wurde auf die Festlegung einer bestimmten Höchstzahl der zu überwachenden Mitarbeiter verzichtet. Gemäß § 12 Berufssatzung muß der WP (vBP) in der Lage sein, die Tätigkeit von Mitarbeitern derart zu überblicken und zu beurteilen, daß er sich eine eigene Überzeugung bilden kann. In den "Richtungweisenden Feststellungen" wird postuliert, daß für jeden WP (vBP) in eigener Praxis oder in einer Sozietät und für jeden in einer WPG (BPG) tätigen WP (vBP) maximal fünf Mitarbeiter als ständige Prüfer oder Berater (einschließlich der sog. Berichtskritiker) tätig sein dürfen (= **maximale Leitungsspanne**).

---

[1] Erteilen WPG gesetzlich vorgeschriebene Bestätigungsvermerke, so dürfen diese nur von WP unterzeichnet werden; sie dürfen auch von vBP unterzeichnet werden, soweit diese gesetzlich befugt sind, Bestätigungsvermerke zu erteilen (§ 32 WPO). Bei freiwilligen Prüfungen muß die Bescheinigung von mindestens einem Berufsangehörigen unterzeichnet werden.

Spezialisten, wie Ingenieure, Versicherungsmathematiker oder Organisatoren, können im Einzelfall mit Genehmigung der WPK außerhalb der Berechnungen bleiben. Bei Tätigkeiten in einem genossenschaftlichen oder wohnungswirtschaftlichen Prüfungsverband, einer Prüfungsstelle von Sparkassen- oder Giroverbänden oder in einer Prüfungseinrichtung für öffentliche Körperschaften kann die WPK auf Antrag eine höhere Zahl von Mitarbeitern zulassen. Das gilt auch bei Buchstellentätigkeiten, für die maximal zehn fachliche Mitarbeiter pro WP bzw. vBP zugelassen sind, wenn überwiegend Buchstellenaufgaben durchgeführt werden.

Übt ein WP oder vBP seinen Beruf in mehreren Funktionen aus (z.B. als selbständiger WP bzw. vBP und gleichzeitig als Angestellter in einer WPG bzw. BPG), dann gelten die maximalen Leitungsspannen für alle Funktionen des WP bzw. vBP zusammen. In diesem Zusammenhang ist zu beachten, daß ein WP oder vBP eigenverantwortlich nur dann gleichzeitig als selbständiger WP bzw. vBP und als angestellter alleiniger Geschäftsführer oder Niederlassungsleiter einer WPG bzw. BPG fungieren darf, wenn die eigene Praxis und die Gesellschaft örtlich und organisatorisch eine Einheit bilden.

Der Grundsatz der Eigenverantwortlichkeit induziert des weiteren bestimmte sog. **Residenzpflichten**. In § 28,1 WPO sowie § 19,1 Berufssatzung wird bestimmt, daß mindestens ein WP (vBP), der Mitglied des Vorstandes, Geschäftsführer oder persönlich haftender Gesellschafter ist, seine berufliche Niederlassung am Sitz der Gesellschaft haben muß. Die berufliche Niederlassung eines selbständigen WP ist die eigene Praxis, von der aus er seinen Beruf überwiegend ausübt. Die berufliche Niederlassung des angestellten WP ist die institutionelle Niederlassung, von der aus er seinen Beruf überwiegend ausübt (§ 3 WPO).

Sowohl WPG bzw. BPG als auch selbständige WP bzw. vBP dürfen neben ihrer beruflichen Niederlassung mehrere Zweigniederlassungen im In- und Ausland unterhalten. Nach § 47 WPO (§ 130 i.V.m. § 47 WPO) bzw. § 19,2 Berufssatzung müssen Zweigniederlassungen jeweils von wenigstens einem WP geleitet werden, der seine berufliche Niederlassung am Ort der Zweigniederlassung hat. Für Zweigniederlassungen von in eigener Praxis tätigen WP kann die WPK Ausnahmen zulassen. Obwohl die Berufssatzung hierüber keine Regelungen enthält, werden derartige Ausnahmen nach Literaturmeinung vor allem dann in Betracht kommen, wenn Zweigniederlassungen im In- oder Ausland begründet werden sollen, und es der Geschäftsumfang erlaubt, daß ein WP mehrere Zweigniederlassungen leitet (vgl. Lichtner/Korfmacher [1994], S. 209).

Die Zulässigkeit der gemeinsamen Berufsausübung in Sozietäten (auch mit ausländischen Berufsangehörigen) regelt § 44b WPO. Demnach sind Sozietäten mit natürlichen und juristischen Personen sowie mit Personengesellschaften zulässig, die der Berufsaufsicht einer Berufskammer eines freien Berufes im Geltungsbereich dieses Gesetzes unterliegen und ein Zeugnisverweigerungsrecht nach § 53,1 Nr. 3 StPO haben. Eine gemeinsame Berufsausübung mit Personen, die in einem ausländischen Staat als sachverständige Prüfer ermächtigt oder bestellt sind, ist zulässig, wenn die Voraussetzungen ihrer Ermächtigung oder Bestellung den Vorschriften der WPO im wesentlichen entsprechen und sie in dem ausländischen Staat ihren Beruf gemeinsam mit WP ausüben dürfen. Alle Sozietätspartner müssen, soweit sie ihre berufliche Niederlassung im Inland unterhalten oder ihren Beruf im Inland ausüben, eine Berufshaftpflichtversicherung abschließen und aufrechterhalten. WP bzw. vBP haben die gemeinsame Berufsausübung unverzüglich zu beenden, wenn sie aufgrund des Verhaltens eines Sozietätspartners ihren beruflichen Pflichten nicht mehr uneingeschränkt nachkommen können.[1]

C. Der Grundsatz der Unparteilichkeit

Das Gebot der Unparteilichkeit (§ 43 WPO u. § 20 Berufssatzung) ergibt sich aus dem Postulat der Objektivität. Es verlangt die objektive, freie Beurteilung aller wesentlichen Tatbestände nach sachlichen Gesichtspunkten in Prüfungsberichten sowie auch die Darstellung gegensätzlicher Auffassungen in gutachterlichen Äußerungen des WP und vBP (§ 43,1 WPO, § 20 Berufssatzung). Die Unparteilichkeit erfordert so die Berücksichtigung aller (wesentlichen) Tatbestände und verbietet die Rücksichtnahme auf eigene und fremde Interessen. Der Berufsangehörige versichert die Einhaltung dieses Gebots in der Eidesformel des § 17,1 WPO. Die Forderung nach Unparteilichkeit erstreckt sich nicht auf Tätigkeiten im Zusammenhang mit der Beratung und Wahrung der Interessen des Auftraggebers in steuerlichen und wirtschaftlichen Angelegenheiten. Bei treuhänderischer Verwaltung (s. S. 314 - 335) ist der WP (vBP) allerdings allen am Treuhandverhältnis Beteiligten verpflichtet. Sonderinteressen eines einzelnen Beteiligten dürfen nicht berücksichtigt werden (vgl. WPK [1987], S. 7 u. 21).

D. Der Grundsatz der Sorgfalt

Unter der Sorgfaltspflicht versteht man allgemein die aufgrund von Gesetzen oder Rechtsgeschäften bestehende Verpflichtung zur Wahrnehmung der Interessen anderer. Es sind verschiedene Stufen der Sorgfaltspflicht zu unterscheiden, und zwar neben der **subjektiven Sorgfalt** - der Sorgfalt wie in eigenen Angelegenheiten - die **objektive Sorgfalt** mit den Unterstufen der im Verkehr erforderlichen Sorgfalt, der Sorgfalt eines ordentlichen Kaufmannes oder der Sorgfalt eines freiberuflich Tätigen. WP und vBP als Freiberufler unterliegen der letztgenannten, der höchsten Stufe der objektiven Sorgfaltspflicht. Die Sorgfaltspflichten des WP (vBP) ergeben sich aus § 43 WPO, aus den §§ 4 - 8 u. 37 - 39 Berufssatzung und aus § 323,1 HGB. Sie beinhalten das Bemühen, übernommene Aufgaben mit Gewissenhaftigkeit und Sachkenntnis zu erledigen.

Der Grundsatz der Gewissenhaftigkeit. Der WP bzw. vBP hat die ihm übertragenen Aufgaben gewissenhaft, d.h. mit Genauigkeit und unter Beachtung aller Umstände auszuführen. Die Pflicht zur Gewissenhaftigkeit beginnt bei der Auswahl der Mitarbeiter. Es ist - um das geforderte Niveau des Berufsstandes der WP und vBP zu gewährleisten - genaustens

---

[1] Hierzu Hanseatisches OLG [1985], S. 19 - 20; Buchner [1986]. Durch die Einführung des § 44b WPO wurden die Möglichkeiten der gemeinsamen Berufsausübung des WP mit anderen Berufsgruppen erweitert. Die BRAO und das StBerG enthalten nunmehr ebenfalls Regelungen über die gemeinsame Berufsausübung, die aber enger gefaßt sind, als diejenigen in § 44b WPO. Folge ist, daß sich für WP, die zugleich StB bzw. Rechtsanwälte sind, die Liberalisierung der Regelungen über die gemeinsame Berufsausübung in der WPO nicht auswirkt (vgl. Lichtner/Korfmacher [1994], S. 217).

auf die fachliche und charakterliche Qualifikation neu einzustellender Mitarbeiter zu achten. Die Mitarbeiter sind in angemessenen Abständen zu beurteilen (§ 6 Berufssatzung). Im Rahmen der Auftragsdurchführung erfordert der Grundsatz der Gewissenhaftigkeit die Beachtung der allgemeinen und besonderen Grundsätze der Berufsausübung. Der WP (vBP) hat sich über die für die Berufsausübung geltenden Bestimmungen zu unterrichten und diese und fachliche Regelungen zu beachten (§ 4 Berufssatzung). So müssen sich die Berufsangehörigen vor der Auftragsannahme vergewissern, ob sie die besonderen Kenntnisse und Erfahrungen sowie die erforderliche Kapazität haben, den betreffenden Auftrag sachgerecht durchzuführen (§ 4,2 Berufssatzung). Es wird des weiteren verlangt, daß der Arbeitsablauf sorgfältig geplant, eine zuverlässige Terminüberwachung durchgeführt (Zeitmangel ist kein Entschuldigungsgrund für unzulängliche Berufsausübung!) und Arbeitspapiere und Akten sorgfältig angelegt und aufbewahrt werden. Dadurch soll sichergestellt werden, daß ein den tatsächlichen Verhältnissen angemessener und ordnungsgemäßer Prüfungsablauf gewährleistet ist (§ 37 Berufssatzung). Dazu gehört auch, daß der WP (vBP) seine Mitarbeiter durch Prüfungsanweisungen mit ihren Aufgaben vertraut macht (§ 38 Berufssatzung). Treten nach Auftragsannahme Umstände ein, die zur Ablehnung des Auftrags hätten führen müssen, ist das Auftragsverhältnis zu beenden (§ 4,4 Berufssatzung). Bei einer vorzeitigen Beendigung sind die in § 26 Berufssatzung angeführten Pflichten (z.B. Erläuterung der Unterlagen) zu beachten. Zum Grundsatz der Gewissenhaftigkeit zählt auch die Verpflichtung eines Berufsangehörigen, von den Fachgutachten und fachlichen Stellungnahmen der Berufsorganisation nicht ohne gewichtigen Grund abzuweichen. Bei seiner Berichts- oder Gutachtenerstattung dürfen Schlußfolgerungen nur aus festgestellten Sachverhalten abgeleitet werden. Alle wesentlichen, im Rahmen seiner Tätigkeit getroffenen Feststellungen, sind zu erwähnen und bei der Urteilsbildung zu berücksichtigen. Der WP (vBP) hat kenntlich zu machen, inwieweit ein dargestellter Sachverhalt eigener Beobachtung entspringt oder ob es sich um die Wiedergabe übernommener Angaben handelt (§ 25 Berufssatzung). Erkennt der WP (vBP), daß für die Geschäftsführung Verantwortliche gegen wesentliche Interessen des betreuten Unternehmens verstoßen haben (wie Untreue, schwere Pflichtverletzung), so hat er die Pflicht, den Aufsichtsorganen (bei Gefahr unverzüglich) Mitteilung zu machen. Zur Sicherung der gewissenhaften Abwicklung von Prüfungsaufträgen haben WP (vBP) eine Nachschau durchzuführen (§ 39 Berufssatzung).

Für die Auftragsdurchführung von Treuhandtätigkeiten beinhaltet der Grundsatz der Gewissenhaftigkeit, daß der WP bzw. vBP ihm anvertraute fremde Vermögenswerte von seinem eigenen Vermögen getrennt hält und gewissenhaft verwaltet. Über fremde Vermögenswerte sind gesonderte Rechnungsunterlagen zu führen. Geld und Wertpapiere sind bei Verwaltung entweder auf den Namen des Treugebers oder auf **Anderkonten** anzulegen.[1] Durchlaufende fremde Gelder sind unverzüglich an die Empfangsberechtigten weiterzuleiten. Honorare, Vorschüsse und Auslagenersatz darf der WP (vBP) aus dem Treuhandvermögen nur entnehmen, wenn er hierzu ausdrücklich ermächtigt ist (§ 8 Berufssatzung).

Die Verpflichtung zur Gewissenhaftigkeit verlangt darüber hinaus, daß ein WP (vBP) dann, wenn er ihm zuzurechnende Versehen bemerkt, an den notwendig werdenden Richtigstellungen und Bereinigungen mitwirkt. Versehen stellen einen Verstoß gegen die Berufspflichten dar, wenn sie grob fahrlässig oder vorsätzlich herbeigeführt worden sind. Zur Sicherung der gewissenhaften Berufsausübung haben WP (vBP) die Einhaltung der Berufspflichten in ihrer Praxis in angemessenen Zeitabständen zu überprüfen und Mängel abzustellen (§ 7 Berufssatzung).

Der Grundsatz der Sachkenntnis. Die in der Zulassungsprüfung nachgewiesenen Kenntnisse und Fertigkeiten stellen stets nur die Grundlage für eine sachgerechte Berufsausübung dar. Der Grundsatz der Sachkenntnis beinhaltet daher die Pflicht zur fortdauernden Weiterbildung (§ 43,2 WPO). WP (vBP) haben sich in einem Umfang fortzubilden, der die fachliche Kompetenz erhält und sicherstellt, daß sie den an ihre Tätigkeit gestellten Qualitätsanforderungen gerecht werden (§ 4 Berufssatzung). Sie haben sowohl den neuesten Stand der betriebswirtschaftlichen Forschung als auch der höchstrichterlichen Entscheidungen in Rechts- und Steuersachen zu kennen. Diese Verpflichtung bedingt das Halten und Lesen von Fachzeitschriften, der wichtigen fachlichen Buchneuerscheinungen sowie das Lesen der Urteile der obersten Gerichte (soweit sie für die Berufstätigkeit von Interesse sind) und schließlich die Teilnahme an Fortbildungslehrgängen. Gleichsam hat der WP (vBP) für eine angemessene Aus- und Fortbildung aller Mitarbeiter zu sorgen (§ 6 Berufssatzung). Die durch solche Berufsfortbildungsmaßnahmen entstehenden Ausgaben können vor allem für kleinere WP-/vBP-Unternehmen sehr belastend sein.

E. Der Grundsatz der Verschwiegenheit

Das Vertrauen, das den Berufsständen des wirtschaftlichen Prüfungswesens entgegengebracht wird, beruht zum erheblichen Teil auch auf der Pflicht zur unbedingten Verschwiegenheit aller im wirtschaftlichen Prüfungswesen Tätigen. Der WP (vBP) selbst wird bei seiner öffentlichen Bestellung auf seine Verschwiegenheit vereidigt (vgl. § 17,1 WPO). Dar-

---

1) Der Begriff "Anderkonto" (Anderdepot) bezeichnet Treuhandkonten, die bei der Ausübung treuhänderischer Verwaltungen bei Banken oder Postscheckämtern von Treuhändern angelegt werden, die zu folgenden Berufsgruppen gehören: Rechtsanwälte, Notare, WP, vBP, Steuerberater, Steuerbevollmächtigte. Einzelheiten über die Bedingungen dieser Konten sind - für alle genannten Berufsgruppen einheitlich - in den Allgemeinen Geschäftsbedingungen der Banken sowie die Anderkonten-Bedingungen der Deutschen Bundesbank und der Deutschen Bundespost enthalten. Die Kreditinstitute verzichten bezüglich dieser Konten auf das Recht der Aufrechnung gegen Forderungen an den Treuhänder sowie auf das Pfand- und Zurückbehaltungsrecht. Bei den Angehörigen der genannten Berufsgruppen wird unterstellt, daß deren berufliche und persönliche Qualifikation und die Standes- bzw. Berufsaufsicht einen Mißbrauch der Treuhänderstellung ausschließen. Treuhandkonten, die von Treuhändern angelegt werden, welche nicht zu diesen Berufsgruppen gehören, laufen unter der Bezeichnung **Fremdkonten**. Für sie gelten die besonderen Bedingungen der Anderkonten nicht (vgl. Mathews [1978], S. 23 - 24).

über hinaus wird die Forderung nach Verschwiegenheit in § 43,1 WPO, §§ 9 u. 10 Berufssatzung, § 323,1 HGB, § 62,1 GenG und in § 203 StGB[1] sowie in einschlägigen Bestimmungen des Zivil-, Straf- und Prozeßrechtes erhoben. In § 56 WPO wird die Verschwiegenheitspflicht auf die Vorstandsmitglieder, Geschäftsführer und persönlich haftenden Gesellschafter einer WPG (BPG), die nicht WP (vBP) sind, und auf die Mitglieder der Aufsichtsorgane ausgedehnt. Nach § 50 WPO ist dem WP (vBP) zudem auferlegt, seine Gehilfen und Mitarbeiter zur Verschwiegenheit zu verpflichten. Ist ein WP (vBP) handelsrechtlicher Abschlußprüfer, so ist nach § 323,3 HGB die Verschwiegenheit auch gegenüber dem AR und den Mitgliedern des AR der WPG bzw. BPG zu wahren.

Die Verschwiegenheitspflicht erstreckt sich **sachlich** auf alle fremden Geheimnisse, die dem WP (vBP) anvertraut wurden oder ihm bei Ausübung seiner Tätigkeit bekannt geworden sind. Die Verpflichtung zur Verschwiegenheit gilt **zeitlich** unbegrenzt (auch über die Beendigung des Auftragsverhältnisses hinaus, § 9,3 Berufssatzung) und ist **personell** grundsätzlich gegenüber jedermann zu wahren. Sie gilt sowohl im privaten als auch im geschäftlichen Bereich sowie gegenüber Kollegen. Die Verschwiegenheitspflicht greift allerdings nicht bei sachlicher Zusammenarbeit bzw. im Verhältnis zum vorgesetzten WP (vBP) im Prüfungsteam. Im Prüfungsteam gilt die Offenbarungspflicht der untergeordneten Mitarbeiter, d.h. sämtliche sach- und personenbezogenen Informationen, die das Ergebnis der Prüfer- und Sachverständigentätigkeit beeinflussen, sind dem vorgesetzten WP bzw. vBP mitzuteilen. Mit dem Grundsatz der Verschwiegenheit ist auch die Forderung verbunden, angemessene Vorkehrungen zur Sicherung von Akten usw. zu treffen.

Von besonderer Bedeutung ist die Verschwiegenheitspflicht auch im Zivil-, Straf- und Steuerprozeß. Im **Zivilprozeß** räumt § 383,1 ZPO dem WP bzw. vBP und seinen Gehilfen ein Zeugnisverweigerungsrecht ein. Der WP (vBP) und seine Gehilfen sind nur dann zeugnispflichtig, wenn sie von der Verpflichtung zur Verschwiegenheit entbunden sind. Eine Befreiung kann nur durch diejenigen, zu deren Gunsten die Bindung besteht, ausgesprochen werden. Ergänzt wird das Zeugnisverweigerungsrecht durch § 408 ZPO, wonach der WP (vBP) ein Gutachtenverweigerungsrecht aus denselben Gründen in Anspruch nehmen kann, die einen Zeugen berechtigen, das Zeugnis zu verweigern.

---

1) § 203,1 StGB belegt einen WP bzw. vBP mit einer Freiheitsstrafe bis zu einem Jahr oder mit einer Geldstrafe, wenn er unbefugt ein fremdes Geheimnis offenbart, das ihm in seiner Eigenschaft als WP (vBP) oder als Mitglied eines Organs einer WPG (BPG) bekannt geworden ist. Nach § 203,3 StGB gelten dieselben Strafandrohungen auch für die berufsmäßig tätigen Gehilfen des WP (vBP) und diejenigen Personen, die zur Vorbereitung auf den Beruf bei ihm tätig sind. Weiter betreffen diese Vorschriften nach dem Tode des zur Wahrung des Geheimnisses Verpflichteten auch denjenigen Personenkreis, der das Geheimnis von dem Verstorbenen oder aus dessen Nachlaß erlangt hat. Verschärfte Strafvorschriften, nämlich Freiheitsstrafen bis zu zwei Jahren oder Geldstrafen, treffen nach § 204 StGB denjenigen, der unbefugt ein fremdes Geheimnis, zu dessen Geheimhaltung er nach § 203 StGB verpflichtet ist, gegen Entgelt oder in der Absicht, sich oder einen anderen zu bereichern oder zu schädigen, verrät (§ 203,5 StGB) oder ein Geheimnis verwertet (§ 204 StGB).

Im **Strafprozeß** sind gem. den §§ 53 u. 53a StPO die WP, vBP und ihre Gehilfen zur Verweigerung des Zeugnisses berechtigt, es sei denn, sie sind von dem Klienten von der Verschwiegenheitspflicht entbunden. Nach § 76 StPO gilt Entsprechendes für WP und vBP in ihrer Eigenschaft als Sachverständige (Gutachtenverweigerungsrecht).

Für das **Steuerermittlungs- und Steuerstrafverfahren** sind hinsichtlich des Zeugnisverweigerungsrechts die §§ 102 u. 385 AO i.V.m. § 53 StPO von Interesse. Nach § 102 AO haben die WP, vBP und ihre Gehilfen gegenüber Finanzbehörden ein Auskunftsverweigerungsrecht. Werden WP, vBP bzw. deren Angestellte von der Verpflichtung zur Verschwiegenheit entbunden, entfällt gem. § 102,3 AO das Recht, die Auskunft zu verweigern.

F. Der Grundsatz der Treue

Unter der Treuepflicht des WP bzw. vBP versteht man die Verpflichtung zur redlichen Auftragserfüllung zum alleinigen Wohl und Nutzen des Auftraggebers unter Zurücksetzung eigener Interessen. Unvereinbar mit der Treuepflicht ist insbesondere die Beratung und Vertretung einer evtl. Gegenpartei, d.h. die sog. **Doppelvertretung** (Verbot der Vertretung widerstreitender Interessen, § 3 Berufssatzung). Die Treuepflicht enthält auch das Verbot der Verwertung erlangter Kenntnisse zum eigenen Vorteil.[1] Der WP oder vBP darf also die bei der Berufsausübung erworbenen Kenntnisse nicht für sich verwerten. Erfährt der WP bzw. vBP bei seiner Berufsausübung z.B. von geschäftlichen Entschlüssen oder Transaktionen seines Auftraggebers, so darf er diese Kenntnisse (sog. Insider-Informationen) nicht zum eigenen Vorteil nutzen.

Die Verpflichtung zur Treue geht allerdings nicht so weit, daß sie Vorrang vor der Verpflichtung zur Objektivität hat. Der Treuegrundsatz wird vielmehr durch die Verpflichtung zur Objektivität eingeschränkt. Bei nicht vereinbarer Kollision beider Berufsgrundsätze hat der WP (vBP) seinen Auftrag zurückzugeben oder nicht anzunehmen. Zu beachten ist, daß der WP (vBP) seinen Auftrag nicht in allen Fällen zurückgeben darf, wie z.B. bei bereits festgestellten erheblichen Verstößen gegen die Grundsätze ordnungsmäßiger Bilanzierung im Rahmen einer Abschlußprüfung.

Von besonderer Bedeutung ist die Treuepflicht bei der Besorgung von Treuhandschaften, da den Treugebern oft die Möglichkeit genommen ist, die Zuverlässigkeit eines Treuhänders zu überwachen. Man denke z.B. an die treuhänderische Verwaltung eines Vermögens für im Ausland Ansässige, für in wirtschaftlichen Dingen unerfahrene Personen sowie an die Testamentsvollstreckung für unmündige Kinder.

G. Der Grundsatz des berufswürdigen Verhaltens

Nach § 1,2 WPO üben der WP und nach § 130 i.V.m. § 1,2 WPO der vBP einen freien Beruf aus. Dadurch werden erhöhte Anforderungen an das

---

[1] Dieses Gebot wird in der Berufssatzung (§ 10) und in den Richtlinien für die Berufsausübung der Wirtschaftsprüfer und vereidigten Buchprüfer unter dem Berufsgrundsatz der Verschwiegenheit angeführt (vgl. WPK [1987], S. 19).

berufliche wie außerberufliche Verhalten gestellt (§ 43,2 WPO, § 1 Berufssatzung). Insbesondere hat der Berufsangehörige nach § 49 WPO seine Tätigkeit zu versagen, wenn sie für pflichtwidriges Handeln in Anspruch genommen werden soll. Auch hat er Auftraggeber auf gesetzeswidrige Maßnahmen und Handlungen, die er bei Wahrnehmung seiner Aufgaben festgestellt hat, aufmerksam zu machen (§ 13 Berufssatzung), wie bspw. auf die strafrechtlichen Konsequenzen einer Verletzung der Buchführungspflichten (§ 283b StGB) oder einer Steuerverkürzung bzw. Steuergefährdung (§§ 369 ff AO). Jedoch besteht für den WP oder vBP - vor allem wegen seiner Verpflichtung zur Verschwiegenheit - grundsätzlich keine Anzeigepflicht hinsichtlich ihm bekannt gewordener Straftaten eines Mandanten.

Der WP oder vBP ist verpflichtet, sich gegen aus seiner Berufstätigkeit möglicherweise resultierende Haftpflichtgefahren für Vermögensschäden angemessen zu versichern und die Prämien pünktlich zu bezahlen.[1] Gem. § 54 WPO muß die Mindestversicherungssumme für den einzelnen Versicherungsfall den in § 323,2 S. 1 HGB gesetzlich vorgeschriebenen Umfang - zur Zeit DM 500.000 - betragen. Besteht keine gesetzliche Haftungsbegrenzung, muß die Haftpflichtversicherung über diesen Betrag hinaus gehen, wenn Art und Umfang der Haftungsrisiken dies erfordern (§ 17,2 Berufssatzung). Dem gleichen Zweck, nämlich der Fähigkeit, aus beruflichen Fehlern sich ergebende Schadensersatzansprüche angemessen befriedigen zu können, dient das Gebot, in geordneten finanziellen Verhältnissen zu leben.

Der Grundsatz des berufswürdigen Verhaltens gebietet weiterhin, daß sich WP und vBP an die Standesregeln und an die einschlägigen gesetzlichen Vorschriften halten. Im einzelnen sind mit dem Grundsatz des berufswürdigen Verhaltens die Grundsätze der Hauptberuflichkeit, des Provisions- und Geschenkannahmeverbots sowie des Verbots eines Erfolgshonorars, des Werbeverbots und des kollegialen Verhaltens verbunden, auf die im folgenden einzugehen ist.

I. Der Grundsatz der Hauptberuflichkeit

Zum berufswürdigen Verhalten zählt, daß sich der WP bzw. vBP Tätigkeiten enthält, die mit seinem Beruf oder dem Ansehen seines Berufsstandes nicht zu vereinbaren sind (§ 43,2 WPO). Unvereinbar mit dem Beruf des WP/vBP ist jede Tätigkeit, die die Berufspflichten gefährden oder die Berufswürde verletzen kann. Das **Gebot der Hauptberuflichkeit** ergibt sich aus den Grundsätzen der Objektivität und der Eigenverantwortlichkeit, denn mit diesem Postulat sollen neben Schädigungen des Ansehens des Berufsstandes auch Interessenkollisionen vermieden werden. Das Postulat der Hauptberuflichkeit beinhaltet die Forderung, die mit dem Prüferberuf und den damit verbundenen Schutz- und Ordnungsfunktionen nicht zu vereinbarenden Tätigkeiten zu unterlassen und nur berufsspezifische Tätigkeiten auszuüben. Der WP bzw. vBP darf da-

---

[1] Zu den Haftungsrisiken und deren Begrenzungsmöglichkeiten vgl. Thümmel [1983]. Die WPO ermöglicht unter den Voraussetzungen des § 54a eine vertragliche Haftungsbeschränkung, die das Haftungsrisiko in vertretbaren Grenzen halten soll (vgl. Lichtner/Korfmacher [1994], S. 218 - 219). Indes darf eine gesetzliche Haftungsbegrenzung nicht abbedungen werden (§ 16 Berufssatzung).

her neben seiner Prüfertätigkeit grundsätzlich keine gewerbliche Tätigkeit, keine Tätigkeit aufgrund eines Anstellungsvertrages, eines öffentlich-rechtlichen Dienst- oder Amtsverhältnisses oder eines Beamtenverhältnisses wahrnehmen (§§ 43a,3 und 44a WPO). Dem WP bzw. vBP ist somit grundsätzlich jede kaufmännische Tätigkeit - einschließlich der Geschäftsführer- und Angestelltentätigkeit - untersagt. Unter dieses Verbot fällt nach den "Richtungweisenden Feststellungen" zu Abschnitt VII auch die Angestelltentätigkeit oder das Auftreten als Bevollmächtigter in bzw. von Treuhand-, Organisations-, Datenverarbeitungs- oder ähnlichen Gesellschaften, die nicht als WPG, BPG oder Steuerberatungsgesellschaften anerkannt sind (bzw. als ausländische Gesellschaften nicht durch die WPK den WPG, BPG oder Steuerberatungsgesellschaften gleichgestellt sind).[1] Auch fallen unter das Verbot Treuhandstellen des Handels oder anderer Gewerbezweige, die nicht unter dem Namen des WP/vBP von diesem eigenverantwortlich im Einklang mit den Berufsgrundsätzen geführt werden. Ferner dürfen keine geschäftsmäßigen Vermittlungen und Finanzgeschäfte betrieben werden, es sei denn, der WP bzw. vBP wird für sein eigenes Vermögen oder für nahe Verwandte tätig. Gehört zu diesem Vermögen ein gewerbliches Unternehmen, so darf er selbst jedoch in diesem nicht "geschäftsführend" tätig werden. Gelegentliche Vermittlungen, insbesondere die Mitwirkung bei der Besetzung von Stellen, sind nur erlaubt, wenn sie unentgeltlich im Rahmen von Beratertätigkeiten erfolgen. Unstatthaft ist des weiteren u.a. die Veröffentlichung von Anzeigen für einen Auftraggeber unter eigenem Namen[2] sowie die Abgabe von Werturteilen über Produkte bzw. Dienstleistungen gegenüber Herstellern oder Händlern, es sei denn, die Werbung ist nach Bezug und Durchführung mit dem Ansehen des Berufsstandes vereinbar (§ 13,3 Berufssatzung).

Die WPO läßt aber auch Ausnahmen von dem grundsätzlichen Verbot einer unselbständigen Tätigkeit zu. Diese Ausnahmen erstrecken sich

- auf die Tätigkeit als Vorstandsmitglied oder Geschäftsführer einer WPG/BPG (§ 43a,1);
- auf Tätigkeiten als zeichnungsberechtigte Vertreter oder als zeichnungsberechtigte Angestellte bei WP, vBP, WPG, BPG, genossenschaftlichen Prüfungsverbänden, Prüfungsstellen von Sparkassen- und Giroverbänden oder überörtlichen Prüfungseinrichtungen für öffentliche Körperschaften und Anstalten (§ 43a,1);
- auf Tätigkeiten in wissenschaftlichen Instituten und als Lehrer an Hochschulen (§ 43a,4 Nr. 2);
- auf Tätigkeiten als Angestellter der WPK (§ 43a,4 Nr. 3);
- auf Tätigkeiten als Angestellter gem. § 43a,4 Nr. 4;
- auf Tätigkeiten als Geschäftsführer einer Europäischen wirtschaftlichen Interessenvereinigung (§ 43a,4 Nr. 5);

---

1) Eine Zusammenarbeit oder Beteiligung eines WP (vBP) mit bzw. an diesen Gesellschaften ist zulässig, es dürfen aber keine Hinweise auf die Berufsangehörigen des wirtschaftlichen Prüfungswesens gemacht werden (vgl. WPK [1987], S. 28).

2) Ausnahmen hierzu können in besonderen, sachlich begründeten Einzelfällen von der WPK zugelassen werden.

- auf Tätigkeiten in treuhänderischen Verwaltungen[1] (§ 43a,3 Nr. 2);
- auf ehrenamtliche Tätigkeiten in einem öffentlich-rechtlichen Dienst- oder Amtsverhältnis i.S.d. § 44a.

Nach der Auffassung des Berufsstandes der WP und vBP ist mit der Berufstätigkeit auch die Übernahme eines Mandats zum Bundestag oder zu den Landtagen zu vereinbaren (vgl. IDW [1996], S. 11).

Die WPO definiert neben den inkompatiblen auch die berufstypischen, d.h. die mit dem Berufsbild des WP und vBP zu vereinbarenden Tätigkeitsfelder. Vereinbar mit dem Beruf des WP und vBP sind nach den §§ 2 und 43a,4 WPO

- die Tätigkeit als Sachverständiger auf dem Gebiet der wirtschaftlichen Betriebsführung unter Berufung auf den Berufseid;
- die Beratung und Wahrung fremder Interessen in wirtschaftlichen Angelegenheiten;
- die treuhänderische Verwaltung;
- die Ausübung eines freien Berufs auf dem Gebiet der Technik und des Rechtswesens, z.B. als Rechtsanwalt, Steuerberater, Ingenieur (der BGH hat jedoch mit Urteil vom 22.10.1979 die gleichzeitige Ausübung des Berufs als WP und Notar verneint, vgl. BGH [1980], S. 296), und eines nach § 44b,1 WPO sozietätsfähigen Berufs;
- die Tätigkeit an wissenschaftlichen Instituten und als Lehrer an Hochschulen;
- die Tätigkeit als Angestellter der WPK oder einer Personenvereinigung nach § 43a,4 Nr. 4 WPO und als Geschäftsführer einer Europäischen wirtschaftlichen Interessenvereinigung nach 43a,4 Nr. 5 WPO;
- die Durchführung von Lehr- und Vortragsveranstaltungen gem. § 43a,4 Nr. 6 WPO;
- die freie schriftstellerische (z.B. als Roman- wie auch als Fachschriftsteller), wissenschaftliche und künstlerische Tätigkeit und die freie Vortragstätigkeit.

Abschließend ist darauf zu verweisen, daß die vorgenannten "vereinbaren **Berufstätigkeiten**" begrifflich von den "vereinbaren" und den "unvereinbaren WP-/vBP-Tätigkeiten" zu unterscheiden sind. Unvereinbare WP-/vBP-Tätigkeiten liegen vor, wenn die berufsspezifischen WP-/vBP-Tätigkeiten mit den Berufspflichten und allgemeinen Berufsgrundsätzen, insbesondere mit denen der Objektivität, der Unparteilichkeit und Eigenverantwortlichkeit, kollidieren. Auf solche Kollisionsfälle und die sich hieraus ergebenden Konsequenzen wurde in den entsprechenden Abschnitten bereits eingegangen.

II. Der Grundsatz des Provisions- und Geschenkannahmeverbots sowie des Verbots von Erfolgshonoraren

Erwerbswirtschaftlich tätige Prüfungsunternehmen sind darauf angewiesen, daß von ihnen erbrachte Leistungen vergütet werden. Dabei handelt es sich in der Regel um Leistungen im Rahmen eines Werkvertrages i.S.d. § 631 BGB bzw. bei Beratungs- und Treuhandaufgaben um Leistungen im Rahmen eines Dienstvertrages i.S.d. § 611 BGB. Bei diesen

---

[1] Nach § 43a,3 Nr. 2 WPO kann in Ausnahmefällen die WPK eine ausschließliche Tätigkeit in einem Treuhandverhältnis für vereinbar erklären, wenn sie nur vorübergehende Zeit dauert und die Übernahme der Treuhandfunktion ein Anstellungsverhältnis erfordert.

schuldrechtlichen Verträgen liegt die Vereinbarung eines Entgelts grundsätzlich im freien Ermessen der Beteiligten.[1] Die Freiheit, ein beliebiges Entgelt zu vereinbaren, wird im wirtschaftlichen Prüfungswesen eingeschränkt durch das Verbot, ein Erfolgshonorar zu vereinbaren, und den Grundsatz, daß der Auftragnehmer keine Vergütungen in Form von Provisionen, Geschenken oder Gehältern von Dritten annehmen darf (§ 55a WPO). Das Verbot eines Erfolgshonorars besagt, daß der Auftragnehmer (WP, WPG, vBP, BPG) nur für berufsspezifische Leistungen, nicht jedoch für die dadurch beim Auftraggeber entstehenden Vorteile bezahlt werden darf.[2] Der Grundsatz des Provisions- und Geschenkannahmeverbots bedeutet, daß Vergütungen nur vom Auftraggeber geleistet werden dürfen und nicht etwa von Unternehmen (wie bspw. Versicherungen oder Softwarehäuser), die von WP, vBP, WPG, BPG im Rahmen ihres Auftrages empfohlen werden.

Das Honorar im wirtschaftlichen Prüfungswesen kann somit auf der Grundlage der Leistungsabgabe, pauschal oder als Kombination beider berechnet werden. Bei dem leistungsbezogenen Honorar wird i.d.R. die für die Prüfung und Berichterstattung aufgewendete Arbeitszeit als Berechnungsgrundlage gewählt (= **Zeithonorar, -gebühr**), wobei üblicherweise unterschiedliche Sätze für drei Qualifikationsgruppen (WP bzw. vBP, qualifizierter Mitarbeiter, Assistent) angesetzt werden. Zeithonorare haben den Vorteil, daß sie - bei hinreichender Höhe - die Deckung der zeitabhängigen Aufwendungen sicherstellen, und zwar auch dann, wenn aufgrund unvorhergesehener Tatbestände eine Intensivierung der Prüfungshandlungen erforderlich wird. Im Hinblick auf die Qualität des Prüfungsurteils ist somit die Zeitgebühr positiv zu werten. Aus Sicht der Prüfungsunternehmung hat sie aber den Nachteil, daß sie nicht unbedingt die Deckung zeitunabhängiger Aufwände gewährleistet. Ein Nachteil könnte sich auch für den Auftraggeber ergeben, wenn die Prüfungsunternehmung die Tätigkeit streckt, um insbesondere in der saisonschwachen Zeit Leerzeiten zu vermeiden.

Beim **Pauschalhonorar** ist die Abrechnung unabhängig von der vom Auftragnehmer beanspruchten Arbeitszeit. Die Bemessung kann auf der Grundlage eines Größenmerkmals des zu betreuenden Unternehmens oder unabhängig davon vorgenommen werden. Bei Bezugnahme auf ein Größenmerkmal (z.B. Bilanzsumme) spricht man auch von einem **Werthonorar (Wertgebühr)**. Aus Sicht des betreuten Unternehmens haben die Pauschalgebühren den Vorteil, daß sie eindeutig planbar sind. Reine, d.h. undifferenzierte Pauschalhonorare stoßen aber auf Ablehnung durch die WPK.[3] Nach deren Ansicht trägt jede Honorarpauschalierung die Gefahr in sich, daß die vereinbarte Vergütung nicht "leistungsgerecht" ist. Da bei einem Pauschalhonorar kein unmittelbarer Bezug zum erforderli-

---

1) Wird kein Entgelt vereinbart, gilt nach § 612 bzw. § 632 BGB eine Vergütung in üblicher Höhe als vereinbart. Ist eine übliche Vergütung nicht feststellbar, so richtet sich die Festsetzung des Entgelts nach den §§ 315 u. 316 BGB, d.h. nach dem billigen Ermessen, das der richterlichen Überprüfung unterliegt.

2) Zur Kritik an dem Verbot eines Erfolgshonorars vgl. Leffson [1988], S. 149. Vergleichbares gilt auch für Steuerberater, denen nach § 9 StBerG die Berechnung eines Erfolgshonorars gesetzlich verboten ist.

3) Vgl. Mitteilungsblatt der WPK Nr. 29 vom 30.5.1969 und Nr. 30 vom 10.9.1969.

chen Umfang des Leistungseinsatzes gegeben ist, kann bei einem zu niedrig bemessenen Pauschalhonorar die Gefahr bestehen, daß gegen den Berufsgrundsatz der Sorgfalt verstoßen wird. Das von der WPK beabsichtigte Verbot der Pauschalgebühren bei freiwilligen Prüfungen wurde vom Bundeskartellamt als Verstoß gegen das Gesetz gegen Wettbewerbsbeschränkungen gewertet. Zudem wurde die WPK aufgefordert, im Falle der Vereinbarung von Pauschalgebühren bei freiwilligen Prüfungen keine Maßnahmen zu ergreifen (vgl. Leffson [1988], S. 147). § 27 Berufssatzung bestimmt, daß ein Pauschalhonorar nur vereinbart werden darf, wenn es angemessen ist und wenn festgelegt wird, daß bei Eintritt nicht vorhersehbarer Umstände im Bereich des Auftraggebers, die zu einer erheblichen Erhöhung des Prüfungsaufwands führen, das Honorar entsprechend zu erhöhen ist.

Um einen Verzicht auf "Gewinnmaximierung" zu sichern, leistungsmindernden Unterbietungen durch Berufsangehörige entgegenzuwirken sowie dem Auftraggeber eine Gewähr und Grundlage für eine ordnungsgemäße Honorarabrechnung zu geben, wird zum Teil die Abrechnung nach Taxen bzw. Gebührenordnungen[1] gefordert.[2] Für gesetzlich vorgeschriebene Prüfungen kann nach § 55 WPO der Bundesminister für Wirtschaft mit Zustimmung des Bundesrates und nach Anhörung der WPK und der "Arbeitsgemeinschaft für das wirtschaftliche Prüfungswesen" eine Gebührenordnung für das wirtschaftliche Prüfungswesen erlassen.[3] Da diese Rechtsverordnung nicht ergangen ist, berechnen erwerbswirtschaftliche Prüfungsunternehmen ihr Honorar für Pflichtprüfungen nach Maßgabe eines Erlasses des Reichsministers vom 11.4.1939, und zwar der Gebührenordnung für Pflichtprüfungen durch WP und WPG (WPGO) (vgl. IDW [1985], S. 137 - 139). Diese Gebührenordnung sieht den Ansatz von Wert- und Zeitgebühren sowie die Verrechnung von Spesen und Auslagenersatz vor. Da die Gebührensätze mittlerweile überholt sind, entnimmt man ihr heute nur noch die Bemessungsgrundlage (vgl. Thümmel [1992 (1)], Sp. 593). Das IDW gab in unregelmäßigen Abständen

---

1) Gebührenordnungen lassen sich unterscheiden in:
- Gesetzlich vorgeschriebene Gebührenordnungen;
- Gebührenordnungen, die von Berufsverbänden aufgestellt werden, so z.B. die Verlautbarung: "Gebühren der WP und WPG. Feststellung vom Vorstand und Verwaltungsrat des IDW vom 9.9.1969 bzw. vom 22.6.1971.";
- unechte Gebührenordnungen, die von Angehörigen der Berufe angefertigt worden sind, so z.B. "Gebührenordnung des Verbandes Deutscher Treuhand- und Revisionsgesellschaften e.V." in der Fassung vom 1.6.1936 (GOTV), abgedruckt in IDW [1968], S. 176 ff, sowie die "Allgemeine Gebührenordnung für die wirtschaftsprüfenden und steuerberatenden Berufe" (AllGO - früher: "Essener Gebührenordnung"), letztmals als 6. Aufl. 1968 erschienen.

Vgl. im einzelnen Leffson [1988], S. 150 - 151; IDW [1996], S. 91 - 98; Thümmel [1992 (1)], Sp. 592 - 596.

2) Vgl. z.B. Braun [1996], S. 999. Gegen die Berechnung von Honoraren auf der Basis von Gebührenordnungen werden folgende Argumente genannt: (1) Gebührenordnungen induzieren ein gleichförmiges Verhalten der Berufsangehörigen bei der Honorarfestsetzung und stellen daher einen Verstoß gegen den freien Wettbewerb in der Marktwirtschaft dar; (2) evtl. Wucherpreise lassen sich durch die Mandanten auch im Vergleich zu den Marktpreisen feststellen; (3) die Sicherstellung einer bestimmten Bezahlung gem. den Gebührenordnungen kann das qualitative Niveau der Berufsausübung evtl. beeinträchtigen.

3) Besonderheiten gelten für Pflichtprüfungen gemeindlicher Betriebe (vgl. Wysocki [1988], S. 113).

Feststellungen zur Höhe der üblichen Gebühren heraus, die sich an der Kostenentwicklung orientierten (vgl. IDW [1971]). Diese Gebührenverlautbarungen hielt das Bundeskartellamt für unstatthaft, weil dadurch ein gleichförmiges Verhalten der Berufsangehörigen bewirkt werden und daraus ein Verstoß gegen § 38,2 GWB resultieren könne (vgl. Bundeskartellamt [1979]). Daraufhin stellte das IDW seine Gebührenfeststellungen ein. Grundlage für die Gebührenberechnung ist somit die letzte vom Bundeskartellamt nicht beanstandete Gebührenfeststellung, wobei eine Fortschreibung mit Hilfe von Zuschlägen vorzunehmen ist.[1]

In der Praxis erfolgt somit die Honorarabrechnung für gesetzlich vorgeschriebene Prüfungen meist in Form einer Kombination aus einer pauschalierten Größe - dem Werthonorar - und einer leistungsbezogenen Größe, meist einem Zeithonorar. Daneben werden Vergütungen für Nebenleistungen und Auslagenerstattung (Fahrtkosten, Verpflegungsmehraufwand, Postgebühren, Aufwand für Mehrausfertigungen von Prüfungsberichten u.ä.) verrechnet.

Für die weiteren Tätigkeiten im wirtschaftlichen Prüfungswesen kommen als gesetzliche Gebührenordnungen in Frage:
- Die Steuerberatergebührenverordnung in der Fassung vom 21.6.1991;[2]
- die Bundesgebührenordnung für Rechtsanwälte in der Fassung vom 24.6.1994;
- Das Gesetz über die Entschädigung von Zeugen und Sachverständigen in der Fassung vom 24.6.1994;
- die Verordnung über die Vergütung des Konkursverwalters, des Vergleichsverwalters, der Mitglieder des Gläubigerausschusses und der Mitglieder des Gläubigerbeirats in der Fassung vom 11.6.1979;
- die Verordnung über die Geschäftsführung und Vergütung des Zwangsverwalters in der Fassung vom 16.2.1970.

III. Der Grundsatz des Werbeverbots

Die Berufsgrundsätze und die Berufsauffassung verlangen, daß die Tätigkeit der Berufsstände des wirtschaftlichen Prüfungswesens nicht vom Gewinnstreben beherrscht wird. Da erwerbswirtschaftlich tätige WP (vBP) ihren Beruf nicht aus gemeinnützigen Motiven heraus ausüben, sind sie zur Sicherung und Erhöhung ihrer Einkommen an Aufträgen interessiert. Unter den Angehörigen der Berufsstände des wirtschaftlichen Prüfungswesens herrscht somit durchaus ein Wettbewerb um Mandate. Wirtschaftlicher Wettbewerb bedeutet, daß Mitbewerber den eigenen Kundenkreis zu Lasten anderer Mitbewerber zu vergrößern trachten, indem sie eine nach Qualität und/oder Preis bessere Leistung anbieten. WP und vBP sollen als Angehörige eines freien Berufes nicht durch den Preis, sondern allein durch ihre beruflichen Leistungen um Mandate werben. Daher reglementiert die WPO die Werbung und ermächtigt die Exekutive zum Erlaß von Gebührenordnungen. Der § 52 WPO und die §§ 31 - 36 Berufssatzung verpflichten einen WP (vBP) zu einem berufswürdigen Verhalten bei der Kundmachung seiner Tätigkeit und bei der Auftrags-

---
[1] Vgl. Mitteilungsblatt der WPK Nr. 59 vom 4.10.1974, S. 8.
[2] Vgl. zur Verbindlichkeit der Steuerberatergebührenverordnung für Berufsangehörige mit Doppelqualifikation WP/StB (vBP/StB) und für Nur-WP (Nur-vBP) Thümmel [1982], S. 1192 - 1194.

übernahme und untersagt ihm die berufswidrige Werbung.[1] Die Werbung ist dabei nicht berufswidrig, soweit sie über die berufliche Tätigkeit in Form und Inhalt sachlich unterrichtet und nicht auf die Erteilung eines Auftrags im Einzelfall gerichtet ist (§ 35 Berufssatzung). Demgegenüber handelt es sich bei einem reklamehaften Herausstellen der eigenen Person und Leistung mit Werbemethoden, wie sie in der gewerblichen Wirtschaft üblich sind, um berufswidrige Werbung. WP (vBP) haben diese Grundsätze auch beim Umgang mit den Medien zu beachten und dafür Sorge zu tragen, daß diese Grundsätze auch von den Medien beachtet werden. Jede Darstellung des Dienstleistungsangebots in Rundfunk und Fernsehen ist unzulässig (§§ 33 - 34 Berufssatzung). Darüber hinaus sind weitere besondere Berufspflichten im Zusammenhang mit erlaubter Kundmachung und berufswidriger Werbung in der Berufssatzung geregelt.

Durch dieses "Werbeverbot" ist nicht jede akquisitorische Tätigkeit untersagt.[2] Erlaubt und von der Berufsorganisation wohlwollend gesehen bzw. gefördert ist die Form der **indirekten Werbung** durch das Hervortreten von Berufsangehörigen durch wissenschaftliche und schriftstellerische Tätigkeit, durch fachbezogene Vortrags- und Lehrtätigkeit sowie durch die Mitwirkung an Aktivitäten der Berufsorganisation selbst. Desgleichen können Merkmale einer zulässigen Werbung in den erlaubten Hinweisen auf die Berufstätigkeit - wie Türschilder, Anzeigen, Rundschreiben u.a. - gesehen werden. Allerdings werden diese Kundmachungen, denen ein mehr oder weniger erkennbarer Werbecharakter zuzumessen ist, zum Teil bis ins einzelne gehend in der Berufssatzung und in den "Richtungweisenden Feststellungen" inhaltlich geregelt. Der Sinn dieser Bestimmungen ist darin zu sehen, daß evtl. Werbewirkungen solcher Kundmachungen von allen Berufsangehörigen in denselben Grenzen genutzt werden können. Im einzelnen sind geregelt:

Berufsbezeichnung. WP haben bei der Ausübung ihrer Tätigkeit die Bezeichnung "Wirtschaftsprüfer", vBP die Bezeichnung "vereidigter Buchprüfer" zu führen. Akademische Grade (wie Dr. oder Dipl.-Kfm.) bzw. Titel (wie Professor oder Dr. h.c.) dürfen neben der Berufsbezeichnung geführt werden. Weitere Amts- oder Dienstbezeichnungen (wie z.B. Steuerberater, Rechtsanwalt) sind bei Erklärungen aufgrund gesetzlicher Vorschriften (der Erteilung von Bestätigungsvermerken und von Prüfungsberichten) nicht anzugeben. Ihre sonstige Verwendung ist zulässig. Zusätzlich gestattet sind in anderen Staaten zu Recht geführte Berufsbezeichnungen für die Tätigkeit als gesetzlicher Abschlußprüfer (z.B. CPA) oder für eine Tätigkeit, die neben der Tätigkeit als WP ausgeübt werden darf. Hinweise auf frühere Berufstätigkeiten (wie z.B. Reg.Rat a.D. oder Bankdirektor) sowie bloße Tätigkeitsbezeichnungen (wie z.B. Wirtschaftsberater, beratender Ingenieur) sind nicht statthaft. Übt ein WP oder vBP zulässige Treuhandtätigkeiten i.e.S. aus, so darf er die damit verbundenen Bezeichnungen wie Konkursverwalter oder Vergleichsverwalter nur bei der Ausübung der betreffenden Treuhandtätigkeit führen. Der Hin-

---

1) Eine Definition von Kundmachung und Werbung wird etwa in der UEC-Empfehlung zum Berufsgrundsatz "Kundmachung" gegeben. Danach spricht man von Kundmachung, wenn der Öffentlichkeit von den Dienstleistungen, die von einem bestimmten WP oder vBP bzw. einer bestimmten WPG oder BPG erbracht werden, Kenntnisse vermittelt werden. Werben bedeutet dagegen, wenn der Berufsträger an einen voraussichtlichen Mandanten herantritt und seine beruflichen Dienstleistungen anbietet (vgl. UEC [1980], S. 272).

2) Vgl. zur Abgrenzung von erlaubter Kundmachung und verbotener Werbung in Einzelfällen Vogelsang [1988], S. 216 - 222.

weis auf eine öffentliche Bestellung als Sachverständiger ist nur dann zulässig, wenn er im Rahmen solcher Sachverständigentätigkeiten verwendet wird, die nicht die Gebiete der wirtschaftlichen Betriebsführung und des betrieblichen Rechnungswesens betreffen (§ 31 Berufssatzung). Darüber hinaus dürfen WP (vBP) gemäß § 32 Berufssatzung Spezialisierungshinweise unter den dort genannten Voraussetzungen kundgeben.

Bei Sozietäten sind die Namen und die Berufsbezeichnungen der einzelnen Partner aufzuführen. Die Führung von Sammelbezeichnungen (z.B. Wirtschaftsprüfergemeinschaft bzw. Buchprüfergemeinschaft) ist nicht statthaft. Bei überörtlichen Sozietäten sind zusätzlich die beruflichen Niederlassungen der einzelnen Partner auf dem Briefbogen gesondert anzugeben. Eine Kurzbezeichnung darf verwendet werden (§ 28 Berufssatzung). WPG haben die Bezeichnung "Wirtschaftsprüfungsgesellschaft" und BPG die Bezeichnung "Buchprüfungsgesellschaft" ungebrochen in der Firma zu führen. Diese Bezeichnung ist Firmenbestandteil und darf nicht mit anderen Firmenbestandteilen oder dem Hinweis auf die Rechtsform kombiniert werden (§ 29 Berufssatzung). Unstatthaft ist z.B. die Bezeichnung "Wirtschaftsprüfungsgesellschaft mbH.". Die Firmierung oder der Name darf keine Hinweise auf Spezialisierungen, Branchen sowie berufsfremde Unternehmen oder Unternehmensgruppen enthalten. Die Verwendung einer abweichenden Firmierung oder eines abweichenden Namens für Zweigniederlassungen ist unzulässig. Bei Personenfirmen dürfen nur Namen von Personen aufgenommen werden, die die Voraussetzungen des § 28,4 S. 1, Nr. 1 WPO erfüllen und Gesellschafter sind. Die Zahl der aufgenommenen Namen von Personen, die nicht WP oder WPG sind, darf die Zahl der WP (vBP) oder WPG (BPG) nicht erreichen. Besteht die Firmierung oder der Name nur aus zwei Gesellschafternamen, so muß ein Name eines WP (vBP) oder einer WPG (BPG) verwendet werden. Die Firmierung oder der Name darf nach Ausscheiden namensgebender Gesellschafter beibehalten werden (§ 29,3 Berufssatzung). Bisher zulässige Firmierungen oder Namen bleiben von der Neuregelung in der Berufssatzung unberührt (§ 29,4 Berufssatzung).

Anzeigen. Anzeigen in Zeitungen und Zeitschriften sind gestattet, wenn sie sachlich veranlaßt sind. Sie müssen sich auf das Notwendige beschränken und dürfen keine reklamehafte Form haben. Die Informationen müssen sachlich richtig, objektiv nachprüfbar und auf die eigene Berufstätigkeit bezogen sein (§ 33,3 Berufssatzung). Die Größe der Anzeige sollte dem Zweck angemessen sein.

Unter Beachtung dieser Grundsätze dürfen bekanntgegeben werden:
- Neugründung einer Praxis oder Erwerb einer weiteren Berufsqualifikation;
- Praxisnachfolge;
- Begründung und Veränderung eines Gesellschaftsverhältnisses;
- Anerkennung einer Gesellschaft als WPG oder BPG;
- Sitzverlegung, Anschriftenänderung, Änderung von Fernsprech- und Fernschreibanschlüssen;
- Errichtung von Zweigniederlassungen;
- Stellenangebote für Mitarbeiter und eigene Stellengesuche.

Gemäß der bisherigen Verkehrsanschauung darf in den ersten sechs der vorstehend genannten Fälle insgesamt dreimal innerhalb von drei Monaten vom Zeitpunkt des Eintritts des Anlasses an, der die Anzeige ausgelöst hat, eine Anzeige veröffentlicht werden. Für Stellenanzeigen gilt diese Beschränkung nicht, sie dürfen allerdings nur bei wirklichem Bedarf veröffentlicht werden. WP bzw. vBP, die sich um eine gemeinsame Berufsausübung in einer Sozietät bewerben, sollten derartige Anzeigen ausschließlich in Fachzeitschriften, welche Berufskollegen ansprechen, veröffentlichen.

Notwendige Bekanntmachungen von WPG und BPG nach § 325 HGB dürfen nur im Bundesanzeiger und im Staatsanzeiger des jeweiligen Bundeslandes veröffentlicht werden; die Satzungen dürfen keine weiteren Veröffentlichungsorgane bestimmen.

Fachliche Rundschreiben und Informationsschriften. Fachliche Rundschreiben und Informationsschriften dürfen grundsätzlich nur an Mandanten versandt werden. Nicht-Mandanten sind sie nur auf besondere Aufforderung hin zuzusenden. Sie müssen nach Größe, Form und Drucktechnik berufswürdig sein. Fachliche Rundschreiben dürfen Angaben über die Arbeitsgebiete in allgemeiner Form enthalten, jedoch dürfen Kenntnisse und Erfahrungen in bestimmten Branchen nicht genannt werden; auch ist eine Aufzählung der betreuten Branchen nicht statthaft. Zulässig sind dagegen Angaben über Niederlassungen und ihre Leiter, über vertragliche Beziehungen zu ausländischen Berufsangehörigen, über bestehende Sozietäten sowie die Zahl der in der WP-/BP-Unternehmung tätigen WP, vBP, Rechtsanwälte und Steuerberater. Einzelangaben über die Zugehörigkeit zu Organen und Ausschüssen von Berufskammern und -vereinigungen sind nicht gestattet.

Mandantenveröffentlichungen. In den Veröffentlichungen von Mandanten (sog. Mandantenprospekt) darf ein WP oder vBP bzw. WPG oder BPG nur dann genannt werden, wenn er der Nennung zustimmt und die entsprechenden Grundsätze der Berufssatzung beachtet werden (§ 36,2 Berufssatzung). Nach der bisherigen Verkehrsanschauung muß das Prüfungsergebnis, das Gutachten oder der Treuhandvertrag mitveröffentlicht bzw. zur Anforderung angeboten werden. Wird der Name eines Berufsträgers ohne Zustimmung in solchen Prospekten genannt oder hält sich der Mandant nicht an die getroffenen Vereinbarungen, so hat der Berufsträger nach erfolgloser Abmahnung das Mandat niederzulegen.

Sonstige Kundmachungsformen. Hierunter fallen:

Der Jahresabschluß und Lagebericht. Veröffentlichungen bzgl. der Rechnungslegung von WPG bzw. BPG dürfen weder nach Form noch nach Inhalt den Charakter einer Werbeschrift tragen. Ein Exemplar ist regelmäßig an die WPK zu senden. Es bestehen keine Bedenken, wenn auch Auftraggebern Jahresabschluß und Lagebericht zugesandt werden.

Aufnahme in Verzeichnisse. Die Aufnahme in Adreßbücher, Branchenverzeichnisse usw. ist nur selbständig tätigen WP (vBP) und nur in berufswürdiger Form gestattet (§ 33,5 Berufssatzung). Zulässig sind insbesondere der Doppelfettdruck, ein farbig unterlegter Eintrag und die Verwendung von Firmen- bzw. Namenskennzeichen (Logos bzw. Signets). Unzulässig sind demgegenüber die Angabe von Spezialgebieten, mehrspaltige Anzeigen sowie Eintragungen auf mehreren Seiten oder Umschlagseiten (WPK [1996 (4)]. Bei Vorliegen anderer Berufsqualifikationen steht einer Aufnahme auch unter den anderen Berufsgruppen nichts entgegen.

Geschäftsbriefbogen. Der Geschäftsbriefbogen muß die Angaben nach §§ 18,1 und 128,2 WPO bzw. die Firma oder den Namen der WPG (BPG) enthalten. Sozietätsfähige Personen dürfen unter Kennzeichnung ihres Status genannt werden. Die Nennung anderer Personen ist unzulässig (§ 33,6 Berufssatzung).

Praxisschilder. Sie dürfen nur an dem Gebäude angebracht werden, in dem sich die Büroräume befinden (§ 33,6 Berufssatzung), und keine aufdringliche Form, Größe oder Farbe aufweisen. Bezüglich der Größe enthalten die Richtlinien keine Angaben. Als bisherige Verkehrsanschauung gilt, daß die Praxisschilder die Größe 50 cm x 60 cm nicht überschreiten sollen (vgl. IDW [1985], S. 64). Auf dem Praxisschild dürfen nur die gem. § 18 WPO erlaubten Berufsbezeichnungen sowie akademische Grade und Titel aufgeführt werden; Hinweise auf eine überörtliche Sozietät sind statthaft. Bei WPG oder BPG ist ausschließlich die Firma auf dem Praxisschild zu nennen. Hinweise auf verbundene Unternehmen sind nicht erlaubt.

Literarische Tätigkeit, Vorträge, Seminare. Veröffentlichungen fachlicher Art dürfen nur den Namen und den Wohnort des Verfassers und des Herausgebers unter Beifügung seiner Berufsbezeichnung tragen. Entsprechendes gilt für die Ankündigung von Vortragsveranstaltungen. Hinweise auf die Art der Berufsausübung sind statthaft. WPG und BPG dürfen als Herausgeber, nicht aber als Verfasser erscheinen. Lehrtätigkeit ist nur erlaubt, wenn sich diese auf die Vorbereitung zu Fachexamen der wirtschaftsprüfenden, der wirtschaftsberatenden und der juristischen Berufe erstreckt. Hierfür ist Werbung in berufswürdigem Rahmen erlaubt. Unzulässig, weil gewerblich, sind entgeltliche Veranstaltungen, desgleichen Veranstaltungen mit freiem Zutritt für jedermann. Letztere sind wegen ihres Werbecharakters nach § 52 WPO verboten. Nicht unter das Verbot fallen Fachseminare für Mandanten und deren Mitarbeiter, die als Gemeinschaftsberatung interpretiert werden.

Abschließend ist zu bemerken, daß in der WPO, in der Berufssatzung, den Richtlinien und den "Richtungweisenden Feststellungen" nichts über die Zulässigkeit einer **Kollektiv-** oder **Gruppenwerbung** durch den Berufsstand bzw. Berufsorganisationen der WP oder vBP gesagt wird. Solche Kollektivwerbung erlauben bspw. die "Europäischen Berufsgrundsätze" in Artikel 16, wenn diese von der U.E.C. bzw. FEE oder auf nationaler Ebene von einer gesetzlichen Institution oder einer anerkannten Berufsorganisation ausgeht.[1] WP- oder vBP-Unternehmen wird bekanntlich auch ein Wettbewerb von dritter Seite aufgezwungen. In Begutachtungs-, Beratungs- und Treuhandaufgaben müssen sie sich mit einer Konkurrenz auseinandersetzen, die nicht den strengen Berufsgrundsätzen unterliegt. Aufgabe einer Kollektivwerbung könnte daher sein, allgemein über die Fähigkeiten der Berufsstände im wirtschaftlichen Prüfungswesen Aufklärungsarbeit zu leisten (vgl. Rätsch [1953], S. 506).

Im Gegensatz zu den deutschen WP und vBP unterliegen Berufsangehörige in einzelnen europäischen Staaten (wie der Schweiz und Großbritannien), in den USA und Australien weniger strengen Regelungen über die Kundmachung. In der Literatur wird hierin - insbesondere unter dem Aspekt der zunehmenden Internationalisierung der Wirtschaft -, aber auch in der Tatsache, daß bei Nichtvorbehaltsaufgaben die Berufsangehörigen mit nicht an ein Berufsrecht gebundenen Personen konkurrieren, eine Gefahr der Wettbewerbsverzerrung gesehen und eine Lockerung des Werbeverbots gefordert.[2]

Diese Forderungen nach Liberalisierung basieren z.T. auch auf den bereits genannten Beschlüssen des Bundesverfassungsgerichts (BVerfG [1988 (1)]; BVerfG [1988 (2)]) zum Standesrecht der Anwälte, in denen herausgestellt wird, daß Eingriffe in die freie Berufsausübung nicht nur eine gesetzliche Grundlage erfordern, sondern nach ständiger Rechtsprechung nur dann mit Art. 12,1 GG vereinbar sind, wenn sie darüber hinaus durch ausreichende Gründe des Gemeinwohls gerechtfertigt werden und dem Grundsatz der Verhältnismäßigkeit genügen (vgl. BVerfG [1988 (2)], S. 195). Das Bundesverfassungsgericht unterscheidet in diesem Zusammenhang zwischen Anpreisungen durch reklamehaftes Sich-Herausstellen und der grundsätzlichen Befugnis, sich mit Informationen an die Öffentlichkeit zu wenden. Anpreisungen durch reklamehaftes Sich-Heraus-

---

1) Die "Union Européenne des Experts Comptables, Economiques et Financiers" (U.E.C.) bemühte sich um eine Vereinheitlichung der Berufsgrundsätze und hat so im April 1959 "Europäische Berufsgrundsätze" verabschiedet (vgl. UEC [1961]). Vgl. in dem Zusammenhang auch die Darstellung der Verfahrensweise der österreichischen Kammer für Wirtschaftstreuhänder bei Leifer [1957], S. 123 - 124. 1986 wurde die Fédération des Experts Comptables Européens (FEE) als Nachfolgeorganisation der U.E.C. und der Groupe d'Etudes des Experts Comptables de la C.E.E. gegründet.

2) Vgl. Thümmel [1992 (2)], Sp. 1178; Federal Trade Commission [1990], S. 36 - 39; Vogelsang [1988], S. 3 - 4 sowie S. 44 - 48; Kornblum [1988], S. 260. Nachdem auch nicht dem Berufsrecht der wirtschaftsprüfenden und steuerberatenden Berufe unterliegende Personen Buchführungsaufgaben ausüben dürfen (s. § 6 Nr. 4 i.V.m. § 3 StBerG), ist das Werbeverbot des § 8,1 StBerG für diesen Tätigkeitsbereich gelockert worden.

stellen gegenüber Berufsangehörigen sind demnach unzulässig, da durch wertende und nicht überprüfbare Werbeaussagen unrichtige Erwartungen entstehen können, zumal die Leistungen des Anwalts nur schwer nachprüfbar sind. Dem soll die Neuformulierung des § 52 WPO gerecht werden. Aus dem Urteilsspruch wird gefolgert, daß die freiberufliche Informationswerbung über die bisher gesetzten Grenzen hinaus zulässig sein sollte.

Die Berufssatzung enthält im Vergleich zu früheren Regelungen demgemäß einige Lockerungen des Werbeverbots, ohne indes von dem grundsätzlichen Verbot der Werbung und der bisherigen restriktiv interpretierten Berufsauffassung abzuweichen. Der Berufsstand wünscht keinen Wettbewerb durch Werbemaßnahmen, weil dadurch Wettbewerbsverzerrungen entstehen könnten. Für eingeschränkte Werbemöglichkeiten spricht ferner das Interesse, die Verfälschung des Berufsbildes hin zur gewerblichen Betätigung zu verhindern. Der Berufsstand hält eine Einschränkung der Berufsausübungsfreiheit durch entsprechend restriktiv gefaßte Werbevorschriften als eher hinnehmbar als die Inkaufnahme massiver Verwerfungen innerhalb des Berufsstandes.

IV. Der Grundsatz kollegialen Verhaltens

Dieser Grundsatz betrifft einmal das Verhalten gegenüber anderen Berufsangehörigen und zum anderen das Verhalten gegenüber Standesorganisationen.

a. Das Verhalten gegenüber Berufskollegen

Durch kollegiales Verhalten gegenüber Berufsangehörigen soll die materielle Sphäre sowie die persönliche Integrität von Berufsangehörigen geschützt werden. Der Schutz der materiellen Sphäre gliedert sich in den Auftragsschutz und das Abwerbeverbot.

Das Gebot des **Auftragsschutzes** verpflichtet, bei der Annahme von Aufträgen besondere Rücksichten auf Berufskollegen zu nehmen, die bereits für den Mandanten tätig sind oder waren. Bei der Übernahme neuer Aufträge hat der WP bzw. vBP daher dem Mandatsvorgänger die Auftragsübernahme anzuzeigen, soweit sich nicht aus den Umständen des Einzelfalles, z.B. Anweisung des Mandanten, etwas anderes ergibt. Werden mehrere WP oder vBP nebeneinander tätig, so ist eine Zusammenarbeit anzustreben. Wird eine Sonderaufgabe (z.B. eine Kreditwürdigkeitsprüfung) durchgeführt, so ist darauf zu achten, daß durch das Verhalten das Vertrauensverhältnis des Mandanten zu für diesen regelmäßig tätige Berufskollegen nicht beeinträchtigt wird. Bei der Übernahme der Praxis oder einzelner Mandanten von einem Berufskollegen geht der Auftragsschutz über. Der Auftragsschutz beinhaltet auch das Gebot, daß schriftliche Angebote oder persönliche Besuche zur Erlangung von Aufträgen nur dann zu erfolgen haben, wenn eine klare Aufforderung hierzu vorliegt (§ 35 Berufssatzung).

Im engen Zusammenhang mit dem Auftragsschutz steht das **Abwerbeverbot**, das sich sowohl auf Klienten wie Mitarbeiter bezieht. Das Abwerbeverbot verwehrt so einmal WP oder vBP, aus eigener Initiative an Mitarbeiter von Berufskollegen mit dem Ziel heranzutreten, diese zu einem Arbeitsplatzwechsel zu bewegen (§ 14,2 Berufssatzung). Andererseits untersagt es auch einem Berufskollegen, Mandate abzuwerben. Dieses Abwerbeverbot gilt auch für angestellte WP bzw. vBP, die eine eigene Praxis errichten wollen. Diese dürfen ebenfalls nicht Klienten ihres bisherigen Arbeitgebers dazu veranlassen, ihnen Mandate zu übertragen (§ 14,3 Berufssatzung) es sei denn, es werden dem bisherigen Arbeitgeber angemessene - evtl. im Dienstvertrag vereinbarte - Entschädigungen gezahlt. Solche Vereinbarungen, durch die Mitarbeiter verpflichtet werden, während der Dauer des Beschäftigungsverhältnisses keine in den Aufgabenbereich ihres Arbeitgebers fallende Aufgaben außerhalb ihrer Dienstverpflichtungen auszuüben oder nach Beendigung des Beschäftigungsverhältnisses während einer bestimmten Frist nicht für Mandanten des bisherigen Auftraggebers oder in einer Anstellung bei einem Mandanten tätig zu sein, heißen **Mandats-** bzw. **Konkurrenzschutzklauseln.** Sie sind zulässig, soweit die in § 74 HGB genannten Bedingungen - insbesondere die Schriftform und Zahlung einer angemessenen Entschädigung - beachtet werden.[1]

Übernimmt ein WP (vBP) eine Praxis oder Klienten von einem verstorbenen oder arbeitsunfähig gewordenen Kollegen, so hat er auch **ohne** Vorliegen eines Veräußerungsvertrages eine Entschädigung zu zahlen, soweit dies unter Berücksichtigung aller Umstände angemessen erscheint. Die Höhe der Entschädigung für übernommene Praxen richtet sich dabei nach den allgemeinen Maßstäben, wie sie für einen Praxisverkauf aus freiem Entschluß angewandt werden.[2] Der WP (vBP) ist grundsätzlich verpflichtet, Veränderungen seines Unternehmens - wie Erwerb oder Veräußerung von (Teil-)Praxen, Auflösung oder Gründung von Sozietäten usw. - zu angemessenen Bedingungen für alle Beteiligten abzuwickeln. Die WPO, die Berufssatzung, die Richtlinien bzw. die "Richtungweisenden Feststellungen" regeln jedoch nicht die treuhänderische Verwaltung der Praxis eines verstorbenen Berufsangehörigen durch Abschluß eines Praxistreuhandvertrags, wie es z.B. der § 71,1 StBerG für Steuerberater vorsieht.

---

1) Es ist davon auszugehen, daß eine Entschädigung, die sich auf 20 % der jährlichen Honorareinnahmen für die Dauer von fünf Jahren beläuft, als angemessen anzusehen ist s. IDW [1985], S. 53. Das WP-Handbuch schlägt an dieser Stelle vor, für die Mandatsschutzklausel einen Musteranstellungsvertrag der WPK mit folgendem Wortlaut zu benutzen: "Der Dienstnehmer verpflichtet sich, ohne ausdrückliche Zustimmung des Dienstgebers innerhalb von zwei Jahren nach Beendigung des Dienstverhältnisses

a) keine wirtschaftsprüfende, wirtschafts- oder steuerberatende Tätigkeit in eigener Praxis, als Partner oder als Angestellter eines anderen Berufsangehörigen für solche Auftraggeber auszuüben, die in den letzten drei Jahren vor Beendigung des Dienstverhältnisses zur Klientel des Dienstgebers gehörten,

b) nicht in die Dienste eines Mandanten des Dienstgebers zu treten, der in den letzten drei Jahren vor Beendigung des Dienstverhältnisses zur Klientel des Dienstgebers gehörte.

Bei einem Verstoß gegen die Bestimmungen des Abs. 1 kann der Dienstgeber entweder Erfüllung *oder* eine Vertragsstrafe in Höhe von ... DM verlangen (§ 75c,1 HGB in Verbindung mit § 340,1 BGB). Die Geltendmachung eines weitergehenden Schadenersatzanspruches bleibt vorbehalten (§ 340,2 BGB). Der Dienstherr verpflichtet sich, für die Dauer des Wettbewerbsverbotes eine Karenzentschädigung gem. § 74,1 HGB in Höhe von 50 % der im letzten Jahr bezogenen Vergütung zu zahlen."

2) Zur Bewertung von Praxen vgl. IDW [1996], S. 108 - 109; Englert [1996]. Allgemein zur Unternehmensbewertung vgl. Buchner [1981], S. 306 - 346; Buchner/Englert [1994].

WP (vBP) haben auch die **persönliche Integrität** ihrer Berufskollegen zu respektieren. Angriffe in Wort und Schrift gegenüber Berufskollegen - wie unsachliche Kritik, unbegründete Anschuldigungen, üble Nachreden, Verleumdungen oder Formalbeleidigungen - sind Verstöße gegen das Gebot kollegialen Verhaltens. Eine Grenze findet diese Verpflichtung zur Kollegialität und Rücksichtnahme auf Berufskollegen in der pflichtgemäßen Wahrnehmung der Interessen betreuter Klienten. Stellt z.B. ein WP bei der Erledigung einer Angelegenheit eines Klienten fest, daß ein Berufskollege (schwere) Verstöße gegen berufliche Pflichten begangen hat, dürfen solche Fehler des Berufskollegen nicht "rücksichtsvoll" vertuscht werden. Er hat vielmehr die Interessen seines Auftraggebers zu wahren und in dessen Auftrag auch die Pflicht, solche Verstöße und deren Folgen zu untersuchen und darüber unparteiisch zu berichten. Erhebt ein WP (vBP) gegen einen Berufskollegen Vorwürfe wegen eines Berufsversehens, sind diese Vorwürfe schlüssig vorzutragen sowie sachgerecht und unter geeignetem Beweisantritt zu begründen. Bei Streitigkeiten unter Berufsangehörigen soll die WPK zur Vermittlung eingeschaltet und vor der Erstattung von Strafanzeigen gegen Berufskollegen gehört werden.

b. Das Verhalten gegenüber Berufsorganisationen

Zum berufswürdigen und kollegialen Verhalten zählt auch die Erfüllung der Pflichten, die gegenüber Berufsorganisationen, insbesondere der WPK, bestehen. Der WP (vBP) hat die Meldungen zum **Berufsregister** unverzüglich vorzunehmen und Anfragen in Aufsichts- und Beschwerdesachen sowie aus dem allgemeinen Bereich wahrheitsgetreu und vollständig zu beantworten. Das kollegiale Verhalten gegenüber dem Gesamtberuf bedingt weiterhin, daß sich der WP (vBP) bei der Ausbildung des Berufsnachwuchses nach seinen Möglichkeiten beteiligt, d.h. daß er nicht nur selbst Berufsnachwuchs ausbildet, sondern auch in den Zulassungs- und Prüfungsausschüssen und bei Fortbildungskursen mitwirkt (§ 15 Berufssatzung). Ihm obliegt ferner, seine Mitarbeiter über berufs- und standesrechtliche Anforderungen zu unterrichten und diese zur Beachtung der für sie bestehenden Pflichten und Gebote anzuhalten.

H. Der Grundsatz der berufsrechtlichen Verantwortlichkeit

Der WP (vBP) wird durch zivil-, straf- und berufsrechtliche Verantwortlichkeit dazu angehalten, seine Berufspflichten zu erfüllen.[1] Weiß er, daß

---

1) Strafrechtliche Konsequenzen ergeben sich aus den §§ 332 - 333 HGB, §§ 137 - 138 VAG, §§ 150 - 151 GenG und §§ 403 - 404 AktG. Danach werden Abschlußprüfer oder Gehilfen mit Freiheits- oder Geldstrafe belegt, wenn sie über das Ergebnis der Prüfung falsch berichten, im Prüfungsbericht erhebliche Umstände verschweigen, einen inhaltlich unrichtigen Bestätigungsvermerk erteilen oder ein Geheimnis unbefugt offenbaren bzw. unbefugt verwerten. Die zivilrechtliche Haftung des handelsrechtlichen Abschlußprüfers ist in § 323 HGB geregelt. Verletzt der WP vorsätzlich oder fahrlässig seine Pflichten und schädigt dadurch seinen Auftraggeber, ist er diesem zum Schadensersatz verpflichtet. Bei Fahrlässigkeit ist die Ersatzpflicht auf 500.000,- DM/Prüfung begrenzt. Eine zivilrechtliche Inanspruchnahme durch den Auftraggeber oder Dritte kann auch auf deliktischen Handlungsnormen (§§ 823 ff BGB) oder auf allgemeinen schuldrechtlichen Vorschriften des Vertragsrechtes (§§ 631 ff i.V.m. § 675 BGB) basieren. Die deliktische Haftung erfordert zumeist vorsätzliches Handeln des WP, was ihren Anwendungsbereich begrenzt. Der Vertrag mit Schutzwirkung zugunsten Dritter und der Auskunftsvertrag werden vermehrt als vertragliche bzw. vertragsähnliche Anspruchsgrundlagen diskutiert, haben jedoch bislang im Bereich der gesetzlichen Abschlußprüfungen noch keine Anwendung ge-

er mit seinem Vermögen haften muß, strafrechtlich belangt oder durch das Berufsrecht evtl. aus dem Beruf ausgeschlossen werden kann, widersteht er eher negativen Einflüssen und wird veranlaßt, die Berufspflichten und allgemeinen Berufsgrundsätze gewissenhaft einzuhalten. Bedeutung kommt in diesem Zusammenhang der berufsrechtlichen Ahndung von Pflichtverletzungen wegen der nach § 68,1 WPO gegebenen berufsrechtlichen Bestrafung der Ausschließung aus dem Beruf zu. Ein Berufsverbot bzw. -ausschluß wiegt für einen Betroffenen schwerer als z.B. eine zivilrechtliche Schadenersatzpflicht, gegen die er sich versichern kann. Ein strenges Berufsrecht und eine streng durchgeführte Berufsgerichtsbarkeit tragen wirkungsvoll dazu bei, die Einhaltung der Berufspflichten durch den einzelnen Berufsangehörigen zu gewährleisten.[1]

Die fachliche und disziplinarische **Berufsaufsicht** ist der WPK und die **Berufsgerichtsbarkeit** den ordentlichen Gerichten zugewiesen. Stellt die WPK im Rahmen ihrer Berufsaufsicht eine Pflichtverletzung eines Berufsangehörigen fest, kann sie entweder das Verhalten des Betreffenden rügen (§ 63,1 WPO) oder bei der nach § 84 WPO zuständigen Staatsanwaltschaft die Einleitung des berufsgerichtlichen Verfahrens beantragen. Das berufsgerichtliche Verfahren wird dann durch die Anschuldigungsschrift der Staatsanwaltschaft (§ 85 WPO) eingeleitet. Die Einleitung eines berufsgerichtlichen Verfahrens kann des weiteren nach § 87 WPO auch auf Antrag des WP (vBP) erfolgen, damit dieser sich von dem Verdacht einer Pflichtverletzung befreien kann. Ein solcher Antrag ist allerdings nicht möglich wegen eines bereits durch den Vorstand der WPK gerügten Verhaltens. In der Regel werden berufsgerichtliche Verfahren aber auf Antrag des Vorstandes der WPK ausgelöst. Daher kommt den Möglichkeiten der WPK, Voruntersuchungen durchzuführen, erhebliche Bedeutung für die Wirksamkeit der berufsrechtlichen Verantwortlichkeit zu. WP (vBP) müssen daher auf Verlangen in Aufsichts- und Beschwerdesachen vor der WPK erscheinen. Sie müssen - soweit sie hierdurch ihre Verpflichtung zur Verschwiegenheit nicht verletzen - Auskunft geben und ihre Handakten vorlegen (§ 62 WPO).

Wie bereits angedeutet, sieht die WPO zwei grundsätzlich verschiedene Verfahrensweisen gegen Pflichtverletzungen vor, und zwar die Rüge nach § 63 WPO und die berufsgerichtliche Bestrafung nach § 68 WPO.

Die Rüge. Haben ein WP, vBP, eine WPG bzw. BPG die Berufspflichten in einem Grade verletzt, daß die Einleitung eines berufsgerichtlichen Verfahrens noch nicht gerechtfertigt ist, kann der Vorstand der WPK eine Rüge aussprechen. Die Rüge ist keine berufsgerichtliche Strafe. Es kann daher später wegen desselben Verhaltens noch ein berufsgerichtliches Verfahren eingeleitet werden (§ 69,1 WPO). Der Vorstand darf aber eine Rüge nicht mehr erteilen, wenn ein berufsgerichtliches Verfahren in der entsprechenden Angelegenheit eingeleitet oder von dem Betroffenen nach § 87 WPO beantragt worden ist. Auch dürfen für Pflichtverletzungen, die drei Jahre und länger zurückliegen, keine Rügen mehr ausgesprochen werden. Vor der Erteilung der Rüge hat eine Anhörung stattzufinden.

---

funden (vgl. ADS [1987], § 323 HGB, S. 49 - 50; Lang [1988]; Ebke [1983], S. 37 - 56).

1) Zu Zweifeln an der "Strenge" der Berufsgerichtsbarkeit vgl. Richter [1975], S. 192 - 196; Emmerich [1977], S. 220 - 221).

Die Rüge muß in einem mit den Gründen versehenen schriftlichen Bescheid ausgesprochen werden, wobei je nach der Schwere der Berufspflichtverletzung der Vorstand die Rüge in der Form der "Mißbilligung", "scharfen Mißbilligung" und "schärfsten Mißbilligung" abstufen kann. Ein gerügter WP (vBP) hat die Möglichkeit, gegen den Bescheid innerhalb einer Frist von einem Monat nach Zugang Einspruch beim Vorstand der WPK einzulegen. Wird der Einspruch zurückgewiesen, so kann der Betroffene innerhalb eines Monats nach der Zustellung die Entscheidung des Landgerichts (Kammer für Wirtschaftsprüfer-Sachen) beantragen (§ 63a,1 WPO). Zuständig ist das Landgericht am Sitz der WPK (z.Zt. Düsseldorf).

Die berufsgerichtliche Bestrafung. Nach § 67 WPO bzw. § 130 i.V.m. § 67 WPO werden gegen WP bzw. vBP, die ihre Pflichten schuldhaft verletzen, berufsgerichtliche Maßnahmen verhängt. Das gilt entsprechend nach § 71 WPO auch für Vorstandsmitglieder, Geschäftsführer oder persönlich haftende Gesellschafter einer WPG bzw. BPG, die nicht WP bzw. vBP sind. Die Berufsgerichtsbarkeit wird durch besondere Kammern und Senate für Wirtschaftsprüfer-Sachen bei den ordentlichen Gerichten ausgeübt. Der Instanzenweg der Berufsgerichtsbarkeit ist im einzelnen in § 72 ff WPO geregelt. Danach gilt:

1. Instanz: **Kammer** für Wirtschaftsprüfer-Sachen (= Kammer des Landgerichts); zuständig ist das **Landgericht**, in dessen Bezirk die WPK ihren Sitz hat (z.Zt. Düsseldorf).
Besetzung in der Hauptverhandlung: Ein Berufsrichter als Vorsitzender und zwei WP als Beisitzer (§ 72 WPO). Nach § 130 WPO können in berufsgerichtlichen Verfahren in vBP-Sachen vBP oder WP Beisitzer sein.

2. Instanz: **Senat** für Wirtschaftsprüfer-Sachen beim **Oberlandesgericht** im
(Berufung, Bezirk der WPK (z.Zt. Düsseldorf).
Beschwerde) Besetzung in der Hauptverhandlung: Drei Berufsrichter einschließlich des Vorsitzenden und zwei WP als Beisitzer (§ 73 WPO). § 130 WPO, wonach in vBP-Angelegenheiten auch vBP Beisitzer sein können, ist zu beachten.

3. Instanz: **Senat** für Wirtschaftsprüfer-Sachen beim **Bundesgerichtshof**.
Revision Besetzung in- und außerhalb der Hauptverhandlung: drei Berufs-
(nur in richter einschließlich Vorsitzendem und zwei WP als Beisitzer (§ 74
Berufs- WPO). § 130 WPO, wonach in vBP-Angelegenheiten auch vBP Bei-
ausschluß- sitzer sein können, ist zu beachten.
sachen) Revision ist **nur** in **Berufsausschlußsachen** möglich, d.h. wenn das Urteil des OLG auf Ausschließung aus dem Beruf lautet oder wenn der Senat beim OLG entgegen einem Antrag der Staatsanwaltschaft nicht auf Ausschließung erkannt hat (§ 107 WPO). Darüber hinaus ist die Revision zulässig, wenn der Senat für Wirtschaftsprüfer-Sachen beim OLG sie in dem Urteil zugelassen hat. Dies ist nur möglich, wenn in zweiter Instanz über Rechtsfragen oder Fragen der Berufspflichten entschieden worden ist, die von grundsätzlicher Bedeutung sind.

Der beschriebene Instanzenweg zeigt, daß in jeder Instanz jeweils nur ein Gericht zuständig ist. Dieser bundeszentrale Aufbau trägt zu einer Vereinheitlichung der Rechtsprechung bei. Die WP (vBP) als ehrenamtliche Beisitzer werden Vorschlagslisten entnommen, die der Vorstand der WPK der Landesjustizverwaltung für Gerichte der 1. und 2. Instanz und dem Bundesminister für Justiz für den BGH einreicht (§ 75 WPO). Die Beisitzer haben in der Sitzung, zu der sie zugezogen werden, alle Rechte und

Pflichten eines Richters (§ 78 WPO). Die Möglichkeit berufsgerichtlicher Sanktionen wird so in starkem Maße von den Berufsangehörigen mit beeinflußt. In sämtlichen Rechtszügen wirken Staatsanwälte mit. Gegenstand der Berufsgerichtsbarkeit sind ausschließlich Verstöße gegen die Berufspflichten. Der WP bzw. vBP darf zur Durchführung des berufsgerichtlichen Verfahrens weder vorläufig festgenommen noch verhaftet oder vorgeführt werden (§ 82 WPO). Nach § 68 WPO können die Berufsgerichte folgende Maßnahmen beschließen:
- Warnung,
- Verweis,
- Geldbuße bis zu 100.000 DM,
- Ausschließung aus dem Beruf.

Die berufsgerichtlichen Maßnahmen des Verweises und der Geldbuße können nebeneinander verhängt werden. Im Zusammenhang mit der Ausschließung aus dem Beruf steht das **vorläufige Berufsverbot** nach § 111 WPO, das vom Gericht dann gegen einen WP oder vBP verhängt werden kann, wenn das eingeleitete berufsgerichtliche Verfahren eine Ausschließung aus dem Beruf erwarten läßt. Nach der Rechtsprechung des BVerfG muß das vorläufige Berufsverbot des weiteren zur Abwehr konkreter Gefahren für wichtige Gemeinschaftsgüter notwendig sein (vgl. BVerfG [1977]; BVerfG [1978]).

Wird gegen eine Verwarnung, einen Verweis oder eine Geldbuße Berufung eingelegt, so hat dies für die Strafe eine aufschiebende Wirkung. Dagegen hat die Beschwerde bzw. Revision gegen ein Berufsverbot keine aufschiebende Wirkung, d.h. das Berufsverbot ist stets sofort mit seiner Verkündung wirksam. Durch das Berufsverbot werden die öffentliche Bestellung und die Mitgliedschaft in der WPK zunächst nicht berührt. Der WP (vBP) darf seinen Beruf jedoch nicht ausüben (§ 116 WPO). Die WPK bestellt - soweit erforderlich - für einen WP (vBP), gegen den ein Berufsverbot verhängt worden ist, einen Vertreter. Vor der Bestellung ist der vom Berufsverbot Betroffene zu hören. Er kann einen geeigneten Vertreter vorschlagen (§ 121,1 WPO). Ein WP bzw. vBP, dem die Vertretung übertragen wird, kann sie nur aus einem wichtigen Grund ablehnen, über den die WPK entscheidet. Der Vertreter führt seine Tätigkeit auf eigene Verantwortung und ohne an Weisungen gebunden zu sein, aber auf Rechnung des Vertretenen, durch. Für seine Tätigkeit kann er eine angemessene Vergütung beanspruchen. Die Ausschließung aus dem Beruf wird wirksam mit der Rechtskraft des Urteils und hat die Löschung im Berufsregister zur Folge.

Nach § 70 WPO beträgt die Verjährungsfrist für die Verfolgung von Pflichtverletzungen, die nicht die Ausschließung aus dem Beruf gerechtfertigt hätten, fünf Jahre. Verfahren, die die Ausschließung aus dem Beruf rechtfertigen, unterliegen keiner Verjährungsfrist. Ist gegen einen WP oder vBP ein strafgerichtliches Verfahren anhängig, so ist ein wegen desselben Verfahrens eingeleitetes berufsgerichtliches Verfahren auszusetzen. Das berufsgerichtliche Verfahren ist allerdings fortzusetzen, wenn die Sachaufklärung so gesichert erscheint, daß sich widersprechende Entscheidungen nicht zu erwarten sind, oder wenn im strafgerichtlichen Verfahren aus Gründen nicht verhandelt werden kann, die in der Person des WP liegen. Wird ein WP (vBP) in einem Strafprozeß freigesprochen, so kann dennoch ein berufsgerichtliches Verfahren stattfinden, wenn die

Verletzung einer Berufspflicht vorliegt. Wurde gegen ihn durch ein Gericht oder eine Behörde eine Strafe, eine Disziplinar- bzw. Ordnungsmaßnahme oder eine ehren- bzw. berufsgerichtliche Maßnahme verhängt, so ist nach § 69a WPO von einer berufsgerichtlichen Ahndung wegen desselben Verhaltens abzusehen, es sei denn, daß eine berufsgerichtliche Maßnahme zusätzlich erforderlich ist, um den Berufsangehörigen zur Erfüllung seiner Pflichten anzuhalten und das Ansehen des Berufsstandes zu wahren. Der Ausschließung aus dem Beruf steht eine anderweitig verhängte Strafe nicht entgegen.

Nach § 83a WPO wird über eine Pflichtverletzung eines WP bzw. vBP, der zugleich der Disziplinar-, Ehren- oder Berufsgerichtsbarkeit eines anderen Berufs untersteht, im berufsgerichtlichen Verfahren nur dann entschieden, wenn entweder die Pflichtverletzung überwiegend mit der Tätigkeit als WP (vBP) im Zusammenhang steht oder wenn wegen der Schwere der Pflichtverletzung ein berufsgerichtliches Verfahren zur Ausschließung aus dem Berufsstand eingeleitet wurde.

Die berufsgerichtlichen Maßnahmen und die Rügen unterliegen nach § 126a WPO der Tilgung, d.h. Eintragungen in den über einen WP oder vBP geführten Akten über eine Rüge oder eine Verwarnung sind nach fünf und über einen Verweis oder eine Geldbuße nach zehn Jahren zu löschen und dürfen bei weiteren berufsgerichtlichen Maßnahmen nicht mehr berücksichtigt werden. Die Frist beginnt an dem Tag zu laufen, an dem die berufsgerichtliche Maßnahme und/oder die Rüge unanfechtbar geworden sind. Nach Ablauf der Frist gilt er als von berufsgerichtlichen Maßnahmen nicht betroffen. Eintragungen über strafgerichtliche Verurteilungen oder über andere Entscheidungen sowie über Belehrungen der WPK sind gem. § 126a,6 WPO nur auf Antrag des WP nach fünf Jahren zu tilgen.

3. Kapitel
Grundsätze ordnungsmäßiger Prüfung im wirtschaftlichen Prüfungswesen

Die Grundsätze der ordnungsmäßigen Prüfung (GoP)[1] sind Teil der Grundsätze ordnungsmäßiger Berufsausübung im wirtschaftlichen Prüfungswesen und ergänzen die Berufspflichten und allgemeinen Berufsgrundsätze. Bei den Grundsätzen ordnungsmäßiger Berufsausübung handelt es sich um Regeln darüber, wie Berufsaufgaben durchgeführt werden müssen, damit die in sie gesetzten Erwartungen erfüllt werden. Entsprechend der Vielfältigkeit der Berufstätigkeit existiert eine Vielzahl solcher Regeln. Bisher fehlt es aber an einer geschlossenen Darstellung der Grundsätze ordnungsmäßiger Berufsausübung. Das erklärt sich auch daraus, daß die Aufgaben des WP (vBP), abgesehen von den Vorbehaltsaufgaben, auch von anderen Berufsgruppen erfüllt werden können. Regeln ordnungsmäßiger Berufsausübung werden daher in der Literatur vor allem im Zusammenhang mit den einzelnen Tätigkeitsfeldern - wie Prüfung, Beratung, Begutachtung und Treuhandschaft - dargestellt.[2]

Im folgenden soll näher auf die GoP eingegangen werden. Dabei wird eine Unterteilung in die Fragen der Rechtsnatur und der Gewinnung von GoP und in die Fragen des Inhalts und der Konkretisierung der GoP erfolgen.

A. Die Rechtsnatur und Gewinnung der Grundsätze ordnungsmäßiger Prüfung

Die GoP stellen überindividuelle Normen dar und haben die Aufgabe, die ordnungsmäßige Prüfungsdurchführung zu sichern. Wegen ihrer Bedeutung für die Berufe des wirtschaftlichen Prüfungswesens stehen die GoP im Blickpunkt erhöhten Interesses. Gegenstand der in diesem Zusammenhang geführten Diskussionen waren insbesondere die Ermittlung und Konkretisierung sowie die Rechtsverbindlichkeit dieser Grundsätze.

Im Vordergrund der Überlegungen nach dem Inhalt der GoP stehen die Fragen nach den Verfahren der Gewinnung und nach den Institutionen, welche mit der Ermittlung dieser Grundsätze befaßt sind. Bezüglich der **Ermittlung** werden drei Verfahren unterschieden, und zwar die induktive, die deduktive und die autoritäre Methode.[3]

---

1) Im wirtschaftlichen Prüfungswesen werden hierfür auch die Bezeichnungen "Grundsätze ordnungsmäßiger Abschlußprüfung (GoA)", "Grundsätze ordnungsmäßiger Wirtschaftsprüfung (GoW)" oder "Grundsätze ordnungsmäßiger Prüfungsdurchführung (GoP)" verwendet. Hierfür werden auch phonetische Gründe geltend gemacht, da die Abkürzungen "GoA" bzw. "GoW" mit der Abkürzung "GoB" nicht so leicht zu verwechseln sind wie die Abkürzung "GoP".

2) Vgl. Grünefeld [1972], S. 30 - 38; Wellmann [1988], S. 1 - 33 und hinsichtlich der Treuhandtätigkeiten Coing [1973], S. 137 - 154 sowie IDW [1992 (2)], S. 344 - 354.

3) Vgl. Wysocki [1977 (1)], S. 172 - 183, der die autoritäre Methode zwar in die Diskussion einführt, sie aber nicht als gleichwertig neben die induktive und deduktive Methode stellt.

Bei der **induktiven** Gewinnung der GoP werden - in Analogie zur induktiven Ermittlung der Grundsätze ordnungsmäßiger Buchführung - diese Grundsätze aus der Anschauung ehrbarer und ordentlicher Buchprüfer über die bei der Durchführung einer Buchprüfung anzuwendenden Verfahrens- und Vorgehensweisen hergeleitet. Die GoP werden bei dieser Methode somit durch statistische Erhebungen in der Prüfungspraxis festgestellt. Die induktive Methode ist mit dem Nachteil behaftet, daß diese Verfahrensweise bei neu auftretenden Problemen versagt, da es dann an einer tatsächlichen Übung fehlt. Des weiteren bleibt fragwürdig, welche Auskunftspersonen als ordentliche und ehrbare Buchprüfer anzusehen sind.

Diese Beschränkungen der induktiven Methode führen zu dem Vorschlag, die GoP **deduktiv** zu ermitteln. Die GoP sollen danach durch logische Ableitung aus den Zwecken der Rechnungslegung und den Zielen der Buchprüfung gewonnen werden, wobei als Entscheidungshilfen Gesetze und Rechtsprechung, Erkenntnisse der Wissenschaft und Stellungnahmen der Prüfungspraxis herangezogen werden können. In der deduktiven Gewinnung der GoP sind dann Schwachstellen zu sehen, wenn Ziele der Buchprüfung unscharf formuliert sind oder sich widersprechen, ohne daß eine Schlichtungsregel bekannt ist, die es erlaubt, Verhaltensanweisungen zu deduzieren. Des weiteren wird eingewendet, es fehle an einer hinreichend aussagefähigen Prüfungstheorie, die eine Quantifizierung der Auswirkungen ermögliche, die von einer Vornahme oder Unterlassung von Prüfungshandlungen in bezug auf das Prüfungsziel ausgehen. Man fordert daher für Bereiche, die vorerst weder durch induktiv noch durch deduktiv ermittelte GoP erfaßt werden können, die GoP durch dazu autorisierte Stellen **autoritär** festlegen zu lassen.[1] Dieser Vorschlag beinhaltet die Notwendigkeit, solche "autonomen" Stellen - wie bspw. ein staatliches Aktienamt - einzurichten, welche die Feststellung der GoP übernehmen.

In der Diskussion um die GoP wird auch deren **Rechtsverbindlichkeit** Beachtung geschenkt. Mit welcher Rechtsverbindlichkeit GoP auszustatten sind, hängt grundsätzlich von der Bedeutung ab, die den Grundsätzen beizumessen ist. Die GoP sollen einerseits dem einzelnen Buchprüfer eine Handlungsanweisung geben, wie er in einer bestimmten Situation zu verfahren hat. Insofern haben GoP eine **präskriptive Wirkung.** Andererseits sollen die GoP auch die Urteilsadressaten über die Art und den Umfang der durchgeführten Prüfung und deren Verläßlichkeit informieren. Damit ist die **deskriptive Wirkung** der GoP angesprochen. Haben nun die GoP nur Empfehlungscharakter, d.h. müssen die GoP von den Prüfern nicht verbindlich eingehalten werden, so besteht die Gefahr, daß das Ziel einer Prüfung gefährdet ist. Prüfer werden dazu neigen, dann bei Meinungsverschiedenheiten über die Beurteilung der Ordnungsmäßigkeit der geprüften Rechnungslegung den Vorstellungen der für die Rechnungslegung Verantwortlichen nachzugeben, wenn die GoP nicht zwingend eine bestimmte Handlungsweise fordern. Sind die GoP dagegen detailliert bis ins einzelne gehend verbindlich vorgeschrieben, so leidet unter einer solchen starren Regelung ihre Anpassungsfähigkeit an Verän-

---

1) Vgl. Wysocki [1977 (1)], S. 181.

derungen der regelungsbedürftigen Sachverhalte im Zeitablauf. Dieser Umstand ist für den Gesetzgeber bisher u.a. Veranlassung gewesen, auf eine konkrete gesetzliche Fixierung der GoP zu verzichten.

Die Berufsstände des wirtschaftlichen Prüfungswesens und die WPK sind jedoch darum bemüht, die GoP zu fixieren.[1] Dies erfolgt durch Fachgutachten, Stellungnahmen und die Berufssatzung. Hierbei wird die Konzeption verfolgt, in den Fachgutachten die Grundsätze einer ordnungsmäßigen Prüfung darzulegen, während in gesonderten Stellungnahmen die Einzelfragen der Prüfungstechnik behandelt werden. Zu nennen sind insbesondere die Publikationen der Fachgutachten zum Thema "Grundsätze ordnungsmäßiger (Abschluß-)Prüfung" sowie die gemeinsame Stellungnahme der WPK und des IDW 1/1995 zur Qualitätssicherung in der Wirtschaftsprüferpraxis (s. WPK/IDW [1995]), auf die noch einzugehen sein wird.

Die Fachgutachten und Stellungnahmen stellen die Usancen bzw. die Berufsauffassung der Berufsstände des wirtschaftlichen Prüfungswesens hinsichtlich des ordnungsgemäßen Vorgehens bei Buchprüfungen dar. Soweit diese nicht Normen wiedergeben, die aus dem Handelsgesetzbuch oder anderen Gesetzen übernommen worden sind, haben sie nur dann einen allgemeinverbindlichen Charakter, wenn ihnen durch Gerichte Rechtskraft verliehen wird. Im Einzelfall entscheidet daher weitestgehend das pflichtgemäße Ermessen des WP (vBP), ob und inwieweit er den Fachgutachten bei seiner Berufsarbeit folgt. Schadensersatzansprüche und berufsgerichtliche Verfahren kann der WP (vBP) durch die Darlegung von gewichtigen Gründen abwenden, die eine Außerachtlassung der fachlichen Verlautbarungen rechtfertigen. Andererseits ist zu beachten, daß den Berufsangehörigen die Anwendung fachlicher Verlautbarungen nicht vor Regreßansprüchen schützt. Denn sieht man von den Grundsätzen ab, die schon in gesetzlicher oder gleichwertiger Form vorliegen, verleiht als "letzte Instanz" immer die Rechtsprechung den GoP definitive Rechtskraft. Ein Richter kann in einer solchen Frage durchaus zur Überzeugung gelangen, daß die von einem WP (vBP) oder den Berufsständen des wirtschaftlichen Prüfungswesens angewandten Verfahrensweisen zu keinem vertrauenswürdigen Urteil führen. *Leffson* weist in diesem Zusammenhang auf ein Urteil des Landgerichts Stuttgart vom 8.12.1975 - 14 O 504/73 - zur Frage der Sorgfaltspflicht eines Buchprüfers hin, in dem ausgeführt wird: "Zur Festlegung eines Sorgfaltspflichtmaßstabes ist aufgrund der gesetzlichen Vorschriften das Gericht berufen, nicht aber ein Institut des betroffenen Berufsstandes."[2]

---

1) Auf internationaler Ebene haben die Berufsstände in der UEC, die inzwischen in der FEE aufgegangen ist, in dem IASC und in der IFAC in Teilbereichen GoP herausgearbeitet (vgl. IDW [1989 (3)]).

2) Leffson [1988], S. 102. - Zum Rechtsbindungscharakter der GoP vgl. auch Schulze zur Wiesch [1963], S. 21; Kicherer [1972], S. 73 - 74; Wysocki [1988], S. 123 - 128.

B. Der Inhalt und die Konkretisierung der Grundsätze ordnungsmäßiger Prüfung

I. Die Fachgutachten des IDW

Das IDW hat zum Thema der GoP erstmalig eine inhaltliche Konkretisierung durch die FG 1/1967 (IDW [1967]) und 1/1970 (IDW [1970]) vorgenommen, die durch die FG 1/1977 bis 3/1977 (IDW [1977] (1-3)) weiterentwickelt und ergänzt wurden. Mit ihnen sollte der Versuch unternommen werden, bestimmte Grundsätze aufzuzeigen, von denen sich der Abschlußprüfer bei der Durchführung seiner Aufgaben leiten lassen soll (so Abschnitt A des FG 1/1967). Diese FG wurden an die neuen handelsrechtlichen Rechnungslegungs- und Prüfungsvorschriften auf der Grundlage des Bilanzrichtlinien-Gesetzes angepaßt, und zwar durch (IDW [1988 (1-3)]):

FG 1/1988   Grundsätze ordnungsmäßiger Durchführung von Abschlußprüfungen

FG 2/1988   Grundsätze ordnungsmäßiger Berichterstattung bei Abschlußprüfungen

FG 3/1988   Grundsätze für die Erteilung von Bestätigungsvermerken bei Abschlußprüfungen

Die drei Fachgutachten werden jeweils mit Vorbemerkungen eingeleitet, aus denen hervorgeht, daß in ihnen die Auffassung des Berufsstandes dargelegt wird. Außerdem kann den Vorbemerkungen der Gegenstand des jeweiligen Fachgutachtens entnommen werden. In weiten Teilen erfolgt eine Zweiteilung der Gutachten und zwar in (1) Text und Inhalt der eigentlichen Grundsätze und in (2) Anmerkungen, ohne daß näher angegeben wird, in welchem Verhältnis - bezüglich ihres Bindungscharakters - die beiden Textgruppen zueinander stehen.

a. Die Grundsätze ordnungsmäßiger Durchführung von Abschlußprüfungen (FG 1/1988)

Das FG 1/1988 behandelt die Grundsätze ordnungsmäßiger Durchführung von gesetzlichen Abschlußprüfungen - insbesondere die Einzel- und Konzernabschlußprüfungen nach den Regelungen des HGB - sowie von freiwilligen Abschlußprüfungen, welche mit einem dem handelsrechtlichen Bestätigungsvermerk entsprechenden Vermerk abschließen.[1] Im einzelnen werden folgende Probleme behandelt:

---

1) Der wesentliche Inhalt des FG 1/1988 ergibt sich aus der nachfolgend auszugsweise wiedergegebenen Gliederung:

Einhaltung von Normen
    I. Gesetzliche Vorschriften
    II. Grundsätze ordnungsmäßiger Buchführung
    III. Gesellschaftsvertrag oder Satzung
    IV. Fachliche Verlautbarungen

Grundsätze für die Prüfungsdurchführung
    I. Planung
    II. Art und Umfang der Prüfungshandlungen
        1. Überblick
        2. System- und Funktionsprüfung
        3. Plausibilitätsbeurteilungen
        4. Prüfung von Geschäftsvorfällen und Beständen
            a) Allgemeines

Zielsetzung der Abschlußprüfung. Aus dem Ziel der Abschlußprüfung - Urteilsbildung darüber, ob die Buchführung, der Jahresabschluß und gegebenenfalls der Lagebericht bzw. bei Konzernabschlußprüfungen der Konzernabschluß und der Konzernlagebericht den geltenden Vorschriften entsprechen - resultieren die Aufgaben des Abschlußprüfers sowie die Voraussetzungen für die Tätigkeit als Abschlußprüfer. So ist die Jahresabschlußprüfung als umfassende Ordnungsmäßigkeitsprüfung der Rechnungslegung zu charakterisieren, in deren Verlauf sich der Abschlußprüfer sein Urteil unter Beachtung der Grundsätze der Unabhängigkeit, der Gewissenhaftigkeit, der Verschwiegenheit, der Eigenverantwortlichkeit und der Unparteilichkeit zu bilden hat. Da die Regelungen des HGB keine Bestimmungen zur Durchführung der Prüfung enthalten, hat der Prüfer im Einzelfall Art und Umfang der Prüfungsdurchführung nach pflichtgemäßem Ermessen festzulegen. Dabei müssen die einzelnen Prüfungshandlungen sorgfältig bestimmt werden, so daß die Beurteilung der Rechnungslegung des geprüften Unternehmens unter Einhaltung der Grundsätze der Wesentlichkeit und Wirtschaftlichkeit möglich wird. Voraussetzung zur Erfüllung der Berufspflichten ist eine geeignete Praxisorganisation. Das FG weist schließlich darauf hin, daß durch die Abschlußprüfung die Verantwortung der gesetzlichen Vertreter für die gesamte Rechnungslegung und für das interne Überwachungssystem nicht eingeschränkt wird.

Einhaltung von Normen. Die Abschlußprüfung erstreckt sich auf die Beachtung der die Rechnungslegung betreffenden gesetzlichen Normen, der GoB, der Regelungen im Gesellschaftsvertrag bzw. der Satzung und gegebenenfalls der fachlichen Verlautbarungen. Darüber hinaus wird jedoch die Prüfung der Einhaltung anderer Normen ebenfalls erforderlich, wenn sich bspw. aus der Verletzung des Gesetzes gegen Wettbewerbsbeschränkungen Risiken ergeben, denen im Jahresabschluß Rechnung zu tragen ist.

Grundsätze für die Prüfungsdurchführung. Hierbei handelt es sich um Handlungsanweisungen für die Prüfungsplanung, die eigentliche Prüfungsdurchführung sowie für den Überwachungsprozeß und die Dokumentation der Prüfung. Die Prüfungsplanung umfaßt die Sach-, Personal- und Zeitplanung. Sie hat insbesondere die mit den einzelnen Prüfungsgebieten verbundenen Risiken zu berücksichtigen und ist auch während der Prüfung fortlaufend an neu gewonnene Erkenntnisse anzupassen. Die eigentliche Prüfungsdurchführung untergliedert sich in

---

        b) Prüfung der Vorratsinventur
        c) Einholung von Bestätigungen
           c1) Bestätigungen für von Dritten verwahrtes Vermögen
           c2) Saldenbestätigungen
           c3) Vollständigkeitserklärung
           c4) Andere Bestätigungen
    5. Berücksichtigung von Ereignissen nach dem Abschlußstichtag
    6. Erstprüfungen
    7. Verwendung von Prüfungsergebnissen und Untersuchungen Dritter
    8. Bildung des Gesamturteils
III. Beaufsichtigung der Prüfung
IV. Nachweis der Prüfungsdurchführung

Besonderheiten der Konzernabschlußprüfung

System-, Funktions- und Einzelprüfungen. Während die System- und Funktionsprüfungen der Überprüfung von Gestaltung und Wirksamkeit des Systems von Regelungen und Abläufen dient, sollen die Einzelprüfungen die Vollständigkeit, Richtigkeit und buchmäßig korrekte Erfassung der durch das jeweilige System verarbeiteten Daten nachweisen. Dabei bestimmt der Abschlußprüfer auch anhand der Ergebnisse der System- und Funktionsprüfung, in welchem Umfang und in welcher Form weitere Einzelprüfungen durchzuführen sind. Darüber hinaus können Hinweise auf Mängel im Prüfungsstoff durch Plausibilitätsbeurteilungen gewonnen werden. Durch die Untersuchung des Verhältnisses prüfungsrelevanter Daten untereinander werden auffällige Abweichungen festgestellt, die Anlaß zu weiteren Einzelprüfungen geben. Um den Grundsätzen der Eigenverantwortlichkeit, der Gewissenhaftigkeit und der Sorgfalt zu genügen, muß der Abschlußprüfer die bei der Prüfung eingesetzten Mitarbeiter beaufsichtigen sowie einen dokumentierten Nachweis über die Planung, die Durchführung und die Ermittlung der Ergebnisse der Prüfung erbringen.

b. Die Grundsätze ordnungsmäßiger Berichterstattung bei Abschlußprüfungen (FG 2/1988)

Das FG 2/1988 betrifft die Grundsätze ordnungsmäßiger Berichterstattung - insbesondere den Prüfungsbericht gem. § 321 HGB - bei Abschlußprüfungen.[1] Es beinhaltet im einzelnen:

---

1) Aus folgendem Gliederungsauszug läßt sich der Inhalt des FG 2/1988 im wesentlichen erkennen:

Die allgemeinen Berichtsgrundsätze

Die Grundsätze der Berichterstattung für den Prüfungsbericht gem. § 321 HGB
I. Allgemeine Angaben im Prüfungsbericht
II. Darstellungen zur Vermögens-, Finanz- und Ertragslage
III. Erläuterung des Jahresabschlusses
IV. Die Berichterstattung über nachteilige Veränderungen und nicht unwesentliche Verluste nach § 321,1 S. 4 HGB
V. Die besonderen Berichtspflichten gem. § 321,2 HGB
VI. Feststellungen zur Gesetzmäßigkeit von Buchführung, Jahresabschluß und Lagebericht
VII. Zusammenfassung des Prüfungsergebnisses

Die Grundsätze der Berichterstattung für den Konzernprüfungsbericht gem. § 321 HGB
I. Allgemeine Angaben im Prüfungsbericht
II. Erläuterung des Konzernabschlusses
III. Die Berichterstattung über nachteilige Veränderungen und nicht unwesentliche Verluste nach § 321,1 S. 4 HGB
IV. Die besonderen Berichtspflichten gem. § 321,2 HGB
V. Zusammenfassung des Prüfungsergebnisses
VI. Zusammengefaßter Prüfungsbericht

Die Grundsätze der Berichterstattung bei nicht gesetzlich vorgeschriebenen Abschlußprüfungen
I. Prüfungsbericht bei freiwilligen Prüfungen, für die ein Bestätigungsvermerk erteilt werden soll
II. Bericht über freiwillige Prüfungen, für die eine Bescheinigung erteilt werden soll

Allgemeine Berichtsgrundsätze. Bei der Berichterstattung sind die Grundsätze der Unparteilichkeit - d.h. Sachverhalte sind unter Berücksichtigung aller verfügbaren Informationen sachgerecht zu würdigen -, der Vollständigkeit - das bedeutet, daß sämtliche gesetzlich oder vertraglich geforderten Feststellungen getroffen werden müssen -, der Wahrheit - das bedeutet, daß der Inhalt des Prüfungsberichts nach der Überzeugung des Abschlußprüfers den tatsächlichen Gegebenheiten entsprechen muß - und der Klarheit - d.h. Notwendigkeit einer verständlichen und eindeutigen Darstellung im Prüfungsbericht - zu beachten.

Grundsätze der Berichterstattung für den Prüfungsbericht und den Konzernprüfungsbericht. Diese Grundsätze erläutern die in § 321 HGB vorgeschriebene Aufgabe des Abschlußprüfers zur schriftlichen Berichterstattung über das Ergebnis der Prüfung. Danach erstreckt sich die Berichterstattung darauf, ob die Buchführung, der Jahresabschluß und der Lagebericht den gesetzlichen Vorschriften entsprechen, ob die gesetzlichen Vertreter die verlangten Aufklärungen und Nachweise erbracht haben und sich die rechtlichen Verhältnisse verändert haben. Alle wesentlichen Posten des Jahresabschlusses müssen aufgegliedert und ausreichend erläutert werden. Ferner sind nachteilige Veränderungen der Vermögens-, Finanz- und Ertragslage gegenüber dem Vorjahr und Verluste, die das Jahresergebnis nicht unwesentlich beeinflußt haben, aufzuführen sowie ausreichend und klar zu erläutern. Dies erfolgt in der Regel in einem gesonderten Abschnitt des Prüfungsberichts oder zusammen mit der allgemeinen Darstellung zur Vermögens-, Finanz- und Ertragslage. Ein wertendes Urteil über die Finanz-, Vermögens- und Ertragslage wird jedoch nicht verlangt. Schließlich hat der Abschlußprüfer über Tatsachen zu berichten, die den Bestand des Unternehmens gefährden können oder die Entwicklung des Unternehmens wesentlich beeinträchtigen können oder die schwerwiegende Verstöße der gesetzlichen Vertreter gegen Gesetz, Gesellschaftsvertrag oder Satzung erkennen lassen. Die betreffenden Sachverhalte sind zu schildern; darüber hinaus sind die sich hieraus ergebenden Konsequenzen so aufzuzeigen, daß die Ausführungen deutlich als "warnende Stimme" erkennbar sind. Abschließend ist das Ergebnis der Prüfung in zusammengefaßter Form darzustellen. Eine Einschränkung oder Versagung des Bestätigungsvermerks ist an dieser Stelle zu begründen.

Neben der Beachtung der Grundsätze der Berichterstattung für den Prüfungsbericht ergeben sich aus der Eigenart der Konzernrechnungslegungsnormen besondere Angabepflichten im Konzernprüfungsbericht. Zu diesen Angaben gehören bspw.: Bestellung und Auftragserteilung (§ 318,2 HGB); erweiterte Auskunfts- und Nachweispflichten der gesetzlichen Vertreter (§ 320,2 S. 3 HGB); Stichtag des Konzernabschlusses (§ 299,1 HGB); Stichtage der in den Konzernabschluß einbezogenen Einzelabschlüsse (§ 299,2 u. 3 HGB); Vorgänge von besonderer Bedeutung bei Stichtagsabweichungen (§ 299,3 HGB); Kreis der in den Konzernabschluß einbezogenen Unternehmen (§§ 294 - 296 HGB); Ordnungsmäßigkeit der in den Konzernabschluß einbezogenen Jahresabschlüsse (§ 317,2 HGB); Erläuterungen zur konzerneinheitlichen Bewertung, zu Besonderheiten der Erstkonsolidierung, zur Kapitalkonsolidierung, zur Schuldenkonsolidierung, zur Zwischenerfolgskonsolidierung, zur Aufwands- und Ertragskonsolidierung, zur Steuerabgrenzung, zur Gliederung der Konzernbilanz und der Konzern-GVR sowie dazu, ob der Konzernabschluß unter Beachtung der GoB ein den tatsächlichen Verhältnissen entsprechendes Bild der Vermögens-, Finanz- und Ertragslage des Konzerns vermittelt.

Grundsätze der Berichterstattung bei nicht gesetzlich vorgeschriebenen Abschlußprüfungen. Falls eine freiwillige Prüfung nach Art und Umfang der Pflichtprüfung nach den §§ 316 - 324 HGB entspricht, ist ein Prüfungsbericht entsprechend den oben angeführten Grundsätzen der Berichterstattung zu erstellen. Andernfalls kann nur eine Bescheinigung ausgestellt werden. Die Erstellung eines Prüfungsberichts ist nicht zwingend geboten. Wird jedoch ein Bericht abgegeben, so ist darzustellen, inwieweit sich die Prüfung nach Art und Umfang von einer Pflichtprüfung unterscheidet.

c. Die Grundsätze für die Erteilung von Bestätigungsvermerken bei Abschlußprüfungen (FG 3/1988)

Das FG 3/1988 beinhaltet folgende Grundsätze für die Erteilung von Bestätigungsvermerken bei Abschlußprüfungen:[1]

Allgemeine Grundsätze für die Erteilung von Bestätigungsvermerken. Der Bestätigungsvermerk ist ein verantwortungsvolles Gesamturteil darüber, ob die Buchführung, der Jahresabschluß und gegebenenfalls der Lagebericht bzw. bei Konzernabschlußprüfungen der Konzernabschluß und der Konzernlagebericht den geltenden Rechnungslegungsnormen entsprechen. Er ist nicht nur für den Auftraggeber bestimmt, sondern teilt im Regelfall auch der Öffentlichkeit das Ergebnis der Abschlußprüfung mit. Der Bestätigungsvermerk stellt einen Positivbefund über die Rechnungslegung dar, bezieht sich jedoch nicht auf die Beurteilung der wirtschaftlichen Lage und der Geschäftsführung.

---

1) Gliederungsauszug des FG 3/1988:

Allgemeine Grundsätze für die Erteilung von Bestätigungsvermerken

Bestätigungsvermerk zum Jahresabschluß

    I. Kernfassung des Bestätigungsvermerks
    II. Ergänzungen des Bestätigungsvermerks
    III. Einschränkung des Bestätigungsvermerks
    IV. Versagung des Bestätigungsvermerks

Bestätigungsvermerk zum Konzernabschluß

Bestätigungsvermerk bei Nachtragsprüfungen und bei Bilanzänderungen

Widerruf des Bestätigungsvermerks

Bestätigungsvermerke bei freiwilligen Abschlußprüfungen und Bescheinigungen zu Abschlüssen

    I. Bestätigungsvermerke
    II. Bescheinigungen

Bestätigungsvermerk zum Jahresabschluß und zum Konzernabschluß. Der Wortlaut des Bestätigungsvermerks wird durch die Regelung des § 322,1 HGB festgelegt. Damit soll es dem Adressaten ermöglicht werden, mit dem formelhaft verwendeten Text eine stets gleichbleibende Interpretation zu verbinden. Der Bestätigungsvermerk kann entweder uneingeschränkt (§ 322,1 HGB) bzw. eingeschränkt (§ 322,3 HGB) erteilt oder versagt (§ 322,4 HGB) werden. Der uneingeschränkte Bestätigungsvermerk ist zu erteilen, falls keine wesentlichen Beanstandungen vorliegen. Im Falle wesentlicher Beanstandungen ist der Bestätigungsvermerk einzuschränken, wenn zu den wesentlichen Teilen der Rechnungslegung noch ein Positivbefund möglich ist. Erscheint auch dies nach dem abschließenden Ergebnis der Prüfung unmöglich, so ist die Versagung des Bestätigungsvermerks geboten. Schließlich sieht § 322,2 HGB die Möglichkeit vor, den Bestätigungsvermerk zu ergänzen, wenn es ansonsten zu einem falschen Eindruck über Inhalt und Tragweite des Bestätigungsvermerks kommen könnte. So ist der Bestätigungsvermerk bspw. zu ergänzen, falls nach der Vorlage des Prüfungsberichts Jahresabschluß-, Konzernabschluß-, Lageberichts- oder Konzernlageberichtsänderungen vorgenommen werden, weshalb erneut zu prüfen und über diese Prüfung in einer Ergänzung zum ursprünglichen Bestätigungsvermerk zu berichten ist (§ 316,3 HGB). Der Widerruf eines bereits erteilten uneingeschränkten oder eingeschränkten Bestätigungsvermerks muß grundsätzlich erfolgen, falls nachträglich zu erkennen ist, daß die Voraussetzungen zur Erteilung des jeweiligen Bestätigungsvermerks nicht vorlagen. Der Widerruf ergeht schriftlich an den Auftraggeber der Abschlußprüfung.

Bestätigungsvermerke und Bescheinigungen bei freiwilligen Abschlußprüfungen. Entspricht eine freiwillige Prüfung nach Art und Umfang der Pflichtprüfung von Kapitalgesellschaften, so darf ein § 322,1 HGB nachgebildeter Bestätigungsvermerk erteilt werden. Falls dies nicht zutrifft, kann lediglich eine Bescheinigung erstellt werden. Für eine Bescheinigung gibt es keinen gesetzlich vorgeschriebenen bzw. standardisierten Text. Sie sollte jedoch Adressat, Auftrag, Art und Umfang der Tätigkeit, Durchführungsgrundsätze, zugrunde liegende Rechtsvorschriften und Unterlagen sowie Feststellungen enthalten.

II. Die gemeinsame Stellungnahme der WPK und des IDW

Die Fachgutachten zum Thema der GoP werden ergänzt durch die gemeinsame Stellungnahme 1/1995 "Zur Qualitätssicherung in der Wirtschaftsprüferpraxis" der WPK und des IDW (s. WPK/IDW [1995]).[1] Sie ist als Leitlinie für Berufsangehörige gedacht, die eigenverantwortlich über die zu ergreifenden Prüfungsmaßnahmen zu entscheiden haben.

In dieser Stellungnahme werden zunächst die Aufgabenstellungen und Prüfungsnormen (Maßnahmen) in den Bereichen der fachlichen Organisation einer Prüfungsunternehmung, dem Bereich der Prüfungsdurchführung und dem Bereich der Nachschau (Qualitätskontrolle der Prüfung) erläutert. Hinsichtlich der **fachlichen Organisation** von Prüfungsunternehmen beschäftigt sich die gemeinsame Stellungnahme mit den Problemen der

---

1) Hierzu auch Niehus [1993].

- Auftragsannahme und Auftragsfortführung,
- Unabhängigkeit, Unparteilichkeit und Besorgnis der Befangenheit,
- Qualifikation und Information (Grundsatz der Gewissenhaftigkeit),
- Gesamtplanung aller Aufträge,
- Prüfungsanweisungen und Dokumentation.

Bei den Maßnahmen zur Gewährleistung der Prüfungsqualität bei der **Abwicklung von Prüfungsaufträgen** (Prüfungsdurchführung und Nachschau) stehen im Vordergrund der gemeinsamen Stellungnahme
- die Prüfungsplanung einzelner Aufträge in sachlicher, personeller und zeitlicher Hinsicht,
- die Beaufsichtigung der Prüfungsdurchführung und
- die Prüfungskritik bzw. Qualitätskontrolle der Prüfung.

Diese Ausführungen werden durch die Angabe eines Fragebogens (einer Checkliste[1]) mit einem Standardprogramm zur Nachbildung der Prüfungsqualität abgeschlossen. Der Fragebogen dient der Sicherstellung der Einhaltung einer Prüfungsqualität, die dem durch Gesetz und Berufsgrundsätze festgelegten Standard entspricht. Durch die Befolgung der im Fragebogen angesprochenen Qualitätskontrollmaßnahmen kann auch Dritten gegenüber der Nachweis erbracht werden, daß seitens der Prüfungsunternehmung das Erforderliche getan wurde, um eine hohe Prüfungsqualität zu gewährleisten.

III. Die Berufssatzung

GoP ergeben sich auch aus der Berufssatzung, zu deren Erlaß die WPK durch § 57,3 u. 4 WPO ermächtigt ist. § 57,4 WPO bestimmt zugleich den Regelungsumfang. Im Rahmen dieser Vorgaben regelt die Berufssatzung insbesondere allgemeine Berufspflichten, besondere Berufspflichten bei der Durchführung von Prüfungen und der Erstattung von Gutachten sowie besondere Berufspflichten zur Sicherung der Qualität der Berufsarbeit in den Aufgaben nach § 2,1 WPO.

Allgemeine Berufspflichten. Im ersten Teil der Berufssatzung sind die allgemeinen Berufspflichten geregelt, die von WP (vBP) zu beachten sind. Neben den bereits dargelegten allgemeinen Berufsgrundsätzen ist insbesondere die Verwendung des Berufssiegels (§ 18 Berufssatzung) detailliert geregelt. Gemäß § 18 Berufssatzung sind WP (vBP) verpflichtet, ein Siegel zu benutzen, wenn sie in ihrer Berufseigenschaft aufgrund gesetzlicher Vorschriften Erklärungen abgeben. Sie können ein Siegel führen, wenn sie
- Erklärungen über das Ergebnis nicht gesetzlich vorgeschriebener Prüfungen abgeben,
- Bescheinigungen erteilen, wenn darin Erklärungen über Prüfungsergebnisse enthalten sind,
- als Gutachter tätig sind.

---

[1] Checklisten sind allgemein ein Mittel zur Sicherung, Beurteilung und Kontrolle der Prüfungsqualität. Zu den verschiedenen Vorschlägen zum Inhalt und Aufbau solcher Checklisten vgl. Pfleger [1988]; Friedrich/Bulach [1988]; Bähr/Fischer-Winkelmann/Kugler/Meinkert [1989].

Es ist WP (vBP) nicht erlaubt, das Siegel im Rahmen ihrer sonstigen beruflichen Betätigung zu führen oder siegelimitierende Rundstempel zu verwenden (§ 18,3 u. 4 Berufssatzung).

Besondere Berufspflichten bei der Durchführung von Prüfungen und der Erstattung von Gutachten. Im Rahmen der besonderen Berufspflichten ist insbesondere auf die Pflichten bei vorzeitiger Beendigung des Prüfungsauftrages einzugehen (§ 26 Berufssatzung). Diese Vorschriften sind sowohl bei der vorzeitigen Beendigung gesetzlich vorgeschriebener wie auch bei gesetzlich nicht vorgeschriebener Abschlußprüfungen zu verwenden, bei denen ein Bestätigungsvermerk erteilt werden soll, der dem gesetzlichen Bestätigungsvermerk in § 322 HGB nachgebildet ist. Liegt der Fall einer Kündigung des Prüfungsauftrages nach § 318,6 HGB vor, so darf der Mandatsnachfolger den Prüfungsauftrag nur dann annehmen, wenn

- er sich über den Grund der Kündigung und
- das Ergebnis der bisherigen Prüfung unterrichtet hat.

Dies geschieht durch die Einsichtnahme des Mandatsnachfolgers in die schriftliche Kündigung und den Bericht des Mandatsvorgängers über das Ergebnis der bisherigen Prüfung. § 26,3 Berufssatzung verpflichtet den Mandatsvorgänger zusätzlich, diese Unterlagen dem Mandatsnachfolger auf Verlangen zu erläutern, sofern nicht die Verschwiegenheitspflicht, andere gesetzliche Bestimmungen oder eigene berechtigte Interessen des Mandatsvorgängers dem entgegenstehen. Ist eine solche Erläuterung nicht erfolgt, darf der Mandatsnachfolger das Mandat nicht annehmen, es sei denn, er hat sich auf andere Art und Weise davon überzeugt, daß gegen die Annahme des Mandats keine Bedenken bestehen (§ 26,3 Berufssatzung).

Besondere Berufspflichten zur Sicherung der Qualität der Berufsarbeit. Die Berufssatzung verlangt vom Berufsangehörigen eine sachgerechte Prüfungsplanung, um einen, den tatsächlichen Verhältnissen des zu prüfenden Unternehmens angemessenen und ordnungsgemäßen Prüfungsablauf in sachlicher, personeller und zeitlicher Hinsicht sicherzustellen (§ 37 Berufssatzung). Die Mitarbeiter sind durch entsprechende Anweisungen auf ihre Aufgaben vorzubereiten. Es ist insbesondere darauf zu achten, daß die Prüfungshandlungen sachgerecht vorgenommen und in den Arbeitspapieren ausreichend und ordnungsgemäß dokumentiert werden, so daß ordnungsgemäß Bericht erstattet werden kann (§ 38 Berufssatzung). Schließlich enthält § 39 Berufssatzung Regelungen zur Nachschau. Diese hat zwingend zu erfolgen, um eine gewissenhafte Abwicklung der Prüfungsaufträge zu gewährleisten. Art und Umfang der Nachschau richtet sich nach Art und Umfang der in der Nachschauperiode abgewickelten Prüfungsaufträge.

4. Kapitel
Standes- und Fachorganisationen im wirtschaftlichen Prüfungswesen

Die Berufsstände des wirtschaftlichen Prüfungswesens sind zur Erfüllung beruflicher Selbstverwaltungsaufgaben, zur Wahrung berufspolitischer Aufgaben und zur Sicherung der Facharbeit an einer Vielzahl nationaler und internationaler, d.h. weltweit oder zumindest länderübergreifend tätiger Standesorganisationen beteiligt. Im folgenden soll ein Überblick über die Aufgaben und den organisatorischen Aufbau der für den Berufsstand bedeutsamen nationalen und internationalen Standes- und Fachorganisationen gegeben werden.

A. Die Organisationen auf nationaler Ebene

Basis nationaler Standes- und Fachorganisationen sind einmal gesetzliche Regelungen - wie z.B. die Vorschriften der WPO -, zum anderen freiwillige Vereinbarungen.

Die WPO als gesetzliche Grundlage zur Bildung nationaler Fach- und Standesorganisationen überträgt in § 4 die beruflichen Selbstverwaltungsaufgaben einer bundesunmittelbaren Körperschaft des öffentlichen Rechts, welche die Bezeichnung **Wirtschaftsprüferkammer** (WPK) führt.

Außerdem enthält § 65 WPO eine Regelung zur Bildung einer **Arbeitsgemeinschaft für das wirtschaftliche Prüfungswesen**. Danach bilden der Deutsche Industrie- und Handelstag und die WPK eine nicht rechtsfähige Arbeitsgemeinschaft für das wirtschaftliche Prüfungswesen mit gemeinsamer Geschäftsstelle. Diese Arbeitsgemeinschaft gibt sich ihre Satzung selbst (§ 65,2 WPO). Sie dient der Behandlung von Fragen des wirtschaftlichen Prüfungs- und Treuhandwesens, welche gemeinsame Belange der Wirtschaft und der Berufe der WP und der vBP berühren (§ 65,1 WPO). Satzungsgemäß besteht die Arbeitsgemeinschaft für das wirtschaftliche Prüfungswesen aus jeweils vier Vertretern des wirtschaftsprüfenden Berufsstandes und der Wirtschaft.

Daneben bestehen als Standesorganisationen auf privater Basis das **Institut der Wirtschaftsprüfer in Deutschland e.V.** sowie der **Bundesverband der vereidigten Buchprüfer e.V.** Im folgenden soll näher auf die drei Standesorganisationen mit eigener Rechtspersönlichkeit eingegangen werden.

I. Die Wirtschaftsprüferkammer (WPK)

Die WPK (Sitz z.Zt. in Düsseldorf) ist eine zentrale bundesunmittelbare Berufskörperschaft des öffentlichen Rechts mit der Zwangsmitgliedschaft sämtlicher WP, WPG, vBP, BPG sowie der Vorstandsmitglieder, Geschäftsführer oder vertretungsberechtigten persönlich haftenden Gesellschafter von WPG (BPG), die nicht WP (vBP) sind. Sie unterhält Landesgeschäftsstellen in Berlin, Dresden, Düsseldorf, Frankfurt, Hamburg, München und Stuttgart.

Die WPK hat die gesetzliche Aufgabe (§ 57 WPO), die beruflichen Belange ihrer Mitglieder zu wahren und zu fördern sowie diese in standesrechtlichen Fragen und Fragen der Berufsausübung zu beraten und zu belehren. Sie übt auch die Aufsicht über die berufliche Tätigkeit der Mitglieder aus. Die Organe der WPK sind die Wirtschaftsprüferversammlung, der Beirat und der Vorstand.

a. Die Aufgaben der WPK

Hier sollen im wesentlichen Aufgaben der WPK nach § 57 WPO dargestellt werden, und zwar die Berufsaufsicht, die Interessenvertretung der Gesamtheit der Mitglieder, die Mitwirkung bei berufsqualifizierenden Examina und die Erarbeitung von Grundsätzen für die Berufsausübung. Die WPK hat - im Gegensatz zum IDW und zum BvB - die Belange sowohl der WP als auch der vBP zu wahren.

1. Die Ausübung der Berufsaufsicht

Im Rahmen der Berufsaufsicht obliegt der WPK die Führung des Berufsregisters, die fachliche und disziplinäre Berufsaufsicht, die Vermittlung von Streitigkeiten und die Beurlaubung von Angehörigen der prüfenden Berufe.

Die Führung des Berufsregisters (§ 57,2 Nr. 12 WPO). Das Berufsregister ist öffentlich. Alle Eintragungen sind den beteiligten obersten Landesbehörden sowie den übrigen Beteiligten mitzuteilen (§ 37 WPO). In das Berufsregister werden zum einen Informationen aufgenommen, die von den obersten Landesbehörden dem Register zu melden sind. Nach § 22 WPO sind von diesen Behörden dem Register die Bestellung zum WP (vBP), das Erlöschen, die Rücknahme oder der Widerruf der Bestellung sowie die Wiederbestellung zu melden. Entsprechendes gilt nach § 35 WPO für die Anerkennung als WPG (BPG), die Rücknahme, den Widerruf oder das Erlöschen der Anerkennung als Prüfungsgesellschaft sowie die Genehmigungen nach § 28,2 oder 3 WPO. Zum anderen sind dem Register auch unmittelbar anzeigepflichtige Sachverhalte zur Eintragung mitzuteilen. Nach § 38 WPO (bzw. § 130 i.V.m. § 38 WPO) sind als solche anzeigepflichtigen Tatbestände einzutragen:

Wirtschaftsprüfer/vereidigter Buchprüfer. Name, Vorname, Geburtsort und -tag; Tag der Bestellung und die oberste Landesbehörde, die die Bestellung vorgenommen hat; Anschrift der beruflichen Niederlassung; Art der beruflichen Tätigkeit (z.B. Selbständigkeit oder Angestelltenverhältnis; Angaben zu Sozietätspartnern und Name der Sozietät; Tätigkeit als Geschäftsführer einer Europäischen wirtschaftlichen Interessenvereinigung) sowie alle Veränderungen dieser Tatbestände.

Wirtschafts-/Buchprüfungsgesellschaften. Name und Rechtsform; Tag der Anerkennung als Prüfungsgesellschaft und die oberste Landesbehörde, die die Anerkennung ausgesprochen hat; Anschrift der Hauptniederlassung; Angaben über die Gesellschafter, die Organmitglieder und über die Beteiligungsstruktur sowie alle Veränderungen dieser Tatbestände.

Zweigniederlassungen von WP, WPG, vBP und BPG. Name und Anschrift der Zweigniederlassung; Namen und Anschriften der die Zweigniederlassung leitenden Personen sowie alle Veränderungen dieser Tatbestände.

Die fachliche und disziplinäre Berufsaufsicht (§ 57,2 Nr. 4 WPO).
Die WPK führt die fachliche und disziplinäre Berufsaufsicht über die beruflichen Tätigkeiten ihrer Mitglieder. In der Regel erstreckt sich die Überwachung der Mitglieder bezüglich der Erfüllung ihrer beruflichen Pflichten nur auf allgemein zugängliche Zeugnisse. Eine wesentliche Aufgabe der WPK besteht daher darin, die im Bundesanzeiger veröffentlichten Jahresabschlüsse daraufhin zu überprüfen, ob ihre Gliederung den gesetzlichen Vorschriften entspricht.[1] Verbunden mit dieser fachlichen Berufsaufsicht ist die Verpflichtung der WPK, ihre Mitglieder in Fragen der Berufsaufsicht zu beraten und zu belehren. Den Mitgliedern der WPK ist nach § 62 WPO die Pflicht auferlegt, in Aufsichts- und Beschwerdesachen vor der WPK zu erscheinen, wenn sie zur Anhörung geladen werden. Auf Verlangen sind Auskünfte zu geben und Handakten vorzulegen, soweit hierdurch die Verschwiegenheitspflicht des Mitglieds nicht verletzt wird.

Stellt die WPK im Rahmen ihrer fachlichen Berufsaufsicht eine Pflichtverletzung fest, kann sie im Wege der disziplinären Berufsaufsicht entweder das fehlerhafte Verhalten rügen (§ 63 WPO) oder bei der Staatsanwaltschaft Antrag auf Einleitung eines berufsgerichtlichen Verfahrens stellen (s. S. 71 - 73). An dem eigentlichen berufsgerichtlichen Verfahren wirkt die WPK ebenfalls mit. Sie schlägt nach § 75,3 WPO der Landesjustizverwaltung (1. und 2. Rechtszug) bzw. dem Bundesminister der Justiz (für Verfahren am Bundesgerichtshof) die ehrenamtlichen Richter (Beisitzer) vor und ist nach den Vorschriften dieses Paragraphen hinsichtlich der Festlegung der Zahl von Beisitzern von diesen Behörden vorher anzuhören.

Die Vermittlung bei Streitigkeiten (§ 57,2 Nr. 2 u. 3 WPO). Die WPK kann bei fachlichen Kontroversen zwischen den einzelnen Mitgliedern oder zwischen Mitgliedern und deren Auftraggebern vermittelnd tätig werden, sofern die konfligierenden Parteien hierzu den Antrag stellen.

Die Beurlaubung von Mitgliedern (§ 46 WPO). WP und vBP, die vorübergehend eine mit den Berufsgrundsätzen nicht vereinbare Tätigkeit aufnehmen wollen, können sich auf Antrag von der WPK beurlauben lassen. Die Beurlaubung durch die Kammer unterliegt jedoch strengen Anforderungen. Beispielsweise müssen objektive Kennzeichen für eine baldige Rückkehr in den Beruf sprechen. Daneben darf während der Dauer der Beurlaubung weder die Tätigkeit eines WP bzw. vBP ausgeübt noch die Bezeichnung "Wirtschaftsprüfer" bzw. "vereidigter Buchprüfer" geführt werden (§ 46,2 WPO). Unberührt von der Beurlaubung bleibt hingegen die öffentliche Bestellung als WP (vBP) sowie die Unterwerfung unter die Berufsgerichtsbarkeit. Während der Dauer der Beurlaubung ruht die Mitgliedschaft in der WPK, und es besteht daher keine Beitragsverpflichtung (§ 58,1 WPO). Technisch soll eine Beurlaubung höchstens für ein Jahr ausgesprochen und jeweils nur um ein Jahr verlängert werden, ohne insgesamt die Zeitspanne von drei aufeinanderfolgenden Jahren zu überschreiten.

---

[1] Zur Kritik an der fachlichen Berufsaufsicht durch die WPK vgl. mit weiteren Nachweisen Richter [1975], S. 188 - 190 und Emmerich [1977], S. 220.

2. Die Interessenvertretung der Gesamtheit der Mitglieder

Die WPK hat auch die Aufgabe, die beruflichen Interessen der Gesamtheit aller (nicht einzelner) Mitglieder gegenüber der Öffentlichkeit zu wahren und zuständigen Gerichten und Behörden gegenüber zum Ausdruck zu bringen (§ 57,2 Nr. 6 WPO). Zu dieser Interessenvertretung zählt nach § 57,2 Nr. 7 WPO auch die Erstattung von Gutachten, die ein Gericht oder eine Verwaltungsbehörde oder eine an der Gesetzgebung beteiligte Körperschaft des Bundes oder eines Landes anfordert.

3. Die Mitwirkung bei berufsqualifizierenden Examina

Hierzu zählen vor allem die Wahrnehmung der gesetzlich zugewiesenen Aufgaben der Berufsausbildung (§ 57,2 Nr. 8 WPO), die Förderung der beruflichen Fortbildung der Mitglieder und des Berufsnachwuchses (§ 57,2 Nr. 10 WPO)[1] sowie das Vorschlagen der berufsständischen Mitglieder für die Zulassungs- und Prüfungsausschüsse (§ 57,2 Nr. 9 WPO).

4. Die Ausarbeitung von Grundsätzen für die Berufsausübung

§ 57,3 WPO ermächtigt die WPK dazu, eine Satzung über die Rechte und Pflichten bei der Ausübung der Berufe des WP und des vBP (Berufssatzung) zu erlassen. Zuständiges Organ für den Erlaß der Berufssatzung ist der Beirat der WPK. § 57,4 WPO umschreibt den Regelungsumfang der Ermächtigung. Demnach soll die Berufssatzung allgemeine Berufspflichten und verschiedene besondere Berufspflichten (bspw. für die Durchführung von Prüfungen und der Erstattung von Gutachten, für die Kundmachung und Werbung und für die Sicherung der Qualität der Berufsarbeit) regeln. Die WPK hat von diesem Recht Gebrauch gemacht und eine Berufssatzung erlassen (WPK [1996 (2)]). Diese von der autonomen Körperschaft erlassene Satzung besitzt als abgeleitete Rechtsnorm unmittelbar rechtlich bindende Wirkung.

Die WPO weist in § 57,2 Nr. 5 der WPK darüber hinaus die Aufgabe zu, nach Anhörung der Arbeitsgemeinschaft für das wirtschaftliche Prüfungswesen die allgemeine Auffassung über Fragen der Ausübung des Berufs in Richtlinien festzustellen. Auf dieser Rechtsgrundlage hat die WPK erstmals 1964 "Richtlinien für die Berufsausübung der WP und vereidigten Buchprüfer" erlassen und in der Folgezeit - zuletzt am 12.3.1987 - überarbeitet (WPK [1987]). Diese Richtlinien dienen der Auslegung und Verdeutlichung der in der WPO und der Berufssatzung geregelten Berufspflichten. Sie geben - nach dem Vorwort der WPK zu diesen Richtlinien - die allgemeine Berufsauffassung zu den wichtigsten Fragen berufswürdigen Verhaltens wieder. Es gehört zu den Berufspflichten des WP und des vBP, die darin enthaltenen Grundsätze einzuhalten. Abweichendes Verhalten ist nur in begründeten Fällen kein Verstoß gegen die Berufspflichten. Die Richtlinien für die Berufsausübung sind in die eigentlichen **Berufspflichten und -grundsätze** und in die **"Richtungweisenden Feststellungen"** unterteilt. Bei letzteren handelt es sich um

---

[1] In gegenseitigem Einvernehmen wird die Aus- und Fortbildung von Berufsangehörigen durch das IDW durchgeführt.

Hinweise für das berufliche Verhalten, die aus der Rechtsprechung und aus der Verwaltungsarbeit der für berufsständische Fragen zuständigen Organe zusammengestellt worden sind.

b. Der organisatorische Aufbau der WPK

Die Mitgliedschaft der WPK setzt sich aus Pflichtmitgliedern und freiwilligen Mitgliedern zusammen. Wie bereits erwähnt, sind **Pflichtmitglieder** alle WP, vBP, WPG und BPG sowie diejenigen Mitglieder des Vorstandes, Geschäftsführer oder persönlich haftenden Gesellschafter von Prüfungsgesellschaften, die nicht WP bzw. vBP sind (§ 58,1 bzw. § 128,3 WPO). Die genossenschaftlichen Prüfungsverbände, die Sparkassen- und Giroverbände für ihre Prüfungsstellen sowie die überörtlichen Prüfungseinrichtungen für öffentliche Körperschaften können die Mitgliedschaft bei der WPK erwerben, jedoch unterliegen sie als **freiwillige Mitglieder** nicht der Aufsicht durch die WPK (§ 58,2 WPO).

Die Organe der WPK sind nach § 59 WPO die Wirtschaftsprüfer-Versammlung, der Beirat und der Vorstand. Der Beirat wird von der Wirtschaftsprüfer-Versammlung, der Vorstand von dem Beirat gewählt. Zum Mitglied des Vorstandes und des Beirates kann nur gewählt werden, wer persönlich Mitglied der WPK ist. Bestimmungen über die Zahl der Mitglieder des Beirates und des Vorstandes sowie über die Funktionen dieser Organe werden nicht in der WPO, sondern nach § 60 WPO in der Satzung der WPK geregelt, die von der Wirtschaftsprüfer-Versammlung zu beschließen ist. Die Satzung und deren Änderungen bedürfen zu ihrer Wirksamkeit der Genehmigung des Bundesministers der Wirtschaft.

Hinsichtlich der Funktionen der Organe der WPK ist im einzelnen von Bedeutung:

Die Wirtschaftsprüfer-Versammlung. Sie setzt sich aus sämtlichen obligatorischen und freiwilligen Mitgliedern der WPK zusammen und ist vorrangig zuständig für

- die Wahl des Beirates und die Aufstellung einer Wahlordnung für diese Wahl;
- die Entgegennahme von Tätigkeitsberichten des Beirates und des Vorstandes;
- die Entlastung des Beirates;
- die Aufstellung und Änderung der Satzung.

Die Wirtschaftsprüfer-Versammlung tritt ordentlich mindestens alle drei Jahre zusammen, muß außerordentlich jedoch jederzeit vom Präsidenten der Kammer einberufen werden, falls der Beirat oder ein Zehntel der Mitglieder dies wünschen.

Der Beirat. Die Aufgaben des Beirates lassen sich in verwalterisch-dispositive und personelle Entscheidungsbefugnisse unterteilen. Zu den **verwalterisch-dispositiven Entscheidungsbefugnissen** des Beirates zählen:

- Feststellung des Wirtschaftsplanes;
- Genehmigung des Jahresabschlusses der WPK und Wahl der Abschlußprüfer;
- Entgegennahme des Tätigkeitsberichtes des Vorstandes;
- Erlaß der Beitrags- und Gebührenordnung sowie Festlegung der Vergütung von Reisespesen und Aufwandsentschädigungen für die in der WPK ehrenamtlich tätigen Mitglieder der Verwaltungsgremien;
- Genehmigung der Regelungen zur Zusammenarbeit mit anderen Berufskammern;

- Feststellung der vom Vorstand erarbeiteten Richtlinien der Berufsausübung.

Die **personellen Entscheidungsbefugnisse** des Beirates betreffen:
- Wahl des Vorstandes aus der Mitte des Beirates sowie Ernennung eines Vorstandsvorsitzers (Präsidenten) und seiner beiden Stellvertreter aus dem Vorstandsgremium;
- Wahl der für die Zulassungs- und Prüfungsausschüsse (vgl. § 5,2 u. § 6,2 WPO) von der WPK vorzuschlagenden Mitglieder dieser Einrichtungen sowie der Berufsangehörigen zur Mitarbeit in der Arbeitsgemeinschaft für das wirtschaftliche Prüfungswesen;
- Empfehlung der Auswahl von Berufsangehörigen, die der Vorstand als Mitglieder der Berufsgerichte vorschlägt.

Der Vorstand. Dem Vorstand mit seinem Vorsitzer (= Präsidenten) und den beiden Stellvertretern (= Vizepräsidenten) an der Spitze obliegt
- die gesamte Leitung der WPK;
- die Durchführung aller Maßnahmen und Entscheidungen, die nicht ausdrücklich anderen Organen zugewiesen sind;
- die alljährliche Erstellung eines Tätigkeitsberichtes und dessen Übermittlung an den Beirat;
- im Rahmen der Berufsaufsicht die Ausübung des Rügerechts nach § 63 WPO;
- die gerichtliche und außergerichtliche Vertretung der WPK.

Abschließend ist darauf zu verweisen, daß nach § 12,4 der WPK-Satzung die Tätigkeiten in den genannten Organen grundsätzlich ehrenamtlich und unentgeltlich ausgeübt werden. Es besteht jedoch Anspruch auf Ersatz der Reisekosten und Auslagen. Die Amtszeit für die Mitglieder des Beirates und des Vorstandes beträgt jeweils drei Jahre (§ 11,1 WPK-Satzung).

II. Das Institut der Wirtschaftsprüfer in Deutschland e.V. (IDW)

Das IDW ist eine Fachorganisation des Berufsstandes der WP auf der Basis **freiwilliger Mitgliedschaft**. Dem IDW gehörten zum 1.7.1995 8.194 Mitglieder an. Es hat wie die WPK seinen Hauptsitz in Düsseldorf und unterhält Landesgeschäftsstellen in Berlin, Frankfurt, Hamburg, Leipzig, München und Stuttgart. Die bisherige Geschäftsstellengemeinschaft mit der WPK wurde zum 31.12.1989 aufgegeben, da das IDW neben der Facharbeit ausschließlich WP-Interessen vertritt, während die WPK für die Belange aller Mitglieder - also auch der vBP - eintreten soll.

Das IDW hat insbesondere die fachliche Förderung der WP und des Berufsnachwuchses zur Aufgabe. Dies geschieht im Rahmen der sog. Facharbeit, die sich sowohl an die Mitglieder als auch an die interessierte Öffentlichkeit richtet. Neben dieser Facharbeit hat das IDW Sozialfunktionen für den Berufsstand zu erfüllen.

a. Die Aufgaben des IDW

1. Die Facharbeit

Die Facharbeit des IDW hat zum Ziel, für einheitliche Grundsätze der unabhängigen, eigenverantwortlichen und fachgerechten Berufsausübung einzutreten und deren Einhaltung durch die Mitglieder sicherzustellen. Das erfolgt im Rahmen der gutachterlichen Verlautbarungen und Stellungnahmen, im Rahmen von Fachveranstaltungen sowie im Rahmen von Ausbildungsprogrammen.

(a) Gutachterliche Verlautbarungen und Stellungnahmen

Für die Beratung der Verlautbarungen und Stellungnahmen, insbesondere zu Fragen des Rechnungswesens sowie den Problemen des Prüfungswesens, der Sachverständigentätigkeit und des Treuhandwesens, hat das IDW spezielle Ausschüsse eingerichtet. Das sind im einzelnen:

Der Hauptfachausschuß. Übergeordnet und laut Satzung des IDW als ständige Einrichtung des Institutes vorgesehen, ist der Hauptfachausschuß für die Beratung fachlicher Probleme grundlegender Art und die Erstattung von Stellungnahmen bzw. Fachgutachten zuständig. Der Vorsitzer des Hauptfachausschusses wird vom Verwaltungsrat gewählt und sollte gleichzeitig Vorstandsmitglied im IDW sein. Ausschußmitglieder werden - wie bei allen eingesetzten Fachausschüssen - auf längstens vier Jahre mit der Möglichkeit der Wiederwahl gewählt. Daneben können dem Hauptfachausschuß auch Hochschullehrer und andere Sachverständige angehören, die nicht Mitglieder des IDW sind.

Die Fachausschüsse. Diese dienen der Behandlung spezifischer Fragestellungen. In die Fachausschüsse können auch Hochschullehrer und andere Sachverständige berufen werden, die nicht Mitglieder des IDW sind. Die Ergebnisse der Fachausschüsse werden, soweit sie erhebliche Bedeutung besitzen, zunächst als "Entwurf einer Verlautbarung zu ..." veröffentlicht, um den Mitgliedern die Möglichkeit zur Meinungsäußerung zu verschaffen. Die ausdiskutierten, schließlich publizierten "Stellungnahmen ..." (früher meist als Fachgutachten bezeichnet) stützen sich somit auf eine relativ breite Berufsauffassung. Als Publikationsmedium dienen die im institutseigenen IDW-Verlag monatlich erscheinenden "Fachnachrichten" sowie die in halbmonatlicher Folge herausgegebene Fachzeitschrift "Die Wirtschaftsprüfung" und die Sammlung "Die Fachgutachten und Stellungnahmen des IDW auf dem Gebiete der Rechnungslegung und Prüfung".[1]

Zusätzlich zu den Fachausschüssen können nach Bedarf sog. **Arbeitskreise** vom Vorstand eingerichtet werden. Befassen sich sowohl der Hauptfachausschuß als auch die genannten Fachausschüsse dauerhaft mit Fragen grundsätzlicher Art bzw. speziellen Problemen, so werden die Arbeitskreise einmalig für ganz bestimmte aktuelle Fachfragen gebildet und wieder aufgelöst. Bekannt in der Vergangenheit waren bspw. die Arbeitskreise "Unternehmensbewertung" und "Weltbilanzen".

---

1) Zum sachlichen und zeitlichen Überblick über bisherige Fachgutachten und Stellungnahmen vgl. IDW [1996], S. 1743 - 1778.

(b) Fachveranstaltungen

Die teilweise durch die Landesgruppen und teilweise nur vom IDW durchgeführten und geleiteten Veranstaltungen lassen sich hinsichtlich ihres Öffentlichkeitscharakters, d.h. nach Zahl und Art der Adressaten, unterscheiden in:[1]

Regionale Fortbildungsveranstaltungen. Von sämtlichen Landesgruppen des IDW wird in Abstimmung mit der Zentrale in Düsseldorf ein dezentrales Fortbildungsprogramm angeboten. Diese Halbtages- oder Abendveranstaltungen nehmen jeweils aktuelle Fachfragen zum Gegenstand und können nur von den Instituts-Mitgliedern der speziellen Landesgruppe besucht werden.

Quasi-überregionale Fortbildungsveranstaltungen. Geschlossene ein- oder mehrtägige Fachveranstaltungen mit einem gewissen überregionalen Charakter bieten alljährlich die Landesgruppen an. Daneben führt das IDW in Düsseldorf in unregelmäßigen Zeitintervallen Seminare oder Lehrgänge durch, die der Vertiefung spezieller Fachkenntnisse dienen.

Überregionale Fortbildungsveranstaltungen. Überregionale Bedeutung haben die zentral durch das IDW durchgeführten Veranstaltungen, da sie sich regelmäßig an den gesamten Berufsstand und fallweise an die interessierte Öffentlichkeit wenden. Zudem werden im allgemeinen die vorgetragenen Referate und Diskussionsbeiträge durch das Institut veröffentlicht. Zu nennen sind:

- **Arbeitstagung des IDW:** Die regelmäßig im Herbst in Baden-Baden abgehaltene Fachtagung dient vornehmlich dem Erfahrungs- und Meinungsaustausch zwischen den Mitgliedern und deren Mitarbeitern in kleinen Diskussionsgruppen.
- **Fachtagung des IDW:** Der Öffentlichkeitscharakter der unregelmäßig stattfindenden IDW-Fachtagungen ist gegenüber allen anderen Fachveranstaltungen am ausgeprägtesten. In der Regel stehen die Fachveranstaltungen unter einem aktuellen Generalthema. In Referaten werden von Sachverständigen aus Staat, Wirtschaft und Wissenschaft jeweils Teilbereiche des Generalthemas angesprochen und Lösungsmöglichkeiten aufgezeigt und diskutiert.

Zur überregionalen Fortbildung zählen schließlich auch die in Zusammenarbeit mit ausländischen Berufsorganisationen durchgeführten Seminare und Kongresse, die für den Berufsstand mit zunehmender Internationalisierung der zu prüfenden Gesellschaften ständig an Bedeutung gewinnen. Auf sie wird im Abschnitt B dieses Kapitels gesondert eingegangen.

(c) Ausbildungsprogramme des Berufsstandes

Die Förderung der Berufsausbildung obliegt nach § 57,2 Nr. 10 WPO der WPK. Diese Aufgabe wird jedoch einvernehmlich zur Zeit ausschließlich vom IDW wahrgenommen. Die ausbildungsfördernden Aktivitäten finden in zwei Programmen, und zwar in der berufsbegleitenden Ausbildung und in der Ausbildung zur Vorbereitung auf Berufsexamina, statt.

---

[1] Vgl. hierzu die Hinweise zu fachlichen Veranstaltungen in den Zeitschriften IDW-Fachnachrichten und WPK-Mitteilungen.

Die berufsbegleitende Ausbildung der Mitarbeiter des Berufsstandes. Die "Berufsbegleitende Ausbildung" (BA) ist auf jüngere Mitarbeiter zugeschnitten. Sie ist auf tägliche Berufsprobleme bezogen, nicht examensorientiert und wird jeweils als dreistufiges Seminar angeboten.
Die Ausbildung zur Vorbereitung auf das Berufsexamen. Die Vorbereitung auf das WP-Examen während der Berufspraxis erfolgt durch Selbststudium und/oder den Besuch examensvorbereitender Kurse des IDW, die sog. Studienlehrgänge für WP-Kandidaten, die teilweise in Zusammenarbeit mit fachkundigen Repetitoren durchgeführt werden.

2. Die Sozialfunktion des IDW

Das nicht erwerbswirtschaftlich orientierte IDW erfüllt neben der Facharbeit auch eine Sozialfunktion. Im Einklang mit § 2,3 der Satzung des IDW hat das Institut bestimmte Einrichtungen für die Alters- und Hinterbliebenenversorgung geschaffen. Ihm steht unterstützend die WPK zur Seite. Als Sozialeinrichtungen sind zu nennen:
- die **Hilfskasse** zur Unterstützung der unverschuldet (durch Krankheit, Gebrechlichkeit oder Tod) in Not geratenen Berufsangehörigen und deren Hinterbliebenen;
- der Abschluß einer **Sterbegeldgruppenversicherung** bei der Deutschen Anwalt- und Notarversicherung;
- die Vereinbarung eines **Gruppenversicherungsvertrages** für Tagegeld im Krankheitsfall bzw. Krankenhaustagegeld mit der Deutschen Krankenversicherungs-AG (Im Einvernehmen zwischen dem IDW, der WPK und der Deutschen Krankenversicherungs-AG wurde der bestehende Gruppenversicherungsvertrag zwischen dem IDW und der DKV ab 1.10.1989 von der WPK übernommen).
- das Versorgungswerk der WP und vBP. Soweit sich das Bundesland in dem der WP (vBP) seinen Beruf ausübt diesem Versorgungswerk angeschlossen hat, kann der Berufsangehörige diesem beitreten und sich von der gesetzlichen Rentenversicherungspflicht befreien lassen.

b. Der organisatorische Aufbau des IDW

Im Gegensatz zur WPK besteht für das IDW keine Zwangsmitgliedschaft. Die Aufnahme als Mitglied kann nach § 3 der Satzung des IDW folgende Gruppen umfassen:
Ordentliche Mitglieder. Als ordentliche Mitglieder werden die inländischen WP und WPG aufgenommen. Vorstandsmitglieder, Geschäftsführer oder persönlich haftende Gesellschafter von WPG, welche WP sind, sollen dem IDW persönlich als ordentliche Mitglieder angehören.
Außerordentliche Mitglieder. Als außerordentliche Mitglieder können ehemalige, in Ehren aus dem Beruf geschiedene WP, Personen, die die Prüfung als WP mit Erfolg abgelegt haben, allerdings noch nicht öffentlich bestellt sind, und Vorstandsmitglieder, Geschäftsführer, persönlich haftende Gesellschafter und Sozietätspartner von WP, die selbst nicht WP sind (z.B. Rechtsanwälte, Steuerberater oder vBP) aufgenommen werden. Im Ausland als sachverständige Prüfer bestellte Personen sowie ausländische Prüfungsgesellschaften oder Berufsverbände können ebenso wie bestimmte Organisationen und Einrichtungen (so die Prüfungsstellen der

Sparkassen- und Giroverbände oder die Prüfungsverbände der Genossenschaften) sowie vBP bei Auflösung des BvB (§ 16,5 IDW-Satzung) zu den außerordentlichen Mitgliedern gehören.

Ehrenmitglieder. Persönlichkeiten, die sich besondere Verdienste um den Berufsstand erworben haben, können zu Ehrenmitgliedern ernannt werden.

Des weiteren kann der BvB die **korporative Mitgliedschaft** im IDW erwerben, wodurch die Mitglieder des BvB die fachlichen Einrichtungen des IDW in Anspruch nehmen sowie an den Versammlungen des Wirtschaftsprüfertages als Gäste teilnehmen dürfen.

Die Organisationsstruktur des IDW ist differenzierter als die der WPK. Nachfolgende Abb. 3 zeigt in einer hierarchischen Anordnung die Organe und Einrichtungen des IDW.

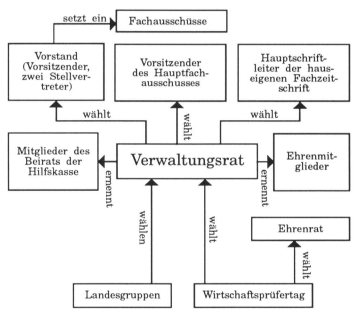

Abb. 3: *Die Organe des Instituts der Wirtschaftsprüfer und die von ihnen gewählten Organisationseinheiten*

Den in der Abbildung angeführten Organen und Einrichtungen kommt im einzelnen folgende Bedeutung zu:

Die Landesgruppen. Die Mitglieder des IDW in jedem Bundesland bilden je eine Landesgruppe. Die Landesgruppen vertreten die Interessen der Mitglieder ihres Bereichs und unterstützen das IDW bei der Durchführung der ihm übertragenen Funktionen durch Erledigung einzelfallbezogener Angelegenheiten. Den einzelnen Landesgruppen des IDW kommt insofern eine besondere Bedeutung zu, als sie Wahlkörper für die in den Verwaltungsrat zu entsendenden Mitglieder sind.

Der Wirtschaftsprüfertag. Der Wirtschaftsprüfertag (als die im bürgerlich-rechtlichen Sinne notwendige Mitgliederversammlung eines Vereins) besteht aus sämtlichen ordentlichen Mitgliedern des IDW, wobei jedes Mitglied über eine Stimme verfügt. Demgegenüber dürfen außerordentliche Mitglieder und Ehrenmitglieder lediglich beratend und ohne Stimmrechtsausübung an den Versammlungen teilnehmen. Ordentliche Versammlungen finden wenigstens alle zwei Jahre statt. Außerordentliche Wirtschaftsprüfertage werden einberufen, falls der Vorstand, der Verwaltungsrat oder 100 ordentliche Mitglieder dies für nötig erachten.

Zu den Funktionen des Wirtschaftsprüfertages zählen:
- Wahl der Mitglieder des Verwaltungsrates;
- Wahl des Ehrenrates;
- Entlastung des Verwaltungsrates;
- Entgegennahme des Berichtes von Vorstand und Verwaltungsrat über die Entwicklung des Berufsstandes und des IDW sowie über andere wichtige Fragen;
- Satzungsänderungen (zu Satzungsänderungen redaktioneller Art ist der Verwaltungsrat berechtigt);
- ggf. Auflösung des IDW.

Für Beschlüsse und Wahlen ist i.d.R. die einfache Mehrheit maßgebend. Satzungsänderungen bedürfen dagegen einer 3/4-Mehrheit.

Der Verwaltungsrat. Die Mitglieder des Verwaltungsrates werden von den Landesgruppen und dem Wirtschaftsprüfertag gewählt. Ordentlich tritt er mindestens einmal in jedem Jahr zusammen. Außerordentliche Sitzungen können durch den Vorstand oder fünf Verwaltungsratsmitglieder einberufen werden.

Zu den verwalterisch-dispositiven Entscheidungsbefugnissen des Verwaltungsrates zählen:
- Entlastung des Vorstandes;
- Festsetzung des Wirtschaftsplanes;
- Genehmigung des Jahresabschlusses und Geschäftsberichtes des IDW;
- Erlaß der Beitragsordnung;
- Satzungsänderungen der Hilfskasse des IDW.

Unter seine personellen Entscheidungsbefugnisse fallen im einzelnen:
- Wahl des Vorstandes, des Vorsitzers des Hauptfachausschusses und des Hauptschriftleiters der Fachzeitschrift "Die Wirtschaftsprüfung";
- Ernennung der Mitglieder des Beirates der Hilfskasse und von Ehrenmitgliedern;
- Bestellung des Abschlußprüfers.

Beschlüsse des Verwaltungsrates bedürfen der einfachen Mehrheit, wobei jedes Mitglied eine Stimme hat.

Der Vorstand. Unter dem bis zu siebenköpfigen Vorstand, der vom Verwaltungsrat in geheimer Wahl gewählt wird, sollen sich nach der Satzung sowohl der Vorsitzende des Hauptfachausschusses wie auch der Hauptschriftleiter der Fachzeitschrift "Die Wirtschaftsprüfung" befinden. Die ernannten Vorstandsmitglieder wählen jeweils für die Dauer von zwei Jahren ihren Vorsitzer sowie zwei Stellvertreter. Der Vorstand beschließt mit einfacher Stimmenmehrheit. Bei Stimmengleichheit gibt die Stimme des Vorsitzers den Ausschlag.

Die Aufgaben des Vorstandes bestehen
- in der Leitung des IDW, d.h. der Durchführung aller Maßnahmen und Entscheidungen, die nicht per Satzung einem anderen Organ zugewiesen sind, sowie
- in der Beschlußfassung über die Einstellung und Entlassung des Hauptgeschäftsführers und der Geschäftsführer.

Der Ehrenrat. Der Ehrenrat steht als neutrale Instanz dem Vorstand zur Seite und wird insbesondere tätig, wenn Mitglieder des Instituts diese Einrichtung zur Beilegung persönlicher Differenzen in Anspruch nehmen wollen, er vom Vorstand bei Beschlußfassungen über den Ausschluß von Mitgliedern zu Rate gezogen wird oder gegenüber einem Mitglied seine Mißbilligung ausspricht bzw. den Ausschluß eines Mitglieds vorschlägt.

III. Der Bundesverband der vereidigten Buchprüfer e.V. (BvB)

Der BvB wurde nach Inkrafttreten des Bilanzrichtlinien-Gesetzes und der damit verbundenen Wiedereröffnung des Zugangs zum Berufsstand der vBP im Februar 1986 als privatrechtlicher Verein wiedergegründet. Der Beitritt von Mitgliedern zum BvB beruht auf **freiwilliger Entscheidung**. Wie die WPK und das IDW hat der BvB seinen Sitz in Düsseldorf.

a. Die Aufgaben des BvB

Der BvB hat satzungsgemäß die Aufgabe der Interessenvertretung des Berufsstandes der vBP und damit zusammenhängend der fachlichen Förderung seiner Mitglieder.

1. Die Interessenvertretung der Mitglieder

Die Interessenwahrnehmung erfolgt im wesentlichen gegenüber den Bundes- und Landesbehörden, den gesetzgebenden Körperschaften, der WPK, den Einrichtungen der Europäischen Gemeinschaft sowie den anderen Berufsgruppen. Der BvB vertritt die Interessen des Berufsstandes der vBP durch Stellungnahmen, durch Teilnahme an Anhörungen und durch Gespräche bzw. Verhandlungen mit den jeweiligen Entscheidungsträgern.

Im Rahmen der Interessenvertretung stellt sich dem BvB außerdem die Aufgabe der Beschreibung der für vBP und BPG gegebenen Aufgabengebiete und deren Absicherung sowie der Entwicklung einheitlicher Grundsätze der unabhängigen, eigenverantwortlichen und fachgerechten Berufsausübung und der Überwachung der Einhaltung dieser Grundsätze von den Mitgliedern des BvB. Die Zusammenarbeit des BvB mit berufsverwandten Organisationen fördert dabei sowohl im Bereich der Abschlußprüfung als auch fächerübergreifend die Weiterentwicklung der beruflichen Grundsätze des Berufsstandes.

2. Die fachliche Förderung der Mitglieder

Um den Bedürfnissen der Berufsgruppe der vBP nach Aus- und Fortbildung nachzukommen, führt der BvB (teilweise in Kooperation mit dem IDW) spezielle Veranstaltungen durch.

Im Rahmen der **beruflichen Fortbildungsmaßnahmen** ist das vom BvB in Zusammenarbeit mit dem IDW veranstaltete Praktiker-Seminar "Abschlußprüfung der mittelgroßen GmbH" hervorzuheben. Des weiteren wird vom BvB ein Seminar "Prüfung nach der Makler- und Bauträgerverordnung" angeboten.

Zur **Vorbereitung auf das vBP-Examen** wird vom BvB zusammen mit dem IDW ein Kursprogramm zentral in Düsseldorf durchgeführt. Darüber hinaus werden auf Landesebene weitere Vorbereitungsveranstaltungen von spezialisierten Veranstaltern in Zusammenarbeit mit dem BvB und dem IDW angeboten.

Schließlich besteht eine enge Zusammenarbeit des BvB mit dem IDW auf den fachlichen Gebieten, die zu den gemeinsamen Tätigkeiten der vBP und WP gehören (z.B. Prüfungswesen, Handels- und Steuerrecht, EDV). Auf diese Weise profitiert auch die Berufsgruppe der vBP von den Erfahrungen und den umfangreichen Aus- und Fortbildungsveranstaltungen des IDW zur Unterstützung der Berufsangehörigen. Außerdem erhalten die Mitglieder des BvB die Möglichkeit zur Mitarbeit in den Fachgremien des IDW.

b. Der organisatorische Aufbau des BvB

Nach der Satzung können folgende Personen bzw. Personengruppen Mitglieder des BvB werden:

Ordentliche Mitglieder. Als ordentliche Mitglieder des BvB können vBP und BPG aufgenommen werden. Für die Mitgliedschaft von BPG müssen die Mitglieder des Vorstandes bzw. der Geschäftsführung oder die vertretungsberechtigten persönlich haftenden Gesellschafter, die vBP sind, dem BvB als ordentliche Mitglieder angehören. Außerdem können Organisationen und Einrichtungen, deren Mitglieder gleichartige Funktionen wie vBP wahrnehmen, die Mitgliedschaft des BvB erwerben.

Außerordentliche Mitglieder. Die außerordentliche Mitgliedschaft können ehemalige vBP sowie Vorstandsmitglieder, Geschäftsführer, persönlich haftende Gesellschafter von BPG und Sozietätspartner von vBP, die selbst nicht vBP sind (z.B. Rechtsanwälte, Steuerberater oder WP), erwerben. Ferner können Personen, die als sachverständige Prüfer in einem ausländischen Staat ermächtigt oder bestellt sind, als außerordentliche Mitglieder des BvB aufgenommen werden, falls die Bedingungen für deren Ermächtigung oder Bestellung den Regelungen über die Bestellung von vBP im wesentlichen entsprechen. Dies gilt auch für BPG oder Berufszusammenschlüsse nach ausländischem Recht, die den BPG entsprechen.

Ehrenmitglieder. Persönlichkeiten, welche sich außergewöhnliche Verdienste um den Beruf des vBP erworben haben, können zu Ehrenmitgliedern ernannt werden.

Die Organisationsstruktur des BvB ist mit derjenigen des IDW in weiten Teilen vergleichbar. Satzungsgemäß bestehen neben den Landesgruppen als Organe des BvB die Mitgliederversammlung, der Verwaltungsrat und der Vorstand.

Die Landesgruppen. Die Mitglieder, die in einem Bundesland ansässig sind, bilden jeweils eine Landesgruppe. Die Landesgruppen sind insbesondere deswegen bedeutsam, weil sie an der Wahl der Verwaltungsratsmitglieder mitwirken. Daneben sollen die Landesgruppen die Interessen ihrer Mitglieder vertreten und bei der Durchführung der Aufgaben des BvB unterstützend mitwirken.

Die Mitgliederversammlung. Der Mitgliederversammlung gehören sämtliche ordentlichen Mitglieder des BvB an. BPG können ihre Rechte nur durch einen Vertreter ausüben, welcher ordentliches Mitglied des BvB ist. Außerordentliche Mitglieder und Ehrenmitglieder werden zur Versammlung eingeladen, nehmen daran aber nur beratend ohne Stimmrecht teil. Eine ordentliche Mitgliederversammlung findet mindestens alle zwei Jahre statt. Darüber hinaus ist eine außerordentliche Mitgliederversammlung einzuberufen, falls der Vorstand dies für notwendig hält oder wenn es zehn Prozent der ordentlichen Mitglieder beantragen.

In den Zuständigkeitsbereich der Mitgliederversammlung fallen folgende Aufgaben:
- Wahl des Verwaltungsrates;
- Entlastung des Verwaltungsrates;
- Entgegennahme des Berichtes von Vorstand und Verwaltungsrat über die Entwicklung des Berufsstandes und des BvB sowie über andere wichtige Fragen;
- Satzungsänderungen (zu Satzungsänderungen redaktioneller Art ist der Verwaltungsrat berechtigt);
- ggf. Auflösung des BvB.

Im allgemeinen bedarf ein Beschluß der Mitgliederversammlung der einfachen Mehrheit der abgegebenen Stimmen. Für Satzungsänderungen ist dagegen eine 3/4-Mehrheit der Stimmen notwendig.

Der Verwaltungsrat. Die Mitglieder des Verwaltungsrates werden von den Landesgruppen und der Mitgliederversammlung gewählt. Darüber hinaus können die außerordentlichen Mitglieder des BvB gemeinsam zwei Personen in den Verwaltungsrat delegieren. Ordentliche Sitzungen des Verwaltungsrates finden mindestens einmal pro Jahr statt. Ferner tritt der Verwaltungsrat außerordentlich auf Verlangen des Vorstandes zusammen oder falls wenigstens fünf Mitglieder des Verwaltungsrates die Einberufung einer Sitzung beantragen.

Dem Verwaltungsrat obliegen die nachstehenden verwalterisch-dispositiven Entscheidungsbefugnisse:
- Entlastung des Vorstandes;
- Festsetzung des Wirtschaftsplanes;
- Genehmigung des Jahresabschlusses und des Geschäftsberichtes des BvB;
- Erlaß der Beitragsordnung.

Zu den personellen Entscheidungsbefugnissen des Verwaltungsrates gehören:
- Wahl des Vorstandes;
- Ernennung von Ehrenmitgliedern;
- Bestellung des Abschlußprüfers.

Zur Beschlußfassung bedarf es der einfachen Mehrheit, wobei jedes Mitglied paritätisch über eine Stimme verfügt.

Der Vorstand. Der Vorstand setzt sich aus mindestens drei, höchstens fünf Mitgliedern zusammen, die vBP und ordentliche Mitglieder des BvB sein müssen. Er beschließt mit einfacher Mehrheit, wobei jedes Vorstandsmitglied eine Stimme hat. Bei Stimmengleichheit ist die Stimme des Vorsitzenden ausschlaggebend. Dem Vorstand obliegt die Leitung des BvB. Er hat diejenigen Entscheidungen und Maßnahmen zu treffen, welche nach der Satzung weder der Mitgliederversammlung noch dem Verwaltungsrat zugewiesen sind.

B. Die Organisationen auf internationaler Ebene

Auch im internationalen Bereich ist eine Vielzahl weltweit oder zumindest länderübergreifend kooperierender Institutionen, Kongresse, Komitees und Verbände tätig, an denen deutsche Berufsangehörige mitwirken. Die nationalen Mitgliedsorganisationen haben in der Regel die Aufgabe, die Verlautbarungen dieser internationalen Organisationen in nationale Vorschriften oder Grundsätze zu transformieren, soweit dies auf nationaler Ebene zulässig und durchführbar ist.

Aus dem Kreis der international tätigen Vereinigungen sollen insbesondere die Aufgabenbereiche und die Organisationsstruktur der **International Federation of Accountants** (IFAC), des **International Accounting Standards Comittee** (IASC) und der **Fédération des Experts Comptables Européns** (FEE) erläutert werden.

I. Die International Federation of Accountants (IFAC)

Bedeutsam für die Entstehung der IFAC ist der **International Congress of Accountants**, ein Kongreß für Fachleute des Rechnungswesens, insbesondere für Angehörige der prüfenden Berufe. Anläßlich des 11. internationalen Accountants-Kongresses in München entstand die IFAC im Jahr 1977.

a. Die Aufgaben der IFAC

Die Zielsetzung der IFAC besteht darin, einen harmonisierten internationalen Berufsstand des wirtschaftlichen Prüfungswesens zu schaffen, welcher möglichst einheitliche Richtlinien im fachlichen und berufsethischen Bereich sowie in der Aus- und Fortbildung einhält. Zur Entwicklung einheitlicher Leitsätze (z.B. die International Standards on Auditing (ISA)) für den Berufsstand des wirtschaftlichen Prüfungswesens setzt die IFAC Ausschüsse mit unterschiedlichen Aufgabenbereichen ein.

Des weiteren hat die IFAC die Aufgabe, Kontakte mit regionalen Berufsorganisationen zu pflegen und die Entwicklung solcher regionalen Organisationen zu fördern, auf die gegenseitige Anerkennung der Berufsqualifikation hinzuwirken, an der Aus- und Fortbildung der Berufsangehörigen mitzuwirken und die internationalen Accountants-Kongresse durchzuführen.

b. Der organisatorische Aufbau der IFAC

Die IFAC hat ihren Sitz in Genf und unterhält ein ständiges Sekretariat in New York. Organe der IFAC sind die Mitgliederversammlung (Assembly) und der Rat (Council).

Die Mitgliederversammlung (Assembly). Jede Mitgliedsorganisation der IFAC entsendet jeweils einen Vertreter in die Mitgliederversammlung. Die Versammlung tritt ordentlich alle fünf Jahre anläßlich der internationalen Accountants-Kongresse zusammen. Sie bestimmt die 15 Länder, welche im Rat vertreten sein sollen.

Der Rat (Council). Die Mitgliedsorganisationen der 15 von der Mitgliederversammlung ausgewählten Länder delegieren jeweils einen Vertreter in den Rat. Der Rat übernimmt die Leitung der IFAC. Er soll die Beschlüsse der Organisation durchführen. Außerdem ernennt er die Ausschüsse des IFAC, welche mit der fachlichen und berufsständischen Arbeit betraut sind.

II. Das International Accounting Standards Comittee (IASC)

Anläßlich des 10. internationalen Accountants-Kongresses 1972 in Sydney wurde im Jahr 1973 das IASC gegründet. Das IASC ist ebenso wie die IFAC eine **weltweit** tätige Organisation.

a. Die Aufgaben des IASC

Das IASC hat die Erarbeitung und Veröffentlichung von internationalen Rechnungslegungsgrundsätzen sowie die Förderung von deren Anerkennung und Beachtung zum Ziel. Der Tätigkeitsbereich des IASC ist insoweit fachlich gegenüber dem der IFAC abgegrenzt, als die IFAC vorrangig Leitsätze aufstellt, die den Prüferberuf unmittelbar betreffen, während das IASC grundsätzlich Rechnungslegungsgrundsätze erarbeitet. Die Aufgabenbereiche beider Organisationen greifen allerdings weitgehend ineinander, so daß zwischen ihnen eine engstmögliche Zusammenarbeit bestehen soll.

b. Der organisatorische Aufbau des IASC

Satzungsgemäß stimmen die Mitglieder des IASC und der IFAC überein. Sitz und Sekretariat des IASC befinden sich in London.

Leitendes Organ des IASC ist das aus Vertretern von 13 Ländern bestehende **Board**. Das Board ist auch für die Facharbeit in Form von Stellungnahmen und Entwürfen zu Rechnungslegungsgrundsätzen (International Accounting Standards (IAS)) zuständig. Zur Bearbeitung spezieller Themenbereiche werden besondere Arbeitskreise eingesetzt. Das Board berät sich regelmäßig mit dem **Consultive Board**, dem Organisationen angehören, die sich mit Fragen der externen Rechnungslegung befassen (z.B. FASB, IOSCO, Kommission der Europäischen Union, Weltbank). Seit 1995 existiert ferner ein **Advisory Council**, das den Bekanntheitsgrad des IASC und seiner Stellungnahmen erhöhen soll.

III. Die Fédération des Experts Comptables Européens (FEE)

Aus deutscher Sicht stehen im Vordergrund des Interesses vor allem Fragen der Rechnungslegung, der Publizität und der Prüfung, die sich aus der Harmonisierung der Rechnungslegungs- und Prüfungsvorschriften in **Europa**, insbesondere aber in den Mitgliedstaaten der Europäischen Gemeinschaft ergeben. Der Berufsstand des wirtschaftlichen Prüfungswesens arbeitet in dem Zusammenhang an europäischen Institutionen mit, insbesondere an der Fédération des Experts Comptables Européens (FEE).

Die FEE wurde am 29. Oktober 1986 in Lausanne gegründet und nahm ihre Tätigkeit am 1. Januar 1987 auf. Sie führt die bis dahin getrennten Aktivitäten der 1951 gegründeten Union Européenne des Experts Comptables Economiques et Financiers (U.E.C.) und der seit 1958 bestehenden Groupe d'Etudes des Experts Comptables de la C.E.E. unter einem gemeinsamen Dach fort. Damit wurde bezweckt, die Belange des europäischen Berufsstandes mit einer starken Stimme zu vertreten (vgl. Nordemann [1989], S. 672).

a. Die Aufgaben der FEE

Zu den Zielen, welche sich die FEE selbst gesetzt hat, zählen im einzelnen:
- Hinwirkung auf die Verbesserung und Harmonisierung der Rechnungslegungspraxis in Europa, und zwar sowohl im öffentlichen als auch im privaten Sektor;
- Förderung der Zusammenarbeit zwischen den Standes- und Fachorganisationen in Europa zu Fragen von gemeinsamen Interesse, und zwar im öffentlichen wie auch im privaten Sektor;
- Vertretung des europäischen Berufsstandes auf internationaler Ebene;
- Vertretung des europäischen Berufsstandes bei den EG-Behörden und Beratung der EG-Behörden in berufsrelevanten Fragen;
- Durchführung von periodischen Kongressen und Seminaren, um so die Diskussion und den Meinungsaustausch zwischen den Mitgliedern des europäischen Berufsstandes zu fördern sowie diese über die Entwicklung auf den relevanten Gebieten zu informieren.

b. Der organisatorische Aufbau der FEE

Die FEE hat ihren Sitz in Brüssel. Über die Organisationsstruktur der FEE gibt die nachstehende Abb. 4 einen Überblick.

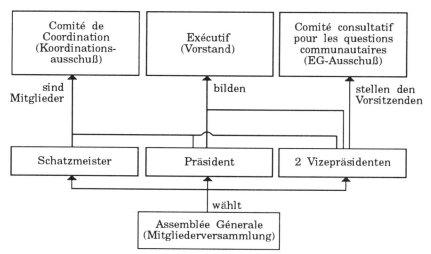

Abb. 4: *Die Organe der FEE*

Die Mitgliederversammlung (Assemblée Génerale). Die Mitgliederversammlung umfaßt sämtliche Mitglieder. Ordentliche Mitgliederversammlungen finden alle zwei Jahre statt. Außerordentliche Versammlungen sind auf Antrag von wenigstens drei Vertretern der sieben Subregionen[1] oder auf schriftliches Verlangen von mindestens einem Fünftel aller Mitglieder einzuberufen.

Zu den verwalterisch-dispositiven Aufgaben der Mitgliederversammlung zählen die

- Genehmigung, Änderung oder Ablehnung der Berichte über alle Aktivitäten der Organisation;
- Entscheidung über alle satzungsmäßigen und anderen Fragen, welche ihr durch den Koordinationsausschuß zugewiesen wurden (einschließlich Satzungsänderungen und Beschlußfassung über die Zulassung bzw. den Ausschluß von Mitgliedern);
- Erörterung der allgemeinen Politik der Organisation;
- Niederlegung von Richtlinien, die von dem Koordinationsausschuß zu befolgen sind;
- Festsetzung der Ausgabenhöhe für die nächsten zwei Jahre.

In den personellen Entscheidungsbereich der Mitgliederversammlung fallen die

- Wahl des Präsidenten, der zwei Vizepräsidenten und eines Schatzmeisters für zwei Jahre und die
- Bestellung des Abschlußprüfers für zwei Jahre.

Die Beschlüsse der Mitgliederversammlung werden im allgemeinen mit einfacher Mehrheit gefaßt. Ausnahmsweise ist eine 2/3-Mehrheit erforderlich, so z.B. bei Satzungsänderungen und bei der Entscheidung über die Zulassung bzw. den Ausschluß von Mitgliedern.

Der Vorstand (Exécutif). Der von der Mitgliederversammlung gewählte Vorstand besteht aus dem Präsidenten sowie den zwei Vizepräsidenten. Er ist für die Durchführung der durch den Koordinationsausschuß getroffenen Entscheidungen gemeinschaftlich verantwortlich.

Der Koordinationsausschuß (Comité de Coordination). Der Koordinationsausschuß setzt sich aus dem Präsidenten der FEE, den zwei Vizepräsidenten, dem Schatzmeister und jeweils einem Vertreter der sieben Subregionen zusammen. Der Koordinationsausschuß übernimmt die Leitung der FEE. Ihm werden im wesentlichen folgende Aufgaben übertragen:

- Festlegung der eigenen Arbeitsweise, was die Möglichkeit der Einrichtung von ad hoc-Arbeitskreisen zur Behandlung spezieller Themen beinhaltet;
- Aussetzung der Mitgliedschaft von Mitgliedern, die ihren finanziellen Verpflichtungen nicht nachgekommen sind bzw. den Ruf des Berufsstandes schädigen (verbunden mit der Empfehlung des Ausschlusses an die Mitgliederversammlung);
- Durchführung aller Maßnahmen, die im allgemeinen Interesen der FEE liegen, soweit dies nicht ausdrücklich in der Satzung ausgeschlossen ist.

---

1) Subregionen i.S.d. Satzung der FEE bilden folgende Länder: 1. Österreich, Bundesrepublik Deutschland und Schweiz; 2. Frankreich und Monaco; 3. Griechenland und Italien; 4. Spanien und Portugal; 5. Skandinavische Länder; 6. Beneluxstaaten; 7. Großbritannien und Irland.

Der EG-Ausschuß (Comité Consultatif pour les questions communautaires). Der EG-Ausschuß ist das europäische Organ, das mit einer Stimme den Standpunkt zu den den Berufsstand interessierenden Fragen vertritt. Der Ausschuß erarbeitet grundsätzlich keine Regelungen, die von den Mitgliedsorganisationen zwingend zu beachten wären. Vielmehr werden lediglich Empfehlungen und Stellungnahmen zu Themengebieten formuliert, die entweder durch die EG-Kommission vorgetragen werden oder auch nach eigener Aufassung des EG-Ausschusses einer Regelung bedürfen. Der EG-Ausschuß besteht aus einem Vorsitzenden - dieses Amt soll einem der beiden Vizepräsidenten übertragen werden - und jeweils einem Vertreter jedes Landes innerhalb der EG.

Nach dem sog. "Règlement Intérieur" vollziehen sich die Arbeiten des EG-Ausschusses in folgenden Gremien:

- **Bureau:** Bestehend aus dem Vorsitzenden sowie derzeit vier Vizepräsidenten;
- **Bureau Elargi** ("Erweitertes Büro"): Bestehend aus dem Vorsitzenden sowie je einem Vertreter der EG-Mitgliedsstaaten (mit Stimmrecht) und einem Delegierten aus jedem Nicht-EG-Land (ohne Stimmrecht);
- **Informationstage:** Sie werden in regelmäßigen Abständen durchgeführt mit dem Ziel des Meinungsaustauschs, der gegenseitigen Information und der Kontaktpflege zu verschiedenen internationalen Gremien.

Satzungsgemäß entscheidet der EG-Ausschuß autonom über seine Arbeitsweise und kann in diesem Zusammenhang ad hoc-Arbeitskreise einberufen, die jeweils unter der Leitung eines Mitglieds des Bureau Elargi stehen.

5. Kapitel
Grundlegende Entscheidungsprobleme der erwerbswirtschaftlichen Prüfungsunternehmung

A. Das Problem der Unternehmensform

Der Wirtschaftsprozeß in seiner heutigen Form ist durch einen hohen Grad an Arbeitsteilung gekennzeichnet. Diese Arbeitsteilung verlangt von den prüfenden und beratenden Berufen detaillierte Spezialkenntnisse, die oft weder von einem einzelnen noch von einer aus wenigen Mitarbeitern bestehenden Unternehmung aufgebracht werden können. Das führt dazu, daß WP und vBP ihren Beruf nicht nur in Einzelpraxen ausüben, sondern sich zu Personengemeinschaften und Prüfergesellschaften zusammenschließen. Anstöße zu solchen Zusammenschlüssen und Vereinigungen sind aber nicht nur in den Anforderungen der Leistungssphäre zu sehen, sie resultieren auch aus ökonomisch rationalen Erwägungen, wie die der Kapitalaufbringung, die der Kosteneinsparung durch bessere Ausnutzung vorhandener Ressourcen, oder aus Überlegungen der Praxisnachfolge. Den Berufsangehörigen steht es frei, sich in den durch die WPO gezogenen Grenzen nach betriebswirtschaftlichen, steuerlichen und erbrechtlichen Erwägungen für eine Unternehmungsform zu entscheiden, wobei dem Aspekt der Vereinbarkeit einer Unternehmensform mit dem Berufsrecht eine dominierende Bedeutung zukommt. Diese durch die WPO gewährte Freiheit der beruflichen Gestaltungsformen umfaßt auch die Möglichkeit, mehrere Funktionen gleichzeitig auszuüben. So ist es zulässig, die Funktion des Inhabers einer Einzelpraxis mit der eines angestellten Leiters der Niederlassung einer Prüfungsgesellschaft zu verbinden.

WP (vBP) haben innerhalb von sechs Monaten nach der Bestellung eine berufliche Niederlassung zu gründen und eine solche zu unterhalten. Eine Niederlassung oder Zweigniederlassung ist jede kundgemachte berufliche Anschrift (§ 19 Berufssatzung). Die berufliche Niederlassung eines selbständigen WP (vBP) ist die eigene Praxis, die eines nicht selbständig Tätigen die institutionelle Niederlassung, von der aus er seinen Beruf überwiegend ausübt (§ 3 WPO). Sowohl WPG (BPG) als auch selbständige WP (vBP) dürfen neben ihrer beruflichen Niederlassung mehrere Zweigniederlassungen unterhalten. Zweigniederlassungen müssen jeweils von wenigstens einem WP (vBP) geleitet werden, der seine berufliche Niederlassung am Ort der Zweigniederlassung hat (§ 47 WPO; Ausnahmen für selbständige WP (vBP) sind möglich).

I. Die Einzelpraxis

Die Einzelpraxis ist die für die Ausübung eines freien Berufs typische Form der Berufsausübung, denn Leitungsfunktion und Haftung, d.h. die fachliche und ökonomische Verantwortung, liegen bei der Person des Praxisinhabers. Einzelpraxen besitzen daher überall dort Präferenzen, wo Mandanten auf ein enges persönliches Vertrauensverhältnis Wert legen.

Obwohl die WPO auch Einzelprüfern die Errichtung mehrerer Zweigniederlassungen erlaubt, setzt die Rechtsform der Einzelpraxis dem Unternehmenswachstum aus ökonomischen Gründen, wie z.B. der Kapitalbeschaffung, Grenzen. Wegen dieser Betriebsgrößeneinschränkung leiden Einzelpraxen erhöht unter den Gefahren der Kundenabhängigkeit, da der Wegfall eines großen Mandanten einen hohen Prozentanteil der Jahreseinnahmen gefährden kann.

II. Prüfer- und Personengemeinschaften

Diese können auf Dauer oder als Interims-Partnerschaften geschlossen werden und reichen von der Bürogemeinschaft über die Auftrags- und Arbeitsgemeinschaft bis zur Sozietät.

a. Bürogemeinschaften

Wesentliches Merkmal der Bürogemeinschaft ist, daß die in ihr zusammengeschlossenen Partner nach außen ihre berufliche Tätigkeit im eigenen Namen und auf eigene Rechnung unabhängig voneinander ausüben. Aus Gründen der Kosteneinsparung werden Geschäftsräume und Geschäftseinrichtungen gemeinschaftlich genutzt und mitunter auch Büropersonal gemeinschaftlich beschäftigt. Sie stellen Rechtsgemeinschaften nach Bruchteilen i.S.d. §§ 741 ff BGB dar.

Da die Berufstätigkeit nicht gemeinschaftlich ausgeübt wird, ist die Bürogemeinschaft keine eigentliche Form der Berufsausübung. Bürogemeinschaften sind daher auch mit Angehörigen anderer Berufsstände zulässig. Nach bisheriger Verkehrsanschauung sind Bürogemeinschaften auf Angehörige "sozietätsfähiger Berufe" begrenzt (insbesondere WP, vBP, Rechtsanwälte und StB; vgl. WPK [1987], S. 17). Die Bürogemeinschaft darf nicht kundgemacht werden (§ 18,4 Berufssatzung).

b. Auftragsgemeinschaften

Eine Auftragsgemeinschaft wird durch den Willen des Auftraggebers herbeigeführt, mehrere Berufsträger gleichzeitig tätig werden zu lassen. Sie kommt durch Zustimmung zur Auftragsannahme der einzelnen beteiligten Berufsträger zustande. Die im Rahmen einer Auftragsgemeinschaft tätig werdenden Berufsträger treten nach außen nicht gemeinsam, sondern nebeneinander auf, und der Grundsatz der Eigenverantwortlichkeit gilt für jeden einzelnen. Aus der Sicht des Auftraggebers hat die gleichzeitige Beauftragung mehrerer Berufsträger den Vorteil der Objektivierung des von diesen gemeinsam zu vertretenden Arbeitsergebnisses. Ein weiterer Vorteil liegt in der Möglichkeit, je nach den Gegebenheiten spezialisierte Auftragnehmer heranziehen zu können. Spezialisten sind in der Lage, bessere Leistungen zu erzielen sowie die Zeitdauer der Leistungserbringung zu verringern.

Für die Berufsträger liegen die Vorteile einer Auftragsgemeinschaft, d.h. einer arbeitsteiligen Aufgabenbewältigung, in der damit verbundenen Möglichkeit, Mitarbeiter spezialisierter und damit wirtschaftlicher einzusetzen, sowie in dem Vorteil, durch die Arbeitsteilung zeitliche Kapazitätsengpässe zu vermeiden. Allerdings ist mit der Auftragsgemeinschaft eine Erhöhung des Geschäftsrisikos, z.B. des Prüferrisikos, verbunden.

Denn werden mehrere Prüfer zur gemeinsamen Abschlußprüfung gewählt, so trägt jeder die volle Verantwortung für die ganze Prüfung und das Prüfungsergebnis auch dann, wenn bei der Durchführung der Prüfung die Tätigkeitsbereiche zwischen ihnen aufgeteilt und getrennt bearbeitet wurden.

c. Arbeitsgemeinschaft

Die Arbeitsgemeinschaft ist wie die Bürogemeinschaft keine Form der gemeinsamen Berufsausübung. Es handelt sich um eine lose Form von Kooperationsvereinbarungen, die u.a. dem Austausch von Mitarbeitern oder fachlichen Kenntnissen und Erfahrungen dient. Nach außen hin üben die Kooperationspartner ihre Berufstätigkeit unabhängig voneinander und eigenverantwortlich aus. Eine besondere Form der grenzüberschreitenden Kooperation stellt die Europäische Wirtschaftliche Interessenvereinigung (EWIV) dar. Rechtsgrundlagen dieser Gesellschaftsform europäischen Rechts sind eine entsprechende Verordnung der EG und das EWIV-Ausführungsgesetz (vgl. BGBl. I 1988, S. 514 - 516), das zum 1.1.1989 in Kraft getreten ist. Da die Mitgliedschaft in einer EWIV Unternehmen jeder Rechtsform und natürlichen Personen offensteht, die freiberuflichen Tätigkeiten nachgehen, bietet sich eine solche Vereinigung auch für WP und vBP als Kooperationsform an. Voraussetzung ist allerdings, daß die Vereinigung aus mindestens 2 Mitgliedern bestehen muß, die ihren Sitz in verschiedenen Mitgliedstaaten der Europäischen Gemeinschaften haben. Der Zweck einer EWIV besteht in der Erleichterung und Förderung - jedoch nicht Substitution - der wirtschaftlichen Tätigkeit ihrer Mitglieder. Aufgrund dieses Hilfscharakters, der klarstellt, daß eine EWIV in Abgrenzung zu den in § 27 WPO abschließend geregelten Rechtsform der WPG unter eigener Firma keine Tätigkeiten i.S.d. § 2 WPO ausführen darf, kommen z.B. als Hilfstätigkeiten in Betracht (vgl. Meyer-Landrut [1989], S. 61):

- Errichtung einer gemeinsamen Zweigstelle zur Bereitstellung der für die Wirtschaftsprüfungstätigkeiten der Mitglieder erforderlichen Sachmittel,
- Errichtung gemeinsamer Informationsbüros oder Ausbildungszentren,
- Zusammenarbeit auf dem Gebiet der Informationsbeschaffung oder der Dokumentation.

d. Sozietät

Die Sozietät stellt eine dauernde Personenvereinigung unter Freiberuflern in der Rechtsform der BGB-Gesellschaft (§§ 705 ff BGB) dar, welche die Berufsausübung im Interesse und auf Rechnung aller Soziusse in der Benutzung der gemeinsamen Einrichtungen bezweckt. Das bedeutet, daß die durch die berufliche Tätigkeit der Sozietätspartner für die Sozietät erzielten Einnahmen nach Abzug der Ausgaben der Sozietät im Innenverhältnis nach einem Schlüssel an die Sozietätspartner verteilt werden. In dem Zusammenhang ist daher zwischen den Tätigkeiten der Berufsausübung und den Geschäften der Sozietätsverwaltung zu unterscheiden. Den Berufsangehörigen des wirtschaftlichen Prüfungswesens ist eine über die Geschäfte der Sozietätsverwaltung hinausgehende BGB-Gesellschaft nach § 27 WPO nicht gestattet (vgl. Ulmer [1986], S. 10 - 11, Rz. 19; Buchner [1986]). Sozietäten zwischen Berufsangehörigen des wirtschaftlichen Prüfungswesens betreffen deshalb lediglich die Innenbeziehungen bzw. die auf die Praxisverwaltung gerichteten Geschäftstätigkeiten. Daher dürfen WP- oder vBP-Sozietäten nicht wie eine WPG oder BPG handeln, insbesondere nicht mit einer firmenähnlichen Bezeichnung unter Verwendung des Wortes "Wirtschafts-" bzw. "Buchprüfungsgesellschaft" oder "Wirtschafts-" bzw. "Buchprüfungsgemeinschaft" im Rechtsverkehr auftreten. Da Träger der Berufsaufgaben nicht die Sozietät, sondern der einzelne Sozietätspartner ist, steht der assoziierte WP (vBP) berufsrechtlich einem selbständigen WP (vBP) gleich. Die Sozietätspartner dürfen daher weder untereinander Weisungen annehmen noch Weisungen geben und haben die Informationswege (man denke an die Einhaltung des Gebotes der Vertraulichkeit) und die Willensbildung so zu gestalten, daß diese im Einklang mit den Berufsgrundsätzen stehen. Die eigenverantwortliche Berufsausübung in der Sozietät bedeutet jedoch nicht, daß Sozietätspartner ohne Verantwortung für den Sozius sind. Diese Verantwortung bezieht sich einmal auf den Zeitpunkt des Abschlusses des Sozietätsvertrags und zum anderen auf die Auftragsannahme und Auftragsabwicklung.

Zum Zeitpunkt des Abschlusses des Sozietätsvertrags hat der Berufsangehörige sich über die berufliche und persönliche Qualifikation seines zukünftigen Sozietätspartners zu vergewissern. Treten später begründete Zweifel an der beruflichen und persönlichen Qualifikation eines Partners auf, so hat er sich von seinem Partner zu trennen (s. auch § 44b,5 WPO). Eine weitergehende Überwachung über die Geschäfte der Sozietätsverwaltung hinaus widerspricht dem gesetzlichen Gebot der eigenverantwortlichen, unabhängigen und verschwiegenen Berufsausübung.

Die gemeinsame Verantwortlichkeit in der Sozietät bezieht sich - wie erwähnt - auch auf die Auftragsannahme und Auftragsdurchführung. In einer Sozietät ist der einzelne Sozietätspartner eigenständig Träger und Ausübender der Berufspflichten. Demzufolge erteilen Mandanten Aufträge entweder

(1) einzelnen Sozietätspartnern,
(2) mehreren oder allen Sozietätspartnern zur gemeinsamen Ausführung oder
(3) allen Sozietätspartnern dergestalt, daß es ihnen zu bestimmen überlassen bleibt, welche von ihnen den Auftrag ausführen.

Bei den Fällen (1) und (2) bleiben die Auftragsannahme und Auftragsausführung Individualangelegenheit der beauftragten Partner. Trotzdem haben diese bei der Entscheidung der Auftragsannahme und Auftragsdurchführung das Sozietätsverhältnis zu berücksichtigen. Die enge Verknüpfung der wirtschaftlichen Interessen der Partner einer Sozietät macht im Hinblick auf die Auftragsannahme und Auftragsdurchführung terminliche Abstimmungen sowie Überlegungen hinsichtlich der Verfügbarkeit der Personal- und Sachausstattung der Sozietät erforderlich. Auch kann aus diesem Verhältnis heraus die Ablehnung von Mandanten geboten sein, wenn hierdurch eine Besorgnis der Befangenheit bei der Berufstätigkeit der einzelnen Sozietätspartner bestehen könnte. Man spricht hier auch von der "Befangenheit aus gemeinsamem wirtschaftlichen Interesse" in einer Sozietät (vgl. Hönle [1978], S. 152 - 153).

Im Falle (3) hat die Auswahl des den Auftrag ausführenden Sozietätspartners nach sachlichen Gesichtspunkten zu erfolgen. Dies geschieht zweckmäßigerweise in zwei Schritten: Einmal ist zu untersuchen, ob berufsrechtliche und innerbetriebliche Gründe eine Ablehnung des Auftrags gebieten, und zum anderen ist der auftragsausführende Partner festzulegen. Die Festlegung des auftragsausführenden Partners hat allein nach den Besonderheiten des Auftrags und nach den speziellen Befähigungen des einzelnen Partners zu erfolgen, so daß die Wahl auf denjenigen zu fallen hat, der ein Maximum an Befähigung und Objektivität aufweist. Wegen der berufsrechtlichen Gebote der Eigenverantwortung und Unabhängigkeit darf diese Auswahl nicht dazu führen, daß anstelle des partnerschaftlichen Verhältnisses in der Sozietät ein Über- und Unterordnungsverhältnis entsteht.

Berufsangehörige dürfen ihren Beruf in Sozietäten nach § 44b WPO mit natürlichen und juristischen Personen sowie mit Personengesellschaften ausüben,

- die der Berufsaufsicht einer Berufskammer eines freien Berufes im Geltungsbereich der WPO unterliegen und ein Zeugnisverweigerungsrecht nach § 53,1 Nr. 3 StPO haben oder
- die in einem ausländischen Staat als sachverständige Prüfer ermächtigt oder bestellt sind, wenn die Voraussetzungen hierfür im wesentlichen den Vorschriften der WPO entsprechen und diese ihren Beruf gemeinsam mit WP ausführen dürfen.
- Mit ausländischen Rechtsanwälten, Patentanwälten oder Steuerberatern sind Sozietäten zulässig, wenn diese ein nach Ausbildung und Befugnissen der Bundesrechtsanwaltsordnung, der Patentanwaltsordnung oder dem Steuerberatungsgesetz entsprechenden Beruf ausüben und mit Rechtsanwälten, Patentanwälten und Steuerberatern im Geltungsbereich der WPO ihren Beruf gemeinsam in Sozietäten ausüben dürfen.

Die Regelung des § 44b der ab 1.1.1995 geltenden Fassung der WPO geht damit weit über die Möglichkeiten der Sozietätsbildung der bis dahin gültigen WPO hinaus. Allerdings enthalten die Bundesrechtsanwaltsordnung und das Steuerberatungsgesetz ebenfalls Regelungen über die gemeinsame Berufsausübung, die wesentlich restriktiver sind. In Sozietäten mit Rechtsanwälten bzw. Steuerberatern sind diese ebenfalls zu beachten, so daß sich die Liberalisierung der WPO in diesen Fällen nicht auswirkt (vgl. Lichtner/Korfmacher [1994], S. 217).

III. Prüfungsgesellschaften

§ 27 WPO enthält einen erschöpfenden Katalog zulässiger Rechtsformen für die WPG und BPG, und zwar die Rechtsformen der AG, KGaA, GmbH, OHG, KG und Partnerschaftsgesellschaft. § 28 WPO knüpft die Anerkennung von Prüfungsgesellschaften mit diesen Rechtsformen an bestimmte bereits dargestellte Voraussetzungen (s. S. 28 - 31). Die WPG und die BPG sind Berufsträger, denn sie besitzen nach §§ 56,1 u. 130,2 WPO die gleichen Berufsrechte und Berufspflichten wie Einzelprüfer und nach §§ 319,1, 321 u. 322 HGB als solche das Recht zur Durchführung von handelsrechtlichen Jahresabschlußprüfungen und zur Erteilung von Bestätigungsvermerken.[1]

Prüfungsgesellschaften bieten inbesondere folgende Vorteile:
- Erleichterte Kapitalaufbringung,
- durch größere Betriebe günstigere Möglichkeiten der Spezialisierung und der überregionalen Betätigung,
- die mit der Betriebsgröße verbundene Möglichkeit des Ansammelns von Erfahrungswissen (geistigem Kapital),
- die für die Abwicklung von größeren Aufträgen erforderliche Mitarbeiterzahl und technische Ausstattung,
- die bessere Möglichkeit der Leistungskontrolle,
- die größere Unabhängigkeit von einzelnen Mandanten,
- die geringere Gefahr einer zu großen Vertrautheit des einzelnen angestellten Berufsangehörigen mit einem Mandanten und der daraus entstehenden Besorgnis der Befangenheit.

Insbesondere Prüfungsgesellschaften in der Rechtsform der Kapitalgesellschaft haben den Vorzug, unabhängiger zu sein von dem Einzelschicksal, d.h. von Krankheit, Tod und Alter der Inhaber, und wegen ihrer Größe auch vom Einzelschicksal der in ihr tätigen Berufsangehörigen. Dazu zählt auch, daß der Name der Prüfungsunternehmung über das Ausscheiden von Inhabern hinaus erhalten bleibt, denn für juristische Personen stellt sich in diesem Zusammenhang das Problem der Namens- bzw. der Unternehmensfortführung nicht.

Diesen Vorteilen stehen Nachteile gegenüber, die vor allem in der Diskussion um die Zulässigkeit der Prüfungsgesellschaft im Blickpunkt standen. Gegen die Prüfungsgesellschaft wurde eingewendet, daß in ihr angestellte Berufsangehörige nicht unabhängig seien, da sie aufgrund des Anstellungsverhältnisses vielfältigen Einflüssen ausgesetzt wären, die Prüfungsgesellschaft wegen ihrer Unpersönlichkeit der Persönlichkeitsbezogenheit der Berufsausübung im wirtschaftlichen Prüfungswesen entgegenstehe und die Haftungsbegrenzung der Kapitalgesellschaft der persönlichen Verantwortung des Prüfers schade. Diesen Einwänden hat die WPO in ihren verschiedenen Novellierungen und das HGB in seiner Novellierung Rechnung getragen (s. S. 31 - 32).

Größere Bedeutung ist daher dem Umstand zuzumessen, daß die verschiedenen Unternehmensformen Einzelpraxis, Personengesellschaft, Kapitalgesellschaft und Partnerschaftsgesellschaft unterschiedliche

---

1) Neben den bisher bereits zulässigen Rechtsformen für die WPG und BPG wurde mit dem 3. Gesetz zur Änderung der WPO die Partnerschaftsgesellschaft neu in den § 27 WPO aufgenommen. Das am 25. Juli 1994 verkündete und am 1. Juli 1995 in Kraft getretene Partnerschaftsgesellschaftsgesetz regelt die Partnerschaft als eine Gesellschaft, in der sich Angehörige freier Berufe zur Ausübung ihrer Berufe zusammenschließen (§ 1,1 S. 1 PartGG). Die Partnerschaft ist als Personengesellschaft angelehnt an die OHG konzipiert, übt aber kein Handelsgewerbe aus. Ohne eine juristische Person zu sein, ist sie dieser jedoch weitgehend angenähert. Partner können nur natürliche Personen sein, die grundsätzlich aktiv mitarbeiten müssen. Zur Kenntlichmachung der Gesellschaftsform hat der Name der Gesellschaft, die in das Partnerschaftsregister einzutragen ist, den Zusatz "und Partner" oder "Partnerschaft" zu enthalten (vgl. Seibert [1994], S. 39).

rechtsformspezifische Aufwände verursachen. Diese sind in die einmaligen Aufwendungen bei der Gründung und in die wiederkehrenden Aufwendungen zu unterteilen.

Die einmaligen zwangsläufigen Aufwendungen bei der Gründung lassen sich für die einzelnen Gestaltungsformen schematisch - wie nachfolgende Tab. 5 zeigt - angeben. Aus dieser Tabelle ist zu entnehmen, daß ceteris paribus der Gründungsaufwand bei Einzelpraxen am niedrigsten und bei der Kapitalgesellschaft in der Rechtsform der AG am höchsten ist. Der Gründungsaufwand ist aber in seiner effektiven Höhe so geringfügig, daß er keinen nennenswerten Einfluß auf die Wahl der Rechtsform ausübt.[1]

	Einzelpraxis	Partnerschaft	Personengesellschaft	GmbH	AG
Anerkennungsgebühr gem. § 36 WPO *)	-	x	x	x	x
Beurkundung d. Gesellschaftsvertrags	-	-	-	x	x
Beurkundung der Bestellung des ersten Aufsichtsrats	-	-	-	-	x
Handelsregistereintragung u. Bekanntmachung	-	-	x	x	x
Partnerschaftsregistereintragung und Bekanntmachung	-	x	-	-	-

Tab. 5: *Gründungsaufwände der einzelnen Unternehmensformen*

*) Gem. § 36,1 WPO beläuft sich die Anerkennungsgebühr für Prüfungsgesellschaften auf DM 1.000,-. Sollen darüber hinaus gem. § 28,2 u. 3 WPO vBP, StB, besonders befähigte Kräfte oder ausländische Prüfer Vorstandsmitglieder, Geschäftsführer oder persönlich haftende Gesellschafter werden, fallen für das Verfahren auf Erteilung der Ausnahmegenehmigung zusätzliche Gebühren in Höhe von DM 400,- an (vgl. § 36,2 WPO).

---

1) So errechnet sich z.B. der Gründungsaufwand einer WPG in der Rechtsform einer GmbH mit einem voll eingezahlten Stammkapital von DM 50.000,- wie folgt:

Anerkennungsgebühr (§ 36,1 WPO)	DM 1.000,-
Handelsregistereintragung und Bekanntmachung	ca. DM 900,-
Notariatskosten einschl. USt	ca. DM 660,-
	DM 2.560,-

Der Gründungsaufwand einer Partnerschaftsgesellschaft beträgt dagegen DM 1.000,- Anerkennungsgebühr (§ 36,1 WPO) zzgl. einer Gebühr von ca. DM 400,- für die Anmeldung im Partnerschaftsregister.

Im Vergleich zu dem einmalig anfallenden Gründungsaufwand sind die durch die Rechtsform bedingten laufenden Aufwände bedeutend. Dies gilt insbesondere für die Aufwände auf der Ebene der Unternehmensleitung und deren Überwachung. Bei der Einzelpraxis und bei den Personengesellschaften besteht in der Regel eine Personenidentität zwischen Inhaber und Unternehmensleitung. Hieraus resultiert eine im Vergleich zur Kapitalgesellschaft, und hier insbesondere zur Rechtsform der AG, niedrigere Aufwandsbelastung. Bei der AG sind die Leitungs- und Überwachungsorgane gesetzlich vorgeschrieben. Den hieraus resultierenden Aufwänden sind die Ausgaben für die Veröffentlichung des Jahresabschlusses und bei gegebener Unternehmensgröße die Ausgaben für die Pflichtabschlußprüfung hinzuzurechnen. Aus diesen vergleichsweise erhöhten Aufwänden für die Unternehmensleitung und deren Überwachung ergibt sich im allgemeinen aber eine erhöhte Vertrauenswürdigkeit der in der Rechtsform der AG betriebenen Prüfungsgesellschaften. Diese erhöhte Vertrauenswürdigkeit ist von besonderer Bedeutung bei der Ausübung von Treuhandtätigkeiten, bei denen oft fremdes Vermögen in erheblicher Höhe zu verwalten ist.

Kapitalgesellschaften haben neben dieser aus der Rechtsform resultierenden erhöhten Vertrauenswürdigkeit zusätzlich den Vorteil, daß bei ihnen die Unternehmensleitung durch Eigentümerwechsel nicht unmittelbar betroffen wird. Darüber hinaus besitzen sie durch die Trennung der Geschäftsleitung und des Gesellschaftseigentums die günstigere Voraussetzung, Persönlichkeiten in die Unternehmensleitung zu berufen, die neben der fachlichen Qualifikation über die erforderlichen organisatorischen und unternehmerischen Fähigkeiten zur Leitung von Großunternehmen verfügen. Diese Vorteile führen dazu, wie nachstehende Tab. 6 zeigt, daß die Kapitalgesellschaft derzeit im wirtschaftlichen Prüfungswesen die häufigste Unternehmensform darstellt. Darüber hinaus ist festzustellen, daß unter den Kapitalgesellschaften insbesondere die GmbH eine dominierende Stellung einnimmt.[1]

Berufs-stand	Anzahl der Hauptsitze	davon AG	davon GmbH	davon KG	davon OHG	davon PartG
WPG	1615	52	1494	28	36	5
BPG	113	0	113	0	0	0

Tab. 6: *Aufteilung der Prüfungsgesellschaften nach Rechtsform, Stand 1.1.1996 (WPK [1996 (1)], S. 49).*

---

1) In der Vergangenheit spiegelte sich die Dominanz der GmbH als gewählte Rechtsform jedoch nicht in der auf sie entfallenden Anzahl der Pflichtprüfungsmandate wider. So ergab eine (ältere) Untersuchung von veröffentlichten Jahresabschlüssen (mit Bilanzstichtag im Zeitraum 30.9.1967 bis 30.9.1968), daß die Mehrheit der Pflichtprüfungsmandate von Prüfungsgesellschaften in der Rechtsform der AG wahrgenommen wurde (vgl. Schruff [1973]).

B. Das Problem der Standortwahl

Standortentscheidungen sind bei erwerbswirtschaftlichen Prüfungsunternehmen verbunden mit der Gründung, der Verlagerung oder der Errichtung von Zweigniederlassungen. Der Standort eines Prüfungsunternehmens ist der geographische Ort der Verwaltung dieses Dienstleistungsunternehmens, an dem sie angesiedelt ist und an dem auch die Berufsaufgaben erledigt werden, die nicht beim Mandanten auszuführen sind. Aufgrund ihrer langfristigen Wirkung und deren aufwendiger Korrektur kommt der Standortentscheidung eine besondere Bedeutung zu.

Für die Standortwahl sind die Standortbedingungen, d.h. die entscheidungsrelevanten Umweltzustände der alternativen Standorte, zu ergründen. An die Analyse der Standortbedingungen schließt sich die Bewertung der Alternativen und die Auswahl des optimalen Standorts an. Bei dieser Wahl kann auch zur Diskussion stehen, ob ein einziger Standort zu suchen oder das Prüfungsunternehmen auf mehrere Orte in der Form von Haupt- und Zweigniederlassung(en) zu verteilen ist. Standortbedingungen lassen sich im wesentlichen unterscheiden in:

Beschaffungsorientierte Bedingungen. Sie betreffen insbesondere die Beschaffung der Verwaltungsgebäude, die Akquisition von Personal und die Verkehrsstruktur. Mit der Frage der räumlichen Unterbringung ist auch die Entscheidung des Mietens, des Kaufens oder des Neubaus der Verwaltungsgebäude verbunden. Wenn diese Frage nicht grundsätzlich schon vorbestimmt ist, hängt die Lösung des Problems von der Beschaffenheit der Immobilien und den Kosten ab.

Leistungs- und absatzorientierte Bedingungen. Herkunft, Art und Umfang der Aufträge einer Prüfungsunternehmung werden entscheidend von der Wirtschaftsstruktur eines Standorts und seiner Region bestimmt. Hierbei besteht eine Wechselbeziehung zwischen den standortabhängigen Kosten und dem Leistungsprogramm des Prüfungsunternehmens. Sieht man den Standort ausschließlich unter dem Gesichtspunkt standortabhängiger Kosten, insbesondere der standortabhängigen Absatzkosten, dann bestimmen die leistungsbezogenen Beförderungskosten und Spesen die Standortwahl mit. Hierzu rechnen:

- Ausgaben für die Beförderung von Sachen und Nachrichten (z.B. Versenden von Gutachten und Prüfungsberichten, Telefon- und Telegrammgebühren),
- Ausgaben für die Beförderung von Personen (An- und Rückreisen zum bzw. vom Mandanten),
- Ausgaben für Übernachtungen, Tagegeld und Familienheimfahrten.

Bei einer ausschließlich kostenorientierten Betrachtungsweise des Standortproblems sollte der Standort so gewählt werden, daß die Summe der standortabhängigen Kosten minimal ist. Eine solche Betrachtungsweise vernachlässigt einmal die Bedeutung von Absatzgesichtspunkten für die Standortwahl und ist meist unvollkommen, da z.B. zum Zeitpunkt der Gründung die Mandantenzusammensetzung nicht vollständig bekannt ist bzw. sich die Mandantenzusammensetzung durch die übliche Auftragsfluktuation im Zeitablauf ständig ändert. Unter Kostengesichtspunkten bietet es sich daher an, einen zentralen Ort innerhalb des geographischen Raums zu wählen, in welchem eine Prüfungsunternehmung tätig werden will und der vermutlich als kostengünstiger Ort anzusehen ist.

Die Bedeutung von Absatzgesichtspunkten für die Standortwahl wird bestimmt durch das Leistungsprogramm und die standortbedingten Absatzkosten. Liegt dieses Leistungsprogramm mit seinem Schwerpunkt bei den Prüfungstätigkeiten, also Tätigkeiten, die hauptsächlich bei den Mandanten ausgeführt werden, so bedeutet dies, daß die standortabhängigen Absatzkosten um so höher sein werden, je weiter der Mandantenstandort vom Standort der Prüfungsunternehmung entfernt ist. Dieser Umstand kann dazu führen, daß Zweigniederlassungen gegründet werden, um solche standortbedingten Nebenkosten weitgehend zu vermeiden. Die deutliche Verringerung dieser Kosten stärkt die lokale Wettbewerbssituation der Zweigniederlassung. Ist die Niederlassung kleiner als die Hauptverwaltung und/oder arbeitet sie mit relativ niedrigeren Gemeinkosten, so ist sie in der Lage, auch kleinere Aufträge als die Hauptverwaltung anzunehmen und wirtschaftlich auszuführen. Die gesamte Prüfungsunternehmung kommt so im Hinblick auf die Auftragsgröße zu einer breiteren Streuung. Dieser Umstand ist risikopolitisch vorteilhaft. Ein weiterer Vorteil der Bildung von Zweigniederlassungen liegt darin, daß die bessere Mandantenakquisition dazu führt, daß mit den hinzugekommenen neuen Auftraggebern auch das Umsatzvolumen der Hauptverwaltung zunimmt, wenn diese zusätzlichen Mandanten Sonderwünsche haben, die von den spezialisierten Abteilungen der Hauptverwaltung erledigt werden. Andererseits ist es für Zweigniederlassungen im lokalen Wettbewerb von Vorteil, wenn sie auf die möglichen Serviceleistungen der größeren und spezialisierteren Hauptverwaltung verweisen können. Ein Nachteil von Zweigniederlassungen besteht darin, daß zusätzliche Beförderungskosten zwischen Zweig- und Hauptniederlassung entstehen, die Raumkosten der gesamten Prüfungsunternehmung sich evtl. erhöhen und - da berufsrechtlich die Zweigniederlassung von mindestens einem ortsansässigen Berufsangehörigen geführt werden muß - die zentrale Willensbildung erschwert wird.

Die Ausführungen über die Standortwahl bei Prüfertätigkeiten gelten sinngemäß auch für Treuhandtätigkeiten, wenn damit eine Verwaltungstätigkeit verbunden ist, die am Ort der Treuhandbesorgung ausgeführt werden muß. Sie gelten auch für die Sachverständigentätigkeit, wenn eine jederzeitige Konsultationsmöglichkeit erforderlich ist. Typische Beispiele für eine solche Sachverständigentätigkeit ist die allgemeine Wirtschaftsberatung und Steuerberatung. Bei Vergabe von Beratungsaufträgen dieser Art kommen meist nur Prüfungsunternehmen mit nahegelegenem Standort in Betracht. Weniger standortabhängig sind dagegen spezialisierte Beratungen, da man diese als persönliche Dienstleistungen bewertet, deren Nutzen standortbedingte Nebenkosten aufwiegen.

Obrigkeitliche Bedingungen. Staat, Länder und Gemeinden können Bedingungen schaffen, die sich in einschränkender oder fördernder Weise auf die Eignung eines Standorts auswirken. Hierbei sind die rechtlichen Rahmenbedingungen und die Besteuerungsvorschriften voneinander zu unterscheiden. Die rechtlichen Rahmenbedingungen betreffen Bestimmungen über die Wirtschaftsordnung (so Wettbewerbsgesetze, Bestimmungen zur Unternehmensordnung, Bestimmungen über Zulassung und Ausübung von Prüfertätigkeiten), über Umweltschutzmaßnahmen oder sonstige Bestimmungen zur Förderung oder Einschränkung der wirtschaftlichen Betätigung. Einflüsse der Besteuerung kommen dadurch zustande, daß Unternehmen ungleichen Steuerbelastungen unterliegen, je nachdem, in welchem Staat, in welchem Land eines Staates oder in welcher Gemeinde eines Landes sie sich niederlassen. In Deutschland treten insbesondere standortmäßige Differenzierungen bei der Gewerbe- und Grundsteuer auf. Die Analyse der obrigkeitlichen Bedingungen ist auch vom Absatzgesichtspunkt her interessant, da diese Grundlage für die beabsichtigte Berufstätigkeit in einer Region sein können (z.B. Rechtsvorschriften für gesetzliche Prüfungen).

C. Das Problem der Unternehmensgröße

Die Unternehmensgröße bestimmt das Leistungspotential und die Kostenstruktur einer Unternehmung. Im wirtschaftlichen Prüfungswesen hängt das Leistungspotential einer Unternehmung im wesentlichen von der Anzahl und - wegen der berufsrechtlich gebotenen maximalen Leitungsspanne (s. S. 51) - der Qualifikation der fachlichen Mitarbeiter ab. Die Installierung einer bestimmten Kapazität wird in der Regel auf der Grundlage des gegenwärtigen Informationsstands mit bindender Wirkung für die Zukunft getroffen. Die Festlegung der Unternehmungsgröße enthält aber immer ein Moment der Unsicherheit. Denn es ist nicht sicher, ob die gegenwärtige Situation im Zeitablauf Bestand hat und/oder sich die Erwartungen in die zukünftige ökonomische Lage erfüllen. Fehleinschätzungen der zukünftigen Entwicklung wirken sich im wirtschaftlichen Prüfungswesen insbesondere nachteilig auf die Absatz- und damit auf die Beschäftigungslage aus, da Prüfungsunternehmen nur begrenzt in der Lage sind, fehlerhafte Erwartungen durch den Einsatz des absatzpolitischen Instrumentariums zu korrigieren (vgl. Selchert [1971], S. 1 - 15). Prüfungsunternehmen sind durch die Berufsgrundsätze (z.B. das Werbeverbot) zu einer absatzpolitischen Passivität gezwungen. Sie sind Dienstleistungsunternehmen, die nur auf Anforderung und nicht auf Vorrat arbeiten. Ihr Beschäftigungsgrad bemißt sich nach dem Ausmaß der Beanspruchung, d.h. nach den erlangten Aufträgen. Die erwerbswirtschaftlichen Unternehmen des wirtschaftlichen Prüfungswesens suchen sich langfristig durch die Gestaltung des Leistungsprogramms und kurzfristiger durch geeignete Anpassungsmaßnahmen an die mit den Nachfrageveränderungen verbundenen Probleme anzupassen.

I. Unternehmensgröße und Leistungsprogramm

Unternehmen des wirtschaftlichen Prüfungswesens haben als Dienstleistungsunternehmen den Anforderungen der Auftragnehmer Rechnung zu tragen. Der heutige Wirtschaftsprozeß ist durch ein hohes Ausmaß an **Spezialisierung** gekennzeichnet, die auch von den Mitarbeitern der Prüfungsunternehmen neben allgemeinen Kenntnissen in zunehmender Weise Spezialwissen verlangt. Das zwingt die erwerbswirtschaftlich tätigen Prüfungsunternehmen, eine Leistungsstruktur durch vielseitig verwendbare Mitarbeiter und/oder Spezialisten herzustellen und sich um Aufträge zu bemühen, die dem Leistungscharakter der Prüfungsunternehmung entsprechen. Man kann in dem Zusammenhang von einer optimalen Auftragsstruktur sprechen, wenn das quantitative und qualitative Anforderungsniveau der Aufträge der Leistungsstruktur einer Prüfungsunternehmung entspricht. Das führt dazu, daß in der Praxis des wirtschaftlichen Prüfungswesens zwischen spezialisierten und allgemeinen Prüfungsunternehmen unterschieden wird.

Spezialisierte Prüfungsunternehmen. Die praktizierten Spezialisierungsformen sind verschiedenartig. Man kann zwischen Prüfungsunternehmen unterscheiden, die ihr Leistungsprogramm überwiegend

- auf eine Berufsaufgabe (**Fachspezialisierung**),
- auf eine Branche (**Branchenspezialisierung**),
- auf bestimmte Mandanten (**Mandantenspezialisierung**)

ausgerichtet haben. Spezialisierte Prüfungsunternehmen haben meist eine kleine oder mittlere Größe. Das läßt sich aus der Entwicklungsgeschichte dadurch erklären, daß sich die Inhaber solcher Prüfungsunternehmen auf der Grundlage eines oder weniger größerer Aufträge selbständig machten und ihre Leistungsstruktur auf diese wenigen Aufträge ausrichteten.

Spezialisierte Prüfungsunternehmen weisen Vor- und Nachteile auf. Die Vorteile liegen einmal darin, daß sie vermehrt mit spezialisierten Mitarbeitern auskommen. Spezialisten beziehen aber oft das gleiche Gehalt wie andere Mitarbeiter. Die Anstellung von Spezialisten hat daher Kostenvorteile, die auch darin liegen, daß diese auf ihren Gebieten weniger Einarbeitungskosten verursachen und eine höhere Bearbeitungsgüte bei geringerer Bearbeitungszeit erbringen. Die bessere Qualität in der Erledigung von Berufsaufgaben kann ein Werbefaktor sein; Prüfungsunternehmen sind bei der Akquisition auf Empfehlungen und ihren Ruf hinsichtlich der Erledigung bestimmter Aufgaben angewiesen.

Nachteile der spezialisierten Prüfungsunternehmen liegen in der Beschränkung auf abgegrenzte Tätigkeitsbereiche. Entsteht ein Auftragsrückgang, so können bei zeitlicher und qualitativer Unterbeschäftigung von Spezialisten Leerkosten entstehen. Diese lassen sich schwer abbauen. Ist der Nachfragerückgang dauerhaft, so kann die langfristig angelegte unternehmenspolitische Entscheidung über eine Spezialisierung nur unter Inanspruchnahme von Zeit und unter Hinnahme von umstellungsbedingten Verlusten korrigiert werden. Durch die Beschränkung auf bestimmte Teilaufgaben bzw. Nachfrager verschärft sich auch die Gefahr der Kundenabhängigkeit. Weiß ein Auftraggeber von dieser Abhängigkeit, so ist zu befürchten, daß er bei Meinungsverschiedenheiten nachhaltiger versuchen wird, seine Auffassung durchzusetzen. Zeitliche und qualitative Leerkosten, die Hinnahme von Umstellungsverlusten bei der Korrektur eingegangener Spezialisierungen und die Gefahren der mangelnden Unabhängigkeit vom Auftraggeber stellen somit die besonderen Risiken der Spezialisierung im wirschaftlichen Prüfungswesen dar.

Allgemeine Prüfungsunternehmen. Sie sind gekennzeichnet durch eine breite Streuung der Mandate hinsichtlich der Berufsaufgaben, der Branche, Größe und räumlichen Standorte der Auftraggeber. Die allgemeinen Prüfungsunternehmen werden vor allem als Großunternehmen geführt. Das läßt sich ebenfalls aus der historischen Entwicklung erklären. Die großen Prüfungsunternehmen sind meist aus den Treuhandunternehmen dadurch entstanden, daß diese zusätzlich zu ihren Treuhand- und Sachverständigentätigkeiten die Prüfertätigkeit aufgenommen haben. Andere große Prüfungsunternehmen sind aus Fusionen von Prüfungsunternehmen mit unterschiedlichen Leistungsprogrammen hervorgegangen. Die folgende Abb. 5 gibt das Organigramm eines großen Prüfungsunternehmens wieder.

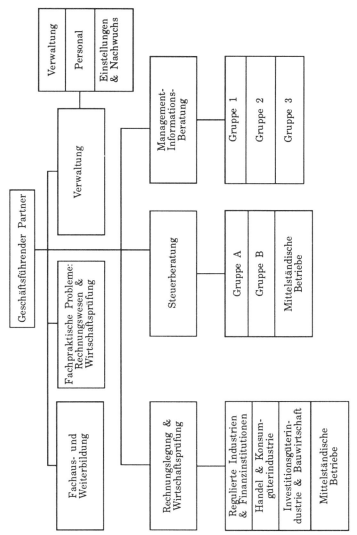

Abb. 5: *Organigramm des Arthur Andersen-Büros in Chicago.* Quelle: Lück [1986], S. 90.

Große Prüfungsunternehmen haben den Vorzug, daß sie die aus einem Auftragsrückgang entstehenden Risiken durch eine breite Auftragsstreuung begrenzen und trotzdem die Vorzüge der Spezialisierung durch eine abteilungsweise Gliederung entsprechend den vorgenannten Spezialisierungsmerkmalen wahrnehmen können. Im Grenzfall lassen sich so die nach dem Prinzip der abteilungsweisen Spezialisierung aufgebauten großen Prüfungsunternehmen als die organisatorische Zusammenfassung von spezialisierten kleineren Prüfungsunternehmen interpretieren, wie das in vorstehender Abbildung wiedergegebene Organigramm deutlich macht.

Eine weitgehende Spezialisierung der Abteilungen und der Einsatz hochspezialisierter Mitarbeiter in diesen Abteilungen kann aber zu dem Nachteil führen, daß ein Personalaustausch zwischen den Abteilungen zum Ausgleich von Beschäftigungsschwankungen in den Abteilungen erschwert oder unmöglich ist.

II. Unternehmensgröße und Anpassung an Nachfrageveränderungen

Die Bestimmung der Unternehmensgröße zählt zu den langfristigen Unternehmensentscheidungen. Wegen der durch die Berufsgrundsätze erzwungenen absatzpolitischen Passivität werden im wirtschaftlichen Prüfungswesen Veränderungen der Unternehmensgröße in der Regel nicht wegen einmaliger Aufträge oder spekulativer Erwartungen zukünftiger Aufträge, sondern nur aufgrund von Aufträgen vorgenommen, die nach vorsichtiger Einschätzung über eine absehbare, längere Zeitspanne erhalten bleiben. Ausgelastete Prüfungsunternehmen versuchen daher Aufträge, die sie nicht ablehnen wollen, zunächst mit Hilfe von **Anpassungsmaßnahmen**, also ohne Erweiterung der langfristigen Kapazität, auszuführen.

Anpassungsmaßnahmen sind im wirtschaftlichen Prüfungswesen auch dann erforderlich, wenn Prüfungsunternehmen den Schwerpunkt ihrer Beschäftigung in der Jahresabschlußprüfung haben. Wann eine Jahresabschlußprüfung vorgenommen wird, hängt entscheidend vom Stichtag der Rechnungslegung und der Prüfungsbereitschaft des Mandanten ab. Viele Mandanten haben, durch steuerliche Vorschriften veranlaßt, den 31.12. des Jahres als Abschlußstichtag gewählt. Gesetzliche Vorschriften[1], aber auch das Bestreben von Mandanten, daß sich die Abschlußprüfung möglichst eng an den Stichtag der Rechnungslegung anschließt, führen dazu, daß sich die Prüfertätigkeit der meisten Prüfungsunternehmen auf den Zeitraum Januar bis Juli konzentriert.

Aus den geschilderten Gründen sind die Möglichkeiten der Anpassung von außerordentlicher Bedeutung, um im wirtschaftlichen Prüfungswesen Nachfrageschwankungen auszugleichen. Diese lassen sich in prüfungsunternehmensinterne und nachfragebeeinflussende Maßnahmen unterscheiden.

---

1) So ist z.B. nach § 264,1 HGB der Jahresabschluß einer mittelgroßen oder großen Kapitalgesellschaft in den ersten drei Monaten des Geschäftsjahres für das vergangene Geschäftsjahr aufzustellen und zur Abschlußprüfung vorzulegen. Nach § 175 AktG und § 42a GmbHG ist der geprüfte Jahresabschluß in den ersten acht Monaten eines Geschäftsjahrs der Haupt- bzw. Gesellschafterversammlung zur Beschlußfassung zuzuleiten.

a. Prüfungsunternehmensinterne Anpassungsmaßnahmen

Unternehmensinterne Anpassungsmaßnahmen betreffen bei Prüfungsunternehmen als Dienstleistungsunternehmen Regelungen des Personaleinsatzes. Sie lassen sich in quantitative, intensitätsmäßige und zeitliche Anpassung unterscheiden, wobei die genannten Anpassungsmöglichkeiten auch kombiniert werden können.

Quantitative Anpassung. Die Möglichkeiten der quantitativen Anpassung sind vielfältig. So besteht die Möglichkeit, durch Vertragsgestaltung mit den Mitarbeitern für die Zeit der Saisonspitze eine Urlaubs- und Kündigungssperre zu vereinbaren. Auch kann die Kapazität kurzfristig durch den Einsatz kommissarischer Mitarbeiter erhöht werden. Als solche kommen im Ruhestand lebende frühere Mitarbeiter, freiberufliche Angehörige verwandter Berufe oder Kooperationsvereinbarungen mit (nicht ausgelasteten) Prüfungsunternehmen in Betracht. Berufsrechtlich ist eine vorübergehende Kapazitätserweiterung mit Hilfe kommissarischer Mitarbeiter möglich, da die maximale Leitungsspanne nur den Einsatz der ständig tätigen Mitarbeiter ohne Berufsexamen begrenzt.

Intensitätsmäßige Anpassung. Sie bezweckt die Steigerung der Leistung durch eine Erhöhung der Arbeitsintensität der eingesetzten Mitarbeiter. Die Möglichkeiten und Bedeutung dieser Anpassungsform werden jedoch durch den Grundsatz der sorgfältigen und gewissenhaften Berufsausübung eingeschränkt.

Zeitliche Anpassung. Diese Anpassungsform kann einmal eine zeitliche Aufgabenverteilung bedeuten und hat als solche Ähnlichkeit mit einer nachfragebeeinflussenden Maßnahme. Eine zeitliche Aufgabenverteilung wird durch die Aufspaltung von Prüfungen in Vor- (Zwischen-) und Hauptprüfungen und Verlegung der Zwischenprüfungen in die nachfrageschwache Zeit erreicht. Die rechtliche Zulässigkeit von Zwischenprüfungen im Rahmen der Jahresabschlußprüfung von Kapitalgesellschaften liegt in § 320,2 HGB begründet. Diese Regelung besagt, daß der bestellte Abschlußprüfer auch schon vor Aufstellung des Jahresabschlusses das Recht auf Einblick und Nachweise hat, soweit es die Vorbereitung der Abschlußprüfung erfordert. Die Zwischenprüfung erlaubt aber nicht nur, Beschäftigungsschwankungen des Prüfungsunternehmens auszugleichen, sondern ermöglicht auch eine frühzeitigere Fertigstellung der Abschlußprüfung, was vielfach im Interesse der geprüften Unternehmung liegt.

Zeitliche Anpassung kann aber auch bedeuten, daß die Prüferleistung durch Verlängerung der Dienstzeit (Überstunden, Arbeiten an sonst arbeitsfreien Tagen) in der saisonstarken Zeit gesteigert wird. Diese Anpassungsform bedarf insbesondere in Zeiten angespannter Arbeitsmarktsituation des Einverständnisses der Mitarbeiter. Diese kann außer durch erhöhte Abgeltung auch durch entsprechende Freizeiten in der geschäftsstillen Zeit erreicht werden. Diesem Instrument sind ebenfalls durch die Berufsgrundsätze Grenzen gesetzt.

b. Nachfrageregulierende Maßnahmen

Sie beinhalten die Beeinflussung der potentiellen Mandanten mit dem Ziel, Aufträge für die beschäftigungsstille Zeit zu gewinnen. Die Bemühungen sind hier darauf gerichtet, entweder Prüfungsaufträge für Jahresabschlußprüfungen mit von dem 31.12. abweichenden Rechnungslegungsstichtag (Auftragsmischung) oder Aufträge für Sonderprüfungen außerhalb der Saisonspitze zu akquirieren. Die Möglichkeiten der Prüfungsunternehmung sind hier begrenzt, da Prüfungsaufträge per 31.12. wegen ihres häufigeren Auftretens leichter zu erhalten sind als solche mit anderen Stichtagen und sich im Wettbewerb der Prüfungsunternehmen die Möglichkeiten der Marktbeeinflussung durch zeitliche Preisdifferenzierung als eingeschränkt praktikabel erweisen. Die Prüfungsunternehmen versuchen daher verstärkt, durch ein kompensatorisches Leistungsangebot von Sachverständigen- und Treuhandtätigkeiten saisonale Nachfragespitzen zu nivellieren.

D. Das Problem der Aufbau- und Ablauforganisation

Für das erfolgreiche arbeitsteilige Wirken einer erwerbswirtschaftlichen Prüfungsunternehmung ist es wichtig, daß den Mitarbeitern Aufgaben und Verantwortlichkeiten zugewiesen werden. Diese Zuweisung kann im Rahmen der Planung oder fallweise im Rahmen der Improvisation geschehen. In den meisten Fällen wird sie in Prüfungsunternehmen durch ein auf Dauer angelegtes System an Regelungen, d.h. durch organisatorische Gestaltung, vorgenommen.

Die Gestaltungsmöglichkeiten der Organisation der erwerbswirtschaftlichen Prüfungsunternehmen werden von ihrer Rechtsform und Größe, von der Auftragsstruktur und dem Auftragsumfang sowie durch die Tatsache bestimmt, daß es sich bei Prüfungsunternehmen um Dienstleistungsunternehmen handelt. Aus dem Charakter eines Dienstleistungsunternehmens ergibt sich der organisationsrelevante Umstand, daß von den Unternehmen des wirtschaftlichen Prüfungswesens (nicht lagerfähige) Leistungen personalintensiv und auftragsbezogen in Kontakt mit dem Mandanten erstellt werden. Der Tätigkeitsbereich der erwerbswirtschaftlichen Prüfungsunternehmen ist gesetzlich beschränkt, und die organisatorischen Gestaltungsmöglichkeiten unterliegen berufsrechtlichen Restriktionen. Als solche organisationsbestimmenden berufsrechtlichen Restriktionen sind zu beachten:

Der Grundsatz der Unabhängigkeit und Eigenverantwortlichkeit. Dieser Grundsatz fordert, daß angestellte Berufsangehörige nur in zeichnungsberechtigter Stellung (in der Einzelpraxis) und als Prokurist (in der Prüfungsgesellschaft) beschäftigt und nicht verpflichtet werden dürfen, Weisungen entgegenzunehmen, die ihrer fachlichen Überzeugung widersprechen. WP (vBP) müssen in der Lage sein, die Tätigkeit von Mitarbeitern derart zu überblicken und zu beurteilen, daß sie sich eine auf Kenntnissen beruhende, eigene Überzeugung bilden können (§ 12 Berufssatzung). Die Verkehrsanschauung begrenzt die Zahl solcher Mitarbeiter auf fünf je Berufsangehörigen (maximale Leitungsspanne). Des weiteren verlangt der Grundsatz, daß Bestätigungsvermerke bei Vorbehaltsprüfungen ausschließlich von Berufsangehörigen und bei freiwilligen Prüfungen von mindestens einem Berufsangehörigen unterzeichnet werden. Für Haupt- oder Zweigniederlassungen wird verlangt, daß diese von mindestens einem am Ort ansässigen Berufsangehörigen geleitet werden. Das bedeutet, daß Niederlassungen von Prüfungsunternehmen als weitgehend selbständige Organisationseinheiten zu behandeln sind.

Der Grundsatz der Verschwiegenheit. Diese Verpflichtung gilt für Berufsangehörige, Gehilfen und mitwirkende gesetzliche Vertreter. Sie gilt bei der Abschlußprüfung nach HGB auch gegenüber dem Aufsichtsrat und den Aufsichtsratsmitgliedern der Prüfungsgesellschaft (§ 323,3 HGB). Nach § 50 WPO sind des weiteren die Mitarbeiter einschließlich der Bürokräfte auf Verschwiegenheit zu verpflichten, soweit diese nicht bereits durch Gesetz hierzu verpflichtet sind. In Befolgung dieses Grundsatzes sind organisatorische Sicherungen für die Aufbewahrung von Akten, Berichten u.ä. zu treffen. So sollte durch Anweisung festgelegt werden, wer unter welchen Voraussetzungen Einsicht in Akten und das Archiv nehmen darf.

Der Grundsatz der Gewissenhaftigkeit und Sachkenntnis. Seine Beachtung erfordert eine genaue Aufgaben- und Zuständigkeitsabgrenzung sowie eine zuverlässige Terminplanung bei der Auftragsabwicklung. Mitarbeiter sind durch Prüfungsanweisungen mit ihren Aufgaben vertraut zu machen. Fachliche Meinungsäußerungen (Bestätigungsvermerke, Prüfungsberichte, Gutachten) sollten nur nach sorgfältiger Bearbeitung und Durchlauf einer internen Kontrolle (Vier-Augen-Prinzip) abgegeben werden. Zur Sicherung der gewissenhaften Abwicklung von Prüfungsaufträgen haben WP (vBP) eine Nachschau durchzuführen (§ 39 Berufssatzung). Berufsangehörige und Mitarbeiter sind des weiteren gehalten, auf dem neuesten fachlichen Wissensstand zu sein. Hierzu ist ein umfangreiches Quellenstudium betriebsinterner und betriebsexterner Informationen erforderlich. Dem dient die Einrichtung und der Ausbau von Informations- und Dokumentationsstellen (Zentralarchiv).

I. Die Aufbauorganisation

Durch die Aufbauorganisation wird die organisatorische Struktur festgelegt. Sie erstreckt sich auf die Gliederung einer Unternehmung in Teilbereiche (Stellen, Instanzen, Abteilungen) sowie auf die Regelung der Weisungs- und Informationsbeziehungen in und zwischen den Teilbereichen.

Die organisatorische Gestaltung im Rahmen der Aufbauorganisation knüpft an den Sachzielen einer Prüfungsunternehmung an und bildet anhand der mit den Sachzielen verbundenen Aufgaben arbeitsteilige Subsysteme. Erste Etappe der Aufbauorganisation ist somit die Analyse und Zerlegung der mit den Sachzielen verbundenen Gesamtaufgabe mit Hilfe sachlicher und formaler Gliederungsmerkmale in Teil- und Unteraufgaben.[1] Prüfungsunternehmen unterscheiden sich in ihren Sachzielen von anderen Dienstleistungsunternehmen und sind selbst hinsichtlich der angebotenen Dienstleistungen und der Unternehmensgröße heterogen. Die Unternehmensgröße bestimmt die Möglichkeit der Spezialisierung. Prüfungsunternehmen, in denen nur ein Berufsangehöriger tätig ist, bleibt eine organisatorische Aufspaltung der Berufsaufgaben in verselbständigte Subsysteme aus berufsrechtlichen Gründen verwehrt.

---

1) *Kosiol* (vgl. Kosiol [1962], S. 43) unterscheidet die zwei sachlichen Kriterien
- der **Verrichtungsvorgang** (manuell, maschinell, geistig),
- das **Objekt** (Eigenschaft von Materialien bzw. Leistungen)

und die drei formalen Kriterien
- der **Rang** (ausführend, leitend),
- die **Phase** (Planung, Realisation, Kontrolle),
- die **Zweckbestimmung** (primäre Aufgaben zur Erbringung der eigentlichen Unternehmensleistung und sekundäre Aufgaben zur Sicherung der zielgerichteten Erfüllung der primären Aufgaben, z.B. Rechnungslegung).

Aus dem gesetzlich beschränkten Arbeitsbereich von Prüfungsunternehmen lassen sich primäre Aufgaben zur Erbringung der eigentlichen Unternehmensleistung wie Prüfung, Beratung steuerlicher und/oder wirtschaftlicher Art, Gutachtenerstellung und sekundäre Aufgaben zur Sicherstellung der primären Aufgabe wie Mandantenakquisition, Mitarbeitereinstellung, Mitarbeiterausbildung, Termin- und Berichtskontrolle und Rechnungslegung als Teilaufgaben isolieren. In der zweiten Etappe der Gestaltung der Aufbauorganisation sind für diese Teilaufgaben Stellen, Instanzen und Abteilungen zu bilden sowie die Kompetenzen und Beziehungszusammenhänge (Informations- und Befehlswege) zwischen den organisatorisch verselbständigten Institutionen zu regeln.[1] Von Bedeutung für die Delegation von Leitungsbefugnissen und die Kompetenzregelung ist der Umstand, daß sämtliche Instanzen einer Prüfungsunternehmung gegenüber Berufsangehörigen in ihrer Weisungsbefugnis (durch § 43a WPO) beschränkt und disziplinarische Maßnahmen nur bei unbegründetem Abweichen von Fachnormen und mangelnder Einsatzbereitschaft möglich sind.

Die typischen Abteilungen einer größeren Prüfungsunternehmung sind in nachfolgender Liste wiedergegeben:[2]

- *Prüfungsabteilung*
  - Leitung
  - Prüfergruppen
  - Prüferdisposition
  - Berichtskritik und Facharbeit
  - Archiv für Prüfungsberichte und Arbeitsunterlagen
  - Schreibbüro
  - Fertigkontrolle
  - Vervielfältigung
- *Treuhandabteilung*
  - Leitung
  - für Treuhandaufgaben eingesetzte Mitarbeiter, ggf. getrennt nach bestimmten Treuhandgeschäften
  - Schreibbüro
- *Steuerabteilung*
  - Leitung
  - in der Beratung eingesetzte Mitarbeiter
  - Rundschreiben, Literaturauswertung
  - Schreibbüro
- *Allgemeine Abteilungen*
  - Bücherei
  - Rechtsabteilung
  - Auftragsabrechnung
  - Personalabteilung
  - Buchführung und Statistik
  - Aus- und Fortbildung

---

1) **Stellen** sind die Grundelemente der Aufbauorganisation und entstehen durch die Zusammenfassung von Teilaufgaben (Pflichten und Verantwortung) zum Arbeitsbereich einer Person. Mit **Kompetenz** bezeichnet man die einem Stelleninhaber ausdrücklich zugeteilten Rechte oder Befugnisse. Die **Instanz** ist eine Stelle, die Leitungsaufgaben für eine im Rang niederere Stelle übernimmt. **Abteilung** ist die Gesamtheit aus Instanz und untergeordneten Stellen. Wird ein Teil der Leitungsaufgaben mehrerer Instanzen einer weiteren Stelle zugewiesen, so entsteht damit die übergeordnete Instanz. Die Gesamtheit dieser Stellen bildet die übergeordnete Abteilung.

2) Vgl. Forster [1976 (2)], Sp. 3438.

II. Die Ablauforganisation

Bei den Fragen der Ablauforganisation geht es um die detaillierte dauerhafte Regelung von Arbeitsabläufen. Für die Arbeitsprozesse eines Prüfungsunternehmens ist es typisch, daß diese nach den einzelnen Berufsaufgaben unterschiedlich sind, nur durch Auftrag und Kontakt zum Mandanten zustande kommen und - wie bei der Prüfung - überwiegend beim Mandanten geleistet werden müssen. Auch ist infolge des Grundsatzes der Eigenverantwortlichkeit die Möglichkeit der kostensparenden und effizienten arbeitsteiligen Auftragsdurchführung begrenzt. Berufsrechtlich zulässige Arbeitsteilungen scheitern des weiteren oft an dem Mandantenwunsch nach einer persönlichen Dienstleistung oder an dem Wunsch des Mandanten nach Vertraulichkeit, der es erforderlich macht, bei einem Auftrag nur so viele Mitarbeiter einzusetzen, wie unbedingt nötig sind. Die Arbeitsabläufe in den Prüfungsunternehmen sind daher je nach Sachziel und Auftrag unterschiedlich und weisen räumlich und zeitlich komplexe Problemstrukturen auf, die eine umfassende, dauerhafte organisatorische Gestaltung der Arbeitsabläufe erschweren bzw. verhindern.

Zur Veranschaulichung der komplexen Problemstrukturen in einer Prüfungsunternehmung seien nachstehend die bei der Abwicklung von Prüfungsaufträgen anfallenden und miteinander verknüpften Teilaufgaben angeführt:[1]

- Auftragseingang und Überprüfung der Geschäftsleitung, ob ein Tatbestand der Befangenheit vorliegen könnte oder ob aus allgemeinen Gründen der Auftrag abzulehnen ist. Falls kein Ablehnungsgrund vorliegt, Bestimmung des verantwortlichen Prüfungsleiters.
- Bei neuen Mandanten: Kontaktgespräche mit dem Mandanten.
- Auftragsbestätigung unter Beifügung der allgemeinen Auftragsbedingungen.
- Anlage von Arbeitsunterlagen. Sachliche und zeitliche Disposition der Prüfungsdurchführung und Zusammenstellung des Prüfungsteams in Abstimmung mit dem zu prüfenden Unternehmen durch Einsatzplaner und Prüfungsleiter.
- Falls angebracht, Durchführung einer Vor- oder Zwischenprüfung.
- Durchführung der Hauptprüfung; gleichzeitig Terminüberwachung durch die Terminkontrolle.
- Entwurf des Prüfungsberichts durch den Prüfungsleiter.
- Schreiben des Prüfungsberichts durch das Schreibbüro der Prüfungsabteilung.
- Übergabe eines Vorwegexemplars des Prüfungsberichts an den Mandanten.
- Schlußbesprechung mit dem Mandanten durch verantwortlichen Prüfungsleiter und ggf. durch das zuständige Mitglied der Geschäftsführung der Prüfungsunternehmung.
- Schreiben des endgültigen Prüfungsberichts einschließlich Fertigkontrolle durch Berichtskritik sowie Vervielfältigung und Binden.
- Unterzeichnung von Bestätigungsvermerk und Prüfungsbericht durch den verantwortlichen Prüfungsleiter und die Geschäftsleitung der Prüfungsunternehmung.
- Versand des Prüfungsberichts und des bestätigten Jahresabschlusses an den Auftraggeber.

---

1) Vgl. Forster [1976 (2)], Sp. 3441 - 3442; Freidank [1993], Sp. 3781 - 3782; Wysocki [1988], S. 111 - 112.

- Rückgabe der Arbeitsunterlagen und anderer Unterlagen an das Archiv.
- Erstellung und Versand der Rechnung an den Mandanten durch das Rechnungsbüro.

Neben diesem zeitlichen Aspekt des Ablaufprozesses ist im wirtschaftlichen Prüfungswesen der Aspekt der **Zuordnung von Prüfungsassistenten** zu den einzelnen Prüfungsaufträgen ein organisatorisches Gestaltungsproblem. Diese Zuordnung kann nach unterschiedlichen Gesichtspunkten erfolgen. Im wirtschaftlichen Prüfungswesen haben sich bestimmte Prinzipien, und zwar das Team-, das Spezialisten- und das Referentenprinzip, für die Zuordnung der Prüfungsassistenten herausgebildet.

Das Teamprinzip. Hierbei werden ständig zusammenbleibende Gruppen (Teams) gebildet, die sich jeweils aus einem Prüfungsleiter und mehreren Prüfungsmitarbeitern zusammensetzen. Diese Teams nehmen arbeitsteilig sämtliche bei der Erledigung eines Prüfungsauftrags anfallenden Prüfungsverrichtungen gemeinsam vor. Ein wesentlicher Vorteil des Teamprinzips liegt darin, daß der Prüfungsleiter aufgrund der längeren Zusammenarbeit im Team die speziellen persönlichen und fachlichen Fähigkeiten seiner Mitarbeiter kennenlernt und diese Kenntnisse bei der Zuteilung der einzelnen Teilaufgaben berücksichtigen kann. In letzter Konsequenz wird so jeder Mitarbeiter zum "Allround"-Prüfer ausgebildet, woraus sich breitere Einsatzmöglichkeiten ergeben.

Als Nachteil des Teamprinzips ist jedoch festzustellen, daß durch den engen Kontakt zwischen Auftraggeber und Prüfern die Gefahr der Fraternisierung besteht. Dies kann sich langfristig in einer verminderten Wachsamkeit und in einer Beeinträchtigung der Unbefangenheit der Prüfer niederschlagen. Prüft das gleiche Team stets den gleichen Mandanten, so kann zudem eine gewisse Betriebsblindheit bei den Mitarbeitern auftreten. Schließlich läßt das Teamprinzip aufgrund des geforderten breiten Wissensspektrums eine Spezialisierung nur in engen Grenzen zu. Gegebenenfalls müssen interne und/oder externe Spezialisten hinzugezogen werden, da dem Prüfer entsprechende Spezialkenntnisse fehlen.

Um diesen Gefahren zu begegnen, wird zum einen vorgeschlagen, die Mitglieder des Prüfungsteams schrittweise auszuwechseln, so daß nach einigen Jahren die betreffende Unternehmung von einer anderen Prüfergruppe geprüft wird. Zum anderen wird zusätzlich empfohlen, die Prüfungsteams bei jeweils anderen Mandanten einzusetzen.

Das Spezialistenprinzip. Es ist dadurch gekennzeichnet, daß keine festen Prüfungsteams gebildet werden. Vielmehr erfolgt eine Spezialisierung der Mitarbeiter auf die Vornahme bestimmter Prüfungshandlungen bei sämtlichen anfallenden Prüfungsaufträgen. Entsprechend ihrer speziellen Ausbildung und Erfahrung werden die Mitarbeiter innerhalb verschiedener Prüfungsaufträge möglichst nur auf deren Spezialgebiet eingesetzt. Das Spezialistenprinzip bedingt, daß die einzelnen Prüfer für jeden Prüfungsauftrag erneut zu einer Gruppe zusammengestellt werden müssen. Hat ein Spezialist die ihm zugewiesene Arbeit durchgeführt, so verläßt er die Gruppe. Somit wechselt die Zusammensetzung der Prüfungsgruppen ständig. Eine Ausnahme bildet lediglich der Prüfungsleiter, der stets der Gruppe angehört. Auf diese Weise soll sichergestellt werden, daß zumindest er sich ein Gesamturteil über das Prüfungsobjekt bilden kann.

Bei dem Spezialistenprinzip ist die Gefahr der Fraternisierung geringer, weil sich durch den ständigen Wechsel der Mitarbeiter kein enger Kontakt mit dem Mandanten bildet. Ein weiterer Vorteil ist darin zu sehen, daß die wirtschaftlichen Vorteile einer sehr weitgehenden Arbeitsteilung konsequent genutzt werden, d.h. die Spezialisten können in Folge ihrer detaillierteren Sachkenntnis die ihnen gestellten Aufgaben schneller und besser erledigen. Die Tatsache, daß nur der Prüfungsleiter einen Gesamtüberblick über das Prüfungsobjekt gewinnt, ist im Hinblick auf den Verschwiegenheitsgrundsatz positiv zu beurteilen.

Als nachteilig wirkt sich der Umstand aus, daß Spezialisten Einzelurteile über ihr Spezialgebiet nur isoliert von allen übrigen Einzelurteilen und nicht mit Blick auf das Gesamturteil abgeben können. Wegen des fehlenden Gesamtüberblicks bleiben ihnen die Zusammenhänge verschlossen. Außerdem ergibt sich der Nachteil, daß die Spezialisten nicht einem einzelnen Prüfungsleiter disziplinarisch und funktionell unterstellt werden können. Wegen des ständigen Wechsels der Spezialisten ist eine Unterstellung unter eine den Prüfungsleitern vorgesetzte Instanz erforderlich. Die Entscheidungen über den Personaleinsatz in terminlicher und quantitativer Hinsicht müssen den Prüfungsleitern entzogen werden. Daraus resultiert das Problem der Mehrfachunterstellung der Spezialisten. Diese gewinnen zudem eine starke Stellung gegenüber den Prüfungsleitern. Als weitere negative Begleiterscheinung kann das Spezialistenprinzip zur Entstehung von Mehr- oder Wartezeiten führen, weil die Mitarbeiter nur noch für eng begrenzte Spezialgebiete einsetzbar sind. Da die einzelnen Prüfungsaufträge häufig an geographisch weit entfernten Orten stattfinden, können außerdem in erheblichem Umfang Reisekosten und Leerzeiten wegen des vermehrt erforderlichen Reiseumfangs der Spezialisten anfallen. Schließlich ist eine Mehrfachausnutzung von geprüften Vorgängen beim Spezialistenprinzip nur noch eingeschränkt möglich.

Das Referentenprinzip. Es baut als Mischform auf den beiden Grundprinzipien "Teamprinzip" und "Spezialistenprinzip" auf. Das Teamprinzip dient als Grundlage. Je nach den Erfordernissen des Einzelfalles werden dem Team zusätzlich Spezialisten (Referenten) zugeordnet, die die bei einem Prüfungsauftrag anfallenden Spezialaufgaben ausführen.[1] Damit versucht das Referentenprinzip die Vorteile des Team- und Spezialistenprinzips zu kombinieren.

E. Das Problem der fachlichen Willensbildung und Durchsetzung einheitlicher Fachnormen

Die Tätigkeit des WP bzw. vBP kann in einer erwerbswirtschaftlichen Prüfungsunternehmung als Inhaber, Gesellschafter, Organperson oder leitender Angestellter ausgeübt werden. Voraussetzung einer solchen persönlichen Berufsausübung ist deren Vereinbarkeit mit dem Grundsatz einer unabhängigen und eigenverantwortlichen Betätigung. Das bedeutet, daß der Berufsangehörige seine Entscheidungen selbst treffen kann, seine Urteile selbst bildet und verantwortet. Weisungen, die sich auf die fachliche Arbeit beziehen und die geeignet sind, das Prüfungsergebnis zu

---
[1] Eine davon abweichende mißverständliche Interpretation des Referentenprinzips findet sich bei Wysocki [1988], S. 107.

beeinflussen, darf er nicht entgegennehmen, und sie dürfen anderen Berufsangehörigen nicht gegeben werden.[1] Die eigenverantwortliche fachliche Zusammenarbeit von Berufsangehörigen in einem Prüfungsunternehmen erfordert daher eine organisatorisch praktikable Basis.

Ein Hauptproblem der eigenverantwortlichen fachlichen Zusammenarbeit ist die kollektive einheitliche Willensbildung in Fachfragen und die Durchsetzung einheitlicher Fachnormen bei der Berufsausübung in Prüfungsunternehmen. Eine einheitliche fachliche Willensbildung und Durchsetzung entspricht insbesondere dem Wunsch von Mandanten, daß ihre Rechnungslegungen zum Zwecke ihrer Vergleichbarkeit nach einheitlichen Kriterien erstellt und geprüft werden. In der Praxis treten jedoch Fälle auf, in denen gleichartige Geschäftsvorfälle in der Rechnungslegung unterschiedlich behandelt werden. Differenzen bei der Rechnungslegung gleichartiger Geschäftsvorfälle resultieren aus den Auslegungsspielräumen in den Rechnungslegungsvorschriften (so bei den GoB als unbestimmtem Rechtsbegriff, bei den Ansatz- und Bewertungswahlrechten) oder aus neu entstehenden Rechnungslegungsproblemen, für die sich noch keine einheitlichen Rechnungslegungsnormen gebildet haben. Eine ungleiche Behandlung gleichartiger Rechnungslegungsfälle entsteht auch durch fehlerhaftes Verhalten, d.h. durch absichtliches oder unabsichtliches Abweichen von Rechnungslegungs- und Prüfungsnormen. Unabsichtliches Abweichen von vorgegebenen Normen kann auf Unkenntnis oder Fehlinterpretation von Rechnungslegungsvorschriften beruhen. Man spricht dann auch von "**Berufsfehlern**".

Es liegt im Interesse der Prüfungsunternehmen, Berufsfehler zu vermeiden sowie durch eine Vereinheitlichung der Fachnormen einen konkreten Rahmen für die einheitliche Berufsausübung zu schaffen mit dem Ziel, die Berufsleistungen zu verbessern. Die Einheitlichkeit im prüferischen Vorgehen dient in gewisser Weise auch der besonderen Aufgabe des wirtschaftlichen Prüfungswesens, eine Schutzfunktion für diejenigen Rechnungslegungsadressaten wahrzunehmen, die auf die Richtigkeit der Rechnungslegung vertrauen. WP und vBP haben zu prüfen und ggf. aufzudecken, ob und inwieweit Rechnungslegungen Gesetz und Satzung entsprechen. Diese Aufgabenstellung verlangt eine Gleichmäßigkeit und Einheitlichkeit der Urteilsbildung. Das bedeutet, daß der Berufsangehörige unter gleichen Voraussetzungen das ihm obliegende Ermessen in der gleichen Richtung ausübt, Auslegungsspielräume in der gleichen Weise ausfüllt und Zweifelsfragen in der gleichen Weise beantwortet.

Die Bemühungen der Prüfungsunternehmen um eine Vereinheitlichung der Berufsausübung und eine Verbesserung der Berufsleistungen lassen sich in solche unterscheiden, die einer Vereinheitlichung in der Willensbildung bei fachlichen Entscheidungen und solche, die der Durchsetzung

---

1) Vgl. WPK [1987], S. 15. - Unproblematisch sind in diesem Zusammenhang im allgemeinen Anordnungen organisatorischer Art wie: Form des Schriftverkehrs, Arbeitszeit- und Urlaubseinteilung. Problematisch hingegen kann eine organisatorische Weisung sein, eine Prüfung innerhalb einer bestimmten Zeit abzuschließen, da diese insofern das Prüfungsergebnis zu beeinflussen vermag, als der angestellte Prüfer an einer sorgfältigen und gewissenhaften Prüfung gehindert sein kann.

einheitlicher Fachnormen dienen. Auf das Problem der (kollektiven) Willensbildung in Fachfragen und der Durchsetzung einheitlicher Fachnormen soll im folgenden getrennt eingegangen werden.

I. Die (kollektive) Willensbildung in Fachfragen

An dem Ziel einheitlicher Entscheidungen in Fachfragen arbeiten die Prüfungsunternehmen unternehmensextern wie unternehmensintern. Unternehmensextern findet diese Arbeit in den nationalen und internationalen Fach- und Standesorganisationen statt. Von besonderer Bedeutung ist hier die im IDW geleistete Facharbeit, die einer nach einheitlichen Grundsätzen vorgenommenen fachgerechten Berufsausübung dient und in Fachgutachten, Stellungnahmen und Fachveranstaltungen ihren Ausdruck findet. Die fachlichen Verlautbarungen des IDW haben in diesem Zusammenhang deshalb Gewicht, weil sie vor ihrer Verabschiedung der Öffentlichkeit und den Berufsständen zur kritischen Stellungnahme vorgelegt werden. Hierdurch wird der Bindungscharakter dieser Verlautbarungen, d.h. dieser **Standesnormen**, und damit die Einheitlichkeit der Berufsausübung in den Berufsständen gestärkt.

Unternehmensintern suchen die Prüfungsunternehmen, durch eine Zentralisierung der Entscheidungsfindung eine Vereinheitlichung der Willensbildung in Fachfragen herbeizuführen und durch eine Durchsetzung einheitlicher Fachnormen den Erwartungen der Mandanten Rechnung zu tragen. Diese Vereinheitlichung dient auch der Unabhängigkeit in der Berufsausübung, denn bei Meinungsverschiedenheiten mit dem Mandanten ist die Position eines Berufsangehörigen stärker, wenn er sich in einer Konfliktsituation auf eine von diesem konkreten Einzelfall abstrahierte Entscheidung seiner Prüfungsunternehmung stützen kann. Auch ist es möglich, die Qualität der Prüferleistung im Einzelfall dadurch zu verbessern, daß der Berufsangehörige in Zweifelsfragen eine von einem qualifizierten Kollektiv getroffene Entscheidung anwendet, ohne von diesem Einzelfall oder vom Mandanten beeinflußt zu sein.

Zum Zwecke der einheitlichen Willensbildung in Fachfragen werden in Prüfungsunternehmen meist Stabsstellen mit besonders qualifizierten Berufsangehörigen bzw. Mitarbeitern eingerichtet. Die an einer Auftragsausführung Beteiligten wenden sich bei Zweifelsfragen oder bei Problemen, für die es noch keine Lösung gibt oder für die noch keine einheitliche unternehmensinterne Norm gefunden wurde, an diese Stabsstelle. Je nach Schwierigkeit und Bedeutung werden Zweifelsfragen entweder sofort geklärt und das Ergebnis dem Anfrager mitgeteilt oder von der Stabsabteilung einem kollektiven Willensbildungsprozeß unterworfen. Das bedeutet, daß zu solchen Problemen Lösungsvorschläge erarbeitet und erst nach Abstimmung mit in den einzelnen Sachgebieten tätigen qualifizierten Berufsangehörigen als bindende unternehmensinterne Norm bekanntgemacht werden. Diese Bekanntmachung erfolgt in den Prüfungshandbüchern (Manuals), in gesonderten Mitteilungen oder in unternehmenseigenen Zeitschriften. Mitteilungen - meist in Form von Broschüren - oder Zeitschriften werden in bedeutsamen Fällen auch den Mandanten zugänglich gemacht. Die so entstandenen unternehmensinternen Normen sind aber nicht von einer unbedingten Verbindlichkeit. Weicht ein (angestellter) Berufsangehöriger von ihnen ab, so muß er diese Abweichung stichhaltig begründen können.

Die Zentralisierung der Willensbildung in Fachfragen ist verbunden mit einer Zentralisierung der Speicherung der für fachliche Dispositionen erforderlichen Daten. Dieses Zentralarchiv stellt zugleich eine Expertenbank dar und dient der Sammlung und Aufbereitung von relevanten Informationen für die einzelnen Tätigkeitsbereiche der Prüfungsunternehmung. Da im Zeitablauf oft ähnliche oder gleiche Probleme auftreten, hat das zentrale Archiv auch die Aufgabe zu dokumentieren, welches Problem bereits auf welche Art gelöst worden ist. Damit hilft das Archiv sicherzustellen, daß ein Problem im Zeitablauf - falls vertretbar - in der gleichen Weise gelöst wird. Dadurch werden auch unbeabsichtigte Abweichungen von bereits getroffenen fachlichen Entscheidungen der Prüfungsunternehmung vermieden.

II. Die Durchsetzung von einheitlichen Fachnormen

Sieht man von dem Sonderfall von Organpersonen ab, so ist der von Prüfungsunternehmen angestellte Berufsangehörige Arbeitnehmer im Sinne des Arbeitsrechts und unterliegt dem Weisungs- und Aufsichtsrecht seines Arbeitgebers. Das trifft auch für eine mehr oder weniger große Zahl von Mitarbeitern ohne Berufsexamen zu, die im Dienstleistungsbereich einer Prüfungsunternehmung tätig sind. Ein Teil dieser Mitarbeiter befindet sich meist in der Ausbildung zum vBP, WP oder Steuerberater.

Das arbeitsrechtliche Weisungsrecht ist aber im Prüfungsunternehmen durch das Berufsrecht des wirtschaftlichen Prüfungswesens begrenzt, denn eine Prüfungsunternehmung kann einen Berufsangehörigen nicht anweisen, von Berufspflichten abzuweichen, wenn sie ihn zur Ausübung seines Berufs angestellt hat. Der Prüfungsunternehmung ist durch das Berufsrecht grundsätzlich verwehrt, dem angestellten Berufsangehörigen Weisungen bzw. Anordnungen in bezug auf eine Prüfung zu erteilen, die geeignet sind, das Prüfungsergebnis zu beeinflussen, oder gar Weisungen zu geben, einen Prüfungsbericht gegen seine eigene Überzeugung zu unterzeichnen (§ 44 WPO).

Nicht betroffen von dieser Beschränkung des Weisungsrechts sind Weisungen in bezug auf die äußere Arbeitsorganisation, wie die Einhaltung wichtiger Fristen oder Termine, die Form des Schriftverkehrs, die formale Abwicklung von Prüfungsaufträgen, der angemessene Umgang mit Mandanten (so Annahme von Bewirtungen), die Zusammenarbeit der Prüfer, die Arbeitszeit u.ä. Entsprechendes gilt für die Ausübung des Aufsichtsrechts der Prüfungsunternehmung. Denn grundsätzlich wird die Unabhängigkeit des angestellten Berufsangehörigen nicht beeinträchtigt, wenn durch die Einrichtung einer Nachschau versucht wird, die Fehlerquote in der Berufsarbeit durch die Auswertung von Arbeitspapieren und Prüfungsberichten zu vermindern. Durch die Nachschau wird gleichzeitig festgestellt, ob das System der Willensdurchsetzung in Fachfragen funktioniert. Solange durch die Ausübung der Aufsicht nicht in die eigenverantwortliche Berufsausübung eingegriffen wird, kann durch diese die berufliche Leistung gefördert und die Einhaltung einer ordnungsgemäßen und einheitlichen Berufsausübung gesichert werden.

Zwischen den eindeutig zulässigen und eindeutig nicht zulässigen Weisungen liegt ein Regelungsbereich, der hinsichtlich seiner berufsrechtlichen Qualität nicht eindeutig ist. Zu diesem Bereich zählt die Vorgabe von Standesnormen sowie unternehmensinterner Normen, die für den Berufsangehörigen fachliche Anweisungen enthalten, welche in gesetzlichen Vorschriften nicht eindeutig fixiert sind. Für diese Normen ist entscheidend, daß das Berufsrecht es nicht zuläßt, diese dem angestellten Berufsangehörigen als "absolut bindend" vorzugeben. Er darf abweichen, kann aber arbeitsrechtlich verpflichtet werden, eine Begründung für seine Abweichung zu geben.

Vom Blickpunkt der Notwendigkeit der Durchsetzung einheitlicher Fachnormen ist diese Verhaltensweise dann als "Verhaltensfehler" anzusehen, wenn die Abweichung aus einer Unkenntnis oder Falschinterpretation der Zusammenhänge oder aus der Absicht herrührt, den Ermessensspielraum bewußt abweichend von der unternehmensinternen Norm bzw. der Standesnorm auszunutzen, weil der Angestellte sich nicht der Kollektiventscheidung unterordnen will. Ein fehlerhaftes Verhalten ist darüber hinaus auch dann gegeben, wenn ein Berufsangehöriger von Gesetzesnormen absichtlich abweicht oder sie unbeachtet läßt. Prüfungsunternehmen versuchen daher, durch eine Reihe von Maßnahmen solche Verhaltensfehler auszuschließen. Maßnahmen, die sich auf die Reduzierung dieser Verhaltensfehler bzw. Berufsfehler beziehen, betreffen insbesondere die Mitarbeiterauswahl, die Aus- und Weiterbildung und das Gehalts- und Beförderungswesen.

Mitarbeiterauswahl. Der erste Schritt zur Reduzierung von Verhaltens- und Berufsfehlern der beschriebenen Art ist die Auswahl und Anstellung von Mitarbeitern. Bei der Einstellung von Mitarbeitern ist die Eignung der Bewerber zu prüfen. Von Bedeutung ist hier neben dem Nachweis der Fachkenntnisse der persönliche Eindruck (§ 5 Berufssatzung). Gespräche (und/oder Eignungstests) sowie die Auswertung von Bewerbungsunterlagen ermöglichen es, einen Eindruck von den persönlichen Motiven eines Bewerbers zu erhalten, der es erlaubt, festzustellen, ob Konflikte zwischen den persönlichen Zielen des Bewerbers und denen der Prüfungsunternehmung wahrscheinlich sind. Im Rahmen der Personalauswahl werden die traditionellen Beurteilungsmethoden in jüngster Zeit durch sog. Assessment-Center ergänzt, bei denen das tatsächliche Verhalten eines Kandidaten in bezug auf konkrete Aufgaben in seiner zukünftigen Position bzw. Stelle untersucht werden soll (vgl. Witt [1990]).

Aus- und Weiterbildung. Zur Vermeidung von Fehlern, die auf Irrtum beruhen, sind WP (vBP) dazu verpflichtet, ihre Mitarbeiter laufend in Fachfragen zu schulen (§ 6 Berufssatzung). Diese Schulung erfolgt allgemein durch permanente Anleitung bei der Berufsausübung ("training on the job"). Daneben werden regelmäßig interne Fortbildungsveranstaltungen durchgeführt sowie der Besuch von Schulungskursen oder Fach- und Arbeitstagungen des IDW und anderer Veranstalter ermöglicht. Von Bedeutung für die berufliche Aus- und Weiterbildung ist auch die Verpflichtung der Mitarbeiter zur fortlaufenden Lektüre der Fachliteratur und der berufsrelevanten höchstrichterlichen Entscheidungen sowie die Überwachung der Erfüllung dieser Verpflichtung.

Besoldungs- und Beförderungswesen. In den Dienstleistungsabteilungen der Prüfungsunternehmen arbeiten die Mitarbeiter mit und ohne Berufsexamen in einer hierarchischen Struktur. Je nach Ausbildungsstand und Fähigkeiten unterscheidet man zwischen Assistent, selbständigem Prüfer und Prüfungsleiter (im Angelsächsischen zwischen Junior und Semi-Senior, Senior und Supervisor) mit unterschiedlich hohen Gehältern in den Rangstufen. Aber auch in den einzelnen Rangstufen können die Gehälter beträchtlich differieren. Ein solch hierarchisch gegliedertes Besoldungs- und Beförderungswesen setzt voraus, daß es von den

Mitarbeitern als "leistungsgerecht" empfunden wird. Um das zu erreichen, bedienen sich Prüfungsunternehmen für die Beschaffung von Informationen über Arbeitsqualität und Leistungspotential ihrer Mitarbeiter besonderer **Beurteilungsbögen**, die meist von einem Mitarbeiter in der nächst höheren Rangstufe ausgefüllt werden (s. hierzu auch § 6 Berufssatzung).

Da davon auszugehen ist, daß Mitarbeiter daran interessiert sind, ihre Berufskarriere in den vorgezeichneten Stufen zu durchlaufen, bietet das hierarchische Besoldungs- und Beförderungssystem die Möglichkeit, Mitarbeitern die Identifikation mit der arbeitgebenden Prüfungsunternehmung zu erleichtern. Auf diese Weise kann es gelingen, die Wahrscheinlichkeit des Auftretens von Fehlern zu verringern, die auf einem absichtlichen Abweichen von Fachnormen beruhen. Von dieser Möglichkeit der Beeinflussung des Verhaltens angestellter Berufsangehöriger gehen aber auch Gefahren für die Eigenverantwortlichkeit des angestellten Berufsangehörigen aus, die mit der Floskel "wer befördert, befiehlt" umschrieben werden können. Es sollte daher der Anschein vermieden werden, daß Gehaltsabstufungen und Beförderungen innerhalb einer Prüfungsunternehmung in unmittelbarem Zusammenhang mit dem Verhalten eines Berufsangehörigen bei der Behandlung von fachlichen Zweifelsfragen stehen.

In der Literatur werden daneben als Möglichkeit der Willensdurchsetzung in Fachfragen der **Prüferwechsel** und die **Kündigung eines Prüfers** kritisch diskutiert.[1] Es wird die Auffassung vertreten, daß ein Prüferwechsel nur bei dringenden äußeren Anlässen (z.B. Tod, Krankheit) zulässig sei, die in keinem sachlichen Zusammenhang mit dem Prüfungsverlauf und Prüfungsergebnis stehen dürfen, da sonst ein angestellter Prüfer nicht unabhängig und eigenverantwortlich wäre. Bezüglich des Kündigungsschutzes wird argumentiert, daß ein angestellter Berufsangehöriger in seiner eigenverantwortlichen und unabhängigen Stellung dadurch beeinträchtigt sei, daß er befürchten muß, entlassen zu werden, wenn er nicht den Weisungen seiner Vorgesetzten in Berufsfragen folgt. Daher wird für den angestellten Berufsangehörigen ein besonderer Kündigungsschutz gefordert, so z.B. die Bindung der Kündigung an die Zustimmung der WPK.

---

1) Vgl. Schäuble [1971], S. 199 - 210; Herschel [1964], S. 49 - 52.

6. Kapitel
Gestaltungsprobleme des Rechnungswesens der erwerbswirtschaftlichen Prüfungsunternehmungen

Die Unternehmen des wirtschaftlichen Prüfungswesens haben, wie andere Unternehmen auch, aus verschiedenen Anlässen ein Bedürfnis an einer gezielten Aufbereitung des anfallenden Datenmaterials. Dabei können grundsätzlich zwei Bereiche unterschieden werden: Das dokumentarische und das instrumentale Rechnungswesen.

Das **dokumentarische Rechnungswesen** erfaßt das tatsächliche Unternehmensgeschehen. In diesem Zusammenhang kommt der Dokumentation der Auftragserfassung und der Auftragsabwicklung der Prüfungsaufträge besondere Bedeutung zu. Übt eine Prüfungsunternehmung darüber hinaus Treuhandtätigkeiten aus, so ergeben sich aus der Treuhandfunktion ebenfalls spezifische Aufzeichnungs- und Rechnungslegungspflichten. Im folgenden Abschnitt A soll auf die Datenerfassung und die Besonderheiten der Rechnungslegung erwerbswirtschaftlicher Prüfungsunternehmen eingegangen werden.

Im Unterschied zum dokumentarischen Rechnungswesen hat das **instrumentale Rechnungswesen** die Aufgabe, zahlenmäßige Unterlagen für die unternehmerischen Entscheidungen zu liefern. In den erwerbswirtschaftlichen Prüfungsunternehmen weisen insbesondere die Kostenrechnungslegungsprobleme spezifische Eigenheiten auf, die in Abschnitt B dargestellt werden sollen.

A. Buchführungs- und Rechnungslegungsprobleme der erwerbswirtschaftlichen Prüfungsunternehmen

I. Probleme der laufenden Aufschreibungen

a. Buchführung und Buchführungspflicht

1. Buchführungspflicht für Prüfertätigkeiten

Art und Umfang der Verpflichtung zur laufenden Aufschreibung in Zusammenhang mit Prüfertätigkeiten bestimmen sich nach der jeweiligen für die Berufsausübung gewählten Unternehmensform. So ist die Buchführungspflicht für Einzelprüfer, Personengemeinschaften und Prüfungsgesellschaften unterschiedlich geregelt.

(a) Einzelprüfer und Personengemeinschaften

Nach § 238,1 HGB ist jeder Kaufmann verpflichtet, Bücher zu führen und in diesen seine Handelsgeschäfte und die Lage seines Vermögens nach den GoB ersichtlich zu machen. Die handelsrechtliche Buchführungspflicht ist somit an die Kaufmannseigenschaft gebunden.

Die Kaufmannseigenschaft des HGB setzt jedoch das Betreiben eines Handelsgewerbes voraus (§ 1,1 HGB). Für erwerbswirtschaftlich tätige WP (vBP) bestimmt § 1,2 WPO, daß sie kein Handelsgewerbe, sondern einen freien Beruf ausüben. Daher besteht für die in Einzelpraxen wie auch in Prüfer- oder Personengemeinschaften[1] tätigen Berufsangehörigen keine handelsrechtliche Buchführungspflicht. Auch aufgrund steuerrechtlicher Vorschriften wird für die Berufsangehörigen des wirtschaftlichen Prüfungswesens keine allgemeine Buchführungspflicht begründet.[2] Der eine Einzelpraxis führende oder als Mitglied einer Personengemeinschaft tätige und Einnahmen aus selbständiger Tätigkeit gem. § 18 EStG erzielende WP (vBP) unterliegt jedoch der Vorschrift des § 4,3 EStG. Danach ist er zur Gewinnermittlung mit Hilfe der **Einnahmenüberschußrechnung** verpflichtet. Der WP bzw. vBP hat für diese Gegenüberstellung lediglich die beruflich, d.h. betrieblich veranlaßten Einnahmen und Ausgaben ordnungsgemäß zu erfassen. Dabei handelt es sich um mehr als eine reine Kassenbuchführung, denn Einnahmen und Ausgaben i.S.d. § 4,3 EStG sind alle betrieblich veranlaßten Wertveränderungen des Betriebsvermögens, die keine Einlagen bzw. Entnahmen sind. Der Gewinn des vorangegangenen Wirtschaftsjahres wird ermittelt durch die Gegenüberstellung der so erfaßten Beträge, korrigiert um die Absetzungen für Abnutzung der abnutzbaren Anlagegüter, deren Anschaffungsausgaben nicht sofort berücksichtigt werden können.[3]

Führt ein Berufsangehöriger aber freiwillig Bücher und erstellt er freiwillig regelmäßig Abschlüsse, so ist in diesem Fall der Gewinn nach § 4,1 EStG zu ermitteln.[4]

(b) Prüfungsgesellschaften

WPG (BPG) in der Rechtsform einer Kapitalgesellschaft gelten aufgrund § 13,3 GmbHG sowie § 3 AktG unabhängig vom Gegenstand des Unternehmens als Handelsgesellschaften. Sie besitzen die Kaufmannseigenschaft kraft Rechtsform (sog. **Formkaufleute** i.S.d. § 6 HGB). Prüfungsunternehmen, die in der Rechtsform der OHG oder der KG geführt werden, setzen bereits für die Anerkennung als WPG (BPG) gem. § 27,2 WPO die Eintragung als Handelsgesellschaft ins Handelsregister voraus. WPG (BPG) in diesen Rechtsformen sind deshalb gem. § 6,1 HGB den übrigen

---

1) Vgl. die Erläuterungen zum Problem der Unternehmensform auf den S. 105 - 112.

2) Die sich aus § 140 AO ergebende Buchführungspflicht bezieht sich nur auf den Personenkreis, der bereits nach anderen als den Steuergesetzen Bücher und Aufzeichnungen, die für die Besteuerung von Bedeutung sind, zu führen hat. Dagegen wird durch § 141 AO zwar eine originäre Buchführungspflicht begründet, Voraussetzung ist aber auch hier - neben dem Überschreiten von bestimmten Größenmerkmalen - die Existenz eines Gewerbebetriebs i.S.d. § 15 EStG.

3) Nicht abnutzbare Wirtschaftsgüter des Anlagevermögens werden grundsätzlich erst zum Zeitpunkt der Veräußerung oder der Entnahme als Betriebsausgabe berücksichtigt. Zu Einzelfragen der steuerrechtlichen Gewinnermittlung im Rahmen der Einnahmenüberschußrechnung vgl. Falterbaum/Beckmann [1996], S. 822 - 847.

4) Vgl. hierzu H 142 EStR. Nach der Rechtsprechung des BFH (vgl. BFH [1966], S. 496 und BFH [1964], S. 185 m.w.N.) muß bei der Gewinnermittlung nach § 4,1 EStG auch die Buchführung der Angehörigen der freien Berufe den Grundsätzen einer ordnungsmäßigen kaufmännischen Buchführung entsprechen.

Kaufleuten gleichgestellt. Damit gelten die Vorschriften des HGB über die Führung und Aufbewahrung von Handelsbüchern[1] sowie über die Rechnungslegung entsprechend auch für die jeweilige WPG (BPG). Etwas anderes gilt allerdings für WPG (BPG) in der Rechtsform der Partnerschaftsgesellschaft. Gemäß § 1,1 PartGG übt die Partnerschaft kein Handelsgewerbe aus. Da auch für die Anerkennung als WPG (BPG) die Eintragung als Handelsgesellschaft ins Handelsregister nicht vorausgesetzt wird, besteht keine Verpflichtung zur handelsrechtlichen Buchführung. Mangels gewerblicher Betätigung wird auch keine Buchführungspflicht aufgrund steuerrechtlicher Vorschriften begründet. Die einzelnen Partner unterliegen jedoch der Vorschrift des § 4,3 EStG, wonach sie zur Gewinnermittlung durch eine Einnahmenüberschußrechnung verpflichtet sind. Werden hingegen freiwillig Bücher geführt und regelmäßig Abschlüsse gemacht, ist der Gewinn nach § 4,1 EStG zu ermitteln.

2. Buchführungspflicht für Treuhandtätigkeiten

Führen Unternehmen Treuhandtätigkeiten durch und unterliegen sie der Buchführungspflicht gem. § 238 HGB, so gelten hier analog die vorstehenden Ausführungen bezüglich der Buchführungspflicht bei Prüfertätigkeiten. Daneben haben solche Unternehmen aber auch spezielle Buchführungspflichten zu beachten. Diese speziellen Aufzeichnungs- und Rechnungslegungspflichten des Treuhänders sind in erster Linie den Regelungen des Treuhandverhältnisses zu entnehmen. Den Vertragspartnern steht es frei, besondere Aufzeichnungspflichten des Treuhänders zu vereinbaren. Soweit der Treuhandvertrag jedoch keine entsprechende Regelung enthält, ergeben sich Aufschreibungspflichten aus den Regelungen des BGB. Rechtliche Grundlage für Treuhandverhältnisse ist die Bestimmung über die **entgeltliche Geschäftsbesorgung** (§ 675 BGB). Die Pflichten der Berufsangehörigen bei der Erfüllung von Treuhandaufträgen resultieren deshalb - bei fehlenden vertraglichen Regelungen - grundsätzlich aus den §§ 663 ff BGB und dem § 8 Berufssatzung. In diesem Zusammenhang ist insbesondere die Regelung des § 666 BGB von Bedeutung, die dem Treuhänder eine Pflicht zur **Rechenschaft** gegenüber dem Treugeber auferlegt. Das bedeutet, daß der Treuhänder den Treugeber über die rechtliche und wirtschaftliche Entwicklung des verwalteten Treuhandvermögens sowie über die damit verbundenen Einnahmen und Ausgaben zu unterrichten hat. Umfang und Art der Rechenschaft bestimmen sich dabei nach den §§ 259 u. 260 BGB: Tätigt der Treuhänder im Rahmen des Treuhandauftrages Einnahmen und Ausgaben, so muß er zur Erfüllung seiner Rechenschaftspflicht über diese Einnahmen und Ausgaben Rechnung legen (§ 259 BGB). Diese Pflicht ergibt sich auch aus standesrechtlichen Normen, die bei Verwaltung von fremden Vermögen für die gewissenhafte Berufsausübung das Führen ausreichender Rechnungslegungsunterlagen fordern (§ 8 Berufssatzung). Im

---

1) Hinsichtlich der organisatorischen Gestaltung der Buchführung in erwerbswirtschaftlichen Prüfungsunternehmen ist festzustellen, daß die deutschen Berufsstände bisher auf die Veröffentlichung eines spezifischen Kontenrahmens (zum Begriff des Kontenrahmens vgl. Buchner [1993], S. 73 - 75) verzichtet haben. Im Gegensatz dazu hat das American Institute of Certified Public Accountants (AICPA) einen Kontenrahmen als Vorschlag zur organisatorischen Gestaltung des Rechnungswesens von Prüfungsunternehmen erarbeitet (vgl. AICPA [1990], Chapter 201, S. 2 - 5).

Rahmen der Rechenschaftspflicht ist ferner die Erstellung eines **Bestandsverzeichnisses** über das verwaltete Treuhandvermögen erforderlich (§ 260 BGB).

Art und Umfang der sich aus diesen Vorschriften ergebenden Aufzeichnungspflichten bestimmen sich nach der im Einzelfall ausgeübten Treuhandtätigkeit. Die Aufzeichnungen müssen jedoch grundsätzlich so beschaffen sein, daß der Treugeber ein zuverlässiges Bild von der durchgeführten Treuhandtätigkeit gewinnen und sich insbesondere ein Urteil darüber bilden kann, ob die Erhaltung des Treuhandvermögens gewährleistet ist, das wirtschaftliche Ergebnis der Verwaltung durch den Berufsangehörigen befriedigt und schließlich der Zweck des Treuhandverhältnisses erreicht wird.

Welche Aufzeichnungspflichten die Vorschriften der §§ 259 u. 260 BGB im einzelnen beinhalten, und welche Organisationsformen die Rechnungslegung aufweisen muß, regelt sich in Analogie zu den GoB.[1] Ungeachtet der konkreten Gestaltung der Aufschreibungen unterliegt die Rechnungslegung des Treuhänders damit dem Grundsatz der Wahrheit (Vollständigkeit und Richtigkeit der Aufzeichnungen) und dem Grundsatz der Klarheit (Übersichtlichkeit und Verständlichkeit der Aufzeichnungen). Im Einzelfall kann die Rechenschaftspflicht des Treuhänders Aufzeichnungen in Form der einfachen Aktenführung (Aufzeichnungen über die wichtigsten Vorgänge) bis hin zur eigenständigen Buchführung für Treuhandtätigkeiten erforderlich machen. So ergibt sich im Fall der treuhänderischen Verwaltung ganzer Unternehmen für die Berufsangehörigen die Pflicht zur Erstellung eines Jahresabschlusses für das verwaltete Unternehmen unter Beachtung der für die jeweilige Rechtsform geltenden Vorschriften.

b. Besonderheiten der laufenden Aufschreibungen bei erwerbswirtschaftlichen Prüfungsunternehmen

1. Laufende Aufschreibungen für Prüfertätigkeiten

Eine lückenlose und rationell gestaltete Auftragserfassung ist für die Berufsangehörigen nicht nur zum Zwecke der effizienten Unternehmensführung von Bedeutung. Vielmehr ist das Vorliegen einer geeigneten Praxisorganisation nach Auffassung des Berufsstandes bereits grundlegende Voraussetzung für die Erfüllung der übrigen Berufspflichten.[2] Darüber hinaus stellt auch die Rechtsprechung strenge Anforderungen an die Gestaltung der Auftragserfassung, wenn mit den Aufzeichnungen Honoraransprüche glaubhaft gemacht und durchgesetzt werden sollen.[3] Neben der Beachtung der berufsrechtlichen Bedeutung liegt somit die ordnungsgemäße Gestaltung der Auftragserfassung auch im Eigeninteresse erwerbswirtschaftlicher Prüfungsunternehmen. Zur Organisation

---

1) Vgl. Wöhe [1979], S. 321; Eden [1989], S. 73.

2) Vgl. IDW [1988 (1)], S. 10 und die §§ 4 und 7 Berufssatzung. Ferner gehört es zu einer gewissenhaften Berufsausübung, daß die Berufsangehörigen ihre Akten einschließlich der Arbeitspapiere sorgfältig führen (§ 51b WPO).

3) Vgl. OLG Stuttgart [1977], S. 269 - 270.

der laufenden Aufschreibungen stehen mit der **manuellen** und der **EDV-gestützten Auftragserfassung** zwei unterschiedliche Gestaltungsformen zur Verfügung.

(a) Manuelle Auftragserfassung

Führt das Prüfungsunternehmen seine laufenden Aufschreibungen manuell, so muß insbesondere sichergestellt werden, daß alle Informationen vom Eingang des Auftrages über dessen Bearbeitung bis hin zur Erstellung der Rechnung lückenlos erfaßt werden. Besondere Bedeutung kommt dabei der Erfassung der erbrachten Leistungen zu, die umfassend zu dokumentieren sind. Aus diesem Grunde ist z.B. die Verwendung einzelner **Abrechnungszettel** problematisch, auf denen neben der Angabe des Mandanten lediglich eine Kurzbeschreibung der angefallenen Tätigkeiten und die Arbeitszeit eingetragen wird. Diese Form der Auftragserfassung trägt die Gefahr lückenhafter Aufzeichnungen in sich und kann insbesondere die Durchsetzung von Honorarforderungen vereiteln, wenn im Rahmen einer gerichtlichen Überprüfung die Rechtmäßigkeit des Anspruches mit Hilfe der so geführten Unterlagen begründet werden soll.[1]

Eine ordnungsgemäße Erfassung des Auftragseingangs, der Auftragsbearbeitung sowie der Vorgänge nach Ende der fachlichen Auftragsbearbeitung kann beispielhaft nach den Arbeitsschritten

- Auftragseingang,
- Auftragsdurchführung,
- abschließende Auftragsverarbeitung

erfolgen, auf die näher einzugehen ist.

Auftragseingang. Die vom Prüfungsunternehmen angenommenen Aufträge werden mit einer fortlaufenden Auftragsnummer versehen und zusammen mit den wichtigsten Details, wie z.B. Mandantenname und -nummer, Bezeichnung des Auftrages etc., im sog. **Auftragsbuch** festgehalten. Das Auftragsbuch gewährleistet so einen Überblick über die vom Prüfungsunternehmen insgesamt übernommenen Aufträge. Neben dieser Eintragung wird bei Auftragseingang für den einzelnen Auftrag ein sog. **Auftragsformular** erstellt, das als Begleitbogen bzw. Laufzettel bei der eigentlichen Auftragsbearbeitung Verwendung findet. Es nimmt - zusätzlich zu den Daten des Auftragsbuches - weitergehende Angaben über die für den Auftrag zuständigen Mitarbeiter, Soll-Bearbeitungszeiten und ggf. Soll-Kosten auf. Zur Dokumentation des Bearbeitungsstandes sind die Auftragsformulare bis zum eigentlichen Beginn der Auftragsbearbeitung gesondert zu verwahren.

---

1) Vgl. hierzu OLG Stuttgart [1977]. Im Zusammenhang mit Honorarforderungen für geleistete Beratertätigkeiten ist von einer Darlegungslast der Berufsangehörigen gegenüber deren Mandanten auszugehen, welche die durch § 675 i.V.m. § 666 BGB begründete Auskunftspflicht ergänzt. Der Umfang der Darlegungslast bemißt sich grundsätzlich danach, inwieweit die bestrittene Begründung der Forderung vom Prozeßgegner und vom Gericht nachvollzogen werden kann. Die Berufsangehörigen haben daher konkrete Angaben über die erteilten Aufträge sowie die Art und den Umfang der durchgeführten Arbeiten zu machen. Soweit es sich um vorbereitende Arbeiten handelt, muß dargelegt werden können, welche Arbeiten geleistet wurden und wozu diese erforderlich waren. Die Vorlage einer Vielzahl von Abrechnungszetteln erfüllt diese Anforderungen nicht.

Auftragsdurchführung. Werden die fachlichen Tätigkeiten zur Erledigung des Auftrages aufgenommen, so ist das Datum des Arbeitsbeginns im Auftragsbuch zu vermerken sowie das Auftragsformular an die zuständigen Mitarbeiter weiterzuleiten. Oftmals werden dabei den Auftragsformularen weitere Hilfsmittel, wie Checklisten, Arbeitsanweisungen und Formulare beigefügt. Auf dem Auftragsformular selbst sind grundsätzlich die geleisteten Tätigkeiten sowie die dazu aufgewandten Arbeitszeiten einzutragen. Bedeutsam ist in diesem Zusammenhang insbesondere die korrekte Erfassung der geleisteten Arbeitszeiten, da diese Aufzeichnungen zum einen Grundlage der Berechnung von Zeitgebühren und zum anderen Ausgangspunkt der Kontrolle der eingesetzten Mitarbeiter sind.[1] Eine adäquate Organisation der Zeiterfassung im Rahmen der Auftragsbearbeitung ist deshalb wesentlicher Bestandteil der laufenden Aufschreibungen. In kleineren Prüfungsunternehmen werden die für die Bearbeitung der einzelnen Aufträge angefallenen Arbeitszeiten oftmals geschätzt. Größere Prüfungsunternehmen erfassen dagegen die aufgewandten Mitarbeiterzeiten systematisch zu bestimmten Terminen, wie z.B. am Tages- oder Wochenende. Die Aufzeichnung wird mit Hilfe von sog. **Tätigkeitsberichten (Arbeitszeitnachweisen)** vorgenommen, in denen jeder Mitarbeiter einen genauen Nachweis darüber führt, wieviel Arbeitszeit er für die einzelnen Aufträge aufgewendet hat.[2] Bei manuell geführten Aufschreibungen sind die in diesen Arbeitszeitnachweisen enthaltenen Aufzeichnungen auf die Auftragsformulare zu übertragen. Den Aufbau eines Tätigkeitsberichts verdeutlicht nachfolgende Abb. 6.

Mitarbeiternummer: 3588 Mitarbeiter: Th. Heinrich Position: Prüfungsassistent					Datum: 5. Woche 1996	Tätigkeitsbericht: 17/96
Mandant	Mandantennr.	Zeit (hh:mm)	Tätigkeits-Nr.	Auftrags-Nr.	Datum	Bemerkungen
Südkauf AG	1211	04:30	8220	14/95	29.1.96	Prüfung Kreditoren
Müller GmbH	734	02:12	8220	08/95	30.1.96	Prüfung Kreditoren
etc.						

Abb. 6: *Tätigkeitsbericht zur Zeiterfassung*

---

[1] Soweit die Arbeitszeiten auch für die Gesellschafter einer WPG (BPG) erfaßt werden, können die entsprechenden Aufzeichnungen auch für die Gewinnverteilung von Bedeutung sein.

[2] Vgl. Loitlsberger [1966], S. 53; Schwarz [1966], S. 593. - Eine Mitarbeiterkontrolle kann dabei direkt auf Grundlage der in den Arbeitszeitnachweisen eingetragenen Arbeitszeiten durchgeführt werden, falls für den Zeitbedarf der durchgeführten Tätigkeiten Richtwerte existieren.

Ein wesentlicher Nachteil dieser nachträglichen manuellen Erfassung der Tätigkeiten bzw. Arbeitszeiten liegt in den durch mögliche Unvollständigkeiten bei der Aufzeichnung entstehenden Ungenauigkeiten. Außerdem liegt es im Wesen manueller Aufzeichnungsmethoden, daß sie anfällig gegenüber Übertragungsfehlern sind. Deshalb ist auf eine möglichst regelmäßige Übertragung der erfaßten Arbeitszeiten auf die Auftragsformulare zu achten. Ist die fachliche Bearbeitung des Auftrages abgeschlossen, so ist schließlich das Datum des Arbeitsendes sowohl im Auftragsformular als auch im Auftragsbuch zu vermerken.

Abschließende Auftragsbearbeitung. Auf Basis der Eintragungen im Auftragsformular werden die insgesamt aufgewendeten Arbeitszeiten sowie die ggf. angefallenen Auslagen berechnet; die Ergebnisse werden auf dem Auftragsformular vermerkt. Bei späterer Berechnung des Honorars und Erstellung der Rechnung wird auf das Auftragsformular zurückgegriffen. Zur Vervollständigung der Eintragungen im Auftragsbuch ist schließlich das Rechnungsdatum sowie die Art der in Rechnung gestellten Leistungen ins Auftragsbuch einzutragen. Zum Zwecke des Nachweises der vom Prüfungsunternehmen erstatteten Gutachten und erstellten Prüfungsberichte wird in der Regel auch ein **Berichts- und Gutachtenbuch** geführt, in dem festgehalten wird, wieviele Schriftstücke erstellt und welchen Empfängern die einzelnen Exemplare abgeliefert wurden.

(b) EDV-gestützte Auftragserfassung

Für eine effizientere Durchführung der laufenden Aufschreibungen gewinnt der Einsatz von elektronischen Datenverarbeitungsanlagen auch für erwerbswirtschaftliche Prüfungsunternehmen zunehmend an Bedeutung. Dies liegt vor allem in den Mängeln der manuellen Auftragserfassung begründet, die insbesondere die folgenden Nachteile aufweist:

- Zeitraubende Doppelerfassungen im Auftragsbuch und Auftragsformular.
- Hoher Zeitaufwand bei der Auswertung der Aufträge, verbunden mit der Gefahr von Übertragungsfehlern.
- Keine zeitnahe Erfassung der Arbeitszeiten, da die entsprechenden Aufzeichnungen erst nach Durchführung der jeweiligen Tätigkeiten erfolgen. Dies führt ggf. zu Erfassungsfehlern durch die Mitarbeiter.

Diese Problemkreise lassen sich weitgehend beheben, wenn die gesamte Auftragserfassung vom Auftragseingang bis zur Rechnungserteilung mit Hilfe von EDV-Anlagen erfolgt. Diese Form der Auftragserfassung besitzt den Vorzug, daß die Daten elektronisch gespeichert werden und zum Zwecke der Auftragsauswertung, der Honorarberechnung und der Rechnungsstellung unter Vermeidung von Doppelarbeiten und ohne Auftreten von Übertragungsfehlern zur Verfügung stehen. So werden z.B. die zur Rechnungserstellung erforderlichen Daten durch das EDV-System automatisch mit Hilfe der Auftrags- und Mandantennummer ermittelt. Darüber hinaus ist auch eine mandanten-, mitarbeiter- oder tätigkeitsbezogene Auswertung der Daten möglich.

Von den berufsständischen Organisationen werden mehrere Lösungen zur EDV-gestützten Auftragserfassung angeboten, wobei zwischen solchen Programmen unterschieden werden kann, die ursprünglich für die Mandantenbuchführung entwickelt wurden und daher vor einem Eigeneinsatz an die besonderen Gegebenheiten der Prüfungsunternehmung anzupassen sind, und solchen, welche unter direkter Berücksichtigung der Rechnungslegungs- und Kalkulationsprobleme der Prüfungspraxis entstanden sind. Ein Programm dieser zweiten Kategorie stellt das vom IDW angebotene "**Abrechnungs- und Organisationssystem für Wirtschaftsprüfer**" (ABOS) dar. Außer der praxisindividuellen Leistungserfassung und -abrechnung bietet es die Möglichkeit, Module zur Prüfungszeit- und Kapazitätsplanung und zur Durchführung von Wirtschaftlichkeitsrechnungen einzubinden. Dieses System erfaßt u.a. Daten zur Leistungsabrechnung sowie zur Mitarbeiter- und Auftragsverwaltung. Da viele Berufsangehörige Mitglied bei der DATEV e.G. sind, steht ihnen alternativ der Zugang zu den rechenzentrumsgestützten Abrechnungs- und Praxisverwaltungsprogrammen der Genossenschaft offen. Größere Prüfungsunternehmen besitzen teilweise auch selbst entsprechend leistungsfähige Rechenzentren, die eine eigenständige Verrechnung der Geschäftsvorfälle ermöglichen.[1]

In der Praxis werden auch bei der EDV-gestützten Auftragserfassung und -verwaltung vielfach noch Arbeitszeitnachweise bzw. time report cards zur Zeiterfassung bei den einzelnen Mitarbeitern verwendet. Die manuell festgehaltenen Ausgangsdaten werden jedoch in die EDV-Anlage eingegeben und dort weiterverarbeitet, was die gleichzeitige Führung von Auftragsformularen entbehrlich macht. Eine manuelle Zeiterfassung ist jedoch stets mit Ungenauigkeiten verbunden. Darüber hinaus kann es bei der Eingabe in das EDV-System zu Übertragungsfehlern kommen. Genauer sind hier Methoden der elektronischen Zeiterfassung mit Hilfe von **lokalen Zeiterfassungsgeräten**. Dabei wird die pro Auftrag oder Mandant angefallene Zeit durch eine speziell hierfür vorgesehene Uhr am jeweiligen Arbeitsplatz festgehalten. Das Zeiterfassungsgerät erlaubt nicht nur die minutengenaue Erfassung der Zeitsumme bei stark reduziertem Verwaltungsaufwand, sondern auch die Eingabe und Zuordnung aller übrigen relevanten Auftragsdaten, wie z.B. der Mandantennummer. Darüber hinaus erfolgt die Speicherung und direkte Weiterverarbeitung des gesamten Datensatzes für die jeweiligen Zwecke in der EDV-Anlage der Prüfungsunternehmung.[2] Den Zeiterfassungsgeräten kommt neben der Auftragsabrechnung insbesondere auch Bedeutung für die Prüfungskontrolle zu.

2. Laufende Aufschreibungen für Treuhandtätigkeiten

Führen Unternehmen des wirtschaftlichen Prüfungswesens Treuhandtätigkeiten durch, so entsteht für diese das Problem der geeigneten Organisation der mit der treuhänderischen Verwaltung verbundenen laufenden Aufschreibungen. Bei deren organisatorischer Gestaltung ist vor allem der Grundsatz zu beachten, daß der Treuhänder das Treuhandvermögen getrennt vom eigenen Vermögen zu halten hat (§ 8 Berufssatzung). Eine dementsprechende Ausgestaltung der Aufzeichnungen ist jedoch abhängig von der Art und dem Umfang der ausgeübten Treuhandtätigkeiten. In jedem Falle sollte vor Aufnahme der eigentlichen Treuhandtätigkeit - entsprechend § 260 BGB - ein **Bestandsverzeichnis** über die in

---

1) Vgl. Hässel [1988], S. 15; Knief [1990].
2) Vgl. Schmidt [1988], S. 154; Roth [1987].

treuhänderische Verwaltung genommenen Vermögenswerte erstellt werden, das vom Treuhänder wie vom Treugeber unter Angabe des Datums unterzeichnet wird.
Bei geringem Umfang der Treuhandtätigkeiten ist es oftmals ausreichend, im Anschluß an die Erstellung des Bestandsverzeichnisses **Einnahmen** und **Ausgaben** anhand von **Belegen** lückenlos und chronologisch geordnet zu erfassen. Die zugrundeliegenden Belege werden fortlaufend numeriert, chronologisch geordnet und ggf. nach Einnahmen und Ausgaben getrennt gesammelt (**Belegsammlung**). Es ist üblich, diese Aufzeichnungen um eine **Schriftwechselsammlung** zu ergänzen, welche den im Zusammenhang mit der Treuhandtätigkeit geführten Briefverkehr aufnimmt. Die so geführten laufenden Aufzeichnungen münden in eine geordnete Zusammenstellung der Einnahmen und Ausgaben, die einen verständlichen und nachprüfbaren Einblick in die Treuhandtätigkeit vermitteln soll. Jede Einnahmen- und Ausgabenposition wird dabei mit ihrem vollen Betrag unsaldiert ausgewiesen. Bei größerem Umfang der Geschäftsvorfälle empfiehlt es sich, zur Erleichterung des Überblicks eine nach sachlichen Gesichtspunkten erfolgende Zusammenfassung einzelner Posten vorzunehmen. Die Rechnungslegung mit Hilfe der dargestellten **Einnahmen- und Ausgabenrechnung** endet schließlich mit der Erstellung eines **Schlußbestandsverzeichnisses** zum Jahresende bzw. zum Zeitpunkt der Beendigung der Treuhandtätigkeit. Die durch die Treuhandtätigkeit erzielte Vermögensmehrung oder -minderung ermittelt sich durch Gegenüberstellung des Vermögensbestandes am Anfang und am Ende der Rechnungslegungsperiode.[1] Die Einnahmen- und Ausgabenrechnung, die Bestandsverzeichnisse sowie die Beleg- und Schriftwechselsammlung sollten zur deutlichen Unterscheidung zum eigenen Geschäftsverkehr besonders gekennzeichnet werden.
Bei der treuhänderischen Verwaltung größerer Vermögenswerte wird in der Regel eine Zusammenstellung der Ausgaben und Einnahmen anhand von Belegen nicht mehr genügen. Der Umfang der treuhänderischen Tätigkeit erfordert dann die Erfassung der Geschäftsvorfälle im Rahmen einer **kaufmännischen Buchführung**. Ist der Treuhänder selbst zur Buchführung verpflichtet, so kann es sich anbieten, im Rahmen dieser eigenen Buchführung einen gesonderten Kontenkreis (**Treuhandkreis**) anzulegen. Bei dieser Gestaltung ist vor allem darauf zu achten, daß das Treuhandvermögen buchmäßig nicht mit eigenem Vermögen vermischt wird. Als organisatorisches Hilfsmittel bietet sich hierzu die Verwendung von Belegen an, die sich in Farbe und Format von den übrigen Belegen unterscheiden. Ferner muß bereits aus der Kontenbezeichnung klar hervorgehen, daß das jeweilige Konto zum Treuhandkreis gehört. Aus ablauforganisatorischer Sicht sollte dafür Sorge getragen werden, daß Buchungen des Treuhandbereichs stets getrennt von Buchungen des eigenen Geschäftsverkehrs durchgeführt werden.

---

[1] Vgl. die Beispiele bei Mathews [1978], S. 25 - 27.

Um eine völlige Abtrennung der Buchungen des Treuhandbereichs zu erreichen, besteht schließlich die Möglichkeit, für die Treuhandaufträge eigenständige Buchführungen einzurichten (**Treuhandbuchführungen**). Diese organisatorische Gestaltung der laufenden Aufschreibungen gewinnt mit dem zunehmenden Einsatz von EDV im Rechnungswesen an Bedeutung. Falls die Prüfungsunternehmung bereits entsprechende Serviceleistungen in Anspruch nehmen (so z.B. Durchführung von Buchführungen mit Hilfe der DATEV) oder eigenständig Buchführungsprogramme benutzen, ist die Einrichtung weiterer Treuhandbuchführungen problemlos möglich.

Besondere Überlegungen sind im Zusammenhang mit der treuhänderischen Verwaltung von Unternehmen zu treffen. In diesem Fall wird der Treuhänder das bereits vorhandene Rechnungswesen des Unternehmens auf Ordnungsmäßigkeit prüfen und ggf. eine Um- oder Neuorganisation des Rechnungswesens vornehmen. Die ordnungsgemäße Führung der Bücher des verwalteten Unternehmens dient sowohl der Erfüllung der Buchführungspflicht des Unternehmens als auch der ordnungsgemäßen Rechenschaft des Treuhänders.

II. Probleme der Rechnungslegung

Prüfungsunternehmen, auf die die Rechnungslegungsvorschriften des HGB anzuwenden sind, haben nach den §§ 242 bzw. 264 HGB einen Jahresabschluß zu erstellen. Bei Prüfungsgesellschaften in der Rechtsform der Kapitalgesellschaft umfaßt dieser neben Bilanz und Gewinn- und Verlustrechnung (GVR) auch den Anhang. Darüber hinaus sieht § 289 HGB für Kapitalgesellschaften einen Lagebericht vor. Die Rechnungslegung erwerbswirtschaftlicher Prüfungsunternehmen weist zum einen im Rahmen der Darstellung der Bearbeitung von Prüfungsaufträgen im Jahresabschluß Besonderheiten auf. Zum anderen führen auch die vom Prüfungsunternehmen wahrgenommenen Treuhandtätigkeiten zu besonderen Problemen im Jahresabschluß. Im folgenden werden diese Rechnungslegungsprobleme - für Prüfer- und Treuhandtätigkeiten getrennt - im einzelnen dargestellt.

a. Besonderheiten der Rechnungslegung für Prüfertätigkeiten

Probleme der Rechnungslegung entstehen für erwerbswirtschaftliche Prüfungsunternehmen insbesondere im Zusammenhang mit der Berücksichtigung der Auftragsbearbeitung in Bilanz, GVR und Anhang. Im Rahmen der Jahresabschlußerstellung stehen Prüfungsunternehmen so vor dem Problem, die allgemeinen Rechnungslegungsvorschriften auf die berichtspflichtigen Tatbestände des erwerbswirtschaftlichen Prüfungswesens zu übertragen. Die im Zusammenhang mit der Erstellung des Lageberichts auftretenden Fragestellungen beinhalten dagegen für Prüfungsunternehmen keine spezifischen Probleme, so daß auf eine Darstellung verzichtet werden kann.

1. Besonderheiten der Bilanzierung

Erwerbswirtschaftliche Prüfungsunternehmen können allgemein als Dienstleistungsunternehmen charakterisiert werden. Sie unterscheiden sich somit von anderen Unternehmen vor allem darin, daß sie Leistungen erbringen, die sich nicht in der Entstehung körperlicher Vermögensgegenstände niederschlagen. Besondere Bilanzierungsprobleme entstehen deshalb im Zusammenhang mit der Behandlung von am Abschlußstichtag bereits fertiggestellten und nicht fertiggestellten Aufträgen bzw. bei längerfristig pro rata temporis zu erfüllenden Verträgen.

Nicht fertiggestellte Aufträge. Sind am Bilanzstichtag die im Auftrag vereinbarten Leistungen durch das Prüfungsunternehmen noch nicht erbracht worden, so liegt ein noch nicht fertiggestellter Auftrag vor, dessen bilanzielle Behandlung davon abhängt, ob bis zum Stichtag mit der Auftragsbearbeitung durch das Prüfungsunternehmen bereits begonnen wurde oder nicht. Erfolgte bislang keine Auftragsbearbeitung, so stellt der Vertrag zwischen dem Mandanten und dem Prüfungsunternehmen ein **schwebendes Geschäft** dar, das, soweit sich das vereinbarte Honorar und die voraussichtlichen Aufwendungen für die Dienstleistungen entsprechen, weder in der Bilanz noch in der GVR Berücksichtigung finden darf. Hat das Prüfungsunternehmen dagegen mit der Bearbeitung des Auftrages vor dem Stichtag begonnen, so handelt es sich im juristischen Sinne um eine in Entstehung befindliche Forderung. Ein Ausweis unter der Bilanzposition "Forderungen aus Leistungen" scheidet jedoch aus, da bei noch nicht abgeschlossener Auftragsbearbeitung in der Regel nicht von einer Erfolgsrealisation ausgegangen werden kann. Die bereits erbrachten Teilleistungen sind vielmehr als "**Unfertige Leistungen**" zu betrachten und unter dem Vorratsvermögen des Prüfungsunternehmens auszuweisen. Dabei ist von einer Aktivierungspflicht der Teilleistungen auszugehen, wenn die bereits angefallenen Aufwendungen von einigem Gewicht sind und sich einem bestimmten Auftrag eindeutig zurechnen lassen.[1]

Für die Bewertung der unfertigen Leistungen ist § 255,2 HGB sinngemäß anzuwenden. Ausgangspunkt für die Ermittlung der danach zu aktivierenden **Herstellungskosten** sind die Aufzeichnungen, die den aktuellen Bearbeitungsstand des Auftrages wiedergeben. Aktivierungspflicht besteht so für die dem Auftrag direkt zurechenbaren Einzelkosten, wie z.B. für den Auftrag angefallene

- Gehaltsaufwendungen,
- Reisekosten und sonstige Auslagen,
- Materialeinzelkosten.

Aktiviert werden dürfen ferner die anteiligen Beträge der nicht unmittelbar zurechenbaren internen Verwaltungs- und der sonstigen Gemeinkosten, falls von dem Einbeziehungswahlrecht des § 255,2 HGB Gebrauch gemacht wird.[2] Probleme bereitet in diesem Zusammenhang die Entscheidung, ob eine Zurechnung der **Kosten der Auftragserlangung** (z.B. für die Akquisition eines Auftrages entstandene Reisekosten) zu den

---

1) Vgl. Dusemond/Knop [1995], S. 1299, Rn. 72; BFH [1960], S. 293. - Der BFH hat zur Frage, wann die angefallenen Aufwendungen von einigem Gewicht sind, keine allgemeingültigen Vorgaben festgelegt. Zum gleichen Ergebnis kommen auch Clemm/Schulz/Bail [1995], S. 126, Rn. 66, soweit ein Vergütungsanspruch über den Betrag der bisher angefallenen Aufwendungen besteht.

2) Vgl. Schwarz [1966], S. 591 - 596. Die publizitätspflichtigen Prüfungsunternehmen wählen i.d.R. den Ansatz von Einzelkosten zuzüglich steuerlich anzusetzender Gemeinkostenzuschläge.

Herstellungs- oder den Vertriebsaufwendungen zu erfolgen hat. Da sich Auftragsdurchführung und Auftragserlangung gegenseitig bedingen und inhaltlich nicht immer exakt voneinander abgrenzen lassen, ist eine eindeutige Zuordnung nur selten zweifelsfrei möglich. Können Aufwendungen zur Auftragserlangung als sog. "Vorlaufkosten" unmittelbar einem Auftrag zugerechnet werden (z.B. Voruntersuchungen zur Erlangung eines Gutachtens) und wurde dieser Auftrag erteilt, so sind solche Aufwendungen als aktivierungsfähige und damit aktivierungspflichtige Sondereinzelkosten der Fertigung anzusehen, anderenfalls sind sie Bestandteil der **Vertriebsaufwendungen** und somit nicht aktivierungsfähig.[1]

Für die Bilanzierung der noch nicht fertiggestellten Aufträge ist zu beachten, daß gem. § 265,6 HGB die Bezeichnung des Bilanzpostens zu ändern ist, wenn dies der Aufstellung eines klaren und übersichtlichen Jahresabschlusses dient. Deshalb weisen die Unternehmen des erwerbswirtschaftlichen Prüfungswesens die nicht fertiggestellten Aufträge als "in Arbeit befindliche Aufträge" bzw. "Aufträge in Arbeit" oder "unfertige Leistungen" und nicht als "unfertige Erzeugnisse" aus, um beim Bilanzleser nicht die Vorstellung hervorzurufen, der ausgewiesene Aktivposten würde stofflich vorhandene Vermögensgegenstände beinhalten.

Fertiggestellte Einzelaufträge. Ein Auftrag gilt als fertig bearbeitet, wenn die vereinbarte Leistung im wesentlichen erbracht wurde und der Auftrag als abrechnungsfähig anzusehen ist. Die Abrechnungsfähigkeit ist das bedeutsame Abgrenzungskriterium zur bilanziellen Behandlung als unfertiger Auftrag, denn die Abrechnungsfähigkeit setzt die Prüfungsunternehmung in die Lage, für die Verbuchung der "Forderung aus Leistungen" einen Beleg (d.h. eine Abrechnung) zu erstellen. In der Praxis wird meist aber zur Vereinfachung der Dokumentationsvorgänge die Entstehung und Verbuchung der Forderung aus Leistungen an die Tatsache der Rechnungserteilung geknüpft. Grundlage der Forderungsverbuchung und des bilanziellen Ausweises der Forderungen ist das in Rechnung zu stellende bzw. gestellte Honorar unter Berücksichtigung evtl. Wertberichtigungen.

Bewirkt die Prüfungsunternehmung im Rahmen einer vertraglich obliegenden Gesamtleistung eine Teilleistung, so hängt die Frage der Realisation der Teilleistung von der Art der Auftragserteilung und dem Charakter der Teilleistung ab. Sind die Teilleistungen selbständigen Charakters, so daß der Auftraggeber unabhängig von den weiteren Leistungen den vollen Nutzen der Teilleistung hat, so ist die erbrachte Teilleistung als realisiert anzusehen und eine Forderungsbuchung zulässig. Als Beispiel zur Erläuterung des Sachverhalts ist ein Prüfungsauftrag zu sehen, der mit dem Auftrag zur Erstellung einer gutachterlichen Äußerung über die Zweckmäßigkeit der Buchführungsorganisation verbunden ist.

Langfristige pro rata temporis zu erfüllende Verträge. Typische Beispiele hierfür sind längerfristig abgeschlossene Beratungs- und Treuhandverträge. Die wirtschaftliche Leistung der Prüfungsunternehmung besteht hier nicht in der Zurverfügungstellung einer einzigen Leistung. Es werden vielmehr dem Klienten im Zeitablauf nacheinander selbständige Teilleistungen zur Verfügung gestellt (jeweils für die Perioden eines

---

1) Vgl. Knop/Küting [1995], S. 1071, Rn. 204.

vereinbarten Gesamtzeitraums). Sie können von dem Klienten in vollem Umfang genutzt bzw. verwertet werden. Im Zeitablauf werden somit Teilleistungen realisiert, während die noch zu erbringenden Teilleistungen "schweben". Bei solchen Leistungsverträgen, die sich über mehrere Abrechnungsperioden erstrecken, stellt sich am Abschlußstichtag einer Periode jeweils ein Periodisierungsproblem. Nach dem Konzept der kontinuierlichen Ertragsrealisation ist in Höhe der erbrachten und abrechnungsfähigen Teilleistungen eine Erfolgsrealisierung anzunehmen und - falls die Gegenleistung von dem Klienten noch nicht erbracht wurde - eine Forderung für die erbrachte Teilleistung einzubuchen und entsprechend im Jahresabschluß zu bewerten.[1]

2. Besonderheiten der GVR

Das HGB sieht mit der Regelung des § 275 fakultativ die Verwendung des **Gesamtkostenverfahrens** (GKV) oder die Verwendung des **Umsatzkostenverfahrens** (UKV) vor. Überwiegend erstellen die Unternehmen des erwerbswirtschaftlichen Prüfungswesens ihre GVR jedoch nach dem GKV. Die in diesem Fall zu beachtende Gliederungsvorschrift des § 275,2 HGB führt für Prüfungsunternehmen zu keinen besonderen Schwierigkeiten. Unter der Position "**Umsatzerlöse**" sind (wie im übrigen auch bei Verwendung des UKV) die durch Prüfungs-, Beratungs- und Treuhandtätigkeiten erzielten Honorare zuzüglich der erstatteten Reise- und Aufenthaltsspesen und der sonstigen erstatteten Nebenkosten zu erfassen. Analog zu Industrieunternehmen wird in der GVR von Prüfungsunternehmen die **Erhöhung** oder **Verminderung des Bestands** an "Unfertigen Leistungen" bzw. "In Arbeit befindlichen Aufträgen" im Anschluß an die Umsatzerlöse ausgewiesen. Neben der Position "**Personalaufwand**" besitzt bei Prüfungsunternehmen auch der Posten "**Sonstige betriebliche Aufwendungen**" erhebliches Gewicht. Hierzu zählen insbesondere die Reise- und Aufenthaltskosten, die bei Durchführung von Prüfungen in zum Teil erheblichem Umfang entstehen.

Im Vergleich zum GKV besteht die Besonderheit des **UKV** darin, daß ein Teil der Aufwendungen nicht nach Aufwandsarten, sondern nach den Tätigkeitsbereichen **Herstellung**, **Verwaltung** und **Vertrieb** aufzuführen sind. Dies erfordert eine Zuordnung der einzelnen Aufwandsarten zu diesen verschiedenen Bereichen, die grundsätzlich - soweit es sich um Gemeinkosten handelt - im Rahmen einer ausgebauten Betriebsabrechnung mittels Schlüsselungen und Umlagen vollzogen wird. Soweit jedoch Prüfungsunternehmen auf das UKV zurückgreifen, sind die erforderlichen Schlüsselungen relativ einfach und schnell durchführbar. So ist es erwerbswirtschaftlichen Prüfungsunternehmen oftmals möglich, die allgemeinen Verwaltungskosten, Vertriebskosten und sonstigen betrieblichen Aufwendungen auch ohne ausgebaute Betriebsabrechnung anhand ihrer Aufschreibungen zu ermitteln. Durch Subtraktion dieser Beträge von den Gesamtaufwendungen können so die Herstellungskosten des Umsatzes ermittelt werden.[2]

---

1) Vgl. zum Problem der kontinuierlichen Erfolgsrealisation Baur [1984], S. 20 - 35 und die dort angegebene Literatur.
2) Vgl. ADS [1987], § 275, S. 85, Rn. 213; Borchert [1995], S. 1665, Rn. 23.

3. Besonderheiten der Berichterstattung im Anhang

Prüfungsunternehmen in der Rechtsform von Kapitalgesellschaften sind verpflichtet, einen Anhang als Bestandteil des Jahresabschlusses aufzustellen, der zusammen mit Bilanz und GVR unter Beachtung der GoB einen zutreffenden Einblick in die Vermögens-, Finanz- und Ertragslage des Prüfungsunternehmens vermitteln soll. Zur Erfüllung dieser Einblicksforderung sind in den Anhang eine Reihe von **Pflichtangaben** aufzunehmen, deren gesetzliche Grundlagen in den §§ 284 - 288 HGB enthalten sind. Die gesetzlichen Pflichtangaben des HGB umfassen insbesondere bestimmte Erläuterungen zu den Posten der Bilanz und der GVR (z.B. § 284,2 Nr. 1 HGB), Angaben zur Gewährleistung der Vergleichbarkeit des Jahresabschlusses im Zeitablauf (z.B. § 284,2 Nr. 3 HGB) sowie zusätzliche Angaben, wenn der Jahresabschluß in besonderen Fällen ein den tatsächlichen Verhältnissen entsprechendes Bild nicht vermittelt (§ 264,2 S. 2 HGB).

Für Prüfungsunternehmen sind insbesondere die Erläuterungen einzelner Posten von Bilanz und GVR im Anhang von Bedeutung, und zwar vor allem der Positionen "unfertige Leistungen" und "Umsatzerlöse", welche in den Jahresabschlüssen von Prüfungsunternehmen Besonderheiten aufweisen.

Bedeutsam ist deshalb die Angabepflicht der auf die Posten der GVR und der Bilanz angewandten Bilanzierungs- und Bewertungsmethoden nach § 284,2 Nr. 1 HGB. Prüfungsunternehmen haben danach im Anhang darzulegen, wie sich die Herstellungskosten der in der Bilanz aktivierten **unfertigen Leistungen** zusammensetzen. Erforderlich sind Angaben über die Behandlung von angefallenen Gemeinkosten (wie z.B. Kosten für allgemeines Literaturstudium, Unterhalt des Fuhrparks), der Kosten der allgemeinen Verwaltung und des Sozialbereichs sowie ggf. die Behandlung von Fremdkapitalzinsen (§ 284,2 Nr. 5 HGB). Offenzulegen ist damit, in welcher Weise das Prüfungsunternehmen die Wahlrechte des § 255,2 u. 3 HGB bei der Bewertung unfertiger Leistungen ausgeübt hat.

Für große Prüfungskapitalgesellschaften (s. § 288 HGB) sind darüber hinaus die Pflichtangaben des § 285 Nr. 4 HGB von Bedeutung. Danach muß im Anhang eine **Aufgliederung der Umsatzerlöse** nach Tätigkeitsbereichen vorgenommen werden, soweit sich, unter Berücksichtigung der Organisation des "Verkaufs" der für die gewöhnliche Geschäftstätigkeit der Prüfungsgesellschaft typischen Dienstleistungen, die Tätigkeitsbereiche untereinander erheblich unterscheiden. Eine Aufteilung der Umsatzerlöse ist also zwingend, wenn aufgrund der "Verkaufsorganisation" des Prüfungsunternehmens verschiedene Tätigkeitsbereiche gegeneinander abgegrenzt werden können. Da große Prüfungskapitalgesellschaften für die verschiedenen Tätigkeiten des wirtschaftlichen Prüfungswesens oftmals organisatorisch eigenständige Abteilungen bilden, erfolgt die Aufgliederung üblicherweise nach den Bereichen

- Prüfung,
- Steuerberatung,
- Unternehmens- und Rechtsberatung sowie
- sonstige Aufträge.

Möglich ist die Angabe der auf die Teilbereiche entfallenden absoluten Umsatzerlöse, aber auch die Angabe der relativen Umsatzanteile.[1]
Über die Pflichtangaben hinaus kann der Anhang um weitere Angaben ergänzt werden. Diese **freiwilligen Angaben** können in weiteren Erläuterungen zu den ansonsten nicht erläuterungspflichtigen Posten der Bilanz und GVR bestehen, aber auch Kapitalflußrechnungen, Bewegungsbilanzen etc. zum Inhalt haben. In diesem Zusammenhang ist es bei Prüfungskapitalgesellschaften oftmals üblich, bei der Erläuterung der vom Prüfungsunternehmen aktivierten Wertpapiere darauf hinzuweisen, daß keine Wertpapiere gehalten werden, die von betreuten Mandanten ausgegeben wurden. Dieser Hinweis dient der Verdeutlichung, daß insbesondere bei Wahrnehmung von Prüfungsmandaten seitens des Prüfungsunternehmens die Besorgnis der Befangenheit wegen finanzieller Verflechtungen nicht besteht.

b. Besonderheiten der Rechnungslegung für Treuhandtätigkeiten

Die Behandlung von Treuhandverhältnissen im Jahresabschluß ist im Handelsrecht nicht explizit geregelt. Bezüglich der Bilanzvermerke und des Anhangs finden sich lediglich die gesetzlichen Bestimmungen, die auch auf Treuhandverhältnisse anzuwenden sind (§§ 251; 287,7 und 285 Nr. 3 HGB). Daher ist das Problem der bilanziellen Behandlung von Treuhandverhältnissen im einzelnen mit Hilfe der Generalnorm (§ 243 bzw. § 264 HGB) und damit den GoB zu lösen.

Führt das Prüfungsunternehmen neben Prüfertätigkeiten auch Treuhandaufträge aus, so entsteht die Frage, ob und wie die zur treuhänderischen Vermögensverwaltung übertragenen Vermögensgegenstände (= Treugut oder Treuhandvermögen) im Jahresabschluß des Prüfungsunternehmens zu berücksichtigen sind. Bestimmt man diese Frage mit Hilfe des Grundsatzes der wirtschaftlichen Zugehörigkeit, so bedingt diese Vorgehensweise angesichts der Vielzahl der Gestaltungsmöglichkeiten von Treuhandverhältnissen ein sorgfältiges Eingehen auf die jeweiligen Vereinbarungen des einzelnen Treuhandvertrags. Der Treuhänder darf im Prinzip das Treugut nur dann bilanzieren, wenn sich dieser Vermögenswert in seinem wirtschaftlichen Eigentum befindet.

Im Einzelfall ist die Beurteilung des wirtschaftlichen Eigentums jedoch umstritten, wie z.B. im Falle des Erwerbs von Treuhandvermögen von einem Dritten durch den Treuhänder auf Rechnung des Treugebers. Mit der Begründung, daß das Treugut zum haftenden Vermögen des Treuhänders zählt, wird zum Teil das wirtschaftliche Eigentum beim Treuhänder gesehen. Das Treugut sei deshalb unter gleichzeitiger Passivierung des schuldrechtlichen Herausgabeanspruches in der Bilanz des Treuhänders zu aktivieren. Dem wird entgegengehalten, daß auch bei vorliegender Fallgestaltung dem Treugeber die Vorteile aus dem Treuhandvermögen zustehen und dieser deshalb als wirtschaftlicher Eigentümer anzusehen sei.[2]

---

1) Vgl. Dörner/Wirth [1995], S. 1945, Rn. 177.
2) Vgl. Wöhe [1990], S. 290; Eden [1989], S. 76.

In Literatur und Praxis hält man aber auch bei fehlender Aktivierungsfähigkeit eine Berücksichtigung des Treuhandvermögens im Jahresabschluß des Treuhänders für erforderlich. Die Begründung hierfür wird darin gesehen, daß insbesondere bei umfangreichen Treuhandtätigkeiten ein sicherer Einblick in die Vermögens-, Finanz- und Ertragslage des Prüfungsunternehmens ansonsten nicht gewährleistet ist. Für die Behandlung des dem Prüfungsunternehmen wirtschaftlich nicht zurechenbaren Treuhandvermögens werden folgende Möglichkeiten vorgeschlagen:

- Ausweis des Treuhandvermögens sowie der entsprechenden schuldrechtlichen Herausgabeverpflichtung in der Vorspalte der Bilanz, d.h. die wertmäßigen Angaben auf der Aktiv- und Passivseite werden nicht in die Bilanzsumme einbezogen (Ausweis "**vor dem Strich**").
- Vermerk des Treuhandvermögens und der korrespondierenden Herausgabeverpflichtung nachrichtlich unter der Bilanz (Ausweis "**unter dem Strich**").[1]

Bei sehr umfangreichen Treuhandtätigkeiten kann es zweckmäßig sein, in der Bilanz vorspaltig den Gesamtbetrag des Treuhandvermögens und der korrespondierenden Verpflichtungen gegenüber dem Treugeber zu vermerken und unter der Bilanz einen sog. **Treuhand-Status** anzuführen, der eine Übersicht über alle treuhänderisch gehaltenen Vermögenswerte sowie über die treuhänderischen Verbindlichkeiten darstellt. Prüfungskapitalgesellschaften können diese Aufgliederung auch im Anhang (§ 265,7 Nr. 2 HGB) vornehmen. Ungeachtet des gewählten Ausweises sind die aufgeführten treuhänderisch gehaltenen Vermögenswerte zu ihrem Zeitwert anzusetzen.[2]

Insbesondere im Rahmen der Durchführung von umfangreichen Treuhandgeschäften (z.B. Grundstücksverwaltung, Unternehmensführung) werden vom Treuhänder oftmals Verbindlichkeiten in eigenem Namen, aber auf Rechnung des Treugebers, eingegangen. Diese Verbindlichkeiten belasten den Treuhänder wirtschaftlich nicht, da diesem in gleicher Höhe ein **Freistellungsanspruch** gegenüber dem Treugeber zusteht. Im Interesse der richtigen Darstellung der Vermögenslage des Prüfungsunternehmens sind diese Verbindlichkeiten jedoch unter gleichzeitiger Aktivierung des Freistellungsanspruches zu passivieren (vgl. Mathews [1978], S. 645). Zweckmäßig ist es dabei, die jeweiligen Ansprüche und Verbindlichkeiten unter einer entsprechenden Bezeichnung (z.B. treuhänderische Verbindlichkeiten) auszuweisen.

B. Kostenrechnungsprobleme der erwerbswirtschaftlichen Prüfungsunternehmen

Die Kostenrechnungen der erwerbswirtschaftlichen Prüfungsunternehmen sind in unterschiedlichem Maße ausgebaut. So haben kleine Prüfungsunternehmen (die sog. Ein-Mann-Praxen) meist keine entwickelte Kostenrechnung. Größere erwerbswirtschaftliche Prüfungsunternehmen verfügen i.d.R. über Ist-Vollkostenrechnungen, die im Sinne einer ver-

---

1) Diese Vorgehensweise wird überwiegend von den deutschen publizitätspflichtigen Prüfungsunternehmen gewählt (vgl. Amann [1989], S. 106). - Vgl. in dem Zusammenhang Mathews [1978], S. 76 - 78; Eden [1989], S. 80.

2) Vgl. Mathews [1978], S. 645 - 646.

gangenheitsbezogenen Abrechnung und Dokumentation alle in einer Rechnungsperiode angefallenen Kosten erfassen und Kosteninformationen zur Erfüllung der gesetzlichen Vorschriften hinsichtlich der Bestandsbewertung fertiger und unfertiger Leistungen für die Handels- und Steuerbilanz bereitstellen. Daneben wird der Kostenrechnung der erwerbswirtschaftlichen Prüfungsunternehmen auch die Aufgabe übertragen, als Instrument der Unternehmensführung Kosteninformationen für Entscheidungen zu liefern, insbesondere für Entscheidungen über die Höhe von Honorarforderungen und der Auftragsannahme.

Diese unterschiedlichen Aufgabenstellungen führen zu einer differenzierten Ausgestaltung der Kostenrechnung. So finden sich Kostenrechnungen, in denen die Ist-Vollkostenrechnung zu einer Vorkalkulation weiterentwickelt ist. Zum anderen werden auch Teilkostenrechnungen und Sonderrechnungen für die Kalkulationserfordernisse erwerbswirtschaftlicher Prüfungsunternehmen vorgeschlagen.

Die kostenorientierten Entscheidungen haben die besondere Kostenstruktur einer erwerbswirtschaftlichen Prüfungsunternehmung zu berücksichtigen, die durch die dominierende Bedeutung der Personalkosten bestimmt wird.[1] Im Rahmen der kostenorientierten Auftragsannahmeentscheidung ist es daher bedeutsam, die Frage des Einsatzes der zur Verfügung stehenden Mitarbeiter auf die unterschiedlichen Aufgabengebiete zu klären. Dabei ist nicht nur zwischen den verschiedenen Tätigkeitsfeldern wie Abschlußprüfung, Steuerberatung etc. zu unterscheiden, sondern es kann darüber hinaus noch erforderlich sein, eine Auswahl unter den jeweils zur Annahme anstehenden Aufträgen der einzelnen Bereiche zu treffen. Die Prüfungsunternehmen sind somit ähnlich wie Industrieunternehmen mit dem **Problem der dispositiven Verbundenheit** konfrontiert, d.h. dem Problem, bei einem bestimmten Bestand von Produktionsfaktoren (Mitarbeitern) die betriebliche Gesamtleistung in vergleichsweise frei zu wählender Kombination aus verschiedenen Teilleistungen (Prüfungshandlungen und andere Dienstleistungen) zu bestimmen.[2] Bei Unternehmen der industriellen Produktion sind Anpassungs- oder Umwidmungsprozesse eingesetzter Betriebsmittel i.d.R. nur langsam und mit hohen Kosten möglich. Im Gegensatz hierzu zeichnen sich die Unternehmen des wirtschaftlichen Prüfungswesens dadurch aus, daß ihr bedeutendster Produktionsfaktor, die vom Fachperso-

---

[1] Wie nachstehende Statistik (Quelle: Statistisches Bundesamt [1994], S. 14) belegt, belaufen sich z.B. die Personalkosten bei WP bzw. WPG auf ca. 70 % der Gesamtkosten.

Kostenstruktur für WP-Einzelpraxen und WPG	Anteil der Kostenart in % der Gesamtkosten
Löhne und Gehälter der angest. Mitarbeiter	62,7
Honorare der freien Mitarbeiter	5,5
Mieten	4,6
Kfz-Haltung	1,4
sonstige Kosten	25,8

[2] Da diese Form der Verbundenheit dadurch gekennzeichnet ist, daß sie durch betriebliche Entscheidungen und nicht (wie z.B. bei komplementären Gütern) durch den Absatzmarkt zustande kommt, wird sie "dispositiv" genannt (vgl. Swoboda [1963], S. 166 - 167).

nal geleistete Arbeit, aufgrund der umfassenden Ausbildung der eingesetzten Mitarbeiter relativ problemlos und kurzfristig auf die verschiedenen Aufgabenbereiche aufgeteilt werden kann.

I. Vorkalkulation und Vollkostenrechnung

Mit dem Terminus "Vollkostenrechnung" wird ein Kostenrechnungssystem bezeichnet, das alle angefallenen Kosten den Kostenträgern zuordnet. Die in der Praxis der erwerbswirtschaftlichen Prüfungsunternehmen eingesetzten Kalkulationsverfahren sind Varianten zweier Grundformen: Der Divisions- und der Zuschlagskalkulation.

a. Die Divisionskalkulation

Divisionskalkulationen sind dadurch gekennzeichnet, daß die in der Abrechnungsperiode zum Zwecke der Kalkulation erfaßten Gesamtkosten durch eine Schlüssel- oder Bezugsgröße dividiert wird. Als Bezugsgröße dienen im einfachsten Fall der Divisionskalkulation die Gesamtstunden bzw. die geleisteten Tagewerke. Man erhält so:

$$\text{Stundensatz} = \frac{\text{Gesamtkosten}}{\text{Gesamtstunden}}$$

bzw.

$$\text{Tagewerksatz} = \frac{\text{Gesamtkosten}}{\text{Gesamttagewerke}}.$$

Mit Hilfe des so ermittelten Stunden- bzw. Tagewerksatzes und der geschätzten Arbeitszeit können im Rahmen der Vorkalkulation die zu erwartenden Selbstkosten eines Auftrags geschätzt werden.

Diese Kalkulation läßt sich auf zweierlei Weise verfeinern. Eine Verfeinerung besteht darin, die für bestimmte Aufträge anfallenden Sonderkosten (z.B. Reisespesen) grundsätzlich aus den Gesamtkosten herauszunehmen und gesondert zu verrechnen. Die weitere Verfeinerung trägt dem Umstand Rechnung, daß in der Praxis der erwerbswirtschaftlichen Prüfungsunternehmen Mitarbeiter mit drei Qualifikationsstufen und differenzierter Entlohnung unterschieden werden, und zwar Assistenten, selbständige Prüfer und Prüfungsleiter für einfache, mittlere und schwierige Aufgaben. Die kalkulatorische Berücksichtigung dieses Sachverhaltes führt zu einer **Äquivalenzzahlenrechnung**. Eine Äquivalenzzahlenrechnung nutzt die Möglichkeit aus, die zwischen den verschieden qualifizierten Mitarbeitern bestehenden Kostenunterschiede durch Zahlenrelationen zu erfassen. Einer Gehaltsstufe wird hierbei die Zahl 1,0 zugeordnet. Die anderen Gehaltsstufen erhalten entsprechend ihrer Abstufung eine Zahl größer oder kleiner eins zugewiesen, z.B 1,2 und 0,8. Beläuft sich der nach vorstehender Gleichung nach der einfachen Divisionskalkulation ermittelte Stundensatz auf DM 300,-, wobei unterstellt werden kann, daß die Mitarbeiter unterschiedlicher Gehaltsstufen im gleichen Verhältnis eingesetzt wurden, so wären für die Zwecke der Vorkalkulation die einzelnen Kategorien A, B, und C der Mitarbeiter mit

A = 1,2 x DM 300,- = DM 360,-
B = 1,0 x DM 300,- = DM 300,-
C = 0,8 x DM 300,- = DM 240,-

anzusetzen.

b. Die Zuschlagskalkulation

Charakteristisch für die Zuschlagskalkulation ist die Differenzierung der Kosten in Einzel- und Gemeinkosten. Soweit der damit verbundene Erfassungsaufwand es wirtschaftlich vertretbar erscheinen läßt, werden die als Einzelkosten identifizierten Kosten den Leistungen unmittelbar zugerechnet. Die restlichen Kosten werden als (echte und unechte) Gemeinkosten den einzelnen Leistungen nach dem Verursachungsprinzip mit Hilfe von Zuschlagssätzen mittelbar angelastet. Die verschiedenen Verfahren der Zuschlagskalkulation unterscheiden sich durch Art und Anzahl der verwendeten Zuschlagsgrundlagen und Schlüsselgrößen. Man unterscheidet so hauptsächlich zwischen einer summarischen (kumulativen) und einer elektiven (differenzierenden) Zuschlagskalkulation. Die elektive Zuschlagskalkulation verrechnet die Gemeinkosten differenziert mit Hilfe verschiedener Zuschlagssätze. Erforderlich ist hierzu die Unterteilung des Prüfungsunternehmens in Kostenstellen, für die separate Zuschlagsbasen und Zuschlagssätze ermittelt werden. Diese Vorgehensweise kommt ggf. bei großen Prüfungsunternehmen in Betracht, wenn z.B. nach den Abteilungen Prüfung, Steuern, Beratung usw. Kostenstellen gebildet werden können. Abgesehen davon ist die Bildung von Kostenstellen bei erwerbswirtschaftlichen Prüfungsunternehmen jedoch mit Schwierigkeiten verbunden, da insbesondere im Zusammenhang mit der Bearbeitung von Prüfungsmandaten einzelne Orte der Kostenentstehung (= Kostenstellen) nur selten eindeutig abgegrenzt werden können.

Größere Bedeutung kommt deshalb der summarischen Zuschlagskalkulation zu, die auf eine Kostenstellenbildung verzichtet. Bei diesem Verfahren werden die Gemeinkosten in einem geschlossenen Block - also summarisch - kalkuliert, d.h. auf eine Basis bezogen. Basis bei diesem Verfahren können entweder die Summe der Einzelkosten oder allein die Personalkosten oder allein die Materialkosten sein.

Als einfachste Möglichkeit der summarischen Zuschlagskalkulation ist die Verwendung der Personaleinzelkosten als Zuschlagsbasis für die Gemeinkosten denkbar. In der Literatur zum Prüfungswesen wird in diesem Zusammenhang eine auf **Stundenkostensätzen** basierende Kalkulation vorgeschlagen.[1] Für diese Vorgehensweise ist es charakteristisch, daß der Gemeinkostenzuschlagssatz auf die nach Gehaltsstufen differenzierten **Personalkosten je Stunde** (= gesamter Personalaufwand : gesamte geleistete Arbeitszeit) angewandt wird.[2] Durch die Addition der sich so ergebenden **Gemeinkosten je Stunde** zu den Personalkosten je Stunde ermitteln sich schließlich die nach Gehaltsstufen differenzierten Stundenkostensätze. Diese sind zur Deckung der Personaleinzelkosten und der Gemeinkosten des Prüfungsunternehmens für jede einem Auftrag zuordenbare Arbeitsstunde zu verrechnen. Zur Bestimmung des anzu-

---

[1] Vgl. McNeill [1962], S. 8 - 9.

[2] In US-amerikanischen Prüfungsunternehmen findet auch ein stark vereinfachtes Verfahren der Zuschlagskalkulation Verwendung, das auf standardisierte und nach Gehaltsstufen differenzierte Stundensätze (sog. **Standard Billing Rates**) zurückgreift. Diese ergeben sich durch Multiplikation des auf eine Arbeitsstunde bezogenen Gehalts eines Mitarbeiters der betrachteten Gehaltsstufe mit dem standardisierten Multiplikator, für den i.d.R. ein Wert von 2 bis 3,5 (= Zuschlagssatz von 100 bis 250 %) vorgeschlagen wird (vgl. AICPA [1990], Chapter 202, S. 1).

wendenden Gemeinkostenzuschlagsatzes werden die der eigentlichen Auftragsbearbeitung direkt zurechenbaren Personaleinzelkosten (= Personalkostenstundensatz mal direkt zurechenbare Arbeitszeit der jeweiligen Mitarbeiterkategorie) auf Basis der Tätigkeitsberichte der abgelaufenen Periode ermittelt und zu den Gemeinkosten der Periode in Beziehung gesetzt:

$$\text{Gemeinkostenzuschlagsatz} = \frac{\text{Gemeinkosten}}{\text{Personaleinzelkosten}} \cdot 100\%.$$

Die Vorkalkulation von Aufträgen mit Hilfe von Stundenkostensätzen erfordert die Schätzung der für die Auftragsbearbeitung notwendigen Arbeitszeiten der einzusetzenden Mitarbeiter. Die Gesamtkosten des Auftrages ermitteln sich bei dieser Vorgehensweise durch Multiplikation des Stundenkostensatzes jeder Gehaltsstufe mit den für die einzelnen Mitarbeiterkategorien geschätzten Arbeitsstunden. Da sich in der Höhe der für den Auftrag anfallenden Personaleinzelkosten sowohl die angefallene Arbeitszeit als auch die Qualifikation der eingesetzten Mitarbeiter niederschlägt, besitzt diese Vorgehensweise den Vorzug, daß die Gemeinkosten sowohl unter Berücksichtigung des Zeitbedarfes als auch der erforderlichen Qualifikation der Mitarbeiter auf den Auftrag verrechnet werden.[1]

II. Vorkalkulation und Teilkostenrechnung

Der Begriff "Teilkostenrechnung" umfaßt ein System der Kosten- und Leistungsrechnung, bei dem den Leistungserlösen jeweils nur ein Teil der insgesamt angefallenen Kosten gegenübergestellt wird. Die einzelnen Varianten der Teilkostenrechnung unterscheiden sich bezüglich der Kostenelemente, die den einzelnen Leistungen gegenübergestellt werden. Den modernen Formen der Teilkostenrechnung ist aber gemeinsam, daß nur solche Kostenelemente den Kalkulationsobjekten zugerechnet werden, die sich für diese direkt erfassen lassen.

Das Rechenschema der Teilkostenrechnungen ist retrograd aufgebaut, d.h. man zieht von dem jeweiligen Erlös einer Leistung alle zugehörigen, als direkt zuordenbar identifizierten Kosten ab. Der dann verbleibende Betrag dient zur Deckung der nicht direkt zugerechneten Kosten (Gemeinkosten) und zur Erzielung des Gewinns. Er wird als "Deckungsbeitrag" bezeichnet. In der Literatur des Prüfungswesens wird für den Fall eines vorgegebenen Honorars das in nachstehender Abb. 7 angegebene Schema einer Teilkostenrechnung vorgeschlagen.[2]

Bei der Darstellung der Kalkulationsverfahren der Voll- und Teilkostenrechnung blieb unberücksichtigt, ob die personelle und sachliche Kapazität der kalkulierenden Prüfungsunternehmung ausreicht, den fraglichen Auftrag durchzuführen. Vielfach stellt sich jedoch im Rahmen der Programmplanung die Frage, ob bzw. welche Aufträge anzunehmen oder abzulehnen sind, da **ein** oder **mehrere Kapazitätsengpässe** bestehen. Zur Lösung dieser Fragen bieten sich neben der Teilkostenrechnung auf Ver-

---

1) Vgl. McNeill [1962], S. 8.
2) Vgl. Loitlsberger [1966], S. 57.

	Auftragsbruttoerlös		DM --,--
./.	Umsatzsteuer		DM --,--
=	**Auftragsnettoerlös**		DM --,--
./.	Kosten der Arbeitsdurchführung		
	Arbeitskosten (Gehälter, Honorare)	DM --,--	
	Materialkosten (z.B. Arbeitspapiere)	DM --,--	
	Sonderkosten (z.B. Spesen)	DM --,--	DM --,--
=	**Deckungsbeitrag I**		DM --,--
./.	Kosten der Auftragserlangung* (z.B. Vorgutachten)		DM --,--
=	**Deckungsbeitrag II**		DM --,--

*) Der Einzelkostencharakter der Auftragserlangungskosten ist schwächer ausgeprägt als bei den anderen hier angeführten Kostenarten, da sie letztlich auch dann anfallen, wenn es zu keinem Abschluß kommt.

Abb. 7: *Schema einer Teilkostenrechnung*

fahren des Operations Research gestützte Sonderrechnungen an, wobei für die Kalkulation von Bedeutung ist, ob nur einer oder mehrere Engpässe vorliegen.

Auftragsauswahl bei einem Ressourcenengpaß. Ist für die Bearbeitung der zur Auswahl anstehenden Aufträge nur eine beschränkte Kapazität gegeben - z.B. bei der Qualität einer bestimmten Prüferleistung -, so entsteht das Problem der dispositiven Verbundenheit, d.h. die Aufträge konkurrieren um die vorhandene Kapazität. Zur Verdeutlichung soll ein Beispiel dienen, bei dem für die Bearbeitung von fünf angebotenen Aufträgen insgesamt 55 Stunden an frei disponierbarer Arbeitszeit zur Verfügung stehen. Es mögen des weiteren die in nachstehender Tab. 7 angegebenen Daten gelten.

Auftragsnummer	1	2	3	4	5
Honorarbetrag (Geldeinheiten)	130	95	50	280	300
Deckungsbeitrag (Geldeinheiten)	68	51	30	130	125
Bedarf an Arbeitsstunden	25	18	10	54	50

Tab. 7: *Daten von mehreren Aufträgen als Grundlage für die Auftragsauswahl*

Die Prüfungsunternehmung hat also eine Auswahl unter diesen Aufträgen mit dem Ziel zu treffen, daß die Summe der realisierten Deckungsbeiträge maximiert wird. Damit ist ein lineares Programm zu lösen, welches man wie folgt schreiben kann:

$$68x_1 + 51x_2 + 30x_3 + 130x_4 + 125x_5 \to \max!$$

unter den Nebenbedingungen

$$25x_1 + 18x_2 + 10x_3 + 54x_4 + 50x_5 \leq 55$$

$$x_i \in \{0,1\}, \quad 1 \leq i \leq 5.$$

Dabei ist $x_i = 1$, wenn der i-te Auftrag angenommen wird und $x_i = 0$, wenn er nicht zur Bearbeitung ausgewählt wird.

Zur Lösung dieses binären Optimierungsproblems stehen mathematische Verfahren wie Schnittebenenverfahren oder Entscheidungsbaumverfahren (branch and bound) zur Verfügung (vgl. z.B. Dürr/Kleibohm [1988], S. 149 - 159). Die optimale Auswahl für obiges Beispiel ergibt sich, indem man die ersten drei Aufträge bearbeitet. Dazu benötigt man 53 Arbeitsstunden und erreicht einen gesamten Deckungsbeitrag von 149 Geldeinheiten.

Für den hier betrachteten Fall, daß nur ein Engpaß vorliegt, bietet sich auch das Verfahren der **engpaßbezogenen Deckungsbeitragsrechnung** an. Bei einem engpaßbezogenen Deckungsbeitrag handelt es sich um einen relativen Deckungsbeitrag je Auftrag, bei dem der Erlösüberschuß auf die für die Auftragsdurchführung in Anspruch genommene Anzahl der Engpaßeinheiten bezogen wird. Der Deckungsbeitrag wird also durch die für die Auftragsdurchführung auf der betreffenden Bearbeitungsstufe in Anspruch genommene Anzahl der Engpaßeinheiten dividiert. Diese Beziehungszahl ist ein Maß für die wirtschaftliche Ergiebigkeit, mit welcher der im Leistungserstellungsprozeß nur beschränkt vorhandene Einsatzfaktor durch den jeweils betrachteten Auftrag genutzt wird. Die so ermittelten, in abnehmender Reihenfolge geordneten engpaßbezogenen Deckungsbeiträge ergeben die Rangfolge für die Auftragsannahme. Für obiges Beispiel sind die entsprechenden Daten in nachfolgender Tab. 8 angegeben.

Auftragsnummer	1	2	3	4	5
Engpaßbezogener Deckungsbeitrag (Geldeinheit/Arbeitsstunde)	2,7	2,8	3,0	2,4	2,5
Rangfolge für die Auftragsannahme	3	2	1	5	4

Tab. 8: *Auftragsannahmeentscheidung bei Verwendung von engpaßbezogenen Deckungsbeiträgen*

Im Beispiel führt dieses Vorgehen zur optimalen Auftragsauswahlentscheidung. Dies ist jedoch nicht zwingend so. Gäbe es bspw. einen Auftrag, der die zur Verfügung stehende Restzeit besser ausnutzen würde als Auftrag 1, so würde er trotz eines geringeren relativen Deckungsbeitrages vorgezogen, wenn sich für die dadurch ergebende Kombination von Aufträgen ein höherer absoluter Deckungsbeitrag ergibt. Daher ist das Verfahren der engpaßbezogenen Deckungsbeitragsrechnung unter den heuristischen Lösungsverfahren einzuordnen, welche auch zu suboptimalen Lösungen führen können.[1]

Auftragsauswahl bei mehreren Ressourcenengpässen. Wird die Tatsache berücksichtigt, daß in größeren Unternehmen des wirtschaftlichen Prüfungswesens oft drei Qualifikationsstufen des Prüfungspersonals unterschieden werden, und daß jeder Auftrag eine spezielle Kombination von Mitarbeitern der drei Gruppen voraussetzt, so entsteht das Problem der Auftragsauswahl bei drei Ressourcenengpässen. Soll auch

---

1) Könnte man die Aufträge als beliebig teilbar voraussetzen, d.h. nicht vollständig bearbeitete Aufträge könnten auch noch in der nächsten Periode fertig gestellt werden, würde die angewendete Methode immer zur optimalen Lösung führen.

hier die Summe der Deckungsbeiträge maximiert werden, so erhält man ein lineares Programm, welches sich mit einfachen Verfahren wie der engpaßbezogenen Deckungsbeitragsrechnung nicht mehr sinnvoll lösen läßt. Da die Deckungsbeiträge auf alle drei Engpässe zu beziehen wären, ergäben sich auch drei unterschiedliche Reihenfolgen der Aufträge, was zu keinem eindeutigen Kriterium zur Auswahl der Aufträge führen würde. Folgendes Beispiel (Tab. 9) soll die Problemstellung verdeutlichen:

Auftragsnummer	1	2	3	4
Deckungsbeitrag (Geldeinheiten)	68	51	30	130
Bedarf an WP (bzw. vBP) -Arbeitsstunden	7	4	4	15
Bedarf an Arbeitsstunden von qualifizierten Mitarbeitern	10	9	5	20
Bedarf an Arbeitsstunden von Assistenten	25	18	10	54

Tab. 9: *Beispiel für mehrere Engpässe*

Das Prüfungsunternehmen kann im betrachteten Zeitraum maximal 15 WP (bzw. vBP) -Stunden, 20 Stunden durch qualifizierte Mitarbeiter und 60 Stunden durch Assistenten bereitstellen. Das führt zu folgendem linearem Programm:

(1) $\quad 68x_1 + 51x_2 + 30x_3 + 130x_4 \to \max!$

unter den Nebenbedingungen

(2) $\quad 7x_1 + 4x_2 + 4x_3 + 15x_4 \leq 15$

(3) $\quad 10x_1 + 9x_2 + 5x_3 + 20x_4 \leq 20$

(4) $\quad 25x_1 + 18x_2 + 10x_3 + 54x_4 \leq 60$

(5) $\quad x_i \in \{0,1\}, \quad i = 1,\ldots,4$

Ist x_i, so wird der i-te Auftrag angenommen, ist $x_i = 0$, so wird er abgelehnt. Die optimale Auswahl ergibt sich durch die Anwendung von mathematischen Verfahren der binären linearen Optimierung. Im Beispiel besteht sie nur in der Auswahl des 4. Auftrags, welcher einen Deckungsbeitrag von 130 Geldeinheiten erbringt.

Zweiter Hauptteil
Funktionelle Aspekte des wirtschaftlichen Prüfungswesens

1. Kapitel
Die Prüfertätigkeiten

In der Betriebswirtschaftslehre hat jahrzehntelang eine Kontroverse um die Begriffsinhalte "Überwachung", "Prüfung" (bzw. "Revision") und "Kontrolle" stattgefunden, obwohl in der Umgangssprache kaum Unterschiede zwischen ihnen gemacht werden. Inzwischen scheint Einvernehmen darüber zu bestehen, daß Überwachung den Oberbegriff für Prüfung und Kontrolle darstellt und die Begriffe Prüfung und Revision synonym verwendet werden. Prüfung und Kontrolle werden nach dem Merkmal der "Prozeßabhängigkeit" voneinander unterschieden. Mit Prozeßabhängigkeit ist dabei der Umstand gemeint, daß Träger von Überwachungsaufgaben direkt oder indirekt am Zustandekommen des zu prüfenden Sachverhalts beteiligt waren.

Prüfungen sind demnach Überwachungshandlungen zur Feststellung der normgerechten Durchführung betrieblicher (buchhalterischer) Tätigkeiten, wenn diese von prozeßunabhängigen Personen oder Organen vorgenommen werden (so z.B. die Prüfung von Buchungen durch einen externen Prüfer oder durch einen Mitarbeiter der internen Revisionsabteilung). Von **Kontrollen** spricht man dann, wenn Überwachungsmaßnahmen von Personen durchgeführt werden, die direkt oder indirekt mit der Erstellung des der Überwachung unterliegenden Sachverhaltes befaßt waren (z.B. ein Buchhalter kontrolliert seine eigene Arbeit bzw. läßt sie durch einen ihm unterstellten Mitarbeiter kontrollieren).

Über das Wesen der Buchprüfung an sich bestehen unterschiedliche Auffassungen. Als fruchtbar erweist sich eine auf *Loitlsberger*[1] zurückgehende Betrachtung der Buchprüfung als ein dem Wirtschaftlichkeitsprinzip unterliegender Beurteilungsprozeß. Grundlage dieser Konzeption ist die Prozeßanalyse (activity analysis).[2] Danach sind einzelne Prüfungshandlungen in einem Zeit-Sachzusammenhang (= Prozeß) zu sehen. Prüfungen sind demnach kein Konglomerat willkürlich vorgenommener oder zusammenhangslos aneinander gereihter Handlungen, sondern Prozesse, bei denen bestimmte menschliche Handlungen in festzulegender Reihenfolge zur Erreichung eines bestimmten Zieles (des Prüfungsurteils) zusammenwirken. Eine Prüfung stellt so einen komplexen Prozeß einer Vielzahl zusammenhängender und aufeinander abgestimmter Aktivitäten (= Prüfungshandlungen) dar, die als innere Struktur eine systematische Ordnung der Prüfungshandlungen haben muß, um eine Beurteilung auf wirtschaftliche Weise zu ermöglichen. Aus dem Gesagten

---

1) Loitlsberger [1966], S. 67 - 84.

2) Zur Prozeßanalyse vgl. Kistner [1981], S. 15 u. 46 - 109. Neben dem prozeßanalytischen Ansatz werden in der Literatur empirisch-kognitive, meßtheoretische, spieltheoretische und verhaltensorientierte Ansätze der Prüfungstheorie dargestellt (vgl. Fischer-Winkelmann [1992]; Wysocki [1992]; Loitlsberger [1992]; Egner [1992]). Darüber hinaus wird die Buchprüfung mit der kybernetischen Überwachungstheorie in Zusammenhang gebracht (vgl. Baetge [1992]).

läßt sich folgende zeitliche Reihenfolge eines Grundschemas der Teilprozesse einer Prüfung ableiten: **Prüfungsplanung, Prüfungsdurchführung, Prüfungskontrolle** und **Dokumentation**.

Versteht man unter einer Prüfung den komplexen Prozeß einer Vielzahl zusammenhängender Handlungen (= Teilprozesse) zur Erreichung eines bestimmten Zieles, so ist es Aufgabe der Prüfungslehre, das Zusammenwirken der einzelnen Teilprozesse einer Prüfung aufzuzeigen und die zwischen diesen bestehenden sachlichen Zusammenhänge klarzulegen. Diese Klarlegung verfolgt auch den Zweck, Informationen über die Faktoren offenzulegen, die die Wirtschaftlichkeit der einzelnen Prüfungsprozesse beeinflussen. Als wichtige, die Wirtschaftlichkeit beeinflussende Faktoren sind zu nennen:

- Art der Prüfung (Prüfungstyp),
- Art des Buchführungsverfahrens,
- Umfang und Struktur (Homogenität) des Prüfungsstoffes,
- Fehlererwartung und Art der Prüfungsdurchführung,
- Grundsätze ordnungsmäßiger Abschlußprüfung (GoP) und die Haftungsbestimmungen sowie die Gestaltung der Arbeitspapiere.

Auf die wesentlichen hiermit in Zusammenhang stehenden Probleme soll im folgenden in einer Darstellung des Prüfungsprozesses und der Prüfungsarten eingegangen werden. Bei der Darstellung des Prüfungsprozesses wird der erwähnten zeitlichen Reihenfolge des Grundschemas des Prüfungsprozesses - Prüfungsplanung, Prüfungsdurchführung und Prüfungsüberwachung - gefolgt.

A. Der Prüfungsprozeß

I. Die Prüfungsplanung

Unter dem Begriff "Prüfungsplanung" ist der Entwurf einer Ordnung zu verstehen, nach der sich eine Prüfung vollziehen soll. Die Prüfungsplanung umfaßt somit ein System zukunftsbezogener Entscheidungen über den Ablauf einer Prüfung. Aufgabe einer Prüfungsplanung ist es, die Wirtschaftlichkeit der Prüfungsausführung und eine hinreichende Sicherheit des Prüfungsurteils zu gewährleisten.

Unter dem Sicherheitsaspekt soll durch den Planungsprozeß erreicht werden, daß alle urteilsrelevanten Sachverhalte in der Prüfung untersucht werden, damit das Prüfungsurteil einen zutreffenden Eindruck vom Zustand der geprüften Rechnungslegung vermittelt. Charakterisiert ein Prüfungsurteil das geprüfte Rechnungswesen unzutreffend, so liegt ein Fehlurteil vor, das für die Urteilsadressaten wertlos ist und das - falls sie darauf vertrauen - auf sie schädigend wirken kann. Das Risiko eines Fehlurteils ist im allgemeinen (d.h. sieht man von falschen Prüfungsnormen ab[1]) durch eine Erhöhung des Prüfungsumfangs zu verringern. Diesem im Interesse der Urteilsadressaten liegenden Streben nach hoher Urteilssicherheit und dem damit verbundenen Bemühen nach Erweiterung des Prüfungsumfangs stehen aber Wirtschaftlichkeitsgesichtspunk-

---

[1] Eine Prüfungsnorm ist falsch, wenn sie als Urteilskriterium wesentliche Fehler als unwesentlich oder als nicht gegeben kennzeichnet.

te entgegen. Denn mit jeder durch die Prüfung gewonnenen Information erhöht sich zwar das Wissen des Prüfers über den Zustand der geprüften Rechnungslegung, gleichzeitig erhöhen sich dadurch aber die Prüfungskosten und der Betrag des zu fordernden Honorars. Das liegt nicht unbedingt im Interesse des Auftraggebers. Da die erwerbswirtschaftlichen Prüfungsunternehmen zum einen unter starkem Wettbewerbsdruck und zum anderen wegen ihrer Saisonabhängigkeit meist unter Zeitdruck stehen, sind sie an einer wirtschaftlichen Prüfungsdurchführung und an einer Minimierung der zur Urteilsgewinnung erforderlichen Prüfungszeit interessiert.

Die gedankliche Vorwegnahme aller Prüfungsaktivitäten ist mit vielerlei Vorteilen verknüpft. Sie ermöglicht eine rationelle Gestaltung des Prüfungsablaufs und damit Zeitersparnisse. Durch Vorausschau über den Prüfungsablauf können Engpässe rechtzeitig erkannt und Lösungsmöglichkeiten gesucht werden. Aufgrund einer verbesserten Übersicht über die Prüfung ist Vollständigkeit eher zu erreichen. Des weiteren erleichtert die Prüfungsplanung eine sinnvolle Bestimmung der Prüfer nach Qualifikationsgesichtspunkten und die Überwachung der Tätigkeit der eingesetzten Mitarbeiter durch den Prüfungsleiter. Schließlich werden die Dokumentation und die Nachprüfbarkeit der Prüfungstätigkeiten verbessert.

Das Erfordernis einer Prüfungsplanung ist also um so dringender, je umfangreicher der Prüfungsstoff und je knapper die zur Prüfung zur Verfügung stehende Zeit ist und je mehr Personen an einer Prüfung mitwirken. Ohne ein planvolles Vorgehen besteht die Gefahr, daß Prüfer die Übersicht verlieren und zu prüfende Sachverhalte übersehen, mehrfach prüfen oder wegen Zeitknappheit nicht mit der nötigen Sorgfalt prüfen. Aus diesem Anlaß verlangt § 37 Berufssatzung eine sachgerechte Prüfungsplanung, die einen den tatsächlichen Verhältnissen des zu prüfenden Unternehmens angemessenen und ordnungsgemäßen Prüfungsablauf in sachlicher, personeller und zeitlicher Hinsicht gewährleistet. Hierzu postuliert das FG 1/1988:

"Eine ordnungsmäßige Prüfung erfordert planvolles Vorgehen im Sinne der Zielsetzung der Prüfung. Die Planung umfaßt alle Maßnahmen in sachlicher, personeller und zeitlicher Hinsicht zur Vorbereitung und Durchführung der Prüfung." (Aus: IDW [1988 (1)], S. 12).

Damit ein planmäßiger Ablauf der Prüfung sichergestellt werden kann, sind die für die Prüfung wichtigen Daten rechtzeitig und vollständig zu beschaffen und sinnvoll aufzubereiten. Umfang und Güte der Informationen bestimmen mit über den Planungserfolg. Die benötigten Informationen umfassen allgemeine Informationen über die Gesellschaft und ihre Umwelt sowie Informationen über die einzelnen Prüfungsbereiche. Bei Erstprüfungen stehen als Informationsquellen z.B. Jahresabschlüsse und Lageberichte (Geschäftsberichte) früherer Jahre, Protokolle über Beschlüsse der Unternehmensorgane, Organisationspläne, Arbeitsablaufpläne, Prüfungsberichte fremder Prüfungsorgane, Betriebsbegehungen, Gespräche mit der Unternehmensleitung und Berichte der Innenrevision zur Verfügung. Zusätzliche Informationsquellen bei Wiederholungsprüfungen sind insbesondere die Dauerakte, Arbeitspapiere (s. S. 249) und Prüfungsberichte.

Erwerbswirtschaftliche Prüfungsunternehmen unterliegen meist personellen und zeitlichen Restriktionen. Zeitlich sind diese Unternehmen an die mit den Mandanten vereinbarten Termine gebunden, und sie verfügen nur begrenzt über für bestimmte Prüfungsaufgaben qualifizierte Mitarbeiter. Diese Restriktionen erfordern nicht nur die isolierte planerische Berücksichtigung einzelner Aufträge. Vielmehr muß anhand der Planung der einzelnen Aufträge eine Koordination aller Aufträge in einem Gesamtplan vorgenommen werden. Sind die Restriktionen so gravierend, daß eine ordnungsgemäße Prüfungsdurchführung einzelner Aufträge nicht sicherzustellen ist, dann gebietet das Ergebnis der Prüfungsplanung, diese Aufträge abzulehnen oder - sofern sie bereits angenommen wurden - zurückzugeben (s. § 4,3 u.4 Berufssatzung).

Prüfungspläne enthalten Entscheidungsregelungen. Diese Regelungen können mehr oder weniger ausgeformt werden und sind schriftlich in Prüfungs- bzw. Arbeitsanweisungen zu fixieren (§ 38 Berufssatzung). Eine detaillierte und schriftlich fixierte Prüfungsplanung hat überwiegend Vorteile. Sie erlaubt nicht nur den Einsatz weniger qualifizierter Mitarbeiter, sondern sichert auch ein einheitliches prüferisches Vorgehen in gleichartigen Prüfungssituationen. Diese Vorteile führen zur Entwicklung standardisierter Arbeitsanweisungen, denen Konstellationen zugrunde liegen, die repräsentativ für eine Vielzahl von Prüfungssituationen und unabhängig davon sind, welche Unternehmung geprüft wird.[1] Standardisierte Arbeitsanweisungen vereinfachen und beschleunigen die Prüfungsplanung selbst, da sie nur einmal festgelegt zu werden brauchen. Ein weiterer Vorteil der schriftlich fixierten und detaillierten Prüfungsplanung liegt in der erleichterten Prüfungsüberwachung, und zwar insbesondere dann, wenn diese Unterlagen von den Prüfern gleichzeitig für ihre Aufzeichnungen über Art, Umfang und Ergebnisse ihrer Prüfungstätigkeiten benutzt werden. Allerdings bergen detaillierte schriftliche Prüfungsanweisungen Probleme, die dadurch entstehen, daß Fehler oder Unklarheiten unbeachtet bleiben, weil stur und ohne mitzudenken an schriftlich fixierten Prüfungsplänen festgehalten wird. Diese Fehler und Unklarheiten hätten einen an selbständigeres Arbeiten gewohnten Prüfer zu weiteren Nachforschungen veranlaßt.[2] Im allgemeinen kann daher gesagt werden, daß die Prüfungsplanung um so weniger detailliert und vorher schriftlich fixiert sein muß, je kleiner der Prüfungsauftrag und je besser das Fachwissen und die Kenntnisse des Prüfers über das Prüfungsobjekt sind.

Die Prüfungsplanung ist dem eigentlichen Beurteilungsprozeß vorgelagert und hat zum Ziel, diesen zweckmäßig zu gestalten. Sie umfaßt drei Teilaufgaben: die **Prüfungsprogramm-**, die **Personaleinsatz-** und die **Prüfungszeitplanung**.

---

1) Für standardisierte Arbeitsanweisungen weniger geeignet sind Prüfungsaufgaben, die von den spezifischen Gegebenheiten der zu prüfenden Unternehmung abhängen. Besonders geeignet sind dagegen Prüfungsaufgaben wie die Auswahl und Aufbereitung von Ist-Objekten (z.B. durch Fragebögen) oder die computergestützte Analyse von Daten nach bestimmten Kriterien (vgl. zu letzterem Köster [1974], S. 192 - 203).

2) Vgl. Rätsch [1960], S. 118.

Die Erstellung eines Prüfungsprogramms ist der Ausgangspunkt der Prüfungsplanung, denn die Programmplanung dient als Grundlage für die Zeit- und Personaldisposition. Durch die Prüfungsprogrammplanung wird das prüferische Vorgehen zur Urteilsgewinnung festgelegt. Sie enthält als solche die Festlegung der Prüfungsstrategie, die Aufteilung des Prüfungsgebietes in Prüfungsfelder, die Berücksichtigung von Reihenfolgebedingungen, die Planung des Prüfungsumfanges und der Auswahlverfahren sowie die Bestimmung von Prüfungsschwerpunkten. Die personellen Entscheidungen dienen vor allem der Zuordnung von Prüfern zu dem zu planenden Prüfungsauftrag und den bei diesem Auftrag auszuführenden Prüfungsaufgaben. Schließlich sind auch Dispositionen zu treffen, damit das Prüfungsurteil termingerecht abgegeben werden kann. Das ist Aufgabe der Zeitplanung.

Zwischen den einzelnen Teilaufgaben der Prüfungsplanung bestehen wechselseitige Beziehungen, wobei von der Programmplanung der stärkste Einfluß auf die anderen Planungsaufgaben ausgeht. Einerseits hängen Personal- und Zeitbedarf davon ab, welche Vorgehensweise zur Urteilsgewinnung gewählt wird. Andererseits werden die Entscheidungen über mögliche Vorgehensweisen aber auch durch die Anzahl und die Qualifikation der verfügbaren Prüfer sowie durch evtl. Terminrestriktionen beeinflußt. Eine vollständige Erfassung bzw. Berücksichtigung aller zwischen den Planungsaufgaben bestehenden wechselseitigen Beziehungen führt zu Simultanmodellen der Prüfungsplanung. Wegen den der Simultanplanung anhaftenden Problemen werden in der Literatur vor allem Ansätze zur stufenweisen Prüfungsplanung vorgeschlagen.

Die Behandlung der Prüfungsplanung als mehrstufiger Prozeß ist Gegenstand unterschiedlicher Interpretationen und daraus resultierender Planungsansätze. Die Prüfungsplanung ist somit auch selbst Gegenstand planerischer Überlegungen. So unterteilt *Leffson* den Prozeß der Prüfungsplanung in aufeinanderfolgende interdependente Planungsphasen, deren Detaillierungsgrad kontinuierlich zunimmt.[1] Die erste Planungsphase beginnt mit der Auftragsakquisition und beinhaltet eine Grobplanung des anstehenden Auftrags in Abstimmung mit dem Gesamtplan der Prüfungsunternehmung. Der Grobplan dient als Kalkulationsgrundlage und Basis für die Entscheidung über die Auftragsannahme. Durch die einzelnen, aufeinander folgenden Planungsphasen werden die Prüfungsphasen gesteuert. Letztere dienen der Informationsgewinnung zur Verbesserung der Planung für die zeitlich nachgelagerten Prüfungsphasen.

Baetge und *Meyer zu Lösebeck* entwickeln und diskutieren in Anlehnung an die Verfahren der Investitions- und Finanzplanung die Vor- und Nachteile einer starren oder flexiblen Prüfungsplanung.[2] Die Vorteile einer flexiblen Planung liegen in der Möglichkeit der expliziten Berücksichtigung des Lernprozesses, wodurch eine Reduktion des Einflusses der Unsicherheit auf die Planung erreicht werden kann. Die genannten Au-

---

1) Vgl. Leffson [1988], S. 155 - 157.
2) Vgl. Baetge/Meyer zu Lösebeck [1981], S. 121 - 171.

toren halten die flexible Prüfungsplanung deswegen für eine angemessene Vorgehensweise, da es auch im Prüfungsprozeß zu einer sukzessiven Poolung von Vorwissen und Neuinformation kommt.[1]

Von besonderer Bedeutung für die Prüfungsplanung ist das Prüfungsrisiko. Es wird in aller Regel als die Wahrscheinlichkeit definiert, daß der Abschlußprüfer den Jahresabschluß bzw. ein Prüffeld akzeptiert, obwohl wesentliche Fehler vorliegen. Man spricht auch vom Risiko einer irrtümlichen Annahme (Die Wahrscheinlichkeit, einen fehlerfreien Jahresabschluß bzw. ein fehlerfreies Prüffeld zu verwerfen, bleibt in den Prüfungsrisikokonzepten zumeist unberücksichtigt.) Eine Möglichkeit zur Handhabung des Prüfungsrisikos besteht in dessen Abbildung in sogenannten Risikomodellen.

Die grundsätzliche Struktur eines Risikomodelles verdeutlicht nachfolgende Gleichung:

$$AR = IR \cdot CR \cdot DR$$

mit

AR = **Audit Risk (Prüfungsrisiko)** = Wahrscheinlichkeit dafür, daß der Prüfer ein Prüffeld für ordnungsmäßig befindet, obwohl wesentliche Fehler vorliegen;

IR = **Inherent Risk (inhärentes Risiko)** = Wahrscheinlichkeit für das Auftreten wesentlicher Fehler;

CR = **Control Risk (Kontrollrisiko)** = Wahrscheinlichkeit dafür, daß wesentliche Fehler nicht rechtzeitig durch das interne Kontrollsystem verhindert oder aufgedeckt werden;

DR = **Detection Risk (Aufdeckungsrisiko)** = Wahrscheinlichkeit dafür, daß der Prüfer wesentliche Fehler nicht aufdeckt.

Das inhärente Risiko wird durch eine Vielzahl von Faktoren bestimmt. Diese lassen sich in allgemeine und prüffeldspezifische Faktoren unterscheiden. Zu den allgemeinen Faktoren zählen makroökonomische Faktoren (z.B. die konjunkturelle Lage), branchenspezifische Faktoren (z.B. die wirtschaftliche Lage des Wirtschaftszweiges) und mandantenspezifische Faktoren (z.B. dessen wirtschaftliche Lage, die Art bzw. die Größe des Unternehmens, die Integrität und Qualität des Managements oder die Qualität des Personals). Prüffeldspezifische Faktoren sind bspw. in der Art und der Verwertbarkeit des Vermögensgegenstandes oder in der Existenz von komplexen Berechnungen, Schätzgrößen oder Ermessensspielräumen zu sehen. Das inhärente Risiko besteht unabhängig vom Prüfungsprozeß. Der Prüfer kann es schätzen, nicht aber beeinflussen oder kontrollieren.

Das Kontrollrisiko kann nie gleich Null sein, da interne Kontrollen keine vollständige Sicherheit liefern, daß alle wesentlichen Fehler verhindert oder aufgedeckt werden (z.B. wegen menschlichem Versagen oder der Möglichkeit, Kontrollen zu umgehen). Auch das Kontrollrisiko besteht unabhängig vom Prüfungsprozeß und kann vom Prüfer lediglich geschätzt, nicht aber beeinflußt werden.

Mitunter wird das Aufdeckungsrisiko in das Risiko aus analytischen Prüfungshandlungen und das Risiko aus Einzelfallprüfungen unterteilt. Analytische Prüfungshandlungen überprüfen die Jahresabschlußdaten durch die Analyse von Trends und Beziehungen sowie die Untersuchung ungewöhnlicher Schwankungen und Abweichungen (häufig werden Kennzahlen mit dem korrespondierenden Vorjahreswerten verglichen). Aus den Ergebnissen schließt der Prüfer auf die Plausibilität einzelner Jahresabschlußdaten. Bei Einzelfallprüfungen werden Geschäftsvorfälle stichprobenweise ausgewählt und sorgfältig untersucht.

---

[1] Vgl. kritische Anmerkungen bei Knop [1983], S. 58 - 59.

Das Prüfungsrisiko ist vorzugeben. In der Prüfungspraxis wird häufig ein Prüfungsrisiko von 5 % als angemessen angesehen und es werden Variationen bis zu maximal 10 % als gerechtfertigt erachtet (vgl. Guy/Aldermann/Winter [1993], S. 391). Bisweilen wird für das Prüfungsrisiko auch eine Bandbreite von 1-5 % vorgeschlagen (vgl. Boritz/Gaber/Lemon [1987], S. 36). Der Prüfer hat das inhärente Risiko und das Kontrollrisiko zu schätzen. Danach läßt sich das maximal zulässige Aufdeckungsrisiko durch Umformung obiger Gleichung ermitteln:

$$DR = \frac{AR}{IR \cdot CR}.$$

Für AR = 5 %, IR = 80 % und CR = 75 % ergibt sich bspw. ein maximal zulässiges Aufdeckungsrisiko von

$$DR = \frac{0,05}{0,8 \cdot 0,75} = 8,3\%.$$

Das Aufdeckungsrisiko ist also die vom Prüfer zu kontrollierende Variable. Es ist so anzupassen, daß das Prüfungsrisiko auf das vorgegebene Niveau reduziert bleibt. Zwischen dem inhärenten Risiko und dem Kontrollrisiko auf der einen und dem Prüfungsrisiko auf der anderen Seite besteht eine inverse Beziehung. Zu einem gegebenen Prüfungsrisiko kann eine Erhöhung des inhärenten Risikos bzw. des Kontrollrisikos durch ein geringeres Aufdeckungsrisiko kompensiert werden. Ein niedriges inhärentes Risiko bzw. Kontrollrisiko erlaubt dagegen ein höheres Aufdeckungsrisiko.

Die Kontrolle des Aufdeckungsrisikos erfolgt durch eine Modifikation des Prüfungsprogrammes. Ein niedriges Aufdeckungsrisiko erfordert zuverlässigere Prüfungshandlungen, d.h. es sind mehr Einzelfallprüfungen zu verrichten und der Prüfer darf sich weniger auf analytische Prüfungshandlungen verlassen. Ist das zulässige Aufdeckungsrisiko gering, sind zudem umfangreichere Prüfungshandlungen notwendig, d.h. der Stichprobenumfang muß erhöht werden. Erfolgt die Auswahl der Stichprobenelemente bewußt, so findet das Fehlerrisiko im Rahmen der sogenannten detektivischen Auswahl explizit Berücksichtigung. Bei einer Zufallsauswahl kann die Stichprobe entweder durch ein mathematisch-statistisches Testverfahren oder durch ein mathematisch-statistisches Schätzverfahren ausgewertet werden. Das Aufdeckungsrisiko ist mit dem für Testverfahren vorzugebenden ß-Risiko identisch. Bei den Schätzverfahren fließt das Aufdeckungsrisiko in die Bestimmung des Sicherheitsgrades ein. Neben dem Prüfungsprogramm werden aber auch zeitliche und personelle Aspekte der Prüfung beeinflußt. Ein niedriges maximal zulässiges Aufdeckungsrisiko limitiert die Möglichkeiten für Vorprüfungen, erhöht den Personalbedarf und erfordert den Einsatz von qualifizierterem Personal.

Die Prüfungsrisikomodelle werden in der Literatur kritisiert (vgl. z.B. Cushing/Loebbecke [1983]; Quick [1995], S. 75 - 128). Zum einen wird eingewendet, daß viele empirische Studien ergaben, daß sich das tatsächliche Verhalten der Abschlußprüfer nicht mit den Aussagen der Modelle deckt. Damit wird allerdings lediglich die deskriptive, nicht aber die präskriptive Eignung der Modelle in Frage gestellt. Zum anderen führt man an, daß die Risikomodelle, die den Multiplikationssatz der Wahrscheinlichkeitsrechnung anwenden, die Unabhängigkeit der Teilrisiken verlangen. Zwischen den Risikokomponenten bestehen jedoch signifikante Beziehungen. Ist z.B. das Kontrollrisiko hoch, weil interne Kontrollen fehlen, so steigt vermutlich auch das inhärente Risiko, da die Gefahr für Unterschlagungen aufgrund der fehlenden Kontrollen steigt. Diesem Kritikpunkt läßt sich entgegenhalten, daß die Teilrisiken weniger als unabhängige Ereignisse, sondern vielmehr als bedingte Wahrscheinlichkeiten zu interpretieren sind, für die ebenfalls der Multiplikationssatz gilt. Ein weiterer zentraler Kritikpunkt bezieht sich auf die Verwendung subjektiver Wahrscheinlichkeiten. Die Verwendung subjektiver Wahrscheinlichkeiten stellt allerdings kein spezifisches Problem der Risikomodelle dar, denn auch andere Konzepte zur Verarbeitung des Prüfungsrisikos bauen auf subjektiven Wahrscheinlichkeiten auf. Da die meisten Teilrisiken nicht in Form objektiver Wahrscheinlichkeiten gemessen werden können, stellt sich die grundsätzliche Frage, subjektive Wahrscheinlichkeiten zu verwenden oder auf vorhandene Vorinformationen gänzlich zu verzichten.

Das oben dargestellte Risikomodell wird vom *AICPA* propagiert (vgl. AICPA [1984]). Es errechnet im voraus die Wahrscheinlichkeit dafür, daß bei Kombination der zugrundliegenden Teilrisiken wesentliche Fehler unentdeckt bleiben und wird deshalb als **Joint-Risikomodell** bezeichnet. Es betrachtet das Prüfungsrisiko im Planungsstadium, d.h. a priori. Eine solche Definition des Prüfungsrisikos ist nicht identisch mit dem Risiko, das der Prüfer eingeht, wenn er - nachdem er auf günstige Stichprobenergebnisse gestoßen ist - folgert, daß keine wesentlichen Fehler vorliegen. Daher empfiehlt das CICA seinen Mitgliedern ein **Posteriori-Risikomodell** (vgl. CICA [1980(2)], S. 97):

$$AR = \frac{IR \cdot CR \cdot DR}{IR \cdot CR \cdot DR + (1 - IR)}$$

Diese Formel setzt die Wahrscheinlichkeit für die irrtümliche Annahme eines Prüfungsfeldes in Relation zur Wahrscheinlichkeit für die Annahme (irrtümliche Annahme plus korrekte Annahme). Im Gegensatz hierzu steht das Joint-Risikomodell, das die Wahrscheinlichkeit für die irrtümliche Annahme in Relation zur Wahrscheinlichkeit für sämtliche Prüfungsergebnisse setzt. Posteriori-Risikomodelle berechnen das Prüfungsrisiko a posteriori, d.h. unter der Annahme, daß der Abschlußprüfer die Grundgesamtheit angenommen hat. Auch das Posteriori-Risikomodell läßt sich nach dem maximal zulässigen Aufdeckungsrisiko auflösen:

$$DR = \frac{AR(1 - IR)}{(1 - AR) \cdot IR \cdot CR}.$$

Für die Daten des vorstehenden Beispiels (AR = 5 %, IR = 80 %, CR = 75 %) ergibt sich folgendes maximal zulässiges Aufdeckungsrisiko:

$$DR = \frac{0{,}05 \cdot 0{,}2}{0{,}95 \cdot 0{,}8 \cdot 0{,}75} = 1{,}75\%.$$

Aus diesem Beispiel wird auch deutlich, daß das CICA-Modell strenger ist als das des AICPA. Eine Schwäche des CICA-Modells besteht darin, daß nicht alle denkbaren Entscheidungsalternativen Berücksichtigung finden. Diese Erkenntnis wird zur Verfeinerung des CICA-Modells genutzt (vgl. z.B. Kinney [1989]; Sennetti [1990]).

Die praktische Handhabung der Risikomodelle erfordert eine Quantifizierung der Modellkomponenten. Da Risiko als die Wahrscheinlichkeit für wesentliche Fehler definiert wird, muß zunächst ein Materiality-Grenzwert festgesetzt und eine Allokation dieses Grenzwerts auf die einzelnen Prüfungsfelder vorgenommen werden (s. S. 243 - 248). Das Problem der Quantifizierung des inhärenten Risikos wird bislang kaum diskutiert. Es bietet sich an, hierzu Verfahren aus dem Operations Research einzusetzen (vgl. Quick [1995], S. 285 - 301). Das Kontrollrisiko läßt sich aus der Prüfung des Internen Kontrollsystems ableiten (s. S. 206).

Im folgenden soll näher auf die Probleme der Prüfungsprogramm-, der Personal- sowie der Zeitplanung im Rahmen der Prüfungsplanung eingegangen werden, wobei als Prüfungsziel die Feststellung der Ordnungsmäßigkeit der Rechnungslegung im Vordergrund der Betrachtung steht.

a. Die Prüfungsprogrammplanung

1. Die Festlegung der Prüfungsstrategie

Ausgangspunkt der Prüfungsprogrammplanung ist die Festlegung der prinzipiellen Vorgehensweise. Ist das Ziel der Prüfung die Feststellung der Ordnungsmäßigkeit der Rechnungslegung, so werden im englischsprachigen Schrifttum[1] in diesem Zusammenhang mit den Begriffen **balance sheet audit** und **transaction audit** zwei Prüfungsstrategien unterschieden, die auch zum Einsatz verschiedener Prüfungsverfahren - und damit Prüfungsprogrammen - führen.

Balance sheet audit. Die Vorgehensweise des balance sheet audit - die in der Vergangenheit überwiegend von deutschen Prüfungsunternehmen verfolgt wurde - orientiert sich strikt an dem zu prüfenden Jahresabschluß.[2] Sie beinhaltet die Überprüfung der Existenz der Aktiva und Passiva sowie die Überprüfung der wirtschaftlichen Zugehörigkeit und der Bewertung von Jahresabschlußpositionen. Sie ist somit grundsätzlich zeitpunktbezogen. Diese Prüfungsstrategie greift überwiegend auf das Prüfungsverfahren der sog. **end results method (ergebnisorientierte Prüfung)** zurück. Die ergebnisorientierte Prüfung knüpft an die Verarbeitungsergebnisse an, die sich im Jahresabschluß niedergeschlagen haben (Ist-Objekt), und stellt deren Ordnungsmäßigkeit durch Vergleich mit einem vom Prüfer zu konstruierenden Sollobjekt fest.

Die Prüfungsstrategie der balance sheet audit ist somit durch eine Dominanz der ergebnisorientierten Prüfungshandlungen charakterisiert. Diese Vorgehensweise führt jedoch zu erheblichen Prüfungskosten und stößt darüber hinaus auf die Kritik, daß eine Überprüfung der Ordnungsmäßigkeit der Rechnungslegung nicht allein auf Basis einer zeitpunktbezogenen Prüfung erfolgen kann, sondern auch die Ordnungsmäßigkeit des im Unternehmen bestehenden Verarbeitungs- und Kontrollsystems beachtet werden muß.[3] Das hat dazu geführt, daß auch die deutschen Berufsstände des wirtschaftlichen Prüfungswesens in zunehmendem Maße

---

1) Vgl. Mottershead [1978], S. 78; Knop [1983], S. 61 - 67; Knop [1984], S. 313 - 315.

2) Vgl. Kroneberger [1980], S. 212.

3) Vgl. zu dieser Kritik Knop [1983], S. 62 - 63. Das Verarbeitungssystem umfaßt alle Regelungen und Handlungen zur Erfassung und Verarbeitung der anfallenden Geschäftsvorfälle, während das Kontrollsystem diejenigen Regelungen und Handlungen beinhaltet, die die Richtigkeit der Erfassung und Verarbeitung sicherstellen sollen. Verarbeitungs- und Kontrollsystem lassen sich in der Praxis nicht exakt voneinander abgrenzen, denn oftmals sind Bearbeitungsvorgänge gleichzeitig mit Kontrollaufgaben verbunden bzw. sind in Verarbeitungsabläufen Regelungen zur Fehlererkennung eingebaut (vgl. Leffson [1988], S. 230). In diesem Zusammenhang spricht man auch vom internen Kontrollsystem (IKS) des Unternehmens. In einer weiten Begriffsabgrenzung umfaßt das IKS den Organisationsplan und alle aufeinander abgestimmten Methoden und Maßnahmen eines Unternehmens, die dazu dienen sollen,

- das Vermögen vor Verlusten zu schützen,
- genaue, aussagefähige und zeitgerechte Aufzeichnungen zu gewährleisten,
- die Effizienz des Unternehmens zu fördern sowie
- die Unternehmensleitung bei der Verfolgung der beschlossenen Geschäftspolitik zu unterstützen (vgl. Wanik [1992], Sp. 896).

Für die Prüfung der Ordnungsmäßigkeit der Rechnungslegung sind lediglich die ersten beiden Teilaspekte des IKS relevant.

neben ergebnisorientierten Prüfungshandlungen ergänzend eine Prüfung der Ordnungsmäßigkeit des Verarbeitungs- und Kontrollsystems (systemorientierte Prüfung) vornehmen.[1]

Transaction audit. Insbesondere die amerikanischen Prüfungsunternehmen orientieren sich im Gegensatz zu den deutschen Berufsständen verstärkt an der Prüfungsstrategie der transaction audit.[2] Die Ordnungsmäßigkeitsprüfung der Rechnungslegung ist in diesem Fall überwiegend auf die korrekte Erfassung der täglich angefallenen Geschäftsvorfälle im abgelaufenen Geschäftsjahr gerichtet. Im Rahmen dieser zeitraumbezogenen Prüfungsstrategie wird vor allem auf die sog. **systems method**[3], d.h. auf eine **systemorientierte Prüfung**, zurückgegriffen. Der Beurteilungsprozeß richtet sich damit nicht auf die Prüfung der Verarbeitungsergebnisse, wie z.B. Konteninhalte und Belege, sondern auf die Gestaltung, Wirksamkeit und Funktionsfähigkeit des im Unternehmen vorhandenen Verarbeitungs- und Kontrollsystems. Die systemorientierte Prüfung beinhaltet so die Analyse der Struktur und Gestaltung derjenigen Verarbeitungs- und Kontrollsysteme, die bei der Erstellung der Belege und deren buchtechnischer Verarbeitung wirksam wurden. Dieser Vorgehensweise liegt die Überlegung zugrunde, daß auf eine fehlerfreie Erfassung und Verbuchung der Geschäftsvorfälle vertraut werden kann, soweit die vorgesehenen und praktizierten Verarbeitungs- und Kontrollschritte das Entstehen wesentlicher Fehler verhindern.

Werden Verarbeitungsschritte und Kontrollen aber durch Personen durchgeführt, so muß damit gerechnet werden, daß Kontrollaufgaben oftmals nicht oder nur unzureichend wahrgenommen werden (z.B. aufgrund menschlicher Unzulänglichkeiten oder bei bewußter Umgehung der Kontrollen). Da das Funktionieren eines Systems aber vom Prüfer nicht über einen längeren Zeitraum beobachtet werden kann, ist auf Basis einer ausschließlich systemorientierten Prüfung ein abschließendes Ordnungsmäßigkeitsurteil nicht möglich. Deshalb werden auch bei der Prüfungsstrategie des transaction audit ergebnisorientierte Prüfungshandlungen ergänzend herangezogen. Ausschlaggebend für die Art und den Umfang der durchzuführenden ergebnisorientierten Prüfungen sind jedoch die Ergebnisse der Systemprüfung. So sind detaillierte Prüfungshandlungen (d.h. einzelne Verarbeitungsergebnisse werden mit einem anhand von Prüfungsnormen gewonnenen Sollobjekt verglichen) für die Bereiche des Verarbeitungs- und Kontrollsystems vorzusehen, die als besonders fehlerhaft eingestuft wurden. Führen die systemorientierten Prüfungshandlungen dagegen zum Ergebnis, daß Verarbeitungs- und Kontrollregelungen im zu beurteilenden Prüfungsfeld ausreichend wirk-

---

1) Diese Entwicklung spiegelt sich in den FG des IDW wider. Während im FG 1/1967 (IDW [1967], S. 159) lediglich eine Soll-Vorschrift, d.h. eine Empfehlung zur Prüfung des internen Kontrollsystems enthalten war, verlangt das FG 1/1977 (IDW [1977 (1)], S. 212) bereits eine sachgerechte Entscheidung des Prüfers darüber, welche Stellung und welches Gewicht der Prüfung des IKS bei der Jahresabschlußprüfung beizulegen ist. Das FG 1/1988 (IDW [1988 (1)], S. 12) führt schließlich aus: "Bei der Systemprüfung hat der Abschlußprüfer System- und Funktionsprüfungen des internen Kontrollsystems und Einzelprüfungen durchzuführen."

2) Vgl. z.B. zur Vorgehensweise das von Arthur Andersen & Co. vorgeschlagene transaction flow audit: Arthur Andersen & Co. [1978].

3) Vgl. Mottershead [1978], S. 79.

sam konstruiert sind und wie geplant funktionieren, wird auf detaillierte Prüfungshandlungen weitgehend verzichtet. Stattdessen werden globale Prüfungshandlungen (wie summarische Kontrollrechnungen und Verprobungen, vgl. S. 232 - 234) herangezogen.

Die beiden dargestellten Prüfungsstrategien unterscheiden sich somit grundsätzlich in der Bedeutung, die der ergebnis- bzw. systemorientierten Prüfung zugewiesen wird. Angesichts der zunehmenden Komplexität betrieblicher Abläufe und der damit verbundenen erhöhten Bedeutung der Systemprüfung ist jedoch zu erwarten, daß in Zukunft eine weitere Angleichung beider Prüfungsstrategien erfolgt.

2. Die Aufteilung des Prüfungsgebietes in Prüfungsfelder

Unter "Prüfungsgebiet" ist der Kreis der Betriebsvorgänge zu verstehen, die einer Prüfung unterliegen. Die einem Buchprüfer zur Abwicklung seines Prüfungsauftrages zur Verfügung stehenden Unterlagen (= Prüfungsstoff) sind meist recht umfangreich und enthalten zahlreiche verschiedenartige prüfungspflichtige Geschäftsvorfälle (= Prüfungsvorgänge). In der Regel werden daher in der Prüfungspraxis Prüfungsgebiete in übersichtlichere Prüfungsfelder unterteilt.[1] Prüfungsfelder sind so Zusammenfassungen von gleichartigen oder ähnlichen, d.h. zeitlich, örtlich und sachlich exakt abgegrenzten Teilgesamtheiten der Grundgesamtheit aller prüfungspflichtigen Geschäftsvorfälle.

Die Bildung von Prüfungsfeldern ist aus verschiedenen, im folgenden aufgeführten Gründen vorteilhaft:

- Die komplexe Aufgabe der Beurteilung des Prüfungsgebietes kann in Teilaufgaben zerlegt werden; so ermöglichen Prüfungsfelder die Bildung von Teilurteilen, die zu einem Gesamturteil zusammenzufassen sind.
- Eine transparente Gliederung des Prüfungsgebietes ermöglicht eine planmäßige und vollständige Erfassung des Prüfungsstoffes. Doppelarbeit wird dadurch vermieden. Gleichzeitig wird gesichert, daß wesentliche Sachverhalte und damit verbundene Prüfungsaufgaben nicht übersehen werden.
- Sie ermöglicht die Schaffung genau abgegrenzter Arbeitsbereiche, die wiederum Voraussetzung für eine Allokation der Prüfer auf Teilbereiche ist. Gleichzeitig wird eine personenbezogene Überwachung der Arbeits- und Verantwortungsbereiche möglich.
- Eine zur Sicherstellung der fristgerechten Auftragserledigung notwendige detaillierte Zeitdisposition ist nur möglich, wenn der Prüfungsstoff in überschaubare Bereiche aufgeteilt wird, so daß der Zeitbedarf für die einzelnen Teilgebiete der Prüfung geschätzt werden kann.
- Die Bildung von Prüfungsfeldern ist Voraussetzung für die Planung einer sinnvollen zeitlichen Reihenfolge der Prüfungshandlungen bzw. für die Planung der Reihenfolge der Bearbeitung einzelner Teilgebiete der Prüfung. Damit macht sie gleichzeitig eine Kontrolle des Standes der Prüfungsarbeiten möglich.
- Verbesserung der Möglichkeiten zum Nachweis und zur Nachvollziehbarkeit der Prüfung.

---

[1] Auch das FG 1/1988 (IDW [1988 (1)], S. 12) sieht die Aufteilung des Prüfungsstoffes in Prüfungsfelder als Bestandteil einer ordnungsgemäßen Prüfungsplanung.

Die Einteilung der Prüfungsfelder wird neben der verfolgten Prüfungsstrategie (balance sheet audit bzw. transaction audit) vom Umfang des Prüfungsstoffes (Übersichtlichkeit) und vom Prüfungszweck (worüber soll berichtet werden?) bestimmt. Orientiert sich die Prüfungsdurchführung an der Strategie des balance sheet audit, so werden z.B. bei handelsrechtlichen Pflichtprüfungen i.d.R. die Prüfungsfelder anhand der Positionen bzw. Unterpositionen des Jahresabschlusses (z.b. Gezeichnetes Kapital, Roh-, Hilfs- und Betriebsstoffe), des Lageberichtes (z.b. der Bereich Forschung und Entwicklung) oder des Prüfungsberichtes (z.b. rechtliche und wirtschaftliche Verhältnisse am Bilanzstichtag, Zustand des Rechnungswesens) gebildet. Die Prüfungsfelder werden somit überwiegend in Anlehnung an die Verarbeitungsergebnisse, wie sie sich in den Positionen des Jahresabschlusses niederschlagen, abgegrenzt. Kriterien der Prüfungsfeldbildung, die sich unmittelbar am Verarbeitungs- und Kontrollsystem orientieren, finden im Rahmen des balance sheet audit grundsätzlich keine Verwendung. Die Überprüfung des vom Unternehmen eingesetzten internen Kontrollsystems wird vielmehr im Rahmen der Prüfung der nach den Jahresabschlußpositionen abgegrenzten Prüfungsfelder vorgenommen.[1] Ist der Prüfungsstoff sehr umfangreich, werden schon aus Teilen einer Jahresabschlußposition Prüfungsfelder gebildet (z.B. konzerninterne Forderungen, Forderungen gegenüber Belegschaftsmitgliedern). Andere Einteilungsmöglichkeiten bestehen in der Abgrenzung nach bestimmten Geschäftsvorfällen (z.B. Einkauf - Verkauf) oder nach Mengen- bzw. Wertgerüst.

Daneben wird empfohlen, **sachlich-methodische** (indem z.B. möglichst homogene Grundgesamtheiten als Voraussetzung für eine auf der Zufallsauswahl basierende Auswahlprüfung gebildet werden; zum Begriff der Homogenität vgl. S. 173), **personelle** (Zusammenfassung von Arbeitsgebieten eines bestimmten Schwierigkeitsgrades, so daß die Prüfer entsprechend ihrer Qualifikation zugeordnet werden können) und **zeitliche** Kriterien (Trennung von Bereichen, die im Rahmen einer Zwischenprüfung überprüft werden sollen, von denen der Hauptprüfung) für die Bildung von Prüfungsfeldern heranzuziehen.

Mit der Aggregation der so gebildeten Prüfungsfelder zu größeren Einheiten, den sog. **Prüfungsfeldergruppen**, will man ausreichend große, übersichtliche und in sich geschlossene Beurteilungsbereiche schaffen und ein koordiniertes Vorgehen im Hinblick auf das Gesamtuntersuchungsziel erreichen. Zudem lassen sich prüfungstechnische Gesichtspunkte (z.B. Zusammenhänge zwischen Bilanz und GVR) berücksichtigen.

Im Gegensatz zum balance sheet audit orientiert sich die Prüfungsfelderbildung im Rahmen des transaction audit unmittelbar an den im Unternehmen auftretenden unterschiedlichen Arten von Geschäftsvorfällen und nicht an den Positionen des Jahresabschlusses. Hierbei wird zunächst die gesamte Geschäftstätigkeit des Unternehmens (und die zugehörigen Verarbeitungs- und Kontrollsysteme) in eine begrenzte Zahl von sog. Tätigkeitskreisen (cycles) unterteilt. Bei Produktionsunternehmen erfolgt z.B. die Aufteilung in die Tätigkeitskreise Finanzen, Aufwand,

---

[1] Vgl. dazu die Beispiele von Prüfungsfeldern bei Hövermann [1979], S. 69 sowie Kroneberger [1980], S. 216.

Herstellung/Verarbeitung, Ertrag und Berichterstattung.[1] Die so gebildeten Tätigkeitskreise umfassen unterschiedliche Arten von Geschäftsvorfällen sowie die damit verbundenen Verarbeitungs- und Kontrollsysteme, die als Funktionen der jeweiligen Tätigkeitskreise bezeichnet werden. Die Funktionen eines Tätigkeitskreises sind somit die Arten von Geschäftsvorfällen, die ihm aufgrund des üblichen Ablaufs der Geschäftstätigkeit zugeordnet werden können. Zur Durchführung der Prüfungsstrategie des transaction audit wird vorgeschlagen, Prüfungsfelder anhand der im Rahmen der einzelnen Tätigkeitskreise festzustellenden Funktionen zu bilden. Auf diese Weise können z.B. die in nachfolgender Tab. 10 dargestellten Prüfungsfelder abgegrenzt werden:

Tätigkeitskreis	Typische Funktionen bzw. Prüfungsfelder
Finanzen	• Beziehung zu Eigenkapital- und Fremdkapitalgebern • Bestandsverwaltung der finanziellen Mittel und Wertpapiere • Finanzanlagen
Aufwand	• Einkauf (Bestellwesen, Wareneingang) • Personalwesen (Lohn- und Gehaltsbuchführung, Personalauswahl) • Kreditorenbuchführung
Herstellung/ Verarbeitung	• Vorratshaltung und Lagerbuchführung • Anlagenbuchführung • Fertigungssteuerung • Kostenrechnung
Ertrag	• Kreditgewährung • Auftragsabwicklung und -bearbeitung, Versand • Debitorenbuchführung • Fakturierung • Geldeingang
Berichterstattung	• Erfassen berichtspflichtiger Tatbestände • Sachkontenbuchführung • Konsolidierung • Währungsumrechnung

Tab. 10: *Prüfungsfelderbildung bei "transaction audit"*

Bei dieser Vorgehensweise orientiert sich die Aufteilung des Prüfungsgebietes somit nicht an den Jahresabschlußpositionen, sondern an den normalen betriebsüblichen Verarbeitungsabläufen, ohne Rücksicht darauf, in welchen Konten und Positionen sich die Geschäftsvorfälle niederschlagen. Die sich ergebenden Prüfungsfelder können unmittelbar für die systemorientierte Prüfung verwendet werden, da sie Geschäftsvorfälle beinhalten, die im Unternehmen organisatorisch gleichartig (d.h. durch das gleiche Verarbeitungs- und Kontrollsystem) erfaßt werden.

---

1) Vgl. Borchert [1992], Sp. 1942; zu anderen Einteilungsmöglichkeiten Knop [1983], S. 81; Kroneberger [1980], S. 216.

3. Die Berücksichtigung von Reihenfolgebedingungen

Die Reihenfolge von Prüfungsaktivitäten stellt bei Jahresabschlußprüfungen dann ein Problem dar, wenn eine bestimmte Prüfungsfolge aufgrund von sachlichen Abhängigkeiten i.S.d. **Stufengesetzes der Prüfung** nach *Zimmermann* (vgl. Zimmermann [1954], S. 40 - 42) zwingend ist. In diesem Fall ist die Bearbeitung eines Prüfungsfeldes nur dann möglich, wenn zuvor das Ergebnis der Prüfungshandlungen in einem anderen Prüfungsfeld bekannt ist. So wäre es z.B. wenig sinnvoll, eine Prüfung der Abschreibungen vorzunehmen, ohne vorher die Zu- und Abgänge des Bestandskontos geprüft zu haben. Zwingende Abhängigkeiten sind seltener. Sie nehmen allerdings zu, je stärker das Prüfungsgebiet in Prüfungsfelder eingeteilt ist. Neben dieser Zwangsreihenfolge bestimmen Zweckmäßigkeitsüberlegungen die Reihenfolge der Bearbeitung einzelner Prüfungsfelder. Zweckmäßigkeitsüberlegungen haben die bestehenden Interdependenzen zwischen den Prüfungshandlungen zu berücksichtigen. Diese Interdependenzen bewirken, daß die Reihenfolge von Prüfungshandlungen nicht völlig frei im Belieben des Planenden steht. Insbesondere sind bei der Planung der Prüfungsreihenfolge folgende Zweckmäßigkeitsüberlegungen zu berücksichtigen:[1]

- **Rückverweisungsnotwendigkeit.** Prüfungsfelder, bei denen eine hohe Wahrscheinlichkeit besteht, daß Unterlagen nach ihrer Prüfung zur Korrektur an das zu prüfende Unternehmen zurückgegeben werden, sollten möglichst früh geprüft werden, damit ggf. genügend Zeit für die Vornahme von Verbesserungen und die erneute Prüfung verbleibt. Die Gefahr der Rückverweisung ist insbesondere bei solchen Prüfungsfeldern gegeben, in denen es zwischen Prüfern und zu prüfendem Unternehmen zu divergierenden Auffassungen hinsichtlich Bewertungsfragen kommen kann oder in denen leicht gravierende Fehler entstehen können.

- **Informationsgehalt** (im Hinblick auf die Prüfung anderer Prüfungsfelder). Prüfungsfelder, deren Beurteilung Aufschluß über Art und Umfang der Prüfung anderer Prüfungsfelder geben kann (wie z.B. die Prüfung des internen Kontrollsystems), sind ebenfalls möglichst frühzeitig (evtl. in einer Vor- bzw. Zwischenprüfung) zu prüfen, um die Prüfungsplanung rechtzeitig den vorgefundenen Begebenheiten anpassen zu können.

- **Prüfungsbereitschaft.** Falls mit der Prüfung begonnen wird, ehe der Jahresabschluß vollständig vorliegt, muß die Reihenfolge der Prüfung dem Ablauf der Abschlußarbeiten angepaßt sein.

- **Überraschungsaffinität.** Prüfungsfelder, bei denen die Gefahr der Fehlerverschleierung besteht, sind am Anfang der Prüfung zu bearbeiten. Nur eine überraschende Prüfung kann hier zum Erfolg führen.

- **Personelle Gegebenheiten.** Die unterschiedliche Prüferqualifikation hat Einfluß auf die Zuordnung von Prüfungsfeldern zu bestimmten Prüfern und damit auf die Reihenfolgeplanung, da mehrere Prüfungsfelder nicht gleichzeitig von einem bestimmten Prüfer bearbeitet werden können.

- **Zeitliche Gegebenheiten.** Hier sind insbesondere Überlegungen zur Einhaltung des Endtermins der Prüfung bedeutsam. Aus diesem Grund kann es allgemein zweckmäßig sein, bestimmte Prüfungsfelder, die eine besonders zeitraubende Prüfung erfordern, möglichst frühzeitig zu prüfen.

---

1) Vgl. Hövermann [1979], S. 63 - 67; Leffson [1988], S. 165.

Aufgrund der Fülle möglicher, bei einer Prüfung zu beachtender Reihenfolgebedingungen und unter Berücksichtigung der zeitlichen Abhängigkeiten, die aus der Möglichkeit unterschiedlicher Ausstattung der einzelnen Prüfungsfeldergruppen mit Prüfern resultieren, wird in der Literatur diskutiert, das Problem der Prüfungsplanung mit Hilfe der Netzwerktechnik zu lösen.

4. Die Planung der Auswahlverfahren

Grundsätzlich lassen sich Prüfungsurteile mit Hilfe einer lückenlosen oder einer Auswahlprüfung gewinnen. Bei einer lückenlosen Prüfung oder Vollprüfung wird das Prüfungsurteil erst gefällt, wenn sämtliche Prüfungsgegenstände untersucht worden sind. Für eine Vollprüfung spricht einmal, daß die Prüfungsfelder (Prüfungsgebiete) mit einer relativ zur Auswahlprüfung höheren Sicherheit und Genauigkeit beurteilt werden können, aber zum anderen auch die Tatsache, daß sich für bestimmte Prüfungstatbestände die Ordnungsmäßigkeit nur durch eine Vollprüfung feststellen läßt (z.B. die Einhaltung gesetzlicher Gliederungsvorschriften in der Bilanz nach § 266 HGB oder die Vollständigkeit der Pflichtangaben im Anhang nach § 285 HGB).

Werden nicht alle Elemente eines Prüfungsfeldes (Prüfungsgebietes) in die Prüfung einbezogen, so spricht man von einer Auswahlprüfung. Zweck einer Auswahlprüfung ist die Reduzierung des Prüfungsumfanges und der Prüfungszeit. Damit soll im Vergleich zur Vollprüfung eine kostengünstigere Durchführung von Prüfungen erreicht werden. Bei einer nicht lückenlosen Prüfung muß aber in Kauf genommen werden, daß Fehler unentdeckt bleiben. Auswahlprüfungen dürfen daher nur dann durchgeführt werden, wenn der Prüfungsauftrag nicht die Feststellung der Fehlerlosigkeit des in Frage stehenden Prüfungsstoffes verlangt. So muß z.B. bei Unterschlagungsverdacht vollständig geprüft werden. Viele Prüfungsarten verlangen aber nicht die vollständige Fehlerlosigkeit des Prüfungsstoffes - daher werden Prüfungsurteile nicht mit maximaler, sondern lediglich hinreichender Sicherheit angestrebt. Aus diesem Grunde kann in den dazu geeigneten Teilgebieten der Prüfung (Prüfungsfelder) zur Auswahlprüfung übergegangen werden.

Bei der Planung einer Auswahlprüfung ist aber zu beachten, daß die Erzielung einer hinreichenden Urteilsqualität verbunden ist mit der Bestimmung des Umfanges der Teilerhebung und der Auswahlverfahren, d.h. der Art und Weise des Auswählens der den Prüfungsumfang bestimmenden Geschäftsvorfälle. Denn wird für eine Urteilsfindung über eine Grundgesamtheit nur eine Teilmenge ausgewählt, so stellt sich die Frage, inwieweit die aus einer Untersuchung von wenigen Elementen der Grundgesamtheit gewonnenen Ergebnisse verallgemeinert werden dürfen. Man spricht in diesem Zusammenhang auch von der Repräsentativität einer Teilerhebung und sieht diese nur dann gewährleistet, wenn es die Auswahl der Geschäftsvorfälle aus der Grundgesamtheit erwarten läßt, daß die Elemente der Teilerhebung ein verkleinertes Abbild der

Grundgesamtheit darstellen.[1] Die Menge an prüfungspflichtigen Elementen, die aus einer Grundgesamtheit in eine Teilerhebung gelangen, wird auch als "Stichprobe" bezeichnet.

Bei solchen stichprobenweisen Prüfungen können grundsätzlich zwei Auswahlverfahren unterschieden werden: einerseits die **bewußte** oder **gezielte Auswahl** (Urteils- bzw. Beurteilungsstichprobe), andererseits die **Zufallsauswahl** (mathematisch-statistische Stichprobe). Wie Untersuchungen bzw. Veröffentlichungen zeigen, werden auf der Zufallsauswahl basierende Prüfungsverfahren im anglo-amerikanischen Prüfungswesen häufig, von deutschen Prüfern jedoch weniger oft angewendet. Gründe hierfür lassen sich z.t. auch auf im deutschen Schrifttum verbreitete Mißverständnisse zurückführen.[2] Nachfolgend sollen daher

(a) Anwendungsvoraussetzungen,
(b) die Quantifizierbarkeit der Urteilsqualität und
(c) das Problem der Effizienz von - insbesondere mathematisch-statistischen - Auswahlverfahren

näher betrachtet werden.

(a) Das Problem der Anwendungsvoraussetzungen von Stichprobenverfahren

(i) Anforderungen an das Prüfungsfeld: Homogene Massenerscheinungen

Hinreichend große Massenerscheinungen. Sieht man von der zu gewährleistenden Möglichkeit ab, auf eine absolute Urteilssicherheit zu verzichten, so ist eine Anwendung von Stichproben im Rahmen der Buchprüfung nur dann als sinnvoll und zulässig anzusehen, wenn das zu untersuchende Prüfungsfeld eine hinreichend große Anzahl von prüfungspflichtigen Geschäftsvorfällen umfaßt. Das Vorhandensein solcher Massenerscheinungen hängt meist von vom Prüfer nicht beeinflußbaren Faktoren - wie Branche und Unternehmensgröße - ab. So hat z.B. das Prüfungsfeld Kassenverkehr im allgemeinen einen größeren Umfang bei

---

1) In der amerikanischen Literatur spricht man in diesem Zusammenhang von dem "**representative sampling**" und unterscheidet dieses Auswahlziel von der Zielsetzung des "corrective", des "protective" und des "preventive sampling". Die Auswahl nach der Zielsetzung des **corrective sampling** ist dadurch geprägt, daß es der Zweck der Prüfung ist, so viele Fehler wie möglich aufzudecken, um diese korrigieren zu können, so daß ein Auswahlverfahren um so geeigneter ist, je mehr Fehler es aufdeckt. Eine Auswahl nach dem Gesichtspunkt des **protective sampling**, d.h. eine Auswahl im Hinblick auf die größtmögliche Absicherung gegenüber dem Prüferrisiko, verfolgt das Ziel, ein Prüferurteil über die (wertmäßig) wichtigsten Sachverhalte der Grundgesamtheit zu gewinnen. Daneben wird als weiteres Ziel einer Auswahl gesehen, dem Geprüften den Eindruck zu vermitteln, daß es keine prüfungsfreien Bereiche gibt und damit die Durchschaubarkeit von Auswahlhandlungen zu erschweren. Zu diesem Zweck werden im Rahmen des **preventive sampling** prüfungspflichtige Sachverhalte ausgewählt, ohne diese zu prüfen. Unter der Zielsetzung des preventive sampling sind Auswahlverfahren besonders geeignet, die für das geprüfte Unternehmen zu möglichst hoher Ungewißheit darüber führen, welche Sachverhalte in der Zukunft geprüft werden. Die Auswahlverfahren sollen also die Voraussehbarkeit der zu prüfenden Bereiche minimieren (vgl. Ijiri/Kaplan [1971], S. 73 - 87). Die Bedeutung der drei letztgenannten Zielsetzungen für die Auswahl von prüfungspflichtigen Sachverhalten ist allerdings umstritten (vgl. Reuter [1975], S. 36 - 37).

2) Zur Zulässigkeit der Anwendung von mathematisch-statistischen Stichprobenverfahren im Rahmen der Buchprüfung vgl. IDW [1988 (1)] sowie IDW [1988 (4)].

einer Sparkasse als bei einem Industriebetrieb. Dem Erfordernis hinreichend großer Massenerscheinungen vermag aber auch durch den Prüfer im Rahmen der Prüfungsfeldbildung Rechnung getragen zu werden. Allgemein kann jedoch gesagt werden, daß sich vor allem Konten mit Massenverkehr - wie Konten des Zahlungs- und Kontokorrentverkehrs, des Warenverkehrs und des Lohn- und Gehaltverkehrs - zur stichprobenweisen Prüfung insbesondere mit zufallsgesteuerten Auswahlverfahren anbieten.

Homogene Massenerscheinungen. Neben dem Erfordernis hinreichend großer Massenerscheinungen bedingt die Anwendung von Stichprobenverfahren, daß diese Masse in sich "homogen" bzw. "gleichartig" ist. In der Literatur wird der Begriff der Homogenität nicht eindeutig ausgelegt. Es lassen sich in diesem Zusammenhang **formale** und **sachliche Gleichartigkeit** unterscheiden. Unter der formalen Gleichartigkeit ist die Unterordenbarkeit der Untersuchungseinheiten unter einen bestimmten Oberbegriff zu verstehen. Formale Oberbegriffe für statistische Einheiten, die Gegenstand der Buchprüfung sind, gibt es zahlreiche, wie den des "Beleges", der "Buchung" u.a. Eine solche formale Zuordenbarkeit ist aber nicht hinreichend, um der Definition einer statistischen Masse i.S.d. Anwendungsvoraussetzungen von Auswahlverfahren im Prüfungswesen zu genügen. Es ist daher im Zusammenhang mit dieser Anwendungsvoraussetzung vielmehr auf die Bedeutung des Phänomens der "sachlichen Gleichartigkeit" mit den Unterarten der "sachlich bedeutsamen Gleichartigkeit" und der "Wesensgleichheit" abzustellen. Dabei bedeutet **sachlich bedeutsame Gleichartigkeit** die völlige oder wenigstens annähernde Gleichartigkeit der statistischen Einheiten hinsichtlich eines Merkmals, das in verschiedenen Ausprägungen vorliegen kann[1]. Unter **Wesensgleichheit** ist dagegen die Eigenschaft zu verstehen, daß sämtliche Einheiten demselben gesamtheitlichen Ursachenkomplex unterliegen.

Der Begriff der Wesensgleichheit führt im Prüfungswesen zu der Forderung, daß ein Schluß von Stichprobenergebnissen auf die Grundgesamtheit nur zulässig ist, wenn während des Untersuchungszeitraumes keine Änderungen im internen Kontrollsystem, in der Organisation der Arbeitsabläufe eingetreten sind oder im Prüfungsgebiet unterschiedliche Verfahrens- oder Kontrollbedingungen bestehen (vgl. IDW [1988 (4)], S. 107).

Die für das Prüfungswesen relevante Bedeutung des Begriffes der sachlichen Gleichartigkeit läßt sich anhand möglicher Prüfungsziele und der damit verbundenen Probleme des Urteilsbildungsprozesses verdeutlichen. Wird unter der Bezeichnung Auswahleinheit ein Element im statistischen Sinne verstanden, dann kann ein solches Element Träger mehrerer zur Beurteilung anstehender Merkmale bzw. Merkmalsausprägungen sein. Stellen z.B. Kassenauszahlungen ein Prüfungsfeld dar, dann können die einzelnen Kassenquittungen als Auswahleinheiten angesehen werden, von denen ein Teil als Stichprobe auf das Merkmal "Korrektheit"

---

[1] Von statistischen Massen spricht man dann, wenn eine eindeutige **zeitliche, räumliche** und **sachliche Abgrenzung** der Untersuchungseinheiten gegeben ist, ein Erfordernis, das im allgemeinen bei der Festlegung von Prüfungsfeldern gegeben bzw. zu beachten ist.

hin untersucht und beurteilt wird. Das Merkmal Korrektheit besitzt somit die beiden Ausprägungen "korrekt" und "nicht korrekt". Für die Merkmalsausprägung "nicht korrekt" ist meist aber eine Vielzahl von Gründen verantwortlich. So können auf Kassenbelegen Unkorrektheiten an zahlreichen Stellen auftreten, wie beim Datum, Betrag, Text (Gegenbuchung) sowie den Unterschriften des Empfängers oder des Zahlungsanweisenden. Ist es das Ziel der Prüfung, die formale Ordnungsmäßigkeit festzustellen, so ist nur dann ein Kassenbeleg als ordnungsgemäß zu betrachten, wenn keine dieser Unkorrektheiten vorliegt. Da dann jeder einzelne Verstoß (jede einzelne Fehlerart) zur gleichen Beurteilung des Beleges als "nicht korrekt" führt, ist hier bezüglich der möglichen Fehlerarten (Ist-Zustand der Merkmalsausprägungen) der Fall einer sachlich bedeutsamen Gleichartigkeit gegeben. Das gilt allgemein immer dann, wenn das Prüfungsfeld es zuläßt, daß eine Auswahleinheit, die mehrere Merkmalsausprägungen aufweist, summarisch beurteilt werden darf. Sobald nun eine von mehreren Fehlerarten auftritt, gilt die gesamte Auswahleinheit als fehlerhaft, unabhängig davon, welcher Art der entdeckte Fehler ist. Die einzelnen Fehlerarten werden damit undifferenziert behandelt, was sich dann auch in einer undifferenzierten Urteilsbildung niederschlägt.

Eine solche für die Urteilsbildung (sachlich) bedeutsame Gleichartigkeit ist dann nicht mehr gegeben, wenn einzelne Fehlerarten einer Auswahleinheit hinsichtlich ihres Urteilsbildungsbeitrages nicht gleichwertig, d.h. wenn einzelne Fehlerarten für die Beurteilung der Auswahleinheit von unterschiedlicher Bedeutung sind. Auch kann es sein, daß die innerhalb einer Fehlerart auftretenden Abweichungen des Ist-Zustandes vom Soll-Zustand von unterschiedlichem Gewicht sind. So ist es in dem erwähnten Beispiel des Kassenbeleges nicht nur von Bedeutung, daß in der Fehlerart "Betrag" eine Abweichung zwischen dem Soll- und Istzustand gefunden wird. Für die Urteilsbildung ist es neben der absoluten Höhe auch wichtig zu wissen, ob eine solche Differenz auf ein Versehen, wie das eines Zahlendrehers, zurückzuführen ist oder die Folge einer Unterschlagung darstellt. Man kann somit sagen, daß selbst Fehler gleicher Art und gleichen Umfanges unter Umständen eine unterschiedliche Beurteilung verlangen. Das führt zur Forderung, nur solche Massen als homogen anzusehen, die "wesensgleich" sind, d.h. bei denen die Mängel einer Fehlerart gleiche Ursachen haben, und daß gleiche Fehler (z.B. das Abweichen des Betrages) nur dann als gleichartig in Bezug auf den Urteilsbildungsbeitrag angesehen werden sollen, wenn sie von den gleichen Ursachen hervorgerufen worden sind.

Ist eine Auswahleinheit Träger mehrerer Merkmalsausprägungen und soll jede Ausprägung einer differenzierten Beurteilung unterworfen werden, so sind zwei Vorgehensweisen möglich. Einmal versucht der Prüfer, gemäß dem Kriterium der sachlich bedeutsamen Gleichartigkeit oder - falls Prüfungsziel und Urteilsbildungsprozeß es fordern - nach dem Kriterium der Wesensgleichheit aus dem Prüfungsfeld Unterprüfungsfelder zu bilden. Das hat zur Konsequenz, daß anstelle einer simultanen Auswahlprüfung des gesamten Prüfungsfeldes eine gesonderte Auswahlprüfung für jedes einzelne Merkmalsfeld erfolgt. Es müßten dann so viele stichprobenweise Prüfungen durchgeführt werden, wie ein Prüfungsfeld unterschiedlich zu beurteilende Untersuchungsmerkmale besitzt.

Im allgemeinen wäre eine solche Vorgehensweise nicht nur umständlich, sondern auch zeitraubend und kostspielig. Aus Wirtschaftlichkeitsgründen ist es daher zweckmäßig, die Mehrfachprüfung zu vermeiden und die Auswahleinheiten einer Stichprobe auf jede Fehlermöglichkeit hin zu untersuchen. Diese Vorgehensweise verlangt ein Fehlergewichtungssystem, das nicht nur den unterschiedlichen Fehlerarten, sondern auch jedem Fehlerursachenkomplex einen Gewichtungsfaktor zuteilt. Ziel dieser Fehlergewichtungssysteme ist es, die Bedeutung verschiedenartiger Fehlerarten und -ursachen in einem übergeordneten Maß zu messen, so daß die Elemente eines Prüfungsfeldes hinsichtlich dieses übergeordneten Prüfungsfeldes homogen sind. Zwar sind die Gewichte der einzelnen Fehlerarten und -ursachen vom Prüfer jeweils nach eigenem Ermessen zu bestimmen, und es bleibt somit die aus einem solchen Gewichtungssystem hergeleitete Beurteilung durchaus subjektiv. Das Gewichtungssystem hat aber den Vorteil, intersubjektiv nachprüfbar zu sein. Es ist jedoch festzuhalten, daß eine Fehlergewichtung nicht allein ein Problem der stichprobenweisen Buchprüfung darstellt. Grundsätzlich tritt das Problem der Fehlergewichtung bei jeder Art von Prüfung - sei sie Voll- oder Teilprüfung - auf.

(ii) Anforderungen an die Art und Weise des Auswählens: Die Auswahlverfahren

Bei einer stichprobenweisen Prüfung ist die Erzielung einer hinreichenden Urteilsqualität verbunden mit der Bestimmung des Auswahlverfahrens und des Prüfungsumfanges. Die Auswahl der zu prüfenden Geschäftsvorfälle kann nach unterschiedlichen Gesichtspunkten erfolgen. Grundsätzlich unterscheidet man - wie eingangs erwähnt - die bewußte Auswahl und die Zufallsauswahl.[1]

Bewußte Auswahl. Bei den Auswahltechniken der bewußten Auswahl ist die **subjektive**, aber nach **pflichtgemäßem Ermessen** getroffene Entscheidung des Prüfers dafür ausschlaggebend, welche Geschäftsvorfälle geprüft werden. Hierbei sind drei Möglichkeiten gegeben: der Prüfer kann

- eine Auswahl **typischer** Fälle (d.h. von Fällen, die für die Beurteilung der Ordnungsmäßigkeit aller Geschäftsvorfälle für typisch gehalten werden, z.B. die Verbuchung bzw. Nichtverbuchung der Geschäftsvorfälle vor dem Jahresabschluß),
- eine Auswahl nach dem **Konzentrationsprinzip** (d.h. von Fällen, denen besondere Bedeutung für die Urteilsbildung beizulegen ist, z.B. Geschäftsvorfälle, deren Wert einen bestimmten Betrag übersteigt) oder
- eine **detektivische** Auswahl (d.h. von Fällen, bei denen Fehler zu vermuten sind)

treffen. Die genannten Auswahltechniken werden in der Praxis häufig miteinander kombiniert.

---

[1] Daneben wird in der statistischen Literatur noch die **Auswahl auf das Geratewohl** erwähnt. Da es sich hier um eine subjektive Auswahl handelt, die nicht nach dem pflichtgemäßen Ermessen erfolgt, widerspricht diese den Grundsätzen ordnungsmäßiger Abschlußprüfung. Die Literatur zur Prüfungslehre spricht hier auch von der "Auswahl nach der größten Bequemlichkeit" (vgl. Buchner [1961], S. 657 - 659; Loitlsberger [1966], S. 92).

Charakteristisch für die bewußte Auswahl ist also, daß nicht alle prüfungspflichtigen Geschäftsvorfälle eine angebbare Wahrscheinlichkeit haben, in die Stichprobe zu gelangen, wobei man sich im Falle der Auswahl typischer Fälle und der detektivischen Auswahl nach dem Gesichtspunkt des Fehlerrisikos und im Fall der Auswahl nach dem Konzentrationsprinzip mehr vom Gesichtspunkt der Wesentlichkeit leiten läßt. Es kann somit a priori nicht erwartet werden, daß die so ausgewählte Stichprobe ein verkleinertes Abbild der Grundgesamtheit darstellt. Aber auch dann, wenn zufälligerweise ein solches Abbild zustande käme, ließe sich die Repräsentativität nicht nachweisen. Da die mit Hilfe der Techniken der bewußten Auswahl zustande gekommenen Stichproben mit einem nicht berechenbaren Fehler behaftet sind, nennt man diese auch "verzerrte Stichproben". Aus der Nichtbeweisbarkeit der Repräsentanz der ausgewählten Geschäftsvorfälle resultiert als ein weiterer Nachteil der bewußten Auswahl eine evtl. Unwirtschaftlichkeit dann, wenn der Stichprobenumfang in der Absicht, die Stichprobe möglichst repräsentativ zu gestalten, größer ist, als es für die geforderte Urteilsqualität nötig wäre.

Zufallsauswahl. Das wesentliche Kennzeichen der Zufallsauswahl ist, daß jeder Geschäftsvorfall die gleiche bzw. eine bestimmte, berechenbare und von Null verschiedene Chance hat, geprüft zu werden. Aber auch eine zufallsgesteuerte Auswahl kann in dem Sinne fehlerbehaftet sein, als der durch diese stichprobenweise Prüfung gefundene Aussagewert nicht identisch zu sein braucht mit dem Aussagewert, der bei einer fehlerfrei durchgeführten Vollprüfung gefunden worden wäre. Es liegt jedoch ein prinzipieller Unterschied zwischen den **systematischen Fehlern** einer **Nicht-Zufallsstichprobe** und den **zufälligen Fehlern** einer **Zufallsstichprobe** vor. Denn wird die Auswahl der Geschäftsvorfälle nach dem Zufallsprinzip vorgenommen und ist die Berechenbarkeit der Wahrscheinlichkeit eines prüfungspflichtigen Geschäftsvorfalles, in die Auswahl zu gelangen, gegeben, so ist damit die Voraussetzung geschaffen, mit Hilfe der Modelle der Wahrscheinlichkeitstheorie auch die Wahrscheinlichkeit des Auftretens zufälliger Fehler beim Schließen von dem Stichprobenergebnis auf den Aussagewert einer lückenlosen Prüfung zu berechnen. Die Anwendung der Zufallsauswahl bedingt somit, daß bei der Beurteilung der Grundgesamtheit aufgrund einer Stichprobe keine durch das Auswahlverfahren verursachten systematischen, sondern nur berechenbare zufällige Fehler auftreten. Dadurch kann angegeben werden, mit welcher Sicherheit ein Prüfungsstoff aufgrund einer stichprobenweisen Prüfung als ordnungsgemäß bzw. nicht ordnungsgemäß zu bezeichnen ist.

Durch die zufallsgesteuerte Auswahl sollen also Über- bzw. Unterrepräsentationen verhindert werden. Dies geschieht am zweckmäßigsten mit den Techniken der **echten Zufallsauswahl**. Die echte Zufallsauswahl erfolgt meist mit Hilfe der **Zufallszahlentabellen**. Diese werden auch **Urnen auf Vorrat** genannt und enthalten eine große Menge der Ziffern 0,1,...,9 in zufälliger Folge, und zwar in der Weise, daß jede dieser Ziffern (annähernd) gleich oft vertreten ist. Zufallszahlentabellen werden maschinell durch Zufallsgeneratoren erzeugt. Die Auswahl unter Verwendung von Zufallszahlen setzt voraus, daß jeder prüfungspflichtige Geschäftsvorfall durch eine besondere Zahl gekennzeichnet ist, z.B. durch eine fortlaufende Numerierung. Es werden nun diejenigen Geschäftsvorfälle einer Prüfung unterzogen, deren Nummern in der Folge der ausgewählten Zufallszahlen enthalten sind. Dieser Vorgehensweise gleichzusetzen ist die Verwendung zufällig erzeugter Buchstaben- oder Monatsfolgen, sofern sich durch diese die prüfungspflichtigen Geschäftsvorfälle eindeutig bestimmen lassen.

Da die Techniken der echten Zufallsauswahl mitunter zu aufwendig sind, werden in der Praxis auch die kostengünstigeren Techniken der sog. **unechten Zufallsauswahl** angewendet. Von diesen Verfahren ist für das Prüfungswesen vor allem die **systematische Auswahl** bedeutsam. Bei diesem Auswahlverfahren (auch als quasi zufällige, periodische oder schematische Auswahl bezeichnet) wird zunächst **ein Element** der Grundgesamtheit streng zufällig ausgewählt und durch Angabe eines Systems die weiteren n-1 Elemente der Stichprobe in Abhängigkeit von der ersten Auswahleinheit gezogen. Hierbei ist darauf zu achten, daß keine Korrelation zwischen dem Auswahlsystem und den Untersuchungsmerkmalen besteht, da sonst die Stichprobe verzerrt wird und nicht mehr repräsentativ für die Grundgesamtheit ist. Die systematische Auswahl kann erfolgen in Form des **Zufallsstarts**, des **Schlußziffernverfahrens**, der **Buchstabenauswahl** oder des **Datums-** bzw. **Geburtstageauswahlverfahrens**.

Bei der systematischen Auswahl mit Zufallsstart wird nur jedes k-te Element ausgewählt, wobei der Startpunkt zufällig bestimmt wird. Ist z.B. ein Zwanzigstel der Grundgesamtheit auszuwählen, dann ist der Startpunkt zwischen den ersten zwanzig Elementen zufällig festzulegen und dieses sowie jedes weitere 20. Element zu ziehen (prüfen). Sind die Erhebungseinheiten numeriert, so kann auch das Schlußziffernverfahren angewendet werden. Soll z.B. ein Zehntel der Grundgesamtheit in die Auswahl gelangen, so wird aus den Ziffern 0,1,...,9 eine Ziffer zufällig gewählt. Auswahleinheiten mit dieser Schlußziffer gelangen in die Stichprobe. Liegen alphabetische, nach dem Datum oder nach Geburtstagen geordnete Verzeichnisse der prüfungspflichtigen Geschäftsvorfälle vor, so lassen sich im Rahmen der systematischen Auswahl die Stichprobenelemente auch in der Weise bestimmen, daß je nach dem Auswahlsatz ein Buchstabe oder mehrere Buchstaben bzw. ein Termin oder mehrere Termine nach dem Zufallsprinzip ausgewählt und nun alle Geschäftsvorfälle, deren Namen mit diesen Buchstaben beginnen bzw. denen die gewählten Termine zuzuordnen sind, in die Stichprobe einbezogen werden. Man spricht dann vom Verfahren der Buchstabenauswahl bzw. der Datumsauswahl oder der Auswahl nach Geburtstagen.

Verbunden mit diesen Fragen des Auswählens ist das Problem der kostengünstigen Informationsgewinnung für die Urteilsbildung. Die spezifischen Kosten des Auswählens und Auswertens hängen von einer Reihe von Faktoren ab. So können der Stichprobenumfang und der Umfang des Prüfungsfeldes hierauf ebenso einen Einfluß haben, wie die Beschaffenheit des Prüfungsstoffes und die vom Prüfer angewendete Auswahltechnik. Allgemein wird man jedoch von der Annahme ausgehen dürfen, daß tendenziell zwischen Prüfungsumfang und Prüfungskosten eine Abhängigkeit in der Weise angenommen werden kann, daß die Prüfungskosten um so höher sind, je größer der Prüfungsumfang ist. Unterstellt man also, daß die Prüfungskosten eine steigende Funktion des Prüfungsumfanges sind, dann ist die Kostenersparnis als Folge stichprobenweisen Prüfens um so höher, je geringer der Stichprobenumfang bei einem gegebenen Prüfungsfeld ist. Man spricht in diesem Zusammenhang auch vom "Auswahlsatz" und meint damit den Quotientwert aus Stichprobenumfang n und Umfang der Grundgesamtheit N eines Prüfungsfeldes. In der Literatur wird vielfach auf Rationalisierungsvorteile der Zufallsstichprobe für das Prüfungswesen hingewiesen, die darin bestehen, daß bei einer angestrebten Urteilsqualität der Stichprobenumfang n bei zunehmendem Umfang eines Prüfungsfeldes ceteris paribus nur degressiv wächst und der Auswahlsatz mit wachsendem N gegen Null strebt.[1]

(b) Das Problem der Quantifizierbarkeit der Urteilsqualität

Auswahlprüfungen sind dadurch charakterisiert, daß lediglich eine bestimmte Anzahl prüfungspflichtiger Sachverhalte ausgewählt und mit dem Ziel geprüft wird, aufgrund der Ergebnisse dieser Teiluntersuchung ein Urteil über Teilgebiete der Rechnungslegung oder der Rechnungslegung als Ganzes abzugeben. Auswahlprüfungen sind daher so zu gestalten, daß unter dem Gesichtspunkt der Wirtschaftlichkeit ein als hinreichend sicher erachtetes Prüfungsurteil gewährleistet ist. Ein hinreichend sicheres und genaues Urteil bedeutet aber, daß das **Risiko eines Fehlurteils** ein vertret- und überprüfbares Maß nicht übersteigt. Die Beweiskraft und damit die intersubjektive Nachprüfbarkeit von Prüfungsurteilen wird - sieht man von der Güte (Richtigkeit) der Informationsquellen ab - wesentlich von der Art der Informationsaufnahme, d.h. des Auswahlverfahrens, beeinflußt. Der Prüfer muß daher versuchen, eine Auswahl der zu prüfenden Sachverhalte so zu treffen, daß diese in bezug auf das zu untersuchende Prüfungsfeld von **beweisbarer Repräsentanz** ist.

(i) Bewußte Auswahl und Quantifizierbarkeit der Urteilsqualität

Bei bewußt gesteuerten Auswahlverfahren werden Umfang und Art der Auswahl allein nach dem pflichtgemäßen Ermessen des Prüfers festgelegt. Folgt der Prüfer aber seinem pflichtgemäßen Ermessen, d.h. bedient er sich bei der Auswahlprüfung keines Zufallsstichprobenverfahrens, steht er vor folgendem Dilemma: Einerseits soll er ein hinreichend sicheres und genaues Urteil abgeben. Deshalb darf er den Stichprobenumfang nicht zu klein wählen, wenn der Rückschluß vom Ergebnis der Auswahlprüfung auf die Gesamtheit der Geschäftsvorfälle berechtigt sein soll. Andererseits darf er aus Zeit- und Kostengründen den Umfang der Auswahl nicht zu groß wählen, damit nicht mehr Prüfungsinformationen anfallen, als zur Abgabe eines hinreichend sicheren und genauen Urteils erforderlich sind. Nachteile der bewußten Auswahl bezüglich der Quantifizierbarkeit der Urteilsqualität liegen also in der Nichtbeweisbarkeit der Repräsentanz der ausgewählten und geprüften Geschäftsvorfälle und in einer daraus resultierenden evtl. Unwirtschaftlichkeit bei der Festlegung des Prüfungsumfanges.

(ii) Zufallsauswahl und Quantifizierbarkeit der Urteilsqualität

Mit zufallsgesteuerten Auswahlverfahren wird bezweckt, alle subjektiven Einflüsse auf die Auswahl der Stichprobe auszuschalten, so daß lediglich

---

[1] Vgl. Rackles [1961], S. 147; Loitlsberger [1966], S. 88 sowie Tab. 14.

berechenbare zufällige Fehler auftreten. Für die Beurteilung der Urteilsqualität zufallsgesteuerter Auswahlverfahren sind insbesondere vier Problemkreise bedeutsam, nämlich

(1) das Problem der geeigneten Verteilungshypothese,
(2) das Problem der einfachen oder komplexen Zufallsauswahl,
(3) das Problem der Sicherheit und Genauigkeit der Urteilsbildung sowie
(4) das Problem der Berücksichtigung von Vorinformationen.

Zu (1): Das Problem der geeigneten Verteilungshypothese

Nur wenn die Art der Entnahme, d.h. das Auswahlverfahren, sich auf ein a priori berechenbares Modell zurückführen läßt, ist die Wahrscheinlichkeit der Entnahme einer bestimmten Untersuchungseinheit aus einer statistischen Masse quantifizierbar. Solche Modellanalysen zur Fundierung bestimmter Auswahlverfahren beinhalten sog. **Zufallsexperimente**. Unter einem Zufallsexperiment (oder einer Beobachtung) wird ein beliebig oft wiederholbarer Vorgang verstanden, der nach einer bestimmten Vorschrift ausgeführt wird und dessen Ergebnis in der Weise vom Zufall abhängt, daß man vor dem Versuch nicht weiß, welche der möglichen Realisationen bei einem Experiment eintreffen wird. Ein solches Zufallsexperiment ist z.B. im Urnenmodell zu sehen, dem folgende Versuchsanordnung zugrunde liegt: Eine Urne ist mit N gleich großen, gleich schweren (idealen) Kugeln gefüllt. Diese Kugeln unterscheiden sich lediglich in bestimmten äußerlichen Merkmalsausprägungen, z.B. in der Farbe und/oder durch aufgebrachte Zahlen. Die Farbaufdrucke vermögen so qualitative Merkmalsausprägungen (**homograde Theorie**)[1] und die aufgebrachten Zahlen quantitative Merkmalsunterschiede (**heterograde Theorie**)[2] zu versinnbildlichen. Diese Zweiteilung in eine homograde Theorie für qualitative und in eine heterograde Theorie für quantitative Merkmale hat eine grundsätzliche Bedeutung für die Stichprobenverteilung.[3] Übertragen auf die Buchprüfung stellt dieses Urnenmodell in den Kugeln die prüfungspflichtigen Geschäftsvorfälle eines bestimmten Prüfungsfeldes (z.B. Kasse) mit N Belegen dar, von denen $0 \leq M \leq N$ Belege falsch (Merkmalsausprägung rot) und N-M Belege richtig (Merkmalsausprägung schwarz) sind bzw. die angebrachten Zahlen die Höhe des Kasseneinganges oder Kassenausganges symbolisieren.

---

1) Besonders in der deutschsprachigen Literatur zum Prüfungswesen überwiegt die Behandlung des homograden Falles. Dafür sind hauptsächlich die folgenden Gründe maßgebend: Einmal ist die homograde Statistik im allgemeinen rechnerisch einfacher; sodann bringt die Annahme, daß der Merkmalsträger nur in den Ausprägungen "fehlerhaft" oder "nicht fehlerhaft" auftritt, es mit sich, daß die Beurteilung durch den Prüfer i.d.R. unproblematischer ist.

2) Anwendungsfälle der heterograden Statistik im Prüfungswesen sind z.B. das Nachprüfen von Beständen (vgl. Schöttler [1979]; Scherrer/Obermeier [1981], S. 59 - 167; Quick [1991], S. 315 - 371) oder die Ermittlung des Grades von Soll-Ist-Abweichungen (vgl. Buchner/Breith [1981]).

3) Homograde und heterograde Fragestellungen lassen sich miteinander kombinieren bzw. ineinander überführen. Die Kombinationen aus homograden und heterograden Fragestellungen werden im amerikanischen Schrifttum unter der Bezeichnung "combined attributes - variables sampling" (CAV-sampling) diskutiert (vgl. Neter/Loebbecke [1975] sowie S. 184 - 188). Zur Überführung der Fragestellung, bei der die homograde Fragestellung mathematisch als ein Spezialfall der heterograden Fragestellung aufgefaßt wird, vgl. Kellerer [1963], S. 30 - 36 u. S. 91 - 100.

Mit Hilfe dieses Urnenmodelles sollen nun die im Rahmen der Buchprüfung auftretenden Probleme der geeigneten Verteilungshypothese unter Anwendung der einfachen Zufallsauswahl behandelt werden. Die **einfache** Zufallsauswahl wird auch als **uneingeschränkte** oder **reine Zufallsauswahl** bezeichnet und ist dadurch gekennzeichnet, daß jede denkbare Konstellation von n Stichprobenelementen die gleiche von Null verschiedene Chance hat, aus den N Merkmalsträgern (Elementen) der Grundgesamtheit realisiert zu werden. Dieser gestellten Anforderung wird durch zufälliges Ziehen der Kugeln aus der Urne Rechnung getragen, denn unmittelbar vor der ersten Ziehung besitzen alle Kugeln die gleiche Chance, ausgewählt zu werden. Das Zufallsmodell der Urnenauswahl ist jedoch hinsichtlich des weiteren Vorgehens in **Ziehen mit** oder **ohne Zurücklegen** zu differenzieren. Wird nach dem zufälligen Ziehen einer jeden Kugel die Merkmalsausprägung notiert und die Kugel zurückgelegt, so bleiben der Gesamtinhalt und das Verhältnis der Merkmalsausprägungen in der Urne zueinander bei jedem Zug dasselbe, d.h. das Ergebnis eines Zuges ist unabhängig vom vorhergehenden Zug. Das bedeutet, daß das Ziehen eines bestimmten Merkmalsträgers (z.B. rote Kugel) im Laufe der Beobachtungen gleichwahrscheinlich bleibt, aber auch, daß durch diese Vorgehensweise ein "Zufallsexperiment mit unendlicher Grundgesamtheit" zu simulieren ist, da die Ziehungen beliebig oft wiederholt werden können.

Beim "Fall des Ziehens ohne Zurücklegen" oder dem "Fall der abhängigen (verketteten) Beobachtung" werden die einzelnen gezogenen Kugeln nicht wieder zurückgelegt, so daß jeder Merkmalsträger nur einmal in die Auswahl gelangt. Diese Vorgehensweise entspricht am ehesten dem Ablauf einer Buchprüfung auf Stichprobenbasis. Werden nacheinander aus der gleichen endlichen Grundgesamtheit Zufallsentnahmen vorgenommen, ohne daß jedesmal der ursprüngliche Umfang derselben wiederhergestellt wird (was gleichbedeutend ist mit der gleichzeitigen zufälligen Entnahme von n Merkmalsträgern), dann ist das Ergebnis der einzelnen Ziehungen voneinander abhängig. Dennoch ist unmittelbar vor einem nächsten Zug die Wahrscheinlichkeit für das Ziehen einer bestimmten Merkmalsausprägung berechenbar und gleich groß.

Das Urnenmodell bei homograder Fragestellung. Ziel der Stichprobenentnahme im Rahmen der homograden Fragestellung ist es, Aussagen über die Verteilung qualitativer Merkmalsausprägungen (z.B. der Anzahl der fehlerhaften Geschäftsfälle in einem Prüfungsfeld) zu machen. Die homograde Fragestellung beantwortet die Frage, wieviele von N Merkmalsträgern die Eigenschaften $E_1, E_2,...,E_k$ aufweisen, wobei die k Merkmalsausprägungen sich gegenseitig ausschließen. Anhand der absoluten Zahlen des Auftretens dieser Eigenschaften können deren prozentuale Verteilungen oder deren Anteilswerte berechnet werden und umgekehrt.

Die Behandlung des Problems der Verteilungshypothese soll zur Vereinfachung vom eingangs beschriebenen Urnenmodell für eine dichotome Merkmalsausprägung erfolgen, d.h. die Merkmalsträger (Kugeln) haben nur zwei alternative Ausprägungen, und zwar weisen die N Kugeln der Urne M rote und $N-M$ schwarze Kugeln auf. Wird aus dieser gut durchmischten Urne eine Kugel zufällig gezogen und steht z.B. A_1 für das Ziehen von Rot und B_1 für das Ziehen von Schwarz beim ersten Zug, so erhält man für das beschriebene Urnenmodell

$$W(A_1) = \frac{M}{N} = P$$

und

$$W(B_1) = 1 - \left(\frac{M}{N}\right) = 1 - P = Q,$$

wobei P den Anteil der roten und Q den Anteil der schwarzen Kugeln in der Grundgesamtheit bezeichnen. Wird eine zweite Kugel ohne Zurücklegen der ersten Kugel gezogen, so kommt es für die Wahrscheinlichkeit, nochmals Rot zu ziehen, darauf an, welches Ergebnis der erste Zug hatte. Wurde beim ersten Zug eine rote Kugel gezogen, dann ist, da sich in der Urne nur noch N-1 Kugeln befinden, von denen M-1 rot sind, die bedingte Wahrscheinlichkeit

$$W(A_2 \mid A_1) = \frac{M-1}{N-1}.$$

Daraus erhält man als Ergebnis für das Ziehen von Rot in den ersten zwei Zügen die Wahrscheinlichkeit

$$W(A_1 \cap A_2) = W(A_1) \cdot W(A_2 \mid A_1) = \frac{M \cdot (M-1)}{N \cdot (N-1)}.$$

Nun lassen sich aus einem Prüfungsfeld vom Umfang N, das insgesamt M nicht korrekte Geschäftsvorfälle aufweist, nach einem Satz der Kombinatorik über die Anzahl von Kombinationen ohne Wiederholung und ohne Berücksichtigung der Anordnung insgesamt

$$\binom{N}{n} = \frac{N!}{n!(N-n)!}$$

Stichproben vom Umfang n ziehen, die sich in wenigstens einem ihrer n Elemente unterscheiden. Die Wahrscheinlichkeit $W(m)$ dafür, daß genau m ($m=0,...,n$) Elemente der Stichprobe die Merkmalsausprägung "nicht korrekt" besitzen, beträgt

(1) $$W(m) = \frac{\binom{M}{m}\binom{N-M}{n-m}}{\binom{N}{n}}.$$

Die Verteilung, der diese Wahrscheinlichkeitsfunktion zugrunde liegt, ist die **hypergeometrische** Verteilung (vgl. Anhang S. 375), deren Verteilungsfunktion folgende Form hat:

$$F(k) = \sum_{m=0}^{k} \frac{\binom{M}{m}\binom{N-M}{n-m}}{\binom{N}{n}}.$$

Das Rechnen mit dieser unter den angegebenen Bedingungen für Buchprüfungen exakten Verteilung erweist sich oft schon für kleinere Grundgesamtheiten N als (zu) aufwendig, da jeweils alternative Werte für N, M, n und m zu berücksichtigen sind. Aus dem gleichen Grund bringen auch Vertafelungen keine wesentlichen Vereinfachungen, denn sie müssen für die alternativen Werte N, M, n und m sehr umfangreich sein. Ein Ausweg bildet einmal die Programmierung dieser Verteilung - was bereits bei kleinen (Taschen-)Rechnern vorteilhaft möglich ist - oder die Approximation durch weniger umständlich zu handhabende Verteilungen. So geht für $N \gg n$ das Modell "Ziehen ohne Zurücklegen" näherungsweise in das Modell "Ziehen mit Zurücklegen" über. Diese Eigenschaft wird plausibel, wenn man bedenkt, daß beim Ziehen mit Zurücklegen zwar eine Kugel mit bestimmter Farbe (z.B. rot) mit der konstanten Wahrscheinlichkeit

$$P = \frac{M}{N}$$

gezogen wird und man beim Ziehen ohne Zurücklegen diese Wahrscheinlichkeit nur beim ersten Zug erhält, während sie beim zweiten Zug entweder gleich

$$\frac{M-1}{N-1}$$

oder

$$\frac{M}{N-1}$$

ist, je nachdem, ob beim ersten Zug eine rote oder eine schwarze Kugel gezogen wurde. Für große N sind diese Werte aber ungefähr gleich, so daß sich bei den einzelnen Zügen die Wahrscheinlichkeit, eine Kugel mit einer bestimmten Farbe zu ziehen, kaum verändert. Das Ziehen mit bzw. das Ziehen ohne Zurücklegen liefert dann sehr ähnliche Wahrscheinlichkeiten, d.h. die hypergeometrischen Wahrscheinlichkeiten unterscheiden sich mit wachsendem Umfang N der Grundgesamtheit immer weniger von den **binomialen Wahrscheinlichkeiten** des Ziehens mit Zurücklegen, deren Wahrscheinlichkeitsfunktion (für $m=0,...,n$) mit

(2) $$W(m) = \binom{n}{m} \left(\frac{M}{N}\right)^m \left(\frac{N-M}{N}\right)^{n-m}$$

und die zugehörige Verteilungsfunktion mit

$$F(k) = \sum_{m=0}^{k} \binom{n}{m} \left(\frac{M}{N}\right)^m \left(\frac{N-M}{N}\right)^{n-m}$$

anzugeben ist.[1] Der geschilderte Sachverhalt geht z.B. auch aus nachstehender Tab. 11 hervor, in der für $n=2$ und $P=1/3$ jeweils die binomialen Wahrscheinlichkeiten den hypergeometrischen Wahrscheinlichkeiten für alternative $N=9, 90, 900, 9.000$ gegenübergestellt werden.

Die Bedingungen, unter denen eine Approximation als zulässig anzusehen ist, hängen von der Tolerierbarkeit des mit einer solchen Approximation verbundenen Fehlers ab. In der Literatur (auch in der des Prüfungswesens) werden hierfür keine allgemein verbindlichen Regeln aufgestellt. Es werden vielmehr unterschiedlich scharfe Bedingungen genannt, wie

---

1) Zur Herleitung der Binomialverteilung als Grenzverteilung der hypergeometrischen Verteilung vgl. Härtter [1974], S. 137 - 138 sowie Anhang S. 377.

$$N > 10, \frac{n}{N} < 0{,}1 \quad \left(\text{bzw. } \frac{n}{N} < 0{,}05\right), \quad \frac{M}{N} = P > 0{,}1.$$

m	Binomial-verteilung	Hypergeometrische Verteilung			
		$N=9$	$N=90$	$N=900$	$N=9.000$
0	0,44444	0,41667	0,44195	0,44420	0,44442
1	0,44444	0,50000	0,44944	0,44494	0,44449
2	0,11111	0,08333	0,10861	0,11086	0,11109
$\frac{n}{N}$		$\frac{2}{9} > 0{,}1$	$\frac{2}{90} < 0{,}1$	$\frac{2}{900} < 0{,}1$	$\frac{2}{9000} < 0{,}1$

Tab. 11: *Vergleich der Binomialverteilung mit der hypergeometrischen Verteilung*

Diese Bedingungen (vgl. auch Tab. 11) zeigen, daß die Approximation der hypergeometrischen Verteilung durch die Annahme einer Ziehung mit Zurücklegen, also die Anwendung des Formelapparates der Binomialverteilung anstelle der hypergeometrischen Verteilung, nur dann akzeptabel ist, wenn der Umfang der Grundgesamtheit N sowie $N-n$ relativ groß gegenüber dem Stichprobenumfang n sind. Das und die Tatsache, daß - ist n groß - die Berechnung der Wahrscheinlichkeit nach (2) recht schwierig ist, gibt Veranlassung, neben der Binomialverteilung auch die **Normal-** und/oder **Poisson-Verteilung** zur Approximation heranzuziehen.

Zulässigkeit und Grenzen der Approximation der hypergeometrischen Verteilung durch die Normalverteilung basieren auf der **De Moivre-Laplace-Transformation** (vgl. Anhang S. 380). Man gelangt zur *De Moivre-Laplace*'schen Näherungsformel durch zweckentsprechende Umformung der hypergeometrischen Wahrscheinlichkeitsfunktion und erhält aus (1)

$$W(m) = \frac{1}{\sigma\sqrt{2\pi}} \cdot \exp\left(-\frac{x^2}{2\sigma^2} + R\right),$$

in der

$$x = m - nP, \quad \sigma = \sqrt{n \cdot \left(1 - \frac{n}{N}\right) \cdot PQ}$$

und R im Exponenten ein Restglied bedeutet, das mit wachsendem Stichprobenumfang vernachlässigbar klein wird. Diese Näherungsformel ist die Basis für eine Vielzahl unterschiedlicher Approximationsregeln in der Anwendungspraxis und auch Grundlage unterschiedlicher Approximationsverfahren - wie das der **einfachen Normalapproximation** oder das des **extremalwertorientierten Verfahrens** (*Millot*sches Verfahren) (vgl. Buchner/Reuter [1976], S. 309 - 324). Diese Transformation ist aber auch die Grundlage für die Abschätzung des Approximationsfehlers, und zwar wird der Approximationsfehler um so schwerwiegender, je größer die Differenz aus der Anzahl der fehlerhaften Geschäftsvorfälle (n) und dem Erwartungswert (nP) der Stichprobe ist. So wird nach einer verbreiteten Auffassung die Approximation der hypergeometrischen Verteilung durch eine Normalverteilung dann als hinreichend genau angesehen, wenn für $N/2 \geq n$

$$n \geq \frac{9}{PQ} \text{ bzw. } n > \frac{9}{PQ}$$

gilt (vgl. Bleymüller/Gehlert/Gülicher [1992], S. 68). Diese Approximationsregel beinhaltet, daß der Stichprobenumfang um so größer sein muß, je unsymmetrischer die hypergeometrische Verteilung, d.h. je kleiner P im Verhältnis zu Q ist. Für $P=0,1$ muß der Stichprobenumfang $n \geq 9/(0,1 \cdot 0,9)=100$ sein, während für $P=0,5$ bereits $n \geq 9/(0,5 \cdot 0,5)=36$ für ausreichend angesehen wird. Im Fall ungefähr gleich großer P- und Q-Werte, wird dagegen eine Approximation bereits für

$$n \geq 30 \text{ und } P > 0,1 \quad \left(\text{bzw. } 0,1 < \frac{M}{N} < 0,9 \right) \text{ und } \frac{n}{N} < 0,1$$

als zulässig erachtet[1].

Die Approximation der hypergeometrischen Verteilung durch die *De Moivre-Laplace*-Näherungsformel ist bei kleinen Anteilswerten - in der Literatur werden $10 > Pn$ genannt (vgl. Bangen [1972]), S. 36) - nicht sehr genau. Der Bereich kleinerer Anteilswerte ist aber bei Buchprüfungen bedeutsam, da i.d.R. die fehlerhaften Geschäftsvorfälle in der Praxis im Vergleich zu der Gesamtzahl der Geschäftsvorfälle recht gering sind. Das gibt Veranlassung, bei kleinen Anteilswerten eine Approximation der hypergeometrischen Verteilung durch eine **Poisson-Verteilung** (vgl. Anhang S. 378) vorzuschlagen (vgl. Leffson [1988], S. 178). Im Gegensatz zur Normalverteilung wird die *Poisson*-Verteilung eindeutig durch den Wert des Parameters

$$\lambda = nP > 0 \text{ (konstant)}$$

charakterisiert, und eine Zufallsvariable, welche die Werte $m=0,1,...,n$ mit der Wahrscheinlichkeit

$$W(m) = \frac{\lambda^m}{m!} \cdot e^{-\lambda}$$

annimmt, genügt einer *Poisson*-Verteilung[2]. Die zugehörige Verteilungsfunktion lautet

(3) $$F(k) = \sum_{m=0}^{k} \frac{\lambda^m}{m!} \cdot e^{-\lambda}.$$

Die Beziehung (3) zeigt, daß die *Poisson*-Verteilung rechentechnisch einfacher zu handhaben ist als die für den Fall des Ziehens ohne Zurücklegen zutreffende hypergeometrische Verteilung.

---

1) Vgl. Schulte [1970], S. 201; Wysocki [1977 (1)], S. 97; Buchner [1983], S. 490, insbes. Fn. 33.

2) Die *Poisson*-Verteilung kann als eigenständige Wahrscheinlichkeitsfunktion eines stochastischen Prozesses, aber auch als eine Grenzverteilung der Binomialverteilung aufgefaßt werden (vgl. Härtter [1974], S. 128 - 134; Buchner [1983]).

Um einen Eindruck von der Genauigkeit der Approximation - auch im Vergleich zu anderen Verteilungshypothesen - zu schaffen, werden in nachstehender Tab. 12 die hypergeometrisch-, die binomial- und die normalverteilten Wahrscheinlichkeiten den jeweiligen nach der *Poisson*-Verteilung ermittelten Werten gegenübergestellt. Dem Beispiel wird $N=100.000$, $P=0,001$ und $n=2.000$ zugrunde gelegt. Es wird nach der Wahrscheinlichkeit gefragt, $m=0,1,...,7$ fehlerhafte Geschäftsvorfälle in der Stichprobe zu finden.

m	0	1	2	3	4	5	6	7
Hyp. Vert.	0,1325	0,2707	0,2736	0,1824	0,0902	0,0353	0,0114	0,0031
Bin. Vert.	0,1352	0,2707	0,2708	0,1805	0,0902	0,0361	0,0120	0,0034
Poi. Vert.	0,1353	0,2707	0,2707	0,1804	0,0902	0,0361	0,0120	0,0034
Nor. Vert.	0,1419	0,2186	0,2791	0,2186	0,1049	0,0308	0,0055	0,0006

Tab. 12: *Gegenüberstellung von hypergeometrisch-, binomial-, poisson- und normalverteilten Wahrscheinlichkeiten für ein hypothetisches Beispiel unter Berücksichtigung der Endlichkeits- und Stetigkeitskorrektur bei der Normalverteilung*

Auch für die Zulässigkeit der Approximation der (exakten) hypergeometrischen Verteilung durch die *Poisson*-Verteilung existieren keine allgemein verbindlichen Regeln, so werden z.B. genannt (vgl. Schulte [1970], S. 101):

$$\frac{n}{N} \leq 0,05 \text{ und } P \leq 0,031 \text{ sowie } \frac{n}{N} \leq 0,1$$

und $n \geq 30$ und $P < 0,1$.

Grundsätzlich kann hinsichtlich der dargestellten Approximationsmöglichkeiten gesagt werden, daß sie, wie vorstehende Ausführungen verdeutlichen, aufeinander aufbauen und in abgestufter Genauigkeit in der Lage sind, die aufgrund der exakten Berechnung ermittelten Werte angenähert widerzuspiegeln. Approximationsverfahren werden angewendet, um den bei exakter Berechnung notwendigen Rechenaufwand zu verkleinern, diese Rechenvereinfachungen werden aber mit Ungenauigkeiten im Ergebnis der Rechnung erkauft. Um diese Unkorrektheiten in Grenzen zu halten, müssen die mit zunehmender Approximationsungenauigkeit schärferen Approximationsbedingungen beachtet werden. Auch darf in diesem Zusammenhang nicht übersehen werden, daß hinsichtlich der Gesamtprüfungskosten eine Interdependenz zwischen dem durch die zugrunde gelegte Verteilung bedingten Rechenaufwand bei der Schätzung der Parameter und der Urteilsqualität besteht. Durch Erhöhung des mit der Vergrößerung des Stichprobenumfanges einhergehenden Prüfungsaufwandes kann bei allen Verfahren - also auch bei den Approximationsverfahren - eine Verbesserung der Schätzung erreicht werden. Die Ermittlung der Schätzwerte und die Wahl der hierbei anzuwendenden Rechenverfahren (Verteilungen bzw. Verteilungshypothesen) sind somit auch ein ökonomisches Problem, das im Hinblick auf die Minimierung der Gesamtkosten einer Prüfung zu lösen ist.

Das Urnenmodell bei heterograder Fragestellung. Dieser Fall unterscheidet sich von der homograden Fragestellung dadurch, daß jede der sonst gleichen Kugeln eine Zahl trägt. Diese Zahlen sollen jeweils den quantitativen Wert wiedergeben, der jeder der N Kugeln zukommt (z.B. Belegbetrag). Eine heterograde Fragestellung liegt dann vor, wenn nach dem unbekannten Durchschnittswert dieser Zahlwerte gefragt wird. Der Anwendungsbereich der heterograden Fragestellung erstreckt sich so im wirtschaftlichen Prüfungswesen auf metrisch-skalierte Merkmalsausprägungen wie Positionen des Jahresabschlusses, Bestände an Zahlungsmitteln, Forderungen, Verbindlichkeiten oder Lagerbestände.

Wird nun aus der Urne eine Stichprobe von n (mit n < N) Kugeln gezogen und bezeichnet x_i den Merkmalswert der i-ten gezogenen Kugel, so liefert die Stichprobe eine Folge von n realisierten Merkmalsausprägungen x_i ($i = 1,...,n$). Dieser Vorgang kann als Zufallsexperiment aufgefaßt werden, bei dem die einzelne Erhebungseinheit der Stichprobe als Zufallsvariable X_i ($i = 1,...,n$) zu deuten ist, die bei einer bestimmten Ausführung des Experiments die konkreten Realisationen x_i annimmt. Welche Werte die empirischen Stichprobenverteilungen haben, hängt von der Größe und Anzahl der Stichproben, dem Entnahmeverfahren (Ziehen mit oder ohne Zurücklegen) und der Verteilung der Grundgesamtheit ab. Nach dem zentralen Grenzwertsatz (einem fundamentalen Satz der Statistik) strebt mit wachsendem Stichprobenumfang bei beliebig verteilten Grundgesamtheiten die Verteilung des arithmetischen Mittels von n unabhängigen[1] Zufallsvariablen X_i ($i = 1,...,n$) gegen eine Normalverteilung mit dem Erwartungswert μ und der Varianz σ^2/n.

Zu (2): Das Problem der einfachen oder komplexen Zufallsauswahl

Die Aufgabe einer Stichprobenerhebung besteht in der Auswahl einer Teilmasse mit dem Ziel, von dieser (mit Hilfe der Rechenregeln der Wahrscheinlichkeitstheorie) auf die unbekannte Gesamtmasse zu schließen. Verbunden mit der Stichprobenauswahl ist daher das Problem der Repräsentativität, d.h. die Frage, unter welchen Voraussetzungen die aus einer Stichprobe gewonnenen Ergebnisse auf die Grundgesamtheit verallgemeinert werden dürfen. Eine wesentliche Voraussetzung der Repräsentativität der Stichprobenergebnisse ist in dem Vorgang des Auswählens zu sehen. Das "ideale" Auswahlverfahren ist die zufallsgesteuerte Auswahl, bei der jedes Element der Grundgesamtheit die gleiche angebbare Chance hat, auch Element der Stichprobe zu werden. Dieses als einfache oder uneingeschränkte Zufallsauswahl bezeichnete Auswahlverfahren ist aufwendig. In der Wirtschaftspraxis werden daher Modifikationen der einfachen Zufallsauswahl gesucht, die bei ungefähr gleichen Ergebnissen Kosten einsparen. Im Prinzip bestehen diese Modifikationen der uneingeschränkten Stichprobenauswahl in einer Substitution des einfachen Urnenmodells durch andere, kompliziertere Modelle.

---

[1] Beim Ziehen ohne Zurücklegen können die Zufallsvariablen X_i (i = 1,...,n) nicht mehr als unabhängig angesehen werden. Bei hinreichend großem Umfang N der Grundgesamtheit ist diese Abhängigkeit zwischen den Zufallsvariablen jedoch so gering, daß der zentrale Grenzwertsatz trotzdem Gültigkeit besitzt (vgl. Cochran [1972], S. 56 sowie Anhang S. 382 - 383).

Weist eine Grundgesamtheit in ihren Merkmalsausprägungen Strukturen auf, so ist man aus Gründen der Effektivität der Stichprobenanalyse veranlaßt, diese Strukturen in verschiedenen horizontal und/oder vertikal gegliederten Zufalls- (Urnen-) Modellen abzubilden. Man spricht dann auch vom Stufenmodell, Schichtenmodell sowie vom Klumpen- oder Trombenmodell bzw. dem Mehrphasenmodell. Für die Auswahlverfahren finden sich die zugehörigen Begriffe Stufenauswahl, geschichtete Auswahl sowie Klumpen- oder Trombenauswahl bzw. Mehrphasenauswahl. Diesen Verfahren ist gemeinsam, daß meist die Untersuchungseinheiten einer Grundgesamtheit nicht mehr die gleiche, wohl aber eine **berechenbare** Wahrscheinlichkeit haben, in die Gesamtstichprobe einbezogen zu werden. Es ist dann der Fall der **eingeschränkten Zufallsauswahl** gegeben.

Eine weitere Modifizierung des Modells der einfachen Auswahl ist die **Zufallsauswahl mit größen- bzw. wertproportionaler Auswahlwahrscheinlichkeit.** Diese größenproportionale Zufallsauswahl stellt ebenfalls eine Abweichung von der Annahme dar, daß jedes Auswahlelement die gleiche Chance hat, in die Stichprobe einbezogen zu werden. Die hiermit in Zusammenhang stehenden Verfahren des "Probability Proportional to Size Sampling" (PPS) und des "Dollar-Unit-Sampling" (DUS) werden in der anglo-amerikanischen Prüfungspraxis angewendet (vgl. Bailey [1986], S. 177 - 204).

Auf die genannten Modifikationen der reinen Zufallsauswahl soll im folgenden unter den Stichworten
- Mehrstufige Auswahl
- Geschichtete Auswahl
- Klumpenauswahl
- Mehrphasenauswahl
- Zufallsauswahl mit größen- bzw. wertproportionaler Auswahlwahrscheinlichkeit

näher eingegangen werden.

Mehrstufige Auswahl. Hier wird die Grundgesamtheit hierarchisch zerlegt. Das mehrstufige Zufallsstichprobenverfahren ist dadurch gekennzeichnet, daß zwei oder mehrere Zufallsauswahlverfahren hintereinander geschaltet werden. Bei der mehrstufigen Auswahl fallen in den vorgeschalteten Stufen **Untersuchungseinheit (Erhebungseinheit)** und **Auswahleinheit** auseinander, wobei diese vorgelagerten Auswahlstufen in der Weise hintereinander geschaltet werden, daß von Stufe zu Stufe die Teilmengen der Auswahleinheiten kleiner werden. Die Auswahleinheiten der letzten Stufe sind identisch mit den Untersuchungseinheiten. Für die Buchprüfung läßt sich z.B. eine vertikale Stufenfolge als "Jahresabschlußposition - Konto bzw. Konten - Buchungen - Belege" angeben, wobei Jahresabschlußpositionen, Konten und Buchungen als Auswahleinheiten und die einzelnen Buchungen als Untersuchungseinheiten anzusehen sind. Anwendung findet insbesondere die zweistufige Auswahl, bei der die Grundgesamtheit in mehrere Teilbereiche (K) zerlegt wird, aus denen k Bereiche ausgewählt werden. Aus der Anzahl der Elemente dieser ausgewählten Teilbereiche N_h ($h = 1,2,..., k$) wird dann eine einfache Zufallsstichprobe vom Umfang n_h entnommen.

Die geschichtete Auswahl und die Klumpenauswahl können Spezialfälle des mehrstufigen Zufallsstichprobenverfahrens sein, wobei diese Auswahlverfahren häufig kombiniert angewendet werden.

Geschichtete Auswahl. Mit der Zerlegung einer Grundgesamtheit in horizontale Schichten wird die Bildung von Teilgrundgesamtheiten mit nicht unbedingt gleich hoher Anzahl von Merkmalsträgern bezweckt, die in den einzelnen Schichten wenig streuen. Bei gleichem Gesamtstichprobenumfang verbessert sich dadurch die Genauigkeit der Schätzung bzw. verringert sich bei gleicher Urteilsqualität der erforderliche Gesamtstichprobenumfang. Dieser als Schichtungseffekt bezeichnete Vorteil wird um so größer, je homogener die Merkmalsausprägungen in den Schichten und je heterogener diese in den Schichten untereinander sind. Bezogen auf das Urnenmodell bedeutet die Schichtenbildung die Aufteilung einer einzigen Urne in mehrere horizontale Urnen, aus denen jeweils getrennt nebeneinander Zufallsentnahmen stattfinden. Die Besonderheit der geschichteten Zufallsauswahl liegt darin, daß der Auswahlsatz der 1. Stufe $k/K = 1$ beträgt, d.h. die Anzahl der ausgewählten Teilgesamtheiten (k) entspricht der Anzahl der gebildeten Teilgesamtheiten (K). Es gilt $k = K$.

Bei der Anwendung der geschichteten Zufallsauswahl kann im Einzelfall das Auffinden eines geeigneten Schichtungsmerkmals mit Schwierigkeiten verbunden sein, wobei es zulässig ist, jede Schicht durch mehrere Schichtungsmerkmale zu charakterisieren. So ist es z.B. möglich, den Forderungsbestand nach den Schichtungsmerkmalen Forderungshöhe, Standort und Branchenzugehörigkeit des Schuldners zu schichten, so daß in die k-te-Schicht alle Forderungen gegenüber Schuhgeschäften in Bayern mit einer Forderungshöhe zwischen DM 1.000,- und DM 1.500,- fallen können. Weitere mögliche Merkmale zur Schichtung einer Grundgesamtheit von Forderungen sind die Fälligkeit, die Nationalität des Schuldners oder die betreffende Filiale bzw. der betreffende Unternehmensbereich (vgl. Velten [1984], S. 162 - 163). Damit der Schichtungseffekt möglichst stark ist, sollten die Schichtungsmerkmale in einer korrelativen Beziehung zu den Untersuchungsmerkmalen stehen.

Weitere Probleme liegen in der Bestimmung der Anzahl der Schichten und in der Festlegung der Schichtgrenzen. Mit steigender Zahl der Schichten wird die Verringerung der Varianz immer unbedeutender. Nur wenn der Nutzen aus der Verringerung der Varianz nicht durch die zusätzlichen Kosten für die Schichtenbildung überkompensiert wird, ist eine Erhöhung der Schichtenzahl angebracht. Die optimale Anzahl von Schichten liegt dort, wo diese beiden Größen gleich sind.[1] Für eine große Anzahl von Schichten spricht, daß bei gegebener Urteilsqualität der notwendige Gesamtstichprobenumfang mit wachsender Anzahl der Schichten sinkt. Andererseits werden die Stichprobenumfänge in den einzelnen Schichten bei einer zu feinen Schichtung sehr klein, so daß möglicherweise die Voraussetzungen für die zugrunde gelegte Verteilungshypothe-

---

1) Vgl. Trappmann [1964], S. 69 - 70. *Cochran* empfiehlt, nicht mehr als sechs Schichten zu bilden, da eine höhere Zahl von Schichten die Varianz nur noch geringfügig reduziere und diese Reduktion die Kosten für eine weitere Schichtenbildung nicht aufwiege (vgl. Cochran [1972], S. 164). *Jessen* dagegen vertritt die Ansicht, daß die Bildung von sehr vielen Schichten sinnvoll sei, denn dies verursache gewöhnlich nur geringe Kosten (vgl. Jessen [1978], S. 199).

se nicht mehr erfüllt sind. Es sind zwei grundsätzliche Ansätze zur Ermittlung der optimalen Schichtenzahl möglich. Zum einen die Minimierung der Varianz unter der Nebenbedingung der Einhaltung einer Kostenobergrenze und zum anderen die Minimierung der Kosten unter Einhaltung einer maximal zulässigen Varianz. Die Lösung eines so gestalteten Optimierungsproblems ist mit Hilfe des *Lagrange*-Ansatzes möglich.[1]

Das Problem der Schichtenabgrenzung ist mit der allgemeinen Empfehlung, die Schichten so zu bilden, daß sich die Elemente einer Schicht hinsichtlich des Untersuchungsmerkmals wenig unterscheiden, nicht zu lösen, denn damit wird kein geeignetes Verfahren aufgezeigt. Schichtgrenzen sind optimal, wenn bei vorgegebener Urteilsqualität der erforderliche Gesamtstichprobenumfang minimal ist. Exakte Verfahren sind wegen des hohen methodischen und rechentechnischen Aufwands für praktische Zwecke weniger geeignet.[2] Ein einfaches Näherungverfahren zur Festlegung der Schichtgrenzen bei optimaler Aufteilung des Stichprobenumfangs auf die Schichten ist mit der *Dalenius/Hodges*-Methode gegeben.[3] Dabei wird die Grundgesamtheit in viele und zweckmäßigerweise gleich große Werteklassen unterteilt, deren Anzahl (M) erheblich größer sein muß als die Zahl der zu bildenden Schichten (L). Für jede Klasse wird die Zahl der Positionen (f_k) sowie deren einfache Quadratwurzel ($f_k^{1/2}$) ermittelt. Nachdem die Werteklassen in aufsteigende Reihenfolge angeordnet sind, werden die Quadratwurzeln der Häufigkeiten kumuliert. Die Gesamtsumme der Quadratwurzeln ($\Sigma f_k^{1/2}$) wird durch L dividiert. Die Schichtgrenzen fallen mit den Grenzen derjenigen Werteklassen zusammen, deren Wert der kumulierten Quadratwurzeln dem 1-, 2-, ..., ($L-1$)-fachen des Quotienten $\Sigma f_k^{1/2}/L$ am ehesten entspricht. Tab. 13 soll diese Methode verdeutlichen.

k	Klasse von ... bis unter ...	Häufigkeit f_k	$f_k^{1/2}$	kum. $f_k^{1/2}$
1	0 - 100	900	30	30 ←
2	100 - 200	324	18	48
3	200 - 300	225	15	63 ←
4	300 - 400	144	12	75
5	400 - 500	100	10	85
6	500 - 600	36	6	91
7	600 - 700	9	3	94
8	700 - 800	4	2	96
		1.742	96 : 3 = 32	

Tab. 13: *Schichtenbildung nach der Dalenius/Hodges Methode.*

---

[1] Zum Problem der Schichtenanzahl vgl. auch Schulte [1970], S. 75 und Zindler [1956].

[2] Vgl. zu diesen Verfahren Drexl [1982].

[3] Vgl. Dalenius/Hodges [1959].

Sollen drei Schichten gebildet werden, so muß die $\sum f_k^{1/2}$ durch drei dividiert werden. Das ergibt den Wert 32. Diejenigen kum. $f_k^{1/2}$, die den Werten 32 und 64 (2 · 32) am nächsten kommen, markieren die Schichtgrenzen. Folglich bildet die Werteklasse 1 die erste Schicht, die Werteklassen 2 und 3 bilden die zweite Schicht und die restlichen Werteklassen 4-8 die dritte Schicht.

Für die Aufteilung des Gesamtstichprobenumfangs auf die einzelnen Schichten existieren folgende Möglichkeiten:[1]

- **Kostenoptimale Aufteilung.** Die Stichprobenelemente werden so auf die Schichten verteilt, daß die Kosten der Stichprobenuntersuchung minimal sind. Der Stichprobenumfang einer Schicht wird durch die Streuung und den Umfang der Schicht bestimmt. Je homogener eine Schicht und je geringer ihr Umfang, desto kleiner die Stichprobe.
- **Optimale Aufteilung (*Neyman*-Aufteilung).** Diese Form der Aufteilung stellt einen Sonderfall der kostenoptimalen Aufteilung dar, wobei unterstellt wird, daß die Kosten pro Auswahleinheit in allen Schichten gleich hoch sind.
- **Proportionale Aufteilung.** Die Aufteilung des Gesamtstichprobenumfangs auf die Schichten erfolgt in Relation zum Schichtumfang, d.h. aus jeder Schicht wird der gleiche Prozentsatz an Elementen entnommen.[2] Die proportionale Aufteilung ist nur dann bestmöglich, wenn die Streuung in jeder Schicht gleich ist.
- **Gleichmäßige (kontrollierte) Aufteilung.** Die absolute Zahl der Stichprobenelemente ist in jeder Schicht gleich hoch.

Klumpenauswahl. Hier erfolgt eine Zerlegung der Grundgesamtheit in horizontale Klumpen (sie werden auch Tromben oder Cluster genannt). Auf das Modell der Urnenauswahl übertragen bedeutet diese Zerlegung die Aufteilung der Grundgesamtheit einer einzigen Urne in K Urnen mit nicht unbedingt gleich hoher Zahl von Merkmalsträgern. Aus diesen Urnen werden $k<K$ Urnen zufällig herausgegriffen und meist lückenlos untersucht. Während also beim geschichteten Auswahlverfahren aus allen Urnen Zufallsentnahmen vorgenommen werden, zieht man beim Klumpenauswahlverfahren nur aus einem Teil der Urnen Stichproben bzw. prüft diese lückenlos ($n_h = N_h$). Das führt zu der Forderung, daß die Merkmalsausprägungen der Teilgesamtheiten in den einzelnen Klumpen in sich möglichst inhomogen, die Klumpen aber untereinander möglichst homogen sein sollen. Im Idealfall der (vollständigen) Homogenität der Klumpen untereinander braucht dann nur ein einziger untersucht zu werden, da dieser ein repräsentatives Abbild der Grundgesamtheit darstellt. Man nennt dieses Phänomen auch **positiven Klumpeneffekt**. Der Klumpeneffekt ist weniger positiv bzw. gar negativ, wenn die Teilmengen in dem Klumpen homogen und die Klumpen untereinander inhomogen sind.

---

1) Vgl. Kellerer [1963], S. 96; Velten [1984], S. 157 - 160; Quick [1991], S. 349 - 352 und die dort angegebene Literatur.

2) In der Literatur zum Prüfungswesen findet sich auch der Vorschlag, bei einer wertmäßigen Schichtung die Stichprobenumfänge in den einzelnen Schichten proportional zu dem Produkt aus dem Stichprobenumfang und dem größten in der jeweiligen Schicht auftretenden Buchwert zu wählen (vgl. Roberts [1978], S. 99).

Mehrphasenauswahl. Charakteristisch für mehrphasige Auswahlverfahren ist, daß aus den bereits ausgewählten Untersuchungseinheiten (= Hauptstichprobe) erneut Stichproben gezogen werden, so daß im Gegensatz zur Mehrstufenauswahl Auswahl- und Untersuchungseinheiten nicht auseinanderfallen. Die erste Stichprobenauswahl wäre hier die erste Phase, eine Unterstichprobe aus dieser ersten Auswahl wäre die zweite Phase usw. Die mehrphasige Auswahl wird als sinnvoll angesehen, wenn sich die Informationen der ersten Phase bei der Planung der zweiten Phase verwerten lassen. Sie findet z.B. Anwendung bei dem sog. **Bootstrap-Verfahren.** Der Grundgedanke dieses Verfahrens liegt darin, durch Ziehen von Unterstichproben aus einer Hauptstichprobe eine empirische Bootstrap-Stichprobenverteilung zu gewinnen, die es erlaubt, auf die Hypothese einer theoretischen Verteilung bei der Auswertung von Stichprobenergebnissen der Hauptstichprobe zu verzichten.[1]

Zufallsauswahl mit größen- bzw. wertproportionaler Auswahlwahrscheinlichkeit. Grundgedanke einer größenproportionalen Zufallsauswahl (Probability Proportional to Size Sampling - PPS) ist es, den höherwertigen Positionen eines Prüfungsfeldes eine im Vergleich zu den geringerwertigen Positionen höhere Auswahlwahrscheinlichkeit zuzuordnen. Größenproportionale Auswahltechniken sind somit dadurch gekennzeichnet, daß die einzelnen Positionen bzw. Geschäftsvorfälle nicht die gleiche Chance besitzen, in die Stichprobe zu gelangen. Vielmehr soll die Auswahl der einzelnen Positionen direkt proportional zu deren Wertgröße erfolgen. Diesen Überlegungen tragen die im Schrifttum unter der Bezeichnung **Dollar-Unit-Sampling** (DUS) zusammengefaßten Verfahren der stichprobenweisen Prüfung in besonderer Weise Rechnung. Ziel des DUS ist die Bestimmung des maximalen Fehlerbetrages (insbesondere bei Überbewertungen) in einem Prüfungsfeld bei vorgegebenem Sicherheitsgrad. Dazu wird auf Basis der in der Stichprobe festgestellten Fehleranzahl der Fehleranteil geschätzt, der in einem weiteren Schritt in Geldeinheiten bewertet und so in einen maximalen Fehlerbetrag des Prüfungsfelds überführt wird. Charakteristisch ist für diese Verfahren somit - neben der Verwendung größenproportionaler Auswahltechniken - die Kombination von homograder und heterograder Stichprobentheorie, da zur **wertmäßigen** Beurteilung eines Prüfungsfeldes Verfahren der **fehleranteilsmäßigen** Prüfung herangezogen werden. Im älteren amerikanischen Schrifttum findet deshalb auch die Bezeichnung **Combined-Attributes-Variables-Sampling** (CAV-Sampling) Verwendung.[2] Durch die Kombination von homograder und heterograder Fragestellung führt das DUS im Vergleich zu homograden Stichprobenverfahren, die lediglich eine Schätzung der Fehlerzahl bzw. des Fehleranteils ermöglichen, zu Aussagen über das in Geldeinheiten ausgedrückte Fehlerausmaß. Zum anderen sind im Vergleich zu heterograden Stichprobenver-

---

1) Die Idee des Bootstrap-Verfahrens entstammt dem anglo-amerikanischen Schrifttum; vgl. z.B. Efron [1979]; ders. [1982], S. 27 - 36 sowie Pöhlmann [1987], S. 143 - 155 und Wysocki [1988], S. 245 - 247. Zu den Anwendungsmöglichkeiten des Bootstrap-Verfahrens vgl. Buchner [1992 (1)] und Buchner [1993]. Vgl. auch Anhang S. 389.
2) Vgl. z.B. Goodfellow/Loebbecke/Neter [1974], S. 47.

fahren zuverlässige Schätzungen des Fehlerausmaßes auch in den Fällen möglich, in denen der Fehleranteil im Prüfungsfeld gering ist, aber mit einzelnen wesentlichen Fehlern gerechnet werden muß.[1]
Zur Sicherstellung einer größenproportionalen Auswahl wird im Rahmen der DUS-Verfahren die Summe der Buchwerte der einzelnen Positionen des Prüfungsfeldes als Anzahl der Elemente in der Grundgesamtheit interpretiert. Das bedeutet, daß ein Prüfungsfeld mit Positionen im Gesamtwert (Buchwert) von 3 Mio. Geldeinheiten aus 3 Mio. Elementen besteht. Dies hat zur Folge, daß nicht den einzelnen Positionen, sondern den einzelnen Geldeinheiten eines Prüfungsfeldes die gleiche von Null verschiedene Auswahlwahrscheinlichkeit zugeordnet wird. Gegenstand der Zufallsauswahl ist also die einzelne Geldeinheit und nicht die einzelne Position des Prüfungsfelds. Die Prüfungshandlungen beziehen sich dagegen auf die Position des Prüfungsfeldes, die die ausgewählte Geldeinheit beinhaltet. Auf diese Weise bilden nicht die gezogenen Geldeinheiten, sondern die einzelnen Positionen bzw. Geschäftsvorfälle des Prüfungsfeldes den Untersuchungsgegenstand der Prüfung. Eine Position mit einem Buchwert von 5.000 Geldeinheiten weist so grundsätzlich eine fünfmal größere Auswahlwahrscheinlichkeit auf als eine Position mit einem Buchwert von 1.000 Geldeinheiten. Das liegt darin begründet, daß die höherwertige Position fünfmal soviel Geldeinheiten beinhaltet, anhand derer sie möglicherweise ausgewählt werden könnte. Im Ergebnis werden die Entnahmewahrscheinlichkeiten der einzelnen Positionen entsprechend ihrer am Buchwert gemessenen Größe gestaffelt.
Zur größenproportionalen Auswahl stehen eine Reihe von verschiedenen Techniken zur Verfügung.[2] So ist die Entnahme der Stichprobe analog der **uneingeschränkten Zufallsauswahl** möglich, bei der jede Geldeinheit des Prüfungsfeldes die gleiche Wahrscheinlichkeit besitzt, in die Stichprobe zu gelangen.[3] Voraussetzung hierzu ist zunächst die Addition und Auflistung der kumulierten Buchwerte sowie die Ermittlung des Gesamtbuchwertes Y des Prüfungsfeldes. Bei einem Stichprobenumfang von n sind n Zufallszahlen mit Werten zwischen 1 und Y zu generieren, die jeweils eine einzelne Geldeinheit des Prüfungsfeldes repräsentieren. Zur Erleichterung der Entnahme bietet es sich an, die Zufallszahlen in aufsteigender Reihenfolge zu sortieren. Auszuwählen ist jeweils die erste Position, bei welcher der kumulierte Buchwert größer oder gleich der betrachteten Zufallszahl ist. Diese Vorgehensweise ist jedoch mit dem Nachteil verbunden, daß eine größere Anzahl an Zufallszahlen generiert werden muß und diese zur leichteren Durchführbarkeit der Entnahme sortiert werden sollten.
Leichter zu handhaben und damit praktischen Bedürfnissen besser entsprechend ist die **systematische Auswahl mit Zufallsstart**. Sie stellt die im Rahmen des DUS am häufigsten verwendete Methode dar und kann nach folgenden Schritten durchgeführt werden:

---

1) Vgl. Taylor/Glezen [1988], S. 513; Andrews/Bullington et al. [1988], S. 334; Anderson/Teitlebaum [1973], S. 34.

2) Vgl. hierzu im einzelnen Anderson [1977], S. 363 - 365.

3) Vgl. hierzu Anderson [1977], S. 364; Bailey [1981], S. 178 - 179; Cochran [1972], S. 295 - 297.

1. Fixierung des Entnahmeintervalls $J = Y/n$. Gegebenenfalls ist auf die nächstkleinere ganze Zahl abzurunden.
2. Bestimmung einer Zufallszahl a aus dem Bereich $1, ..., J$.
3. Kumulierung der Buchwerte der Positionen, bis a erreicht oder überschritten wird; die zuletzt hinzugerechnete Position ist zu entnehmen.
4. Fortsetzung des Kumulierungsprozesses; es sind jeweils die Positionen zu entnehmen, für die gilt: kumulierter Buchwert $\geq a+J, a+2J, a+3J, ..., a+(n-1)J$.

Ein einfaches Beispiel soll in nachfolgender Tab. 14 die Vorgehensweise dieses auch als **Fixed Interval Sampling** bezeichneten Auswahlverfahrens verdeutlichen, wobei $Y = 20.000$ und $n = 5$ (damit $J = 4.000$) sowie $a = 2.150$ gesetzt wird.

Pos. Nr.	Buchwert der Position in DM	Kumulierte Buchwerte in DM	Ausgewählte DM	Ausgewählte Positionen	
				DM	Nr.
1	1.810	1.810			
2	990	2.800	2.150	990	2
3	2.150	4.950			
4	1.560	6.510	6.150	1.560	4
5	3.880	10.390	10.150	3.880	5
6	520	10.910			
7	1.900	12.810			
8	4.170	16.980	14.150	4.170	8
9	1.050	18.030			
10	1.970	20.000	18.150	1.970	10

Tab. 14: *Beispiel zum DUS nach der Methode des "Fixed Interval Sampling"*

Positionen mit einem Einzelwert $\geq J$ gelangen bei dieser Technik stets in die Stichprobenauswahl. Jede Position, deren Buchwert J zwei oder mehrmals übertrifft, wird entsprechend oft in der Stichprobe erfaßt.
Bei der systematischen Auswahl mit Zufallsstart werden die weiteren Entnahmepunkte durch den zufälligen Startpunkt bereits vollständig determiniert. Eine Anwendung dieses Verfahrens setzt deshalb voraus, daß die Fehler im gesamten Prüfungsfeld zufällig verstreut sind, d.h. hinsichtlich ihrer Verteilung im Prüfungsfeld keinem systematischen Muster folgen (vgl. Bailey [1981], S. 182). Insbesondere bei nicht zufallsverteilten Fehlern in Prüfungsfeldern, die sich aus Positionen mit annähernd gleichen Buchwerten zusammensetzen, kann die systematische Auswahl zu einer nicht repräsentativen Stichprobe führen: Sind z.B. lediglich aufeinanderfolgende Buchwerte überbewertet, existieren somit "Fehlerklumpen", so gelangen bei ungünstigem Zufallsstart keine bzw. nur wenige fehlerhafte Positionen in die Stichprobe. In diesen Fällen wird daher in der Literatur die Verwendung des Fixed Interval Sampling abgelehnt (vgl. Anderson [1977], S. 365).

Zur Vorbeugung gegen diese Verzerrungen wird zum einen die Auswahl der Geldeinheiten mittels variabler Entnahmeintervalle vorgeschlagen (**Varying-Interval-Sampling**). Diese größenproportionale Auswahltechnik sucht die dargestellten Nachteile der systematischen Auswahl zu vermeiden. Zielsetzung ist es, eine uneingeschränkte Zufallsauswahl zu simulieren. Dazu wird der Umstand genutzt, daß die Abstände zwischen zwei angrenzenden Entnahmepunkten bei uneingeschränkter Zufallsauswahl annähernd exponentialverteilt sind.[1] Dementsprechend werden zur Ziehung der Stichprobe exponentialverteilte Zufallszahlen generiert, die die jeweiligen Längen der Entnahmeintervalle repräsentieren. Die Entnahmepunkte ergeben sich durch Aufsummieren der gewonnenen Zufallszahlen, ohne daß diese zuvor sortiert werden müssen. Durch die Generierung vieler kleiner Abstände und nur weniger großer Entnahmeintervalle mittels der Exponentialverteilung wird eine uneingeschränkte Zufallsauswahl simuliert. Als nachteilig wirkt sich bei diesem Verfahren jedoch aus, daß zum einen exponentialverteilte Zufallszahlen zu generieren sind, zum anderen der Stichprobenumfang wegen der zufälligen Länge der Entnahmeintervalle im vorhinein nicht exakt feststeht.

Ein weiterer Vorschlag sieht daher die Beibehaltung des fixen Entnahmeintervalls vor, wobei innerhalb der einzelnen Spannbreiten die Geldeinheiten zufällig mittels Zufallszahlen ausgewählt werden. Man spricht von dem **Cell-Method-Sampling** oder **der Zellen-Auswahl**.[2] Zielsetzung der Zellen-Auswahl ist es, die Effizienz der systematischen Auswahl zu erreichen und gleichzeitig der Gefahr von Verzerrungen bei nicht zufällig verteilten Fehlern im Prüfungsfeld zu begegnen.

Die mit der größenproportionalen Entnahme verbundene starke Gewichtung von Posten mit überdurchschnittlich hohen Einzelwerten wird im Schrifttum grundsätzlich positiv beurteilt. So besitzt das DUS gegenüber anderen Stichprobenverfahren den Vorzug, daß gravierende Fehler bei nur wenigen höherwertigen Positionen mit großer Wahrscheinlichkeit durch die Prüfung aufgedeckt werden. Deshalb wird die Meinung vertreten, daß die Vorgehensweise der größenproportionalen Auswahl in besonderer Weise dem Grundsatz der Materiality gerecht wird, nach dem Prüfungsgegenstände nach ihrer absoluten bzw. relativen Bedeutung auszuwählen sind.[3] Eine besondere Gewichtung hochwertiger Positionen ist aber nur gerechtfertigt, wenn bei den betragsmäßig bedeutsamen Posten auch ein vergleichsweise höheres Fehlerrisiko besteht. Sind in einem Prüfungsfeld dagegen erhebliche Unterbewertungen vorgenommen worden, so kann die größenproportionale Auswahl zu einem nicht repräsentativen Bild der zugrundeliegenden Grundgesamtheit führen. Die größenproportionale Auswahl führt in diesem Fall dazu, daß die im Vergleich zu ihren Sollwerten unterbewerteten Positionen weniger häufig in die Auswahl gelangen, da sie bedingt durch die Unterbewertung im Prü-

---

1) Vgl. Anderson [1977], S. 364; Feller [1971], S. 22.

2) Vgl. Anderson [1977], S. 366.

3) Das DUS wird in diesem Zusammenhang auch als mathematisch-statistische Verfeinerung der Auswahl nach dem Konzentrationsprinzip bezeichnet (vgl. Deindl [1982], S. 1586).

fungsfeld versteckt sind. Die Anwendung von DUS-Verfahren ist deshalb mit der Gefahr verbunden, daß wesentliche Unterbewertungen von Beständen im Rahmen der Prüfung unentdeckt bleiben.[1]

Zu (3): Das Problem der Sicherheit und Genauigkeit der Urteilsbildung

Liegen keine a priori-Informationen über die Beschaffenheit des zu untersuchenden Prüfungsfeldes vor, so kann nach dem Ziehen einer einzigen Stichprobe über den gesuchten Fehleranteil P in der Grundgesamtheit mit absoluter Sicherheit lediglich ausgesagt werden, daß er im abgeschlossenen Intervall

(4) $$\frac{m}{N} \leq P \leq \frac{N-(n-m)}{N}$$

liegt, wobei N wieder die Anzahl der Geschäftsvorfälle in der zu untersuchenden Grundgesamtheit, n den Umfang der Stichprobe, m die Anzahl der fehlerbehafteten Geschäftsvorfälle in der Stichprobe und M die fehlerbehafteten Geschäftsvorfälle der Grundgesamtheit bedeuten. Diese Aussage gestattet eine zutreffende Beurteilung des Prüfungsfeldes aufgrund einer Stichprobe aber nur dann, wenn der Umfang dieser Stichprobe so groß gewählt wird, daß er dem Umfang der Grundgesamtheit nahekommt. Denn geht n in N und daher m in M über, so gilt

$$\lim_{n \to N} \frac{N-(n-m)}{N} = \frac{M}{N}.$$

Gegen eine solche Ausdehnung des Prüfungsumfanges sprechen Zeit- und/oder Kostenerwägungen. Es ist daher ein Anliegen der statistischen Schätztheorie, (engere) Grenzen für ein Konfidenzintervall bei zeit- und kostenmäßig vertretbaren Prüfungsumfängen zu bestimmen. Allerdings kann für engere Konfidenzintervalle nicht mehr mit absoluter Sicherheit behauptet werden, daß sie den wahren Parameterwert P enthalten.

Aufgabe der Schätztheorie in dem hier diskutierten Zusammenhang ist es also, für den unbekannten Fehleranteil

$$P = \frac{M}{N}$$

eine Höchstgrenze

$$P_H = \frac{M_H}{N}$$

und eine Untergrenze

$$P_U = \frac{M_U}{N}$$

zu suchen, die anstelle der durch (4) angegebenen sicheren Grenzen den wahren (unbekannten) Fehleranteil im Prüfungsfeld in

(5) $$P_U \leq P \leq P_H$$

---

[1] Zu den Problemen der Auswertung einer Stichprobe im Rahmen des DUS und der Bestimmung des erforderlichen Stichprobenumfangs vgl. Anhang S. 402 - 406. Ein umfassendes Beispiel zur Anwendung des DUS findet sich auf S. 407 - 410 des Anhangs.

mit bestimmter, vorgegebener Wahrscheinlichkeit einschließen. Eine solche Eingrenzung aufgrund des Stichprobenergebnisses ist so vorzunehmen, daß die Beziehung[1]

$$W\left(\frac{M_U}{N} \leq P \leq \frac{M_H}{N} \mid p^*\right) = 1 - \alpha$$

mit

$$p^* = \frac{m}{n}$$

erfüllt ist. Diese Wahrscheinlichkeit $1-\alpha$ (Sicherheitsgrad) legt fest, welches intersubjektiv nachprüfbare Risiko eines Fehlurteils der Prüfer einzugehen bereit ist. Die Festlegung selbst ist eine subjektive Entscheidung nach dem pflichtgemäßen Ermessen des Prüfers. In der Literatur wird deswegen gefordert, die Urteilsqualität durch Bewertungsgrundsätze zu normieren, um dadurch den Ermessensspielraum des Prüfers einzuengen.[2]

Zur Bestimmung des in (5) angegebenen Schätzintervalles lassen sich verschiedene statistische Verfahren anwenden. Von diesen ist das Verfahren des **Konfidenzschlusses**, das in der Literatur des Prüfungswesens überwiegend betrachtet wird, am weitesten verbreitet[3]. Der Konfidenzschluß gelangt so z.B. zu Aussagen, wonach der gesuchte Fehleranteil P der Grundgesamtheit mit 95-prozentiger Sicherheit in dem durch (5) definierten Konfidenzbereich liegt. Diese Aussage bedeutet, daß - werden aus einem bestimmten Prüfungsfeld nacheinander sehr viele Stichproben vom Umfang n gezogen, für jede Stichprobe der Wert

$$p^* = \frac{m}{n}$$

ermittelt und für jeden Stichprobenwert p^* der zugehörige Konfidenzbereich mit 95-prozentiger Sicherheit errechnet - bei etwa 95 % aller Stichproben das jeweils berechnete Konfidenzintervall den Grundgesamtheitsparameter (Fehleranteil) P umfaßt und daß bei nur 5 % aller Stichproben P außerhalb des berechneten Intervalles liegen wird. Die Breite des Konfidenzintervalls ist nach Auffassung des Berufsstandes von Fall zu Fall festzulegen. Das Konfidenzintervall kann um so breiter sein, d.h. der Genauigkeitsgrad kann um so niedriger sein,

---

1) Die linke Seite der Gleichung steht für die Wahrscheinlichkeit, daß der wahre Fehleranteil innerhalb der angegebenen Grenzen liegt, unter der Bedingung, daß der Fehleranteil in der Stichprobe gerade p^* ist.

2) Vgl. Loitlsberger [1966], S. 96; Leffson/Lippmann/Baetge [1969], S. 19. Vom Hauptfachausschuß des IDW wird in diesem Zusammenhang die Verwendung eines Sicherheitsgrades von 90 - 95 % vorgeschlagen. Vgl. IDW [1988 (4)], S. 108.

3) Im deutschen Schrifttum zum Prüfungswesen werden auch Überlegungen angestellt, das Theorem von *Bayes* zur Konstruktion eines solchen Intervalles zu verwenden (vgl. Buchner [1971]). Gegenüberstellungen von Verfahren des Konfidenzschlusses ("classical approach") und dem *Bayes*'schen Rückschluß ("*Bayes*ian approach") finden sich insbesondere im angelsächsischen Schrifttum. Im Gegensatz zum Verfahren des Konfidenzschlusses, in dem der zu schätzende Parameter als unbekannte Konstante aufgefaßt wird, behandelt das *Bayes*'sche Verfahren den unbekannten Parameter als Zufallsvariable, für die eine a priori-Verteilung aus bekannten Daten zu bestimmen ist (vgl. Barnett [1973], S. 27 - 61 u. 111 - 200). Zum *Bayes*'schen Rückschluß vgl. auch Anhang S. 350.

- je geringer die Bedeutung festgestellter Fehler für das Gesamturteil,
- je geringer der erwartete Fehleranteil sporadisch auftretender Fehler,
- je geringer der Anfall systematischer oder bewußter Fehler und
- je geringer die Bedeutung des einzelnen Prüfungsfeldes im Rahmen der Gesamtprüfung ist (vgl. IDW [1988 (4)], S. 108).

Das hierbei eingeschlagene Verfahren des Konfidenzschlusses kann angegriffen werden, wie auch die in der statistischen Literatur geführte Diskussion um die "richtige" Rückschlußmethode zeigt (vgl. Menges [1982], S. 263 - 278). Dennoch erscheint eine auf diesem Konfidenzschluß beruhende Wahrscheinlichkeitsaussage sinnvoller als ein völliger Verzicht auf eine Quantifizierung des durch die Aufgabe der Vollprüfung zugunsten einer Auswahlprüfung entstehenden Schätzfehlers oder einer rein subjektiven, d.h. intersubjektiv nicht nachprüfbaren Aussage über die Zuverlässigkeit der Schätzung, wie sie bei einer Urteilsstichprobe allein nur möglich ist.

Abschließend ist darauf zu verweisen, daß beim Konfidenzschluß der erforderliche Prüfungsumfang zwar überproportional mit zunehmendem Sicherheitsgrad, aber unterproportional zum Umfang der Grundgesamtheit steigt. Man spricht hier auch vom Phänomen der **Stichprobendegression**. Das veranschaulicht das in folgender Tab. 15 angeführte Zahlenbeispiel, bei dem der erforderliche Stichprobenumfang auf der Basis der Normalverteilung (mit Berücksichtigung eines Korrekturfaktors) berechnet wurde. Unterstellt wurde ein Fehleranteil von $P=0,5$ und eine Genauigkeit (= Größe des Konfidenzintervalles) von $\varepsilon = 0,02$.

Sicherheitsgrad in %	Umfang der Grundgesamtheit		
	1.000	10.000	100.000
80	507	932	1.017
85	565	1.148	1.280
90	629	1.447	1.664
95	707	1.937	2.345
96	726	2.087	2.570
97	747	2.275	2.859
98	772	2.528	3.271
99	806	2.932	3.983

Tab. 15: *Zusammenhang zwischen Sicherheitsgrad und Stichprobenumfang bei unterschiedlichen Grundgesamtheiten*

Zu (4): Das Problem der Berücksichtigung von Vorinformationen

In der Literatur des Prüfungswesens werden zur Auswertung von Zufallsstichproben die **Schätz-**, **Annahme-** und **Entdeckungsstichproben** unterschieden. Diesen Stichprobenverfahren liegen folgende drei Fragestellungen zugrunde:

1. In welchen Grenzen muß aufgrund der Stichprobe der Wert des zu prüfenden Merkmals in der Grundgesamtheit (z.B. der Fehleranteil im Prüfungsfeld oder der Gesamtwert aller Kassenbelege) bei gegebenem Sicherheitsgrad vermutet werden (= Schätzstichprobe)?
2. Bestätigt oder widerlegt das Stichprobenergebnis eine vorgegebene Hypothese über die Höhe des Fehleranteils der Grundgesamtheit (= Annahmestichprobe)?

3. Wie groß ist die Wahrscheinlichkeit, daß alle Elemente mit seltenen Merkmalsausprägungen in die Stichprobe gelangen (= Entdeckungsstichprobe)?

Da sich die Entdeckungsstichproben als ein Spezialfall der Annahmestichproben auffassen lassen, lehnt sich diese Dreiteilung an die in der statistischen Methodenlehre in diesem Zusammenhang vorgenommene Unterscheidung in **Schätz-** und **Prüfverfahren** an. Schätz- und Prüfverfahren benötigen bzw. verwerten aber in unterschiedlicher Weise Vorkenntnisse bzw. Vorinformationen. Aus den Prüfverfahren der statistischen Stichprobentheorie werden in der Literatur des Prüfungswesens als Annahmestichprobenverfahren insbesondere der **Hypothesentest** bei uneingeschränkter Zufallsauswahl und das **Sequentialtestverfahren** (vgl. S. 415 ff.) dargestellt und zur Anwendung empfohlen. Die Anwendungsmöglichkeit dieser Verfahren ist z.B. dann gegeben, wenn ein Prüfer die Ordnungsmäßigkeit eines Prüfungsfeldes beurteilen soll.

Der Hypothesentest bedient sich des direkten statistischen Schlusses, d.h. methodisch gesehen wird von dem wahren Fehleranteil P der Grundgesamtheit auf den zu erwartenden Fehleranteil p^* in der Stichprobe geschlossen. Dieser wahre Fehleranteil P ist dem Revisor unbekannt und allenfalls durch eine lückenlose Prüfung feststellbar. Daher kann der Prüfer seinem Schluß nicht den wahren Fehleranteil P, sondern nur Hypothesen über diesen Fehleranteil zugrunde legen. Zweckmäßigerweise werden im Falle der Buchprüfung zwei alternative Hypothesen einander gegenübergestellt, die **Nullhypothese** und die **Gegenhypothese**. Die Nullhypothese unterstellt, daß das Prüfungsfeld einen zulässigen Fehleranteil P_0 aufweist, und die Gegenhypothese besagt, daß dem Prüfungsfeld ein unzulässiger Fehleranteil P_1 ($P_1 > P_0$) zugrunde liegt. Die Hypothesenwerte P_0 und P_1 werden vom Prüfer subjektiv bestimmt und können von Prüfungsfeld zu Prüfungsfeld wechseln. Als Wert für P_1 wird im allgemeinen der Fehleranteil angenommen, der in einem ordnungsgemäßen Prüfungsfeld gerade nicht mehr tolerierbar ist. Ein solcher Wert kann z.B. aus den Grundsätzen ordnungsmäßiger Buchführung abgeleitet werden. Zu der Festsetzung des Fehleranteils P_0 werden in der Literatur unterschiedliche Vorschläge gemacht. Nur wenn der Prüfer erwartet, daß das Prüfungsfeld ordnungsgemäß ist, ist es möglich, den vermutlichen Fehleranteil im Prüfungsfeld als Wert der Nullhypothese anzusetzen. Zu dieser a priori-Vermutung über den Parameter P kann der Prüfer auf verschiedene Weise gelangt sein, sei es durch vorausgegangene Prüfungen oder durch eine Vorstichprobe (pilot sample). Ein alternativer Wertansatz für P_0 ergibt sich, wenn als Nullhypothese die Anforderung des Prüfers an die durchschnittliche Beschaffenheit des Prüfungsfeldes angesetzt wird. Es wird auch empfohlen, als Nullhypothese einen "wünschenswerten" Fehleranteil zu unterstellen, bei dessen Nichtüberschreiten das Prüfungsfeld mit hoher Sicherheit nicht verworfen werden soll.

Das Sequentialtestverfahren dagegen benutzt a priori-Informationen in zweierlei Weise: Einmal bei der Festlegung der Annahmegrenzen in der Stichprobe und der Grundgesamtheit (Hypothesen) und zum anderen im Urteilsbildungsprozeß. Die a priori-Informationen, die die Urteilsbildung und den Prüfungsumfang bei diesem Verfahren der mehrfachen Annahmestichprobe beeinflussen, sind aber nicht (unbedingt) bereits vor Beginn der Prüfung bekannt, sondern werden im Laufe der Stichprobenerhebung, jedoch vor der Bildung des eigentlichen Urteils, gewonnen. Mehrfache

Annahmestichprobe bedeutet, daß nicht eine einzige Stichprobe von einem im voraus berechneten Umfang, sondern mehrere Stichproben nacheinander mit kleineren Stichprobenumfängen gezogen werden. Durch ein solches Hintereinanderschalten von Einzelstichproben ist es möglich, den Tatbestand, daß bestimmte stochastische Konstellationen von Stichprobenelementen häufiger auftreten, zur Rationalisierung des Prüfungsablaufes, d.h. zur Herabsetzung des Prüfungsumfanges zu nutzen.

Im Gegensatz zu den Annahmestichproben, denen meist durch Vorgabe der Hypothese eine Entscheidungsregel über die Beurteilung des Prüfungsfeldes immanent ist, dienen die Schätzstichproben (vgl. Anhang S. 397 ff.) vor allem zur Informationsgewinnung als Grundlage einer anschließenden Urteilsbildung. Eine weitergehende Möglichkeit, a priori-Wissen zur Verbesserung der aus der Stichprobe erzielbaren Informationen zu verwenden, bietet im Rahmen von Schätzstichproben der *Bayes'sche Rückschluß* bzw. das *Bayes'sche Theorem*. Beim *Bayes'schen* Theorem wird aus bekannten a priori-Wahrscheinlichkeiten für Ereignisse A_j und den ebenfalls bekannten bedingten Wahrscheinlichkeiten $W(B \mid A_j)$ auf die unbekannte bedingte Wahrscheinlichkeit dafür geschlossen, daß das Ereignis A_j auftritt, wenn B eingetreten ist.[1] Ein Problem der Anwendung des *Bayes'schen* Theorems liegt in der Bestimmung der als bekannt vorauszusetzenden a priori-Wahrscheinlichkeiten. Bei der Verwendung dieses Theorems im Prüfungswesen ist man auf subjektive a priori-Wahrscheinlichkeiten angewiesen[2]. Das gestattet jedoch, a priori-Informationen bei der Buchprüfung auszunutzen, die dem Prüfer oft, ohne Kosten zu verursachen, zur Verfügung stehen. So können bei Wiederholungsprüfungen Informationen aus der Vergangenheit ausgenutzt werden, die z.T. in der Dauerakte schriftlich fixiert sind. Fehlerzahlen aus vorher geprüften Prüfungsfeldern, die mit den zu prüfenden verzahnt sind, der Stand des internen Kontrollsystems oder eine erkennbare Tendenz der Geschäftspolitik erlauben ebenfalls Annahmen über die a priori-Wahrscheinlichkeiten der Fehlerzahlen in einem Prüfungsfeld.

Neben dem *Bayes'schen* Rückschluß bieten aber auch die auf dem **Konfidenzschluß** basierenden Verfahren der Schätzstichprobe die Möglichkeit, mit Hilfe von a priori-Wissen über die voraussichtliche Beschaffenheit eines Prüfungsfeldes die Wirtschaftlichkeit einer Buchprüfung zu erhöhen. Zu nennen sind hier die Verfahren der **gebundenen Hochrechnung**, das Verfahren der **Klumpenstichprobe** und das der **geschichteten Stichprobe**.

Stichprobenverfahren mit gebundener Hochrechnung (Differenzenschätzung, Verhältnisschätzung, lineare Regressionsschätzung) setzen das Vorhandensein eines zusätzlichen Merkmals (Basismerkmal) voraus, über das vollständige Information vorliegen muß, d.h. die Ausprägungen sämtlicher Elemente der Grundgesamtheit müssen bezüglich des Basismerkmals bekannt sein. Durch die Verwendung gebundener Schätzver-

---

[1] Zur Anwendung des *Bayes'schen* Rückschlusses bei Buchprüfungen vgl. Buchner [1971], insbes. S. 8 - 9.

[2] Zur Unterscheidung von objektiven und subjektiven Wahrscheinlichkeiten vgl. Menges [1982], S. 36 - 38.

fahren kann die Varianz reduziert werden, d.h. bei vorgegebener Sicherheit und Genauigkeit kann der erforderliche Stichprobenumfang verkleinert werden[1]. Je stärker das Untersuchungsmerkmal mit dem Basismerkmal korreliert ist, desto geringer ist die Varianz und damit der Stichprobenumfang. Deshalb eignet sich für die Buchprüfung vor allem der Buchwert der jeweiligen Position als Basismerkmal.

Das Wesen der gebundenen Verfahren besteht letztlich darin, daß Beziehungen zwischen dem Buchwert und dem tatsächlichen Wert (Sollwert) bei der Hochrechnung ausgewertet werden. Die allgemeine Schätzfunktion für den durchschnittlichen Sollwert der Grundgesamtheit läßt sich für die gebundenen Verfahren wie folgt ausdrücken:

$$\hat{\mu}_Y = \bar{y} + B(\mu_x - \bar{x}),$$

wobei $\bar{y}$ den durchschnittlichen Sollwert der Stichprobe, μ_x den durchschnittlichen Buchwert der Grundgesamtheit und $\bar{x}$ den durchschnittlichen Buchwert der Stichprobe bezeichnen.

Bei den gebundenen Hochrechnungsverfahren unterscheiden sich die Schätzfunktionen für den durchschnittlichen Sollwert der Grundgesamtheit durch den Faktor B der allgemeinen Schätzfunktion. Im folgenden soll daher auf die Differenzenschätzung, die Verhältnisschätzung und die lineare Regressionsschätzung näher eingegangen werden.

Bei der **Differenzenschätzung** werden die an den Elementen der Stichprobe beobachteten (positiven oder negativen) Differenzen zwischen den Soll- und den Buchwerten für die Hochrechnung ausgewertet. Der Parameter B der allgemeinen Schätzfunktion nimmt hier den Wert eins an. Für den durchschnittlichen Sollwert der Grundgesamtheit ergibt sich demnach die Schätzfunktion

$$\bar{y}_D = \bar{y} + \mu_x - \bar{x} = \mu_x + \bar{y} - \bar{x} = \mu_x + \bar{d},$$

d.h. der Schätzwert bestimmt sich aus der Summe aus durchschnittlichem Buchwert der Grundgesamtheit und durchschnittlicher Differenz zwischen Soll- und Buchwerten der Stichprobe. Entsprechend ergibt sich der gesamte Sollwert mit der Schätzfunktion

$$\hat{Y}_D = N\bar{y}_D = N\mu_x + N\bar{d} = X + \overline{D}.$$

Beide Schätzfunktionen sind erwartungstreu.

Die **Verhältnisschätzung** benutzt den Quotienten aus dem Stichprobenmittelwert der Sollwerte und dem Stichprobenmittelwert der Buchwerte zur Hochrechnung. Der Parameter B der allgemeinen Formel nimmt bei der Verhältnisschätzung den Wert

$$\bar{y}/\bar{x} = R$$

an. Die Schätzfunktion für den durchschnittlichen Sollwert der Grundgesamtheit ergibt sich demnach mit

$$\bar{y}_V = (\bar{y}/\bar{x}) \cdot \mu_x = R\mu_x,$$

d.h. der Schätzwert bestimmt sich aus dem Produkt von dem durchschnittlichen Buchwert der Grundgesamtheit und dem durchschnittlichen Verhältnis zwischen Soll- und Buchwerten der Stichprobe. Der gesamte Sollwert ergibt sich entsprechend mit der Schätzfunktion

$$\hat{Y}_V = N \cdot \bar{y}_V = N \cdot (\bar{y}/\bar{x}) \cdot \mu_x = NR\mu_x.$$

---

1) Zur Effizienz der gebundenen Schätzverfahren vgl. Quick [1991]. S. 366 - 370.

Die verwendeten Schätzfunktionen sind nicht erwartungstreu, d.h. Verhältnisschätzungen sind verzerrt. Bei großem Stichprobenumfang ist die Verzerrung jedoch vernachlässigbar klein (vgl. Cyert/Davidson [1962], S. 109).

Bei der **linearen Regressionsschätzung** wird eine lineare Beziehung zwischen den Buchwerten x_i und den Sollwerten y_i in der Weise angenommen, daß die Gerade nicht durch den Nullpunkt geht. Für die Hochrechnung wird ein Schätzwert für den Regressionskoeffizienten benutzt, der eine Maßgröße für den Zusammenhang zwischen den Soll- und den Buchwerten darstellt. Das Verfahren der Regressionsschätzung sollte nur angewandt werden, wenn annähernd eine lineare Abhängigkeit zwischen Basis- und Untersuchungsmerkmal besteht (vgl. Mandl [1984], S. 91).

Der Parameter B der allgemeinen Schätzfunktion nimmt bei der linearen Regressionsschätzung den Schätzwert für den Regressionskoeffizienten der Buch- und Sollwerte an. Für den durchschnittlichen Sollwert der Grundgesamtheit ergibt sich demnach die Schätzfunktion

$$\overline{y}_R = \overline{y} + \hat{b}(\mu_x - \overline{x})$$

mit

$$\hat{b} = \frac{\sum_{i=1}^{n}(y_i - \overline{y})(x_i - \overline{x})}{\sum_{i=1}^{n}(x_i - \overline{x})^2},$$

d.h. der Schätzwert bestimmt sich aus dem Produkt von dem durchschnittlichen Buchwert der Grundgesamtheit und dem aus der Stichprobe geschätzten Regressionskoeffizienten der Buch- und Sollwerte. Zu diesem Produkt wird die durchschnittliche Differenz zwischen Soll- und Buchwerten der Stichprobe hinzuaddiert. Entsprechend gilt für den gesamten Sollwert die Schätzfunktion

$$\hat{Y}_R = N\overline{y}_R = N\overline{y} + \hat{b}(N\mu_x - N\overline{x}).$$

Die verwendeten Schätzfunktionen sind im allgemeinen verzerrt. Die Verzerrung ist aber bei großem Stichprobenumfang vernachlässigbar klein (vgl. Murthy [1967], S. 408).

Bei der **geschichteten Stichprobe** wird ein Prüfungsfeld anhand eines bestimmten Merkmals - des Schichtungsmerkmals - in mehrere Schichten (Unterprüfungsfelder) zerlegt. Diese Unterprüfungsfelder werden dann mit unterschiedlichem Auswahlsatz oder sogar lückenlos geprüft. Ziel der geschichteten Auswahl ist die Ausnutzung des "Schichtungseffektes". Als Schichtungseffekt bezeichnet man - wie bereits erwähnt - jenen Vorteil, der darin liegt, daß sich im Vergleich zur einfachen Zufallsauswahl bei der geschichteten Stichprobe die Genauigkeit der Schätzung bei gleichem Stichprobenumfang erhöht bzw. bei gleicher Urteilsqualität der Stichprobenumfang verringert. Das Wirksamwerden des Schichtungseffektes hängt im wesentlichen davon ab, inwieweit es dem Prüfer aufgrund seines a priori-Wissens gelingt, Schichtungsmerkmale zu wählen, die eine Schichtung gewährleisten, bei der die Schichten einerseits im Hinblick auf das Untersuchungsmerkmal in sich möglichst homogen sind, sich andererseits aber möglichst stark voneinander unterscheiden. Im Rahmen der Buchprüfung lassen sich so zeitliche, sachliche, persönliche und räumliche Schichtungsmerkmale finden. Durch zeitliche Merkmale werden z.B. solche Zeiten als eigene Schicht abgegrenzt, in denen die Fehlererwartung nach dem a priori-Wissen des Prüfers besonders hoch bzw. besonders niedrig ist, wie Saison, Karnevalszeit, Zeiten des Bücherabschlusses usw. Neben zeitlichen Merkmalen korrelieren auch sachliche Merkmale, wie die Wertigkeit der Geschäftsvorfälle, häufig mit der Fehlerhaftigkeit und eignen sich daher als Schichtungsmerkmale.

Auch bei der **Klumpenauswahl** erfolgt eine Zerlegung des Prüfungsfeldes in Unterprüfungsfelder (Klumpen). Im Idealfall der Homogenität der Klumpen untereinander braucht nur ein einziger untersucht zu werden, da dieser ein repräsentatives Abbild der Grundgesamtheit darstellt. Zur vorteilhaften Anwendung des Klumpenauswahlverfahrens benötigt der Prüfer daher a priori-Informationen darüber, ob ein Prüfungsfeld sich in mehrere untereinander gleichartige Klumpen von geeignetem Umfang zerlegen läßt und diese Klumpen in ihrer Zusammensetzung die Gesamtheit aller prüfungspflichtigen Geschäftsvorfälle eines Prüfungsfeldes hinreichend repräsentieren.

Abschließend ist zu bemerken, daß das Auswahlverfahren des Dollar-Unit-Sampling im allgemeinen nicht den Verfahren zuzuordnen ist, die Vorinformationen berücksichtigen. Man könnte allenfalls die Buchwerte, die dem Auswahlverfahren des Dollar-Unit-Sampling zugrunde liegen, als Vorinformationen interpretieren.

(c) Das Problem der Effizienz von Auswahlverfahren

Bei der Urteilsstichprobe bestimmt allein das persönliche Urteil des Prüfers Art und Umfang der Auswahl prüfungspflichtiger Sachverhalte. Das ist mitunter auch Veranlassung dafür, die bewußte Auswahl als "effizienter" im Vergleich zur Zufallsstichprobe einzustufen. Hierbei werden der Bezeichnung "effizient" zwei Bedeutungen zugemessen, und zwar wird sie einmal im Sinne von "wirtschaftlich" und zum anderen im Sinne von "fehleraufdeckend" verstanden. Das Argument der Wirtschaftlichkeit basiert auf der Überlegung, daß prüfungspflichtige Tatbestände unter dem Gesichtspunkt ihrer Fehlerbedeutung im Hinblick auf das Prüfungsziel auszuwählen sind, d.h. die Auswahl prüfungspflichtiger Tatbestände hat sich an dem Gewicht zu orientieren, den ein solcher Sachverhalt im Urteilsbildungsprozeß hat. Diese Auswahl nach dem **Prinzip der Materiality** (Wesentlichkeit) konkretisiert sich in dem sog. cut-off-Verfahren und bedeutet, daß z.B. nur Verbindlichkeiten geprüft werden, die einen bestimmten Betrag übersteigen. Der Forderung nach einer fehleraufdeckenden Auswahl wird durch die **detektivische** bzw. die **Auswahl typischer Geschäftsvorfälle** Rechnung zu tragen versucht. Das Prinzip der fehleraufdeckenden Auswahl beruht hierbei auf dem Gedanken, solche Auswahlkriterien heranzuziehen, die eine streng positive Korrelation zur Fehlervermutung des Prüfers aufweisen. Erwartet z.B. der Prüfer, daß aufgrund falscher Buchungsanweisungen bei bestimmten Buchungen (Auslandsforderung) Fehler auftreten werden, dann besteht zwischen seiner Fehlervermutung und dem Auswahlkriterium "Auslandsforderungen" ein unmittelbarer kausaler Zusammenhang. Man kann somit sagen, daß in all den Fällen, in denen sich aufgrund einer Systembeurteilung oder aufgrund sonstiger Informationen Fehlerhypothesen gewinnen lassen, diese sich als Auswahlkriterien anbieten. Eine solche Auswahl wird um so effizienter (fehleraufdeckender) sein, je strenger der Zusammenhang zwischen Fehlererwartung und Auswahlkriterium de facto ist.

Vorstehende Beschreibung der mit der bewußten Auswahl verbundenen Überlegungen macht aber deutlich, daß diese nicht spezifisch für die Urteilsstichprobe sind. Geht man nicht ausschließlich von der Anwendung der uneingeschränkten Zufallsauswahl bei Buchprüfungen aus, dann zeigt sich, daß das Prinzip der Materiality und die Fehlererwartung ebenfalls dazu dienen können, zufallsgesteuerte Auswahlverfahren effizienter zu gestalten. Fehlererwartung und das Prinzip der Materiality können durchaus zur Herleitung von Schichtungskriterien benutzt werden, die dazu beitragen, Schichtungseffekte auszulösen. Auch ist es möglich und sinnvoll, mit der Fehlererwartung durch Vorgabe entsprechender Sicherheits- und Genauigkeitsgrade den Prüfungsumfang zu steuern. So wird z.B. die Fehlerhypothese, wie im vorgenannten Fall der falschen Buchungsanweisung für Auslandsforderungen, dazu führen, eine Schicht "Auslandsforderungen" zu bilden, die wegen der "sicheren" Fehlererwartung dann allerdings lückenlos zu prüfen wäre. Auch läßt sich mit der Anwendung geschichteter Auswahlverfahren verbinden, daß gewisse Schichten - falls das von dem Prinzip der Materiality geboten erscheint - nicht oder mit sehr geringer Urteilsqualität geprüft werden. Es ist ebenso denkbar, zufallsgesteuerte und bewußte Auswahlverfahren so miteinander zu verbinden, daß eine vorhergehende Systembeurteilung und/oder sonstwie gewonnene Erkenntnisse dazu dienen, Schichten zur Prüfung auszuwählen, die dann aber zufallsgesteuert geprüft werden. Allerdings ergibt sich dann lediglich für die zweite Stufe der zufallsgesteuerten Auswahl eine statistisch gesicherte Urteilsqualität.

5. Die Planung des Prüfungsumfangs

Bei sehr umfangreichen Prüfungsfeldern ist auch mit lückenloser Prüfung keine hundertprozentige Urteilssicherheit zu erreichen, da z.B. infolge Übermüdung die Fehleranfälligkeit der Prüfer mit steigender Anzahl von Soll-Ist-Vergleichen wächst. Zudem ist eine Vollprüfung bei umfangreichen Prüfungsfeldern mit Zeit- und Kostenrestriktionen des Prüfers nicht zu vereinbaren. Eine hinreichende Urteilsqualität kann auch mit einer Auswahlprüfung erreicht werden, so daß sich die Frage nach der Bestimmung des Prüfungsumfangs stellt. Im FG 1/1988 des *IDW* findet sich hierzu folgende Ausführung:

> "Wesentliche Kriterien für die Bestimmung des Prüfungsumfangs sind die organisatorischen und wirtschaftlichen Gegebenheiten des zu prüfenden Unternehmens, die Bedeutung des einzelnen Prüfungsgegenstandes, die Wahrscheinlichkeit von Fehlern oder von Verstößen gegen die Rechnungslegungsvorschriften sowie die Gewinnung von Prüfungsfeststellungen in zeitgerechter und wirtschaftlicher Weise." (IDW [1988 (1)], S. 13).

Welche Bedeutung (Materiality) einem Prüfungsgegenstand zukommt, ergibt sich i.d.R. aus dessen absolutem oder relativem Wert, wobei ein positiver Zusammenhang zwischen Bedeutung und Wert zu unterstellen ist. Mit zunehmender Bedeutung des Prüfungsgegenstandes ist die Genauigkeit der Prüfung zu erhöhen, d.h. der als wesentlich betrachtete Fehlerbetrag ist zu verringern. Damit steigt der Umfang der erforderlichen Prüfungshandlungen. Ein abschließender Katalog für die Wahrscheinlichkeit des Vorliegens von Fehlern kann nicht aufgestellt werden. Determinanten des Fehlerrisikos können sein (vgl. IDW [1988 (4)], S. 106):

- Art der zu prüfenden Unternehmung (sie wird insbesondere durch die Rechtsform, den Wirtschaftszweig und die Unternehmensstruktur bestimmt),
- Größe der zu prüfenden Unternehmung,
- wirtschaftliche Lage der zu prüfenden Unternehmung,
- Art, Verwertbarkeit und Wert von Vermögensgegenständen und Schulden,
- Stand des internen Kontrollsystems in dem Prüfungsgebiet,
- Integrität und Qualität des Managements.

Je höher das Fehlerrisiko ist, desto größer muß der Stichprobenumfang sein.[1]

Im Gegensatz zur Zufallsauswahl läßt sich bei der **bewußten Auswahl** der Prüfungselemente der zur Erlangung eines hinreichend sicheren und genauen Urteils notwendige Prüfungsumfang nicht eindeutig quantifizieren, d.h. die Anzahl der zu prüfenden Elemente ist nicht nach statistischen Regeln berechenbar. Da ein hinreichend sicheres und genaues Urteil abgegeben werden soll, darf der Prüfer einerseits den Umfang der Auswahl nicht so klein wählen, daß ein Rückschluß vom Ergebnis der Auswahlprüfung auf die Gesamtheit aller zu prüfenden Sachverhalte nicht hinreichend zu begründen ist. Anderseits darf er den Prüfungsumfang auch nicht so groß wählen, daß Restriktionen hinsichtlich Prüfungszeit und -kosten verletzt werden. Die Bedeutung des Prüfungsgegenstandes findet bei der Auswahl nach dem Konzentrationsprinzip Berücksichtigung, während das Fehlerrisiko der detektivischen Auswahl zugrunde liegt.

Der in einem Prüfungsgebiet erforderliche Prüfungsumfang ist dagegen bei Anwendung traditioneller **mathematisch-statistischer Schätz- und Testverfahren** schon vor der Stichprobenziehung näherungsweise zu ermitteln. Bei Schätzverfahren resultiert der erforderliche Stichprobenumfang vornehmlich aus dem gewählten Genauigkeits- und Sicherheitsgrad. Der Genauigkeitsgrad findet seinen Ausdruck in der Breite des Konfidenzintervalls, in welchem die Ergebnisse liegen müssen, damit das Prüfungsgebiet noch als ordnungsmäßig angenommen werden kann. Bei seiner Bestimmung ist insbesondere der Grundsatz der Materiality zu beachten. Die Auswahl von Stichproben erfolgt im allgemeinen mit einem vorgegebenen Sicherheitsgrad von 90 - 95 % (vgl. IDW [1988 (4)], S. 108). Ein Sicherheitsgrad von 95 % bedeutet, daß die auf Stichprobenergebnissen basierende Aussage des Prüfers im statistischen Durchschnitt in 95 von 100 Fällen zutreffend ist. Für die Bestimmung des Sicherheitsgrades ist insbesondere das Fehlerrisiko zu beachten.

Bei Testverfahren ergibt sich der erforderliche Stichprobenumfang vor allem aus der zugrunde gelegten Nullhypothese und - im Testverfahren mit konkretisierter Gegenhypothese - aus der zugrunde gelegten Gegenhypothese sowie aus den Risiken eines **Alpha- und Beta-Fehlers**. Das Risiko eines Alpha-Fehlers ist die Wahrscheinlichkeit, ein tatsächlich ordnungsmäßiges Prüfungsgebiet als nicht ordnungsmäßig zu beurteilen. Umgekehrt umfaßt das Risiko eines Beta-Fehlers die Wahrscheinlichkeit, ein tatsächlich nicht ordnungsmäßiges Prüfungsgebiet als ordnungsmäßig anzunehmen.

Neben dem Sicherheitsgrad und dem Genauigkeitsgrad bildet die vermutete Verteilung des Untersuchungsmerkmals in der Grundgesamtheit einen weiteren wichtigen Bestimmungsfaktor für den erforderlichen Stichprobenumfang. Dieser wird zudem von der Varianz der Elemente der Grundgesamtheit (bei heterograder Fragestellung), dem geschätzten Fehleranteil der Grundgesamtheit (beim einfachen homograden Schätzverfahren) und dem Umfang der Grundgesamtheit (bei der einfachen Mittelwertschätzung) determiniert.

---

[1] Zu der davon abweichenden Behandlung des Prüfungsrisikos in den US-amerikanischen Prüfungsstandards s. S. 162 - 164.

Die Berechnung des erforderlichen Stichprobenumfangs bei der Anwendung mathematisch-statistischer Verfahren ist ohne EDV-Unterstützung sehr umständlich, zeitaufwendig und fehleranfällig. Als Hilfsmittel für manuelle Anwendungen stehen dem Prüfer neben Taschenrechnern Tab.n (vgl. Arkin [1984], S. 310 - 469), sog. Nomogramme (vgl. Wysocki [1975]), zur Verfügung, die den erforderlichen Stichprobenumfang graphisch als Funktion anderer Parameter darstellen. Auf diese Weise werden auch Nicht-Statistiker leichter in die Lage versetzt, bei Buchprüfungen Zufallsstichproben anzusetzen und diese ohne großen Rechenaufwand auszuwerten. Nachstehende Abbildung 8 zeigt ein Nomogramm zur Bestimmung des Stichprobenumfangs für die einfache Mittelwertschätzung bei unterstellter Normalverteilung. Dabei wird der Stichprobenumfang n in Abhängigkeit von der Varianz s^2 und dem zulässigen Stichprobenfehler e dargestellt.

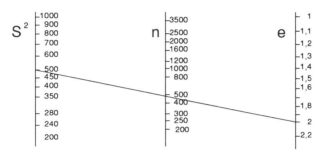

Abb. 8: *Nomogramm zur Bestimmung des Stichprobenumfangs für die einfache Mittelwertschätzung bei einem Sicherheitsgrad von 95 %*

Den gesuchten Stichprobenumfang erhält man, indem man den Wert der (geschätzten) Varianz auf der linken Skala mit dem zulässigen Stichprobenfehler auf der rechten Skala durch eine Gerade verbindet. Der Schnittpunkt dieser Geraden mit der mittleren Achse gibt den erforderlichen Stichprobenumfang an.

Der Prüfungsumfang wird auch von der **Qualität der Informationsquellen** beeinflußt. Ausreichende Urteilssicherheit ist nur dann erreichbar, wenn die bei der Urteilsbildung berücksichtigten Informationen aus zuverlässigen Quellen stammen. So wird der Prüfer eigenen Beobachtungen und Einsichtnahmen in externe (z.B. amtliche) Dokumente eine höhere Zuverlässigkeit beimessen als einer Auskunft Dritter oder einer Einsichtnahme in interne Dokumente der geprüften Unternehmung. Die Frage der Zuverlässigkeit einer Informationsquelle hat Rückwirkungen auf den Umfang der Prüfungshandlungen, denn die Richtigkeit einer Prüfungshypothese (ordnungsgemäß - nicht ordnungsgemäß) vermag durch die Informationsbeschaffung aus mehreren Quellen gesichert werden, da mit der zunehmenden Zahl von Einzelinformationen, die den zu beurteilenden Sachverhalt in der gleichen Weise ausweisen, die Beweiskraft der Prüfungshypothese gesteigert wird. (Zum Problem der Vertrauenswürdigkeit der Informationsquellen vgl. Sperl [1978] S. 69 - 79 und Neitemeier [1979])

6. Die Bestimmung von Prüfungsschwerpunkten

Das Problem der Bildung von Prüfungsschwerpunkten steht bei einperiodiger Betrachtungsweise in engem Zusammenhang mit der Festlegung des Prüfungsumfanges. Wird ein Prüfungsfeld als Prüfungsschwerpunkt gewählt, so erhöht sich ceteris paribus der Stichprobenumfang. Im Extremfall nimmt der Prüfer sogar eine lückenlose Prüfung des Prüfungsschwerpunktes vor. Daneben werden Prüfungsschwerpunkte jedoch auch in mehrperiodiger Betrachtungsweise jährlich alternierend gebildet.

Prüfungsschwerpunkte sind Prüfungsfelder, die mit einer weit über das normale Maß hinausgehenden Sicherheit beurteilt werden. Sie können sich bereits aus dem Prüfungsauftrag ergeben. Dies ist z.B. der Fall, wenn der Auftraggeber wünscht, daß bestimmte Gebiete, in denen er Unterschlagungen oder sonstige Unregelmäßigkeiten vermutet, besonders intensiv geprüft werden. Derartige Prüfungsschwerpunkte werden bereits vor Prüfungsbeginn in das Prüfungsprogramm übernommen. Das Erfordernis zur Bildung von Prüfungsschwerpunkten kann sich aber auch erst während der Prüfung ergeben, wenn der Prüfer den Eindruck gewinnt, daß ein bestimmtes Prüfungsfeld besonders fehleranfällig ist.

Darüber hinaus besteht die Möglichkeit, im Rahmen der Aufstellung sog. mehrjähriger Prüfungspläne im turnusmäßigen Wechsel Prüfungsschwerpunkte zu setzen. Die Durchführung von Prüfungen mit unterschiedlichen Schwerpunkten ist ausdrücklich im FG 1/1988 des *IDW* erwähnt:

> "Die Bildung von wechselnden Prüfungsschwerpunkten im Sinne einer jährlich wechselnden, besonders intensiven Prüfung einzelner Teilgebiete und einer weniger intensiven Prüfung anderer Teilgebiete ist zulässig und kann im Interesse einer wirtschaftlichen Prüfungsdurchführung liegen." (IDW [1988 (1)], S. 12).

Durch mehrjährige Prüfungspläne soll eine Verringerung der Durchschnittsintensität der Prüfung - bezogen auf einen mehrperiodigen Zeitabschnitt - erreicht werden, denn der wachsende Umfang des Prüfungsstoffes macht es aus zeitlichen und wirtschaftlichen Gründen unmöglich, sämtliche Prüfungsfelder jährlich mit der gleichen Intensität zu prüfen. Dieses Ziel wird erreicht, wenn der Mehraufwand der Schwerpunktprüfungen durch eine Entlastung der nachfolgenden Prüfungen überkompensiert wird.

Voraussetzung für die Durchführung eines mehrjährigen Prüfungsplanes ist ein angemessen funktionierendes internes Kontrollsystem des zu prüfenden Unternehmens. Deshalb sind gründliche Vorinformationen des Prüfers über den Zustand und die Organisation des Rechnungswesens hinsichtlich einer weitgehenden Sicherheit vor wesentlichen Mängeln und Fehlern sowie über Art und Wirksamkeit von Kontrollen zur Beseitigung der Mängel und Fehler erforderlich. Daraus resultiert, daß die Aufstellung eines mehrjährigen Prüfungsplans bei Erstprüfungen noch nicht möglich ist, da die notwendigen Informationen noch nicht zur Verfügung stehen.

Gegen die Vornahme turnusmäßiger Schwerpunktsetzung kann vorgetragen werden, daß es quantitativ nicht begründbar ist, ein Prüfungsfeld in einzelnen Perioden mehr als für ein vertrauenswürdiges Urteil notwendig und in anderen Perioden weniger als hierfür notwendig zu prüfen. Mehrjährige Turnusprüfungen bringen andererseits Kostenvorteile sowie eine größere Sicherheit bezüglich der Einhaltung von Prüfungsendterminen mit sich. Ein weiterer Vorteil der Festlegung von Prüfungsschwerpunkten ist darin zu sehen, daß durch die intensive Teilprüfung das Risiko des Prüfers vermindert wird, jährlich das gleiche Fehlurteil abzugeben, weil Fehler mit urteilsändernder Wirkung bei den einzelnen Prüfungsgebieten eher aufgedeckt werden können.

Die Aufstellung eines mehrjährigen Prüfungsplans umfaßt die Bestimmung der Prüfungsschwerpunkte sowie die Festlegung ihrer zeitlichen Reihenfolge. Als Prüfungsschwerpunkte kommen primär diejenigen Prüfungsbereiche in Frage, mit denen sich der Prüfer nicht in jedem Jahr mit der gleichen Ausführlichkeit befassen muß, da dort bedeutsame Änderungen nur in größeren Zeitabständen vorgenommen werden. Dabei handelt es sich in erster Linie um allgemeine Ordnungsprüfungen (sie dienen der Beurteilung der ordnungsmäßigen Erfassung und Abwicklung einzelner Geschäftsvorfälle und erstrecken sich auf die Prüfung des internen Kontrollsystems; ihr Schwergewicht liegt bei denjenigen Konten, über die Massenvorgänge abgerechnet werden) sowie um Formal- und rechnerische Prüfungen in einzelnen Bereichen der Buchführung. Mögliche Prüfungsschwerpunkte sind z.B. die Prüfung der Angemessenheit und rechnerischen Richtigkeit der Abschreibungen, der Organisation der Inventur, des Altersaufbaus der Vorräte oder des Ablaufs der Lohn- und Gehaltsabrechnung. Alle Prüfungsfelder, bei denen das zu prüfende Unternehmen Bewertungswahlrechte und Ermessensspielräume hat, können ebensowenig wie Prüfungsfelder mit hohem Fehlerrisiko in den mehrjährigen Prüfungsplan aufgenommen werden.

Die zeitliche Reihenfolge der Prüfungsschwerpunkte richtet sich nach der Dringlichkeit der Prüfung einzelner Teilgebiete. Als Maßstäbe für die Dringlichkeit sind die Fehlererwartung in den einzelnen Teilgebieten sowie die Bedeutung der einzelnen Prüfungsgegenstände, gemessen an ihrem absoluten oder relativen Wert, anzusetzen. Bei der zeitlichen Gliederung des Prüfungsstoffes nach der Dringlichkeit ist der Umfang der Prüfungsschwerpunkte zu berücksichtigen, da es zweckmäßig erscheint, die einzelnen Jahre gleichmäßig mit Prüfungsschwerpunkten zu belasten.

Der mehrjährige Prüfungsplan sollte sich auf einen Turnus von drei bis fünf Jahren erstrecken, in dem alle Prüfungsfelder bzw. Prüfungsfeldergruppen mindestens einmal intensiv geprüft werden.

Die Zeitspanne zwischen zwei intensiven Prüfungen muß den Gegebenheiten des Prüfungsschwerpunktes angepaßt sein. Damit trotz der Prüfung mit wechselnden Schwerpunkten die prophylaktische Wirkung der Prüfung nicht verloren geht, sollte der mehrjährige Prüfungsplan dem zu prüfenden Unternehmen nicht bekannt sein. Nach Ablauf des Planungszeitraumes ist ein neuer abgeänderter Plan zu entwickeln, um den gewonnenen Prüfungsinformationen Rechnung zu tragen und eine Antizipation der Prüfungsschwerpunkte durch das zu prüfende Unternehmen auszuschließen. Während des Planungszeitraumes können Modifikationen des mehrjährigen Prüfungsplanes erforderlich werden, falls wesentliche Veränderungen bei den Prüfungsobjekten den Erkenntniswert früherer Prüfungen herabsetzen.

Durch jährlich wechselnde Prüfungsschwerpunkte und die dadurch bedingte Veränderung der Prüfungsintensität ergeben sich Auswirkungen auf die sachliche, vor allem aber die personelle und zeitliche Prüfungsplanung.

b. Die Personaleinsatzplanung

Die Arbeitsfelder der Personalplanung sind vielfältig. Sie erfassen im allgemeinen die Auswahl der Mitarbeiter, die Ermittlung der benötigten Anzahl von Mitarbeitern sowie die Maßnahmen, die zur Fortbildung des Personals getroffen werden. Im Rahmen der Prüfungsplanung ist die Zuordnung der vorhandenen Prüfer und Prüfungsassistenten auf die innerhalb der Prüfungsprogrammplanung definierten Prüfungsfelder von besonderem Interesse. Die in diesem Zusammenhang auftretende Problematik soll deshalb ausführlicher dargestellt werden.

Zunächst wird aus didaktischen Gründen die Personaleinsatzplanung isoliert von Prüfungsprogramm- und Prüfungszeitplanung betrachtet, um eine besssere Darstellung der grundlegenden Aufgaben und Probleme zu ermöglichen. Damit beschränkt sich der Inhalt der Personalplanung auf die Zuordnung von Prüfern zu Prüfungsfeldern ohne Berücksichtigung von Reihenfolgebedingungen und anderen zeitlichen Restriktionen für den Einsatz der Mitarbeiter. Nach der Behandlung der Personal- bzw.

Zeitplanung in Partialmodellen wird in einem weiteren Abschnitt auf die grundsätzlichen Probleme und die Vorgehensweise in der Praxis bei einer simultanen Personal- und Zeitplanung eingegangen.

1. Aufgaben der Personaleinsatzplanung

Ein primäres Ziel der Personaleinsatzplanung ist es, eine Prüferzuordnung zu finden, durch die eine hinreichende Qualität der Prüfung gewährleistet ist. Es dürfen also nur solche Prüfer eingesetzt werden, bei denen sichergestellt ist, daß sie aufgrund ihrer Ausbildung und Erfahrung die auszuführenden Prüfungstätigkeiten bewältigen können.

Die Zuordnung der Prüfer zu den einzelnen Prüfungsfeldern erfolgt im weiteren nach Zeit- oder Kostengesichtspunkten, wobei als Nebenbedingung[1] immer die ordnungsmäßige Durchführung der Prüfung beachtet werden muß. In diesem Zusammenhang ist der Unterschied zwischen der Planung eines Einzelauftrages und der gleichzeitigen Planung mehrerer Aufträge zu beachten. Plant man mehrere Prüfungsaufträge gleichzeitig, so entspricht die Minimierung der Zielgröße (Kosten oder Zeit) insgesamt nicht unbedingt der isolierten Minimierung der Zielgrößen für die einzelnen Aufträge. Es kann z.B. vorkommen, daß ein Prüfungsauftrag zum Nachteil eines anderen kostengünstiger bearbeitet wird, als dies bei Minimierung der Gesamtkosten der einzelnen Aufträge der Fall wäre.

Stehen Kostenaspekte im Vordergrund, so wird man als zu minimierende Zielfunktion die Summe aller anfallenden Kosten wählen. Bezüglich des Kriteriums Zeit sind zwei verschiedene Zielfunktionen vorstellbar:

- Die zu minimierende Größe kann einmal die Summe aller benötigten Prüferstunden sein. Dies Problem entspricht prinzipiell dem Problem der Minimierung der gesamten Kosten. In den entsprechenden Optimierungsverfahren sind lediglich die Kostenwerte durch die entsprechenden Zeitdauern zu ersetzen.
- Es kann aber auch sinnvoll sein, die Gesamtdauer eines Prüfungsauftrages möglichst niedrig zu halten, damit keine Terminschwierigkeiten auftreten. Dies führt zu dem sog. Flaschenhalsmodell (vgl. S. 212 - 213).

Abweichungen von den Zielsetzungen der Kosten- oder Zeitminimierung können durchaus auftreten: Wegen der Besorgnis der Befangenheit kann es erforderlich sein, Mitarbeiter von bestimmten Prüfungsfeldern auszuschließen, obwohl sie qualitativ besser geeignet sind als andere. Andererseits wird oft aus Ausbildungsgründen festgelegt, daß in einem bestimmten Prüfungsgebiet noch unerfahrene Prüfer gerade dieses Prüfungsfeld bearbeiten. Da dies jedoch die Qualität der Prüfung nicht mindern darf, muß dem Mitarbeiter erforderlichenfalls ein erfahrener Kollege zur Seite gestellt werden.

2. Prüferzuordnung mit Hilfe von Optimierungsverfahren

Die folgenden Modelle haben ihren Ursprung in der Theorie des Operations Research und werden dort unter den Namen **Zuordnungsproblem**

---

[1] In diesem Zusammenhang darf der Begriff "Nebenbedingung" nicht i.S. von "nebensächlich" verstanden werden. In Optimierungsmodellen wird im Gegenteil gerade verlangt, daß die Lösungen den Nebenbedingungen in jedem Fall genügen.

oder **Transportproblem** behandelt. Damit sie im Rahmen der Prüferzuordnung angewendet werden können, müssen folgende Voraussetzungen erfüllt sein:
(a) Sämtliche Prüfer stehen für die gesamte Dauer des Prüfungsauftrags zur Verfügung.
(b) Die Reihenfolge der Prüfung der einzelnen Prüfungsfelder ist beliebig. Sie können also auch alle gleichzeitig geprüft werden.
(c) Es existieren keine Einschränkungen in dem Sinn, daß ein Prüfer ein bestimmtes Prüfungsfeld auf jeden Fall prüfen soll bzw. nicht prüfen darf.

Stehen m Prüfer für die Bearbeitung des Prüfungsauftrages zur Verfügung und ist der Prüfungsauftrag in n Prüfungsfelder eingeteilt worden, so wird zur Durchführung einer kostenminimalen Zuordnung die Kenntnis aller Kosten k_{fp} benötigt, die ein Prüfer p ($p = 1,...,m$) für die Prüfung jedes Prüfungsfeldes f ($f = 1,...,n$) verursacht. Diese Kosten berechnen sich i.d.R. zu

$$k_{fp} = t_{fp} \cdot k_p,$$

wobei t_{fp} für die voraussichtliche Bearbeitungsdauer des Prüfungsfeldes steht, wenn es durch Prüfer p bearbeitet wird, und k_p die Kosten bezeichnet, die Prüfer p je Zeiteinheit verursacht. Ordnet man die Kosten in einer Matrix mit n Zeilen und m Spalten an, erhält man die sogenannte **Kostenmatrix**. Das Erfordernis einer bekannten Kostenmatrix beinhaltet ein nicht zu unterschätzendes Informationsproblem, auf das an späterer Stelle noch eingegangen wird.

Die Problematik, daß die Prüfungsfelder unterschiedliche Anforderungen an die Prüferqualität stellen, soll in den Kostenwerten berücksichtigt sein. Das wird in folgender zusätzlicher Voraussetzung ausgedrückt:
(d) Jeder Prüfer ist in der Lage, jedes Prüfungsfeld mit der erforderlichen Qualität zu prüfen. Das unterschiedliche Niveau der Prüfer kommt in den Kostenwerten zum Ausdruck: Besser ausgebildete (bzw. erfahrenere) Prüfer sind i.d.R. teurer als Berufsanfänger, benötigen dafür aber weniger Zeit, um zu einem verläßlichen Urteil zu kommen.[1]

(a) Das lineare Zuordnungsproblem

Erweitert man die Liste der Voraussetzungen noch um die Annahme
(e) Die Zahl der Prüfungsfelder stimmt mit der Zahl der Prüfer überein, d.h. $n=m$,

so handelt es sich bei dem hier dargestellten Problem um das sog. **lineare Zuordnungsproblem**. Dieses läßt sich, definiert man die Zuordnungsvariable für jede Prüfungsfeld-/Prüferkombination durch

$$x_{fp} = \begin{cases} 1, \text{falls Prüfer } p \text{ Prüfungsfeld } f \text{ prüft,} \\ 0, \text{sonst,} \end{cases}$$

schreiben als

(1) $$\sum_{f=1}^{n} \sum_{p=1}^{n} k_{fp} \cdot x_{fp} \to \min! \;,$$

wobei folgende Nebenbedingungen einzuhalten sind:

---
1) Zur Problematik dieser Annahme vgl. Weirich [1965], S. 94.

(2) $\sum_{f=1}^{n} x_{fp} = 1$, für alle Prüfer $p = 1,...,n$,

(3) $\sum_{p=1}^{n} x_{fp} = 1$, für alle Prüfungsfelder $f = 1,...,n$,

(4) $x_{fp} \in \{0,1\}$, $f, p = 1,...,n$.

Die Variablen x_{fp} ($f, p = 1,...,n$) beschreiben dabei vollständig eine mögliche Zuordnung von Prüfern zu Prüfungsfeldern. Gesucht ist also eine Zuordnung, bei der die Summe aller Kosten minimal wird (Gleichung (1)), jeder Prüfer genau ein Prüfungsfeld prüft (Bedingung (2)) und jedes Prüfungsfeld durch genau einen Prüfer geprüft wird (Bedingung (3)). Bedingung (4) steht für die Forderung, daß ein Prüfer ein Prüfungsfeld entweder nicht oder aber vollständig prüft.

Gilt z.B. $n = 3$, so ist eine mögliche Zuordnung, welche die Nebenbedingungen erfüllt, gegeben durch die Vorschrift: Prüfer 1 prüft Prüfungsfeld 3, Prüfer 2 prüft Prüfungsfeld 1 und Prüfer 3 prüft Prüfungsfeld 2. Diese Zuordnung läßt sich auch mit Hilfe der Zuordnungsvariablen x_{fp} ausdrücken:

$$x_{11} = 0, \quad x_{12} = 1, \quad x_{13} = 0,$$

$$x_{21} = 0, \quad x_{22} = 0, \quad x_{23} = 1,$$

$$x_{31} = 1, \quad x_{32} = 0, \quad x_{33} = 0.$$

Das ist eine von 6 möglichen zulässigen Zuordnungen. Bei diesem einfachen Beispiel wäre es möglich, für jede Zuordnung die Summe der entstehenden Kosten zu berechnen und die günstigste auszuwählen. Eine solche Vorgehensweise ist jedoch für realistische Anwendungsfälle nicht möglich: Bei 10 Prüfungsfeldern und 10 Prüfern ergeben sich bereits 3.628.800 zulässige Zuordnungen. Daher ist es notwendig, mathematische Optimierungsverfahren zu verwenden. Für obiges Problem bietet sich (außer dem für umfangreichere Anwendungen relativ zeitaufwendigen Simplex-Algorithmus) die sog. *Flood*sche **Zurechnungstechnik** (auch **Ungarn-Methode** genannt) an.[1]

(b) Verallgemeinerungen des linearen Zuordnungsproblems

Der Nachteil des linearen Zuordnungsmodells ist vor allem in den einschränkenden Anwendungsvoraussetzungen zu sehen. Die restriktivste Voraussetzung ist dabei in der Forderung nach gleicher Anzahl von Prüfungsfeldern und Prüfern zu sehen, da im Regelfall mehr Prüfungsfelder als Prüfer vorliegen. Eine weitere Voraussetzung ist in der Prämisse zu sehen, daß es keine Vorauszuordnungen bzw. Zuordnungsverbote geben darf.

---

[1] Vgl. z.B. Seicht [1965], S. 90 - 92; Leffson/Lippmann/Baetge [1969], S. 87 - 89. Bei *von Wysocki* (Wysocki [1977 (2)], S. 190 - 192) erfolgt die Erklärung der *Flood*schen Zurechnungstechnik anhand eines einfachen Beispiels. Eine ausführliche Darstellung des Verfahrens mit einem umfangreichen Beispiel findet sich beispielsweise bei Domschke [1985], S. 170 - 176.

Für den Fall der Ungleichheit der Anzahl von Prüfungsfeldern und Prüfern wird in der Literatur vorgeschlagen, soviele "fiktive" Prüfer in das Modell einzuführen, daß die Anzahl der Prüfer mit der Anzahl der Prüfungsfelder übereinstimmt.[1] Bei diesen zusätzlichen Prüfern setzt man für jedes Prüfungsfeld Kosten von $k_{fp} = 0$ an. Führt man die Zuordnung für das so erweiterte Problem durch, werden auch den fiktiven Prüfern Prüfungsfelder zur Bearbeitung zugeordnet. Die den fiktiven Prüfern zugeordneten Prüfungsfelder müssen anschließend auf die "realen" Prüfer verteilt werden. Dazu wird das Verfahren erneut mit den den fiktiven Prüfern zugeordneten Prüfungsfeldern und den realen Prüfern durchgeführt. Dieser Prozeß muß solange wiederholt werden, wie die Anzahl der Prüfungsfelder die Anzahl der Prüfer übersteigt.[2] Diese Vorgehensweise hat den Vorteil, daß nicht ausschließlich die Kostenminimierung als Zielkriterium betrachtet, sondern gleichzeitig eine möglichst gleichmäßige Belastung der Prüfer angestrebt wird. Im Ausgangsmodell des linearen Zuordnungsproblems wird eine gleichmäßige Auslastung durch die Nebenbedingungen (2) und (3) gewährleistet.

Die Prämissen, daß es keine Vorauszuordnungen bzw. Zuordnungsverbote geben soll, lassen sich auf ähnliche Weise umgehen. Soll Prüfer p das Prüfungsfeld f auf keinen Fall bearbeiten, so setzt man die entsprechenden Bearbeitungskosten unendlich: $k_{fp} = \infty$.[3] Soll umgekehrt Prüfer p das Prüfungsfeld f auf jeden Fall prüfen, so ist es am einfachsten, die entsprechende Spalte und Zeile in der Kostenmatrix zu streichen.

Ein anderer Vorschlag zur Vermeidung der genannten einschränkenden Voraussetzungen besteht in der Anwendung der sog. **Vogelschen Approximationsmethode**[4]. Die Vogelsche Approximationsmethode ist ein heuristisches Verfahren, welches nicht sicher zu der optimalen (= kostenminimalen) Zuordnung führt, aber meistens sehr nahe an die optimale Lösung herankommt und überdies rechentechnisch leicht zu handhaben ist.

Das Prinzip der Vogelschen Approximationsmethode besteht darin, für jedes Prüfungsfeld die beiden Prüfer zu ermitteln, die das Prüfungsfeld am kostengünstigsten bearbeiten können. In einem daran anschließenden Schritt werden die Prüfungsfelder nach der Höhe der Kostendifferenz zwischen diesen beiden Prüfern geordnet. Prüfungsfelder, bei denen diese Differenz sehr groß ist, werden vorzugsweise dem billigeren der beiden Prüfer zugeordnet. Dies ist deshalb sinnvoll, weil die ermittelten Kostendifferenzen ein Maß dafür sind, um wieviel teurer die Bearbeitung eines Prüfungsfeldes mindestens wird, wenn es nicht vom kostengünstigsten Prüfer beurteilt wird.

---

1) Vgl. Leffson/Lippmann/Baetge [1969], S. 87; Dürr/Kleibohm [1988], S. 111 - 113.

2) Ist die Zahl der Prüfungsfelder nicht ein ganzzahliges Vielfaches der Zahl der Prüfer, so ergibt sich im letzten Schritt die Situation, daß mehr Prüfer als Prüfungsfelder vorhanden sind. Man führt dann statt fiktiver Prüfer fiktive Prüfungsfelder ein, um auch diese Zuordnung mit Hilfe der Floodschen Zurechnungstechnik durchführen zu können.

3) Um auch bei EDV-gestützter Vorgehensweise nach diesem Prinzip verfahren zu können, wird statt $k_{fp} = \infty$ $k_{fp} = M$ gesetzt, wobei M für eine im Vergleich zu den übrigen Kostenwerten "sehr große" Zahl steht. - Vgl. Drexl [1990], S. 61.

4) Vgl. Wysocki [1977 (2)], S. 192 - 198; Krug/Krane [1968], S. 621 - 627.

Die *Vogel*sche Approximationsmethode erlaubt auch, zeitliche Restriktionen für die Einsatzdauer der Prüfer zu berücksichtigen. Dazu müssen jedoch folgende zusätzliche Informationen beschafft werden:
- Für jeden Prüfer p die Zeitdauer t_p ($p = 1,...,m$), die ihm maximal für den Prüfungsauftrag zur Verfügung steht.
- Die Zeit t_{fp} ($p = 1,...,m; f = 1,...,n$), die Prüfer p voraussichtlich für die Bearbeitung des Prüfungsfelds f benötigt.

Das zu lösende Optimierungsproblem lautet damit folgendermaßen:

(5) $\qquad \sum\limits_{f=1}^{n} \sum\limits_{p=1}^{m} k_{fp} \cdot x_{fp} \to \min!$,

unter den Nebenbedingungen

(6) $\qquad \sum\limits_{f=1}^{n} x_{fp} \cdot t_{fp} \leq t_p$, für alle Prüfer $p = 1,...,m$,

(7) $\qquad \sum\limits_{p=1}^{m} x_{fp} = 1$, für alle Prüfungsfelder $f = 1,...,n$,

(8) $\qquad x_{fp} \in \{0,1\}, \quad f = 1,...,n; p = 1,...,m$.

Bedingung (6) beinhaltet die beschränkte Verfügungsdauer der einzelnen Prüfer. Vorauszuordnungen und Zuordnungsverbote können innerhalb der *Vogel*schen Approximationsmethode ebenfalls leicht berücksichtigt werden (vgl. Krug/Krane [1968]).

Eine weitere Verallgemeinerung des obigen einfachen linearen Zuordnungsproblems ist das sog. **Transportproblem**, das - für die Anwendbarkeit im Rahmen der Prüferzuordnung - in der Literatur unterschiedlich interpretiert wird.[1] Die *Vogel*sche Approximationsmethode wird bei der Lösung des Transportproblems angewendet, um eine möglichst gute Ausgangslösung zu finden, die als Startwert für andere (exakte) Optimierungsverfahren dient (vgl. Domschke [1985], S. 97 - 104).

(c) Das Flaschenhalsmodell

Den bisherigen Ausführungen lag das Prinzip der Kostenminimierung zugrunde. Die dargestellten Überlegungen gelten in gleicher Form auch für die Minimierung der Prüferstunden als Zielsetzung. Eine eigenständige Zielsetzung ist die Minimierung der gesamten für einen Prüfungsauftrag benötigten Zeit. Diese Fragestellung führt zu dem sog. **Flaschenhalsmodell**. Zur grundlegenden Darstellung dieses Problems sollen wieder die oben aufgeführten Voraussetzungen (a)-(e) gelten (vgl. S. 208 und 209). Mit obigen Bezeichnungen (vgl. S. 209) läßt sich die entsprechende Optimierungsaufgabe schreiben als

(9) $\qquad \max\{t_{fp} \cdot x_{fp} \mid f, p = 1,...,n\} \to \min!$,

unter den Nebenbedingungen (3) und (4) des linearen Zuordnungsproblems.

---

[1] Vgl. Krane [1973], S. 116 - 147. *Krane* formuliert ein sog. Klassifikationsmodell, bei dem einerseits die Prüfungsfelder nach ähnlich hohen Anforderungen klassifiziert und andererseits auch Gruppen von annähernd gleich qualifizierten Prüfern gebildet werden. Eine davon abweichende Interpretation des Transportmodells findet sich bei Drexl [1990], S. 64 - 65.

Jeder möglichen Prüferzuordnung (gegeben durch die Variablen x_{fp}) wird durch die Zielfunktion (9) die größte auftretende Bearbeitungsdauer eines Prüfungsfeldes zugeordnet. Gesucht ist dann diejenige Prüferzuordnung, bei welcher die Bearbeitungszeit des am längsten dauernden Prüfungsfeldes minimal wird. Im Falle paralleler Bearbeitung der Prüfungsfelder - die nach Voraussetzung (b) zulässig ist - wird die Gesamtdauer der Prüfung aber gleich der Bearbeitungsdauer des längsten Prüfungsfeldes, so daß in diesem Fall die Zielfunktion (9) mit dem Ansatz der Minimierung der Gesamtzeit übereinstimmt.

Unter der zusätzlichen Voraussetzung, daß die bei einem Prüfungsauftrag eingesetzten Prüfer ein Team bilden, das erst nach vollständiger Erledigung des Auftrags aufgelöst wird, führt auch der Ansatz der Minimierung der Gesamtkosten der Prüfung zu dem dargestellten Flaschenhalsmodell (vgl. Buchner [1992 (2)], Sp. 1379 - 1380). Die Gesamtkosten K der Prüfung sind dann gegeben durch

$$K = \sum_{p=1}^{n} \lambda \cdot k_p = \lambda \sum_{p=1}^{n} k_p,$$

wobei λ für die Gesamtdauer der Prüfung steht. Da die Kostenwerte k_p fest vorgegeben sind, ist in diesem Fall die Minimierung von K gleichbedeutend mit der Minimierung der Gesamtprüfungsdauer λ, so daß auch in diesem Fall die durch (9) gegebene Zielfunktion zu verwenden ist. Zur Lösung dieses Flaschenhalsproblems kann eine Folge von linearen Zuordnungsproblemen konstruiert werden, welche z.B. mit der *Flood*schen Zurechnungstechnik zu lösen sind.[1]

c. Die Prüfungszeitplanung

Die Zeitplanung steht in enger Abhängigkeit zur Personaleinsatzplanung. Um den Einsatz der Prüferkapazitäten auch unter Berücksichtigung dieser Abhängigkeiten optimal (d.h. i.d.R. kostenminimal) zu planen, müßte die Personal- und Zeitplanung simultan erfolgen. Zunächst soll in folgenden Darlegungen jedoch vorausgesetzt werden, daß sowohl die Prüfungsprogrammplanung als auch die Personalplanung vor der Zeitplanung abgeschlossen sind.[2] Damit wird auch die Zeitplanung zunächst als Partialmodell dargestellt, um die grundsätzlichen Probleme und Fragestellungen besser verdeutlichen zu können.

1. Aufgaben der Prüfungszeitplanung

Die Zeitplanung hat mehrere Aufgaben zu erfüllen. Sie muß einmal sicherstellen, daß alle vereinbarten Termine für die einzelnen Prüfungsaufträge eingehalten werden. Zum anderen ist es wichtig, daß die Prüferkapazitäten zeitlich so verteilt werden, daß die Prüfung möglichst kostengünstig erfolgt. Ein weiterer bei der Zeitplanung zu beachtender Punkt ist die Einhaltung der Reihenfolge, in der die einzelnen Prüfungsfelder bearbeitet werden können. Die aus dem Stufengesetz resultierende Reihenfolgebedingung ist schon bei der Prüfungsprogrammplanung (vgl.

---

1) Vgl. Krane [1973], S. 355 - 363; Drexl [1990], S. 72; Burkard/Derigs [1980], S. 16 - 24.
2) Zur Problematik dieser Annahme vgl. Krane [1973], S. 440 - 445.

S. 170 - 171) festzulegen. Sie hängt u.a. von der Größe der Prüfungsfelder ab, denn je differenzierter die Unterteilung ist, desto mehr Reihenfolgerestriktionen können auftreten.

Die im folgenden behandelte Aufgabenstellung der Zeitplanung besteht im wesentlichen darin, den einzelnen Prüfungsfeldern derart Anfangs- und Endzeitpunkte für die Bearbeitung zuzuordnen, daß

- erstens die termingerechte Abgabe des abschließenden Urteils gewährleistet ist,
- es zweitens keine Überschneidungen von Prüfungsfeldern gibt, die gemäß der Personalplanung von dem gleichen Prüfer zu bearbeiten sind,
- drittens obige zwei Bedingungen möglichst kostenminimal eingehalten werden.[1]

Die Zeitplanung besitzt bereits für die Auftragsannahmeentscheidung eine grundlegende Bedeutung. So kann nicht ausgeschlossen werden, daß ein Prüfungsauftrag mangels ausreichender Prüferkapazitäten nicht termingerecht beendet werden kann. Eine solche Feststellung muß verständlicherweise die Rückgabe des Auftrages zur Folge haben (s. § 4 Berufssatzung). Es ist also schon vor Auftragsannahme eine grobe Zeitplanung durch die Prüfungsunternehmung durchzuführen, damit eine spätere Auftragsrückgabe und die eventuell daraus resultierende Schadensersatzverpflichtung nach § 51 WPO vermieden werden.

Diese erste (grobe) Zeitplanung ist für Wiederholungsprüfungen weitgehend unproblematisch durchzuführen, da die Bearbeitungszeiten der einzelnen Prüfungsfelder im Vorjahr als Grundlage der Planung zur Verfügung stehen. Zu beachten sind hier vor allem Änderungen innerhalb des geprüften Unternehmens sowie Änderungen im personellen Bereich des Prüfungsunternehmens, die sich gegenüber dem Vorjahr ergeben haben. Außerdem muß bei der vorläufigen Abschätzung der benötigten Prüfungszeit auch bedacht werden, daß sich im Vergleich zum Vorjahr die Prüfungsschwerpunkte sehr wahrscheinlich ändern werden. Prüfungsfelder, die im Vorjahr nur stichprobenweise geprüft wurden, werden gegebenenfalls einer Vollprüfung unterzogen und beanspruchen deshalb vergleichsweise mehr Prüfungszeit. Umgekehrt wird das Prüfungsunternehmen für andere Prüfungsfelder voraussichtlich kürzere Bearbeitungszeiten als im Vorjahr benötigen.

Bei Erstprüfungen ist die vorläufige Zeitplanung zur Entscheidung über die Auftragsannahme unter Umständen mit Schwierigkeiten verbunden. Aus Mangel an Vergangenheitsdaten kann hier eventuell auf Erfahrungen bei Prüfungen ähnlicher Unternehmen zurückgegriffen werden.

Vorstehende Ausführungen machen deutlich, daß die Planung idealerweise revolvierend über mehrere Jahre hinweg angesetzt werden sollte. Ein Auftrag zur handelsrechtlichen Jahresabschlußprüfung wird oft in der Erwartung angenommen, daß die Prüfungsunternehmung auch in den Folgejahren den betreffenden Jahresabschluß prüft. Eine langfristige

---

[1] Die dritte Bedingung scheint zunächst überflüssig, da die Zuordnung der Prüfer zu den Prüfungsfeldern schon im Rahmen der Personalplanung unter Kostengesichtspunkten durchgeführt wurde. Es kann jedoch vorkommen, daß die ersten beiden Bedingungen (insbesondere die Termineinhaltung) nicht mit den durch die Personalplanung gegebenen Prüfer-/Prüfungsfeldkombinationen eingehalten werden können. Das hat zur Folge, daß die Prüferzuordnung geändert bzw. ergänzt werden muß, was i.d.R. auch eine Erhöhung der Kosten bedingt. Die dritte Bedingung verlangt daher, daß diese Änderung der Prüferzuordnung kostenminimal stattzufinden hat.

Planung ist jedoch wegen der unzureichenden Information über die Gegebenheiten in späteren Jahren meist nicht exakt möglich. Auch wenn die Informationen vorliegen würden, wäre die revolvierende Prüfungsplanung sehr komplex und umfangreich, so daß sich auch aus Wirtschaftlichkeitsüberlegungen die Frage stellt, inwieweit es sinnvoll ist, weit in die Zukunft reichende Planungen zu erstellen. In der Praxis beschränkt man sich daher weitgehend auf einen Planungszeitraum von einem Jahr. Dies ist auch deswegen sinnvoll, weil viele Prüfungstätigkeiten im jährlichen Turnus anfallen. Dabei dürfen aber langfristige Überlegungen nicht gänzlich vernachlässigt werden. Insbesondere die Personalausstattung und die qualifizierte Ausbildung der Mitarbeiter müssen auch im jährlichen Prüfungsplan Berücksichtigung finden.

2. Terminzuordnung mit Hilfe von Optimierungsverfahren (Netzplantechnik)

Die für die Erledigung von Aufträgen zur Verfügung stehende Zeit stellt in der Regel einen Engpaßfaktor dar. Es ist daher Ziel der Prüfungsplanung, Entscheidungen darüber zu treffen, wann mit einer Prüfungsaufgabe zu beginnen und welcher zeitliche Ablauf der Prüfung festzulegen ist, damit ein Prüfungsurteil termingerecht abgegeben werden kann. Diese Planungsaufgabe setzt den Einsatz geeigneter Instrumente voraus, die einen möglichst vollständigen Überblick des Zeitablaufs der Tätigkeiten erlauben. Hierfür wird insbesondere die Netzplantechnik als geeignet angesehen.

Die Netzplantechnik wurde in den fünfziger Jahren entwickelt, um umfangreiche und komplexe Projekte zu planen (vgl. Thumb [1975], S. 20). Sie ist immer dann einsetzbar, wenn sich ein Projekt in viele kleinere Teilprojekte zerlegen läßt, zwischen denen eine Anzahl von Beziehungen besteht.

Diese Eigenschaft besitzen auch Jahresabschlußprüfungen. Die Teilobjekte bestehen in diesem Fall aus der Bearbeitung einzelner Prüfungsfelder. Die Abhängigkeiten zwischen diesen Teilprojekten sind durch vorgeschriebene Reihenfolgebedingungen gegeben, welche aus zwei unterschiedlichen Tatsachen resultieren:

- Zum einen gibt es Reihenfolgebedingungen, die aus dem Stufengesetz der Buchprüfung resultieren und deshalb weitgehend unbeeinflußbar vom Planenden sind.[1]
- Zum anderen dürfen solche Prüfungsfelder, die aufgrund der Personalplanung demselben Prüfer zugeordnet wurden, nicht zeitlich parallel geplant werden.

In der Literatur wurde daher vorgeschlagen, die Netzplantechnik auch auf Jahresabschlußprüfungen anzuwenden.[2]

Die Vorgehensweise bei der Anwendung der Netzplantechnik auf die Prüfungsplanung kann in drei Schritte untergliedert werden: **Strukturplanung**, **Terminplanung** und **Kostenplanung**.

---

1) In der Literatur wird aber auch bezweifelt, ob das Stufengesetz der Buchprüfung tatsächlich so viele Reihenfolgebedingungen für die einzelnen Prüfungsfelder impliziert, daß sich die Vorteile der Netzplantechnik überhaupt auswirken (vgl. Wysocki [1988], S. 287).

2) Vgl. Böcker/Dichtl/Penzkofer [1970]; Kraushaar [1971]; Drexl [1992]; Buchner [1992 (2)], Sp. 1380 - 1381.

(a) Die Strukturplanung

Die erste Funktion der Netzplantechnik besteht in der Aufgabe, eine graphische Darstellung der einzelnen Prüfungsfelder und deren Abhängigkeiten zu liefern. Dazu gibt es mehrere Möglichkeiten. Bei der hier vorgestellten Methode werden die Tätigkeiten oder Vorgänge (Bearbeitung von Prüfungsfeldern) durch Pfeile und die Ereignisse (Zeitpunkte der Beendigung bzw. des Anfangs von Tätigkeiten) durch Kreise (**Knoten**) symbolisiert.[1] Wird z.B. ein Prüfungsauftrag im Rahmen der Programmplanung in fünf Prüfungsfelder eingeteilt, so kann sich beispielsweise ein Netzplan wie in nachfolgender Abb. 9 dargestellt ergeben.

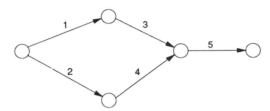

Abb. 9: *Beispiel für Netzplan*

Diesem einfachen Netzplan liegen folgende Abhängigkeiten zugrunde:
- Prüfungsfeld 3 kann erst nach Prüfungsfeld 1 und Prüfungsfeld 4 erst nach Prüfungsfeld 2 bearbeitet werden.
- Für die Bearbeitung des 5. Prüfungsfeldes sind die Ergebnisse der Prüfungen sowohl des 3. als auch des 4. Prüfungsfeldes notwendig.

Bei dieser Darstellungsweise, in der Tätigkeiten Pfeile zugeordnet werden, ist es oft erforderlich, sog. **Scheinvorgänge** einzuführen, um die Abhängigkeiten korrekt abzubilden. Soll beispielsweise zusätzlich die Bedingung gelten, daß Prüfungsfeld 4 erst nach Beendigung von Prüfungsfeld 1 bearbeitet werden kann, führt dies zu dem in nachfolgender Abb. 10 dargestellten Netzplan, in dem der Scheinvorgang als unterbrochener Pfeil symbolisiert wird.

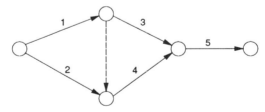

Abb. 10: *Netzplan mit Scheinvorgang*

---

1) Dies entspricht der **Critical Path Method**. Bei anderen Methoden (z.B. der **Metrapotentialmethode**) der Netzplantechnik werden die Tätigkeiten durch Kreise dargestellt und die zeitliche Beziehung zwischen ihnen durch Pfeile (vgl. Thumb [1975], S. 261 u. 272 - 289).

Bei der Festlegung der Prüfungsfelder sollten bereits die Erfordernisse bedacht werden, die für die Erstellung eines Netzplanes bestehen. Ist ein Prüfungsfeld so beschaffen, daß nur die Bearbeitung eines Teils dieses Prüfungsfeldes Voraussetzung für die Bearbeitung eines weiteren Prüfungsfeldes ist, so ist das Prüfungsfeld zweckmäßigerweise in zwei kleinere aufzuteilen, damit der Netzplan ohne Schwierigkeiten gezeichnet werden kann.

Die hier dargestellten vorbereitenden Tätigkeiten für die spätere eigentliche Netzwerkanalyse haben aber auch schon einen Wert an sich. Sie zwingen den Planenden dazu, die einzelnen Prüfungsfelder und ihre Abhängigkeiten genau zu durchdenken und abzugrenzen.

(b) Die Terminplanung

Ist die Aufstellung eines Netzplanes erfolgt, so kann zur Terminplanung übergegangen werden. Hierzu ist es erforderlich, für jede Tätigkeit die voraussichtliche Bearbeitungsdauer zu ermitteln und in den Netzplan einzutragen.

Ist die Personalzuordnung bereits unter dem Aspekt der Kostenminimierung durchgeführt worden, so sind die entsprechenden Bearbeitungszeiten bekannt. Anderenfalls müssen sie noch geschätzt werden. Als Grundlage der Schätzung können Vergangenheitsdaten dienen, die insbesondere im Fall der Wiederholungsprüfung relativ aussagekräftig sind.[1] Für das Beispiel des Netzplans in Abb. 9 (S. 216) sind z.B. folgende Bearbeitungszeiten geschätzt worden:

Prüfungsfeld	1	2	3	4	5
Zeit	15	10	30	40	20

Diese Zeiten werden in den Netzplan (Abb. 11) übertragen[2], wobei zu beachten ist, daß der Scheinvorgang keine Bearbeitungszeit benötigt.

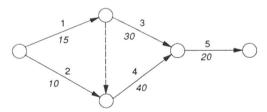

Abb. 11: *Netzplan mit Angabe der Bearbeitungszeiten*

---

1) Innerhalb der Netzplantechnik sind auch Ansätze zu finden, die für die Bearbeitungszeit nicht einen eindeutigen Wert voraussetzen, sondern die es erlauben, die Unsicherheit bei der Schätzung der Bearbeitungsdauern durch die Angabe von mehreren Werten zu berücksichtigen. Dies wird z.B. in dem Netzplanverfahren PERT vorausgesetzt (vgl. zu diesem Verfahren z.B. Thumb [1975], S. 175 - 243).

2) Zur Unterscheidung von den Prüfungsfeldnummern werden die Zeiten unterhalb der jeweiligen Pfeile eingetragen.

In einem weiteren Schritt ist mit Hilfe dieses Netzplanes die Gesamtdauer der Prüfung zu bestimmen. Dies geschieht, indem der sog. **längste Weg** (**kritischer Pfad**) des Netzplanes ermittelt wird. Der kritische Pfad ist diejenige Aneinanderreihung von Vorgängen, die von dem am weitesten links stehenden Ereignis (**Quelle**) bis zu dem am weitesten rechts stehenden Ereignis (**Senke**) reicht und von allen diesen Pfaden den größten Zeitbedarf aufweist. Die Summe der einzelnen Bearbeitungszeiten auf dem kritischen Pfad entspricht deshalb gerade der Gesamtdauer der Prüfung. In obigem einfachen Beispiel kann der kritische Pfad direkt abgelesen werden. Bei umfangreicheren Netzplänen muß er dagegen errechnet werden. In nachfolgender Abb. 12 ist er durch die durch Fettdruck hervorgehobenen Pfeile gekennzeichnet.

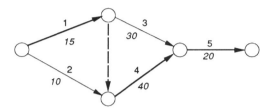

Abb. 12: *Netzplan mit kritischem Pfad*

Der kritische Weg besteht hier aus der Bearbeitung der Prüfungsfelder 1, 4 und 5; die Gesamtdauer ergibt sich zu 15 + 40 + 20 = 75 Zeiteinheiten. Die Tätigkeiten auf dem kritischen Pfad werden als **kritische Tätigkeiten** bezeichnet. Eine Überschreitung der vorgesehenen Bearbeitungsdauern bei diesen Prüfungsfeldern bedingt automatisch eine entsprechende Verlängerung der Gesamtzeit. Bei den anderen Tätigkeiten besteht dagegen ein gewisser zeitlicher Spielraum.

Für die einzelnen Tätigkeiten können frühestmögliche (FA) und spätesterlaubte (SA) Anfangszeiten ermittelt werden. Die kritischen Tätigkeiten sind dabei dadurch gekennzeichnet, daß diese beiden Zeitpunkte übereinstimmen.[1]

Die Ermittlung dieser Zeitpunkte ist auch für die Erstellung eines Stundenplanes wichtig, in dem festgehalten wird, wann welcher Prüfer wo zum Einsatz kommt. In nachstehender Tab. 16 sind die ermittelten Zeitpunkte aufgelistet, wobei die Zeitmessung mit dem Zeitpunkt 0 beginnt.

Prüfungsfeld	1	2	3	4	5
FA	0	0	15	15	55
SA	0	5	25	15	55

Tab. 16: *Früheste und späteste Termine*

---

[1] Eine anschauliche Darstellung der Ermittlung der frühesten und spätesten Zeitpunkte findet man z.B. in Thumb [1975], S. 58 - 74.

Die frühestmögliche Anfangszeit einer Tätigkeit ist der kleinste Zeitpunkt, in dem alle Vorgängertätigkeiten abgeschlossen sind. Hat man für jede Tätigkeit diesen Wert berechnet, ergibt sich daraus sofort der frühestmögliche Endzeitpunkt des gesamten Auftrages (im Beispiel 75). Die spätesterlaubte Anfangszeit einer bestimmten Tätigkeit ergibt sich aus der Fragestellung, wie lange man den Beginn dieser Tätigkeit herauszögern kann, ohne den Endzeitpunkt zu überschreiten.

Diese berechneten Zeitpunkte müssen schließlich in Kalenderdaten umgesetzt werden. Erst dann wird ersichtlich, ob die so ermittelte Prüfungsdauer im Einklang mit dem vereinbarten bzw. gesetzlich vorgeschriebenen Abgabetermin steht.

(c) Die Kostenplanung

Läßt sich der Abgabetermin nicht durch die im Rahmen der Terminplanung ermittelte Prüfungsdauer einhalten, muß der Netzplan modifiziert werden. Die Tätigkeiten, an denen angesetzt werden muß, sind primär die kritischen Tätigkeiten. Denn nur eine Verkürzung der kritischen Tätigkeiten bewirkt auch eine Verringerung der Gesamtdauer. Bei dieser Verkürzung tritt zum einen das Problem auf, daß eine Verringerung der Bearbeitungsdauer oft eine Erhöhung der Kosten nach sich zieht. Dies liegt darin begründet, daß für die schnellere Bearbeitung der kritischen Prüfungsfelder zusätzliches oder qualifizierteres Personal eingeplant werden muß.[1]

Zum anderen wirkt sich eine zeitliche Verkürzung eines kritischen Prüfungsfeldes nicht unbedingt in voller Höhe auf die Gesamtbearbeitungsdauer aus. Das folgt aus der Tatsache, daß sich durch eine Verringerung der Bearbeitungsdauer eines Prüfungsfeldes der kritische Pfad ändern kann. Sinnvollerweise wird die Bearbeitungszeit eines kritischen Prüfungsfeldes nur so weit verringert, bis im Netzplan zusätzliche kritische Tätigkeiten entstehen. Reicht die dadurch bewirkte Verringerung der Gesamtbearbeitungszeit noch nicht aus, so sind weitere kritische Prüfungsfelder entsprechend zu modifizieren.

In obigem Beispiel ist für das kritische Prüfungsfeld 4 vorläufig nur eine Verminderung um 10 Zeiteinheiten sinnvoll. Eine weitere Verkürzung der Gesamtbearbeitungsdauer über das Prüfungsfeld 4 ist dann nur noch möglich, wenn gleichzeitig auch die Bearbeitungszeit für das Prüfungsfeld 3 verkürzt wird. Es bietet sich daher an, das kritische Prüfungsfeld 1 zu betrachten, da hier noch durch Verkürzung einer einzelnen Tätigkeit eine Verringerung der Gesamtdauer bewirkt werden kann.

d. Simultane Personaleinsatz- und Prüfungszeitplanung

In der isolierten Form der Personalplanung werden die einzelnen Prüfungsfelder den Prüfern so zugeordnet, daß die Summe der Kosten minimal wird. Dabei können zwar Restriktionen bezüglich der Zeit, die den einzelnen Prüfern insgesamt zur Verfügung steht, berücksichtigt werden,

---

1) Andererseits tritt auch eine partielle Kostenersparnis ein, die aus der Reduzierung der von den bislang eingeplanten Prüfern verursachten zeitabhängigen Kosten resultiert.

aber Nebenbedingungen, welche notwendige Reihenfolgebedingungen der einzelnen Prüfungsfelder gewährleisten sollen, sind in den bisherigen Modellen nicht berücksichtigt. Diese Bedingungen werden erst nach erfolgter Zuordnung der Prüfer zu Prüfungsfeldern im Rahmen der Zeitplanung berücksichtigt. Dadurch ergibt sich das Problem, daß die Prüferzuordnung zwar kostenminimal durchgeführt wird, diese aber zu sehr restriktiven Reihenfolgebedingungen führen kann. Denn gibt es einen Prüfer mit extrem günstiger Kostenstruktur, der jedes Prüfungsfeld günstiger bearbeiten kann als alle anderen Prüfer, so besteht die kostenminimale Zuordnung darin, diesen Prüfer alle Prüfungsfelder bearbeiten zu lassen. Dies hat zur Folge, daß alle Prüfungsfelder hintereinander bearbeitet werden müssen, wodurch die gesamte Prüfungsdauer sehr lang wird und der vorgesehene Endtermin eventuell nicht eingehalten werden kann.

Eine derartige Verteilung der Prüfungsfelder auf nur einen bzw. einige wenige Prüfer wird zwar verhindert, wenn beispielsweise das dargestellte lineare Zuordnungsmodell der Personalplanung (1)-(4) zugrunde gelegt wird (vgl. S. 209). Hier wird eine gleichmäßige Verteilung der Prüfungsfelder auf die Prüfer schon durch die Nebenbedingungen (2) und (3) gewährleistet. Eine so erreichte gleichmäßige Verteilung schränkt aber andererseits die Zielsetzung der Kostenminimierung unter Umständen zu stark ein.

Im Rahmen der isolierten Personalplanung steht der Planende also vor dem Entscheidungsproblem, wieweit er in seinem Modell Restriktionen berücksichtigt, die zwar für die nachfolgende Zeitplanung wesentlich sind, die aber zu einer Verteuerung der Prüfung führen können. Eine mögliche Lösung besteht darin, die Planung mehrmals durchzuführen. Dabei wird zunächst die Personalplanung mit wenig oder keinen Restriktionen bezüglich der Prüferzuordnung begonnen. Das erhaltene Ergebnis ist daraufhin zu prüfen, ob der gesetzte zeitliche Rahmen eingehalten werden kann. Ist dies nicht der Fall, müssen einige Restriktionen eingeführt und die Prüferzuordnung wiederholt werden. Der Nachteil dieser Vorgehensweise liegt einmal darin, daß sie sehr zeitaufwendig ist. Zum anderen weiß der Planende auch bei der wiederholten Prüferzuordnung nicht, welche Restriktionen sinnvollerweise aufgenommen werden sollten. Eine weitere Lösung besteht in der Durchführung einer gleichzeitigen Personal- und Zeitplanung, welche im folgenden beschrieben wird.

1. Simultane Personaleinsatz- und Prüfungszeitplanung bei vollkommener Information

Um die oben angesprochenen Probleme der isolierten Personal- bzw. Zeitplanung zu vermeiden, müssen in einem simultanen Modell der Personal- und Zeitplanung idealerweise folgende Informationen gleichzeitig berücksichtigt werden:

- Die Anzahl der Prüfungsfelder und die zwischen ihnen einzuhaltenden Reihenfolgebedingungen.[1]
- Frühestmöglicher Anfangstermin und spätestzulässiger Endtermin der Bearbeitung eines Auftrages (bzw. diese Zeitpunkte für alle betrachteten Aufträge).[2]
- Die zeitliche Kapazität aller Prüfer während der betrachteten Zeit.
- Die Bearbeitungszeit und die Kosten aller Prüfer-/Prüfungsfeldkombinationen.

Die Aufgabe besteht darin, unter Beachtung der vorhandenen Restriktionen einen kostenminimalen Prüfungsablaufplan (Zeitplan und Personalplan) zu konstruieren. Diese Überlegungen führen zu binären Programmen, die schon bei relativ einfacher Problemstellung sehr komplex und umfangreich werden, insbesondere wenn mehrere Prüfungsaufträge gleichzeitig zu planen sind (vgl. Drexl [1989], S. 197 - 198). Derart umfangreiche Probleme lassen sich auch mit EDV-Hilfe nicht in einer angemessenen Zeit exakt lösen.

Aus diesem Grund wird in der Literatur vorgeschlagen, solche Probleme mit Hilfe heuristischer Verfahren, insbesondere durch Prioritätsregelverfahren, näherungsweise zu lösen. Die **Prioritätsregelverfahren** ordnen den einzelnen Prüfungsfeldern Rangziffern zu, welche die Reihenfolge der Zuordnung bestimmen. Dazu wird für jede Zeiteinheit im Planungszeitraum die Menge der (noch) zu verplanenden Prüfungsfelder und die Menge der gerade verfügbaren Prüfer betrachtet. Nach Vergabe der Rangziffern wird das Prüfungsfeld mit der höchsten Priorität dem Prüfer zugeordnet, der es am kostengünstigsten prüfen kann.

Die Ermittlung der Prioritätszahlen richtet sich dabei nach Kriterien, welche dem Zielkriterium (Minimierung der Kosten) und den Nebenbedingungen möglichst entgegenkommen. Beispiele dafür sind[3]:
- Wähle das Prüfungsfeld, das sich im betrachteten Zeitpunkt am kostengünstigsten bearbeiten läßt. Damit soll verhindert werden, daß das Prüfungsfeld durch spätere Zuordnungen nicht mehr so günstig zu prüfen ist.
- Bestimme für jedes Prüfungsfeld den "billigsten" Prüfer und die zugehörigen Kosten. Wähle dasjenige Prüfungsfeld, bei dem diese Kosten am höchsten sind. Diese Auswahl soll gewährleisten, daß durch Verplanung des "billigsten" Prüfers die Bearbeitungskosten des Prüfungsfeldes nicht zu hoch werden.
- Wähle das Prüfungsfeld, welches den kleinsten zeitlichen Spielraum für die Bearbeitung aufweist, um zu vermeiden, daß es später aufgrund des geringen Spielraums nicht mehr zugeordnet werden kann.

---

1) In diesem Zusammenhang sind nur Reihenfolgebedingungen angesprochen, die sich aus dem Stufengesetz der Buchprüfung ergeben. Reihenfolgebedingungen aufgrund der Prüferzuordnung werden nicht, wie bei der isolierten Zeitplanung, als Nebenbedingung vorgegeben, sondern ergeben sich als Teil der Lösung.

2) Zur Ermittlung dieser Zeitpunkte wird sinnvollerweise zunächst ein Netzplan erstellt, der die zu beachtenden Reihenfolgebedingungen beinhaltet. Im Unterschied zur isolierten Zeitplanung enthält dieser aber noch keine Angaben über die benötigte Bearbeitungsdauern der einzelnen Prüfungsfelder, da noch nicht feststeht, welcher Prüfer welches Prüfungsfeld bearbeitet (vgl. Drexl [1990], S. 142).

3) Vgl. Berg [1979], Sp. 1425 - 1433; Davis/Patterson [1975], S. 944 - 955; Drexl [1990], S. 183.

Ein Nachteil dieser Verfahren ist, daß sie - besonders bei knappen Prüferkapazitäten - nicht immer zu einer zulässigen Lösung führen, d.h. nach Durchführung des Verfahrens sind nicht alle Prüfungsfelder zur Bearbeitung eingeplant, da keine ausreichende Prüferkapazität mehr zur Verfügung steht. Dieser Fall kann auch eintreten, wenn es eine zulässige vollständige Zuordnung gibt. Das Prioritätsregelverfahren ist aber nicht in der Lage, diese zulässige Zuordnung zu finden.

Aus diesem Grund wird auch vorgeschlagen (so Drexl [1990], S. 184 - 186 und 190 - 204), die Prüfer-/Prüfungsfeldzuordnung für einen bestimmten Zeitpunkt nicht deterministisch, sondern zufällig vorzunehmen. Die Reihenfolge der Zuordnung selbst wird nicht - wie bei den Prioritätsregelverfahren - durch eine bestimmte Rangziffer bestimmt, sondern die Wahrscheinlichkeit der Zuordnung ergibt sich durch eine vorab ermittelte Kennzahl. Als Kennzahl verwendet man bei diesem Verfahren sog. Opportunitätskosten, welche für jede zum Zeitpunkt der Betrachtung mögliche Prüfungsfeld-/Prüferkombination ermittelt werden. Der Begriff **Opportunitätskosten** kennzeichnet hierbei die Größe, die angibt, um wieviel teurer die Prüfung eines Prüfungsfeldes wird, wenn es nicht durch den gerade betrachteten Prüfer geprüft wird, sondern durch den Prüfer mit den höchsten Kosten. Die Prüfer-/Prüfungsfeldkombination, für welche dieser Wert am größten ist, wird bei dieser Vorgehensweise nicht automatisch realisiert, sondern sie hat lediglich die größte Chance, verwirklicht zu werden. Die endgültige Auswahl der zu realisierenden Prüfungsfeld-/Prüferkombinationen erfolgt mit Hilfe von Zufallszahlen. Diese sind so beschaffen, daß die Wahrscheinlichkeit der Verwirklichung einer Kombination proportional zu ihren Opportunitätskosten ist.

Dieses Verfahren hat gegenüber den Prioritätsregeln zwei Vorteile:
- Bei mehrmaliger Anwendung auf dieselbe Situation werden sich i.d.R. verschiedene Lösungen ergeben, so daß die kostengünstigste ausgewählt werden kann.
- Eine anfängliche Zuordnung, die sich später als "Sackgasse" erweist (d.h. einige Prüfungsfelder können mangels Kapazität nicht mehr zugeordnet werden), wird verworfen und durch eine neue (zufällige) Zuordnung ersetzt.

2. Simultane Personaleinsatz- und Prüfungszeitplanung bei unvollkommener Information

Gemeinsames Problem aller dargestellten Verfahren zur Personaleinsatz- und Zeitplanung ist die Tatsache, daß vor ihrer Anwendung eine große Anzahl von Daten zu ermitteln ist. Die Bearbeitungszeiten für die einzelnen Prüfungsfelder sind dabei oftmals die am schwierigsten zu ermittelnden Daten. Andererseits sind die Bearbeitungszeiten aber in zweierlei Hinsicht von grundlegender Bedeutung:
- Für die Zeitplanung sind sie unmittelbar notwendig, um die Anfangs- und Endtermine der einzelnen Prüfungsfelder zu ermitteln.
- Für die Personalplanung sind sie von Bedeutung, da sich aus ihnen die Kosten der Bearbeitung eines Prüfungsfeldes ergeben und die Personalplanung kostenminimal durchgeführt werden sollte.

Erschwerend kommt hinzu, daß - insbesondere für die isolierte Personalplanung und für die simultane Personal- und Zeitplanung - die Bearbeitungszeiten für alle möglichen Prüfer-/Prüfungsfeldkombinationen benötigt werden. Zur Schätzung der Bearbeitungszeiten bieten sich als Grundlage aber nur Vergangenheitsdaten an. Jeder Prüfer müßte hierzu in der Vergangenheit mindestens einmal alle in Frage kommenden Prüfungsfelder geprüft haben. Dies entspricht im Regelfall aber nicht der Realität.

Der Aufwand der Informationsbeschaffung für die einzelnen Verfahren ist daher so erheblich, daß ihre Verwendung aus Wirtschaftlichkeitsüberlegungen in Frage gestellt werden kann. Selbst wenn der Aufwand für die Informationsbeschaffung in Kauf genommen wird, ist zu beachten, daß diese Informationen unsicher sind. Wird die Unsicherheit explizit berücksichtigt, so führt dies statt der Berücksichtigung eines einzigen Wertes für die jeweilige Bearbeitungsdauer zur Verwendung von Wahrscheinlichkeitsverteilungen. In diesem Fall ist der Aufwand für die Informationsbeschaffung jedoch nicht als geringer, sondern angesichts der erforderlichen Wahrscheinlichkeitsurteile als höher einzuschätzen.

In der Praxis werden aus den genannten Gründen die dargestellten Verfahren der simultanen Planung nicht angewendet. Der Notwendigkeit der simultanen Personal- und Zeitplanung wird in der Praxis Rechnung getragen, indem die Planung stufenweise durchgeführt wird. Zuerst erfolgt die Ermittlung eines **Grobplanes**, der sämtliche Prüfungsaufträge berücksichtigt. Anschließend wird für jeden Prüfungsauftrag gesondert ein **detaillierter Plan** aufgestellt.

Der **Grobplan** (nachfolgende Tab. 17) kann so gestaltet werden, daß alle zur Verfügung stehenden Prüfungsassistenten und Prüfungsleiter den Zeilen der Tabelle zugeordnet werden, während jede Spalte für einen bestimmten Zeitraum (Tag, Woche) steht.

	4.-8.9.	11.-15.9.	18.-22.9.	25.-29.9.	2.-6.10.	9.-13.10.
Prüfer 1	U1	U1	U4	U1	U4	U4
Prüfer 2	U1	U1	U1		U4	U4
Prüfer 3	U2	U2	U3	U3	U3	
Prüfer 4	U2	U2	U2	U3	U3	U4

Tab. 17: *Zeitplan für Zuordnung der Prüfer zu Prüfungsaufträgen*

Die Tabelleneinträge kennzeichnen die geprüften Unternehmen, freie Felder stehen für Urlaub oder andere im voraus bekannte Ausfallzeiten der Prüfer. Anhand dieser Tabelle kann jeder Prüfer sofort feststellen, wann er welchem Auftrag zugeordnet ist. Zusätzlich ist es möglich, die Prüfungsleiter den ersten Zeilen in der Tabelle zuzuordnen, um die für die Aufträge Verantwortlichen besser kenntlich zu machen.

Den Einzelplan für den jeweiligen Prüfungsauftrag benötigen lediglich die davon betroffenen Prüfer. Dieser **detaillierte Plan** enthält (1) sämtliche anfallenden Tätigkeiten in der Reihenfolge ihrer Ausübung, (2) die den einzelnen Tätigkeiten zugeordneten Prüfer sowie (3) die geschätzte Bearbeitungsdauer der einzelnen Tätigkeit. Die Kopfzeile eines Einzelplanes könnte z.B. wie in nachstehender Tab. 18 dargestellt aussehen.

Tätigkeit	Prüfer	geschätzte Zeit	tatsächlich benötigte Zeit	Datum / Unterschrift

Tab. 18: *Kopfzeile eines detaillierten Prüfungsplanes für einen einzelnen Prüfungsauftrag*

Die beiden letzten Spalten werden während der Durchführung des Auftrags durch die einzelnen Mitarbeiter selbst ausgefüllt. Für die Planung einer eventuellen Wiederholungsprüfung ist insbesondere die Eintragung der tatsächlich benötigten Zeit wichtig. Zusätzlich zu den geschätzten Bearbeitungszeiten können auch die vorgesehenen Anfangs- und Endzeiten eingetragen werden, wobei im Gegensatz zum Grobplan die Zeiträume nicht Tage oder Wochen, sondern Stunden oder sogar Bruchteile von Stunden sind. Diese Angaben dienen - genau wie die Eintragung der tatsächlich benötigten Zeit - bei umfangreicheren Prüfungen der Kontrolle der Mitarbeiter durch den Prüfungsleiter. Die Kopfzeile eines erweiterten Planes ist in folgender Tab. 19 wiedergegeben.

Tätigkeit	Prüfer	voraussichtl. Beginn der Tätigkeit	voraussichtl. Ende der Tätigkeit	tatsächl. benötigte Zeit	Datum / Unterschrift

Tab. 19: *Kopfzeile eines detaillierten Prüfungsplanes mit Anfangs- und Endterminen*

Die Erstellung von groben bzw. detaillierten Zeitplänen bereitet keine prinzipiellen Schwierigkeiten, wenn vorausgesetzt wird, daß die eigentliche Personal- und Zeitplanung mit den dargestellten (oder ähnlichen) Verfahren bereits durchgeführt wurde.

In der Praxis werden dagegen die angeführten Stundenpläne oft auch zur Planung selbst eingesetzt. Die damit verbundene Vorgehensweise kann grundsätzlich wie folgt aussehen:

(1) Die Prüfungsaufträge werden zur Planung auf hierfür verantwortliche Personen aufgeteilt.

(2) Diese Personen sind für die ordnungsgemäße Durchführung "ihres" Prüfungsauftrags verantwortlich. Bezüglich der Personal- und Zeitplanung haben sie die Aufgabe, eine Grobplanung des Prüfungsauftrags durchzuführen. Dazu müssen sie in Zusammenarbeit mit der geprüften Unternehmung feststellen, wann der frühestmögliche Anfangstermin und der spätestzulässige Endtermin der Prüfung ist. Hierauf folgt eine (zu diesem Zeitpunkt notwendigerweise grobe) Schätzung der Prüfungszeit und - damit zusammenhängend - die Zusammenstellung eines Prüfungsteams.

(3) Da die einzelnen Aufträge miteinander in Konkurrenz um Zeit und Personal stehen, müssen die für die einzelnen Aufträge Verantwortlichen die Planung koordinieren. Dies geschieht mit oben erwähntem Grobplan, der in diesem Zusammenhang auch "Planungs-Board" genannt wird.

(4) Nach der zeitlichen und personellen Grobplanung werden die einzelnen Aufträge detailliert geplant. Diese Arbeit kann im wesentlichen an die jeweiligen Prüfungsleiter delegiert werden. Deren Aufgabe ist es, den Umfang der einzelnen Prüfungsfelder festzulegen und die einzelnen Prüfungstätigkeiten auf die Mitglieder des Prüfungsteams zu verteilen. Wichtig sind auch die Zeitschätzungen für die Prüfungstätigkeiten. Ergebnis und Planungshilfe hierzu sind die oben erwähnten Einzelpläne.

Die in Schritt (4) gewonnenen detaillierten Pläne müssen bei dieser Vorgehensweise mit dem in Schritt (3) konstruierten Planungs-Board koordiniert werden. Hierfür gibt es zwei Möglichkeiten, die sich gegenseitig ergänzen:

- Bei der Erstellung der Einzelpläne ist man bestrebt, die Vorgaben des Planungs-Boards weitgehend einzuhalten. Bei einer zeitlichen Überschreitung dieses Rahmens wird versucht, die Bearbeitungszeit von kritischen Tätigkeiten zu verringern, ohne dabei die Prüfungsqualität insgesamt zu verschlechtern.
- Ist dies nicht möglich, muß das Planungs-Board den (meistens genaueren) Zeitschätzungen des einzelnen Prüfungsleiters angepaßt werden. Dies geschieht sinnvollerweise zentral für alle betrachteten Aufträge.

Offensichtlich spielt bei dieser Vorgehensweise das Ziel der Kostenminimierung nicht mehr explizit und ausschließlich die Hauptrolle. Innerhalb der einzelnen Planungsschritte liegt es aber im Ermessen des jeweils Planenden, inwieweit er Kostengesichtspunkte berücksichtigt.

II. Der Prozeß der Prüfungsdurchführung

Für eine systematische Gewinnung des Prüfungsurteils sind im Zeitablauf weitere Teilprozesse erforderlich: Der Ist- und Sollobjektermittlungs-, der Vergleichs- und Urteilsbildungs- sowie der Urteilsmitteilungsprozeß. Die Prozeßfolge läßt sich schematisch wie in nachstehender Abb. 13 darstellen.

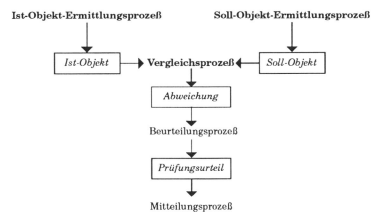

Abb. 13: *Teilprozesse des Prüfungsprozesses*

Auf die Teilprozesse des Prüfungsdurchführungsprozesses ist im einzelnen einzugehen.

a. Der Istobjektermittlungsprozeß

Mit den Feststellungen im Istobjektermittlungsprozeß nimmt der eigentliche Beurteilungsprozeß seinen Anfang, denn bevor ein Vergleich mit dem **Sollzustand** bzw. **Sollobjekt** gezogen und anschließend ein Urteil gefällt werden kann, muß zunächst das **Istobjekt**, d.h. der **Istzustand** des zu prüfenden Sachverhaltes, ermittelt werden. Istobjekte können unterschiedliche Zustände sein. Das richtet sich einmal nach der Prüfungsordnung und zum anderen danach, um welchen Bereich der Prüfung - also materielle oder formelle Prüfung - es sich handelt.

Unter einer **Prüfungsordnung** ist die Gesamtheit an Vorschriften zu verstehen, durch die präzisiert wird, wer Prüfer sein kann, was Gegenstand und Ziel der Prüfung ist und wie das Urteil beschaffen sein soll. Grundsätzlich werden Prüfungsordnungen - sieht man von den Grundsätzen ordnungsmäßiger Prüfungsdurchführung ab - von denjenigen erlassen, die an dem Prüfungsurteil interessiert sind. Das sind z.B. der Staat bei öffentlichen Prüfungen, wie der der handelsrechtlichen Jahresabschlußprüfung, potentielle Gläubiger bei Kreditwürdigkeitsprüfungen oder Anteilseigner bei einer Geschäftsführerprüfung. Prüfungsordnungen lassen sich daher in **öffentlich-rechtlicher** und solche **privatrechtlicher Natur** klassifizieren.

Von weiterer Bedeutung für die Festlegung von Prüfungsobjekten ist die Unterscheidung in **materielle** und **formelle Prüfung**. Was hier unter materieller und formeller Prüfung zu verstehen ist, macht das Schema in folgender Abb. 14 deutlich, in dem die Verarbeitung eines buchungspflichtigen Geschäftsvorfalles dargestellt wird. Eine solche erfolgt in der Weise, daß buchungspflichtige wirtschaftliche Tatbestände sich zunächst in Belegen niederschlagen (Belegprinzip). Diese durch Belege erfaßten Tatbestände werden in der Buchführung in chronologischer und systematischer Weise verbucht und schließlich im Jahresabschluß ausgewiesen.

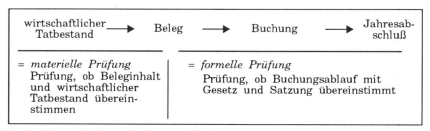

Abb. 14: *Schematisierter Buchungsablauf*

Die materielle Prüfung ist also eine **Belegprüfung**, denn gibt der Beleginhalt den wirtschaftlichen Tatbestand nicht richtig wieder, so liegt ein materieller Fehler vor. Die Prüfung, ob Beleginhalte richtig verbucht und im Jahresabschluß behandelt sind, ist deswegen eine formelle Prüfung, weil es zur formellen Ordnungsmäßigkeit zählt, daß erstens Buchungen mit den Belegen übereinstimmen und zweitens der Beleg für die weitere buchhalterische Behandlung bindend ist. Je nachdem, auf welcher Stufe des Datenverarbeitungsprozesses die Prüfung einsetzt, ergeben sich unterschiedliche Istobjekte. So können jeweils der wirtschaftliche Tatbestand, der Beleg, die Verbuchung auf einem Konto oder eine Position des Jahresabschlusses Istzustand im Istobjektermittlungsprozeß sein.

Das Istobjekt kann der Prüfer entweder den Prüfungsunterlagen entnehmen, oder er muß es durch eigene Beobachtungen und Befragungen ermitteln. So können körperliche Gegenstände durch Messen, Zählen und Wiegen hinsichtlich ihrer Quantität und Qualität erfaßt werden. In vielen Fällen ist aber im Rahmen des Istobjektermittlungsprozesses der reale Tatbestand nicht mehr beobachtbar, weil er nicht oder nicht mehr in der ursprünglichen Form vorliegt. Der Prüfer muß daher auf vorhandene Aufzeichnungen oder Befragungen zurückgreifen. Ein Instrument ist hierbei z.B. die sog. **Saldenbestätigung**.[1] Grundsätzlich wird sich der Prüfer - da auch Dokumente Sachverhalte falsch wiedergeben können - ein Urteil über die **Vertrauenswürdigkeit** von **Dokumenten** zu bilden haben. Im allgemeinen wird externen Unterlagen - insbesondere amtlichen Dokumenten (z.B. Wiegeschein, Frachtbrief etc.) - mehr Vertrauen eingeräumt als intern erstellten Belegen. Es ist Aufgabe der Prüfungsplanung, eine Grenze vorzugeben, bis zu welchen außerhalb des geprüften Unternehmens befindlichen Institutionen Sachverhalte zu verfolgen sind. Auch ist in diesem Zusammenhang dem **Stufengesetz der Buchprüfung** Beachtung zu schenken. Dieses besagt, daß Prüfungsfelder, Prüfungsvorgänge und Unterlagen, die andere Prüfungsfelder oder Unterlagen zur Grundlage haben oder sich aus diesen ableiten, erst dann der Urteilsbildung dienen, wenn diese vorgeschalteten Stufen geprüft sind und das Urteil über sie festliegt.

Außer durch Beobachtung und Befragung können Istzustände auch durch die Prüfung der Erfassungs-, Verarbeitungs- und Kontrollprozesse ermittelt werden. Üblich sind hier sog. **Einzelfallprüfungen** mit Hilfe regulärer oder fiktiver Geschäftsvorfälle. Bei solchen Einzelfallprüfungen werden Geschäftsvorfälle von ihrer Entstehung bis zum buchmäßigen Abschluß auf allen Stufen des Datenverarbeitungsprozesses geprüft.

Liegt das Augenmerk hierbei auf der Überprüfung, ob der Geschäftsvorfall alle vorgesehenen Verarbeitungs- und Kontrollschritte durchlaufen hat und somit die erstellten Dokumente die entsprechenden Kontrollvermerke aufweisen, so dient die Einzelfallprüfung allein der Beurteilung des Systems (= single purpose test). Aussagen über die Funktionsfähigkeit des Verarbeitungs- und Kontrollsystems können jedoch auch unmittelbar anhand der Ergebnisse der Erfassungs- und Verarbeitungsprozesse hergeleitet werden. In diesem Fall liegt das Augenmerk der Einzelfallprüfung auf der Ordnungsmäßigkeit des Verarbeitungsergebnisses. Da mit dieser Vorgehensweise sowohl die Beurteilung des Systems als auch eine unmittelbare Beurteilung der Verarbeitungsergebnisse, wie Konteninhalte, Buchungen etc., ermöglicht wird, spricht man von einem dual purpose test.

---

1) Saldenbestätigungen dienen der Prüfung des Nachweises aller Arten von Forderungen und Verbindlichkeiten. Sie müssen gem. dem FG 1/1988 (vgl. IDW [1988 (1)], S. 15) eingeholt werden, wenn die Salden von relativer und absoluter Bedeutung sind und nicht in anderer Weise zuverlässig ermittelt werden können. Zur Gestaltung von Saldenbestätigungen vgl. Buchner [1996], S. 145 - 147.

b. Der Sollobjektermittlungsprozeß

Das Sollobjekt ("Vergleichszustand", "Vollkommenheitszustand" und "Vergleichsobjekt") liegt nicht offen vor den Augen des Prüfers. Was der Prüfer vorfindet, ist der Istzustand. Es ist Aufgabe des Prüfers, anhand von Normen festzustellen, ob dieser Istzustand zugleich der Vollkommenheitszustand ist. Solche bei der Erstellung von Sollobjekten zugrunde zu legende Normen sind bei den gesetzlichen und freiwilligen Ordnungsmäßigkeitsprüfungen einmal die gesetzlichen Rechnungslegungsbestimmungen (z.B. §§ 238 - 315 HGB) sowie die Grundsätze ordnungsmäßiger Buchführung und Bilanzierung einschließlich der Rechtsprechung und der veröffentlichten (wissenschaftlichen) Auffassungen über Zweifelsfragen der Buchführung und Bilanzierung. Außer diesen aus Gesetzen und den Grundsätzen ordnungsmäßiger Rechenschaftslegung ableitbaren Normen sind auch interne, d.h. von der jeweiligen geprüften Unternehmung gegebene Anweisungen bei der Erstellung von Sollobjekten heranzuziehen, soweit sie nicht mit den Rechtsnormen in Kollision stehen. Zu den internen Normen gehören im Bereich der Buchführung z.B. Kontenpläne und Kontierungsanweisungen und im Bereich der Bilanzierung z.B. Anweisungen über die Behandlung jener Zweifelsfragen, bei denen Rechtsnormen durch die Gewährung von Bilanzierungswahlrechten Ermessensspielräume zulassen.

Neben diesen Normen über die Erstellung von Prüfungsobjekten sind **Normen über die Prüfungsdurchführung** für den Prüfer von Bedeutung. Diese lassen sich in gesetzliche, berufsständische und prüfungsunternehmensinterne Normen unterscheiden. Gesetzliche Normen finden sich einmal in den Prüfungsordnungen (z.B. §§ 316 - 324 HGB oder §§ 53 - 64 GenG) und zum anderen in der WPO (z.B. §§ 43 und 44). Berufsständische Normen sind die Berufssatzung und die Fachgutachten des IDW (z.B. FG 1-3/1988, vgl. Erster Hauptteil, 3. Kapitel). Bei Prüfungsunternehmen findet man die innerbetrieblichen Normen in sog. Prüfungshandbüchern (manuals) oder in den schriftlichen Prüfungsanweisungen. Solche innerbetrieblichen Normen präzisieren bzw. detaillieren die gesetzlichen und berufsständischen Normen und sind insbesondere dann von Bedeutung, wenn diese mehrere Handlungsweisen zulassen. Innerbetriebliche Normen sorgen so für eine Gleichförmigkeit und eine hohe Qualität der Prüfungsdurchführung.

Für eine Prüfung sind - bestimmt durch die jeweilige Prüfungsordnung - ein oder mitunter mehrere Sollobjekte zu ermitteln und mit dem vorgefundenen Istzustand zu vergleichen. Das mag das in nachstehender Tab. 20 wiedergegebene Beispiel eines Einkaufs verdeutlichen:

Ausgewiesener Tatbestand	Tatsächlicher Sachverhalt	Erreichbarer "Optimal"-Zustand
Einkauf einer ME zu DM 5,-	Einkauf einer ME zu DM 5,-	Einkauf einer ME zu DM 3,50
= Istobjekt u. Beleginhalt	= 1. Vergleichs-Soll-Objekt	= 2. Vergleichs-Soll-Objekt

Tab. 20: *Sollobjekte eines Einkaufsvorganges*

So kann z.B. auf diese Weise beurteilt werden, ob

- bei einer **Prüfung der Ordnungsmäßigkeit** der Rechnungslegung der ausgewiesene Tatbestand - also das Istobjekt - mit dem nach Gesetz und Satzung sowie nach den Grundsätzen ordnungsmäßiger Buchführung und Bilanzierung und internen betrieblichen Anweisungen zu erstellenden Zustand - dem Sollobjekt - oder
- bei einer **Prüfung der Wirtschaftlichkeit** der ausgewiesene Tatbestand mit dem nach Wirtschaftlichkeits- und Zweckmäßigkeitsüberlegungen zu gestaltenden (idealen) Sollobjekt oder
- bei einer **Geschäftsführerprüfung** die tatsächlich erzielten Ergebnisse auch mit den optimal möglichen Ergebnissen oder
- bei einer **System- bzw. Verfahrensprüfung** die eingesetzten Verfahren der Informationsgewinnung und -verarbeitung mit den effizienten und optimalen Verfahren

in Einklang stehen.[1] Der Umstand, daß Prüfungsordnungen mitunter die Erarbeitung mehrerer Sollobjekte nötig machen, die zu mehreren Vergleichen führen, wird auch allgemein als Einteilungskriterium für Prüfungen benutzt. So unterscheidet *Loitlsberger* nach der Anzahl der durchzuführenden Vergleiche zwischen Prüfungen niederer Ordnung (= einfaches Vergleichsobjekt) und Prüfungen höherer Ordnung (= zusammengesetztes Vergleichsobjekt).[2]

Im Sollobjektermittlungsprozeß ist zwischen der direkten und indirekten Sollobjektermittlung zu unterscheiden.

1. Die direkte Sollobjektermittlung

Bei der direkten Sollobjektermittlung werden ausgehend vom zu prüfenden Sachverhalt anhand der Prüfungsnormen Sollobjekte ermittelt. Ist z.B. im Rahmen einer ergebnisorientierten Prüfung die Verbuchung eines bestimmten Belegs (= Istobjekt) zu prüfen, so hat der Prüfer zur Konstruktion des Sollobjekts zu überlegen, mit welchem Betrag und auf welches Konto der dem Beleg zugrunde liegende Vorgang im Einklang mit den Rechnungslegungs- und Prüfungsnormen zu buchen ist. Insofern stellt der Prüfer bei der Konstruktion des Sollobjekts die gleichen Überlegungen an wie der Buchende bei der Vornahme der Buchung, d.h. der Erstellung des Istobjekts. Es kann daher auch gesagt werden, das Sollobjekt sei das normgerechte Istobjekt. Die Grundstruktur der direkten Sollobjektermittlung einer Ergebnisprüfung wird durch nachstehende Abb. 15 verdeutlicht.

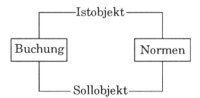

Abb. 15: *Direkte Sollobjektermittlung*

---

1) Vgl. zu den hier angesprochenen Problemen Knolmayer [1981].
2) Vgl. Loitlsberger [1953], S. 30 - 55; Loitlsberger [1966], S. 29 - 32.

Wichtige Hilfsmittel zur Ermittlung von Sollzuständen sind Interviews, Fragebogen und Ablaufdiagramme. Sie dienen insbesondere in systemorientierten Prüfungen der Ermittlung des Systemaufbaus.

Fragebogen- und Interviewtechnik. Zur Anwendung dieser Technik wird für den zu beurteilenden Sachverhalt ein Sollsystem konstruiert und in Form von Fragen vorgegeben. Diese Fragen können in geschlossener oder offener Form gestellt werden. Bei der geschlossenen Form lauten die Antworten ja/nein/nicht zutreffend. Die Bejahung zeigt eine Übereinstimmung mit dem Sollsystem des Fragebogens und ein "nein" signalisiert evtl. Mängel. Die Antworten bei der offenen Form müssen vom Mandanten frei formuliert werden. Die offene Form vermeidet einen Nachteil der geschlossenen Form, der darin liegt, daß der Ausfüllende durch die Form der Fragebogentechnik zu einer schematischen und oberflächlichen Beantwortung verleitet wird. Die Vorteile beider Frageformen lassen sich in der Weise nutzen, daß zwar die vorgesehene Antwort mit "ja" oder "nein" erfolgt, zusätzlich aber, soweit notwendig, der Sachverhalt zu erläutern ist. In der Prüfungspraxis werden meist standardisierte Fragebogen verwendet, welche wesentliche Elemente eines Systems in Frageform enthalten und von den Prüfern je nach den im Einzelfall vorgefundenen Gegebenheiten erweitert werden können. Der Vorteil der Fragebogentechnik kann darin gesehen werden, daß auch unerfahrenere Prüfer durch die Fragebogentechnik auf mögliche Schwachstellen und ggf. Fehlermöglichkeiten aufmerksam gemacht werden.

Eng verwandt mit der Erfassung des Sollobjekts durch Fragebogen ist dessen Erarbeitung durch ein Interview. Durch die mündliche Befragung können Nachteile der Fragebogentechnik vermieden werden, die aus der Fehlinterpretation schriftlich gestellter Fragen entstehen. Nachteile der Befragung liegen insbesondere in dem mit mündlichen Auskünften verbundenen Beweisproblem. In der Prüfungspraxis werden daher beide Erfassungstechniken kombiniert angewendet, um die Nachteile der beiden Techniken auszugleichen.

Ablaufdiagramm. Es handelt sich hier um die bildliche Darstellung des zu prüfenden Systemablaufs. Ein Ablaufdiagramm (Ablaufschaubild) stellt die Abwicklung der Geschäftsvorfälle von ihrer Veranlassung bis zu ihrem Niederschlag in den Konten graphisch dar. Um Ablaufdiagramme allgemein verständlich zu machen, wurden die zu verwendenden Symbole genormt (vgl. Stratmann [1985], Sp. 925 - 940). Die zur Erstellung von Ablaufdiagrammen erforderlichen Informationen werden durch Einsicht in die Buchungs- und Belegformulare, in Kontenpläne und Kontierungsrichtlinien sowie andere Systemdokumentationen, in vorhandene Ablaufdiagramme, durch die Beobachtung von Arbeitsabläufen sowie durch Befragungen gewonnen. Das Sammeln und die Übertragung dieser Informationen in ein Ablaufdiagramm ist im allgemeinen zeitraubender als die Fragebogentechnik. Der Vorteil gegenüber der Fragebogentechnik liegt in der leichteren Überschaubarkeit komplexer Zusammenhänge im Ablaufdiagramm. Es kann daher in Abhängigkeit von Art, Umfang und Komplexität des zu analysierenden Systems geboten sein, beide Erfassungstechniken bei unterschiedlichen Systemabläufen zu verwenden. Ein Beispiel eines Ablaufdiagramms gibt nachfolgende Abb. 16 wieder.

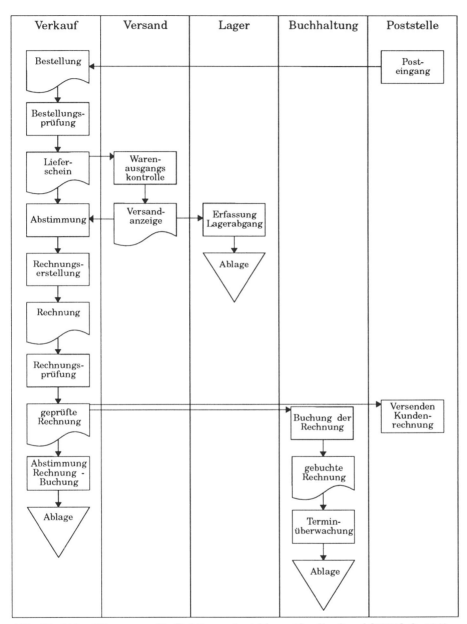

Abb. 16: *Ablaufdiagramm für Debitorenabwicklung (Quelle: Sperl [1978], S. 122)*

2. Die indirekte Sollobjektermittlung

Die indirekte Sollobjektermittlung erfolgt im Rahmen sog. **Globalprüfungen** (= analytical review). Globale Prüfungen beinhalten die Gegenüberstellung von agglomerierten Rechengrößen (= Istobjekte) mit deduktiv oder induktiv ermittelten Vergleichsgrößen. Diese Vergleichsobjekte werden nicht wie bei der direkten Sollobjektermittlung unmittelbar mit Hilfe von Prüfungsnormen aus dem zu prüfenden Sachverhalt heraus ermittelt. Vielmehr werden diese Vergleichsobjekte als sog. "Ersatz-Sollobjekte" gesucht. Ersatz-Sollobjekte sind Tatbestände, die mit dem zu prüfenden Istobjekt in einem bekannten oder angenommenen Zusammenhang stehen und die einen Rückschluß auf die Normgerechtigkeit des Istobjekts erlauben. Globalprüfungen können als summarische Kontrollrechnungen oder Verprobungen durchgeführt werden.

(a) Summarische Kontrollrechnungen

Sie haben die Aufgabe, im Rahmen sog. **Abstimmungsprüfungen** die Vollständigkeit und betragsmäßige Richtigkeit von Buchungsdaten sicherzustellen. Das Wesentliche der summarischen Kontrollrechnungen liegt darin, daß sie auf rechnerischen und methodischen Zusammenhängen des Abrechnungssystems der Buchführung beruhen. Es handelt sich bei diesen Rechnungen um summarische Gegenüberstellungen von Zahlen, wobei Ist-und Sollobjekte dem geprüften Rechnungswesen entnommen werden. Zu den summarischen Kontrollrechnungen gehört die Prüfung mit Hilfe der systematischen Summen, mit Hilfe von Buchungskreisen oder mit Hilfe der Fortschreibungsformel. Summarische Kontrollrechnungen ersetzen und ergänzen aufwendigere Einzelabstimmungen.

Die systematische Summenprüfung. Bei dieser Gesamtabstimmung wird in globaler Form geprüft, ob der Buchungsstoff über die verschiedenen Erfassungsstufen Grundbuch und Nebenbücher sowie Hauptbuch in die Bilanz und die GVR überführt worden ist. Das Instrument der systematischen Summenprüfung ist die Hauptabschlußübersicht.[1] Hierbei ist festzustellen, ob die Summe der Belege (falls erfaßbar) mit der Grundbuchendsumme (Soll und Haben) und der Summenbilanzsumme (Soll und Haben) übereinstimmt. Stimmen diese Bereiche überein, so ist der Schluß zulässig, daß alle buchungspflichtigen Geschäftsvorfälle im Grund- und Hauptbuch erfaßt wurden. Dieser Schluß setzt jedoch voraus, daß folgende Fehler nicht vorgefallen sind:

- Buchungen falscher Beträge, und zwar in gleicher Höhe in Soll und Haben;
- Buchungen auf falschen Konten, z.B. Verbuchung auf dem Konto Kundenforderungen anstatt auf dem Konto Wechselforderungen;
- Fehler, die sich gegenseitig aufheben.[2]

---

1) Vgl. Buchner [1993], S. 103 - 110.

2) Fehler, die sich im Zeitablauf gegenseitig aufheben, können durch die sog. **zeitliche Fehlerfeldteilung** entdeckt werden. Dabei wird der gesamte Buchungsstoff einer Rechnungslegungsperiode in zeitliche Abschnitte (= Fehlerfelder) unterteilt, die auf ihre Soll- und Habengleichheit überprüft werden.

Stimmen die systematischen Summen nicht überein, muß die Ursache hierfür - evtl. durch Einzelabstimmung - gesucht werden. Wichtige Hinweise bei der Fehlersuche liefert die Tatsache, welche Summe kleiner oder größer als die andere ist (vgl. IDW [1985], S. 946 - 947).
Die Prüfung anhand von Buchungskreisen. Buchungskreise ermöglichen Teilabstimmungen. Diese Teilabstimmungen setzen voraus, daß Nebenbücher geführt werden und in dem Hauptbuch und den Nebenbüchern unabhängig voneinander gebucht wird. Das macht eine sog. **systematische Fehlerfeldteilung** möglich, da zwischen den Buchungsbereichen nach den Rechenregeln der Doppik auch global eine rechnerische Übereinstimmung bestehen muß. Denkbar sind bspw. folgende Teilabstimmungen:
- Anlagekartei, Anlagebuchführung und Anlagekonten im Hauptbuch;
- Löhne, Gehälter und Einbehaltungen gem. Lohn- und Gehaltslisten und den Aufwands- und Kontokorrentkonten;
- Saldenlisten für Forderungen und Verbindlichkeiten und entsprechende Kontokorrent- und Hauptbuchkonten;
- Abschreibungen in der GVR, im Anlagegitter und den Anlagekonten im Hauptbuch.

Die Prüfung anhand der Zuschreibungsformel. Jedem Kontobestand sind mindestens zwei Bewegungen zuzuordnen, nämlich Zugang und Abgang, durch deren Erfassung eine Fortschreibung des Kontobestands erfolgt. Demgemäß lautet die Konto- oder Fortschreibungsformel:

Anfangsbestand + Zugang ./. Abgang = Endbestand.

Aus diesem rechnerischen Zusammenhang eröffnet sich die Möglichkeit, wert- und mengenmäßig Bestände bzw. Bewegungen auf den Konten auf summarische Weise zu prüfen, denn es gilt
- **Endbestand** = Anfangsbestand + Zugänge ./. Abgänge,
- **Anfangsbestand** = Endbestand + Abgänge ./. Zugänge,
- **Abgänge** = Anfangsbestand + Zugänge ./. Endbestand,
- **Zugänge** = Endbestand + Abgänge ./. Anfangsbestand (vgl. Anwendungsbeispiele bei Lachnit [1992], Sp. 728 - 734).

Mit Hilfe dieser Zusammenhänge kann z.B. eine Prüfung der zutreffenden Verbuchung auf den Waren-, Rohstoff- oder Erzeugniskonten erfolgen, denn durch die Verwendung der Zuschreibungsformel ist es bei der Beurteilung der Erfassung der mengenmäßigen Bestände möglich, aus betrieblichen Unterlagen, wie z.B. Inventurbelegen, Rechnungen etc., auf die vollständige Erfassung der Zugänge in der Buchführung zu schließen, wie nachstehendes Beispiel zeigt.

	Endbestand lt. Inventur	625	ME
+	Abgänge (verkaufte ME lt. Verkaufsrechnungen)	1.875	ME
./.	Anfangsbestand lt. Inventur	250	ME
=	Zugänge (eingekaufte ME lt. Kontenformel)	2.250	ME
./.	eingekaufte ME lt. verbuchter Einkaufsrechnungen	2.000	ME
	Differenz	250	ME

Auftretende Differenzen signalisieren eine fehlerhafte Erfassung der Mengeneinheiten. Sind die verbuchten Einkaufsmengen kleiner als die mit Hilfe der Zuschreibungsformel ermittelten Zugänge (siehe Beispielfall), so können unter Umständen Einkäufe unverbucht geblieben sein. Der umgekehrte Fall (tatsächlich verbuchte Einkaufsmengen sind größer als der Zugang lt. Kontenformel) deutet dagegen auf unverbuchte Verkäufe hin.

(b) Verprobungen

Diese Prüfungshandlungen basieren auf wirtschaftlichen Abhängigkeiten bzw. sachlogischen Zusammenhängen. Bei der Verprobung geht es im Sollobjektermittlungsprozeß darum, Ersatz-Sollobjekte zu finden, die eine Urteilsbildung darüber erlauben, ob Wert und Menge des ausgewiesenen und zu prüfenden Istobjekts richtig sind. Ein einfaches und signifikantes Beispiel einer Verprobung ist die Prüfung der Gewinnausschüttung einer Toto-Unternehmung: Sollen 50 % des Wetteinsatzes ausgeschüttet werden, so kann unter Einschaltung des Wertvolumens der Wettscheine auf die Sollausschüttung der Gewinne geschlossen werden.

In der Literatur werden eine Vielzahl von Möglichkeiten der Verprobung erwähnt (vgl. Stringer [1975], S. 1 - 9; Lachnit [1992]). Voraussetzung der Verprobung ist, daß Istobjekt und der als Sollobjekt benutzte Sachverhalt zumindest in einer Plausibilitätsbeziehung zueinander stehen. Am strengsten ist ein Zusammenhang bei funktionalen Beziehungen gegeben, wie bei den mengenmäßigen Input-Output-Relationen, die auch als Wirkungs-, Ausbeute- oder Produktivitätskennzahlen bezeichnet werden. Werden z.B. Kraftfahrzeuge mit fünffacher Bereifung geliefert, so muß das Verhältnis zwischen den verkauften Kraftfahrzeugen und den zugekauften und verbrauchten Reifen bzw. Felgen 1:5 betragen. Solche funktionalen Beziehungen lassen sich für globale Prüfungen nicht in jedem Fall finden. Für die Zwecke der globalen Prüfung werden daher auch Größen herangezogen, die in einer allgemeinen oder stochastischen Beziehung zu dem zu prüfenden Istobjekt stehen. In diesem Zusammenhang finden betriebswirtschaftliche Kennzahlen Verwendung, d.h., statistische Zahlen, die einen bestimmten betriebswirtschaftlichen Sachverhalt kennzeichnen. Zur Verprobung kann grundsätzlich auf (absolute oder relative) Einzelkennzahlen, Kennzahlensysteme oder Kennzahlenkombinationen zurückgegriffen werden (vgl. Buchner [1985], S. 36 - 54; Reichmann [1990]), die aus vorhergehenden Rechnungslegungen der Unternehmung, aus der Rechnungslegung vergleichbarer Unternehmen oder aus Branchen- oder Wirtschaftsstatistiken bzw. der Richtsatzsammlung der Oberfinanzdirektionen gewonnen werden.

c. Der Vergleichs- oder Fehlerfeststellungsprozeß

Dieser Prozeß hat die Aufgabe, Übereinstimmungen bzw. quantitative und qualitative Abweichungen von vorgegebenen Vorschriften und Regelungen zu ermitteln. Der Inhalt und die Struktur eines Vergleichsprozesses werden vom prüferischen Vorgehen, d.h. von dem Prüfungsziel und der Prüfungsstrategie, bestimmt. Bezüglich der Prüfungsstrategie kann grundsätzlich zwischen Prüfungshandlungen unterschieden werden, die auf eine Beurteilung der Ergebnisse des Datenverarbeitungsprozesses abstellen, und solchen, die auf die Beurteilung des Datenverarbeitungsprozesses selbst ausgerichtet sind. Im ersten Fall spricht man von ergebnisorientierten und im zweiten Fall von system- bzw. prozeßorientierten Prüfungen. Auf die mit ergebnis- bzw. systemorientierten Prüfungen verbundenen Probleme im Vergleichsprozeß soll im folgenden getrennt eingegangen werden.

1. Der Vergleichsprozeß bei einer ergebnisorientierten Prüfung

Bei der Ergebnisprüfung werden buchungspflichtige Geschäftsvorfälle, Belege, Buchungen, Jahresabschlußposten und Angaben im Anhang und Lagebericht als Istzustände mit den erarbeiteten Sollzuständen verglichen. Je nach der Art der Sollobjektermittlung - direkt oder indirekt - ergeben sich unterschiedliche Strukturen im Vergleichsprozeß.

(a) Der Vergleichsprozeß bei direkter Sollobjektermittlung

Bei der direkten Sollobjektermittlung werden Istzustände mit den zugehörigen und aus dem gleichen Sachverhalt mit Hilfe von Normen hergeleiteten Sollobjekten verglichen, um evtl. Abweichungen, d.h. Fehler, feststellen zu können. Sind Soll- und Istobjekt nicht identisch, so ist in allen Fällen eine Analyse der Abweichungen und ihrer Ursachen erforderlich. Abweichungen können sich aus folgenden Ursachen ergeben:

- Der buchungspflichtige wirtschaftliche Tatbestand ist in den Unterlagen nicht oder nicht ausreichend korrekt wiedergegeben.
- Das Istobjekt ist aus den Unterlagen falsch bzw. fehlerhaft abgeleitet worden.
- Es sind falsche Normen (Grundsätze ordnungsmäßiger Buchführung und Bilanzierung, Gesetz, Satzung, interne Anweisungen) zugrunde gelegt worden.
- Die anzuwendenden Normen sind nicht eindeutig.[1]

Die Ergebnisse des Fehlerfeststellungsprozesses werden entscheidend von der **Prüfungsrichtung** beeinflußt. Nach dem Ansatz der Prüfungshandlungen wird dabei zwischen einer **progressiven** und einer **retrograden** Prüfung unterschieden. Leider besteht in der Literatur zur Prüfungslehre keine einheitliche Meinung darüber, was unter progressiver und retrograder Prüfung zu verstehen ist. Nach einer Auffassung - sie geht auf *Loitlsberger*[2] zurück und soll hier zunächst dargestellt werden - wird bei der progressiven Prüfung vom Sollobjekt ausgegangen und zum Istobjekt vorgeschritten, während bei der retrograden Prüfung vom Istzustand zum Sollzustand übergegangen wird. Graphisch läßt sich diese Unterscheidung in den einzelnen Bereichen der formellen und materiellen Prüfung wie in folgender Abb. 17 verdeutlichen.

---

1) Man spricht dann auch von "double standards" (vgl. Baetge [1970], S. 42 - 44). Hierunter werden Bilanzierungsgrundsätze verstanden, welche Bewertungsspielräume und damit subjektive Bewertungen des Bilanzierenden zulassen. Zu nennen sind u.a. Möglichkeiten zur Änderung von Bewertungsverfahren im Zeitablauf, Wahlfreiheit bei der Verbrauchsfolgebewertung, Festsetzung der Abschreibungsmethoden, Ermittlung zu aktivierender Herstellungskosten (vgl. Wöhe [1992], S. 741 - 768).

2) Vgl. Loitlsberger [1953], S. 27; i.d.S. auch Leffson [1988], S. 15 - 17.

1. **Materielle** Prüfung (wirtschaftlicher Tatbestand ↔ Beleginhalt)

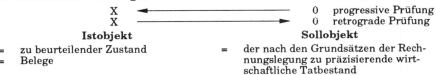

	Istobjekt		Sollobjekt
=	zu beurteilender Zustand	=	der nach den Grundsätzen der Rechnungslegung zu präzisierende wirtschaftliche Tatbestand
=	Belege		

2. **Formelle** Prüfung (Beleginhalt ↔ Jahresabschluß)

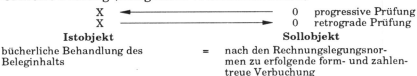

	Istobjekt		Sollobjekt
=	bücherliche Behandlung des Beleginhalts	=	nach den Rechnungslegungsnormen zu erfolgende form- und zahlentreue Verbuchung

Abb. 17: *Progressive und retrograde Prüfungsrichtung*

Die auf diese Weise definierten progressiven und retrograden Prüfungen haben aber unterschiedliche Bedeutungen im Fehlerfeststellungsprozeß. Das progressive Vorgehen, das vom Sollzustand auf den Istzustand schließt, bedeutet im Rahmen der materiellen Prüfung die Beantwortung der Frage: Sind alle wirtschaftlichen Tatbestände durch Belege erfaßt? Sie ist daher eine Vollständigkeitsprüfung. Diese Art des Prüfens stellt an den Prüfer hohe Anforderungen, da es meist schwierig ist, nicht durch Belege erfaßte buchungspflichtige wirtschaftliche Tatbestände zu eruieren. Im Bereich der formellen Prüfung beantwortet das progressive Verfahren zwei Fragen, und zwar erstens: Haben sich alle Belege in Buchungen niedergeschlagen? und zweitens: Sind alle Buchungen normgerecht im Jahresabschluß erfaßt worden?

Der Erkenntniswert der retrograden Prüfung, die vom Istzustand zum Sollzustand fortschreitet, führt im Bereich der materiellen Prüfung zum Auffinden von Luftbuchungen, denn sie beantwortet hier die Frage: Liegt dem Beleginhalt ein entsprechender wirtschaftlicher Tatbestand zugrunde? Im Bereich der formellen Prüfung wird zum einen die Frage, ob jede Buchung einen entsprechenden Beleg hat, und zum anderen auch die Frage nach der normgerechten Buchung beantwortet.

Aus den unterschiedlichen Erkenntniswerten der einzelnen Prüfungsrichtungen ist zu folgern, daß im Fehlerfeststellungsprozeß nie nur eine einzige Prüfungsrichtung angewendet werden sollte. Allgemein kann gesagt werden, daß bei der Festlegung der Prüfungsrichtung die Fehlererwartung und das Prüfungsfeld mitbestimmend sind. Erwartet man z.B. bei einer Jahresabschlußprüfung, daß die wirtschaftliche Lage zu positiv dargestellt wird, würde man im Bereich der materiellen Prüfung die Position Rückstellungen progressiv prüfen, um festzustellen, ob alle rückstellungspflichtigen Tatbestände erfaßt wurden, während man bei der gleichen Fehlererwartung zur Feststellung von Luftbuchungen dort retrograd prüft.

Nach der zweiten in der Literatur vertretenen Meinung wird mit retrograder Prüfung die Richtung des Vorgehens bezeichnet, bei der prüfungspflichtige Tatbestände in der entgegengesetzten Folge des chronologischen Ablaufs ihrer bücherlichen Erfassung (also: Bilanz oder GVR - Hauptbuch - Grundbuch - Beleg - wirtschaftlicher Tatbestand) geprüft werden. Diese retrograde Verfolgung eines bücherlichen Vorganges einschließlich der Prüfung der dazugehörigen Unterlagen durch alle Stufen des Rechnungswesens bis zu ihrer eigentlichen Ursache - der Wurzel - wird auch als **Wurzelstichprobe** bezeichnet. Progressives Vorgehen bedeutet dann die Prüfung eines buchungspflichtigen Tatbestandes in der chronologischen Folge seiner bücherlichen Erfassung (also: wirtschaftlicher Tatbestand- Beleg - Grundbuch - Hauptbuch - Bilanz oder GVR) (so Wysocki [1988], S. 155 - 160). Nach dieser Auffassung gelangt der Prüfer zu einer **Prüfungskette**, d.h. einer Folge von Soll-Ist-Vergleichen, bei der von einem Teilurteil auf ein anderes Teilurteil geschlossen wird. Nach der beschriebenen Richtung werden progressive und retrograde Prüfungsketten unterschieden. Das zeigen schematisch die folgenden Abb. 18 und 19:

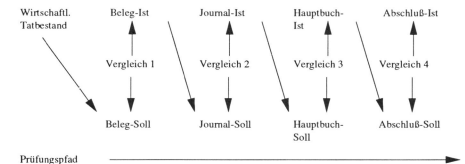

Abb. 18: *Progressive Prüfungskette (Quelle: Wysocki [1988], S. 156 - 157)*

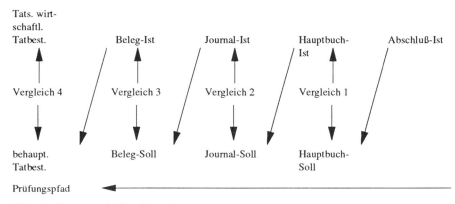

Abb. 19: *Retrograde Prüfungskette*

Neben der Richtung werden Prüfungsketten auch nach der Art ihrer Verkettung in **verzweigte** und **unverzweigte Ketten** unterschieden. Abbildungen 12 und 13 stellen den Fall einer einfachen, d.h. unverzweigten Prüfungskette dar. Ursache einer Verzweigung kann sein, daß ein Geschäftsvorfall (z.B. der Ankauf und Einsatz eines abnutzbaren aktivierungspflichtigen Vermögensgegenstandes) mehrere Folgen untereinander verbundener, als Kettenast ab einem gewissen Punkt (Knoten) bis zum Ausweis im Jahresabschluß parallel laufender Istzustände auslöst (z.B. buchhalterische Abschreibung, aktivierungsfähige Anteile der buchhalterischen Abschreibung in den Herstellungskosten, Ausweis des Restbuchwertes). Eine solche Verzweigung zeigt nachstehende Abb. 20.

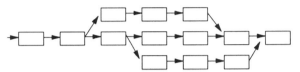

Abb. 20: *Verzweigte Prüfungskette*

Wie Abbildung 20 verdeutlicht, ist umgekehrt auch zu sagen, daß eine Kette paralleler Prüfungsobjekte ab einem gewissen Punkt zusammenlaufen können. Im Falle der verzweigten Prüfungskette handelt es sich um Prüfungsobjekte, zwischen denen ein sachlicher Zusammenhang besteht. In solchen Fällen ist zu beachten, daß Prüfungsurteile über die einzelnen Kettenäste nicht mehr isoliert gefunden werden können. Dieser Tatsache sucht das bereits erwähnte Stufengesetz der Buchprüfung Rechnung zu tragen.[1] Sachlich verbundene Prüfungsobjekte sind damit auch ein Problem der Festlegung der Reihenfolge der Teilprüfungen im Rahmen der Prüfungsprogrammplanung.

(b) Der Vergleichsprozeß bei indirekter Sollobjektermittlung

Im Rahmen der indirekten Vorgehensweise bei der Sollobjektermittlung werden nicht die einzelnen Vorgänge, sondern Aggregationen von Vorgängen geprüft. Diese Prüfung erfolgt in der Weise, daß ein Vergleich zwischen dem zu prüfenden Istobjekt und dem auf getrennte Weise ermittelten repräsentativen Ersatz-Sollobjekt vorgenommen wird. Bei Übereinstimmung oder näherungsweisen Entsprechung der Vergleichsobjekte wird gefolgert, daß die in dem Istobjekt erfaßten Vorgänge im wesentlichen fehlerfrei abgebildet worden sind.

Globale Prüfungshandlungen können im Rahmen der summarischen Kontrollrechnung genau sein. Soweit sich globale Prüfungshandlungen - wie bei der Verprobung - aber auf wirtschaftliche Zusammenhänge stützen, zwischen denen keine strengen funktionalen Beziehungen bestehen, können sie nur einen allgemeinen Eindruck von der Ordnungsmäßigkeit der Rechnungslegung vermitteln. Der Vorteil dieser globalen Prüfungs-

---

[1] Um Mißverständnisse zu vermeiden, wäre es daher sinnvoll, zwischen progressiver und retrograder **Prüfungsrichtung** und progressiven und retrograden **Prüfungsketten** zu unterscheiden.

handlungen liegt darin, daß sie weniger Prüfungszeit erfordern und damit kostengünstiger sind als detaillierte Prüfungen. Auch wenn globale Prüfungen keine sicheren Aussagen über die Richtigkeit des geprüften Sachverhalts liefern, so bieten sie doch Anhaltspunkte für die Fehlervermutung und die Abgrenzung von Fehlergebieten. Werden durch die globale Prüfung Fehlermöglichkeiten signalisiert, so kann durch eine detaillierte - ggf. lückenlose - Prüfung die Richtigkeit der Verarbeitungsergebnisse in dem durch die globale Prüfung abgegrenzten Fehlergebiet untersucht werden. Globale Prüfungen vermögen der "auditing-by-exception-Konzeption" zu dienen, einer Konzeption, nach der ein Prüfer sich auf eine intensivere Prüfung von Prüfungsfeldern beschränkt, die zuvor definierte Merkmale aufweisen.[1] Das bedeutet, daß insbesondere die Geschäftsvorfälle geprüft werden, die der Prüfer als "nicht normgerecht" ansieht.

2. Der Vergleichsprozeß bei einer systemorientierten Prüfung

Charakteristisch für eine systemorientierte Prüfung ist, daß durch die Prüfung des Systemaufbaus und des Systemablaufs des Datenverarbeitungsprozesses ein Urteil über die Ordnungsmäßigkeit des Systemoutputs angestrebt wird. Meist wird in diese Prüfung des Datenerfassungs- und -verarbeitungssystems die Prüfung der Kontrollen eingeschlossen, welche die Beachtung der im System vorgegebenen Regelungen sichern sollen. Man spricht daher - da Datenverarbeitung und Kontrollen eng zusammenhängen und die Prüfung des Kontrollsystems nicht unabhängig vom Verarbeitungssystem des Rechnungswesens durchzuführen ist - nur von der Prüfung des internen Kontrollsystems.[2] Offenbart die Prüfung des Systems Schwachstellen, so lassen sich aus diesen Fehlermöglichkeiten herleiten. Die Schwachstellen bieten Anhaltspunkte für eine Ergänzung der Systemprüfung durch Ergebnisprüfungen. Die Bedeutung der Schwachstellenanalyse für die Planung von Ergebnisprüfungen im Rahmen systemorientierter Prüfungen veranschaulicht nachfolgende Abb. 21.

In Prüfungsprozessen kann es erforderlich sein, für den gleichen Sachverhalt mehr als ein Sollobjekt zu erarbeiten. Im allgemeinen werden dann im Vergleichsprozeß mehrere Soll-Ist-Vergleiche **unabhängig** voneinander durchgeführt. Speziell Systemprüfungen weisen dagegen im Vergleichsprozeß eine komplexere Struktur auf. Das liegt an dem Charakter der bei einer Systemprüfung zu erstellenden Sollobjekte, denn es ist bei der Beurteilung von Systemen nicht üblich, den Istzustand nur mit dem gewollten Zustand zu vergleichen. Man vergleicht den Ist- bzw. den gewollten Zustand darüber hinaus noch mit einem Idealzustand. Demzufolge werden im Rahmen systemorientierter Prüfungen einmal Sollobjekte für den Zustand erarbeitet, der von der zu prüfenden Unternehmung gewollt wird. Zum anderen entwickelt man Sollobjekte, die als Idealzustand ein System beschreiben, das optimal i.S.d. Rechnungslegungsziele ist. Es wird daher auch als "Idealobjekt" bezeichnet. Infolgedessen lassen sich bei Systemprüfungen folgende Vergleiche unterscheiden:

---

1) Vgl. Toan [1960], S. 45; McRae [1964], S. 180 - 181.

2) Zur Bedeutung der Prüfung des internen Kontrollsystems für die handelsrechtliche Abschlußprüfung vgl. Buchner [1996], S. 120 - 125.

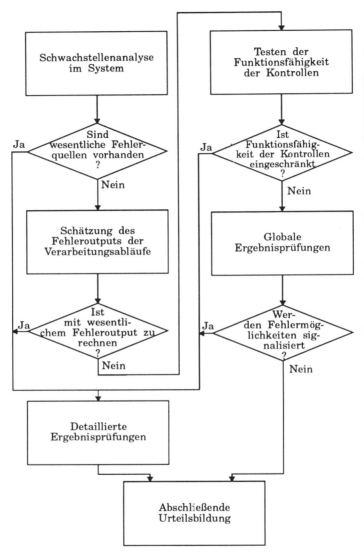

Abb. 21: *Zusammenhang zwischen systemorientierter Prüfung und Ergebnisprüfung*

Vergleich I. Im ersten Schritt der Systemprüfung ist das von der Unternehmung beabsichtigte System mit dem Idealsystem zu vergleichen. Dieser Vergleich soll dazu dienen, Schwachstellen im geplanten System zu erkennen. Eine Schwachstelle liegt dann vor, wenn die vorgesehene Regelung nicht in der Lage ist, bestimmte **systematische** (besonders unbewußte) **Fehler** zu vermeiden.

Systematische Fehler entstehen durch wissentliche und willentliche Einwirkungen und können als bewußte und unbewußte Fehler auftreten.[1] Unbewußte systematische Fehler entstehen, wenn die Organisation der Erfassungs- und Verarbeitungsabläufe falsch oder unvollständig ist, dienstliche Anweisungen fehlen bzw. unvollkommen sind oder einzelne Mitarbeiter nicht ordnungsgemäß auf ihre Aufgaben vorbereitet sind. Bewußte Fehler können auf Anweisung der Geschäftsleitung oder durch Fehlverhalten der Mitarbeiter entstehen. Fehler auf Anweisung der Geschäftsleitung (z.B. bilanzpolitische Manipulationen zur veränderten Darstellung der wirtschaftlichen Lage) sind durch kein System zu verhindern. Ein System sollte aber wirksame Einrichtungen vorsehen, um bewußte systematische Fehler der Mitarbeiter - insbesondere solche, die aus Bereicherungsabsichten resultieren - zu vermeiden. Möglichkeiten hierzu sind die Gestaltung des Datenerfassungsprozesses nach den Prinzipien der Funktionstrennung und der Kompetenzbündelung.[2]

Der Vergleich I liefert Anhaltspunkte für die weiteren Vergleiche der Systemprüfung und erlaubt eine vorläufige Systembeurteilung der geprüften Unternehmung.

Vergleich II. Im Rahmen der Systemprüfung ist des weiteren das Istsystem dem gewollten Sollsystem gegenüberzustellen. Die hierbei ermittelten Abweichungen können einmal Unterlassungen sein; sie können aber auch aus zusätzlichen informellen Überwachungsmaßnahmen resultieren, die von den Mitarbeitern freiwillig praktiziert werden, ohne im Regelsystem vorgesehen zu sein.

Der Vergleich II wird als **"Transformationsprüfung"**, und die dazu notwendigen Prüfungshandlungen werden als "compliance tests" bezeichnet.

Vergleich III. Neben den Abweichungen des Istsystems vom gewollten System ist im Rahmen von Systemprüfungen noch festzustellen, ob das Istsystem in der Lage ist, mit dem gewünschten Erfolg zu arbeiten. Dieser Fragestellung dient der Vergleich des Istzustands mit dem Idealzustand. Dieser Vergleich wird **"Funktionsprüfung"** genannt. Da Systemabläufe aus Kostengründen nicht - wie es erforderlich wäre - über längere Zeiträume auf ihre Funktionsfähigkeit hin beobachtet werden können, wird versucht, durch ergebnisorientierte Prüfungen - den sog. Einzelfallprüfungen - und den hierbei ermittelten Verarbeitungsergebnissen auf die Funktionsfähigkeit des Systems zu schließen.

Der Vergleich von Ist- und Idealzustand führt unter Beachtung der Beurteilungen aus den Vergleichen I und II zur abschließenden Beurteilung des geprüften Systems.

d. Der Urteilsbildungs- und Urteilsmitteilungsprozeß

Der Vergleich zwischen Ist- und Sollobjekten mündet in eine Beurteilung der Übereinstimmungen oder Abweichungen dieser Prüfungsobjekte. Ziel einer Prüfung ist die Abgabe vertrauenswürdiger Urteile. Die Vertrauenswürdigkeit eines Urteils wird im einzelnen bestimmt durch die Qualifikation des urteilenden Prüfers, die Art der Urteilsgewinnung (z.B. Vollprüfung oder Auswahlprüfung) und durch die Form und den Inhalt

---

1) Von den systematischen Fehlern sind die **Zufallsfehler** zu unterscheiden. Zufallsfehler werden durch Zufallseinflüsse, d.h. eine Vielzahl kleiner unbekannter Einwirkungen (z.B. durch Unachtsamkeit), hervorgerufen und sind nicht vom Willen der Beteiligten abhängig. Sie lassen sich nicht durch Kontrollen verhindern. Ein Prüfer muß daher mit dem Vorhandensein zufallsbedingter Fehler rechnen.

2) **Funktionstrennung** bedeutet eine Trennung der dispositiven, ausführenden und überwachenden Funktionen und eine interpersonale Aufgabenverteilung, die eine selbständige Kontrollwirkung ergibt. Durch das **Prinzip der Kompetenzbündelung** werden gemeinsame Kompetenzen für verschiedene funktionale Bereiche geschaffen, die eine gegenseitige Kontrolle bei der Ausübung der Tätigkeiten ermöglicht (vgl. Buchner [1996], S. 120 - 121).

der Urteilsmitteilungen. Urteile können unterschiedlich abgegeben werden. Diese Unterschiede betreffen einmal die Urteilsbildung und Urteilsmitteilung als einen zeitlichen Prozeß. Hierbei kann zwischen der Urteilsmitteilung als Abgabe eines Voraburteils und als Abgabe eines Endurteils unterschieden werden. Voraburteile werden nach Beendigung des Vergleichsprozesses gegeben und dienen dem Zweck, das geprüfte Unternehmen über vorgenommene Prüfungshandlungen und hierbei angefallene Unklarheiten zu informieren, um Abstimmungen bzw. Nachbesserungen zu erreichen. Für diese Erörterung der Prüfungsfeststellungen hat sich der Terminus "**Schlußbesprechung**" eingebürgert.

Schlußbesprechungen erfolgen auf der Grundlage freiwilliger Vereinbarungen oder gesetzlicher Bestimmungen. Konkrete Gesetzesnormen zur Schlußbesprechung finden sich in der AO (§ 201,1 S. 2) und in dem GenG (§ 57,4). Soweit gesetzliche Regelungen keine Schlußbesprechung vorschreiben, kann davon ausgegangen werden, daß es zur allgemeinen Gepflogenheit zählt, die Ergebnisse einer Prüfung mit den gesetzlichen Vertretern und sonstigen zuständigen Personen vor Abgabe des endgültigen Urteils zu besprechen. Diese Gepflogenheit resultiert aus dem gemeinsamen Interesse der beteiligten Parteien an einem positiven Prüfungsergebnis. An diesen Besprechungen nehmen seitens der Prüfungsunternehmung neben dem verantwortlichen Prüfungsleiter und eventuell einem Mitglied der Geschäftsleitung die Prüfer teil, die Prüfungsfelder bearbeitet haben, in denen Probleme bzw. Beanstandungen aufgetreten sind. Schlußbesprechungen erfolgen meist anhand bereits erstellter Prüfungsberichtsentwürfe, und es ist üblich, der geprüften Unternehmung geplante Diskussionspunkte vorab mitzuteilen.

Aufgabe von Schlußbesprechungen ist es, das Gesamtergebnis, aber auch Teilergebnisse und einzelne Prüfungsfeststellungen darzulegen und zu begründen, Zweifel über Sachverhalte auszuräumen (z.B. durch Erteilung von Auskünften und Nachweisen) und Übereinstimmungen in umstrittenen Sachverhalten herbeizuführen. Auch kann der Prüfer im Rahmen der Schlußbesprechungen der geprüften Unternehmung Empfehlungen und Ratschläge erteilen, die darauf hinzielen, Beanstandungen in der Zukunft zu vermeiden. Die Ergebnisse der Schlußbesprechung fließen in die Bildung des Endurteils ein.

In welcher Form und Art schließlich Endurteile erfolgen, hängt im wesentlichen von der Prüfungsordnung ab. Die wichtigsten Arten sind:

- **Alternativurteile** (z.B. falsch oder richtig),
- **Gradurteile** (z.B. sehr gut, gut, genügend oder nicht genügend),
- **Quantitätsurteile** (z.B. der Kassenfehlbetrag beläuft sich auf DM 5.000,--).

Hinsichtlich der Form kann zwischen **formgebundenen** Urteilen (z.B. Bestätigungsvermerken) und **formfreien Urteilen** unterschieden werden. Bei der Haupttätigkeit der Berufsstände des wirtschaftlichen Prüfungswesens, der Prüfung von handelsrechtlichen Jahresabschlüssen, wird z.B. das Prüfungsurteil (= Prüfungsergebnis) in zwei Formen zusammengefaßt und schriftlich abgegeben:

Der Bestätigungsvermerk. Er ist die an die Öffentlichkeit gerichtete schriftliche und formelhafte (standardisierte) Zusammenfassung des Prüfungsergebnisses.

Der Prüfungsbericht. Er ist die an einen internen Kreis (gesetzliche Vertreter, Aufsichtsrat) gerichtete schriftliche Berichterstattung über Verlauf und Ergebnis der Prüfung. Im Prüfungsbericht werden der Nachweis über die Erfüllung des Prüfungsauftrages geführt, festgestellte Tatbestände und Sachverhalte mitgeteilt und das Prüfungsergebnis begründet und erläutert.

Die Problematik bei der Urteilsbildung ist in der Notwendigkeit der Transformation von Einzelinformationen in ein Gesamturteil zu sehen. Sind die einem Buchprüfer zur Abwicklung seines Prüfungsauftrages zur Verfügung stehenden Unterlagen umfangreich und enthalten sie zahlreiche verschiedenartige Prüfungsvorgänge, so wird im allgemeinen in der Prüfungspraxis der Prüfungsstoff in übersichtliche Prüfungsfelder unterteilt. Eine Einteilung in Prüfungsfelder hat zur Folge, daß bei einer Prüfung zunächst nur Einzelurteile über Geschäftsvorfälle bzw. Prüfungsfelder gebildet werden. Gesetzliche bzw. vertragliche Normen zwingen aber den Prüfer meist, nicht Einzelurteile über Prüfungsfelder, sondern ein Gesamturteil über das Prüfungsgebiet abzugeben. So konkretisiert sich eine Vielzahl der Einzelinformationen bei einer handelsrechtlichen Abschlußprüfung letztlich in der Erteilung, der Einschränkung oder der Verweigerung des Bestätigungsvermerkes. Es ist daher folgerichtig, die Urteilsbildung in den Prüfungsfeldern nicht isoliert zu sehen, denn es besteht - insbesondere bei der Auswahlprüfung - ein innerer Zusammenhang zwischen dem Prüfungsumfang in den einzelnen Prüfungsfeldern und der Bildung des Gesamturteils. Es handelt sich hier um ein Allokationsproblem, nämlich um das Problem der Bestimmung und Zumessung der Bedeutung von Urteilsbildungsbeiträgen einzelner Prüfungsfelder für das Gesamturteil. Die diesem Allokationsproblem gewidmete Literatur ist verschiedenartig. Sie läßt sich unterscheiden nach der Art und Weise der erforderlichen Prüfungsdurchführung (Vollprüfung bzw. Auswahlprüfung), nach den Erfordernissen der Art der Messung der potentiellen Merkmalsausprägungen der untersuchten Geschäftsvorfälle (qualitative Merkmalsausprägungen oder Theorie der homograden Statistik bzw. quantitative Merkmalsausprägungen oder Theorie der heterograden Statistik), nach den Optimierungszielen (Maximierung der Sicherheit der Urteilsbildung bei gegebenen Prüfungskosten bzw. Minimierung der Prüfungskosten bei gegebener Sicherheit der Urteilsbildung) sowie nach den angewendeten Rechenverfahren (Differentialrechnung bzw. dynamische Programmierung).[1]

Von besonderer Bedeutung für die Urteilsbildung ist der Grundsatz der Materiality.[2] Der Grundsatz der Materiality beinhaltet im Rahmen der Rechnungslegungsprüfung nicht nur eine Handlungsanweisung für die Prüfungsplanung, sondern auch für die Urteilsbildung. Danach hat der Prüfer zu berücksichtigen, welche der

---

1) Vgl. Leffson/Lippmann/Baetge [1969], S. 40 - 50; Buchner/Weinreich [1979], S. 829 - 837; Buchner/Breith [1981], S. 13 - 14; Schmid/Uecker [1985].

2) Im Rahmen der Materiality wird unterschieden zwischen dem Grundsatz der Materiality in der Rechnungslegung und dem Grundsatz der Materiality in der Prüfung der Rechnungslegung. Der Grundsatz der Materiality in der Rechnungslegung besagt, daß alle wesentlichen Tatbestände, d.h. alle Informationen, die die Entscheidungen der Adressaten des Jahresabschlusses beeinflussen, im Jahresabschluß berücksichtigt werden müssen (vgl. Lück [1975], S. 13). Materiality als Grundsatz in der Rechnungslegung verlangt deshalb die Bestimmung desjenigen Fehlerbetrages, ab dem im Jahresabschluß kein den tatsächlichen Verhältnissen entsprechendes Bild der Vermögens-, Finanz- und Ertragslage vermittelt wird. Für den Urteilsbildungsprozeß ist der Grundsatz der Materiality in der Prüfung der Rechnungslegung relevant.

bei der Prüfung des Jahresabschlusses gewonnenen Informationen für die Informationsempfänger wesentlich sein können. Die Prüfung soll sicherstellen, daß die vom Informationsempfänger benötigten Jahresabschlußinformationen nicht soweit verfälscht sind, daß ihre Entscheidungen dadurch beeinflußt werden. Der Jahresabschluß geht an Insider und Outsider, für die unterschiedliche Sachverhalte wesentlich sein können und die - neben dem Jahresabschluß - unterschiedliche Informationen haben. Es ist dem Prüfer nicht möglich, die Belange aller Informationsempfänger zu berücksichtigen. Deshalb sollte er von der Entscheidungssituation eines "average prudent investors" ausgehen. Ein solcher Anleger entscheidet mit ausreichender Sachkenntnis ohne besondere Präferenzen und Risikoneigungen allein auf der Grundlage der veröffentlichten Jahresabschlußinformationen über Kauf oder Verkauf von Wertpapieren.

Eine wenig differenzierte Interpretation des Grundsatzes der Materiality in der Prüfung der Rechnungslegung bezieht sich darauf, ob ein Fehler so bedeutend ist, daß er zu einer Einschränkung oder Verweigerung des Bestätigungsvermerks führen würde.[1] Das Beziehen des Grundsatzes der Materiality allein auf die Gewinnung eines Gesamturteils bezüglich der Erteilung, Einschränkung oder Versagung des Bestätigungsvermerks läßt außer acht, daß der Prüfer nicht nur Teilurteile im Hinblick auf das Gesamturteil, sondern auch Beurteilungen hinsichtlich des Prüfungsberichts herzuleiten hat. Im Prüfungsbericht sind gerade auch Beanstandungen darzulegen, die sich nicht auf den Bestätigungsvermerk ausgewirkt haben. Die Materiality ist deshalb an der Aufgabe der Prüfung zu orientieren, die neben der Aufgabe der Gesamturteilsgewinnung auch die Aufgaben der Prüfungsdurchführung und der Berichterstattung umfaßt.

Es ist auch problematisch, dem pflichtgemäßen Ermessen des Prüfers die Entscheidung zu überlassen, was wesentlich und was unwesentlich ist. Deshalb wird vorgeschlagen, quantitative Richtgrößen (sog. Materiality-Grenzen) verbindlich vorzuschreiben.[2] Nach diesen kann der Prüfer festlegen, welche Sachverhalte zu prüfen sind und über welche Fehler zu berichten ist, damit der Prüfungszweck uneingeschränkt erfüllt wird. Solche Materiality-Grenzen kennzeichnen Schwellenwerte, bei deren Überschreiten Informationen Bedeutung beizumessen ist. Eine Materiality-Richtgröße sollte bei unterschiedlicher Unternehmensgröße und in verschiedenen Branchen anwendbar sein und eine gewisse Stabilität hinsichtlich Veränderungen der wirtschaftlichen Lage, bilanzpolitischer Maßnahmen und Inflationstendenzen aufweisen. Für die Normierung des Grundsatzes der Materiality in der Prüfung der Rechnungslegung spricht eine erhöhte Vergleichbarkeit und die Sicherstellung einheitlicher Auslegungen gleichartiger Sachverhalte.[3] Die Anwendung von Materiality-Richtgrößen erhöht das Vertrauen des Informationsempfängers in den geprüften Jahresabschluß und erleichtert es dem Prüfer, Kritik aus der Öffentlichkeit zu begegnen. Zudem können dadurch unterschiedliche Auffassungen über die Beurteilung der Materiality von Jahresabschlußdaten zwischen dem Prüfer und dem Mandanten bzw. dem Prüfer und der Öffentlichkeit verringert oder beseitigt sowie die Prüfungskosten reduziert werden.

Der Vorschlag, Materiality-Richtgrößen vorzugeben, wird kritisiert. Die Gegner der Vorgabe von Materiality-Standards wenden ein, daß Materiality-Probleme nur unter Berücksichtigung der jeweiligen Tatbestands (z.B. den spezifischen Eigenschaften des zu prüfenden Unternehmens) entschieden werden können und daß durch die Vorgabe von Richtgrößen die Freiheit des Berufsstandes und das unab-

---

1) Vgl. Cushing/Searfoss/Randall [1979], S. 175.

2) Die Bestimmung quantitativer Materiality-Richtgrößen kann nach logisch-deduktiver oder nach empirisch-induktiver Vorgehensweise erfolgen (vgl. hierzu Würtele [1989], S. 16 - 106).

3) Vgl. Hicks [1974], S. 39 - 40 sowie Patterson [1967], S. 774.

hängige berufliche Urteilsvermögen eingeschränkt werden.[1] Weiterhin wird argumentiert, es bestehe das Risiko, daß der Prüfer durch Materiality-Standards fehlgeleitet werde. Materiality-Richtgrößen müssen einen Raum für das freie pflichtgemäße Ermessen des Prüfers lassen, weil ansonsten die Flexibilität der Entscheidungsfindung und die Anwendung des Sachverstandes und der Erfahrung des Prüfers zu stark eingeschränkt wären. Sie können nur Hilfe, nicht Ersatz für die persönliche Beurteilung sein. Diese Kritik wird durch die differenzierte Vorgabe mehrerer Standards mit verschiedenen Bezugsgrößen zu mindern versucht, denn werden als Materiality-Standards Bandbreiten vorgegeben, so läßt sich den Besonderheiten des Einzelfalles eher Rechnung tragen (vgl. Chandler [1984], S. 179). Zudem sollte ein Abgehen von einer Richtgröße gestattet sein, wenn dies unter Würdigung der zu beachtenden Begleitumstände des Einzelfalles nach pflichtgemäßem Ermessen erforderlich ist.

Prinzipiell wird so der Grundsatz der Materiality als relative Größe verstanden. Somit besteht auch das Problem, welche Bezugsgrößen als Basis für die Quantifizierung der Materiality geeignet sind. Neben dem Rohertrag, der Bilanzsumme, dem Eigenkapital und den Einnahmen wird insbesondere der Gewinn vor Steuern als Bezugsgröße diskutiert. Die Qualität einer Materiality-Richtgröße ist um so höher einzuschätzen, je größer die Bedeutung der zugrundeliegenden Bezugsgröße für den Jahresabschlußadressaten ist. Der verbreitetste und am meisten akzeptierte quantitative Materiality-Grenzwert liegt zwischen 5 % und 10 % des Gewinns vor Steuern (vgl. Chandler [1984], S. 179). Ein Betrag von 10 % oder mehr des Gewinns vor Steuern gilt als material. Beträge, die kleiner oder gleich 5 % des Gewinns vor Steuern sind, müssen als immaterial eingestuft werden. Bei Beträgen zwischen 5 % und 10 % des Gewinns vor Steuern obliegt es dem pflichtgemäßen Ermessen des Prüfers, die Materiality unter Berücksichtigung des gesamten Sachverhalts zu beurteilen. Um Gewinnschwankungen auszugleichen, wird i.d.R. ein durchschnittlicher Gewinn der letzten 3 - 5 Jahre zugrunde gelegt. Einen Überblick über quantitative Regeln zur Bestimmung der Materiality-Grenze vermittelt nachfolgende Tab. 21.

Die dargestellten Materiality-Standards beziehen sich auf den gesamten Jahresabschluß. Da der Prüfer neben der Gesamturteilsgewinnung auch die Aufgabe hat, einzelne Prüfungssachverhalte (u.a. auch im Hinblick auf die Erstellung des Prüfungsberichts) zu beurteilen, benötigt er auch Materiality-Grenzen für die Prüfung einzelner Jahresabschlußpositionen bzw. Prüfungsfelder. Diese können nicht mit der für den gesamten Jahresabschluß geltenden Materiality-Richtgröße identisch sein, sondern sind aus ihr abzuleiten. Es stellt sich folglich das Problem der Aufteilung der Gesamt-Materiality auf einzelne Prüfungssachverhalte. Ausgangspunkt hierfür ist die Frage, welcher Betrag der für den gesamten Jahresabschluß geltenden Materiality-Richtgröße für die Beurteilung eines Fehlers zur Verfügung steht. Eine für den gesamten Jahresabschluß ermittelte obere Fehlergrenze ist also auf die einzelnen zu prüfenden Positionen aufzuteilen.

Die für die Prüfung einzelner Prüfungsfelder vorzugebende Materiality wird von der Bedeutung des Prüfungsfeldes (i.d.R. am relativen Wert zu messen), der Art des Prüfungsfeldes (wichtig ist z.B., ob es Prüfungsgegenstände des Anlagevermögens oder des Umlaufvermögens umfaßt und ob die einzelnen Prüfungsgegenstände sichere oder unsichere Werte darstellen), der Art von erwarteten Fehlern (so ist z.B.

---

1) Vgl. Accountants International Study Group [1974], Tz. 28.

Materiality-Grenze	Bezugsgröße	Erläuterungen
5-10 %	Gewinn vor Steuern	Der 10 %-Satz wird bei geringem Periodenerfolg, der 5 %-Satz bei höheren Periodenerfolgen angewandt (vgl. AICPA [1985], S. 50).
0,5-5 %	Rohertrag	Mit steigendem Rohertrag sinkt der anzuwendende Prozentsatz (vgl. CICA [1965], S. 6).
0,5 %	Bilanzsumme	Anwendung bei Gesellschaften, die keine erwerbswirtschaftlichen Ziele verfolgen (vgl. Chase [1979], S. 36).
1 %	Eigenkapital	Nach Ansicht einiger Autoren (vgl. z.B. Leslie [1985], S. 20) ist diese Regel aus der ersten oben angeführten Regel für durchschnittlich große Unternehmen entwickelt worden. Das Eigenkapital eignet sich besonders gut als Bezugsgröße, da es eine beständige Größe ist.
0,5 %	Einnahmen	Dieser Quantifizierungsvorschlag geht davon aus, daß Einnahmen stetiger sind als der Periodenerfolg (vgl. CICA [1980(1)], S. 107).
0,5 % + 0,5 % + 5,0 % + 2,0 % + 1,0 %	Bilanzsumme Einnahmen Gewinn vor Steuern Rohertrag (nach Abschreibung) Eigenkapital	Die Summe dieser Größen wird durch 5 dividiert, d.h. es wird ein Durchschnitt ermittelt (vgl. Leslie [1985], S. 21). Dieser Ansatz ist geeignet, um im Fall negativer Periodenerfolge zu einem Grenzwert zu gelangen.
var. Prozent-Satz	Rohertrag	Der Grenzwert wird mit Hilfe folgender Formel berechnet (vgl. Elliott [1983]): $1,5 \cdot (\text{Rohertrag})^{2/3}$

Tab. 21: *Quantitative Regeln zur Bestimmung der Materiality-Grenze*

für Fehler, die den Gewinn beinflussen, eine strengere Materiality-Grenze vorzugeben als für Klassifikationsfehler) sowie der Ursache von Fehlern beeinflußt. Zuber/Elliott/Kinney/Leisenring[1] schlagen folgende Formel vor:[2]

$$\text{Materiality-Grenze} = \text{Gesamt-Materiality} \cdot \sqrt{\frac{\text{Positionswert}}{\text{Bilanzsumme}}}.$$

Ein anderer Ansatz zur Beseitigung der Subjektivität in der Urteilsbildung geht von der Tatsache aus, daß die Urteilskriterien, aufgrund derer der Prüfer zum einen festlegt, welche Fehler er für wesentlich hält, und zum anderen entscheidet, welche Bedeutung einem festgestellten Fehler im Rahmen der Urteilsaggregation beizumessen ist, unscharf bzw. unzureichend konkretisiert sind (vgl. Gans [1986], S. 474). Die subjektive Einschätzung der genannten Aspekte durch den Abschlußprüfer erfolgt unter Berücksichtigung von vagem, auf Erfahrungen beruhendem und mit Unsicherheit behaftetem Wissen oder basiert auf der Verwendung von Heuristiken.[3] Unter solchen Umständen kann der Einsatz von Expertensystemen hilfreich sein, die die Fähigkeit besitzen, derartiges Wissen bereitzustellen und zu verarbeiten und dabei ermöglichen, eine Fülle von Einflußfaktoren mit unterschiedlich starker Gewichtung einzubeziehen. Diese Eigenschaft von Expertensystemen erweist sich insbesondere bei der Bestimmung von Materiality-Grenzwerten als vorteilhaft. Gerade bei der Festlegung von starren Materiality-Grenzen ergibt sich das Problem, daß eine harte Abgrenzung zwischen Wesentlichkeitsklassen stets eine gewisse Willkürlichkeit beinhaltet.[4] Die in diesem Fall angewendete zweiwertige Logik, mittels derer Prüfungsfelder lediglich als ordnungsgemäß oder nicht ordnungsgemäß klassifiziert werden können, läßt sich nun durch die Theorie der unscharfen Mengen erweitern. Dabei werden linguistische Variablen eingesetzt, die es dem Beurteilenden ermöglichen, über eine Entweder-Oder-Entscheidung hinausgehende Urteile abzugeben.[5] So kann Teilkomplexen, wie etwa Prüfungsfeldern, jeweils ein Zugehörigkeitswert zwischen 0 und 1 zu den Gruppen "nicht fehlerhaftes Prüfungsfeld", "nicht wesentlich fehlerhaftes Prüfungsfeld" und "wesentlich fehlerhaftes Prüfungsfeld" zugeordnet werden (vgl. Müller/Kropp [1992], S. 157). Insofern ermöglicht die Anwendung dieser sog. Fuzzy-Set-Theorie zum einen eine differenzierte Beurteilung einzelner Prüfungsfelder und zum anderen eine umfassendere Berücksichtigung von Informationen bei der Zusammenführung erlangter Einzelwertungen zu einem Gesamturteil.

Die Prüfungshandlungen im Rahmen einer Jahresabschlußprüfung müssen stets in die Abgabe eines solchen Gesamturteils über die Normentsprechung des geprüften Abschlusses münden. Dabei ist jedoch zu berücksichtigen, daß bei Aufdeckung von Fehlern, die einzeln oder in ihrer Summe wesentlich sind und sich auf abgrenzbare Sachverhalte beziehen, ein eingeschränkter Bestätigungsvermerk zu erteilen ist. Ist eine solche Abgrenzung dagegen nicht möglich, dann ist der Bestätigungsvermerk zu versagen. Werden keine Fehler gefunden, die einzeln oder in der Summe

---

1) Vgl. Zuber/Elliott/Kinney/Leisenring [1983], S. 46 - 54. - Aus der Anwendung dieser Formel resultiert, daß die Summe der individuellen Materiality-Grenzen größer ist als die Gesamt-Materiality. Dadurch wird der Möglichkeit des Fehlerausgleichs Rechnung getragen. Eine wissenschaftliche Begründung für die Verwendung der Quadratwurzel (und nicht etwa z.B. der dritten Wurzel) ist dem Ansatz allerdings nicht zu entnehmen. Bei diesem Verfahren zur Aufteilung der Gesamtmateriality wird lediglich die relative Bedeutung der Jahresabschlußpositionen als Einflußfaktor berücksichtigt. Andere relevante Faktoren können - ebenso wie die situativen Rahmenbedingungen - durch nachträgliche Modifikationen der individuellen Materiality-Grenzen Eingang finden.

2) Zu anderen Vorschlägen zur Berechnung der individuellen Materiality-Grenze vgl. z.B. Cushing/Searfoss/Randall [1979], S. 172 - 216 und die dort angegebene Literatur.

3) Zur Anwendung von Heuristiken vgl. Drexl/Salewski [1991], S. 756 - 757.

4) Vgl. z.B. Rommelfanger [1994], S. 154 - 155.

5) Zur Definition von linguistischen Variablen vgl. z.B. Rommelfanger [1994], S. 65 - 66.

wesentlich sind, so ist ein uneingeschränkter Bestätigungsvermerk zu erteilen. Die Urteilsbildung stellt sich relativ einfach dar, wenn ein Fehler entdeckt worden ist, der für sich allein schon wesentlich ist. Schwieriger zu beurteilen sind dagegen solche Fälle, bei denen mehrere für sich allein betrachtet unwesentliche Fehler festgestellt werden, da diese in ihrer Gesamtheit wesentlich sein können. Eine Lösung dieses Problems ist durch Kumulation aller Fehler und den Vergleich mit der für den gesamten Jahresabschluß vorgegebenen Materiality-Grenze möglich.

III. Der Überwachungsprozeß und die Dokumentation der Prüfung

Die Überwachung der Prüfung soll eine hohe Qualität der Prüfung einschließlich der Berichterstattung gewährleisten (WPK/IDW [1995], S. 3). Man zählt den Überwachungsprozeß daher auch zur **Quality Control**. In Europa wird - im Gegensatz zu den USA - die Quality Control vor allem als interne Aufgabe von Prüfungsunternehmen aufgefaßt. In den USA gehören zur Quality Control auch Überwachungsmaßnahmen durch überbetriebliche Institutionen oder andere Prüfungsunternehmen. Man spricht in dem Zusammenhang auch von der **Peer Review**, d.h. der Überwachung durch seinesgleichen (vgl. Niehus [1992]).

Unter Quality Control sind einmal allgemeine Maßnahmen und zum anderen solche Maßnahmen zu zählen, die im engeren Zusammenhang mit der Abwicklung einzelner Prüfungsaufträge stehen. Allgemeine Maßnahmen sollen sicherstellen, daß zum einen nur Aufträge in Übereinstimmung mit den Berufsrichtlinien angenommen werden und zum anderen für die Erledigung angenommener Aufträge sachkundige und hinreichend eingearbeitete Mitarbeiter zur Verfügung stehen. Während die allgemeinen Maßnahmen also darauf abzielen, das allgemeine Qualitätsniveau zu gewährleisten, laufen auftragsbezogene Überwachungsmaßnahmen entweder zeitlich synchron mit der Prüfungsdurchführung oder sind dieser zeitlich nachgelagert. Im letzten Fall spricht man auch von einer Nachschau (§ 39 Berufssatzung).

Wichtig bei zeitlich synchronen Überwachungen ist die ständige Kontrolle des Fortganges und der Qualität der Arbeit sowie die Abstimmung der Prüfungshandlungen mit dem Terminplan durch den Prüfungsleiter. Dem Prüfungsleiter obliegt im Rahmen der Quality Control auch eine Anleitung weniger qualifizierter Prüfer bzw. die Heranziehung qualifizierter Mitarbeiter bei dem Auftreten schwieriger Fachfragen. Als weitere Überwachungsmaßnahme ist die Berichtskritik zu nennen. Sie erstreckt sich auf die kritische Durchsicht und Überarbeitung von Berichtsentwürfen und erfolgt i.d.R. von Personen, die nicht an dem Entwurf mitgewirkt haben. Dabei achtet die **materielle Berichtskritik** darauf, daß sich das Gesamturteil folgerichtig aus den einzelnen Feststellungen herleitet, der Bericht vollständig ist und die im Bericht enthaltenen Zahlenangaben und Verweisungen korrekt sind. Die **formelle Berichtskritik** bezieht sich auf die Gliederung, den Satzbau, die Rechtschreibung und Zeichensetzung sowie auf die Übersichtlichkeit von Zahlenaufstellungen.

Durch die Berichtskritik soll das Niveau der Berichterstattung verbessert werden. Der Berichtsentwurf ist aber zugleich eine Basis zur Beurteilung der fachgerechten Prüfungsdurchführung, d.h. der Berichtsentwurf und seine Kritik sind selbst ein Mittel der Prüfungsüberwachung.

Die **Nachschau** fällt als allgemeine Überwachungsaufgabe in den Zuständigkeitsbereich der Geschäftsleitung einer Prüfungsunternehmung. Sie wird (in kleineren Unternehmen) von dieser selbst durchgeführt oder unmittelbar delegiert. Hat eine Praxis mehrere Niederlassungen oder Abteilungen, kann das Ergebnis der Nachschau durch den Einsatz niederlassungs- bzw. abteilungsfremder, qualifizierter Mitarbeiter erhöht werden (WPK/IDW [1995], S. 8). Im Rahmen der Nachschau werden sowohl die Organisation der Wirtschaftsprüferpraxis als auch systematisch und stichprobenweise bereits abgewickelte Prüfungsaufträge auf Einhaltung der gestellten Qualitätsanforderungen hin geprüft. Die gemeinsame Stellungnahme der WPK und des IDW zur Qualitätssicherung in der Wirtschaftsprüferpraxis (WPK/IDW [1995], S. 8 - 9) sieht vor, daß u.a. bei der Auswahl berücksichtigt werden soll:
- die Auftragsart,
- Erstprüfungen,
- die Größe der Mandanten bzw. der Aufträge,
- die Branche der Mandanten,
- bekannte Problemfälle bzw. risikoreiche Aufträge.

Diese Nachschau sollte mindestens jedes dritte Jahr stattfinden und Prüfungsaufträge aus dem vergangenen Dreijahreszeitraum einbeziehen. Der Umfang der in die Nachschau einzubeziehenden Prüfungsaufträge sollte in einem angemessenen Verhältnis zum Gesamtumfang der in der betreffenden Periode abgewickelten Prüfungsaufträge stehen. Als ergänzende Richtschnur kann die Anzahl der geleisteten Prüfungsstunden herangezogen werden. Über den Dreijahreszeitraum verteilt, sollten Aufträge im Umfang von mindestens 10 % einer durchschnittlichen Jahresleistung geprüft werden.

Für die Qualität der Prüfung und des Prüfungs-Überwachungsprozesses ist eine sachgerechte Dokumentation der Prüfungsplanung und Prüfungsdurchführung wichtig (§ 38 Berufssatzung). Hier sind vor allem die **Arbeitspapiere** und die **Dauerakte** von Bedeutung. Unter Arbeitspapieren werden Schriftstücke verstanden, die zur Vorbereitung der Prüfung oder während der Prüfung angelegt werden. Sie sollen enthalten:
- den Prüfungsplan,
- Aufzeichnungen über die Prüfungshandlungen und herangezogenen Unterlagen,
- das zusammenfassende Urteil über jedes einzelne Prüfungsfeld.

Durch eine zweckmäßige Gestaltung der Arbeitspapiere kann die Prüfungsdurchführung, aber auch die Berichtsabfassung und Berichtskritik erleichtert werden. Arbeitspapiere können in Streitfragen bei Gericht zur Entlastung wie zur Belastung eines Prüfers beitragen. Sie sollten daher sorgfältig geführt und aufbewahrt werden. Bestimmte Schriftstücke der Arbeitspapiere werden bei Wiederholungsprüfungen immer wieder gebraucht. Sie werden daher gekennzeichnet und in einer sog. **Dauerakte** gesondert aufbewahrt. Daneben existiert dann für jede Prüfung eine spezielle Akte, die **Einzelakte** genannt wird.

Die Nachschau der Organisation einer Wirtschaftsprüferpraxis und der einzelnen Prüfungsaufträge kann durch die Verwendung von Fragebögen unterstützt werden. Beispiele für solche Fragebögen sind der Stellungnahme zur Qualitätssicherung in der Wirtschaftsprüferpraxis (WPK/IDW [1995]) als Anlagen beigefügt.

B. Die Prüfungsarten

I. Systematisierung der Prüfungsarten

Die Prüfungsaufgaben werden in der Literatur nach verschiedenen Kriterien eingeteilt. So wird die bereits dargestellte Einteilung nach der inneren Struktur, d.h. nach der Anzahl der durchzuführenden Vergleiche (vgl. S. 228), ergänzt durch eine Einteilung nach den Prüfungszielen, weil Prüfungen gleicher Struktur unterschiedliche Zielsetzungen haben können. Grundsätzlich lassen sich drei Prüfungsziele unterscheiden:

Beglaubigungsprüfung. Es wird Dritten gegenüber der Nachweis geführt, daß vorgelegte Abrechnungen richtig sind. Beispiele für Beglaubigungsprüfungen sind die handelsrechtliche Jahresabschlußprüfung oder die Prüfung der Wirtschaftsbetriebe der öffentlichen Hand.

Quantifizierungsprüfung. Sie dient dazu, evtl. Abweichungen zwischen Ist- und Sollzustand exakt zu bestimmen. Beispiele hierfür sind die finanzamtlichen Prüfungen im Steuerfestsetzungsverfahren oder Prüfungen des Schadens infolge gesellschaftlicher Untreue.

Verhütungsprüfung. Sie wirkt in der Weise präventiv, daß die Furcht vor Entdeckung und damit die Furcht, zur Rechenschaft gezogen zu werden, Fehler von vornherein vermeiden hilft. Man spricht hier auch von der "Watch-Dog-Function" des wirtschaftlichen Prüfungswesens.

Im Grunde geht von jeder Prüfung eine Präventivwirkung aus, und es wäre somit zutreffender, von Prüfungszielen mit dem Schwergewicht auf Verhütung, Beglaubigung oder Quantifizierung zu sprechen.

Kombiniert man die Einteilung nach der inneren Struktur mit der Einteilung nach Prüfungszielen, dann läßt sich eine Systematisierung der Prüfungsarten vornehmen, wie sie ausschnittartig nachfolgende Abb. 22 zeigt (vgl. Loitlsberger [1966], S. 31).

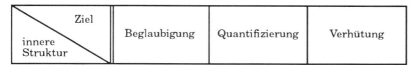

Abb. 22: *Diagonalfach und Kopf einer Tabelle zur Einteilung der Prüfungen nach innerer Struktur und Prüfungszielen*

Nach einer anderen - der am häufigsten zu findenden - Systematisierung wird danach unterschieden, ob sich Unternehmen freiwillig prüfen lassen (= **freiwillige Prüfungen**) oder ob die Prüfungsaufträge aufgrund gesetzlicher Vorschriften erteilt werden müssen (= **Pflichtprüfungen**). Pflichtprüfungen können wiederum unterteilt werden in solche, bei denen lediglich Personen mit hinreichender Vorbildung und Vertrauenswürdigkeit zum Prüfer bestellt werden dürfen (= **Nichtvorbehaltsprüfungen**), und solche, die ausschließlich von WP und (bei mittelgroßen GmbH) vBP (vgl. § 319,1 HGB) durchgeführt werden dürfen (= **Vorbehaltsprüfungen**). In nachstehender Tab. 22 wird eine Systematisierung der wichtigsten Prüfungen nach diesen Kriterien vorgenommen.

Bezeichnung	Rechts-grundlage	Bestellung der Prüfer
Pflichtprüfungen		
a. *Vorbehaltsprüfungen*		
1. Jahresabschlußprüfung – von großen und mittleren Kapitalgesellschaften (vgl. § 267 HGB)	§§ 316 - 324 HGB	Hauptversammlung
– von Unternehmen bestimmter Größe (§ 3 PublG)	§ 6 PublG	Gesellschafterorgan
2. Konzernabschlußprüfung – Obergesellschaft Kapitalgesellschaften	§§ 316 - 324 HGB	Hauptversammlung der Obergesellschaft
– von Konzernen bestimmter Größe	§ 14 PublG	Gesellschafterorgan der Obergesellschaft
3. Teilkonzernabschlußprüfung von Teilkonzernen bestimmter Größe	§ 14 PublG	Gesellschafterorgan der Obergesellschaft
4. Prüfung des Berichts des Vorstands über die Beziehungen zu verbundenen Unternehmen	§ 313 AktG	Hauptversammlung der abhängigen Gesellschaft
5. Sonderprüfung wegen angeblicher wesentlicher Unterbewertung oder unvollständiger Berichterstattung	§ 258 AktG	Gericht auf Antrag
6. Prüfung einer zugrunde gelegten Bilanz bei einer Kapitalerhöhung aus Gesellschaftsmitteln	§ 209 AktG	Hauptversammlung
7. Jahresabschlußprüfung der Kreditinstitute	§ 340k HGB	Gesellschafterorgan bzw. Bundesaufsichtsamt
8. Prüfung der Kapitalanlagegesellschaften	§ 24a,4 KAGG	Gesellschafterorgan
9. Jahresabschlußprüfung von Versicherungen[1] und Bausparkassen	§ 341k HGB	Aufsichtsrat, Widerspruchsrecht der Aufsichtsbehörde
10. Prüfung des Verschmelzungsvertrages oder seines Entwurfs	§ 9 UmwG	Vertretungsorgan oder Gericht auf Antrag
11. Prüfung des Rechenschaftsberichts von Parteien[2]	§ 23,2 Parteiengesetz	Parteitag
b. *Nichtvorbehalts-Prüfungen*		
1. Gründungsprüfung einer AG	§ 33 AktG	Gericht, nach Anhörung der IHK
2. Prüfung einer Kapitalerhöhung gegen Sacheinlagen	§ 183 AktG	Gericht, nach Anhörung der IHK

---

1) Zur Charakterisierung der Jahresabschlußprüfung von Versicherungen als Vorbehaltsprüfung vgl. im einzelnen S. 280 - 284.

2) Vgl. hierzu Schruff [1996].

3. Sonderprüfung zur Prüfung von Vorgängen bei der Gründung oder der Geschäftsführung	§ 142 AktG	Hauptversammlung oder Gericht auf Antrag
4. Sonderprüfung zur Prüfung der geschäftlichen Beziehungen einer Gesellschaft zum herrschenden Unternehmen	§ 315 AktG	Gericht auf Antrag
5. Jahresabschlußprüfung der Genossenschaften	§ 53 GenG	genossenschaftlicher Prüfungsverband
6. Prüfung der öffentlichen Unternehmen	§ 53 HGrG, Länder VO	Aufsichtsorgan der öffentlichen Aufsichtsbehörde
7. Regelmäßige Depotprüfung	§ 30 KWG	Bundesaufsichtsamt bzw. Deutsche Bundesbank
Freiwillige Prüfungen		
a. Ordnungsprüfungen		z.B. freiwillige Prüfungen von Zwischenbilanzen
b. Situationsprüfungen		z.B. Kreditprüfungen
c. Institutionsprüfungen		z.B. Organisationsprüfungen
d. Aufdeckungsprüfungen		z.B. Unterschlagungsprüfungen

Tab. 22: *Auswahl bedeutender Pflichtprüfungen des Berufsstandes*

II. Beschreibung der wichtigsten Prüfungsarten

Um den Eindruck von der Vielfalt der Prüfungsaufgaben des Berufsstandes zu vertiefen, sollen nachstehend die bedeutendsten Prüfungen skizziert werden. Dabei werden entsprechend dem Kriterium der Rechtsnatur der Prüfungsordnung gesetzliche und freiwillige Prüfungen unterschieden.

a. Die gesetzlichen Prüfungen

Bei den gesetzlichen Prüfungen ist zu differenzieren zwischen den gesetzlich vorgeschriebenen und den gesetzlich vorgesehenen Prüfungen. Eine **gesetzlich vorgeschriebene Prüfung** (= Pflichtprüfung) ist eine Prüfung, die immer dann vorzunehmen ist, wenn die im Gesetz genannten Voraussetzungen erfüllt sind. Die Festlegung einer Pflichtprüfung dient i.d.R. dem Interesse der Öffentlichkeit an einer objektiven Überwachung bestimmter Unternehmen oder Vorgänge. Ein Schutzinteresse und damit ein Prüfungserfordernis sieht der Gesetzgeber insbesondere

- bei Unternehmen bestimmter Rechtsformen, bei denen das Überwachungsrecht einzelner Gesellschafter bzw. die Haftungsgrundlage der Gläubiger beschränkt ist,
- bei Unternehmen, die aufgrund ihrer Größe oder aufgrund ihres Wirtschaftszweiges für die Gesamtwirtschaft von besonderer Bedeutung sind, und
- bei Unternehmen der öffentlichen Hand.

Bei den **gesetzlich vorgesehenen Prüfungen** obliegt die Entscheidung, ob eine Prüfung durchgeführt werden soll, den Prüfungsberechtigten, denen aufgrund einer gesetzlichen Regelung ein Prüfungsrecht eingeräumt wird. Gesetzlich eingeräumte Prüfungsrechte enthalten z.B. das HGB und das BGB für von der Geschäftsführung ausgeschlossene Gesellschafter der OHG (§ 118 HGB), der KG (§ 166 HGB) und der Gesellschaft bürgerlichen Rechts (§ 716 BGB) sowie für stille Gesellschafter (§ 233 HGB).

Im folgenden sollen einzelne Pflichtprüfungen dargestellt werden, wobei für die Unternehmen bestimmter Rechtsformen die Pflichtprüfung der Kapitalgesellschaft und der Genossenschaft, für Unternehmen bestimmter Wirtschaftszweige die Pflichtprüfung der Banken, Versicherungen und Kapitalanlagegesellschaften als Beispiele ausgewählt werden.

1. Die Prüfung der Rechnungslegung nach § 316,1 HGB

Die handelsrechtlichen Vorschriften zur Prüfung des Jahresabschlusses und des Lageberichts von Kapitalgesellschaften erstrecken sich im wesentlichen auf die Pflicht zur Prüfung, die Bestellung und Abberufung des Abschlußprüfers, den Gegenstand und Umfang der Prüfung sowie die Berichtspflicht.

(a) Die Prüfungspflicht

Nach § 316,1 HGB sind der Jahresabschluß und der Lagebericht von **mittelgroßen** und **großen Kapitalgesellschaften** i.S.d. § 267 HGB durch einen Abschlußprüfer zu prüfen. Nur ein geprüfter Jahresabschluß kann festgestellt werden. Die durch § 267 HGB vorgenommene Größenabstufung der Kapitalgesellschaften, die durch die ECU-Änderungsrichtlinie zwischenzeitlich angepaßt wurde, verdeutlicht nachstehende Tab. 23. Für die Zuordnung in eine der drei Größenklassen müssen mindestens zwei der drei genannten Merkmale an zwei aufeinanderfolgenden Stichtagen erfüllt sein.

	klein	mittel	groß
Bilanzsumme Mio. DM	bis 5,31	bis 21,24	über 21,24
Umsatz Mio. DM	bis 10,62	bis 42,48	über 42,48
Arbeitnehmer	bis 50	bis 250	über 250

Tab. 23: *Umschreibung der Größenklassen von Kapitalgesellschaften nach § 267 HGB*

Außerdem gelten Kapitalgesellschaften stets als groß, wenn Aktien oder andere von ihnen ausgegebene Wertpapiere (z.B. Anleihen) an einer Börse in einem Mitgliedstaat der EWG zum amtlichen Handel oder geregelten Markt zugelassen sind bzw. die Zulassung zum amtlichen Handel oder geregelten Markt beantragt wurde oder wenn sie in den geregelten Freiverkehr einbezogen sind (§ 267,3 HGB).

(b) Die Bestellung des Prüfers

Gemäß § 319,1 S. 1 HGB können WP und WPG Abschlußprüfer sein. Die Jahresabschlüsse und Lageberichte mittlerer GmbH können aber auch von vBP und BPG geprüft werden (§ 319,1 S. 2 HGB). Grundsätzlich wird der Abschlußprüfer von den Gesellschaftern des geprüften Unternehmens gewählt. Bei der GmbH kann der Gesellschaftsvertrag etwas anderes bestimmen (§ 318,1 HGB). Die Wahl des Abschlußprüfers soll vor dem Ende des Geschäftsjahres erfolgt sein, auf das sich seine Prüfungstätigkeit erstreckt. Nach der Wahl des Abschlußprüfers haben die gesetzlichen Vertreter den Prüfungsauftrag unverzüglich zu erteilen (§ 318,1 HGB). Falls ein Abschlußprüfer nicht fristgerecht bis zum Ablauf eines Geschäftsjahres gewählt wurde oder falls der gewählte Abschlußprüfer den Prüfungsauftrag abgelehnt hat, er aufgrund von Tod oder Ausscheiden aus dem Beruf als Prüfer ausfällt oder am rechtzeitigen Abschluß der Prüfung verhindert ist und kein anderer Abschlußprüfer von den Gesellschaftern gewählt wurde, ist der Abschlußprüfer durch das Gericht auf Antrag der gesetzlichen Vertreter, des Aufsichtsrats oder eines Gesellschafters zu bestellen (§ 318,4 HGB).

Der bestellte Abschlußprüfer muß bei seiner Tätigkeit die Berufspflichten und allgemeinen Berufsgrundsätze - so z.B. die Grundsätze der Unabhängigkeit, Gewissenhaftigkeit, Verschwiegenheit, Eigenverantwortlichkeit und Unparteilichkeit (§ 43,1 WPO, § 323 HGB und § 1 Berufssatzung) - sowie die Grundsätze ordnungsmäßiger Prüfung (GoP) beachten. Ein WP/vBP bzw. eine WPG/BPG dürfen insbesondere dann nicht als Abschlußprüfer tätig werden, wenn die Befangenheits- bzw. Abhängigkeitstatbestände des § 319,2 u. 3 HGB und §§ 20 u. 21 Berufssatzung gegeben sind.

Nach § 318,3 HGB hat das Gericht auf Antrag der gesetzlichen Vertreter, des Aufsichtsrats oder von Gesellschaftern (bei AG und KGaA allerdings nur, falls die Anteile dieser Gesellschafter zusammen ein Zehntel des Grundkapitals oder den Nennbetrag von zwei Mio. DM erreichen) die Bestellung eines Abschlußprüfers zu widerrufen, wenn dies aus einem in der Person des Prüfers liegenden Grund (insbesondere bei Besorgnis der Befangenheit) geboten erscheint. Ein solcher Widerruf ist jedoch nur bei Neubestellung eines anderen Abschlußprüfers zulässig (§ 318,1 HGB). Die Kündigung des Prüfungsauftrags durch den bestellten Prüfer ist nur aus wichtigem Grund möglich, z.B. wegen nachträglichem Eintreten von Ausschließungsgründen nach § 319,2 u. 3 HGB oder wegen fehlender Prüfungsbereitschaft des geprüften Unternehmens. Eine Kündigung muß schriftlich begründet werden und ist auf Verlangen dem Mandatsnachfolger vorzulegen und zu erläutern (§ 318,6 HGB und § 26 Berufssatzung).

(c) Gegenstand und Umfang der Prüfung

Nach § 317,1 HGB sind der Jahresabschluß (Bilanz, GVR und Anhang) sowie die Buchführung zu prüfen. Die Prüfung bezieht sich hierbei auf die Feststellung, ob die gesetzlichen Vorschriften und die sie ergänzenden Regelungen des Gesellschaftsvertrages oder der Satzung beachtet worden sind. In § 317,1 HGB ist als weiterer Prüfungsgegenstand der Lagebericht aufgeführt. Aufgabe der Prüfung des Lageberichts ist es festzustellen, ob er mit dem Jahresabschluß in Einklang steht und nicht eine falsche Vorstellung von der Lage des Unternehmens erweckt. Bei der handelsrechtlichen Jahresabschlußprüfung handelt es sich demnach grundsätzlich um eine Ordnungsmäßigkeitsprüfung. Zur Durchführung einer ordnungsgemäßen Prüfung ist es darüber hinaus jedoch üblich, auch die rechtlichen und wirtschaftlichen Verhältnisse zu prüfen. Im folgenden soll auf die in § 317,1 HGB erwähnten Prüfungsgegenstände (Buchführung, Bilanz, GVR, Anhang, Lagebericht) eingegangen werden.[1]

Die Prüfung der Buchführung. Im Rahmen dieser Prüfung ist der Prüfungsgegenstand nicht nur das verarbeitete Zahlenmaterial, sondern auch die Funktionsweise der Buchführung, d.h. das System der Buchführung.[2] Die Prüfungspflicht und somit auch das Prüfungsurteil über die Buchführung bezieht sich vor allem auf die Finanzbuchführung. Die anderen Zweige des betrieblichen Rechnungswesens, wie Betriebsbuchführung, Kalkulation und Statistik, sind nur insoweit einer Beurteilung zu unterziehen, als sie die unmittelbare Grundlage für die Wertermittlung einzelner Positionen des Jahresabschlusses bilden (etwa für die Ermittlung der Herstellungskosten oder der Rückstellungen).

Die Prüfung der Bilanz. Diese Prüfung, die sich auf die einzelnen Bilanzpositionen erstreckt, unterteilt sich im allgemeinen in eine Ausweis-, Bestands- und Bewertungsprüfung. Die Ausweisprüfung bezieht sich auf die Frage der Bilanzierungsfähigkeit der einzelnen Positionen und deren sachgemäßen Ausweis in der Bilanz. Im Rahmen der Bestandsprüfung ist zu prüfen, ob sämtliche ausgewiesenen Vermögensgegenstände vorhanden und alle vorhandenen Gegenstände auch bücherlich erfaßt sind. Die Prüfung der Bewertung betrifft die wertmäßig korrekte Erfassung der Zu- und Abgänge sowie ggf. die Ordnungsmäßigkeit von Zu- und Abschreibungen. Wesentliches Prüfungskriterium bei der Prüfung der Bilanzpositionen ist die Einhaltung der Grundsätze ordnungsmäßiger Buchführung.

Die Prüfung der Gewinn- und Verlustrechnung. Für viele Positionen der GVR ist eine enge Verbindung zur Bilanz gegeben, so daß ein großer Teil dieser Positionen bei der Prüfung der Bilanz mit erfaßt und beurteilt werden kann. Für eine explizite Prüfung der GVR verbleiben daher nur solche Positionen, die bei einer Bilanzprüfung nicht oder nicht genügend erfaßt werden. Das sind insbesondere die Positionen "Sonstige betriebliche Aufwendungen/Erträge" und "Außerordentliche Aufwendungen/Erträge".

Bei der Prüfung der Positionen der GVR hat der Prüfer zu achten auf

- den sachgemäßen Ausweis der Aufwendungen und Erträge (= Ausweisprüfung) und
- die vollständige und periodengerechte Erfassung der Aufwendungen und Erträge (= Bestandsprüfung).

Bewertungsfragen sind im allgemeinen bei der Prüfung der GVR nicht zu klären. Soweit Bewertungsvorgänge (wie z.B. bei Abschreibungen, Rückstellungen) vorliegen, werden diese bereits in der Regel im Rahmen der Bilanzprüfung bearbeitet.

---

1) Zur Prüfung der Rechnungslegung der prüfungspflichtigen Kapitalgesellschaften im einzelnen vgl. Selchert [1996], S. 203 - 798; Buchner [1996], S. 92 - 377.

2) Vgl. Buchner [1996], S. 125 - 141; Schulze zur Wiesch [1963], S. 76.

Die Prüfung des Anhangs. Diese Prüfung wird durch die Aufgaben des Anhangs geprägt. Aufgabe des Anhangs ist es, die Bilanz und GVR so zu erläutern und zu ergänzen, daß die Rechnungslegung insgesamt die gesetzlich vorgesehenen Informationen über die Vermögens-, Finanz- und Ertragslage vermittelt. Soweit die Angaben des Anhangs dazu dienen, Einzelpositionen der Bilanz oder GVR zu erläutern bzw. die Bilanz und GVR zu entlasten, werden diese Angaben bereits im Zusammenhang mit den betreffenden Positionen geprüft. Entsprechendes gilt für die Prüfung der angewandten Bilanzierungs- und Bewertungsmethoden. Für den zeitlichen Ablauf der Prüfungshandlungen heißt das, daß der Anhang im Anschluß an die Bilanz und die GVR zu prüfen ist. Aufgabe der Prüfung des Anhangs als solchen ist es, festzustellen, ob dieser nach den Grundsätzen einer gewissenhaften und getreuen Rechenschaftslegung erstellt worden ist und ein den tatsächlichen Verhältnissen entsprechendes Bild der Vermögens-, Finanz- und Ertragslage vermittelt. Dazu muß geprüft werden, ob die Angaben im Anhang wahr und vollständig sowie klar und deutlich sind und ein den tatsächlichen Verhältnissen entsprechendes Bild vermitteln. Bei der Prüfung der Vollständigkeit ist festzustellen, ob sämtliche notwendigen Angaben (= Pflichtangaben gem. §§ 284, 285 HGB sowie die zusätzlichen Angaben gem. § 264,2 HGB) im Anhang enthalten sind. Wurde von den Schutzklauseln des § 286,2 u. 3 HGB und den größenabhängigen Erleichterungen des § 288 HGB Gebrauch gemacht bzw. besteht ein Berichterstattungsverbot nach § 286,1 HGB, so sind die Voraussetzungen und Inanspruchnahme dieser Ausnahmeregelungen in jedem Einzelfall zu prüfen.

Die Prüfung des Lageberichts. Der Lagebericht hat den Jahresabschluß zu ergänzen. § 289 HGB nennt als Mindestinhalt des Lageberichts die Darstellung von Geschäftsverlauf und Lage der Kapitalgesellschaft. Diese Darstellung hat nach dem Gesetz so zu erfolgen, daß ein den tatsächlichen Verhältnissen entsprechendes Bild der Vermögens-, Finanz- und Ertragslage der Kapitalgesellschaft vermittelt wird. Daneben soll der Lagebericht auf vier Sachverhalte eingehen:

- Vorgänge von besonderer Bedeutung, die nach dem Schluß des Geschäftsjahres eingetreten sind,
- die voraussichtliche Entwicklung der Kapitalgesellschaft,
- den Bereich Forschung und Entwicklung,
- bestehende Zweigniederlassungen der Gesellschaft.

Der Lagebericht ist nach § 317,1 S. 3 HGB darauf zu prüfen, ob er mit dem Jahresabschluß in Einklang steht und die sonstigen Angaben nicht eine falsche Vorstellung von der Lage des Unternehmens erwecken. Werden im Lagebericht freiwillig zusätzliche Angaben (z.B. Sozialbericht) gemacht, so sind diese ebenfalls zu prüfen. Es ist hierbei darauf zu achten, daß diese Informationen sachlich zutreffen und durch derartige Angaben kein falsches Bild von der Lage des geprüften Unternehmens entsteht.

(d) Die Berichtspflichten

Nach erfolgter Prüfung hat der Prüfer über die Prüfung zu berichten (Prüfungsbericht gem. § 321 HGB) und ein Urteil über die Prüfungsgegenstände abzugeben (Bestätigungsvermerk gem. § 322 HGB).

Der **Prüfungsbericht** ist schriftlich zu erstatten (§ 321,1 HGB). Er muß handschriftlich unterzeichnet werden und ist den gesetzlichen Vertretern der geprüften Kapitalgesellschaft vorzulegen (§ 321,3 HGB). Mit der Vorlage des Prüfungsberichts an die gesetzlichen Vertreter ist die Prüfung beendet. Der gesetzliche Mindestumfang des Prüfungsberichts umfaßt den Ergebnisbericht, den Erläuterungsbericht und die Ausführungen zur Redepflicht des Abschlußprüfers. Im Ergebnisbericht ist das Prüfungsergebnis darzustellen, wobei besonders festzustellen ist, ob die Buchführung, der Jahresabschluß und der Lagebericht den gesetzlichen Vorschriften entsprechen und ob die gesetzlichen Vertreter die notwendigen Aufklärungen und Nachweise erbracht haben. Im allgemeinen Erläuterungsbericht sind die Jahresabschlußpositionen aufzugliedern und zu erläutern. Der besondere Erläuterungsbericht führt negative Entwicklungen der Vermögens-, Finanz- und Ertragslage gegenüber dem vergangenen Jahr auf, soweit diese das Jahresergebnis wesentlich beeinflußt haben, und erläutert diese Veränderungen. Im Rahmen der Ausführungen zur Redepflicht des Abschlußprüfers hat dieser über festgestellte Tatsachen zu berichten, welche den Bestand des geprüften Unternehmens gefährden, dessen Entwicklung wesentlich beeinträchtigen können oder die schwerwiegende Verstöße der gesetzlichen Vertreter gegen Gesetz, Gesellschaftsvertrag oder Satzung darstellen (§ 321,2 HGB; umfassend zur Redepflicht vgl. Wolz [1996]). Die gesetzliche Vorschrift des § 321 HGB zur Abfassung des Prüfungsberichts wird ergänzt durch Regelungen im FG 2/1988 des IDW.

Der **Bestätigungsvermerk** des Abschlußprüfers beinhaltet das Prüfungsurteil. Er wird in den Prüfungsbericht aufgenommen. Der Abschlußprüfer hat den Bestätigungsvermerk oder den Vermerk über seine Versagung unter Angabe von Ort und Datum handschriftlich zu unterzeichnen (§ 322,4 HGB). Der Wortlaut des uneingeschränkten Bestätigungsvermerks (= Kernfassung des Bestätigungsvermerks) ist gesetzlich vorgeschrieben (§ 322,1 HGB). Durch einen uneingeschränkten Bestätigungsvermerk wird bestätigt, daß die Buchführung und der Jahresabschluß den gesetzlichen Vorschriften entsprechen, daß der Jahresabschluß unter Beachtung der Grundsätze ordnungsmäßiger Buchführung ein den tatsächlichen Verhältnissen entsprechendes Bild der Vermögens-, Finanz- und Ertragslage des geprüften Unternehmens vermittelt und daß der Lagebericht mit dem Jahresabschluß in Einklang steht. Er ist zu erteilen, wenn keine wesentlichen Beanstandungen vorliegen. Der Bestätigungsvermerk ist gegebenenfalls zu ergänzen, z.B. um einen falschen Eindruck über den Inhalt der Prüfung und die Tragweite des Bestätigungsvermerks zu vermeiden (§ 322,2 HGB). Ergänzungen sind jedoch keine Einschränkungen. Eine Einschränkung des Bestätigungsvermerks wird bei wesentlichen, aber noch eingrenzbaren Beanstandungen notwendig. Falls allerdings ein Positivbefund zu wesentlichen Teilen der Rechnungslegung nicht möglich ist, muß der Bestätigungsvermerk versagt werden. Die Einschränkung oder Versagung des Bestätigungsvermerks ist zu begründen (§ 322,3 HGB). Nähere Hinweise zur Erteilung von Bestätigungsvermerken enthält das FG 3/1988 des IDW.

2. Die Prüfung der Konzernrechnungslegung nach § 316,2 HGB

Konzerne bestehen aus rechtlich selbständigen Unternehmen (= Konzernunternehmen), die zu einer wirtschaftlichen Einheit zusammengefügt sind. Der Konzernabschluß entsteht dabei nicht durch einfache postenweise Addition der Einzelabschlüsse der Konzernunternehmen, sondern durch Zusammenfassung der Einzelabschlüsse und Konsolidierung.

(a) Die Prüfungspflicht

Die Prüfungspflicht der Konzernrechnungslegung ist an die Verpflichtung zur Aufstellung eines Konzernabschlusses und eines Konzernlageberichts gebunden. Wurde der Konzernabschluß freiwillig und nicht aufgrund gesetzlicher Vorschriften aufgestellt, besteht keine Prüfungspflicht (vgl. Baetge/Hense [1989], S. 590). Die Aufstellungspflicht wird ausgelöst, wenn

- ein oder mehrere Unternehmen (= Tochterunternehmen) unter der einheitlichen Leitung einer Kapitalgesellschaft (= Mutterunternehmen) mit Sitz im Inland stehen und dem Mutterunternehmen eine Beteiligung nach § 271,1 HGB an dem oder den Tochterunternehmen gehört (§ 290,1 HGB, **Konzept der einheitlichen Leitung**),
- einer Kapitalgesellschaft mit Sitz im Inland (Mutterunternehmen) Mehrheitsrechte oder Beherrschungsrechte an einem Tochterunternehmen zustehen, unabhängig davon, ob diese im Einzelfall ausgeübt werden (§ 290,2 - 4 HGB, **Konzept des Control-Verhältnisses**).

Die Pflicht zur Aufstellung und damit zur Prüfung des Konzernabschlusses wird durch größen- und branchenabhängige Befreiungen (§ 293 HGB) sowie der Möglichkeit zur Aufstellung befreiender Konzernabschlüsse bei Vorliegen eines Stufenkonzerns (§§ 291 u. 292 HGB) eingeschränkt (vgl. Buchner [1996], S. 392 - 395).

(b) Die Bestellung des Prüfers

Der Konzernabschluß und der Konzernlagebericht unterliegen der Prüfung durch sog. Konzernprüfer bzw. Konzernabschlußprüfer (§ 316,2 HGB). Wenn die Gesellschafter- bzw. Hauptversammlung keinen anderen Prüfer gewählt hat, ist der Konzernabschlußprüfer der Prüfer der Muttergesellschaft (§ 318,2 HGB). Dabei ist zu beachten, daß die so bestimmten Konzernabschlußprüfer den Anforderungen des § 319 HGB genügen. Das bedeutet, daß als Konzernabschlußprüfer nur WP und WPG tätig werden dürfen.[1]

(c) Gegenstand und Umfang der Prüfung

Nach § 316,2 HGB sind der Konzernabschluß (bestehend aus Konzernbilanz, -GVR, -anhang) und der Konzernlagebericht durch einen Abschluß-

---

[1] Vgl. ADS [1987], § 318 HGB, S. 17. Nach dem Wortlaut des § 318,2 HGB kann aber auch die Auffassung vertreten werden, daß ein wirksam zum Jahresabschlußprüfer einer mittelgroßen GmbH bestellter vBP oder eine BPG Konzernabschlußprüfer sein können. Die h.M. legt § 319,1 i.V.m. § 316 HGB aber so aus, daß vBP bzw. BPG nicht Konzernabschlußprüfer sein dürfen. Sie sind nur als Abschlußprüfer von Einzelabschlüssen mittelgroßer GmbH zugelassen (vgl. Baetge/Hense [1989], S. 613 - 615).

prüfer zu prüfen.[1] In diese Prüfung sind auch die in dem Konzernabschluß zusammengefaßten Einzelabschlüsse einzubeziehen. Sie sind daraufhin zu untersuchen, ob sie ordnungsgemäß erstellt wurden und bei ihrer Übernahme in den Konzernabschluß die maßgeblichen Vorschriften beachtet wurden. Diese Prüfung ist nicht erforderlich, wenn die übernommenen Einzelabschlüsse bereits aufgrund der Vorschriften des HGB geprüft worden sind. Die Regelung gilt auch für Tochterunternehmen im Ausland, deren Abschlüsse von einem Abschlußprüfer geprüft worden sind, der in Übereinstimmung mit den Vorschriften der 8. EG-Richtlinie (84/253/EWG) zugelassen ist oder eine den Anforderungen dieser Richtlinie gleichwertige Befähigung hat (vgl. § 317,2 HGB).

Die Konzernrechnungslegungsprüfung ist eine Ordnungsmäßigkeitsprüfung. Sie hat zu untersuchen, ob die gesetzlichen Vorschriften und die sie ergänzenden Vorschriften der Satzung oder des Gesellschaftsvertrages eingehalten wurden. Mit ihr sind hauptsächlich folgende Prüfungshandlungen verbunden:

Die Prüfung des Konsolidierungskreises. Sie dient der Feststellung, ob bei der Aufstellung des Konzernabschlusses die gesetzlichen Vorschriften über die Einbeziehung von Tochterunternehmen (§§ 294 - 296 HGB), Gemeinschaftsunternehmen (§ 310 HGB) und assoziierten Unternehmen (§ 311 HGB) eingehalten worden sind. Dabei ist im einzelnen zu prüfen, ob bei der Abgrenzung des Konsolidierungskreises die Einbeziehungspflichten erfüllt, die Einbeziehungsverbote beachtet und die Einbeziehungswahlrechte zutreffend ausgeübt wurden (vgl. im einzelnen Buchner [1996], S. 406 - 410).

Die Prüfung der einbezogenen Einzelabschlüsse. Da eine Ordnungsmäßigkeit des Konzernabschlusses weitgehend von der Ordnungsmäßigkeit der in den Konzernabschluß eingehenden Einzelabschlüsse abhängt, ist nicht nur die fertige Konzernbilanz Prüfungsobjekt, sondern nach § 317,2 HGB grundsätzlich auch die im Konzernabschluß zusammengefaßten Einzelabschlüsse. Von der grundsätzlichen Prüfungspflicht darf in den bereits erwähnten Fällen des § 317,2 HGB abgewichen werden.

Dabei erstreckt sich die Prüfung gem. § 317,2 S. 1 HGB auf die Einhaltung der Grundsätze ordnungsmäßiger Buchführung und die Beachtung der für die Übernahme in den Konzernabschluß maßgeblichen gesetzlichen sowie der von der Muttergesellschaft aufgestellten Bilanzierungsrichtlinien. Prüfungsobjekte sind also sowohl die Jahresabschlüsse der Tochterunternehmen (Handelsbilanz I) als auch die gem. den §§ 300,2 u. 308,1 HGB den Bilanzierungsregeln der Muttergesellschaft angepaßten und vereinheitlichten Handelsbilanzen II.

---

1) Nicht erwähnt werden in den Prüfungsvorschriften eine Prüfungspflicht der Konzernbuchführung bzw. der Konsolidierungsbuchungen sowie der nach den Konzernrechnungslegungsvorschriften erforderlichen Neben- und Ergänzungsrechnungen (vgl. Baetge/Hense [1989], S. 598). Konzernabschluß und Konzernlagebericht können aber ohne die sie voraussetzende Konzernbuchführung nicht ordnungsgemäß geprüft werden. Die Konzernbuchführung ist daher in die Konzernrechnungslegungsprüfung einzubeziehen. § 320 HGB regelt die in diesem Zusammenhang bedeutsamen Auskunftsrechte und Vorlagepflichten.

Die Prüfung des konsolidierten Abschlusses. Diese umfaßt die Prüfung der Konzernbilanz, der Konzern-GVR und des Konzernanhangs. Dabei stehen bei der Prüfung der Konzernbilanz und der Konzern-GVR zwei grundsätzliche Prüfungshandlungen im Vordergrund: Die Prüfung der Konsolidierungsvorgänge einschließlich der dazugehörigen Neben- bzw. Ergänzungsrechnungen und die Ausweisprüfung. Die Prüfung der Konsolidierungsvorgänge erstreckt sich darauf, festzustellen, ob die Konsolidierung technisch korrekt ausgeführt wurde, d.h. ob die zur Entwicklung der Konzernbilanz und Konzern-GVR aus den Einzelposten der Handelsbilanzen II notwendigen Summen- und Saldenbildungen vollständig und richtig sind und die gesetzlichen Vorschriften zur Durchführung der Konsolidierung beachtet wurden (vgl. Baetge/Hense [1989], S. 599). Dabei hat die Konsolidierung gem. § 297,3 HGB so zu erfolgen, daß im Konzernabschluß nur solche Aktiva und Passiva bilanziert werden, die der Konzern auszuweisen hätte, wenn er auch rechtlich eine Einheit wäre. Bei der Prüfung der Summenbilanz, d.h. der zusammengefaßten Bilanzen der Tochterunternehmen, und der Summen-GVR ist daher z.B bei der Vollkonsolidierung die vollständige und richtige Durchführung folgender Konsolidierungsmaßnahmen zu kontrollieren (vgl. Buchner [1996], S. 410 - 476):

- Die Verrechnung der Beteiligungsbuchwerte des Mutterunternehmens mit dem anteiligen Eigenkapital der Tochterunternehmen (**Kapitalkonsolidierung gem. § 301 HGB**),
- die Aufrechnung der Forderungen und Verbindlichkeiten zwischen den einbezogenen Unternehmen (**Schuldenkonsolidierung gem. § 303 HGB**),
- die Eliminierung von auf konzerninternen Transaktionen beruhenden Erfolgsbeiträgen (**Zwischenerfolgseliminierung gem. § 304 HGB**),
- die Verrechnung bzw. das Weglassen von Aufwendungen und Erträgen aus konzerninternen Vorgängen (**Aufwands- und Ertragskonsolidierung gem. § 305 HGB**).

Im Rahmen der Ausweisprüfung hat der Konzernprüfer festzustellen, ob der Konzernabschluß einheitlich nach dem für große Kapitalgesellschaften geltenden Gliederungsschema aufgestellt ist und die Gliederungen einbezogener inländischer Nichtkapitalgesellschaften und ausländischer Konzernunternehmen angepaßt worden sind. Ferner hat er Feststellungen darüber zu treffen, ob die Form und die Art der Darstellung klar und übersichtlich ist, d.h. ob die Postenbezeichnungen sachlich richtig und eindeutig sind und ob diese in geordneter und verständlicher Reihenfolge systematisiert wurden. Darüber hinaus ist im Rahmen der Konzernausweisprüfung auch das Konzernanlagegitter zu prüfen.

Die Prüfung des Konzernanhangs. Es ist festzustellen, ob dieser nach den Grundsätzen einer gewissenhaften und getreuen Rechenschaftslegung erstellt ist und die gemachten Angaben ein den tatsächlichen Verhältnissen entsprechendes Bild der Vermögens-, Finanz- und Ertragslage vermitteln. Hierzu ist die Richtigkeit und Vollständigkeit der Angaben sowie die Klarheit und Deutlichkeit der Darstellungsweise zu prüfen. Dabei werden solche Angabepflichten, die sich im Rahmen von Konsolidierungsvorgängen oder der Erstellung der Handelsbilanzen II ergeben, bereits im Zusammenhang mit den entsprechenden Vorgängen kontrolliert. Das gleiche gilt bezüglich der Erläuterungen zu Einzelpositionen, zu den Bilanzierungs- und Bewertungsmethoden sowie zu den Angaben zur

Entlastung des Konzernabschlusses. Hinsichtlich der Durchführung der weiteren Prüfungshandlungen entspricht die Prüfung des Konzernanhanges der des Anhanges im Einzelabschluß.

Die Prüfung des Konzernlageberichts. Bei dieser Prüfung hat der Konzernabschlußprüfer vergleichbare Prüfungshandlungen wie bei der Prüfung des Einzelabschlusses durchzuführen. Dabei ist vom Konzernabschlußprüfer jedoch zusätzlich noch zu beachten, daß der Konzernlagebericht keine Zusammenfassung der Lageberichte der konsolidierten Unternehmen ist, sondern die wirtschaftliche Lage und Entwicklung des Konzerns als einheitliches Unternehmen darstellen soll.

(d) Die Berichtspflichten

Der Konzernabschlußprüfer hat über das Ergebnis der Konzernabschlußprüfung einen schriftlichen Bericht anzufertigen (§ 321 HGB) und ein Urteil über die Prüfungsgegenstände abzugeben (§ 322 HGB).

Der **Prüfungsbericht** umfaßt die Pflichtfeststellungen gem. § 321,1 HGB sowie die besonderen Berichtspflichten des § 321,2 HGB. Im Rahmen der Pflichtfeststellungen ist darüber zu berichten, ob Konzernabschluß und Konzernlagebericht den gesetzlichen Vorschriften entsprechen und ob die gesetzlichen Vertreter die verlangten Aufklärungen und Nachweise erbracht haben. Im Unterschied zur Berichterstattung im Anschluß an die Einzelabschlußprüfung besteht für den Konzernprüfungsbericht keine ausdrückliche Verpflichtung zur Aufgliederung und Erläuterung von Einzelpositionen des zu prüfenden Abschlusses (zu Ausnahmen hiervon vgl. IDW [1988 (2)], S. 25). Allerdings hat er Angaben zur Gliederung des Konzernabschlusses sowie über die Zusammensetzung und Veränderung von Einzelposten, soweit diese von der Konsolidierung betroffen wurden, zu enthalten (vgl. IDW [1996], S. 1130 - 1143). Nachteilige Entwicklungen der Vermögens-, Finanz- und Ertragslage gegenüber dem Vorjahr und Verluste, die das Jahresergebnis nicht unwesentlich beeinflußt haben, sind aufzuführen und ausreichend zu erläutern. Unter den Voraussetzungen des § 321,2 HGB besteht eine Redepflicht des Konzernabschlußprüfers. Der Bericht ist handschriftlich zu unterzeichnen und den gesetzlichen Vertretern der Muttergesellschaft vorzulegen (§ 321,3 HGB).

Durch den **Bestätigungsvermerk** hat der Konzernabschlußprüfer ein Urteil über das Ergebnis der Konzernabschlußprüfung abzugeben (§ 322,1 HGB). Er ist zu ergänzen, wenn zusätzliche Bemerkungen erforderlich erscheinen, um einen falschen Eindruck über den Inhalt der Prüfung und die Tragweite des Bestätigungsvermerks zu vermeiden (§ 322,2 HGB). Soweit Einwendungen zu erheben sind, ist der Bestätigungsvermerk unter Angabe der Gründe einzuschränken oder zu versagen (§ 322,3 HGB). Der Abschlußprüfer hat den Bestätigungsvermerk oder den Vermerk über seine Versagung unter Angabe von Ort und Tag zu unterzeichnen (§ 322,4 HGB).

3. Die Prüfung des Abhängigkeitsberichts nach § 313 AktG

Um Minderheitsaktionäre und Gesellschaftsgläubiger einer abhängigen Gesellschaft vor Nachteilen zu schützen, die von Aktionären mit beherrschendem Einfluß ausgehen, darf eine abhängige KGaA oder AG nur dann zu nachteiligen Rechtsgeschäften oder Maßnahmen veranlaßt werden, wenn die Nachteile ausgeglichen werden (§ 311 AktG). Zur Darlegung der Nachteile sowie der zum Ausgleich durchgeführten bzw. vorgesehenen Vorteile hat der Vorstand einer abhängigen AG oder KGaA mit Sitz im Inland einen "Bericht des Vorstands über Beziehungen zu verbundenen Unternehmen" (Abhängigkeitsbericht) aufzustellen, wenn die Abhängigkeit nicht durch einen Beherrschungsvertrag (§ 312,1 S. 1 AktG), einen Gewinnabführungsvertrag (§ 316 AktG) oder eine Eingliederung (§ 323,1 S. 3 AktG) begründet wird.

(a) Die Prüfungspflicht

Zur Sicherstellung dieses Schutzzweckes fordert das Gesetz neben der Prüfung des Abhängigkeitsberichts durch den Aufsichtsrat (§ 314 AktG) eine Prüfung durch den Abschlußprüfer der abhängigen Unternehmung (§ 313 AktG). Die Prüfungspflicht nach § 313,1 AktG ist somit an die Prüfungspflicht des Jahresabschlusses gebunden, d.h. bei kleinen Kapitalgesellschaften i.S.d. § 267 HGB entfällt neben der Jahresabschlußprüfung auch diese Prüfung (§ 313,1 AktG i.V.m. § 316,1 HGB).

(b) Die Bestellung des Prüfers

Der Abhängigkeitsbericht ist gleichzeitig mit dem Jahresabschluß und dem Lagebericht dem Abschlußprüfer der abhängigen Gesellschaft vorzulegen (§ 313,1 S. 1 AktG). Eine gesonderte Bestellung des Prüfers für den Abhängigkeitsbericht entfällt somit.

(c) Gegenstand und Umfang der Prüfung

Hat der Vorstand einer prüfungspflichtigen AG bzw. KGaA keinen Abhängigkeitsbericht vorgelegt, ist vom Abschlußprüfer festzustellen, ob nicht unzulässigerweise die Erstellung unterlassen wurde (vgl. IDW [1991], S. 93). Daher ist zu prüfen, ob ein Abhängigkeitsverhältnis vorliegt, d.h. ob ein anderes Unternehmen die Möglichkeit besitzt, auf die rechtlich selbständige Gesellschaft mittelbar oder unmittelbar einen beherrschenden Einfluß auszuüben. Das AktG unterscheidet hier zwischen der widerlegbaren **Abhängigkeitsvermutung** bei Mehrheitsbeteiligungen (§ 17,2 AktG) und der unwiderlegbaren Abhängigkeitsvermutung bei wechselseitig beteiligten Unternehmen mit Mehrheitsbeteiligung (§ 19,2 u. 3 AktG). Sofern kein Unternehmensvertrag i.S.d. § 291,1 AktG besteht oder keine Eingliederung (§ 319 AktG) vorliegt, hat ein abhängiges Unternehmen einen Bericht über Beziehungen zu verbundenen Unternehmen aufzustellen.

Nach § 20,4 AktG haben Unternehmen Mehrheitsbeteiligungen i.S.d. § 16 AktG dem abhängigen Unternehmen unverzüglich mitzuteilen. Ohne Anhaltspunkte, wie z.B. eine solche Mitteilung über eine Mehrheitsbeteiligung, gestaltet sich aber die Feststellung eines Abhängigkeitsverhältnisses als äußerst schwierig. Es ist daher in der Literatur strittig, in welchem Umfang der Prüfer selbständig Nachforschungen über Sachverhalte, die eine Abhängigkeit der zu prüfenden Unternehmung begründen, anstellen muß (vgl. z.B. Schubert [1989], S. 1767 m.w.N.).

Der Abhängigkeitsbericht ist daraufhin zu prüfen, ob die einzeln aufgeführten Vorgänge richtig und wahrheitsgemäß dargestellt sind (§ 313,1 S. 2 AktG). Der Abschlußprüfer hat in diesem Zusammenhang insbesondere auf die vollständige Darstellung der für die Beurteilung wesentlichen Merkmale der aufgeführten Vorgänge und auf die Übereinstimmung der Angaben mit den Büchern und sonstigen Unterlagen zu achten. Der Frage, ob alle berichtspflichtigen Vorgänge, d.h. ob

- alle Rechtsgeschäfte, die mit dem herrschenden Unternehmen sowie mit diesem verbundenen Unternehmen abgeschlossen wurden,
- alle Rechtsgeschäfte, die mit Dritten getätigt wurden, wenn sie auf Veranlassung oder im Interesse des herrschenden bzw. der mit diesem verbundenen Unternehmen abgeschlossen wurden und
- alle anderen Maßnahmen, die auf Veranlassung oder im Interesse des herrschenden und der mit diesem verbundenen Unternehmen getroffen oder auch unterlassen wurden,

im Bericht aufgeführt sind, hat der Abschlußprüfer nicht im einzelnen nachzugehen. Zu prüfen sind aber die Vorkehrungen im Unternehmen, die getroffen worden sind, um die Erfassung dieser Vorgänge zu sichern (Systemprüfung). Wird bei der Prüfung des Abhängigkeitsberichts oder des Jahresabschlusses die Unvollständigkeit der Vorgänge erkannt, hat der Prüfer darüber zu berichten bzw. evtl. den Verdachtsmomenten nachzugehen.

Der Abschlußprüfer ist nach h.M. zwar nicht angehalten, die Vollständigkeit der berichtspflichtigen Vorgänge festzustellen, er hat jedoch die Pflicht, die Richtigkeit und Vollständigkeit der Angaben zu den im Bericht aufgeführten Geschäften und Maßnahmen zu prüfen. Aus diesem Grunde wird in der Literatur die Einholung einer Vollständigkeitserklärung bisher nur für die Angaben der berichteten Geschäfte und Maßnahmen verlangt (so Kropff [1976], S. 364). Die Einholung einer Vollständigkeitserklärung bezüglich der Vollständigkeit der berichtspflichtigen Geschäfte und Maßnahmen selbst wird dagegen nicht verlangt (vgl. IDW [1996], S. 516 u. 520).

Bei den im Abhängigkeitsbericht aufgeführten Rechtsgeschäften hat der Prüfer festzustellen, ob die von der Gesellschaft erbrachte Leistung angemessen war, d.h. ob bei vernünftiger kaufmännischer Beurteilung das Rechtsgeschäft vertretbar erscheint. Soweit aus dem Rechtsgeschäft ein Nachteil resultierte, hat er zu prüfen, ob die Nachteile ausgeglichen wurden. Bei den im Bericht aufgeführten Maßnahmen ist zu prüfen, ob die Beurteilung der Maßnahme durch den Vorstand vertretbar erscheint, insbesondere ob die Maßnahmen schlüssig begründet sind, der Vorstand alle Gesichtspunkte berücksichtigt hat und die daraus gezogene Beurteilung vertretbar ist (vgl. Buchner [1967], S. 244 - 267).

(d) Die Berichtspflichten

Über das Ergebnis der Prüfung ist schriftlich zu berichten (§ 313,2 S. 1 AktG). Im einzelnen ist hierbei auf die zu prüfenden Tatsachen und Werturteile einzugehen. Zudem hat der Prüfer zu erklären, ob er sich den Urteilen des Vorstands anschließt. Der Prüfungsbericht ist mit einem Bestätigungsvermerk zu versehen. Wird der Bestätigungsvermerk eingeschränkt oder versagt, eröffnet dies einem Aktionär die Möglichkeit, eine Sonderprüfung nach § 315 AktG zu beantragen. Das Gericht hat nach

§ 315 AktG auf Antrag eines Aktionärs auch dann einen Sonderprüfer zu bestellen, wenn der Aufsichtsrat erklärt hat, daß Einwendungen gegen die Schlußerklärung des Vorstandes im Abhängigkeitsbericht zu erheben sind, oder wenn der Vorstand selbst erklärt, daß noch nicht ausgeglichene Nachteile vorliegen. Diese Sonderprüfung ist nicht als Vorbehaltsprüfung ausgestaltet.

4. Die Prüfung der Gründung nach den §§ 33 und 34 AktG

Nach § 33 AktG ist der Gründungshergang durch den Vorstand und den Aufsichtsrat der Gesellschaft sowie unter bestimmten Voraussetzungen durch einen besonders bestellten Gründungsprüfer zu prüfen. In diesem Zusammenhang ist aber nur auf die Prüfung näher einzugehen, die durch besonders bestellte Gründungsprüfer durchgeführt wird.[1]

(a) Die Prüfungspflicht

Nach § 33,2 AktG wird für die Gründung einer AG eine Prüfung durch externe Gründungsprüfer vorgeschrieben, wenn
- die Parteilichkeit oder Befangenheit der Vorstands- bzw. Aufsichtsratsmitglieder zu vermuten ist, d.h. wenn ein Vorstandsmitglied oder ein Aufsichtsratsmitglied zu den Gründern gehört oder sich einen besonderen Vorteil für die Gründung oder für ihre Vorbereitung eine Entschädigung oder Belohnung ausbedungen hat oder wenn für Rechnung eines Mitglieds des Vorstandes oder Aufsichtsrates Aktien übernommen wurden oder
- eine Gründung mit Sacheinlagen oder Sachübernahmen vorliegt.[2,3]

Um eine Umgehung der für die Gründung mit Sacheinbringung geltenden Schutzvorschriften zu vermeiden, sieht § 52 AktG eine entsprechende Prüfung auch für den Fall vor, daß zwar eine Bargründung erfolgt, daran anschließend aber die für die Sacheinbringung vorgesehenen Gegenstände erworben werden (Fall der **Nachgründung**). Diese erweiterte

---

1) Neben der in § 33,1 u. 2 AktG festgelegten Prüfungspflicht hat nach § 38 AktG das Registergericht zu prüfen, ob die Gesellschaft ordnungsgemäß errichtet und angemeldet ist.

2) Diese aktienrechtliche Gründungsprüfung wurde 1884 als Reaktion auf die Gründungsschwindeleien während der Gründerzeit gesetzlich verankert. Eine entsprechende Prüfung ist bei der Gründung einer GmbH oder einer Genossenschaft nicht vorgeschrieben. Gem. § 9c GmbHG bzw. § 11a GenG muß lediglich eine Prüfung durch das Registergericht durchgeführt werden. Umfassend zur aktienrechtlichen Prüfung von Sacheinlagen vgl. Angermayer [1994].

3) Eine **Sacheinlage** liegt vor, wenn Aktionäre zur Erfüllung ihrer Einlageverpflichtung statt finanziellen Mitteln Sachen, Rechte oder vermögenswerte Positionen einbringen. Bei **Sachübernahmen** übernimmt die Gesellschaft im eigenen Namen gegenüber Dritten die Verpflichtung, gegen Bezahlung, Verrechnung oder Schuldübernahme vorhandene oder noch herzustellende Anlagen oder sonstige Vermögensgegenstände zu übernehmen (§ 27,1 AktG). Bei der Sachübernahme wird der Dritte somit nicht Aktionär. Sacheinlagen oder -übernahmen können gem. § 27,2 AktG nur Vermögensgegenstände sein, deren wirtschaftlicher Wert feststellbar ist. Verpflichtungen zu Dienstleistungen sind ausgeschlossen. Da bei Sacheinlagen und -übernahmen die Gefahr besteht, daß die Funktionen des Grundkapitals (Gläubigerschutzfunktion, Gewinn- und Vermögensverteilungsfunktion, Grundlage für die Ausübung von Macht und Kontrolle) außer Kraft gesetzt werden und somit andere Aktionäre, Gläubiger und Arbeitnehmer übervorteilt werden können, besteht ein objektiver Anlaß für eine Prüfungspflicht.

Schutzvorschrift greift nur, wenn die Gesellschaft in den ersten zwei Jahren nach der Eintragung in das Handelsregister für mehr als 10 % des Grundkapitals Vermögensgegenstände erwirbt.[1]

(b) Die Bestellung des Prüfers

Der Gründungsprüfer wird vom Registergericht des vorgesehenen Gesellschaftssitzes auf Antrag der Gründer und nach Anhörung der örtlich zuständigen IHK bestellt. Sofern keine besonderen Spezialkenntnisse erforderlich sind, können Personen, die in der Buchführung ausreichend vorgebildet und erfahren sind, bzw. Prüfungsgesellschaften, sofern mindestens ein gesetzlicher Vertreter diese Voraussetzung erfüllt, als Prüfer bestellt werden.[2] Ausgeschlossen sind aber Prüfer bzw. Prüfungsgesellschaften, wenn sie einen Ausschlußtatbestand des § 319,2 bzw. 3 HGB erfüllen (vgl. im einzelnen S. 42 - 45; § 33,5 i.V.m. § 143,2 AktG) oder wenn Gründer oder Personen, für deren Rechnung die Gründer Aktien übernommen haben, maßgeblichen Einfluß auf die Geschäftsführung der Prüfungsunternehmung haben.

(c) Gegenstand und Umfang der Prüfung

Durch die Prüfung soll die Ordnungsmäßigkeit der Gründung festgestellt werden. Dabei ist nicht nur auf Förmlichkeit zu achten, sondern es ist auch festzustellen, ob es sich nicht um eine "faule" Gründung handelt, d.h. ob eine Aufnahme der Geschäftstätigkeit überhaupt beabsichtigt ist (vgl. Eckardt [1984], S. 411, Tz. 4). Im einzelnen sind zu prüfen
- der formal-rechtliche Ablauf der Gründung,
- die Satzung,
- die Angemessenheit der Sacheinbringung und
- der Gründungsbericht.

Die Prüfung des formal-rechtlichen Ablaufs der Gründung. Hierbei ist festzustellen, ob die gesetzlichen Erfordernisse für die Eintragung ins Handelsregister, und zwar in der richtigen Reihenfolge, erfüllt sind. Somit ist zu prüfen, ob
- die Satzung ausgefertigt und notariell beurkundet wurde,
- der Aufsichtsrat durch alle Gründer oder deren Vertreter gewählt und durch öffentliche Beurkundung bestellt wurde (§ 30,1 AktG),
- der Vorstand vom ersten Aufsichtsrat ernannt wurde,
- der Gründungsbericht (Bericht der Gründer über den Hergang der Gründung) vorliegt und von den Gründern unterschrieben ist,
- der Prüfungsbericht des Vorstands und des Aufsichtsrates vorliegt und
- gesetzliche Bestimmungen und behördliche Anordnungen beachtet wurden.

---

1) Darüber hinaus ist eine entsprechende Prüfung i.S.d. § 34 AktG auch im Falle der Umwandlung und in bestimmten Fällen der Verschmelzung erforderlich (vgl. zu den maßgebenden Rechtsnormen IDW [1996], S. 139 - 141).

2) In der Literatur wird z.T. gefordert, die Gründungsprüfung als Vorbehaltsprüfung auszugestalten (vgl. Munkert [1992], Sp. 785). In der Praxis werden aber ohnehin die Mehrzahl der Gründungsprüfungen durch WP bzw. WPG durchgeführt.

Die Prüfung der Satzung. Zu prüfen ist hier, ob die Satzung die Pflichtfeststellungen des § 23,3 AktG sowie die bei bestimmten Umständen zusätzlich erforderlichen Feststellungen enthält. So sind nach § 34,1 Nr. 1 AktG die Angaben der Gründer über die Übernahme der Aktien, über die Einlagen auf das Grundkapital, über die Festsetzung von Gründungsaufwand, über Sondervorteile und über Sacheinlagen oder -übernahmen auf Vollständigkeit und Richtigkeit zu prüfen. Bei den Sondervorteilen[1] hat der Prüfer darauf zu achten, daß gem. § 26,1 AktG jeder einem einzelnen Aktionär oder einem Dritten eingeräumte besondere Vorteil unter Bezeichnung des Berechtigten aufgeführt werden muß, daß die Sondervorteile nicht gesetzlichen Regelungen (z.B. § 57 AktG) zuwiderlaufen sowie daß Sondervorteile nicht als Gründungsaufwand[2] ausgewiesen werden. Bei einer Gründung mit Sacheinlage oder -übernahme (qualifizierte Gründung) hat der Prüfer festzustellen, ob

- der entsprechende Vermögensgegenstand,
- die Person, von der die Gesellschaft den Gegenstand erwirbt, und
- bei der Sacheinlage der Nennbetrag der zu gewährenden Aktien bzw. bei der Sachübernahme die zu gewährende Vergütung

in der Satzung angegeben sind. Liegen diese Angaben nicht vor, wird von einer verschleierten Sachgründung gesprochen.

Die Prüfung der Angemessenheit der Sacheinbringung. Hierbei hat der Abschlußprüfer festzustellen, ob der Wert der Sacheinlage bzw. -übernahme den Nennbetrag der dafür zu gewährenden Aktien bzw. die dafür zu gewährenden Leistungen erreicht (§ 34,1 Nr. 2 AktG). Es ist daher unproblematisch, wenn die Leistung der Gesellschaft den Wert der Gegenleistung (erheblich) unterschreitet. Über den Bezugszeitpunkt der Bewertung gibt es in der Literatur keine einheitliche Meinung. Als Bewertungszeitpunkt werden der Tag der Satzungsfeststellung (Errichtung), der Einbringung sowie der Anmeldung bzw. Eintragung ins Handelsregister genannt. Bei der Angemessenheitsprüfung ist in einem ersten Schritt die mengenmäßige Richtigkeit (Inventurprüfung) und in einem zweiten Schritt die wertmäßige Richtigkeit der eingebrachten Vermögensgegenstände zu überprüfen. Dabei ist zu beachten, daß gemäß § 34,1 Nr. 2 AktG der Wert der Sacheinlagen den Nennbetrag der dafür zu gewährenden Aktien erreicht und bei Ausgabe von Aktien für einen höheren als den Nennbetrag der Wert auch dem Mehrbetrag entspricht (§ 36a,2 AktG). Nach h.M. ist davon auszugehen, daß zur Bewertung von einzelnen Vermögensgegenständen der Zeitwert (ggf. der Börsen- oder Marktpreis) als maßgebliches Bewertungskriterium heranzuziehen ist.[3]

---

1) **Sondervorteile** sind Ansprüche, die einem oder mehreren Aktionären oder auch Dritten gegenüber der Gesellschaft ohne Gegenleistung eingeräumt werden, wie z.B. Vorrechte am Gewinn und Liquidationserlös, Bevorzugung hinsichtlich der Lieferung an bzw. von der Gesellschaft.

2) **Gründungsaufwand** ist der Gesamtaufwand, der zu Lasten der Gesellschaft an Aktionäre oder an andere Personen als Entschädigung oder als Belohnung für die Gründung oder für ihre Vorbereitung gewährt wird (§ 26,2 AktG). Er setzt sich zusammen aus der **Gründungsentschädigung** (Ausgleich für Auslagen, wie etwa Notariatskosten) und dem **Gründerlohn** (Belohnung für Zeit und Mühe der Gründung). Der Gründungsaufwand braucht gem. § 26,2 AktG in der Satzung nur als Gesamtbetrag angegeben zu werden.

3) Vgl. das Entscheidungstableau bei Selchert [1976], S. 43.

Besondere Probleme ergeben sich bei der Einbringung von Sachgesamtheiten. Für die Bestimmung des Vergleichswertes eines Unternehmens als Ganzes können hier die allgemeinen Bewertungsprinzipien und Bewertungsverfahren der Unternehmensbewertung herangezogen werden.[1] In der Literatur wird die Meinung vertreten, daß auch die Sondervorteile und der Gründungsaufwand sowie insbesondere der Gründerlohn auf Angemessenheit zu prüfen sind (vgl. Munkert [1992], Sp. 784).

Die Prüfung des Gründungsberichts. Zunächst ist festzustellen, ob die Gründer den Bericht persönlich erstellt und unterzeichnet haben, - eine Vertretung durch Bevollmächtigte ist unzulässig. Des weiteren hat der Prüfer die Vollständigkeit und Richtigkeit der in § 32 AktG geforderten Angaben zu überprüfen. Hierbei ist vor allem auf die Darlegung der wesentlichen Umstände für die Beurteilung der Angemessenheit der Sacheinlagen oder -übernahmen Wert zu legen, wie z.B. auf die Anschaffungs- oder Herstellungskosten des eingebrachten Vermögensgegenstandes oder die Betriebserträge des eingebrachten Unternehmens (§ 32,2 AktG). Für die Überprüfung der Anschaffungs- oder Herstellungskosten sind die §§ 253 ff HGB und für die Prüfung der Betriebserträge die Größen "Jahresüberschuß" bzw. "Jahresfehlbetrag" gem. § 275,2 oder 3 HGB oder vergleichbare Werte heranzuziehen, wobei aber periodenfremde und außerordentliche Beträge zu korrigieren oder getrennt auszuweisen sind.

Über diese vier Tatbestände hinaus werden z.T. in der Literatur aus dem Sinn und Zweck der Gründungsprüfung auch die Prüfung der Bonität der Gründer, der Kapitalausstattung und der Zukunftsaussichten der Gesellschaft gefordert. Dagegen stehen Meinungen, wonach der Abschlußprüfer etwa zu Fragen der wirtschaftlichen Lebensfähigkeit der Gesellschaft nur dann Stellung zu nehmen hat, wenn er bei der Prüfung entsprechende Erkenntnisse erlangt.[2]

(d) Die Berichtspflichten

Über die Prüfung hat der Gründungsprüfer einen schriftlichen Bericht abzufassen (§ 34,2 AktG), der dem Registergericht und dem Vorstand zuzuleiten ist (§ 34,3 S. 1 AktG) und der von jedermann bei Gericht eingesehen werden kann (§ 34,3 S. 2 AktG). Auf diese Einsichtsmöglichkeit ist in der Bekanntmachung der Gründung hinzuweisen (§ 40,2 AktG). Wegen der Publizität des Berichts sieht das Gesetz die Zusammenfassung des Ergebnisses in einem Bestätigungsvermerk nicht vor. Der Gründungsprüfungsbericht hat sich auf alle mit der Prüfung in Zusammenhang stehenden Umstände zu beziehen. So beinhaltet er etwa Ausführungen zum Zweck der Gründung, zum Gründungshergang, zum Prüfungsbericht des Aufsichtsrats und Vorstands, zum Gegenstand und zu den Bewertungsmethoden der Sacheinlage bzw. -übernahme, zur Ordnungsmäßigkeit der Satzung und zur Festsetzung der Sondervorteile sowie des Gründungsaufwands. Diese Angaben sind gem. § 38 AktG Grundlage für die Prüfung des Registergerichts auf Zulässigkeit der Eintragung.

---

1) Vgl. zum Problem der Unternehmensbewertung Buchner [1981], S. 308 - 417.
2) Vgl. Diskussion bei Schedlbauer [1984], S. 46; IDW [1996], S. 1250 - 1251.

5. Die Prüfung der Rechnungslegung von Unternehmen bestimmter Größe nach § 6 PublG

Das Gesetz über die Rechnungslegung von bestimmten Unternehmen und Konzernen (PublG) wurde 1969 mit der Intention eingeführt, die Flucht aus der Rechtsform der AG und die damit zusammenhängende Umgehung bestehender Publizitätsvorschriften zu beschränken sowie dem öffentlichen Interesse an der Rechnungslegungspublizität anderer Rechtsformen als der AG und KGaA Rechnung zu tragen. Im ersten Abschnitt dieses Gesetzes ist die Aufstellung und Prüfung des Einzelabschlusses und des Lageberichts verankert. Prüfungspflicht und Aufstellungspflicht sind grundsätzlich miteinander verbunden. Dabei wird i.d.R. auf die entsprechenden handelsrechtlichen Regelungen verwiesen. Nachfolgend werden daher nur solche Sachverhalte dargestellt, die Besonderheiten aufweisen.

(a) Die Prüfungspflicht

Die Rechnungslegungs- und Prüfungsvorschriften des ersten Abschnittes des PublG sind nach § 3,1 PublG nur anzuwenden auf Unternehmen in der Rechtsform

- der Personenhandelsgesellschaft (OHG, KG, GmbH & Co. KG, EWIV) oder des Einzelkaufmanns,
- des Vereins, dessen Zweck auf einen wirtschaftlichen Geschäftsbetrieb gerichtet ist,
- der rechtsfähigen Stiftung des bürgerlichen Rechts, wenn sie ein Gewerbe betreibt, oder
- einer Körperschaft, Stiftung oder Anstalt des öffentlichen Rechts, die Kaufmann nach § 1 HGB oder als Kaufmann im Handelsregister eingetragen sind.

Von der Rechnungslegungs- und Prüfungspflicht des ersten Abschnitts befreit sind aber die in § 3,2 PublG genannten Unternehmen, d.h. Genossenschaft, Unternehmen einer Gemeinde, eines Gemeindeverbandes oder eines Zweckverbandes ohne eigene Rechtspersönlichkeit sowie Verwertungsgesellschaften. Ausgenommen sind des weiteren Kreditinstitute i.S.d. § 340 HGB, die Deutsche Bundesbank, die Sozialversicherungsträger und die Bundesanstalt für Arbeit (§ 3,2 S. 2 PublG i.V.m. § 2,1 Nr. 1 u. 4 KWG) sowie Versicherungsunternehmen i.S.d. § 341 HGB. Nach § 3,3 PublG gilt die Befreiung auch für Unternehmen, die sich in der Abwicklung befinden.

Die nach § 3 PublG abgegrenzten Rechtsformen unterliegen nur der Prüfungspflicht, sofern sie an drei aufeinanderfolgenden Abschlußstichtagen jeweils mindestens zwei der folgenden Größenmerkmale des § 1,1 PublG überschreiten:

- Bilanzsumme   > 125 Mio. DM
- Umsätze   > 250 Mio. DM
- Zahl der Arbeitnehmer > 5.000.

(b) Die Bestellung des Prüfers

Nach § 6,1 PublG sind der Jahresabschluß und der Lagebericht durch einen Abschlußprüfer zu prüfen. Für die Bestellung, die Auswahl und die Abberufung des Abschlußprüfers sowie für den Prüfungsgegenstand gelten durch den Verweis in § 6,1 S. 2 PublG grundsätzlich die für die handelsrechtliche Jahresabschlußprüfung geltenden Regelungen sinngemäß.

Nach h.M. können nach § 6,1 PublG i.V.m. § 319,1 HGB nur WP/WPG Abschlußprüfer sein. Soweit das Gesetz, die Satzung oder der Gesellschaftsvertrag nichts anderes vorsieht, erfolgt die Wahl bei Personenhandelsgesellschaften durch die Gesellschafter. Bei Einzelunternehmen wählt und bestellt der Unternehmer selbst den Abschlußprüfer (§ 6,3 S. 2 PublG). Gemäß § 6,3 PublG wird der Prüfer bei anderen Unternehmen grundsätzlich vom Aufsichtsrat bzw., falls das Unternehmen keinen Aufsichtsrat hat, von den gesetzlichen Vertretern gewählt.

(c) Gegenstand und Umfang der Prüfung

Die Prüfung erstreckt sich auf Buchführung, Bilanz, GVR, Anhang und Lagebericht. Dabei ist festzustellen, ob der Jahresabschluß Gesetz und Satzung entspricht, der Lagebericht mit dem Jahresabschluß in Einklang steht und sonstige Angaben im Lagebericht nicht eine falsche Vorstellung von der Lage des Unternehmens vermitteln (§ 6,1 PublG i.V.m. § 317,1 HGB). Da die Prüfung nach § 6,1 PublG der handelsrechtlichen Jahresabschlußprüfung gleicht, kann auf die entsprechenden Ausführungen in diesem Kapitel verwiesen werden. Dabei ist zu berücksichtigen, daß Einzelunternehmen und Personenhandelsgesellschaften gem. § 5,1 u. 2 PublG keinen Anhang und Lagebericht zu erstellen haben, so daß dieser Prüfungsgegenstand entfällt. Wenn Einzelunternehmen und Personenhandelsgesellschaften von der Möglichkeit Gebrauch machen, statt einer vollständigen GVR eine Anlage zur Bilanz zu veröffentlichen (§ 5,5 PublG), muß neben der unveröffentlichten GVR auch die Anlage geprüft werden. Zudem hat sich die Prüfung bei diesen Unternehmensformen auch darauf zu beziehen, ob das Privatvermögen und die darauf entfallenden Aufwendungen und Erträge nicht in der Bilanz und der GVR ausgewiesen werden.

6. Die Prüfung der Konzernrechnungslegung von Unternehmen bestimmter Größe nach § 14 PublG

Im zweiten Abschnitt des PublG wird die Aufstellung und Prüfung des Konzernabschlusses und des Konzernlageberichts geregelt. Auch hier verweist das Gesetz i.d.R. auf die handelsrechtlichen Vorschriften. Nachfolgend wird somit nur auf Besonderheiten des PublG eingegangen.

(a) Die Prüfungspflicht

Wenn im Konzern Unternehmen unter der einheitlichen Leitung eines anderen Unternehmens (Mutterunternehmen) mit Sitz im Inland stehen, hat dieses Mutterunternehmen einen Konzernabschluß und Konzernlagebericht nach § 11,1 PublG zu erstellen und diesen nach § 14 PublG prüfen zu lassen, falls an drei aufeinanderfolgenden Abschlußstichtagen jeweils mindestens zwei der folgenden Schwellenwerte überschritten werden:

- Bilanzsumme   > 125 Mio. DM
- Umsätze   > 250 Mio. DM
- Zahl der Arbeitnehmer   > 5.000.

Die Konzernrechnungslegungspflicht und -prüfung knüpfen, abweichend von der Aufstellungsverpflichtung des Einzelabschlusses in § 3,1 PublG, an den Unternehmenstatbestand an und haben grundsätzlich für alle Unternehmen Geltung, sofern diese nicht bereits aufgrund anderer Vorschriften der Konzernrechnungslegungs- und -prüfungspflicht unterliegen. So fallen Mutterunternehmen in der Rechtsform der AG, KGaA und GmbH nicht in den Geltungsbereich des PublG (§ 11,5 PublG). Ausgenommen von der Konzernrechnungslegungspflicht nach dem PublG sind auch hier Mutterunternehmen, die Versicherungsunternehmen i.S.d. § 341 HGB oder Kreditinstitute i.S.d. § 340 HGB sind, die Deutsche Bundesbank, die Sozialversicherungsträger und die Bundesanstalt für Arbeit (§ 11,5 S. 1 PublG i.V.m. § 2,1 Nr. 1 u. 4 KWG) sowie Personenhandelsgesellschaften und Einzelkaufleute, wenn sich ihre Tätigkeit auf die Vermögensverwaltung beschränkt und sie nicht die Aufgabe der Konzernleitung wahrnehmen (§ 11,5 S. 2 PublG). Als Mutterunternehmen, die unter §§ 11 ff PublG fallen, kommen somit hauptsächlich Personenhandelsgesellschaften, Einzelkaufleute, ein Handelsgewerbe betreibende Stiftungen und Genossenschaften in Betracht.

Durch das PublG ist nur die inländische Leitung zur Konzernrechnungslegung in der Bundesrepublik verpflichtet. Jedoch besteht nach § 11,3 PublG die Pflicht zur Aufstellung und nach § 14 PublG die Pflicht zur Prüfung eines Teilkonzernabschlusses und eines Teilkonzernlageberichts, wenn ein ausländisches Unternehmen die einheitliche Leitung in einem Konzern ausübt und über ein oder mehrere zum Konzern gehörende inländische Unternehmen andere Unternehmen beherrscht. Die Pflicht besteht für die inländischen Unternehmen, die der ausländischen Konzernleitung am nächsten stehen, und zwar für ihren Konzernbereich (Teilkonzern). Das PublG sieht ebenso wie das HGB die Möglichkeit der Aufstellung befreiender Konzernabschlüsse vor (§ 11,6 PublG i.V.m. § 291 HGB).

(b) Die Bestellung des Prüfers

Die Durchführung der Prüfung erfolgt gem. § 14,1 PublG in sinngemäßer Anwendung der handelsrechtlichen Vorschriften sowie der ergänzenden Regelungen des § 6,2 u. 3 PublG. Nach § 14,1 PublG i.V.m. § 319,1 HGB ist die Prüfung somit grundsätzlich durch WP oder WPG durchzuführen. Ausnahmen sieht das Gesetz vor für Mutterunternehmen in der Rechtsform der Genossenschaft, die Prüfungsverbänden angehören (§ 14,2 PublG). Bei diesen kann die Prüfung von den jeweiligen Prüfungsverbänden durchgeführt werden.

(c) Gegenstand und Umfang der Prüfung

Hinsichtlich des Prüfungsgegenstands kann auf die Darstellung des handelsrechtlichen Konzernabschlusses sowie auf die im Rahmen der Prüfung des Jahresabschlusses nach § 6 PublG dargestellten Besonderheiten verwiesen werden. Befreiungen für die Aufstellung eines Konzernanhangs und eines Konzernlageberichts für einzelne Rechtsformen sieht das Gesetz nicht vor.

7. Die Prüfung der Genossenschaft nach § 53 GenG und § 14 PublG

Genossenschaften sind nach § 1,1 GenG "Gesellschaften von nicht geschlossener Mitgliederzahl, welche die Förderung des Erwerbes oder der Wirtschaft ihrer Mitglieder mittels gemeinschaftlichen Geschäftsbetriebes bezwecken." Sie sind juristische Personen (§ 17,1 GenG) und gelten grundsätzlich als Kaufmann i.S.d. HGB (§ 17,2 GenG). Eingetragene Genossenschaften sind nach § 336 i.V.m. § 242 HGB zur Einzelrechnungslegung verpflichtet. Auf diese finden die Bestimmungen für alle Kaufleute (§§ 242 - 256 HGB) sowie die meisten ergänzenden Vorschriften des HGB für Kapitalgesellschaften unter Beachtung der ergänzenden Vorschriften der §§ 336 - 339 HGB Anwendung. Ist die Genossenschaft ein Mutterunternehmen, so ist sie nach § 13 PublG zur Aufstellung eines Konzernabschlusses und Konzernlageberichtes verpflichtet.

(a) Die Prüfungspflicht

Zum Schutz der Mitglieder und zur Sicherung der Gläubigeransprüche schreibt § 53,1 GenG eine alle zwei Jahre bzw. bei Genossenschaften mit einer Bilanzsumme von mehr als 2 Mio. DM eine jährlich durchzuführende Prüfung des Einzelabschlusses vor. Die Pflicht zur Prüfung der Konzernrechnungslegung von Genossenschaften ergibt sich aus § 14 PublG. Durch die bereits 1889 eingeführte Pflichtprüfung des Einzelabschlusses sollte den zahlreichen Genossenschaftsgründungen jener Zeit und dem Mangel an genügend ausgebildetem Leitungspersonal Rechnung getragen und eine Beratung, Betreuung und Kontrolle durch externe Prüfer eingeführt werden. Träger der genossenschaftlichen Prüfung nach § 53 GenG ist der genossenschaftliche Prüfungsverband (§ 55 GenG), dem die Genossenschaft gem. § 54 GenG angehört. Der Verband führt die Prüfung entweder direkt, d.h. mit Hilfe der von ihm angestellten Prüfer, oder indirekt mittels nicht von ihm angestellter WP, einer WPG oder eines anderen Prüfungsverbands durch (zu den Prüfungsverbänden vgl. S. 12 - 15).

(b) Gegenstand und Umfang der Prüfung

Die Prüfung der Einzelrechnungslegung hat gem. § 53,1 GenG die Aufgabe, die wirtschaftlichen Verhältnisse der Genossenschaft und die Ordnungsmäßigkeit der Geschäftsführung festzustellen. Zu diesem Zweck sind die Einrichtungen, die Vermögenslage und die Geschäftsführung der Genossenschaft zu prüfen (§ 53,1 GenG). In die Prüfung mit einzubeziehen ist gem. § 53,2 GenG die Prüfung der Buchführung, des Jahresabschlusses und des Lageberichts. Die genossenschaftliche Prüfung umfaßt somit neben dem formellen Aspekt der Ordnungsmäßigkeit der Rechnungslegung einen materiellen Aspekt in der Beurteilung der wirtschaftlichen Verhältnisse und der Geschäftsführung. Die Genossenschaftsprüfung unterscheidet sich so hinsichtlich des Umfanges und der Prüfungsgegenstände von der handelsrechtlichen Jahresabschlußprüfung. In einem weiteren Unterschied hat der genossenschaftliche Prüfer (Prüfungsverband) das Recht, darauf hinzuwirken, daß festgestellte Beanstandungen beseitigt werden (§ 60 GenG). Dieser Sachverhalt wird als Betreuungsfunktion der Genossenschaftsprüfung bezeichnet. Nachfolgend soll auf die in § 53 GenG bezeichneten Prüfungsgebiete näher eingegangen werden.

Die Prüfung der Einrichtungen. Diese erfaßt nicht nur die Prüfung der Anlagen und der Bauten, sondern auch die Beurteilung der gesamten betriebs-, organisations- und verwaltungstechnischen Einrichtungen, d.h. auch die Außen- und Innenorganisation. Dabei sollen die Vollständigkeit, die Funktionsfähigkeit und der Erhaltungszustand sowie die betriebswirtschaftliche Zweckmäßigkeit im Hinblick auf die unternehmerischen Zielsetzungen festgestellt werden (vgl. Müller [1980], S. 262 - 263). Für die Beurteilung werden vorwiegend inner- und zwischenbetriebliche Vergleiche sowie allgemeine Grundsätze als Maßstab herangezogen.

Die Prüfung der Vermögenslage. § 53 GenG schreibt vor, daß zwecks Feststellung der wirtschaftlichen Verhältnisse und der Ordnungsmäßigkeit der Geschäftsführung auch die Vermögenslage zu prüfen ist. Diese genannten Prüfungsziele erfordern aber, daß nicht nur die Höhe, Struktur und Entwicklung des Vermögens und dessen Finanzierung, sondern allgemein auch die Ertragslage und die Liquiditätssituation in die Prüfung einzubeziehen sind, auch wenn Ertrags- und Liquiditätslage in § 53 GenG nicht als Prüfungsgegenstand genannt werden. So sind z.B. folgende Sachverhalte zu prüfen (vgl. auch Fragenkatalog bei Schmidt [1968], S. 71 - 76):

- Das zur Verfügung stehende Vermögen, insbesondere die Relation des Vermögens zum Umfang der Geschäftstätigkeit,
- die Eigenkapitalausstattung,
- die Angemessenheit der vorhandenen Rücklagen (da die Genossen die Einlagen entziehen können, kommt den Rücklagen besondere Bedeutung zu),
- vorhandene oder noch zufließende Zahlungsmittel und die Zahlungsverpflichtungen,
- die Finanzierungskosten,
- der Ertragsanteil einzelner Geschäftszweige,
- das Verhältnis des Gewinns zum Umsatz,
- der Anteil außerordentlicher Geschäfte am Erfolg,
- die Preisgestaltung und
- die Expansionsmöglichkeit einzelner Geschäftsbereiche.

Diese Untersuchung ist nicht nur abschlußstichtagsbezogen vorzunehmen, sondern es ist darüber hinaus die zeitliche Entwicklung einzubeziehen.

Die Prüfung der Geschäftsführung. Diese erstreckt sich auf die Geschäftsführungsorganisation, die Geschäftsführungsinstrumente und die Geschäftsführungstätigkeit und hat nicht nur die formale Ordnungsmäßigkeit, sondern auch die Zweckmäßigkeit festzustellen.

Im Rahmen der Prüfung der **Geschäftsführungsorganisation** hat der Prüfer im wesentlichen festzustellen, ob

- die Organe der Genossenschaft ordnungsgemäß besetzt sind,
- die auf sie übertragenen Aufgaben und die Kompetenzen klar und i.S.d. Gesetzes oder der Satzung abgegrenzt sind und bei der Verteilung der Kompetenzen persönliche Zuverlässigkeit und fachliche Qualifikationen berücksichtigt wurden,
- eine laufende gegenseitige Information der Organe erfolgt ist und
- die Organisation der Aufsichtsorgane eine wirksame Überwachung zuläßt.

Die Prüfung der **Geschäftsführungsinstrumente** bezieht sich auf die Innen- und Außenorganisation und beinhaltet die Feststellung, ob die Aufbau- und Ablauforganisation, das interne Kontrollsystem, das Informationswesen (Innenorganisation) und das Erfassungs- und Vertriebssystem (Außenorganisation) funktionsfähig sind. Im Rahmen der Prüfung der Geschäftsführungsorganisation und -instrumente ist insbesondere festzustellen, ob eine ordnungsmäßige Entscheidungsfindung und -durchführung gewährleistet ist.

Bei der Prüfung der **Geschäftsführungstätigkeit** ist zu untersuchen, ob die Entscheidungen und Handlungen der Geschäftsführung ordnungsgemäß sind, d.h. mit der Satzung und den gesetzlichen Vorschriften in Einklang stehen, und ob sie der genossenschaftlichen Zielsetzung dienen. Da sich die Tätigkeit aus einer Vielzahl einzelner Handlungen und Entscheidungen zusammensetzt, wird der Prüfer sich auf die Nachvollziehung wichtiger Entscheidungen bzw. kritischer Bereiche beschränken. Kritische Bereiche können von der Prüfung der wirtschaftlichen Verhältnisse abgeleitet werden (vgl. Saage [1965], S. 78]. Die Zweckmäßigkeitsprüfung der Geschäftsführungstätigkeit gestaltet sich i.d.R. äußerst schwierig, so daß häufig Vergleichszahlen der Vorperiode oder anderer Genossenschaften herangezogen werden. Zudem wird hierbei oft der Entscheidungsfindungsprozeß als solcher beurteilt. So wird etwa festgestellt, ob Alternativen ins Kalkül einbezogen, ob Spezialisten herangezogen und ob Wirtschaftlichkeitsrechnungen durchgeführt wurden (vgl. Metz [1988], S. 727, Tz. 30].

Die Prüfung der Rechnungslegung. Die Prüfung der Ordnungsmäßigkeit der Buchführung, der Bilanz, der GVR, des Anhangs und des Lageberichts erfolgt analog zur handelsrechtlichen Jahresabschlußprüfung, wobei aber zusätzlich die Einhaltung genossenschaftsspezifischer Vorschriften, wie z.B. §§ 33 u. 34 GenG, und Satzungsbestimmungen zu beachten sind. Darüber hinaus ist auch das interne Rechnungswesen (Kostenrechnung, Statistik und Planungsrechnung) genauso wie die Beurteilung der Zweckmäßigkeit des Rechnungswesens in die Prüfung einzubeziehen. Bei der Zweckmäßigkeitsprüfung ist insbesondere festzustellen, ob das Rechnungswesen den Informationsanforderungen der Geschäftsführung und des laufenden Geschäftsbetriebs gerecht wird. Dazu ist es erforderlich, die einzelnen Phasen der Datenverarbeitung im Hinblick auf ihre Wirtschaftlichkeit und die Ergebnisse auf ihre Aktualität und Transparenz zu prüfen.

Der **Konzernabschluß** (oder Teilkonzernabschluß) ist unter Einbeziehung des Konzernlageberichts gem. § 14,2 PublG durch den Prüfungsverband zu prüfen, dem das Mutterunternehmen angehört. Die Prüfung hat sich insbesondere darauf zu erstrecken, ob die Vorschriften der §§ 11 - 13 PublG eingehalten wurden.

(c) Die Berichtspflichten, die Prüfungsbescheinigung und die Betreuungsfunktion

Noch vor Abschluß der Prüfung hat der Prüfer nach § 57,4 GenG dem Vorstand und dem Aufsichtsrat in einer gemeinsamen Sitzung über das voraussichtliche Ergebnis mündlich zu berichten. Von wichtigen Feststellungen, die nach Auffassung des Prüfers sofortige Maßnahmen des Aufsichtsrats erforderlich machen, ist der Vorsitzende des Aufsichtsrats unverzüglich zu benachrichtigen (§ 57,3 GenG). Der Prüfungsverband hat nach Abschluß der Prüfung über das Ergebnis der Prüfung schriftlich zu berichten (§ 58,1 GenG). Soweit es den Jahresabschluß und den Lagebericht betrifft, ist auf den Prüfungsbericht § 321,1 HGB entsprechend anzuwenden (§ 58,1 GenG). Der Prüfungsbericht ist dem Vorstand der Genossenschaft unter gleichzeitiger Benachrichtigung des Vorsitzenden des Aufsichtsrats vorzulegen. Jedes Mitglied des Aufsichtsrats ist berechtigt, den Prüfungsbericht einzusehen (§ 58,3 GenG). Über das Ergebnis der Prüfung haben Vorstand und Aufsichtsrat in einer gemeinsamen Sitzung zu beraten. An dieser Sitzung dürfen Verband und Prüfer teilnehmen (§ 58,4 GenG). Der Vorstand hat eine Bescheinigung des Verbandes, daß die Prüfung stattgefunden hat, zum Genossenschaftsregister einzureichen (§ 59,1 GenG). Auf die Prüfung von Genossenschaften, welche die Größenmerkmale des § 267,3 HGB bezüglich einer großen Kapitalgesellschaft aufweisen, ist gemäß § 58,2 GenG der § 322 HGB über den Bestätigungsvermerk entsprechend anzuwenden. Nach § 60,1 GenG hat der Prüfungsverband das Recht und, in der Möglichkeit zur Einberufung einer außerordentlichen Generalversammlung, ein Mittel, darauf hinzuwirken, daß festgestellte Beanstandungen beseitigt werden.

8. Die Prüfung der Rechnungslegung von Kreditinstituten nach § 340k HGB

Kreditinstitute sind gem. § 1 KWG Unternehmen, die Bankgeschäfte betreiben, soweit der Umfang dieser Geschäfte einen in kaufmännischer Weise eingerichteten Geschäftsbetrieb erfordert. Hierbei zählen zu den Bankgeschäften z.B. das Einlagengeschäft, das Kreditgeschäft, das Effektengeschäft sowie das Girogeschäft, aber nicht das Betreiben des Factoring- und Leasinggeschäftes. Nicht zu den Kreditinstituten gehören nach § 2 KWG u.a. die Deutsche Bundesbank und die Kreditanstalt für Wiederaufbau.

Kreditinstitute unterliegen einer Vielzahl von Prüfungen. Die Pflicht zur jährlichen Jahresabschlußprüfung für den Einzel- und Konzernabschluß ergibt sich aus § 340k HGB i.V.m. §§ 316 - 324 HGB. Demnach sind auf die Prüfung des Jahresabschlusses von Kreditinstituten grundsätzlich die handelsrechtlichen Prüfungsvorschriften sinngemäß anzuwenden, soweit sich aus den Vorschriften des KWG bezüglich der Prüfungspflicht, des Gegenstands und Umfangs der Prüfung, der Bestellung des Abschlußprüfers und der Berichtspflichten keine Besonderheiten ergeben. Des weiteren ist unter bestimmten Voraussetzungen eine Depotprüfung (§ 30 KWG) durchzuführen. Ferner ist das Bundesaufsichtsamt für das Kreditwesen (BAK) nach § 44,1 KWG befugt, auch ohne besonderen Anlaß Prüfungen durchzuführen, wobei der Prüfungsgegenstand im Ermessen des BAK liegt. Bei diesen unregelmäßig angeordneten Sonderprüfungen werden hauptsächlich Einzelfragen des Jahresabschlusses, der Organisation und der wirtschaftlichen Verhältnisse tiefergehender untersucht, als dies im Rahmen der Jahresabschlußprüfung möglich ist. Hierzu beauftragt das BAK i.d.R. Prüfer, die nicht zugleich als Jahresabschlußprüfer bestellt sind.

(a) Die Prüfungspflicht

Kreditinstitute haben gemäß § 340k,1 HGB unabhängig von Größe und Rechtsform ihren Jahresabschluß und Lagebericht sowie Konzernabschluß und Konzernlagebericht bis spätestens fünf Monate nach Schluß des Geschäftsjahres aufzustellen und prüfen zu lassen. Nach § 27 KWG, der den § 340k HGB ergänzt, ist die Anlage zum handelsrechtlichen Einzelabschluß (vgl. § 26,1 KWG) in die Prüfung mit einzubeziehen. Aus § 27 KWG ergibt sich, daß auch Kreditinstitute in der Rechtsform der Genossenschaft dies zu beachten haben.

(b) Die Bestellung des Prüfers

Die Auswahl, Bestellung und Abberufung des Abschlußprüfers richtet sich grundsätzlich nach den für die jeweilige Rechtsform maßgeblichen Vorschriften, die durch die Regelungen des KWG ergänzt werden. Gemäß § 340k HGB kommen als Abschlußprüfer WP (WPG), genossenschaftliche Prüfungsverbände (für Kreditinstitute in der Rechtsform der Genossenschaft sowie für Post-, Spar- und Darlehensvereine) sowie die Prüfungsstellen eines Sparkassen- und Giroverbandes in Frage. Vereidigte Buchprüfer und Buchprüfungsgesellschaften können dagegen nicht Abschlußprüfer von Kreditinstituten sein. Nach § 28,1 KWG ist der vom Kreditinstitut bestellte Prüfer unverzüglich dem BAK anzuzeigen. Das BAK kann innerhalb eines Monats die Bestellung eines anderen Prüfers verlangen, wenn dies zur Erreichung des Prüfungszwecks geboten ist. Des weiteren hat das Registergericht am Sitz des Kreditinstitutes auf Antrag des BAK einen Prüfer zu bestellen, wenn (§ 28,2 KWG)

- die Anzeige des Prüfers nicht unverzüglich nach Ablauf des Geschäftsjahres erfolgt,
- das Kreditinstitut dem Verlangen des BAK auf Bestellung eines anderen Prüfers nicht unverzüglich nachkommt,
- der gewünschte Prüfer die Annahme des Prüfungsauftrages abgelehnt hat, weggefallen ist oder am rechtzeitigen Abschluß der Prüfung verhindert ist und das Kreditinstitut nicht unverzüglich einen anderen Prüfer bestellt hat.

Die Bestellung des Prüfers nach § 28,1 u. 2 KWG gilt nicht für Kreditinstitute, die einem genossenschaftlichen Prüfungsverband angeschlossen sind oder durch die Prüfungsstelle eines Sparkassen- und Giroverbands geprüft werden (§ 28,3 KWG).

(c) Gegenstand und Umfang der Prüfung

Die Jahresabschlußprüfung des Einzelabschlusses nach § 340k HGB erstreckt sich auf die Ordnungsmäßigkeit der Rechnungslegung, d.h. auf die Einhaltung der gesetzlichen Vorschriften sowie der Bestimmungen der Satzung bzw. des Gesellschaftsvertrages. Bei den einzuhaltenden Vorschriften handelt es sich zunächst um die allgemeinen handelsrechtlichen Rechnungslegungsvorschriften. Diese werden jedoch aufgrund der Besonderheiten des Bankgeschäftes durch den ersten Unterabschnitt des vierten Abschnitts "Ergänzende Vorschriften für Kreditinstitute" des Dritten Buches des HGB (§ 340 - 340o HGB) ergänzt. Neben diesen Vorschriften haben Kreditinstitute die Verordnung über die Rechnungslegung der Kreditinstitute vom 10.2.1992 (RechKredV) des BAK zu beachten (vgl. BAK [1992]). So ist bspw. im Rahmen der Prüfung der Gliederung der Jahresabschlüsse zu berücksichtigen, daß nach § 340a,2 HGB vornehmlich die Bestimmungen der genannten Verordnung anzuwenden sind. Diese enthält für Kreditinstitute verschiedener Rechtsform Formblätter für die Bilanz und die GVR sowie ergänzende Ausweisvorschriften. Abweichungen im Rahmen der Bewertungsprüfung ergeben sich insbesondere aus § 340a,2 HGB, der eine Aufzählung von Vorschriften enthält, die nicht auf Kreditinstitute anzuwenden sind. Weitere bankspezifische Bewertungsvorschriften beinhalten die §§ 340e - 340g HGB sowie zur Währungsumrechnung der § 340h HGB.

Über die Prüfung der Ordnungsmäßigkeit der Rechnungslegung hinaus hat der Abschlußprüfer bei der Jahresabschlußprüfung auch Schutzfunktionen im gesamtwirtschaftlichen Interesse wahrzunehmen. Er ist nach § 29,1 KWG verpflichtet, die wirtschaftlichen Verhältnisse des Kreditinstituts zu prüfen sowie festzustellen, ob die verschiedenen Anzeigepflichten gegenüber der Deutschen Bundesbank bzw. dem BAK (z.B. die Anzeige von Großkrediten, Millionenkrediten und Organkrediten gem. den §§ 13 - 16 KWG) und die Verpflichtungen nach § 14 Geldwäschegesetz erfüllt wurden. Ferner sind gem. § 29,1 KWG Feststellungen darüber zu treffen, ob das geprüfte Kreditinstitut die Vorschriften des § 12 KWG zur Begrenzung des Umfangs der langfristigen, schwer liquidierbaren Vermögensanlagen auf den Betrag des haftenden Eigenkapitals eingehalten hat und ob es der Verpflichtung des § 18 KWG nachgekommen ist, sich von Kreditnehmern, denen Kredite im Umfang von insgesamt mehr als 250.000 DM gewährt werden, die wirtschaftlichen Verhältnisse offenlegen zu lassen.[1]

In diesem Zusammenhang ist auch die zur Beurteilung der angemessenen Forderungsbewertung sowie der insgesamt im Kreditgeschäft liegenden Risiken durchzuführende Engagementprüfung zu sehen. Hierzu hat der Prüfer neben der Überprüfung der vertraglichen Vereinbarungen (z.B. die vereinbarten Zins- und Teilzahlungen sowie die gestellten Sicherheiten) auch die wirtschaftlichen Verhältnisse des Kreditnehmers zu beurteilen. Damit wird deutlich, daß zum Prüfungsgegenstand der Rechnungslegungsprüfung zumindest teilweise die Prüfung der Ordnungsmäßigkeit der Geschäftsführung gehört (vgl. Scholz [1992], Sp. 1130). Eine umfassende Prüfung der Geschäftsführung ist jedoch nur bei den unter § 53 HGrG fallenden Kreditinstituten sowie bei Sparkassen und Kreditgenossenschaften vorgesehen.

Die Pflicht zur Prüfung des Konzernabschlusses von Kreditinstituten ergibt sich ebenfalls aus § 340k HGB (i.V.m. §§ 316 - 324 HGB). Im Rahmen der Prüfung sind neben den allgemeinen handelsrechtlichen Vorschriften zur Konzernrechnungslegung (§§ 290 - 315 HGB) insbesondere die gesetzlichen Sondervorschriften für Kreditinstitute in den §§ 340i und 340j HGB zu beachten. Danach haben Kreditinstitute unabhängig von ihrer Größe und ihrer Rechtsform einen Konzernabschluß und Konzernlagebericht nach den allgemeinen Vorschriften zur Konzernrechnungslegung des HGB aufzustellen. Der Abschlußprüfer hat den Konzernabschluß und -lagebericht und darüber hinaus die in den Konzernabschluß einbezogenen Einzelabschlüsse auf ihre Ordnungsmäßigkeit hin zu prüfen und

---

[1] Ab dem 1.1.1996 kann von der laufenden Offenlegung unter den in § 18 S. 3 KWG genannten Voraussetzungen abgesehen werden, wenn der Kredit durch erstrangige Grundpfandrechte auf selbst genutztes Wohneigentum gesichert ist.

insbesondere festzustellen, ob die für die Übernahme der Einzelabschlüsse in den Konzernabschluß maßgeblichen Vorschriften beachtet worden sind (§ 340k i.V.m. § 317,2 HGB).

(d) Die Berichtspflichten

Nach § 26 KWG hat der Abschlußprüfer den Prüfungsbericht des Einzel- sowie des Konzernabschlusses unverzüglich nach Beendigung der Prüfung dem BAK und der Deutschen Bundesbank vorzulegen. Bei Kreditinstituten, die einem genossenschaftlichen Prüfungsverband angehören oder durch die Prüfungsstelle eines Sparkassen- und Giroverbands geprüft werden, ist der Prüfungsbericht nur auf Anforderung einzureichen. Neben den gesetzlichen (§ 321 HGB) und den berufsständischen Normen (so z.B. FG 1/1988) ist für die Abfassung des Prüfungsberichts insbesondere die Prüfungsberichtsverordnung des BAK maßgebend (vgl. BAK [1994]). Letztere ist für den Prüfer verbindlich, da sie auf der Ermächtigung zum Erlaß einer Rechtsverordnung basiert (§ 29,3 KWG). Diese Norm räumt dem Bundesministerium der Finanzen das Recht zum Erlaß einer Verordnung ein. Sie kann nähere Bestimmungen über den Inhalt der Prüfungsberichte enthalten, soweit dies zur Erfüllung der Aufgaben des BAK erforderlich ist. Das Bundesministerium der Finanzen hat diese Ermächtigung auf das BAK übertragen, das eine Prüfungsberichtsverordnung erlassen hat. Sie beinhaltet detaillierte Regelungen über den Inhalt und den Aufbau des Prüfungsberichts und erleichtert dadurch die Auswertung der Prüfungsberichte durch das BAK und die Deutsche Bundesbank. Die Prüfungsberichtsverordnung des BAK bestimmt so indirekt auch weitgehend Art und Umfang der durchzuführenden Prüfungshandlungen (zu Einzelheiten vgl. IDW [1996], S. 630 - 638; Seitz [1994]).

Um dem BAK bei der Feststellung etwaiger Mängel die Möglichkeit des frühzeitigen Eingreifens zu geben, hat der Abschlußprüfer nach § 29,2 KWG ergänzend zum Prüfungsbericht Anzeigen gegenüber dem BAK und der Deutschen Bundesbank zu machen, wenn bei der Prüfung Tatsachen bekannt werden, welche die Einschränkung oder Versagung des Bestätigungsvermerks rechtfertigen, den Bestand des Kreditinstituts gefährden, seine Entwicklung wesentlich beeinträchtigen können oder die schwerwiegende Verstöße der Geschäftsleiter gegen Gesetze, Satzungen oder den Gesellschaftsvertrag erkennen lassen.

9. Die Prüfung des Depotgeschäfts von Kreditinstituten nach § 30 KWG

(a) Die Prüfungspflicht

Die Depotprüfung ist eine Pflichtprüfung, die neben der Jahresabschlußprüfung beim Vorliegen bestimmter Voraussetzungen i.d.R. einmal jährlich stattzufinden hat. Nach § 30,1 KWG sind grundsätzlich bei allen Kreditinstituten (und ihren Zweigstellen), die das Depotgeschäft (Verwahrung und Verwaltung von Wertpapieren für andere) betreiben, diese Geschäfte einmal jährlich zu prüfen. Ausnahmen von der Prüfungspflicht ergeben sich aus der vom BAK auf der Grundlage des § 30,2 KWG erlassenen "Bekanntmachung über Art, Umfang und Zeitpunkt der Depotprüfung (Richtlinien für die Depotprüfung)" vom 16. Dezember 1970 (vgl. BAK [1970]). Befreiungen von der Prüfungspflicht sind möglich

- durch die Einreichung einer "Negativerklärung" (Erklärung darüber, daß kein Effekten- und Depotgeschäft betrieben wurde) gegenüber dem BAK und

- durch Befreiungsantrag beim BAK wegen zu geringen Umfangs der fraglichen Geschäftstätigkeit. (Hierbei handelt es sich jedoch nicht um eine endgültige Befreiung. Das BAK gestattet in diesem Falle lediglich, daß die Depotprüfung auch in größeren Zeitabständen durchgeführt werden kann.)

(b) Die Bestellung des Prüfers

Die Bestellung des Depotprüfers erfolgt nach § 30,2 KWG durch das BAK, soweit dieses das Recht zur Bestellung des Depotprüfers nicht auf die Deutsche Bundesbank übertragen hat. Im Gegensatz zur Prüfung des Jahresabschlusses der Kreditinstitute handelt es sich bei der Depotprüfung nicht um eine Vorbehaltsprüfung. Prüfungsstellen und Prüfungsverbände können demnach generell zu Depotprüfern der ihnen angeschlossenen Institute bestellt werden.

(c) Gegenstand und Umfang der Prüfung

Die Richtlinien für die Depotprüfung sehen vor, daß die Prüfung stets unangemeldet erfolgen muß, d.h. bei der Depotprüfung handelt es sich um eine Überraschungsprüfung. Ihre Aufgabe besteht in der Überprüfung der ordnungsgemäßen Einhaltung der für den Bereich des Depotgeschäfts erlassenen Kundenschutzvorschriften. Hierzu hat sich die Depotprüfung nach den Richtlinien für die Depotprüfung in Übereinstimmung mit § 30 KWG auf alle Teilgebiete des Depotgeschäfts zu erstrecken. Insbesondere sind Feststellungen über

- die Arten der Verwahrung (z.B. Sonder- und Sammelverwahrung, Drittverwahrung),
- die vorgenommenen Verfügungen über die Wertpapiere,
- die Befolgung der sich aus dem HGB ergebenden Pflichten bei der Abrechnung der Kundenaufträge,
- die ordnungsgemäße Eigentumsübertragung und
- die ordnungsgemäße Depotbuchführung, insbesondere die personelle und organisatorische Trennung von Depotbuchführung und Bestandsverwahrung,

zu treffen. Dabei sind vom Prüfer die für das Effekten- und Depotgeschäft maßgebenden Gesetzesbestimmungen zu beachten, wozu insbesondere die Vorschriften des Depotgesetzes (DepotG) über die Verwahrung und Anschaffung von Wertpapieren und die handelsrechtlichen Vorschriften über das Kommissionsgeschäft (§§ 383 - 406 HGB) zählen. Ferner ist auf die Einhaltung der aktienrechtlichen Vorschriften über die Weitergabe von Mitteilungen an die Depotkunden (§ 128 AktG) sowie die Ausübung des Stimmrechts aus für Kunden verwahrte Wertpapiere (§ 135 AktG) zu achten. Darüber hinaus sind die in der Anlage zu den Richtlinien für die Depotprüfung bekanntgegebenen Hinweise über die materiellen Prüfungserfordernisse zu berücksichtigen. So sind z.B. die Depotabstimmung mit der Kundschaft sowie die Tätigkeit der Depotbank für Investmentfonds in die Depotprüfung einzubeziehen.

(d) Die Berichtspflichten

Nach Abschluß der Prüfung ist ein Prüfungsbericht zu erstellen und dem BAK sowie der zuständigen Landeszentralbank einzureichen (Nr. 9,1 der Richtlinien für die Depotprüfung). Hat die Prüfung zu keinen wesentlichen Beanstandungen Anlaß gegeben, so ist der Prüfungsbericht auch dem geprüften Kreditinstitut auszuhändigen (Nr. 9,7 der Richtlinien für die Depotprüfung). Eine andere Regelung gilt, wenn die Prüfung zu wesentlichen Beanstandungen geführt hat oder der Verdacht strafbarer Handlungen besteht. In diesem Fall erlauben die Richtlinien keine Aushändigung des Prüfungsberichts an das Kreditinstitut. Welche Angaben der Prüfungsbericht mindestens zu enthalten hat, ist in den Richtlinien für die Depotprüfung im einzelnen vorgeschrieben, wodurch - ebenso wie bei der Jahresabschlußprüfung - Art und Umfang der Prüfung weitgehend bestimmt sind.

10. Die Prüfung des Sondervermögens und des Rechenschaftsberichts von Kapitalanlagegesellschaften nach § 24a,4 KAGG

Kapitalanlagegesellschaften (KAG) sind nach § 1,1 KAGG Unternehmen, deren Geschäftsbetrieb darauf gerichtet ist, bei ihnen eingelegtes Geld im eigenen Namen für gemeinschaftliche Rechnung der Einleger nach dem Grundsatz der Risikomischung in Wertpapieren, in Wertpapieren und Beteiligungen als stiller Gesellschafter oder in Grundstücken sowie Erbbaurechten gesondert von dem eigenen Vermögen anzulegen und über die hieraus sich ergebenden Rechte der Einleger (Anteilinhaber) Urkunden (Anteilscheine) auszustellen. Das bei der KAG gegen Ausgabe von Anteilscheinen eingelegte Geld und die damit angeschafften Vermögensgegenstände bilden ein Sondervermögen, das von dem eigenen Vermögen der KAG getrennt zu halten ist (§ 6 KAGG).

Nach § 2 KAGG sind KAG Kreditinstitute. Die Prüfung des Jahresabschlusses der KAG richtet sich somit im wesentlichen nach den für die Prüfung der Kreditinstitute geltenden Vorschriften. Bezüglich des Prüfungsgegenstandes werden diese Vorschriften durch § 24a,4 KAGG ergänzt. Danach hat sich die Jahresabschlußprüfung auch auf das Sondervermögen und den Rechenschaftsbericht zu erstrecken, der gem. § 24a,1 KAGG am Ende der Rechnungsperiode über jedes Sondervermögen zu erstatten und im Bundesanzeiger zu veröffentlichen ist. Ferner ist zu prüfen, ob bei der Verwaltung des Sondervermögens die Vorschriften des KAGG und insbesondere die Bestimmungen über die Vertragsbedingungen in § 15 KAGG beachtet worden sind. Ziel dieser Prüfungshandlungen ist es, festzustellen, ob die Positionen des Sondervermögens richtig und vollständig erfaßt sowie zutreffend bewertet worden sind. Das Ergebnis dieser Prüfung ist gem. § 24a,4 KAGG vom Abschlußprüfer in einem besonderen Vermerk festzuhalten, wobei der Vermerk mit dem vollen Wortlaut im Rechenschaftsbericht wiederzugeben ist.

11. Die Prüfung der Rechnungslegung von Versicherungsunternehmen nach § 341k HGB

Nach § 341 HGB sind Versicherungsunternehmen solche Unternehmen, die den Betrieb von Versicherungsgeschäften zum Gegenstand haben und nicht Träger der Sozialversicherung sind. Diese Unternehmen unterstehen gemäß § 1 VAG auch den Vorschriften des VAG, das insbesondere in den §§ 55-64 VAG Regelungen bezüglich der Prüfung der Jahresabschlüsse von Versicherungsunternehmen enthält. Diese sind lediglich für die in § 1,3 VAG genannten Einrichtungen unbeachtlich, zu denen u.a. Unterstützungskassen, deren Mitglieder keinen Rechtsanspruch auf die gewährte Unterstützung haben, Innungsunterstützungskassen, rechtsfähige Versorgungsausgleichszusammenschlüsse von IHK und Wirtschaftsverbänden gehören. Versicherungsunternehmen können privatrechtliche (AG, Versicherungsverein auf Gegenseitigkeit) oder öffentlich-rechtliche Rechtsformen haben. Öffentlich-rechtliche Versicherungsunternehmen sind entweder sog. Wettbewerbsunternehmen mit Kaufmannseigenschaft oder sog. Zwangs- und Monopolunternehmen ohne Kaufmannseigenschaft.

(a) Die Prüfungspflicht

Die Prüfungspflicht der jährlichen Rechnungslegung von Versicherungsunternehmen ist in verschiedenen gesetzlichen Vorschriften geregelt. Für den Einzelabschluß und Einzellagebericht ergibt sich die Prüfungspflicht aus § 341k HGB, der lex specialis zu § 316,1 HGB ist. Der Prüfungspflicht nach § 341k HGB unterliegen grundsätzlich alle Versicherungsunternehmen i.S.d. § 341 HGB. Für nach Landesrecht errichtete und der Landesaufsicht unterliegende öffentlich-rechtliche Versicherungsunternehmen gelten zusätzlich zu den in § 341k HGB enthaltenen Vorschriften landesrechtliche Bestimmungen zur Prüfung ihrer Jahresabschlüsse (§ 60 VAG). Gemäß § 330,3 HGB kann das Bundesministerium der Justiz für Versicherungsunternehmen jeglicher Rechtsform durch Rechtsverordnung bestimmen, daß diese ihre Jahresabschlüsse nach Maßgabe von Formblättern zu gliedern oder Anhänge und Lageberichte mit besonderem Inhalt zu erstellen haben. Zudem kann per Rechtsverordnung bestimmt werden, daß für bestimmte Versicherungsunternehmen die Vorschriften der §§ 341 ff HGB nicht oder nur teilweise gelten sollen, so daß auf diesem Wege z.B. auch die Pflicht zur Prüfung des erstellten Jahresabschlusses außer Kraft gesetzt werden kann (§ 330,4 i.V.m. § 64 VAG). Ob und wie solche Unternehmen zu prüfen sind, kann die Aufsichtsbehörde, i.d.R. das Bundesaufsichtsamt für das Versicherungswesen (BAV), bestimmen (§ 64 VAG).

Eine Prüfungspflicht des Konzernabschlusses und des Konzernlageberichtes von Versicherungsunternehmen besteht grundsätzlich unabhängig von der Rechtsform oder der Größe der Muttergesellschaft. Es sind in jedem Fall die für große Kapitalgesellschaften geltenden Vorschriften anzuwenden. Die Prüfungspflicht der Konzernrechnungslegung von Versicherungsunternehmen ergibt sich aus § 341k,1 i.V.m. § 316,2 HGB. Auch bezüglich der Prüfung der Konzernrechnungslegung können Erleichterungen nach § 330,4 HGB gewährt werden.

(b) Die Bestellung des Prüfers

Als Prüfer des Jahresabschlusses von Versicherungsunternehmen kommen grundsätzlich nur WP (WPG) in Frage.[1] Vereidigte Buchprüfer und Buchprüfungsgesellschaften können nicht Abschlußprüfer sein (§ 341k,1 S. 2 HGB). Den Abschlußprüfer bestimmen sowohl beim Einzelabschluß

---

1) Kleine VVaG i.S.d. Verordnung über die Rechnungslegung bestimmter kleiner VVaG i.S.d. § 53 VAG (bkVReV) (vgl. BAV [1988]) müssen ihren Geschäftsbetrieb und die Vermögenslage mindestens alle drei Jahre durch einen Sachverständigen prüfen lassen (§ 9 bkVReV). Der Sachverständige muß dabei nicht zwingend Abschlußprüfer nach § 319,1 S. 1 HGB sein (vgl. Angerer [1989 (2)], Tz. 27).

wie auch beim Konzernabschluß von Versicherungsunternehmen nicht die Gesellschafter (§ 318,1 S. 1 HGB), sondern der Aufsichtsrat des Mutterunternehmens (§ 341k,2 HGB), wobei die Regelungen in § 318,1 S. 3 und 4 HGB gelten und analog anzuwenden sind (§ 341k,2 S. 2 HGB). Der Abschlußprüfer ist der Aufsichtsbehörde unverzüglich durch den Vorstand anzuzeigen. Hat die Aufsichtsbehörde gegen den bestellten Abschlußprüfer Bedenken, so kann sie verlangen, daß innerhalb einer angemessenen Frist ein anderer Abschlußprüfer bestimmt wird. Erfolgt keine Neubestellung oder hat die Aufsichtsbehörde auch gegen den neuen Abschlußprüfer Bedenken, so hat sie den Abschlußprüfer selbst zu bestimmen (§ 58,2 VAG). Im übrigen besitzen grundsätzlich die handelsrechtlichen Prüfungsvorschriften Gültigkeit.

(c) Gegenstand und Umfang der Prüfung

Bei Versicherungsunternehmen ist nach § 341k,1 i.V.m. § 317 HGB der **Einzelabschluß** unter Einbeziehung der Buchführung und des Lageberichts zu prüfen. Die handelsrechtlichen Prüfungsvorschriften sind grundsätzlich entsprechend anzuwenden. Insoweit handelt es sich bei der Prüfung um eine Ordnungsmäßigkeitsprüfung, die sich auf die Einhaltung der gesetzlichen Rechnungslegungsvorschriften sowie ergänzender Bestimmungen des Gesellschaftsvertrags oder der Satzung erstreckt. Dabei ist zu beachten, daß bei der Rechnungslegung von Versicherungsunternehmen zwar grundsätzlich die Rechnungslegungsvorschriften für große Kapitalgesellschaften gelten, diese jedoch durch die besonderen Rechnungslegungsvorschriften der §§ 55, 55a u. 56a VAG ergänzt bzw. ersetzt werden. Insbesondere ist in diesem Zusammenhang auch auf die vom BAV gem. § 330,3 und 4 HGB erlassene Verordnung über die Rechnungslegung von Versicherungsunternehmen vom 5.9.1994 (RechVersV) hinzuweisen.[1] Sie regelt die externe Rechnungslegung gegenüber der Öffentlichkeit und enthält neben den in §§ 61 und 62 RechVersV kodifizierten Befreiungen und Vereinfachungen für bestimmte Versicherungsunternehmen vor allem

- die Formblätter für den Ausweis der Positionen der Bilanz und GVR, die unmittelbar durch den Betrieb von Versicherungsgeschäften begründet sind,
- besondere Vorschriften über einzelne Positionen der Aktiv- und der Passivseite der Bilanz sowie über einzelne Positionen der GVR und
- notwendige Ergänzungen zu den Angaben in Anhang und Lagebericht.

Über die Prüfungsvorschriften des HGB hinaus kann der Bundesminister der Finanzen bestimmen, wie die Prüfung durchzuführen und wie darüber zu berichten ist (§ 55a,1 S. 1 Nr. 3 VAG). Diese Ermächtigung kann ganz oder zum Teil auf das BAV übertragen werden. Mit dem Rundschreiben (R 3/82) des BAV vom 25.6.1982[2] zur Prüfung des Rechnungsabschlusses und zum Inhalt des Prüfungsberichts liegt eine solche Rechtsverordnung vor, deren Grundsätze und Hinweise unbeschadet der gesetzlichen Vorschriften und der berufsüblichen Prüfungs- und Berichtspflichten (z.B. der FG 1/1988 und 2/1988) mindestens zu beachten

---

1) Vgl. Bundesratsdrucksache [1994]. Umfassend zur Rechnungslegung von Versicherungsunternehmen vgl. Graf von Treuberg/Angermayer [1995].
2) Vgl. BAV [1982]; zu Einzelheiten vgl. auch Biermann [1983], S. 237 - 246.

sind. Danach hat der Abschlußprüfer z.B. bei der Prüfung der (versicherungstechnischen) Rückstellungen für noch nicht abgewickelte Versicherungsfälle
- die Ermittlungsmethoden zu prüfen und im Prüfungsbericht darzustellen sowie kritisch zu würdigen - sofern der Abschlußprüfer hierzu nicht in der Lage ist, hat er auf Kosten des geprüften Versicherungsunternehmens einen unabhängigen Sachverständigen heranzuziehen, dessen Namen im Prüfungsbericht zu erwähnen ist,
- über Art und Umfang der Prüfung aussagefähige Angaben zu machen sowie
- zur Frage der ausreichenden Dotierung der zum Ende des Berichtsjahres ausgewiesenen Rückstellungen unter Angabe der Beurteilungsmaßstäbe eindeutig Stellung zu nehmen.

Für den Abschlußprüfer werden diese Richtlinien dadurch verpflichtend, daß sie von den Versicherungsunternehmen zum Gegenstand ihrer Prüfungsaufträge zu machen sind.

Nach § 57,1 VAG hat der Prüfer des Jahresabschlusses bei der Prüfung auch Feststellungen darüber zu treffen, ob das Versicherungsunternehmen bestimmten Anzeigepflichten gegenüber dem BAV sowie den Verpflichtungen nach § 14 des Geldwäschegesetzes nachgekommen ist. Ebenfalls durch Rechtsverordnung kann die Aufsichtsbehörde für das Bundesministerium der Finanzen eine Erweiterung des Prüfungsgegenstandes dahingehend bestimmen, daß sich die Prüfung auch auf die Umsetzung von Vorschriften erstreckt, die die interne Rechnungslegung gegenüber dem BAV regeln (§ 55a,1 S. 1 Nr. 1 - 2 VAG). Für diesen Fall bezieht sich die Prüfung auch auf den der Aufsichtsbehörde einzureichenden Bericht, der aus einer für Aufsichtszwecke gegliederten Bilanz und einer nach Versicherungszweigen (z.B. Kraftfahrtversicherung) und Versicherungsarten (z.B. Kraftfahrtunfallversicherung) gegliederten GVR sowie besonderen Erläuterungen zur Bilanz und GVR besteht (§ 55a,1 S. 1 Nr. 1 VAG). Darüber hinaus kann auch der vierteljährlich einzureichende Zwischenbericht an das BAV Gegenstand einer Erweiterung des Prüfungsumfangs sein (§ 55a,1 S. 1 Nr. 2 VAG). Zudem ist die Verordnung über die Rechnungslegung von Versicherungsunternehmen gegenüber dem BAV vom 30.1.1987 (Interne VUReV) (vgl. BAV [1987]) beachtlich, die besondere Darstellungsweisen für Bilanz und GVR sowie sonstige Berichterstattungs- und Einreichungspflichten (z.B. Einreichung des Abhängigkeitsberichts) festlegt.

Gegenstand und Umfang der Prüfung des **Konzernabschlusses** ergibt sich gem. § 341k HGB aus den handelsrechtlichen Prüfungsvorschriften der §§ 316 ff HGB. Somit hat auch die Prüfung des Konzernabschlusses unter Einbeziehung der Buchführung und des Konzernlageberichts zu erfolgen (§ 317 HGB). Zu beachten sind auch hier Erleichterungen bei der Rechnungslegung für kleinere Versicherungsunternehmen, wie sie in den §§ 58-60 RechVersV (vgl. Bundesratsdrucksache [1994]) gewährt werden (vgl. hierzu Angermayer/Oser [1996], S. 458 - 459].

(d) Die Berichtspflichten

Neben den allgemeinen handelsrechtlichen Berichtspflichten und den durch die bereits erwähnten Richtlinien des BAV zum Inhalt des Prüfungsberichts bestehenden Berichtspflichten verlangt § 341k,3 i.V.m. § 321,2 HGB, daß der Abschlußprüfer die Aufsichtsbehörde unverzüglich zu unterrichten hat, wenn er bei der Wahrnehmung seiner Aufgabe Tatsachen feststellt, die den Bestand des geprüften Unternehmens gefährden oder seine Entwicklung wesentlich beeinträchtigen können oder die schwerwiegende Verstöße der gesetzlichen Vertreter gegen Gesetz, Gesellschaftsvertrag oder Satzung erkennen lassen. Neben der erwähnten Prüfung von Anzeigepflichten gegenüber dem BAV und der Einhaltung von § 14 Geldwäschegesetz hat der Abschlußprüfer auf Verlangen der Aufsichtsbehörde auch sonstige bei der Prüfung bekanntgewordene Tatsachen mitzuteilen, die gegen eine ordnungsgemäße Durchführung der Geschäfte des Versicherungsunternehmens sprechen.

12. Die Prüfung der öffentlichen Unternehmen nach § 53 HGrG

Öffentliche Unternehmen sind Wirtschaftsbetriebe, die sich im Eigentum der öffentlichen Hand befinden. Daher bezeichnet man auch öffentliche Unternehmen als "**Wirtschaftsbetriebe der öffentlichen Hand**". Da das Eigenkapital der öffentlichen Unternehmen überwiegend aus öffentlichen Mitteln (z.B. Steuergeldern) stammt und mit den öffentlichen Unternehmen besondere (öffentliche) Ziele verfolgt werden, besteht hier in besonderem Maße die Notwendigkeit zur Durchführung von Prüfungen, um in diesem Bereich staatlicher Betätigung eine angemessene Kontrolle sicherzustellen. Demnach hat sich die Prüfung dieser Unternehmen vornehmlich auf die Einhaltung ihrer besonderen Ziele, auf die Beachtung der Grundsätze wirtschaftlicher und sparsamer Wirtschaftsführung und die wirtschaftliche Entwicklung der einzelnen Unternehmen zu erstrekken. Dabei sind - wie die nachfolgende Tab. 24 zeigt - die bei der Prüfung zu beachtenden Rechtsgrundlagen äußerst vielgestaltig und im wesentlichen von unternehmens- bzw. branchenspezifischen Besonderheiten sowie der Rechtsform des öffentlichen Unternehmens abhängig.

Als Rechtsformen, in denen öffentliche Unternehmen geführt werden können, kommen sowohl privatrechtliche als auch öffentlich-rechtliche Unternehmensformen in Betracht, wobei die privatrechtlichen Formen nach § 65 BHO im wesentlichen auf die GmbH und die AG beschränkt sind. Dagegen lassen sich bei den in öffentlich-rechtlicher Unternehmensform geführten Unternehmen solche mit und ohne eigene Rechtspersönlichkeit unterscheiden. Hierbei sind als Unternehmen ohne eigene Rechtspersönlichkeit insbesondere die Eigenbetriebe (nicht rechtsfähige Betriebe, die aber hinsichtlich ihrer wirtschaftlichen Führung weitgehend verselbständigt sind) zu nennen, während Unternehmen in der Form der Körperschaft, der Anstalt oder der Stiftung des öffentlichen Rechts mit eigener Rechtspersönlichkeit ausgestattet sind.

Im folgenden soll hier lediglich auf die Prüfung nach § 53 HGrG eingegangen werden. Hierbei handelt es sich um eine erweiterte Jahresabschlußprüfung von Unternehmen des privaten Rechts (nach § 65 BHO nur die GmbH und die AG), an denen Gebietskörperschaften mit Mehrheit beteiligt sind. Die Prüfung ist grundsätzlich nach den handelsrechtlichen Vorschriften durchzuführen. Allerdings ergeben sich aus § 53 HGrG einige Besonderheiten, die sich auf die Erweiterung des Prüfungsgegenstandes und des -umfangs sowie die Berichtspflichten beziehen. In den nachstehenden Ausführungen werden diese Besonderheiten näher erörtert. Wie aus Tab. 24 hervorgeht, besitzen die Regelungen des § 53 HGrG nicht nur Gültigkeit für Unternehmen des privaten Rechts mit mehrheitlicher Beteiligung von Gebietskörperschaften, sondern sie kommen

Institutionen	Rechtsgrundlagen
Unternehmen des privaten Rechts, an denen Gebietskörperschaften (Bund, Länder und Gemeinden) mit Mehrheit beteiligt sind.	§ 53 HGrG; § 68 BHO
Eigenbetriebe	Hier gelten z.B. je nach Land die entsprechenden Vorschriften der LHO, des EigBG, der GO sowie des Kommunalprüfungsgesetzes, wobei diese durch spezielle Verordnungen ergänzt sein können. In einigen Fällen gelten auch noch die 3. VO des Reichspräsidenten vom 6.10.1931 (RGBl. I S. 357) und die dazu ergangene DVO vom 30.3.1933 (RGBl. I S. 180). Ferner ist in einigen Fällen die entsprechende Anwendung des § 53 HGrG ausdrücklich vorgeschrieben.
Unternehmen in der Rechtsform der juristischen Person des öffentlichen Rechts	§§ 111, 112 BHO; § 55,2 HGrG, der auf die entsprechende Anwendung des § 53 HGrG verweist; § 42 HGrG i.V.m. § 48 HGrG
Öffentlich-rechtliche Kreditinstitute	§ 55 HGrG i.V.m. den LHO u. landesrechtlichen Regelungen u. Bestimmungen des KWG u. HGB
Öffentlich-rechtliche Bausparkassen	§ 13 Bausparkassengesetz i.V.m. § 55 HGrG, den LHO u. dem KWG u. HGB
Sparkassen	§ 55 HGrG i.V.m. den LHO u. landesrechtlichen Regelungen u. Bestimmungen des KWG u. HGB
Sondervermögen des Bundes und der Länder (z.B. Bundesbahn und Bundespost)	§ 42 HGrG i.V.m. § 48 HGrG

Tab. 24: *Rechtsgrundlagen für die Prüfung öffentlicher Unternehmen*

auch bei anderen öffentlichen Unternehmen zur Anwendung. Daher gelten die folgenden Ausführungen sinngemäß auch bei Prüfungen anderer öffentlicher Unternehmen.

(a) Gegenstand und Umfang der Prüfung

Nach § 53 HGrG kann eine Gebietskörperschaft, der die Mehrheit der Anteile eines Unternehmens in einer Rechtsform des privaten Rechts oder der mindestens der vierte Teil der Anteile gehört und der zusammen mit anderen Gebietskörperschaften die Mehrheit der Anteile zusteht, verlangen, daß das Unternehmen
- im Rahmen der Abschlußprüfung auch die Ordnungsmäßigkeit der Geschäftsführung prüfen läßt (§ 53,1 Nr. 1 HGrG);
- die Abschlußprüfer beauftragt, in ihrem Bericht ebenfalls (§ 53,1 Nr. 2 HGrG)
  - die Entwicklung der Vermögens- und Ertragslage sowie die Liquidität und Rentabilität der Gesellschaft,
  - verlustbringende Geschäfte und die Ursachen der Verluste, wenn diese Geschäfte und die Ursachen für die Vermögens- und Ertragslage von Bedeutung waren und

- die Ursachen eines in der GVR ausgewiesenen Jahresfehlbetrages darzustellen;
• ihr den Prüfungsbericht der Abschlußprüfer und, wenn das Unternehmen einen Konzernabschluß aufzustellen hat, auch den Prüfungsbericht der Konzernabschlußprüfung unverzüglich nach Eingang übersendet (§ 53,1 Nr. 3 HGrG).

Nach den "Grundsätzen für die Prüfung von Unternehmen nach § 53 HGrG" (vgl. BMF [1987]) wird durch § 53,1 Nr. 1 HGrG keine umfassende Prüfung aller Aspekte der Geschäftsführung gefordert. Vielmehr ergibt sich eine Einschränkung des Prüfungsumfanges daraus, daß in § 53 HGrG als Prüfungsgegenstand nicht die Geschäftsführung im ganzen, sondern der Gesichtspunkt ihrer "Ordnungsmäßigkeit" angesprochen wird.[1] Den hierbei zu beachtenden Maßstab für die Ordnungsmäßigkeit der Geschäftsführung bilden die Vorschriften des § 93,1 S. 1 AktG bzw. des § 43,1 GmbHG, wonach die Vorstandsmitglieder bzw. Geschäftsführer die Sorgfalt eines ordentlichen und gewissenhaften Geschäftsleiters anzuwenden haben.

Zur Prüfung der Ordnungsmäßigkeit der Geschäftsführung verlangen die oben erwähnten "Grundsätze für die Prüfung von Unternehmen nach § 53 HGrG" daher Feststellungen darüber, ob die Geschäfte mit der erforderlichen Sorgfalt, d.h. auch mit der gebotenen Wirtschaftlichkeit und in Übereinstimmung mit den Gesetzen, der Satzung, den Beschlüssen der Haupt- oder Gesellschafterversammlung, des Aufsichtsrats und seiner Ausschüsse sowie der Geschäftsordnung geführt worden sind. Ferner soll geprüft werden, ob ungewöhnliche, risikoreiche oder nicht ordnungsgemäß abgewickelte Geschäftsvorfälle sowie erkennbare Fehldispositionen vorliegen. Insbesondere ist hier zu untersuchen, ob die Art der getätigten Geschäfte durch die Satzung gedeckt ist und ob eine nach der Satzung, der Geschäftsordnung oder einem Beschluß des Aufsichtsrats erforderliche Zustimmung eingeholt wurde. Hierbei haben sich die Prüfungshandlungen des Abschlußprüfers auch auf die Geschäftsführungsorganisation und das Geschäftsführungsinstrumentarium zu erstrecken. Im Rahmen der Prüfung der Geschäftsführungsorganisation sind dabei u.a. Feststellungen darüber zu treffen, ob
• die Organe des Unternehmens gesetzes- und satzungsmäßig besetzt sind,
• eine wirksame Geschäftsordnung vorhanden ist,
• die Ressortabgrenzung zweckmäßig ist,
• die Organisation der Aufsichtsorgane eine wirksame Aufsichtätigkeit zuläßt und
• die Aufsichtsorgane den Vorschriften entsprechend tätig geworden sind.

Ziel dieser Prüfungshandlungen ist es, zu untersuchen, ob durch eine geeignete institutionelle Ordnung und Kompetenzverteilung sichergestellt ist, daß die Geschäftsführungsentscheidungen ordnungsgemäß getroffen und durchgeführt werden können. In diesem Zusammenhang ist auch die Prüfung des Geschäftsführungsinstrumentariums zu sehen. Insbesondere ist zu prüfen, ob das Rechnungswesen, die bestehenden Kontrolleinrichtungen sowie die Planung derart gestaltet sind, daß eine ordnungsgemäße Entscheidungsfindung und eine sachgerechte Umsetzung der Entscheidungen gewährleistet sind.

---

1) Vgl. Forster [1989], Sp. 1329.

(b) Die Berichtspflichten

Hinsichtlich der Berichterstattung über die Prüfung der Ordnungsmäßigkeit der Geschäftsführung enthält § 53,1 Nr. 1 HGrG keine besondere Bestimmung. Sind Verstöße gegen die Ordnungsmäßigkeit der Geschäftsführung festgestellt worden, so ist entsprechend den allgemeinen Berichtsgrundsätzen und der Zielsetzung der Prüfung nach § 53 HGrG hierauf in der Weise einzugehen, daß dem Berichtsempfänger (Aufsichtsrat, Gebietskörperschaft, Rechnungshof) aufgrund der Darlegungen eine entsprechende Würdigung des Sachverhalts ermöglicht wird. Ist dem Prüfer im Einzelfall eine Wertung des Sachverhalts nicht möglich, so ist dies im Prüfungsbericht anzugeben und der betreffende Sachverhalt darzustellen. Im allgemeinen gehört es nicht zum Inhalt dieser Ordnungsmäßigkeitsprüfung, daß der Prüfer auch zur Geschäftspolitik der Gesellschaft ein Urteil abgibt (vgl. BMF [1987], S. 264). Weitere Einzelheiten zum Inhalt des Prüfungsberichts finden sich in den zitierten "Grundsätzen für die Prüfung von Unternehmen nach § 53 HGrG".

Bei der Berichterstattung über die in § 53,1 Nr. 2 HGrG angesprochenen Sachverhalte ist zu beachten, daß sich diese Aufgabenstellung teilweise sowohl mit der Abschlußprüfung (z.B. Darstellung der Entwicklung der Vermögens- und Ertragslage sowie der Liquidität und Rentabilität) als auch mit der Prüfung der Ordnungsmäßigkeit der Geschäftsführung (z.B. bei verlustbringenden Geschäften, die ihre Ursache in einer nicht ordnungsgemäßen Geschäftsführung haben) überschneiden. Für die Berichterstattung ergibt sich daraus, daß die ohnehin bei der Abschlußprüfung und Geschäftsführungsprüfung üblichen Darlegungen entsprechend der Zielsetzung des § 53,1 Nr. 2 HGrG anzupassen sind. Insofern kommen bei der Darstellung der Vermögens-, Ertrags-, Liquiditäts- und Rentabilitätslage u.a. Aussagen zur Angemessenheit der Eigenkapitalausstattung, zur Höhe und Entwicklung der stillen Reserven sowie zum außerordentlichen Ergebnis in Betracht. Im Hinblick auf die Berichterstattung über die verlustbringenden Geschäfte und ihre Ursachen hat der Prüfer die jeweiligen Sachverhalte aufzuklären, die Geschäfte zu schildern und insbesondere auch darzulegen, ob die festgestellten Verluste vermeidbar, d.h. durch die Geschäftsführung beeinflußbar gewesen wären oder nicht. Bezüglich der Darlegungen zu den Ursachen eines Jahresfehlbetrages ist über die verlustbringenden Geschäfte hinaus auch auf andere Verlustquellen (z.B. mangelnde Kapazitätsauslastung, veraltete Anlagen oder Forderungsausfälle) einzugehen.

b. Die freiwilligen Prüfungen

Im Gegensatz zu den Pflichtprüfungen obliegt bei freiwilligen Prüfungen bzw. den vertraglich ausbedungenen Prüfungen die Entscheidung, ob eine Prüfung durchgeführt werden soll, den Unternehmensorganen bzw. den Prüfungsberechtigten, denen aufgrund einer vertraglichen Regelung ein Prüfungsrecht eingeräumt wurde. Die Unternehmensorgane oder die Prüfungsberechtigten bestimmen auch den Gegenstand und den Umfang der Prüfung, die Art des geforderten Urteils und die Auswahl der Prüfer. Aufgrund der Vielfalt möglicher freiwilliger Prüfungen ist es zweckmäßig, die Prüfungen entsprechend ihrer Ausrichtung zu Prüfungskategorien zusammenzufassen (vgl. Hintner [1949], S. 32 - 36):

Die Kategorie der Ordnungsprüfung. Aufgabe dieser Prüfungen ist es festzustellen, ob Gesetz, Satzung oder Gesellschaftsvertrag und ggf. innerbetriebliche Anweisungen bei der Rechnungslegung beachtet wurden. In diese Kategorie fallen z.B. die freiwilligen Jahresabschlußprüfungen von Einzelunternehmen und Personenhandelsgesellschaften.

Die Kategorie der Institutionsprüfung. Diese Prüfungen beziehen sich auf die bestehenden oder die noch zu schaffenden Einrichtungen des Betriebs oder Teilaspekte davon. Zu nennen sind hier etwa die Preis- und Kostenprüfung (Kalkulationsprüfung) im Zusammenhang mit öffentlichen Aufträgen, aber vor allem die Organisationsprüfung. Die Organisationsprüfung hat die Aufgabe, die Zweckmäßigkeit und Wirtschaftlichkeit der gesamten Aufbau- und Ablauforganisation oder einzelner Teilbereiche, wie z.B. Einkauf, Verkauf, Lagerverwaltung und Rechnungswesen, festzustellen. Dabei ist zu prüfen, inwieweit die bestehende Organisation verbesserungsbedürftig ist bzw. inwieweit geplante Neuordnungen adäquat sind. Mit der Prüfung ist u.U. auch die Aufgabe verbunden, eine neue Konzeption zu entwickeln bzw. bei der Umgestaltung mitzuwirken. Insofern ist die Organisationsprüfung i.d.R. auch eine Organisationsberatung.

Die Kategorie der Situationsprüfung. Diese Prüfungen haben die Beurteilungen der wirtschaftlichen Situation des Unternehmens zum Inhalt. Neben der Rentabilitäts- und Liquiditätsprüfung ist vor allem die Kreditprüfung von Bedeutung.

Die Kategorie der Aufdeckungsprüfung. Bei diesen Prüfungen soll das Vorliegen doloser Tatbestände festgestellt werden.

Prüfungen der ersten Kategorie werden i.d.R. nach den handelsrechtlichen Regelungen durchgeführt. Die Prüfungen der zweiten Kategorie sind mit der Prüfung der Einrichtungen bzw. der Geschäftsführungsinstrumente im Rahmen der Genossenschaftsprüfung nach § 53 GenG vergleichbar. Auf diese Bereiche kann verwiesen werden.[1] Zur Skizzierung der Vielfalt der Prüfungsaufgaben wird hier stellvertretend für die Situationsprüfung auf die Kreditprüfung (Kreditwürdigkeits- und Kreditüberwachungsprüfung) sowie auf die Aufdeckungsprüfung eingegangen.

1. Die Kreditwürdigkeitsprüfung

Die Kreditwürdigkeitsprüfung ist eine zeitlich vor der Kreditvergabe liegende Kreditprüfung. Sie hat die Aufgabe, dem Kreditgeber Anhaltspunkte zur Abschätzung der allgemeinen und speziellen Kreditrisiken zu liefern. Spezielle Kreditrisiken liegen in der Person des jeweiligen Schuldners. Zu diesen zählt insbesondere das Bonitätsrisiko, das unterteilt werden kann in das Ausfallrisiko (Gefahr des gänzlichen oder teilweisen Ausfalls des Kredites) und das Verzögerungsrisiko (Gefahr des verspäteten Eingangs des Kredites). Daneben werden z.B. das Einziehungsrisiko (Gefahr des Entstehens zusätzlicher Ausgaben für Mahnung und Vollstreckung), das Zinsänderungsrisiko und das Wechselkursrisiko als spezielle Kreditrisiken genannt. Allgemeine Kreditrisiken resultieren nur mittelbar aus den Gegebenheiten einzelner Kredite. Sie ergeben sich aus der Gesamtheit der Verpflichtungen. Folgende Risiken werden z.B. als allgemeine Kreditrisiken angesehen:

- Das Risiko, daß ein Schuldner von an sich guter Bonität durch nicht vorhergesehene Ereignisse in Schwierigkeiten gerät,

---

[1] Vgl. zur Durchführung von Organisationsprüfungen z.B. Martens [1972]; Horváth [1992]; IDW [1985], S. 1153 - 1161.

- das Risiko, daß durch eine Abschwächung der Konjunktur auch bei Schuldnern von bisher guter Bonität mit Ausfällen zu rechnen ist,
- das Risiko bei Auslandsforderungen, das aus politischen oder wirtschaftspolitischen Maßnahmen herrührt (z.B. Enteignungs-, Abwertungs-, Transferrisiko).

Mit der Prüfung soll somit festgestellt werden, ob der potentielle Kreditnehmer wirtschaftlich in der Lage und auch willens ist, die von ihm eingegangenen Verpflichtungen, insbesondere die Zins- und Tilgungsleistungen, termingerecht zu erbringen, d.h. ob die Kreditvergabe unter wirtschaftlichen Gesichtspunkten vertretbar erscheint.[1] Zur Ermittlung und Bewertung des Kreditrisikos werden in der Literatur zwei Wege diskutiert: die logisch-deduktive und die empirisch-statistische Vorgehensweise. Bei der ersten Methode orientiert sich die Abschätzung des Kreditrisikos an denjenigen Faktoren, die die zukünftigen Einnahmen und Ausgaben der kreditnachsuchenden Unternehmungen determinieren. Sie erfordert demgemäß eine zukunftsbezogene Gesamtunternehmensanalyse. Eine auf solchen Bestimmungsfaktoren der Kreditwürdigkeit basierende Fundamentalanalyse erfordert den Zugang zu den Daten des dokumentierenden und instrumentalen Rechnungswesens der kreditnachsuchenden Unternehmung. Das ist nicht in allen Fällen möglich. Daher verzichtet die zweite Methode, die empirisch-statistische Vorgehensweise, auf die Untersuchung des Zusammenhangs zwischen Bestimmungsfaktoren und zukünftiger Lage der kreditnachsuchenden Unternehmung und versucht das Kreditrisiko potentieller Kreditnehmer anhand der statistischen Beobachtung und Bewertung extern zugänglicher relevanter Daten - meist einer Vielzahl von Unternehmen - zu beurteilen (vgl. Gebhard [1981], S. 221 - 235).

(a) Die Bestellung des Prüfers

Soweit die Kreditwürdigkeitsprüfung nicht von eigenen Sachverständigen des Kreditgebers durchgeführt wird, sind externe Prüfer heranzuziehen, die über die nötige Sachkenntnis verfügen. In der Praxis werden entsprechende Aufträge, die rechtlich als Werkverträge zu qualifizieren sind, insbesondere an die Angehörigen des Berufsstandes der WP oder vBP vergeben. Dabei werden vom Kreditgeber oft Prüfer bestellt, die bereits in einem Mandatsverhältnis mit dem zu prüfenden Unternehmen (Kreditnehmer) stehen und somit über Vorkenntnisse verfügen.

(b) Gegenstand und Umfang der Prüfung

Die Kreditwürdigkeitsprüfung wird im wesentlichen davon bestimmt, ob die Kreditwürdigkeitsanalyse als Fundamentalanalyse oder als quantitativ-statistische Kreditrisikoanalyse durchgeführt wird. Die quantitativ-statistische Kreditrisikoanalyse ist vor allem für die Analyse durch die

---

1) Neben der isolierten Kreditwürdigkeitsbeurteilung eines Kreditnehmers kommt der Kreditwürdigkeitsanalyse verschiedener Schuldner und der Einordnung der Schuldner zu Bonitätsklassen (Rating) zunehmend Bedeutung zu. Mit den von unabhängigen Rating-Agencies durchgeführten Analysen und Zuordnungen der Schuldner zu definierten Kategorien, z.B. 'AAA' für Schuldner zweifelsfreier Bonität oder 'D' für Schuldner mit Zahlungsverzug, soll die Transparenz auf den Finanzmärkten erhöht werden. Durch das Instrument des Ratings, das vor allem in den USA verbreitet ist, werden neben Unternehmen auch einzelne Länder hinsichtlich ihrer Bonität bewertet (vgl. Mattern [1984], S. 374 - 378; Serfling/Pries [1990], S. 381 - 383).

externen Kapitalgeber, die nur beschränkt Zugang zu unternehmensinternen Informationen haben, von Bedeutung.[1] In der Praxis werden die Berufsangehörigen des wirtschaftlichen Prüfungswesens vor allem für die unternehmensintern erfolgenden fundamentalanalytischen Kreditwürdigkeitsprüfungen herangezogen. Auf die hiermit in Zusammenhang stehenden Probleme soll im folgenden näher eingegangen werden. Dabei soll zwischen der Prüfung der allgemeinen und der speziellen Bestimmungsfaktoren der Kreditwürdigkeit unterschieden werden.

Die Prüfung der allgemeinen Bestimmungsfaktoren der Kreditwürdigkeit.[2] Diese hat sich auf die Beurteilung der Vertrauenswürdigkeit der Geschäftsführung, der rechtlichen Verhältnisse und der allgemeinen wirtschaftliche Lage zu erstrecken.

Die Prüfung der Vertrauenswürdigkeit der Geschäftsführung bzw. des Geschäftsinhabers. Diese ist unter dem Gesichtspunkt der Güte der unternehmerischen Entscheidungen (fachliche Vertrauenswürdigkeit) und unter dem Gesichtspunkt der Bereitschaft zur Rückzahlung des Kredites (moralische Vertrauenswürdigkeit) durchzuführen. Zu prüfen sind etwa das bisherige Zahlungsverhalten, die Zuverlässigkeit bei der Erfüllung sonstiger vertraglicher Verpflichtungen sowie die persönliche Vorbildung und der berufliche Erfahrungsschatz. Auch zu der Anzahl der mit der Geschäftsführung betrauten Personen und ggf. zu der Zusammenarbeit der Führungskräfte hat der Prüfer Stellung zu nehmen, da grundsätzlich davon auszugehen ist, daß das von der Unternehmensleitung ausgehende Risiko im Fall der kooperativen Geschäftsführung abnimmt.

Die Prüfung der rechtlichen Verhältnisse. Sie erstreckt sich auf die Prüfung der Geschäftsfähigkeit (§ 104 ff BGB) und die Prüfung der Vertretungsberechtigung des Kreditnehmers (Prüfung der Kreditfähigkeit). Zudem hat der Prüfer zu der gewählten Rechtsform des Unternehmens Stellung zu nehmen, und zwar insbesondere unter dem Aspekt der Haftungsbasis, der Möglichkeit zur Veränderung der Haftungsbasis, der zu beachtenden Rechnungslegungsvorschriften und der Gewinnverwendungsvorschriften. Darüber hinaus sind ggf. die Haftungsmöglichkeiten durch nicht dem Unternehmen gewidmeten Vermögen von Unternehmensbeteiligten zu beurteilen. In diesem Zusammenhang ist auch das Vorliegen von Unternehmensverflechtungen festzustellen, da durch diese der Erfolg wesentlich beeinflußt werden kann, aber auch die Möglichkeit besteht, daß diese Unternehmen für Patronatserklärungen[3] zur Verfügung stehen.

Die Prüfung der allgemeinen wirtschaftlichen Verhältnisse. Aufgabe dieser Prüfung ist zum einen die Beurteilung der gesamtwirtschaftlichen und der branchenspezifischen Entwicklung und der davon ausgehenden Einflüsse auf das Unternehmen. Hierzu hat der Prüfer Allgemein- und Branchentrends zu ermitteln und Zusammenhänge zur Unternehmensentwicklung aufzuzeigen. Zum anderen sind in diesem Rahmen die allgemeinen wirtschaftlichen Verhältnisse des Kreditnachsuchenden zu

---

1) Vgl. Baetge [1989]; Köllhofer [1989].

2) Vgl. Buchner [1981], S. 201 - 209.

3) Eine Patronatserklärung ist ein Versprechen Dritter, den Kreditnehmer mit den zur Erfüllung seiner Verpflichtung erforderlichen finanziellen Mitteln auszustatten.

analysieren. Dazu sind etwa der realisierte technische Fortschritt und der Erhaltungszustand der technischen und kaufmännischen Einrichtungen, insbesondere der Bauten, der Produktionsanlagen, der Betriebsorganisation und des Rechnungswesens, zu beurteilen.

Die Prüfung der speziellen Bestimmungsfaktoren der Kreditwürdigkeit. Im Rahmen dieser Prüfung soll der Prüfer die ökonomischen Merkmale des Kreditnachsuchenden, d.h. die Vermögens-, Finanz- und Ertragslage, beurteilen.

Die Prüfung der Vermögenslage. Durch diese Prüfung ist im wesentlichen die Frage zu klären, ob bei Zahlungsunfähigkeit die Ansprüche des Kreditgebers befriedigt werden können. So hat der Prüfer

- die Liquidierbarkeit des Vermögens, d.h. den voraussichtlichen Liquidationserlös und den nach Tilgung der übrigen Schulden verbleibenden Betrag zur Befriedigung des zur Diskussion stehenden Kredits,
- die bestehenden Kreditsicherungsmöglichkeiten, d.h. Art und Ausmaß der bereits gegebenen Sicherheiten sowie das für weitere Besicherungen freie Vermögen[1] und
- das Erfolgserzielungspotential des Vermögens, d.h. die Fähigkeit, mit Hilfe des Vermögens nachhaltig Erfolge zu erzielen,

festzustellen.

Die Prüfung der Ertrags- und Finanzlage. Im Rahmen dieser Prüfung hat der Prüfer die Rentabilitäts- und Liquiditätsentwicklung und damit die Fähigkeit des Unternehmens, den laufenden Verpflichtungen nachzukommen, abzuschätzen. Im einzelnen ist zu prüfen,

- ob es die zukünftige Erfolgssituation ermöglicht, die finanziellen Verpflichtungen aus dem erwirtschafteten Gewinn zu erbringen,
- ob die künftigen finanziellen Verpflichtungen aus den ordentlichen Einnahmen bezahlt werden können,
- ob der beantragte Kredit ausreichend ist, um den Gesamtkapitalbedarf abzudecken und
- wie die Rückzahlung des Kredits und die Zinszahlung ohne Störung des finanziellen Gleichgewichts zu gestalten ist.

Die Analyse der Vermögens-, Finanz- und Ertragslage ist im wesentlichen zukunftsbezogen, da für die Sicherstellung von Zins- und Tilgungsleistungen die erfolgreiche Tätigkeit des Unternehmens in der Zukunft maßgebend ist. Trotz dieses Umstandes können zur Abschätzung der zukünftigen Entwicklung Vergangenheitsdaten herangezogen werden.

Bedeutsam ist in diesem Zusammenhang die Analyse der Vermögens-, Finanz- und Ertragslage anhand der Jahresabschlüsse des kreditnachfragenden Unternehmens. Jahresabschlußdaten werden als hinreichend objektiv angesehen, darüber hinaus kommt ihnen eine gewisse Indikatorfunktion für die zu erwartenden Erträge und die Stabilität der finanziellen Sphäre zu. Eine Beurteilung der Vermögens- und Finanzlage kann so zum einen durch die Analyse der zeitraumbezogenen Veränderungen der Kapital- und Vermögensstruktur (**Strukturanalyse von Kapital**

---

[1] Sollen Vermögensteile für mehrere Kredite haften (z.B. ein Grundstück ist mit mehreren Grundpfandrechten belastet), so ist die Feststellung der Rangfolge bzw. der ggf. bevorrechtigten Ansprüche von Bedeutung.

und Vermögen) erfolgen.[1] Aus den Zahlen des Jahresabschlusses werden hierzu meist Kennzahlen gebildet, welche die Beziehungen zwischen Vermögen und Kapital zum Ausdruck bringen und die mit Branchenwerten, aber auch mit aus dem innerbetrieblichen Zeitvergleich gewonnenen Werten, verglichen werden können. Zum anderen können Aussagen über die Güte der unternehmerischen Finanzdisposition mit Hilfe von **Finanzflußrechnungen** gewonnen werden. Bedeutung besitzen neben den Kapitalflußrechnungen, den Bestandsdifferenzen- und Bewegungsbilanzen insbesondere die Umsatzüberschuß- (Cash Flow-) Rechnungen. Der Cash Flow dient als Indikator für die Ertrags- und Finanzlage des Unternehmens. Umsatzüberschußrechnungen sollen somit zu Aussagen über den Innenfinanzierungsspielraum und die Kredittilgungskraft führen. Für die Beurteilung der Ertragslage des kreditnachfragenden Unternehmens ist neben der bisherigen tatsächlichen Lage insbesondere die Ermittlung der zukünftigen Erfolgsaussichten von Interesse. Man versucht daher im Rahmen einer **Erfolgsvorschaurechnung** die zukünftigen Aufwände und Erträge zu berechnen. Die hierzu vorgeschlagenen Verfahren reichen, je nach den zur Verfügung stehenden Unterlagen und der aus wirtschaftlichen Gründen für erforderlich gehaltenen Genauigkeit, von der einfachen Trendextrapolation der Vergangenheitswerte bis zur umfassenden Budgetrechnung.

Über diese Auswertung von Jahresabschlußdaten hinaus kommt im Rahmen der Kreditwürdigkeitsprüfung die Erstellung eines **Kreditstatus** in Betracht. In diesem wird das Vermögen der kreditsuchenden Unternehmung nicht nur nach einer einzigen Bewertungskonzeption bewertet. Vielmehr ist es üblich, das Vermögen getrennt nach dem **Buchwert** des Jahresabschlusses, dem **Reproduktionskosten-** und dem **Liquidationswert** aufzuführen. Mit der Bestimmung von Reproduktionskostenwerten werden Aussagen über das mit dem Vermögen verbundene Erfolgserzielungspotential angestrebt. Im Gegensatz dazu sollen die Liquidationswerte z.B. einen Eindruck von der Schuldendeckungsfähigkeit des Vermögens im Zerschlagungsfalle vermitteln.

Bei Bezugnahme auf Vergangenheitsdaten hat der Prüfer zunächst festzustellen, inwieweit die Daten überhaupt in die Zukunft projiziert werden können, d.h. inwieweit die Erfolgsdeterminanten konstant bleiben. So verlieren auf Vergangenheitsdaten gestützte Aussagen dann an Wert, wenn nichtperiodische Vorgänge, wie Neugründungen und Großinvestitionen, durchgeführt werden.

Diesen bisher genannten traditionellen Verfahren der Kreditwürdigkeitsanalyse wird insbesondere die weitgehend vergangenheitsbezogene Sichtweise angelastet. Dementsprechend wird zusätzlich die Berücksichtigung von Planungsrechnungen durch den Prüfer gefordert, da die Entwicklung im wesentlichen von zukünftigen Ereignissen und den dann zu ergreifenden Maßnahmen abhängt. Bei Planungsrechnungen hat der Prüfer festzustellen, ob die den Plänen zugrunde gelegten Daten auf einer logischen Auswertung zukunftsträchtiger Informationen beruhen und ob darauf aufbauend Schlußfolgerungen gezogen werden, die mit den betrieblichen Gegebenheiten realisierbar sind. Neben der Beurteilung von

---

1) Zur Struktur- und Finanzanalyse vgl. Buchner [1981], S. 66 - 71 und Buchner [1996], S. 96 - 114.

Einzelsachverhalten kann das Planungssystem, d.h. die Verfahrensabläufe und die organisatorischen Regelungen, Gegenstand der Prüfung sein. Um eine rationelle und von subjektiven Entscheidungsprozessen freie Beurteilung der Kreditwürdigkeit zu erreichen, werden in der neueren Zeit formalisierte statistische Verfahren zur Kreditwürdigkeitsanalyse eingesetzt. Hier ist insbesondere die multivariate Diskriminanzanalyse zu nennen. Es handelt sich dabei um ein Klassifikationsverfahren, das mehrere Kennzahlen durch eine Diskriminanzfunktion miteinander verbindet und daraus einen Indikator (Diskriminanzwert) ermittelt, der den Risikogehalt des Kredites ausdrückt. Als geeignet für diese Verknüpfung werden dabei bestimmte Kennzahlen zur Eigenkapitalquote (Vermögenslage), zur Rentabilität (Ertragslage) und zum Entschuldungsgrad (Finanzlage) angesehen (vgl. Niehaus [1987], S. 155). Anhand eines vordefinierten Schwellen- oder Trennwertes erfolgt dann eine Klassifikation der Ergebnisse. Über diese Verfahren hinaus wird auch der Einsatz von Neuronalen Netzen zur Kreditwürdigkeitsanalyse diskutiert (vgl. Krause [1993]).

(c) Die Berichtspflichten

Das **Kreditwürdigkeitsgutachten** hat die Aufgabe, dem Kreditgeber Informationen über die Prüfungsdurchführung und das Prüfungsergebnis, d.h. über das mit der Kreditvergabe verbundene Risiko, zu liefern. In dem Gutachten hat der Prüfer über eine bloße Sachverhaltsdarstellung hinauszugehen und Schlußfolgerungen aus den Tatsachen zu ziehen. Die Bewertung des Kreditengagements bleibt aber Aufgabe des Kreditgebers. Das Gutachten soll lediglich eine Entscheidungsgrundlage schaffen. Zum Teil werden im Kreditwürdigkeitsgutachten auch Stellungnahmen zum Kreditrahmen, zur Kreditlaufzeit und zu Besicherungsalternativen gefordert.

2. Die Kreditüberwachungsprüfung

Die Kreditüberwachungsprüfung ist eine zeitlich nach der Kreditvergabe liegende, kreditbegleitende Prüfung. Anlaß der Prüfung ist somit eine routinemäßige Überwachung oder eine akute Gefährdung des Kredits. Der Prüfer hat insbesondere festzustellen, ob

- eine zweckentsprechende Verwendung des Kredits vorliegt, d.h. ob die geforderten Auflagen erfüllt werden,
- Entwicklungen der wirtschaftlichen Lage vorliegen, die das Kreditverhältnis gefährden und
- Wertminderungen von Kreditsicherheiten zu erkennen sind.

Für die Bestellung des Prüfers und die Berichtspflichten gelten die Ausführungen der Kreditwürdigkeitsprüfung. So hat der Prüfer im Prüfungsbericht zu den Risiken des bestehenden Kreditengagements Stellung zu nehmen. Auch hier soll der Bericht lediglich Grundlage für die Entscheidung des Kreditgebers über die Fortsetzung des Kreditengagements sein. Bei einer festgestellten akuten Gefährdung des Kredits ist der Kreditgeber unverzüglich zu informieren.

3. Die Aufdeckungsprüfung

Die Aufdeckungs- oder Deliktprüfung ist eine freiwillige Prüfung, die i.d.R. als Sonderprüfung durchgeführt, oft aber auch - durch Ausweitung des Prüfungsauftrags - mit der Jahresabschlußprüfung kombiniert wird. Ziel der Prüfung ist es, strafrechtlich verfolgte Tatbestände[1] und alle sonstigen Tatbestände, durch die das Unternehmen geschädigt und der Täter einen unberechtigten Vermögensvorteil erlangt, aufzudecken bzw. zu verhindern und nähere Erkenntnisse über die evtl. vorliegende Tat zu liefern. Um die Beseitigung von Beweismaterial durch den Täter zu vermeiden, ist die Deliktprüfung als **Überraschungsprüfung** zu gestalten und ggf. sind die Prüfungshandlungen getarnt vorzunehmen.

Ausgelöst wird die Deliktprüfung durch

- konkrete Verdachtsmomente, wie z.B. Unregelmäßigkeiten im Zahlungsverkehr oder auffälliges Verhalten von Betriebsangehörigen,
- bereits erkannte Delikte oder
- die Feststellung von Schwachstellen ohne konkrete Hinweise auf dolose Handlungen.

Impulse für die gesonderte Deliktprüfung gehen häufig von Abschlußprüfern oder Sonderprüfern aus, die im Rahmen ihrer Prüfung Hinweise auf Schwachstellen oder Verdachtsmomente ermittelt haben.[2] Bei Unternehmen, die nicht einer regelmäßigen Jahresabschlußprüfung unterliegen, fehlen solche Impulse. Für nicht prüfungspflichtige Unternehmen kommt daher der Deliktprüfung als Sonderprüfung somit besondere Bedeutung zu. So wird mitunter auch ohne konkrete Anhaltspunkte für eine deliktische Handlung zur Überprüfung des Internen Kontrollsystems eine eigenständige Deliktprüfung veranlaßt.

(a) Bestellung des Prüfers

Wird die Deliktprüfung nicht der Internen Revision übertragen, sind externe Prüfer mit hoher Qualifikation auszuwählen.[3] Eine besondere Qualifikation ist insbesondere deshalb erforderlich, weil es eine Vielzahl von Deliktmöglichkeiten gibt und eine zweckmäßige Vorgehensweise der Prüfung nicht vorgegeben ist. In der Praxis werden i.d.R. die Berufsan-

---

1) Vgl. Meyer zu Lösebeck [1983], S. 16. - Neben den Tatbeständen der Unterschlagung (§ 246 StGB), des Diebstahls (§§ 242 - 244 StGB), des Betrugs (§ 263 StGB), des Kreditbetrugs (§ 265b StGB), der Untreue (§ 266 StGB) und der Urkundenfälschung (§ 267 StGB) wurden mit dem Zweiten Gesetz zur Bekämpfung der Wirtschaftskriminalität z.B. auch das Ausspähen von Daten (§ 202a StGB), die Datenänderung (§ 303a StGB), der Computerbetrug (§ 263a StGB), die Fälschung beweiserheblicher Daten (§ 269 StGB) und die Computersabotage (§ 303b StGB) in den Katalog strafbarer Handlungen aufgenommen.

2) Für die Jahresabschlußprüfung gilt der Grundsatz, daß gezielte Prüfungshandlungen zur Aufdeckung doloser Handlungen nicht vorzunehmen sind. Der Abschlußprüfer hat die Verantwortung für nicht aufgedeckte Tatbestände nur dann, wenn er diese bei ordnungsmäßiger Durchführung der Prüfung mit berufsüblichen Methoden hätte feststellen müssen (vgl. IDW [1988 (1)], S. 11).

3) Die Beauftragung der Internen Revision hat i.d.R. den Vorteil, daß diese aufgrund ihres Tätigkeitsfeldes bereits Erkenntnisse über Möglichkeiten deliktischer Handlungen und evtl. Indizien hinsichtlich des Täters hat. Als Nachteil wird aber die Gefahr der Befangenheit angesehen. Dies gilt insbesondere für die Aufdeckung deliktischer Handlungen des eigenen Managements.

gehörigen des wirtschaftlichen Prüfungswesens mit der Aufgabe betraut. Dabei werden Prüfer häufig erst dann eingesetzt, wenn sie bereits Erfahrungen bei Jahresabschlußprüfungen gesammelt haben. Gegebenenfalls haben die Prüfer noch Spezialisten heranzuziehen, wie z.B. EDV-Fachleute, wenn Manipulationen im EDV-Programm zu erwarten sind, oder Kriminaltechniker, wenn Beweise kriminaltechnisch auszuwerten sind.

(b) Gegenstand und Umfang der Prüfung

Die Aufgabe des Prüfers hängt im wesentlichen von den bereits vorliegenden Erkenntnissen ab. Ist eine Delikthandlung bereits aufgedeckt worden, hat der Aufdeckungsprüfer
- die Höhe des Schadens zu quantifizieren,
- den oder die Täter zu ermitteln und damit die Grundlage für mögliche Regreßansprüche zu schaffen und
- die Ursachen der deliktischen Handlungen und Verbesserungsvorschläge zur Verhinderung von Wiederholungstaten aufzuzeigen.

Grundsätzlich wird der Prüfer aber auch in diesen Fällen nach weiteren deliktischen Handlungen in dem betroffenen Gebiet suchen. So wird eine dolose Handlung bei den Zahlungseingängen der Kunden Nachforschungen von dem Bereich Warenauslieferung bis hin zur Forderungsregulierung nach sich ziehen.

Werden Prüfungen lediglich aufgrund von Verdachtsmomenten veranlaßt, wie z.B. Veränderungen im Lebenswandel von Betriebsangehörigen, so ist zunächst die Vermutung einer dolosen Handlung zu falsifizieren bzw. zu verifizieren. Liegen keine Verdachtsmomente hinsichtlich einer bestimmten Person vor, ist grundsätzlich die Beurteilung der Funktionsfähigkeit des Internen Kontrollsystems Ausgangspunkt der Feststellung von Verdachtsmomenten. Dabei ist insbesondere auf die Gebiete einzugehen, die häufig Ziel doloser Handlungen sind, wie z.B. der Geldverkehr, die Lohnabrechnung oder die Devisengeschäfte.

(c) Die Berichtspflichten

Nach Abschluß der Prüfung hat der Prüfer das Prüfungsergebnis schriftlich niederzulegen. In dem Bericht hat er ein Urteil darüber zu fällen, ob eine deliktische Handlung stattgefunden hat, wer der Täter und wie hoch der Schaden für das Unternehmen ist. Dabei sind alle Umstände darzulegen, die für die zivil- und strafrechtliche Beurteilung sowie ggf. für eine gerichtliche Beweisführung erforderlich sind. Zur Vermeidung weiterer Delikte sind erkannte Schwachstellen im Überwachungssystem und evtl. Verbesserungsvorschläge darzustellen. Für die Erstellung des Berichts sind die allgemeinen Grundsätze der Berichtserstellung (Vollständigkeit, Wahrheit und Klarheit) zu beachten. Dies gilt um so mehr, als der Bericht evtl. als Grundlage für eine Beweisführung dienen soll. Bei Überführung eines Täters sind die Auftraggeber noch vor Abschluß der Prüfung (mündlich) zu informieren, so daß die entsprechenden Konsequenzen frühzeitig eingeleitet werden können. Die sofortige Information der Aufsichtsorgane ist gerade auch dann erforderlich, wenn ein Mitglied des Managements als Täter ermittelt wurde. Eine direkte Information der Strafverfolgungsbehörde durch den Prüfer kommt aber nicht in Frage.

4. Die Prüfung durch den Umweltgutachter gemäß der EU-Öko-Audit-Verordnung

Nach der Verordnung (EWG) Nr. 1836/93 über die freiwillige Beteiligung gewerblicher Unternehmen an einem Gemeinschaftssystem für das Umweltmanagement und die Umweltbetriebsprüfung (EU-Öko-Audit-Verordnung), die seit 13.4.1995 unmittelbar geltendes Recht in den einzelnen Mitgliedstaaten der Europäischen Union darstellt, können gewerbliche Unternehmen freiwillig an einem standortbezogenen Umwelt-Audit-Prozeß teilnehmen. Entschließt sich ein Unternehmen, an dem Verfahren teilzunehmen, hat es einen Prozeß umweltorientierter Berichterstattung zu durchlaufen. Dieser Prozeß umfaßt

- eine einmalige umweltorientierte Bestandsaufnahme (Umweltprüfung), auf deren Grundlage das Umweltprogramm und das Umweltmanagementsystem angelegt werden,
- eine mindestens alle drei Jahre durchzuführende interne Umweltbetriebsprüfung,
- eine in der Regel jährlich zu erstellende und zu veröffentlichende Umwelterklärung,
- eine Überprüfung durch einen externen Gutachter (Umweltgutachter) und
- eine Zertifizierung (Einreichung der überprüften Umwelterklärung, Registrierung und Verleihung des Teilnahmezertifikates).

Die Teilnahme am Öko-Audit-Prozeß und die Zertifizierung erfordern demnach insbesondere eine Überprüfung durch externe Gutachter.[1] Im Rahmen dieser externen Prüfung muß die Umwelterklärung sowie deren Grundlagen (die Umweltpolitik, das Umweltprogramm, das Umweltmanagementsystem und das Umweltbetriebsprüfungsverfahren) durch einen zugelassenen unabhängigen Umweltgutachter auf Übereinstimmung mit den Bestimmungen der EU-Öko-Audit-Verordnung überprüft werden. Als Anreizsystem für die Teilnahme am Öko-Audit-Prozeß können geprüfte Unternehmen nach Eintrag bei einer Registrierungsstelle eine Teilnahmeerklärung einschließlich eines Gütezeichens veröffentlichen. Unternehmen können jederzeit ihre Teilnahme am Öko-Audit-Prozeß beenden. Sie dürfen dann die Teilnahmeerklärung und das Gütezeichen nicht mehr verwenden. Im folgenden soll auf die externe Prüfung durch den Umweltgutachter eingegangen werden.

(a) Zulassung und Bestellung von Umweltgutachtern

Die Regelungen über Zulassung und Beaufsichtigung der Umweltgutachter werden den einzelnen Mitgliedstaaten überlassen. In der Bundesrepublik Deutschland ist mit dem Umwelt-Audit-Gesetz (UAG) eine rechtliche Grundlage geschaffen worden. Zuständig für die Zulassung von Umweltgutachtern ist die Deutsche Akkreditierungs- und Zulassungsgesellschaft für Umweltgutachter mbH (DAU-GmbH). Sowohl Einzelperso-

---

[1] Von dieser externen Prüfung durch einen Umweltgutachter ist die interne Umweltbetriebsprüfung abzugrenzen. Diese Umweltbetriebsprüfung, die in die Erstellung der Umwelterklärung mündet, kann durch für das Unternehmen tätige externe Personen oder Organisationen erfolgen. Hierbei handelt es sich mehr um eine Beratungstätigkeit zur Verbesserung der Gestaltung und Funktionsweise des Umweltmanagementsystems als um eine Prüfungstätigkeit. Die eigentliche Prüfungsfunktion kommt dem Umweltgutachter zu. Die Tätigkeit der Umweltbetriebsprüfung ist rechtlich und organisatorisch von der Tätigkeit des Umweltgutachters zu trennen.

nen als auch Organisationen können als Umweltgutachter zugelassen werden. Der Umweltgutachter muß fachliche und berufsrechtliche Anforderungen erfüllen. Die fachlichen Anforderungen werden in Anhang III der EU-Öko-Audit-Verordnung aufgeführt. Danach hat der Umweltgutachter für seine Zulassung insbesondere ausreichendes Fachwissen in technischen, ökologischen und rechtlichen Fragen nachzuweisen. Er muß über geeignete Qualifikationen, Ausbildung und Erfahrungen in den Bereichen Methodologien der Umweltbetriebsprüfung, Managementinformation und -verfahren, Umweltfragen, Kenntnisse über einschlägige Rechtsvorschriften und Normen eines eigens für die Zwecke der EU-Öko-Audit-Verordnung entwickelten Leitfadens sowie einschlägige technische Kenntnisse über die Tätigkeiten, auf die sich sich seine Beurteilung erstreckt, verfügen. Umweltgutachter müssen ein abgeschlossenes Hochschulstudium oder eine Fachkenntnisbescheinigung und mindestens drei Jahre eigenverantwortliche Tätigkeit im betrieblichen Umweltschutz nachweisen können. Zu den berufsrechtlichen Anforderungen gehört, daß der Umweltgutachter unabhängig und unparteiisch ist. Er darf weder vom begutachteten Unternehmen noch vom Umweltbetriebsprüfer des Standortes abhängig sein. Weiterhin gilt für den Umweltgutachter der Grundsatz der Verschwiegenheit. Mindestens alle drei Jahre muß die Zulassungsstelle überprüfen, ob der Umweltgutachter noch die Zulassungsvoraussetzungen erfüllt (vgl. hierzu Strobel [1995]).

Es stellt sich die Frage, ob WP (vBP) als Umweltgutachter tätig werden können. Die geforderten berufsrechtlichen Voraussetzungen sind für WP (vBP) bereits in eigenen berufsrechtlichen Vorschriften (z.B. § 43 WPO) als allgemeine Berufspflichten verankert. Betrachtet man die fachlichen Anforderungen, ist zu klären, ob das Umwelt-Audit mit seiner technischen Ausrichtung mit den Tätigkeiten eines WP (vBP) in Einklang steht. Hierzu ist festzustellen, daß technische Fragen nicht der Hauptprüfungsgegenstand des Umwelt-Audits sind, sondern daß der Schwerpunkt auf der Prüfung des Umweltmanagementsystems liegt. Obwohl das Umwelt-Audit umfangreiche technische Kenntnisse erfordert, verliert die Prüfung durch den Umweltgutachter nicht den Charakter einer betriebswirtschaftlichen Prüfung nach § 2,1 WPO (vgl. Förschle [1994], S. 6). Das Umwelt-Audit kann zu den dort genannten Aufgaben des WP (vBP) "betriebswirtschaftliche Prüfungen durchzuführen" und "Bestätigungsvermerke über die Vornahme und das Ergebnis solcher Prüfungen zu erteilen" gezählt werden. Fehlende technische Kenntnisse kann der WP (vBP) gegebenenfalls dadurch ausgleichen, daß er entsprechend vorgebildete Mitarbeiter einstellt oder fachlichen Rat bei Spezialisten einholt, wie dies auch bei der Hinzuziehung von Versicherungsmathematikern oder EDV-Spezialisten zulässig ist. Die Tätigkeit des Umweltgutachters stellt somit ein Handlungsfeld für WP (vBP) dar (vgl. Dörner [1995], S. 116).

(b) Gegenstand und Umfang der Prüfung

Die Prüfungstätigkeit des Umweltgutachters folgt der (internen) Umweltbetriebsprüfung und der Erstellung der Umwelterklärung durch das geprüfte Unternehmen. Ein Umwelt-Audit bezieht sich auf einen räumlich abgegrenzten Unternehmensstandort und nicht auf ein Unternehmen als rechtliche oder wirtschaftliche Einheit. Gemäß der EU-Öko-Audit-

Verordnung hat der Umweltgutachter die Aufgabe, unbeschadet der Aufsichts- und Regelungsbefugnisse der Mitgliedstaaten, die Einhaltung aller Vorschriften der EU-Öko-Audit-Verordnung zu prüfen. Dabei soll er insbesondere die Umweltpolitik, das Umweltprogramm, das Funktionieren des Umweltmanagementsystems, das Umweltbetriebsprüfungsverfahren und die Umwelterklärungen überprüfen. Er hat die Zuverlässigkeit der Daten und Informationen der Umwelterklärung und die ausreichende Berücksichtigung aller für den Standort relevanten Umweltfragestellungen in der Umwelterklärung zu prüfen. Der Gutachter hat die technische Eignung der Umweltprüfung oder der Umweltbetriebsprüfung oder andere von dem Unternehmen angewandte Verfahren mit der erforderlichen fachlichen Sorgfalt zu untersuchen. Die ordnungsgemäße Begutachtung erfordert die Einsicht in Unterlagen, eine Betriebsbegehung, Gespräche mit dem Personal, die Ausarbeitung eines Berichts für die Unternehmensleitung und die Klärung der in diesem Bericht aufgeworfenen Fragen. Der Umweltgutachter wird neben einer reinen Systemprüfung zumindest eine "eingeschränkte Sachprüfung" durchführen (vgl. Schottelius [1996], S. 1235).

(c) Die Berichtspflichten

Die Ergebnisse der Prüfung faßt der Umweltgutachter in einem Bericht an die Unternehmensleitung zusammen. Dieser Bericht umfaßt die festgestellten Verstöße gegen die EU-Öko-Audit-Verordnung, die bei der Umweltprüfung oder bei der Methode der Umweltbetriebsprüfung oder dem Umweltmanagementsystem oder allen sonstigen Verfahren aufgetretenen technischen Mängel sowie besondere Einwände gegen die Umwelterklärung. Wenn der Umweltgutachter feststellt, daß nach ggf. erfolgten Korrekturen

- die Umweltpolitik im Einklang mit den einschlägigen Vorschriften der EU-Öko-Audit-Verordnung festgelegt wird,
- die Umweltprüfung bzw. die Umweltbetriebsprüfung in technischer Hinsicht zufriedenstellend ist,
- in dem Umweltprogramm alle bedeutsamen Fragen angesprochen werden,
- das Umweltmanagementsystem die gestellten Anforderungen erfüllt und
- die Umwelterklärung sich als genau, hinreichend detailliert und mit den Anforderungen des Systems vereinbar erweist,

so erteilt er eine Gültigkeitserklärung. Das geprüfte Unternehmen kann daraufhin die Umwelterklärung bei der zuständigen Zertifizierungsstelle für den Standort zur Registrierung einreichen. Diese Zertifizierungsstelle bestätigt dann die Teilnahme am Umwelt-Audit-Prozeß (Teilnahmeerklärung) und verleiht das Gütezeichen für den jeweiligen Standort. Werden die erforderlichen Voraussetzungen nicht erfüllt, so ist die Zertifizierung zu verweigern. Eine Veröffentlichung der Testatsverweigerung bzw. -einschränkung ist nicht vorgesehen.

2. Kapitel
Die Sachverständigentätigkeiten

Nach § 2,3 WPO dürfen WP Sachverständigentätigkeiten auf den Gebieten der wirtschaftlichen Betriebsführung ausüben und können unter Berufung auf ihren Berufseid in wirtschaftlichen Angelegenheiten vor Behörden und Gerichten als Sachverständige auftreten, ohne nochmals einen Eid ablegen zu müssen. VBP sind dagegen nach § 129,3 WPO nur befugt, auf den Gebieten des betrieblichen Rechnungswesens als Sachverständige aufzutreten, ohne nochmals vereidigt zu werden.

Die Sachverständigentätigkeiten lassen sich in Begutachter- und Beratertätigkeiten unterteilen.[1] Die Beratung unterscheidet sich von der Begutachtung dadurch, daß bei einer Beratung konkrete Verhaltensempfehlungen bzw. Verhaltensanweisungen zur Unterstützung oder Erleichterung von wirtschaftlichen Entscheidungen gegeben werden. Bei einer Begutachtung werden ausschließlich Feststellungen und diese auswertende Urteile vorgelegt.

Die Sachverständigentätigkeit ist mit der Prüfertätigkeit eng verwandt. Sie unterscheidet sich von der Prüfertätigkeit, die immer einen Soll-Ist-Vergleich beinhaltet, dadurch, daß sie darauf hinzielt, "Sachverhalte an sich" zu erfassen. Der einfachste Fall sind die Feststellungen (Feststellungs- bzw. Ermittlungsgutachten). Feststellungsaufgaben können einen abstrakten oder konkreten Bezug haben. Ihr Bezug ist abstrakt, wenn dem Sachverständigen aufgetragen wird, sich aus seinem Fachwissen und seiner Erfahrung heraus zu anstehenden Problemen zu äußern (z.B. die Beantwortung der Frage, ob die in einer bestimmten Region praktizierte Übung sich schon zum Handelsbrauch entwickelt hat, oder auch die Darstellung der Grundsätze ordnungsmäßiger Buchführung und Bilanzierung für einen bestimmten Vorgang aus dem Rechnungswesen). Ein konkreter Bezug ist gegeben, wenn Sachverständige durch Einblicknahme in Dokumente (z.B. die Buchführung) oder durch Messen, Zählen, Wiegen oder Schätzen Tatbestände (z.B. Wert oder Gewicht eines Wirtschaftsgutes oder den Umsatz eines Zeitraumes) festzustellen haben. Derartige Feststellungsaufgaben fallen an, wenn solche Ermittlungen durch neutrale und vertrauenswürdige Personen durchgeführt werden sollen, wie bei Rechtsstreitigkeiten oder dann, wenn Informationsberechtigte aus Kosten- und/oder Zeitgründen Einsichtnahmen nicht selbst vornehmen wollen oder ihnen hierzu die nötigen Sachkenntnisse fehlen.

Sachverständigengutachten haben außer der Erstellung "vertrauenswürdiger Expertisen" auch die "Analyse und vertrauenswürdige Beurteilung von Sachverhalten" zum Ziel. Solche Gutachten werden bestellt, wenn Auftraggeber nicht über die nötigen Sachkenntnisse verfügen oder wenn diese auf eine Unterstützung bzw. Ergänzung des eigenen Urteils für sich oder zur Vorlage bei Dritten angewiesen sind. Für diese Art der Begutachtung ist es entscheidend, daß der Gegenstand der Begutachtung

---

1) Anderer Ansicht: Leffson [1988], S. 8 - 9, der die Feststellungsaufgaben nicht zu den Begutachtungsaufgaben zählt, sondern als "eigenständige" Sachverständigentätigkeit auffaßt.

unter den auftragsspezifischen Fragestellungen analysiert, beschrieben und beurteilt wird. Der Gegenstand eines so gestalteten Beurteilungsprozesses wird auch als **Beurteilungsobjekt** bezeichnet. Das wesentliche Problem derartiger Beurteilungsprozesse wird darin gesehen, aus der Gesamtheit der von den Wissenschaften (insbesondere also der Wirtschaftswissenschaft) - aber auch aus der Erfahrung - erworbenen Kriterien diejenigen auszuwählen, die auf das Beurteilungsobjekt anzuwenden sind, um ein zutreffendes Urteil abgeben zu können.

Zusammenfassend ist daher zu sagen, daß durch "Begutachtungen" zum einen Sachverhalte vertrauenswürdig ermittelt und zum anderen durch Analysen und diese auswertende Urteile vertrauenswürdig beschrieben werden. Bei einer "Beratung" werden dagegen Handlungsalternativen erörtert und konkrete Vorschläge für künftige Aktivitäten ausgearbeitet. Die Übergänge dieser einzelnen Sachverständigentätigkeiten sind oft fließend, denn ein an einen Sachverständigen gehender Beurteilungsauftrag kann sowohl einen Auftrag zur Begutachtung wie Beratung beinhalten. Auch ist es in der Praxis so, daß sich Prüfer- und Sachverständigentätigkeiten mischen, wie z.B. bei der genossenschaftlichen Pflichtprüfung, bei der dem Prüfer nach § 59,3 GenG ein Beratungsrecht zusteht.

Aus dem Hauptarbeitsgebiet der Prüfungsunternehmen - der Jahresabschlußprüfung - resultiert meist eine starke Saisonabhängigkeit, da viele Mandanten (durch steuerrechtliche Vorschriften veranlaßt) den 31.12. eines Jahres als Abschlußstichtag gewählt haben. Sachverständigentätigkeiten sind keinen oder keinen ausgeprägten zeitlichen Nachfrageschwankungen unterworfen. Daher sehen Prüfungsunternehmen in der Übernahme von Sachverständigentätigkeiten (aber auch von Treuhandtätigkeiten i.e.S.) Möglichkeiten, den mit den Prüfertätigkeiten verbundenen Nachteilen einer zeitlich ungleichen Nachfrage auszuweichen bzw. diese auszugleichen. Ein Ausgleich der zeitlichen Nachfrageverteilung ist immer dann geboten, wenn die Kapazität einer Prüfungsunternehmung größer ist, als sie in der saisonschwachen Zeit für Prüfertätigkeiten benötigt wird. Die so in saisonschwachen Monaten bestehende Leerkapazität wird dann durch die Übernahme von Sachverständigen- und/oder Treuhandtätigkeiten zu nutzen versucht. Motive für eine solche Betriebsgrößenplanung können einmal in der Befürchtung gesehen werden, bei nicht hinreichend vorhandenen Kapazitäten gegen den Berufsgrundsatz der Gewissenhaftigkeit zu verstoßen. Hieraus resultiert zum anderen die Furcht vor dem Risiko, Prüfungsmandate nicht übernehmen zu können oder zu verlieren.

Eine weitere Möglichkeit des Ausgleichs des Beschäftigungsrisikos liegt in der Spezialisierung auf Beratungen, Begutachtungen oder Treuhandtätigkeiten. Diesen Möglichkeiten des Ausgleichens von Beschäftigungsrisiken sind aber Grenzen gesetzt. So kollidiert eine **ausschließliche** Spezialisierung auf treuhänderische Verwaltungsaufgaben im Anstellungsverhältnis insofern mit den Berufspflichten, als diese Tätigkeit nur bei Zustimmung der WP-Kammer und auch dann nur vorübergehend durchgeführt werden darf (§ 43a,3 WPO). Auch die Möglichkeit der Spezialisierung auf Sachverständigentätigkeiten steht zur Diskussion. Eine Kontroverse hat sich insbesondere an der Frage entzündet: Kann ein WP (vBP), der eine Abschlußprüfung durchführt, auch der Berater dieser Unternehmung sein? In dem Zusammenhang werden einmal Gefahren der Kollision mit dem Grundsatz der Objektivität gesehen. Daneben wird von Kritikern auch angeführt, daß es sich bei der Unternehmensberatung und der Wirtschaftsprüfung um zwei grundverschiedene Berufe handele, die auch getrennt auszuüben seien, oder es werden dem WP (vBP) die für die über die Prüfung hinausgehende Betreuung erforderlichen Sachkenntnisse abgesprochen. Diese Diskussion wird z.T. auch mit dem Ziel geführt, einen Berufsstand spezialisierter Sachverständiger - den sog. **Fach-Wirtschaftsprüfer** - zu schaffen.[1] Grundsätzlich sieht der Berufsstand die Beratung oder Vertretung eines Auftraggebers mit einer Prüfungs- oder Gutachtertätigkeit durch denselben WP/vBP als vereinbar an, wenn nicht die Besorgnis der Befangenheit bei der Durchführung eines Prüfungs- oder Gutachterauftrages besteht (§ 22 Berufssatzung).[2]

Hinsichtlich der Sachverständigentätigkeiten lassen sich prinzipiell **branchenweise** und **funktionale Spezialisierungen** unterscheiden. Bei einer branchenweisen Spezialisierung werden jeweils Unternehmen einer bestimmten Branche - also nur Geschäftsbanken, Sparkassen oder Lebensversicherungen - betreut. Der Vorteil dieser Spezialisierung liegt darin, daß der Spezialist Kenntnisse der Branche erlangt, die ihn besonders befähigen, Unternehmen der Branche miteinander zu vergleichen. Nachteile liegen in der Praktikabilität. Einmal sehen viele Unternehmen ungern die Möglichkeit, daß Konkurrenzunternehmen Kenntnisse durch den Sachverständigen erlangen können, und zum anderen führt die Vielzahl von Geschäftszweigen zu einer nachteiligen Aufsplitterung der Sachverständigentätigkeit. Bei der zweiten Möglichkeit - der funktionalen oder sachgebietsweisen Spezialisierung - wird eine solche Aufsplitterung nach Geschäftszweigen vermieden. Mögliche Tätigkeitsfelder dieser Art der Spezialisierung sind Steuer-, Organisations-, Finanzierungs- oder EDV-Fragen, so daß die Gesamtheit der Unternehmen potentielle Nachfrager einer sachgebietsweisen Spezialisierung der Sachverständigentätigkeit sein kann.[3]

In der folgenden Darstellung der Sachverständigentätigkeiten sollen die Beratertätigkeiten nach den Hilfestellungen im Entscheidungsprozeß und nach den Objekten der Unternehmensberatung unterteilt beschrieben werden. Um Wiederholungen zu vermeiden, erfolgt die Einteilung nach Objekten der Unternehmensberatung nach der beschriebenen sachgebietsweisen Spezialisierung. Dabei sollen die für das wirtschaftliche Prüfungswesen bedeutsamen Sachgebiete der betriebswirtschaftlichen Beratung, der Steuerberatung und der Rechtsberatung behandelt werden. Gutachtertätigkeiten haben in etwa die gleichen Anlässe und erfolgen auf

---

1) Vgl. Moser [1975], S. 60 - 104; Hollai [1961], S. 29 u. 33.

2) Problematisch hierbei ist die Abgrenzung im Einzelfall, ob die Grenze der zulässigen Beratung zur unzulässigen Mitwirkung bei der Führung der Bücher oder der Aufstellung des Jahresabschlusses überschritten ist (vgl. z.B. OLG Karlsruhe [1996]). Als Orientierungshilfe hat der Vorstand der WPK daher einige grundsätzliche Feststellungen zur Abgrenzung von Prüfung und Erstellung getroffen (vgl. WPK [1996 (3)]).

3) Es ist allerdings auch eine Kombination aus funktionaler und branchenweiser Spezialisierung praktizierbar, z.B. der ausschließlich auf Finanzierungsfragen einer bestimmten Branche spezialisierte Sachverständige.

den gleichen Sachgebieten. Um auch hier Wiederholungen zu vermeiden, soll ein Schwerpunkt auf die Darstellung der Gutachtertätigkeiten in gerichtlichen und außergerichtlichen Auseinandersetzungen gelegt werden.

A. Die Beratertätigkeiten

I. Die Beratertätigkeiten als Entscheidungshilfen

Allgemein ist unter einer (wirtschaftlichen) Entscheidung die bewußte Auswahl einer von mehreren Handlungsalternativen zu verstehen. Auch wenn die Entscheidungsprozesse der Wirtschaftspraxis als relativ heterogen erscheinen, lassen sie sich auf eine gemeinsame Grundstruktur, das **Entscheidungsmodell**, zurückführen, welches aus den Bausteinen Handlungsalternativen, Ergebnissen, Umweltzuständen und Zielfunktionen besteht. Handlungsalternativen, Umweltzustände und jeweilige Ergebnisse werden auch als **Entscheidungsfeld** bezeichnet. Externe Berater werden von Unternehmen herangezogen, um durch diese (zusätzliche) Informationen und Hilfen für anstehende und/oder begonnene Entscheidungsprozesse zu gewinnen. Diese Beratungen beziehen sich auf die Formulierung der Zielsetzung, das Entscheidungsfeld und auf die Entscheidungsfindung. Hierbei kann ein Berater **entscheidungsvorbereitend** und/oder **entscheidungsmitwirkend** tätig werden. Die entscheidungsvorbereitende Beratung wirkt auf zukünftige und noch nicht konkretisierte Entscheidungsprozesse. Man spricht in diesem Zusammenhang auch von der Instruktions- und Koordinationsfunktion einer Beratung.[1] Zu der Beratung im Sinne einer Instruktionsfunktion zählen einmal die Abhaltung von Schulungs- und Ausbildungskursen für unterschiedliche Instanzen der Unternehmenshierarchie und zum anderen auch informelle und zwanglose Gespräche mit der Führungsspitze über Fragen der Unternehmensgestaltung. Als Kommunikations- bzw. Koordinationsfunktion werden Beratertätigkeiten bezeichnet, die auf eine Verbesserung der unternehmensinternen Koordination oder Kommunikation gerichtet sind, ohne daß der Berater aktiv auf das Unternehmensgeschehen einwirkt.

Die entscheidungsmitwirkende Beratung betrifft den einzelnen Entscheidungsprozeß. Wird mit dem Begriff "Entscheidung" nicht nur allein der Entschluß, sondern auch dessen Vorbereitung und Realisierung bezeichnet, so läßt sich eine Entscheidung - zumindest gedanklich (mitunter auch zeitlich)[2] - als ein Problemlösungsprozeß auffassen, der aus den Einzelphasen Anregung (Problemformulierung), Suche, Optimierung und Realisierung zusammengesetzt ist. Die Beratung kann sich auf sämtliche Phasen eines Entscheidungsprozesses erstrecken (= Gesamtberatung einer Entscheidung), sie kann sich aber auch auf die einzelnen Phasen eines Entscheidungsprozesses beziehen (= Phasenberatung). Die Intensität der

---

1) Vgl. Dahl [1967], S. 30 - 35; Pougin/Wysocki [1970], S. 150.

2) Da Entscheidungsphasen mehrfach wiederholt, Entscheidungsprozesse vorzeitig abgebrochen oder mehrere Entscheidungsprozesse zu einem Regelkreis vereinigt werden können, ist die Phasengliederung des Entscheidungsprozesses umstritten (vgl. Laux [1982], S. 10 - 11). Die vorstehende Phasengliederung ist daher nicht so sehr als Darstellung der zeitlichen Abfolge, sondern als eine gedankliche Aufgliederung der Einzelaktivitäten eines Entscheidungsprozesses aufzufassen.

Beratung kann unterschiedlich stark sein. Man spricht von **exekutiver Beratung**, wenn dem Berater einzelne Phasenaufgaben zur selbständigen Erfüllung übertragen werden und von **konfirmativer Beratung**, wenn der Berater lediglich Hilfestellungen im Entscheidungsprozeß leistet, der Entscheidungsträger jedoch die entsprechenden Phasenaufgaben selbst wahrnimmt.

Die Beratung in der Anregungsphase. Entscheidungen werden durch das Erkennen und Formulieren ungelöster Probleme in Gang gesetzt. Möglichkeiten der Mitwirkung von WP/vBP in dieser Phase ergeben sich im Zusammenhang mit der Durchführung von Prüfungsaufträgen. Prüfer erkennen oft aufgrund ihrer Erfahrung bestimmte Symptome, z.B. daß sich eine Situation unbefriedigend entwickelt und möglicherweise verbessert werden kann oder muß. Häufig werden auch Prüfer von Entscheidungsträgern der geprüften Unternehmung über die Zweckmäßigkeit der Einleitung bestimmter Entscheidungsprozesse (z.B. die Anschaffung einer neuen Buchungsanlage) um Rat gefragt.

Die Beratung in der Suchphase. Grundsätzlich gibt es nicht nur eine einzige Möglichkeit, ein gegebenes Entscheidungsproblem zu lösen. Es geht in dieser Phase darum, Alternativen zu finden. Welche Alternativen gefunden werden, hängt von dem Wissensstand und der Kreativität des Entscheidenden ab. Oft bieten diese aber nicht eine hinreichende Basis für das Erkennen von Alternativen. Daher erweist es sich als vorteilhaft, Berater einzuschalten, deren Aufgabe es ist, irrelevante Alternativen zu eliminieren, bereits erkannte Alternativen zu bestätigen bzw. die Anzahl der erwogenen Alternativen zu vergrößern und/oder deren Qualität zu verbessern. Man spricht dann auch von der "alternativerweiternden Beratung".

Die Beratung in der Optimierungsphase. Um eine rationale Entscheidung treffen zu können, muß der Entscheidende die Konsequenzen, d.h. die Ergebnisse erwogener Alternativen, abschätzen und die im Hinblick auf die angestrebten Ziele beste Alternative auswählen. Berater vermögen in dieser Phase Entscheidungsziele auf Widerspruchsfreiheit zu untersuchen, den Informationsstand über mögliche Alternativen zu verbessern und eine Beratung des zieladäquaten Entscheidungskalküls vorzunehmen. Aufgabe einer Entscheidungskalkülberatung ist die Mitwirkung bei der Operationalisierung und Kalkülisierung von Entscheidungen. Diese hat einmal die Konsequenzen der verschiedenen Entscheidungsmodelle bei der Lösung von Entscheidungsproblemen darzulegen und gegebenenfalls bei gegebener Zielfunktion und gegebenem Entscheidungsfeld "bessere" Kalküle vorzuschlagen. Wünscht so z.B. der Entscheidungsträger eine Investitionsentscheidung unter Erfolgsmaximierungsgesichtspunkten zu treffen, so wird ein Berater anstelle der Pay-off-Methode die Kapitalwertmethode vorschlagen.[1]

Die Beratung in der Realisationsphase. Auch im Zuge der Realisation sind weitere Entscheidungen zu treffen. Der Anlaß hierzu ist einmal darin zu sehen, daß die Schwierigkeit, eine Vorstellung von den künftigen für die Planung bedeutsamen Daten und ihrer Gestaltung zu gewinnen, mit der zeitlichen Länge des Planungszeitraumes ständig zunimmt. Ein Teil der in Zukunft zu ergreifenden Maßnahmen läßt sich deshalb nicht von vornherein, sondern erst nach und nach im Zeitablauf festlegen. Zum anderen weicht oft die zu späteren Zeitpunkten vorauszusehende Entwicklung von den der Planung zugrunde gelegten Erwartungen ab. Sofern die ursprüngliche Planung noch nicht zu entsprechenden Handlungen geführt hat, gilt es, anhand der korrigierten Erwartungen eine Neuplanung vorzunehmen.

---

1) Zu der Frage der Zieladäquanz von investitionsrechnerischen Entscheidungskalkülen vgl. Buchner [1981], S. 2 - 61.

Mitunter werden auch Aufgaben der Planrealisation an Externe delegiert. Übernimmt ein Externer Aufgaben der Planrealisation, so geht das über eine Beratertätigkeit hinaus. Sie kann dann für einen WP (vBP) eine erlaubte betriebswirtschaftliche Prüfertätigkeit sein, wenn der Auftrag nicht mit Anordnungs- und Realisationsaufgaben im Rahmen der Planrealisation zusammenfällt, d.h. wenn es sich um reine Überwachungsaufgaben der Planrealisation handelt.

II. Die Objekte der Unternehmensberatung

a. Die betriebswirtschaftliche Beratung

Die entscheidungsvorbereitende wie auch die entscheidungsmitwirkende betriebswirtschaftliche Beratung erstreckt sich auf jeden Entscheidungsbereich einer Unternehmung. Adressaten der betriebswirtschaftlichen Unternehmensberatung sind also grundsätzlich Instanzen sämtlicher Leitungsebenen (einschließlich zugeordneter Stabsstellen) der Unternehmenshierarchie. Allgemein ist zu sagen, daß tendenziell mit abnehmendem Kompetenzbereich der Instanzen betriebswirtschaftliche Beratungen zunehmend den Charakter von Spezialberatungen besitzen und umgekehrt die Beratung der höheren Instanzen eher Global- und Grundsatzberatungen sind. Global- und Grundsatzberatungen der Führungsspitze werden auch als **Managementberatung** bezeichnet. Wesentliche Aufgaben einer Unternehmensleitung sind einmal die Gestaltung der Unternehmensstruktur und zum anderen die Konzeption der Geschäftspolitik. Die Strukturierung eines Unternehmens umfaßt im wesentlichen die Festlegungen der ökonomischen Zielsetzungen und Unternehmensgröße, der Kapitalstruktur und Finanzierung sowie die der Programme der Leistungserstellung und Leistungsverwertung. Solche Festlegungen sind in ihrer Ausgestaltung davon abhängig, in welcher Phase - also Gründung, Umwandlung, Fusion oder Sanierung - sich ein Unternehmen befindet. Man spricht in dem Zusammenhang auch von einer Unternehmensstrukturberatung. Durch die Konzeption der Geschäftspolitik werden Führungsstil, Personalpolitik, Organisationsstruktur und Aufgabenverteilung, Marktstrategie sowie Überwachung und Steuerung meist im Umriß bestimmt. Besondere Aufgabe der Managementberatung ist es, der Unternehmensleitung Hilfestellung bei der Ausarbeitung und Koordinierung dieser unternehmenspolitischen Aufgaben zu geben, aber auch gegebenenfalls bei der Suche von kompetenten Sachverständigen für Sonderfragen mitzuwirken.

Neben dieser Managementberatung werden von WP bzw. vBP auch Beratungen auf detaillierten betriebswirtschaftlichen Sachgebieten durchgeführt. Hervorzuheben sind hier die Organisationsberatung (insbesondere hinsichtlich des internen Überwachungssystems), die Beratung hinsichtlich des Aufbaus des Berichts- und Rechnungswesens sowie die Beratung in Finanzierungsfragen einschließlich der Beratung aller mit der betrieblichen Altersversorgung zusammenhängender Probleme.

b. Die Steuerberatung

Unter Steuerberatung versteht man die Gesamtheit der beratenden Aktivitäten, die durch das Vorhandensein einer Besteuerung entstehen. Es lassen sich drei Teilgebiete unterscheiden: die Steuerdeklarations-, die Steuerrechtsdurchsetzungs- und die Steuergestaltungsberatung.

Die Steuerdeklarationsberatung. Eine Steuerschuld entsteht mit der Verwirklichung des Tatbestandes, an den der Gesetzgeber eine Steuerpflicht knüpft. Über das Eintreten von Steuertatbeständen ist nach den einzelnen Steuergesetzen dem zuständigen Finanzamt eine Steuererklärung bzw. Steuervoranmeldung abzugeben.

Im Rahmen der Steuerdeklarationsberatung werden Hilfestellungen bei der Abgabe der Steuererklärung bzw. Voranmeldung gegeben. In diesem Zusammenhang stehen auch Beratungen zu Problemen der Steuerverrechnung. Diese umfassen Fragen der Gestaltung des betrieblichen Rechnungswesens für die Ermittlung von Steuerbemessungsgrundlagen, aber auch Fragen der Behandlung der Steuern im betrieblichen Rechnungswesen. Die Gestaltung des betrieblichen Rechnungswesens für die Ermittlung von Bemessungsgrundlagen wirft deshalb Fragen auf, weil das Steuerrecht mitunter entweder Bemessungsgrundlagen normiert, die im betrieblichen Rechnungswesen nicht (oder nicht regelmäßig) erstellt werden, oder für die durch steuerrechtliche Bestimmungen Umrechnungen bzw. Umwertungen der Buchhaltungsergebnisse nötig werden. Zu erwähnen sind hier z.B. die formellen und materiellen Probleme der Sonderrechnungen zur Ermittlung des Vermögenswertes im Rahmen der Einheitsbewertung oder die der Ableitung der Steuerbilanz aus der Handelsbilanz. Verrechnungstechnische Probleme können zum anderen Fragen des Aufbaus und der Ausgestaltung des Rechnungswesens sein, wie die der "richtigen" Erfassung der einzelnen Steuerarten in der Kostenrechnung oder die der Berechnung und Einbehaltung von Steuern für Dritte (z.B. Lohn- und Kirchensteuer für Arbeitnehmer und Kapitalertragssteuer für Anteilseigner).

Die Steuerrechtsdurchsetzungsberatung. Hierunter fallen Hilfeleistungen bei der Stellung von Anträgen, Durchführung von Rechtsbehelfen sowie Beratungen anläßlich von finanzamtlichen Außenprüfungen (Betriebsprüfungen).

Die Steuergestaltungsberatung (auch planende Steuerberatung oder steuerpolitische Beratung). Ziel der Steuergestaltungsberatung ist es, nach Wegen[1] zu suchen, die es dem beratenden Unternehmen ermöglichen, der Steuer auf **legale**[1] Weise auszuweichen, indem es den Tatbestand, an den der Steuerpflicht anknüpft, vermeidet oder die Steuerbemessungsgrundlage verkleinert. Eine solche Steuerausweichung kann sachlich, örtlich oder zeitlich orientiert sein. Die Möglichkeit der sachlichen Steuerausweichung ist in dem Ersatz eines besteuerten Produktionsfaktors durch einen nicht besteuerten bzw. in geringerer Höhe besteuerten Faktor, in der Wahl der steuerlich günstigsten Rechtsform sowie in der Wahl der steuerlich günstigsten Betriebsgröße zu sehen. Bei der regionalen Steuerausweichung geht es darum, regionale Differenzierungen der Besteuerung durch die Standortwahl auszunutzen. Zeitliche Steuervorteile resultieren aus zeitlich begrenzten Steuern, aus im Zeitablauf variierenden Steuertarifen sowie aus Steuerprogressionen. Hier kann durch die Wahl des Zeitpunktes des Ankaufes von Produktionsmitteln oder des Einsatzes abschreibungsfähiger Investitionen (z.B. Forschung, Werbung) bzw. des Verkaufes von Gütern und Diensten sowie - soweit steuerlich zulässig - durch zeitlich unterschiedliche Verrechnung von Abschreibungsaufwänden der Besteuerung ausgewichen werden.

WP (vBP) sind nach §§ 2,2 bzw. 129,2 WPO sowie §§ 3 u. 33 StBerG zur geschäftsmäßigen Erteilung von Rat und Hilfeleistungen in Steuersachen befugt. Diese Ermächtigung schließt die Berechtigung ein, Auftraggeber in Steuersachen (auch Steuerstrafsachen) vor dem Finanzamt bzw. vor Gerichten zu vertreten sowie Hilfestellungen bei der Erfüllung von

---

1) Von der legalen Steuerausweichung ist die illegale zu trennen. Man unterscheidet hierbei die **Steuertäuschung** und die **Steuerverweigerung**. Eine Steuertäuschung ist gegeben, wenn der Steuerpflichtige den steuerpflichtigen Tatbestand verschweigt (= **Steuerverheimlichung**) oder falsche Angaben macht (= **Steuerhinterziehung**). Der Terminus Steuerverweigerung charakterisiert den Tatbestand des **Steuerstreiks** bzw. der **Steuerflucht**. Die illegale Steuerausweichung zählt nicht zum Aufgabengebiet der Beratung durch WP (vBP).

Buchführungspflichten zu geben, die aufgrund von Steuergesetzen bestehen, wie z.B. die Aufstellung von Steuerbilanzen und deren steuerrechtliche Beurteilung. Es ist jedoch zu beachten, daß eine Beratungstätigkeit, die über eine Entscheidungshilfe hinausgeht, der gleichzeitigen Tätigkeit als Abschlußprüfer desselben Unternehmens entgegensteht, wenn dadurch die Besorgnis hervorgerufen wird, daß die Funktion des außenstehenden objektiven unabhängigen und unbefangenen WP/vBP nicht mehr gegeben ist. Eine insoweit unzulässige Mitwirkung ist insbesondere dann gegeben, wenn der Abschlußprüfer selbst Entscheidungen trifft, die Buchführung oder Jahresabschluß betreffen (vgl. WPK [1996 (3)], S. 2 - 3).

Gem. § 4,3 RBerG ermächtigt die Befugnis zur Hilfeleistung in steuerlichen Angelegenheiten jedoch nicht zur Rechtsberatung in sonstigen Rechtsgebieten. Eine Ausnahme besteht dann, wenn das Tätigwerden außerhalb des Steuerrechts notwendig und unausweichbar ist, um die Hilfeleistung in der betreffenden Angelegenheit sachgemäß auszuüben.

c. Die Rechtsberatung

Inhalt und Umfang der Befugnis zur geschäftsmäßigen Rechtsberatung werden durch das Gesetz zur Verhütung von Mißbräuchen auf dem Gebiet der Rechtsberatung (RBerG, Artikel 1) geregelt.[1] Dieses Gesetz unterstellt das Rechtsberatungswesen der Aufsicht der Justizverwaltung und beabsichtigt vor allem einen Schutz des Rechtsuchenden vor Rechtsberatung durch persönlich unzuverlässige und fachlich unzureichend qualifizierte Personen. Die Grundlage für die Befugnis zur Rechtsberatung durch WP (vBP) ist § 5 Nr. 2 dieses Gesetzes. Danach dürfen diese rechtsberatend in Angelegenheiten tätig werden, mit denen sie beruflich befaßt sind und soweit die rechtliche Bearbeitung mit ihren Berufsaufgaben in **unmittelbarem** Zusammenhang steht. Dem WP (vBP) ist es also gestattet, im Rahmen seiner erlaubten berufsspezifischen Tätigkeiten diejenigen Rechtsfragen zu bearbeiten, ohne die eine fachgerechte Durchführung von Aufträgen nicht möglich ist. Damit zählt die ausschließliche, d.h. "reine" Rechtsberatung nicht zum Tätigkeitsbereich des WP (vBP), und die

---

1) Im RBerG werden die Begriffe "Rechtsberatung", "Besorgung in fremden Rechtsangelegenheiten" und "Rechtsbetreuung" zum Teil nebeneinander benutzt, ohne daß der Gesetzgeber diese Begriffe eindeutig abgrenzt. Ohne auf die Auslegungsfragen dieser Begriffe hier näher einzugehen, soll nachfolgend ein auf Schweinitz [1975], S. 21, zurückgehendes Ordnungsschema dieser Begriffe aufgeführt werden:

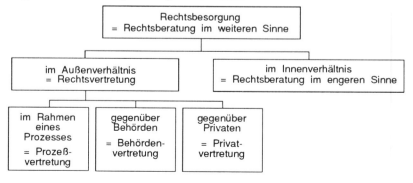

Rechtsberatungstätigkeit kann gegenüber deren Haupttätigkeiten nur eine Nebentätigkeit mit akzessorischem Charakter sein (vgl. BGH [1987], S. 563).

Von den Vorschriften des § 5 Nr. 2 werden jene Rechtsberatungen nicht berührt, die ein WP (vBP) im Rahmen von Steuerberatungen (vgl. §§ 4,2 u. 3 RBerG, §§ 3 u. 33 StBerG) oder im Rahmen von im Rechtsberatungsgesetz angeführten Treuhandtätigkeiten durchführt. Das Rechtsberatungsgesetz nennt hier in § 3 Nr. 6 Rechtsberatungen, die in der Eigenschaft als behördlich eingesetzter Zwangsverwalter, Konkursverwalter, Nachlaßpfleger oder in ähnlicher Tätigkeit erbracht werden, und in § 5 Nr. 3 die Erledigung von unmittelbar im Zusammenhang mit der Tätigkeit als Vermögens-, Hausverwalter oder vergleichbarer Personen stehenden Rechtsangelegenheiten.

Umfang und Grenzen der nach § 5 Nr. 2 RBerG dem WP bzw. vBP eingeräumten Sonderbefugnis, auch rechtliche Bearbeitungen übernehmen zu dürfen, werden seit langem zwischen den Berufen der Rechtsanwälte und der WP diskutiert. Streitpunkte in dieser Diskussion sind insbesondere die zwei Fragen: (1) Was sind berufstypische Aufgaben des WP und (2) welche Rechtsangelegenheiten stehen mit diesen in unmittelbarem Zusammenhang? Zu diesen Fragen liegen inzwischen zahlreiche Urteile zu Einzelsachverhalten sowie Grundsatzurteile der Bundesgerichte vor.

Der BGH (vgl. BGH [1987]) und der BFH (vgl. BFH [1981]) entschieden die Frage nach dem beruflichen Aufgabenkreis der WP dahin, daß zu den Berufsaufgaben des WP i.S.d. § 5 Nr. 2 RBerG sowohl der Tätigkeitsbereich des § 2,1 WPO als auch nach § 43,4 Nr. 1 WPO a.F. die Beratung und Wahrung fremder Interessen in wirtschaftlichen Angelegenheiten zählen. Damit wird der seitens der Rechtsanwaltschaft vertretenen Auffassung, WP seien nur im Rahmen der Prüfungstätigkeiten die Rechtsberatung gestattet, entgegengetreten. Durch die Neufassung der WPO wurde dieser Streit jedoch entschärft. Die Beratung und Wahrung fremder Interessen in wirtschaftlichen Angelegenheiten und die Treuhandtätigkeiten werden nunmehr durch § 2,3 WPO zu den das Berufsbild prägenden Tätigkeiten der Wirtschaftsprüfer gerechnet. Zur Frage des unmittelbaren Zusammenhanges i.S.d. § 5 Nr. 2 RBerG wird im BGH-Urteil vom 9.5.1967 ausgeführt: "...genügt zur Bejahung eines unmittelbaren Zusammenhanges nicht, daß die rechtsbesorgende Tätigkeit im Verhältnis zur eigentlichen beruflichen Tätigkeit nebengeschäftlichen Charakter trägt. Auch wenn dies zutrifft, fehlt es an einem unmittelbaren Zusammenhang zwischen Rechtsbesorgung und Erledigung der beruflichen Angelegenheit, wenn diese auch ohne Rechtsbesorgung sinnvoll wahrgenommen werden kann." (BGH [1967], S. 1083). Das Merkmal des "unmittelbaren Zusammenhanges" richtet sich nach Ansicht des BGH somit nach dem Kriterium, ob eine Berufsaufgabe i.S.d. §§ 2,1 (bzw. § 129,1) und 43,4 Nr. 1 WPO a.F. ohne gleichzeitige Erledigung der damit verbundenen Rechtsangelegenheiten **ordnungsgemäß** bearbeitet werden kann. Ist dies der Fall, besteht kein unmittelbarer Zusammenhang i.S.d. § 5 Nr. 2 RBerG, und die Rechtsberatung durch WP (vBP) ist mit diesem Gesetz unvereinbar.

B. Die Gutachtertätigkeiten

Als Gutachten werden Feststellungen, Analysen und Beurteilungen von abgegrenzten (ökonomischen) Sachverhalten durch außenstehende, neutrale Gutachter bezeichnet. Im Gegensatz zum Beruf des Rechtsanwaltes, Steuerberaters oder den Berufsständen des wirtschaftlichen Prüfungswesens gibt es keine gesetzliche Regelung darüber, wer sich als "sachverständiger Gutachter" bezeichnen darf. Die begutachtende Tätigkeit - gleich, ob sie haupt- oder nebenberuflich betrieben wird - ist an keine staatliche Zulassung oder Genehmigung gebunden. Jede Person, die sich für ein bestimmtes Gebiet in besonderem Maße sachkundig hält und bereit ist, als Sachverständiger tätig zu werden, kann sich als "Gutachter" oder "Sachverständiger" bezeichnen. In der Wirtschaftspraxis besteht aber ein Bedarf an Personen, die wegen erprobter Sachkenntnis und Objektivität eine besondere Vertrauenswürdigkeit haben, d.h. an Personen, deren Gutachten - auch von Vertragsgegnern - anerkannt werden und bei denen Dritte sich nicht veranlaßt sehen, Nachforschungen über die persönliche und fachliche Eignung als Gutachter anzustellen. Diesem Bedürfnis trägt allgemein die Gewerbeordnung (GewO) durch die Institution des öffentlich bestellten und vereidigten Sachverständigen Rechnung. Nach § 36 GewO können Personen, die als Sachverständige tätig sind oder tätig werden wollen, darauf vereidigt werden, daß sie ihre Aufgaben gewissenhaft erfüllen und die von ihnen geforderten Gutachten sorgfältig und unparteiisch erstatten. Voraussetzung hierfür ist, daß sie durch Vorbildung und/oder berufliche Erfahrungen besondere Sachkunde nachweisen und keine Bedenken gegen ihre Eignung bestehen (gefordert werden: Mindestalter 30 Jahre, geordnete wirtschaftliche Verhältnisse und Unabhängigkeit, guter Leumund, Gewähr für Objektivität, Vorhandensein einer zur Ausübung der Tätigkeit erforderlichen Einrichtung). Die öffentliche Bestellung und Vereidigung von Sachverständigen in Wirtschaftsfragen (aber auch ihr Widerruf) erfolgt aufgrund besonderer Ermächtigungen durch die Industrie- und Handelskammer, in deren Bezirk der Sachverständige seine berufliche Niederlassung oder, wenn eine solche fehlen sollte, seinen Wohnsitz hat. Öffentlich bestellte Sachverständige unterstehen der Aufsicht der zuständigen Kammer und haben bei ihrer Tätigkeit die in den Sachverständigenordnungen der Industrie- und Handelskammern festgehaltenen Pflichten zu beachten.[1]

Die GewO unterscheidet im § 36 zwischen den gewerbetreibenden und den nicht gewerbetreibenden öffentlich bestellten Sachverständigen.[2] Die letztgenannte Kategorie von Sachverständigen ist dem WP bzw. vBP vergleichbar. WP dürfen unter Berufung auf ihren Berufseid gem. § 2,3 WPO auf den Gebieten der wirtschaftlichen Betriebsführung als Sach-

---

1) Die Sachverständigenordnungen gehen auf ein Muster zurück, das der Deutsche Industrie- und Handelstag erarbeitet hat. Sie stimmen daher inhaltlich überein. Im einzelnen sind an Pflichten zu nennen: Pflicht zur Begutachtung, und zwar immer in Schriftform; Pflicht zur Unparteilichkeit und Verantwortlichkeit; Pflicht zur Angabe und Nachweis der bei der Bestellung verliehenen Legitimation im Parteienverkehr; Pflicht zur Aufzeichnung der gutachterlichen Tätigkeiten und deren siebenjährigen Aufbewahrung; Pflicht zur Meldung an das Aufsichtsorgan, insbesondere von Vorkommnissen, die geeignet erscheinen, die Bestellung zu widerrufen bzw. die Bestellungsurkunde für ungültig zu erklären (wie: Krankheit, längerer Auslandsaufenthalt, Verlust der Bestellungsurkunde, Pfändung, Offenbarungseid, Konkurs- oder Vergleichsverfahren); Pflicht, auf Verlangen der Kammer alle Auskünfte zu erteilen, die zur Überwachung der Sachverständigentätigkeit erforderlich sind (im einzelnen vgl. Wellmann [1988], S. 10 - 20; Weidhaas [1988], S. 121 - 129).

2) Die Praxis kennt daneben den "amtlich anerkannten" Sachverständigen, dem hoheitliche Aufgaben zugewiesen sind, wie insbesondere den amtlich anerkannten Sachverständigen für Kraftfahrzeugverkehr und den Sachverständigen für die Prüfung überwachungsbedürftiger Anlagen (vgl. § 24c GewO), und den "allgemein vereidigten" Sachverständigen. Letzterer wird vom Gericht "allgemein" vereidigt. Diese Vereidigung ersetzt die wiederholte Eidesleistung in jedem einzelnen Verfahren und bezieht sich z.B. auf Gerichtsdolmetscher, -übersetzer und -ärzte.

verständige auftreten.[1] Das gilt in eingeschränktem Maß für vBP. Diese können nach § 129,3 WPO unter Berufung auf ihren Berufseid nur auf den Gebieten des betrieblichen Rechnungswesens als Sachverständige auftreten. Beide Berufsstände unterliegen hierbei ihrem gemeinsamen Berufsrecht. Danach hat sich ein Berufsangehöriger des wirtschaftlichen Prüfungswesens bei der Erstattung eines Gutachtens unparteiisch zu verhalten, auch wenn er nur von einer Partei beauftragt wurde. Er darf keine wesentlichen Tatbestände verschweigen, keine einseitigen Feststellungen treffen, und sein Gutachten muß so abgefaßt sein, daß es als Grundlage für eine sachliche Beurteilung der Probleme dienen kann.

Werden schwierige wirtschaftliche, politische oder juristische Entscheidungen getroffen, kann es für den Entscheidungsträger zweckmäßig und notwendig sein, sachverständige Gutachter heranzuziehen. Im Zusammenhang mit Entscheidungsprozessen können Gutachten dazu dienen,

- Aussagen bzw. Feststellungen von Tatbeständen (= **Ermittlungsgutachten**),
- sachliche Analysen, Deutungen, Erklärungen oder Interpretationen vergangener Abläufe (= **Erklärungsgutachten**),
- Prognosen künftiger Daten und Abläufe (= **Prognosegutachten**) und
- Informationen über Handlungsalternativen und ihre Ergebnisse (= **Gutachten über Handlungsalternativen**)

zu verschaffen (vgl. im einzelnen Grünefeld [1972], S. 41 - 45). Sind mit diesen Gutachten wirtschaftliche Probleme verbunden, spricht man auch von wirtschaftlichen oder ökonomischen Gutachten. Wirtschaftliche Begutachtungen unterscheiden sich von wirtschaftlichen Beratungen insbesondere dadurch, daß bei Beratungen mehr die Ausarbeitung konkreter Vorschläge für Aktivitäten und bei Begutachtungen mehr die (allgemeingültige) Feststellung und Beurteilung gegebener und zukünftiger Tatbestände oder die Beurteilung von Mitteln zur Erreichung gegebener Ziele im Vordergrund stehen. Die im vorhergehenden beschriebenen Sachgebiete der wirtschaftlichen Beratung sind somit auch Gegenstand einer wirtschaftlichen Begutachtung. Man spricht dann z.B. von Planungsgutachten, Investitionsgutachten, Gutachten über den Wert bestehender Unternehmen, Absatz- und Marktforschungsgutachten, Gutachten über mit dem Rechnungswesen verbundene Fragen, Finanzierungsgutachten oder Kreditwürdigkeitsgutachten.

Gutachten sollen sachgerechte Beurteilungen und vertrauenswürdige Feststellungen enthalten und haben dadurch eine besondere Bedeutung bei gerichtlichen und außergerichtlichen Auseinandersetzungen. In diesem Zusammenhang ist zwischen dem gerichtlichen Sachverständigengutachten, dem Parteiengutachten und dem Schiedsgutachten zu unterscheiden.

I. Die Tätigkeiten als gerichtlich bestellter Sachverständigengutachter

Vor Gericht können nicht nur öffentlich bestellte Sachverständige, sondern es kann grundsätzlich jede fachkundige und vertrauenswürdige

---

1) Der Berufseid des WP bzw. vBP hat die Wirkung eines Sachverständigeneides. Der WP/vBP braucht daher bei der Erstattung von Gutachten vor Gericht nicht noch einmal vereidigt zu werden.

Person als Sachverständiger zur Aussage herangezogen werden. Ist die Entscheidung eines Rechtsstreites von der Klärung von Problemen abhängig, die nur mit speziellen Kenntnissen auf außerjuristischen Wissensgebieten gelöst werden können, hat das Gericht darüber zu entscheiden, ob zu diesem Zweck Personen mit besonderem Fachwissen als Sachverständige herangezogen werden sollen. Das gilt besonders für Strafverfahren, Verfahren der freiwilligen Gerichtsbarkeit sowie für Verwaltungs-, Sozial- und Finanzgerichtsverfahren. Grundlage der Sachverständigentätigkeiten sind die §§ 402 - 414 Zivilprozeßordnung (ZPO), da die einschlägigen verwaltungs-, sozial- und finanzgerichtlichen Bestimmungen in den entscheidenden Punkten auf die Regelungen der ZPO verweisen. Abweichungen in der Verfahrensregelung finden sich in geringfügiger Art lediglich in den §§ 72 - 85 Strafprozeßordnung (StPO).

Die Auswahl eines Sachverständigen wird grundsätzlich vom Gericht getroffen. Im Geltungsbereich des § 404 ZPO können jedoch die Parteien sich für das Gericht verbindlich auf einen Sachverständigen einigen. Die Ablehnung eines vom Gericht ausgewählten Sachverständigen wegen der Besorgnis der Befangenheit ist möglich. Für bestimmte Personen besteht eine Verpflichtung, als Sachverständiger tätig zu werden. Das gilt nach § 407 ZPO und § 75 StPO für Personen, die sich dem Gericht gegenüber allgemein bereit erklärt haben, als Sachverständige tätig zu werden, sowie für solche Personen, welche die Wissenschaft, die Kunst oder das Gewerbe, deren Kenntnis Voraussetzung für die Begutachtung ist, öffentlich zum Erwerb ausüben. Zu diesem Personenkreis zählen im Rahmen ihrer erlaubten und ausgeübten Tätigkeiten die Angehörigen der Berufsstände des wirtschaftlichen Prüfungswesens.

Eine grundsätzliche Verpflichtung zur Erstattung gerichtlicher Sachverständigentätigkeiten entfällt, wenn Gutachtenverweigerungsgründe vorliegen. Der WP (vBP) ist durch den Grundsatz der Verschwiegenheit zur Gutachtenverweigerung verpflichtet, wenn ein solches Gutachten ihm beruflich anvertraute oder bekanntgewordene fremde Angelegenheiten berührt (§ 9 Berufssatzung), es sei denn, er wird von der Verpflichtung zur Verschwiegenheit durch denjenigen entbunden, zu dessen Gunsten die Bindung besteht (§ 10 Berufssatzung). Dem WP (vBP) steht daher eine gesetzliche Berechtigung zur Gutachtensverweigerung bei Kollision mit seiner Verschwiegenheitspflicht zu (vgl. § 408 ZPO i.V.m. § 383 ZPO; § 76 StPO i.V.m. § 53 StPO). Außer durch die Verpflichtung zur Wahrung von Berufsgeheimnissen wird die Verpflichtung eines Sachverständigen zur Gutachtenerstattung auch eingeengt, wenn persönliche Interessen am Ausgang des Rechtsstreites mit der Pflicht zur Gutachtenerstattung kollidieren. Ein Sachverständiger darf die Erstattung eines Gutachtens verweigern, wenn er mit einer Partei verlobt, verheiratet, nahe verwandt oder verschwägert ist. Desgleichen braucht er seiner Gutachterpflicht nicht nachzukommen, wenn es um Fragen geht, deren Beantwortung für ihn oder nahe Angehörige vermögensrechtliche Nachteile oder die Gefahr strafrechtlicher Verfolgung mit sich bringen würde.

Der gerichtliche Sachverständige ist Helfer des Richters, seine Gutachten (bzw. seine Aussagen) gelten als Beweismittel (= Sachverständigenbeweis). Im Prozeß unterliegt ein Sachverständigengutachten - wie jedes andere Beweismittel - der Beweiswürdigung durch den Richter, d.h. auch ein gerichtliches Sachverständigengutachten ist eo ipso ohne rechtsverbindliche Kraft. Den Gutachten der öffentlich bestellten und vereidigten Sachverständigen - hierzu zählen auch Gutachten von WP und vBP - wird bei Gericht jedoch eine erhöhte Glaubwürdigkeit beigemessen. Für die Berufsangehörigen des wirtschaftlichen Prüfungswesens steht die gerichtliche Sachverständigentätigkeit oft in unmittelbarem Bezug zur Prüfertätigkeit. Das ist dann der Fall, wenn eine Sachverhaltsbeurteilung die Einsichtnahme und Prüfung von Buchführungen voraussetzt, so z.B. bei der Beurteilung von Verdachtsmomenten wegen Untreuehandlungen, bei Bilanzdelikten oder der Bewertung von Geschäftsanteilen bei Erbauseinandersetzungen.

II. Die Tätigkeiten als Parteiengutachter

Eine Kategorie von Gutachten, die sog. Parteien- oder Privatgutachten, werden bei gerichtlichen oder außergerichtlichen Auseinandersetzungen von einzelnen Parteien oder im Strafprozeß von Beschuldigten beigebracht. Beispiele für derartige Gutachtensfälle, in denen WP bzw. vBP herangezogen werden, sind insbesondere Anlässe, bei denen ein angemessener Preis bzw. eine angemessene Abfindung gefunden werden soll. Zu nennen sind z.B.
- Überprüfungen von Abfindungen oder Abfindungsangeboten an ausscheidende Gesellschafter anläßlich von Fusionen, Umwandlungen, dem Abschluß von Beherrschungsverträgen und dergleichen,
- umstrittene Abfindungen leitender Angestellter bei vorzeitigem Ausscheiden,
- die "gerechte" Aufteilung von Unternehmen im Erbfall,
- die Feststellung der Höhe von Entschädigungen bei Enteignungen oder Schadensfällen.

Das Dilemma eines Parteiengutachtens liegt darin, daß für dieses prinzipiell die gleichen Grundsätze gelten wie bei der Erstellung von Gutachten, in denen der WP (vBP) als unparteiischer Sachverständiger herangezogen wird. Denn auch ein Parteiengutachten darf nicht einseitig nur die Interessen eines Beteiligten berücksichtigen, und es ist Aufgabe eines WP (vBP), sein Gutachten so abzufassen, daß es als **objektive Beurteilungsgrundlage** verwendet werden kann (vgl. IDW [1996], S. 1082; s. auch § 20 Berufssatzung). Sinn und Zweck von Parteiengutachten ist es aber, die Stellung der auftraggebenden Partei in einer Auseinandersetzung zu stärken. Ein Auftraggeber wird daher wünschen, daß ein von ihm vorgelegtes Gutachten nur für ihn günstige Argumente enthält. Er wird daher bemüht sein, durch Auswahl eines Gutachters, von dem er vorher - z.B. aus Vorgesprächen oder veröffentlichten Äußerungen - weiß, welcher Sachverhaltsbeurteilung dieser zuneigt, und/oder durch Art und Umfang der für die Begutachtung zur Verfügung gestellten Unterlagen den Inhalt des Gutachtens zu beeinflussen versuchen. Aus diesem Grunde ist es wichtig, daß das Material, auf das sich eine Begutachtung stützt, im Gutachten exakt angegeben wird. Darüber hinaus wird ein Auftraggeber kein Interesse daran haben, solche in dem Gutachten enthaltenen Informationen in einer Auseinandersetzung der Parteien zu verwenden, die geeignet sind, seiner Position zu schaden. Nach seinen Berufspflichten ist ein WP (vBP) aber in jedem Fall gehalten, alle für eine sachgerechte Beurteilung relevanten Feststellungen und Überlegungen in einem Gutachten offenzulegen. Die Beachtung der Berufspflichten führt in einer solchen Situation zu einer Kollision mit der Loyalitätsverpflichtung des WP (vBP) gegenüber dem Auftraggeber. Zur Lösung eines derartigen Konfliktfalles bieten sich folgende Möglichkeiten an:

1. Er erstellt kein Gutachten, berät aber als Sachverständiger[1] den Auftraggeber, was er in der Auseinandersetzung vortragen oder was er nicht vortragen (lassen) soll.
2. Er erstattet unverändert und vollständig sein erarbeitetes Gutachten. Der Auftraggeber bzw. sein Rechtsbeistand verwendet Teile des Gutachtens in der Auseinandersetzung als eigene Argumentation.
3. Er beschränkt im Einverständnis mit dem Auftraggeber sein Gutachten in erkennbarer Weise auf Einzelfragen des Sachverhaltes, wobei er die Regeln für eine sachgerechte Beurteilung und Informationsvermittlung durch Gutachten beachtet. Der WP (vBP) darf hierbei also keine falschen Informationen vermitteln und nichts weglassen, was für die Beurteilung der behandelten Fragen wesentlich ist.

III. Die Tätigkeiten als Schiedsgutachter

Die widerstreitenden Parteien können vereinbaren, daß über das Bestehen eines bestimmten Tatbestandes oder über die Bewertung einer Leistung oder einer Sache ein Sachverständiger entscheiden und sein Spruch für die Parteien verbindlich sein soll. Eine solche Vereinbarung, die aus Kosten und/oder Zeitersparnis getroffen wird, bezeichnet man als **Schiedsgutachtenvertrag** und der erteilte Auftrag als **Schiedsgutachterauftrag**. Weder für den Schiedsgutachtenvertrag noch für den Schiedsgutachterauftrag existieren ausdrückliche gesetzliche Regelungen. Nach ständiger Rechtsprechung werden auf diese jedoch die §§ 317 - 319 BGB über eine von einem Schuldner zu erbringende Leistung für Dritte angewendet. Danach haben Schiedsgutachter nach "billigem" Ermessen zu entscheiden. Offenbar "unbillige" Entscheidungen sind für die Beteiligten nicht verbindlich. Für den Abschluß des Schiedsgutachtenvertrages herrscht Formfreiheit. Solche Verträge können außerhalb oder innerhalb von Prozessen geschlossen werden. Sie werden außerhalb eines Prozesses in der Erwartung abgeschlossen, daß sich ein Rechtsstreit dann erübrigt, wenn durch das Schiedsgutachten ein strittiger Tatbestand als geklärt gilt. Wird eine Schiedsgutachtenvereinbarung im Streitfall getroffen, so wird hiermit einem Sachverständigen die verbindliche Feststellung der Beweisfrage übertragen. Jedoch ist die Tätigkeit eines Schiedsgutachters nicht der eines Richters bzw. Schiedsrichters gleichzusetzen. Diesen obliegt es zu entscheiden, was zwischen den Parteien rechtens ist, der Schiedsgutachter dagegen hat lediglich Tatsachen festzustellen, die für die Entscheidung eines Rechtsstreites erheblich sind. Die Wirkung einer Schiedsgutachtenvereinbarung besteht also darin, daß ein Gericht die durch das Schiedsgutachten festzustellenden Tatsachen nicht selbst oder abweichend vom Schiedsgutachten feststellen darf, außer im Falle der offenbaren Unbilligkeit.

---

1) Die Pflicht zur Unparteilichkeit gilt nach herrschender Verkehrsanschauung nicht bei der Beratung und Wahrung der Interessen des Auftraggebers in steuerlichen und wirtschaftlichen Angelegenheiten (vgl. WPK [1987], S. 7).

Mit den Berufsgrundsätzen des WP bzw. vBP ist eine Tätigkeit als Schiedsgutachter vereinbar. Grundsätzlich kann jeder Tatbestand, der zwischen Parteien strittig ist und einem Sachverständigen zur Beurteilung unterbreitet werden kann, Gegenstand eines Schiedsgutachtens sein. Besonders häufig finden sich derartige Vereinbarungen in Verträgen, bei denen ökonomische Sachverhalte, wie die Bewertung von Wirtschaftsgütern, Qualitätsbestimmungen oder die Anpassung von Geldleistungen (Miete, Pacht, Rente) an Geldwertänderungen, strittig sind oder strittig werden können. Von ihrer Vorbildung und Berufserfahrung her erscheinen die Berufsangehörigen des wirtschaftlichen Prüfungswesens als besonders kompetent für die Ausübung von Schiedsgutachtertätigkeiten.

3. Kapitel
Die Treuhandtätigkeiten

Den Berufsständen des wirtschaftlichen Prüfungswesens sind nach § 2,3 Nr. 3, 129,3 Nr. 3 WPO Treuhandtätigkeiten erlaubt. Übt ein Berufsangehöriger des wirtschaftlichen Prüfungswesens Treuhandfunktionen aus, so gelten die im zweiten Kapitel des ersten Hauptteils näher dargelegten Berufspflichten auch für diese Treuhandtätigkeiten. Er darf allerdings die mit Treuhandtätigkeiten ggf. verbundenen Bezeichnungen - wie Konkursverwalter, Vergleichsverwalter o.ä. - nur bei der Ausübung der betreffenden Treuhandtätigkeit führen (§ 31 Berufssatzung). Gemäß § 132 WPO ist ihm aber nicht erlaubt, unter der Bezeichnung "Wirtschaftstreuhänder" tätig zu werden.[1] WP/vBP sind bei allen gesetzlich vorgesehenen Prüfungen als Prospektprüfer und bei allen nicht gesetzlich vorgeschriebenen Abschlußprüfungen, bei denen ein Bestätigungsvermerk in Anlehnung an § 322 HGB erteilt wird, ausgeschlossen, wenn sie im Auftrag von Gesellschaftern Treuhandtätigkeiten in der zu prüfenden Gesellschaft wahrnehmen oder wahrgenommen haben. Dies gilt nicht, soweit lediglich ergänzende Kontrolltätigkeiten im Auftrag von Gesellschaften wahrgenommen worden sind oder werden und alle anderen Gesellschafter zugestimmt haben (§ 24,3 Berufssatzung).

Treuhandschaften beruhen auf unterschiedlichen wirtschaftlichen Erwägungen. Zum Teil sind es Beweggründe, die einem jeden Treuhandverhältnis zugrunde liegen können, und zum Teil auch solche, die mit spezifischen Zwecken zusammenhängen. Zur Verdeutlichung solcher spezifischer Motive und Zwecke werden in der Literatur die Vereinfachung, die Umgehung, die Verbergung, die Sicherung und der Schutzgedanke genannt.[2] Man spricht in diesem Zusammenhang auch von den **Treuhandzwecken** bzw. **Treuhandfunktionen**. Auf sie soll kurz eingegangen werden:

Die Vereinfachungsfunktion. Sie hat die Aufgabe, rechtliche und tatsächliche Schwierigkeiten bei der Realisierung bestimmter Absichten zu überwinden. Beispiele rechtlicher Schwierigkeiten treten u.a. bei Handlungen von nicht rechtsfähigen Personenvereinigungen auf, wie bei BGB-Gesellschaften, nicht rechtsfähigen (eingetragenen) Vereinen und in Entstehung begriffenen juristischen Personen (Vorgesellschaften). Ein nicht rechtsfähiger Verein kann als solcher keinen Prozeß führen (vgl. OLG Frankfurt [1952]) oder Gesellschafter einer OHG sein. Es müßten daher alle Vereinsmitglieder das betreffende Rechtsgeschäft vornehmen (Prozeßführung, Erklärung des Beitritts). Es ist somit zweckmäßig, einen Treuhänder zu bestellen, der angewiesen wird, die Prozeßführung bzw. Gesellschafterstellung im

---

1) Der zum deutschen WP korrespondierende Berufsstand in Österreich ist der des "Wirtschaftstreuhänders" (vgl. Loitlsberger [1978], S. 35 - 36; Schmidt [1978], S. 591 - 613). Für deutsche WP-Gesellschaften ist allerdings eine Firmenbezeichnung mit dem Wort "Treuhand" zulässig, falls eine der folgenden Tätigkeiten ausgeübt wird: (1) Allgemeine Treuhandtätigkeiten, bestehend in Anlage und Verwaltung von Vermögen Dritter in eigenem Namen, (2) Revision von Büchern und Bilanzen anderer Unternehmen und (3) Wirtschaftsberatung und Beratung in Steuer- und Vermögensangelegenheiten (vgl. IDW [1992 (2)], S. 359).

2) Diese Systematisierung geht auf Siebert [1933], S. 29 - 33 zurück; vgl. auch Liebich/Mathews [1983], S. 75 - 79.

Interesse des Vereins zu erwerben und zu verwalten. In tatsächlicher Hinsicht können Schwierigkeiten bei der Verwaltung eines Vermögens entstehen, wenn der Eigentümer für längere Zeit verhindert ist oder wenn er eine dafür erforderliche fachliche Qualifikation nicht besitzt. In diesen Fällen kann in der Übertragung des Vermögens auf einen befähigten Treuhänder eine Maßnahme zur Lösung der tatsächlichen Schwierigkeiten gesehen werden. Ein weiteres Beispiel zur Verdeutlichung der Vereinfachungsfunktion ist auch der **Stimmrechtspool**. Diese Treuhandschaft dient der Vereinfachung in der Ausübung von Stimmrechten, aber auch der Stimmrechtsbindung, wenn z.B. mehrere Aktionäre einem Treuhänder ihre Aktien zur Legitimation als Treuhandeigentum' übertragen und ihn ermächtigen, das Stimmrecht aus diesen Aktien auszuüben.

Die Umgehungsfunktion. Für gewisse Personen können aus subjektiven Gründen durch Rechtsvorschriften Hindernisse bestehen, bestimmte Rechtshandlungen vorzunehmen, z.B. kann ein Grundstückskäufer Erwerbsbeschränkungen unterliegen, ein Forderungsgläubiger kann nicht als Partei im Prozeß um seine Forderung als Zeuge auftreten, ein Beamter darf sich nicht gewerblich betätigen usw. Derartige rechtliche Beschränkungen können dadurch umgangen werden, daß im Außenverhältnis ein Treuhänder auftritt, in dessen Person die entsprechenden rechtlichen Hindernisse nicht bestehen. Es wird als unschädlich angesehen, wenn der wirtschaftliche Erfolg dem Treugeber zukommt, es sei denn, der Vertrag ist gem. § 134 BGB (Verstoß gegen ein gesetzliches Verbot) oder § 138 BGB (sittenwidriges Rechtsgeschäft) nichtig (vgl. Liebich/Mathews [1983], S. 77). Beispiele einer Ausübung der Umgehungsfunktion der Treuhand finden sich auch im Gesellschaftsrecht. So fordert das Gesetz, daß bei der Gründung bestimmter Gesellschaften eine Mindestzahl von Gründern vorhanden ist, bei der Genossenschaft z.B. sieben (§ 4 GenG). Hier können Treuhänder in der Weise eingeschaltet werden, daß sie als Gründer oder Mitgründer auftreten. In Wahrheit erwerben Treuhänder ihre Beteiligung mit den Mitteln der Treugeber, sie halten die Anteile für sie und üben die Rechte daraus nach deren Weisungen aus. Sie können auch durch den Treuhandvertrag verpflichtet werden, die treuhänderisch übernommenen Gesellschaftsanteile auf Anforderung jederzeit an den Treugeber zu übertragen.

Die Verbergungsfunktion. Die Aufgabe eines Treuhandverhältnisses kann auch darin bestehen, tatsächliche Verhältnisse zu verschleiern. Beispiele sind der Erwerb oder Verkauf von Grundstücken, Unternehmen, Geschäftsanteilen u.ä. durch einen Treuhänder (Strohmann), um Verluste durch Preissteigerungen bzw. Preisdrückerei zu vermeiden. Auch andere Motive - wie Aufkauf von Konkurrenzunternehmen oder die Wahrung des Geschäftsansehens - können für eine Verbergung wirtschaftlicher Transaktionen durch Treuhänder sprechen.

Die Sicherungs-(Kredit-)funktion. Auch die Sicherung von Verbindlichkeiten kann im Rahmen von Treuhandverhältnissen erfolgen. Das zur Sicherung dienende Vermögen wird als Treugut entweder auf einen zwischen dem Schuldner (= Treugeber) und dem Gläubiger stehenden unabhängigen Dritten (= uneigennützige Sicherungstreuhand) oder auf den Gläubiger selbst als Treuhänder übertragen (= eigennützige Sicherungstreuhand). Das Treugut kann entsprechend den Vereinbarungen im Treuhandvertrag zwecks Einlösung der Verpflichtungen verwendet werden, wenn der Schuldner diese nicht einhält. Als Beispiele sind zu nennen u.a. die Pfandhalterschaft oder der Konsortialkredit.

Die Schutzfunktion. Sie weist Gemeinsamkeiten mit der Vereinfachungsfunktion auf. Aufgabe der Schutzfunktion ist es, bei tatsächlicher oder rechtlicher Verhinderung (Abwesenheit, Krankheit, Arbeitsüberlastung, Minderjährigkeit), bei wirtschaftlicher oder juristischer Unerfahrenheit oder bei widerstreitenden Interessen durch Einsetzung eines objektiven und unparteiischen Treuhänders, Vermögensinteressen zu schützen. Verwandt hiermit ist auch die Tätigkeit eines Schiedsrichters. Der Schiedsrichter trägt einmal zur Vereinfachung bei rechtlichen Schwierigkeiten bei, gewährt aber den Parteien durch seinen vollstreckbaren Spruch einen Rechtsschutz.

Diese Erörterung der wirtschaftlichen Elemente der Treuhand ist nicht erschöpfend. Sie macht aber - insbesondere im letzten Fall - deutlich, daß es Treuhandschaften gibt, die mehrere Zwecke gleichzeitig erfüllen. Das mag der Grund dafür sein, daß der mit den Treuhandfunktionen in Zusammenhang stehende Begriff "Treuhandwesen" nicht nur in der Rechtslehre und in der Betriebswirtschaftslehre, sondern auch in der jeweiligen Disziplin selbst unterschiedlich gebraucht wird. Im betriebswirtschaftlichen Schrifttum hat es sich eingebürgert, zwischen dem **Treuhandwesen i.e.S.** und dem **Treuhandwesen i.w.S.** zu differenzieren.[1] In der weiteren betriebswirtschaftlichen Fassung des Begriffes werden als Treuhandaufgaben alle Tätigkeiten verstanden, die zum Ziel haben, fremde Interessen unter Zurückstellung der eigenen Interessen zu vertreten. Diese Begriffsbestimmung legt den Akzent auf die Verhaltensweise des Auftragnehmers (Treuhänders), nämlich dessen Einstellung, fremde Interessen unter Zurückstellung der eigenen Interessen wahrzunehmen. Bezeichnet man Tätigkeiten, die von einer solchen Einstellung geprägt sind, als "Treuhandtätigkeiten", so lassen sich auch die Prüfer- und Sachverständigentätigkeiten als Aufgaben des Treuhandwesens interpretieren, denn die Erledigung dieser Tätigkeiten liegt immer in fremdem Interesse, und sie sind nach den Berufsgrundsätzen unter Zurückstellung eigener Interessen, d.h. gewissenhaft und objektiv, auszuüben. Prüfungs- und Sachverständigentätigkeiten werden so gesehen als "verhaltensbezogene Treuhandschaften" aufgefaßt.[2]

Orientiert man sich dagegen bei der Bestimmung des Treuhandbegriffs an den inneren Zusammenhängen der Tätigkeiten, dann ergeben sich wesensmäßige Unterschiede zwischen einer treuhänderischen Tätigkeit und den Prüfer- und Sachverständigentätigkeiten. Man gelangt dann zum betriebswirtschaftlichen Treuhandbegriff im engeren bzw. eigentlichen Sinn. Eine Treuhandschaft (= Treuhand) ist ein Rechtsinstitut, wonach der Treugeber dem Treuhänder über das Treuhandgut (= Sachen und Rechte = Treuhandvermögen) Rechtsbefugnisse einräumt. Nach innen, im Verhältnis zum Treugeber, handelt der Treuhänder nur im Interesse und nur im Rahmen der gegebenen Ermächtigung oder Vollmacht. Von der Ermächtigung ist die Vollmacht zu unterscheiden. Der **Bevollmächtigte** handelt stets in fremdem Namen und für fremde Rechnung, der **Ermächtigte** dagegen in eigenem Namen für fremde Rechnung. Diese Unterscheidung liefert den Ansatzpunkt für die Differenzierung des Begriffes "Treuhandschaft" in der Rechtslehre. In der engeren Bedeutung wird in der Rechtslehre nur das Handeln in eigenem Namen als treuhänderisches Handeln bezeichnet, und die Rechtslehre spricht von einer Treuhand im engeren oder Rechtssinn. Wird in fremdem Namen (Namen des Treugebers) über das Treugut verfügt, so liegt im Sinne der Rechtslehre ein treuhänderisches Handeln im weiteren oder wirtschaftlichen Sinn vor (vgl. Liebich/Mathews [1983], S. 55 - 59). In Abhängigkeit davon, wie der

---

1) Vgl. Loitlsberger [1966], S. 32. Bei dieser Unterscheidung wird sich gelegentlich auch auf einen Beschluß des Kammergerichts des Landgerichts Stolp (Pommern) vom 22.10.1922 bezogen, in dem Revisions- und Beratertätigkeiten als Treuhandtätigkeiten i.w.S. bezeichnet werden (vgl. hierzu Liebich/Mathews [1983], S. 58 und die dort zitierte gegenteilige Äußerung des Reichsgerichts in seinem Urteil vom 23.4.1920).

2) Vgl. Loitlsberger [1978], S. 44.

Treuhänder in Erscheinung tritt, wird eine weitere Unterscheidung von Treuhandschaften getroffen. Gibt der Treuhänder bei seinem Auftreten bekannt oder läßt er erkennen, daß er als Treuhänder handelt, so liegt eine **offene Treuhand** - im Gegensatz zur **verdeckten (stillen) Treuhand** - vor. Bei letzterer soll die Treuhandschaft nach außen hin verborgen bleiben. Der Treuhänder einer solchen verdeckten Treuhandschaft wird mitunter auch als **Strohmann** bezeichnet, bzw. es wird von **Strohmannverhältnissen** gesprochen.

Weitere Einteilungen von Treuhandschaften ergeben sich aus dem Umfang der Rechtswirkungen und aus dem Interesse des Treuhänders am Treugut. Nach dem Umfang der Rechtswirkung kann zwischen der **ein-** und **doppel-(mehr-)seitigen** Treuhandschaft unterschieden werden. Wird eine Treuhandtätigkeit im Interesse einer Person oder für gleichlaufende Interessen mehrerer Personen ausgeübt, spricht man von einer einseitigen Treuhand. Hat der Treuhänder die sich widerstreitenden Interessen mehrerer Personen zu berücksichtigen, so z.B. diejenigen des Schuldners und seiner Gläubiger - wie im Falle des Treuhandvergleichs[1] -, liegt eine doppelseitige oder **Doppeltreuhand** vor. Die Interessen des Treuhänders am Treugut lassen sich als **uneigennützig** (= fremdnützig) oder **eigennützig** charakterisieren. Bei dieser Differenzierung ist davon auszugehen, in wessen hauptsächlichem Interesse die Treuhandschaft ausgeübt wird. Eine uneigennützige Treuhandtätigkeit ist gegeben, wenn diese Tätigkeit in erster Linie dazu dient, Fremdinteressen wahrzunehmen. Das kann sowohl eine reine Vermögensverwaltung als auch eine geschäftsführende oder überwachende Verwaltung sein. Überwiegen bei der Ausübung der Treuhandtätigkeit die Eigeninteressen, so liegt eine eigennützige (= gemischte) Treuhandschaft vor. Das Ausmaß der Uneigennützigkeit bzw. die erlaubte Eigennützigkeit hängen vom jeweiligen Zweck einer Treuhandschaft ab. Eine eigennützige Treuhandschaft ist z.B. die Sicherungstreuhand, bei der ein Treuhänder (Gläubiger) neben eigenen Interessen durchaus auch solche des Treugebers (Schuldners) wahrzunehmen hat. Man denke an die Treuhänderstellung einer kreditgebenden Bank, die einen Kredit gegen Wertpapierverpfändung gegeben hat. Die Bank verwaltet die ihr übertragenen Wertpapiere zwar im Interesse des Schuldners (Treugebers); da die Treuhandschaft aber der Sicherung der Ansprüche der Bank (des Treuhänders) aus dem Kreditverhältnis dient, handelt die Bank als Treuhänder nicht uneigennützig. Ein Interesse des Treuhänders am Treugut ist immer auch dann gegeben, wenn er wirtschaftlich am Treugut beteiligt ist und unmittelbar wirtschaftliche Vorteile aus dem Treugut erlangt.

---

[1] Er liegt vor, wenn in einem Vergleichsverfahren das der Gläubigerbefriedigung dienende Vermögen des Vergleichsschuldners einem Treuhänder zur Verwertung und Verteilung an die Vergleichsgläubiger übertragen wird. Zweck eines solchen Treuhandverhältnisses ist die Vermeidung einer gerichtlichen Gläubigerbefriedigung, insbesondere eines Konkurses (vgl. im einzelnen Siebert [1933], S. 381 - 401; Liebich/Mathews [1983], S. 306 - 326; IDW [1992 (2)], S. 438 - 441). In diesen Fällen greift das Verbot der Vertretung widerstreitender Interessen (§ 3 Berufssatzung) nicht.

Das Rechtsverhältnis zwischen dem Treuhänder, dem Treugeber und demjenigen, zu dessen Gunsten das Treugut eingesetzt wird, heißt **Treuhandverhältnis**. Das Recht der Treuhandverhältnisse ist nicht einheitlich geregelt, so daß die Rechtsgrundlagen von Treuhandschaften, die Rechtsstellung von Treuhändern sowie Inhalt und wirtschaftlicher Zweck von Treuhandschaften in der Wirtschaftspraxis verschieden sein können. Die Gestaltungsformen dieser Rechtsbeziehungen dienen daher auch als Kriterien zur Systematisierung von Treuhandverhältnissen (vgl. IDW [1992 (2)], S. 340 - 344). Nach den Rechtsgrundlagen lassen sich **rechtsgeschäftlich** und **gesetzlich begründete Treuhandverhältnisse** voneinander unterscheiden. Rechtsgeschäftlich begründete Treuhandverhältnisse sind im allgemeinen auch rechtsgeschäftlich gestaltet. Eine Ausnahme stellen gesetzlich gestaltete Treuhandschaften dar. Das sind solche rechtsgeschäftlich begründete Treuhandverhältnisse, deren Inhalt im wesentlichen durch gesetzliche Vorschriften - seien sie dispositiver oder zwingender Art - geregelt werden. Ein Beispiel hierfür ist u.a. die durch Erbvertrag eingesetzte Testamentsvollstreckung. In der Regel bestimmen sich bei rechtsgeschäftlich begründeten und gestalteten Treuhandverhältnissen die Rechte und Pflichten zwischen Treuhänder und Treugeber aus dem Treuhandvertrag und den Vorschriften des BGB über den Auftrag (§§ 662 ff BGB).[1] Nach den Vorschriften des BGB hat der Treuhänder die Interessen des Auftraggebers zu wahren, diesem über den Stand der Geschäfte Auskunft zu geben und über die Ausführung des Vertrages in regelmäßigen Abständen Rechenschaft abzulegen.[2] Im Treuhandvertrag sollten die Vereinbarungen über den Inhalt und wirtschaftlichen Zweck aufgenommen werden. Zu nennen sind hier Vereinbarungen über das Treugut, über die Art der Verwaltung, über Art und Umfang der Verfügungsmacht des Treuhänders, über die Herausgabe des Treugutes nach Beendigung des Treuhandverhältnisses, über Art und Umfang der Rechenschaftslegung und über das Treuhandhonorar.

---

1) Ist das die Treuhandschaft begründende Rechtsverhältnis öffentlich-rechtlicher Natur (öffentlich-rechtlicher Vertrag), so spricht man auch von öffentlich-rechtlichen oder öffentlichen Treuhandverhältnissen (vgl. Liebich/Mathews [1983], S. 408 ff.).

2) Vgl. Mathews [1978]. - Der oberste Grundsatz der Organisation der Rechnungslegung über Treuhandverhältnisse beinhaltet, daß ein Treuhänder das Treuhandvermögen nicht mit eigenem oder anderen fremdem Vermögen mischen darf. Das setzt voraus, daß er das Treugut gesondert hält und fremde Gelder und Wertpapiere auf Treuhandkonten (Anderkonten) anlegt. Durchlaufende fremde Gelder sind unverzüglich an den Empfangsberechtigten weiterzuleiten (§ 8,1 Berufssatzung). WP/vBP dürfen fremde Vermögenswerte, die ihnen zweckgebunden anvertraut worden sind, zur Deckung eigener Kostenforderungen nur verwenden, soweit sie hierzu ausdrücklich ermächtigt worden sind (§ 8,2 Berufssatzung). Insgesamt sind auf den Komplex der Rechenschaftslegung die allgemeinen Bestimmungen der §§ 259 u. 260 BGB anzuwenden. Nach § 259 BGB muß die Rechenschaftslegung - wenn es sich um eine mit Einnahmen und Ausgaben verbundene Verwaltung handelt - durch Rechnungslegung erfolgen, die eine geordnete Zusammenstellung der Einnahmen und Ausgaben enthält, welche durch Vorlage von Belegen nachzuweisen sind. Bei der treuhänderischen Verwaltung größerer Vermögenswerte wird i.d.R. eine geordnete Zusammenstellung von Ausgaben und Einnahmen anhand von Belegen nicht genügen, sondern es wird erforderlich sein, eine Bilanz und eine GVR vorzulegen. Das setzt voraus, daß der Treuhänder für die Treuhandschaft besondere Bücher führt (= Treuhandbuchführung). Nach § 260 BGB ist der Treuhänder verpflichtet, ein Bestandsverzeichnis (Inventar) zu führen und dem Treugeber vorzulegen (vgl. hierzu auch 1. Hauptteil, 6. Kapitel).

Gesetzliche Treuhandverhältnisse haben ihre Rechtsgrundlagen in Spezialgesetzen. Das am ausführlichsten geregelte gesetzliche Treuhandverhältnis im wirtschaftlichen Bereich enthält das Gesetz über Kapitalanlagegesellschaften. Weitere Vorschriften über gesetzliche Treuhandschaften finden sich z.b. in den §§ 29 - 34 Hypothekenbankgesetz, in den §§ 70 - 75 VAG und im § 35 des Gesetzes über die Sicherung von Bauforderungen. Zu den gesetzlichen Treuhändern zählen aber auch die gesetzlichen Verwalter, wie z.b. die Konkurs-, Vergleichs- und Nachlaßverwalter, die Abwickler und Testamentsvollstrecker. Die gesetzliche Treuhandschaft wird begründet durch die Bestellung des Treuhänders durch den im Gesetz dazu Berechtigten. Rechtsstellung und Funktionen gesetzlicher Treuhänder sind unterschiedlich. Allgemein ist zu sagen, daß die Aufgaben des gesetzlichen Treuhänders darin gesehen werden können, Werte im Interesse von Personen zu überwachen, zu sichern oder zu verwalten, die über diese nicht selbst verfügen können.

Im deutschen Recht gibt es, wie eingangs bereits ausgeführt, wegen der fehlenden gesetzlichen Regelung kein einheitlich ausgebildetes Rechtsinstitut, das alle Treuhandverhältnisse umfassen würde.[1] Lediglich einzelne auf Gesetz beruhende Treuhandverhältnisse sind, wie bereits dargestellt, in Spezialgesetzen geregelt. Das Treuhandrecht wurde daher im Laufe der Zeit durch die Rechtsfortbildung (d.h. das Zusammenwirken von Rechtsprechung, Rechtslehre und Wirtschaftspraxis) nach den Umständen des Einzelfalles entwickelt, mit der Folge, daß es keinen einheitlichen Typus der Treuhandschaft gibt.

Aus der Vielzahl der unterschiedlichen Treuhandverhältnisse und damit möglichen Treuhandtätigkeiten sollen im folgenden nur einige, für die Berufsstände des wirtschaftlichen Prüfungswesens bedeutsamere, Treuhandschaften beschrieben werden.

A. Die Tätigkeit als Testamentsvollstrecker

Der Testamentsvollstrecker übt ein Privatamt mit treuhänderischem Charakter aus. Er wird durch den Erblasser oder nach dessen Bestimmung durch einen Dritten oder das Nachlaßgericht ernannt. Die Annahme ist freiwillig, sie muß gegenüber dem Nachlaßgericht erklärt werden, und das Amt endet mit dem Tod, der Geschäftsunfähigkeit oder der jederzeit möglichen Kündigung des Testamentsvollstreckers gegenüber dem Nachlaßgericht (§ 2226 BGB). Ferner endet das Amt mit der Erledigung aller Aufgaben oder im Zeitablauf, wenn der Erblasser eine Frist gesetzt hat. Bei Vorliegen eines wichtigen Grundes (z.B. grobe Pflichtverletzung) kann das Nachlaßgericht auf Antrag eines Beteiligten den Testamentsvollstrecker entlassen (§ 2227 BGB).

Das Gesetz überträgt dem Testamentsvollstrecker grundsätzlich die Aufgabe, die testamentarischen Bestimmungen des Erblassers auszuführen und - wenn mehrere Erben vorhanden sind - den Nachlaß unter ihnen zu verteilen (§§ 2203 u. 2204 BGB), und zwar nachdem er Nachlaßgläubiger

---

[1] Die Frage der gesetzlichen Regelung der Treuhandverhältnisse war ein zentrales Thema des 36. Deutschen Juristentages 1930. Obwohl sich die Gutachter und die Mehrheit der Teilnehmer für eine gesetzliche Regelung aussprachen, blieb die befürwortete Kodifikation jedoch aus (vgl. Liebich/Mathews [1983], S. 477, Fn. 1; Siebert [1933], S. 411 - 426).

befriedigt und Auflageschulden erfüllt hat. Der Erblasser kann dem Testamentsvollstrecker darüber hinaus die Verwaltung des Nachlaßvermögens oder von Teilen des Nachlaßvermögens bis zu 30 Jahren (unter Umständen länger, nämlich auf die Lebenszeit bestimmter Personen) übertragen und ihm hierzu besondere Anweisungen erteilen (§§ 2209 u. 2210 BGB). Er ist so in der Lage, den Zweck der Verwaltung festzulegen, der darin bestehen kann, den mit dem Erblasser verbundenen Personen eine gesicherte Versorgung zu geben oder den Zusammenhalt eines Unternehmens zu sichern. Fallen Unternehmen oder Geschäftsanteile in den Nachlaß, so sind hiermit Probleme allgemeiner und spezieller Art verbunden. Die allgemeinen Probleme der treuhänderischen Verwaltung von Unternehmen und Geschäftsanteilen im Erbfall liegen in gewissen Unvereinbarkeiten erbrechtlicher Regelungen mit handels- bzw. gesellschaftsrechtlichen Regelungen, wie z.B. der Frage der erbrechtlichen Begrenzung der Haftung im Verhältnis zur unbegrenzten Haftung des Einzelunternehmers und der persönlich haftenden Gesellschafter einer OHG oder KG oder die Frage des Erlöschens der Gesellschafterstellung im Todesfall nach § 138 HGB.[1] Für den WP als Nachlaßverwalter sind besondere Probleme in der Kollisionsgefahr mit den Berufspflichten zu sehen, da die treuhänderische Verwaltung von Unternehmen oder Geschäftsanteilen verbunden sein kann mit der Ausübung von Geschäftsführerpositionen - also einer gewerblichen Tätigkeit i.S.d. § 1 HGB. Nach § 43a,3 Nr. 1 WPO ist aber die Ausübung solcher gewerblichen Tätigkeiten nicht mit den Berufsaufgaben des WP vereinbar. Andererseits erfolgt die Ausübung dieser gewerblichen Tätigkeiten im Rahmen einer treuhänderischen Verwaltung und damit in Wahrnehmung einer typischen Berufsaufgabe. Die Berufsgrundsätze empfehlen daher, solche gewerbliche Tätigkeiten auszuschließen und durch geeignete Überwachungsfunktionen abzulösen (vgl. WPK [1987], S. 27).

Der Testamentsvollstrecker ist verpflichtet, den Erben Rechnung zu legen und ihnen diejenigen Sachen und Rechte herauszugeben, deren er zur Erfüllung seiner Aufgaben nicht oder nicht mehr bedarf (§ 2217 BGB). Er ist für eine ordnungsgemäße Verwaltung verantwortlich und ggf. schadensersatzpflichtig (§ 2219 BGB). Hierzu zählt auch die Verpflichtung nach § 153 AO, noch nicht bezahlte Steuern dem Finanzamt anzuzeigen.

B. Die Tätigkeit als Nachlaßpfleger und Nachlaßverwalter

Nachlaß i.S.d. BGB ist das vom Erblasser hinterlassene Vermögen als Ganzes - d.h. Aktiva und Passiva -, also auch die Verbindlichkeiten. Der Erbe oder mehrere Erben treten in die gesamte Vermögensstellung des Erblassers ein. Dieser Vorgang wird **Gesamtrechtsnachfolge** oder auch **Universalsukzession** genannt. Bis zur Annahme der Erbschaft hat das Nachlaßgericht (= Amtsgericht des Wohnsitzes, den der Erblasser zur Zeit des Erbfalles hatte) für eine Sicherung des Nachlasses zu sorgen, wenn
- ihm der Erbe unbekannt ist,
- ungewiß ist, ob der Erbe die Erbschaft angenommen hat und
- der Erbe zwar bekannt ist, er aber die Erbschaft noch nicht angenommen hat.

---

[1] Zu den vielfältigen Problemen der Verwaltung von Unternehmen und Geschäftsanteilen im Erbfall vgl. Eden [1989], S. 235 - 285; Schumacher [1968].

Die Bestellung eines **Nachlaßpflegers** ist eine der Fürsorge- und Sicherungsmaßnahmen des Nachlaßgerichtes (§ 1960 BGB).[1] Die Nachlaßpflegschaft ist somit eine gesetzlich geregelte und staatlich beaufsichtigte Fürsorge für den endgültigen Erben. Die Aufgabe des Nachlaßpflegers besteht darin, den Nachlaß zu erhalten und zu verwalten und, wenn erforderlich, den Erben zu suchen.
Besteht Grund zu der Annahme, daß Gläubiger der Nachlaßschulden[2] (= Nachlaßgläubiger) aus dem Nachlaß nicht befriedigt werden können, haben der Erbe, der Testamentsvollstrecker (§ 217,1 KO) oder ein Nachlaßgläubiger das Recht, bei dem Nachlaßgericht zum Zwecke der Sicherung und Befriedigung der Nachlaßgläubiger eine **Nachlaßverwaltung** zu beantragen (§§ 1975 ff BGB). Die Nachlaßverwaltung unterscheidet sich von der sonstigen Nachlaßpflegschaft in ihrem Zweck und ihrem Zustandekommen: Die Nachlaßverwaltung bezweckt die Befriedigung der Nachlaßgläubiger und die Nachlaßpflegschaft die Sicherung des Nachlasses im Interesse des endgültigen Erben; im Gegensatz zur sonstigen Nachlaßpflegschaft wird die Nachlaßverwaltung nur auf Antrag vom Nachlaßgericht angeordnet. Gemeinsam ist beiden, daß sie unter Aufsicht des Nachlaßgerichtes stehen.
Das Nachlaßgericht kann die Anordnung der Nachlaßverwaltung ablehnen, wenn eine den Kosten entsprechende Masse nicht vorhanden ist (§ 1982 BGB). Ist die Nachlaßverwaltung angeordnet, so verliert der Erbe hierdurch einerseits die Verfügungs- und Verwaltungsmacht über den Nachlaß, andererseits beschränkt sich seine Erbenhaftung für Nachlaßschulden vom Zeitpunkt der Anordnung an auf den Nachlaß (= beschränkte Erbenhaftung). Gehören Grundstücke zum Nachlaß, so ist die Anordnung der Nachlaßverwaltung in das Grundbuch einzutragen. Aufgabe des Nachlaßverwalters ist es, den Nachlaß in Besitz zu nehmen und zu verwalten, Außenstände einzuziehen und die Nachlaßverbindlichkeiten zu regulieren. Erhält der Nachlaßverwalter Kenntnis von der Überschuldung des Nachlasses, so hat er unverzüglich die Eröffnung des Nachlaßkonkurses oder, sofern ein solcher Antrag nach § 113 VO zulässig ist, die Eröffnung eines gerichtlichen Vergleichsverfahrens über den Nachlaß zu beantragen (§ 1985 i.V.m. § 1980 BGB). Sein Verwaltungsrecht ist stärker als das des Testamentsvollstreckers, und er darf vom Erblasser erteilte Vollmachten widerrufen (vgl. Kammergericht [1971]). Er hat ein Nachlaßinventar anzufertigen und dem Nachlaßgericht einzureichen, und ihm obliegt eine Rechnungslegungspflicht i.S.d. §§ 1840 ff BGB. Für seine Verwaltung ist der Nachlaßverwalter dem Erben und den Nachlaßgläubigern verantwortlich, auch trifft ihn (ebenso wie den Nach-

---

1) Als weitere Nachlaßsicherungsmaßnahmen sind zu nennen: Anlegen von Siegeln an Nachlaßgegenständen, Aufnahme eines Nachlaßverzeichnisses (= Nachlaßinventar) oder die Hinterlegung von Geld, Wertpapieren oder Kostbarkeiten beim Amtsgericht.

2) Hierzu zählen im wesentlichen: 1. Erblasserschulden, d.h. alle Schulden, die noch vom Erblasser herrühren; 2. Erbfallschulden, d.h. Schulden, die im Zeitpunkt des Erbfalls entstehen, wie Pflichtteilrechte, Vermächtnisse, Auflagen sowie der sog. Dreißigste (vgl. § 1969 BGB); 3. Nachlaß- und Erbfallverwaltungskostenschulden, d.h. Schulden, die in der Zeit nach dem Erbfall anfallen, wie Ausgaben für die Testamentseröffnung und die gerichtliche Nachlaßsicherung; 4. Schulden, die an zum Nachlaß gehörige Sachen unmittelbar geknüpft sind, wie z.B. Grundsteuer für ein Nachlaßgrundstück. - Keine Nachlaßschuld ist die Erbschaftsteuer. Für sie haftet der Erbe persönlich.

laßpfleger) unter Umständen eine persönliche Haftung für nicht beglichene Steuern, die aus dem Nachlaß zu entrichten sind (§§ 34 u. 69 AO). Der Nachlaßverwalter darf den Nachlaß erst dann den Erben übergeben, wenn die (bekannten) Nachlaßverbindlichkeiten erfüllt sind (§ 1986 BGB). Dem Nachlaßverwalter steht für die Ausübung seines Amtes eine angemessene Vergütung zu. Die Treuhandschaft endet durch die Regulierung aller Nachlaßverbindlichkeiten, mit der Eröffnung eines Nachlaßkonkurses oder durch Anordnung des Nachlaßgerichtes, falls eine den Kosten entsprechende Masse nicht vorhanden ist (§ 1988 BGB).

Für WP bzw. vBP sind die Tätigkeiten als Nachlaßpfleger und Nachlaßverwalter berufstypische Aufgaben.[1]

C. Die Tätigkeit als Liquidator (Abwickler)

Wird eine Personengesellschaft, eine Kapitalgesellschaft, ein Verein oder eine Genossenschaft aufgelöst oder verliert sie ihre Rechtsfähigkeit, so findet eine Liquidation statt.[2] Bei den juristischen Personen ist der Zweck der Liquidation, daß die Gläubiger befriedigt und der evtl. positive Liquidationserfolg an die Mitglieder, Gesellschafter, Aktionäre oder Genossen verteilt wird.[3] Der Zweck der Liquidation einer Personengesellschaft ist vor allem die Verteilung des gemeinsamen Gesellschaftsvermögens, da die Haftung der Gesellschafter gegenüber den Gesellschaftsgläubigern fortbesteht. Die Liquidation wird durch Liquidatoren (= Abwickler) durchgeführt, die die bis zur Beendigung der Liquidation fortbestehende Unternehmung (Verein, Gesellschaft, Genossenschaft) gesetzlich vertreten. Die Unternehmung tritt allerdings mit der Kennzeichnung "in Liquidation" oder einem ähnlichen Hinweis auf die Liquidation nach außen hin in Erscheinung. Gegenstand dieser Unternehmung ist nunmehr die Abwicklung.

---

1) Neben dem Nachlaßpfleger nennt das BGB die Ergänzungs- (§ 1909), die Gebrechlichkeits- (§ 1910), die Abwesenheitspflegschaft (§ 1911) sowie die Pflegschaft für die Leibesfrucht (§ 1912), für unbekannte Beteiligte (§ 1913) und für Sammelvermögen (§ 1914), auf die hier nur verwiesen werden soll. Die Ausübung dieser Pflegschaften ist ebenfalls mit den Berufsaufgaben des WP (vBP) zu vereinbaren.

2) In der betriebswirtschaftlichen Literatur wird zwischen der formellen und der materiellen Liquidation unterschieden. Die formelle Liquidation bezieht sich auf den Rechtsrahmen (Firma) einer Unternehmung. Sie erfolgt nicht, um die Betriebszugehörigkeit zu beenden, sondern um die Unternehmung nach ihrer Umgründung (Umwandlung) in anderem Rechtsrahmen fortzusetzen. Die **materielle Liquidation** bedeutet - im Gegensatz zum Konkurs - die freiwillige Beendigung einer Unternehmung. Im folgenden wird der Begriff "Liquidation" ausschließlich in diesem Sinne gebraucht.

3) Bei einer Einzelunternehmung spricht man von einer **stillen Liquidation**, weil ein Einzelunternehmer stillschweigend den Entschluß zur Geschäftsaufgabe fassen und verwirklichen oder wieder aufgeben kann. Er hat, wenn er das Unternehmen aufgibt, lediglich seine Gläubiger zu befriedigen und das Erlöschen seiner Firma zur Eintragung in das Handelsregister anzumelden. Dies erklärt, wieso es für Einzelfirmen keine gesetzlich geregelten Verfahren zur Abwicklung gibt wie bei den übrigen Rechtsformen, so z.B. §§ 145 ff HGB für die OHG i.V.m. § 161 HGB für die KG; §§ 264 ff AktG für die AG; §§ 289 ff AktG für die KGaA; §§ 65 ff GmbHG für die GmbH; §§ 78 ff GenG für die Genossenschaft; §§ 730 ff BGB für die BGB-Gesellschaft; § 235 HGB für die Stille Gesellschaft und §§ 47 ff BGB für den rechtsfähigen Verein.

Zu unterscheiden sind die "geborenen", "gekorenen" und die "befohlenen" Liquidatoren. **Geborene Liquidatoren** sind die bisherigen gesetzlichen Vertreter (so bei einer AG die Vorstandsmitglieder) oder die Gesellschafter (so bei einer OHG oder KG die Komplementäre oder Kommanditisten) einer Unternehmung. Durch Satzung, Gesellschaftervertrag, Gesellschafter- oder Haupt- bzw. Generalversammlungsbeschluß kann die Liquidation auch einzelnen Vorstandsmitgliedern, Gesellschaftern oder Dritten - auch juristischen Personen - übertragen werden. Diese nennt man dann **gekorene Liquidatoren**. Schließlich kann es **befohlene Liquidatoren** dann geben, wenn auf Antrag eines Beteiligten aus wichtigem Grund die Bestellung von Liquidatoren durch Gericht erfolgt (z.B. § 146 HGB oder § 265 AktG). Zur Annahme des Amtes eines befohlenen Liquidators ist aber - anders als bei geborenen Liquidatoren - niemand verpflichtet. Eine Abwahl gekorener Liquidatoren ist ebenso möglich wie die Abberufung befohlener Liquidatoren aus wichtigem Grund durch das Gericht. Auch haben diese Liquidatoren die Möglichkeit der jederzeitigen eigenen Kündigung. Das Verhältnis zwischen einem Liquidator und der in Liquidation befindlichen Unternehmung richtet sich nach den Vorschriften über Geschäftsbesorgung und Dienstvertrag (§§ 675 u. 611 BGB). Das gilt auch für den vom Gericht bestellten Liquidator. Ein Liquidator hat Anspruch auf angemessene Vergütung und auf Ersatz der Auslagen. Kommt eine Einigung über die Vergütung nicht zustande, kann das Gericht diese festsetzen. Liquidatoren müssen ihre Handlungen in gleicher Weise verantworten wie die seitherigen gesetzlichen Vertreter des Unternehmens.

Ein Liquidator übt eine treuhänderische Tätigkeit aus. Er hat die Aufgabe, den Zweck der in Liquidation befindlichen Unternehmung, nämlich die Befriedigung der Gläubiger und die Aufteilung und Ausschüttung des Liquidationserfolges an die Berechtigten, sicherzustellen. Das bedingt die Beendigung aller laufenden und schwebenden geschäftlichen Angelegenheiten, die Veräußerung des Betriebsvermögens, das Einziehen bestehender Forderungen (also ggf. auch ausstehender Einlagen) und die Begleichung der Schulden. Weitere Geschäfte dürfen nur abgeschlossen werden, wenn sie der Abwicklung dienen. Die Liquidation endet mit der Verteilung des Liquidationserfolges. Gemäß einzelner rechtsformbezogener gesetzlicher Abwicklungsbestimmungen (§ 157 HGB, § 273 AktG) haben die Liquidatoren auch das Erlöschen der Unternehmung zur Eintragung in das Handelsregister anzumelden.[1] Hiermit endet die Treuhandschaft.

Verbunden mit diesen Tätigkeiten sind die Rechnungslegungsverpflichtungen. Die Rechnungslegung in der Abwicklungsphase dient dem buch- und bilanzmäßigen Nachweis aller Geschäftsvorgänge bis zur Schlußrechnung (= Liquidations-Schlußbilanz). Von besonderer Bedeutung ist die Liquidations-Eröffnungsbilanz. Sie ist für den Tag der Auflösung aufzustellen und bietet bei zweckentsprechender und zutreffender Be-

---

1) Die Löschung im Handelsregister hat keine "rechtschaffende" Wirkung in dem Sinn, daß dadurch die Unternehmung "voll beendet" oder vernichtet wird. Der Löschung kommt vielmehr die Bedeutung der Vermutung der Vollbeendigung zu. Nach § 273,4 AktG hat z.B. das Gericht die bisherigen oder andere Abwickler (neu) zu bestellen, wenn es sich nachträglich herausstellt, daß weitere Abwicklungsmaßnahmen (z.B. wegen des Vorhandenseins noch verteilbaren Vermögens) nötig sind.

wertung des Vermögens zu Veräußerungswerten Anhaltspunkte darüber, ob es sinnvoll ist, die Liquidation fortzusetzen.[1] Denn Liquidationen können nur dann durchgeführt werden, wenn das Vermögen größer ist als die Schulden. Überwiegen die Schulden, besteht die Gefahr, daß ein Teil der Gläubiger nicht befriedigt werden kann, und es ist seitens der Liquidatoren der Konkurs oder der Vergleich zu beantragen. Bei längerer Zeitdauer der Liquidation sind regelmäßige Liquidations-Zwischenbilanzen aufzustellen. Auch sie dienen u.a. der Beantwortung der Frage, ob die Abwicklung fortzusetzen oder ein Vergleichs- bzw. Konkursverfahren zu eröffnen ist.

Der Hauptzweck einer Liquidation ist in der Sicherung des Gläubigerschutzes zu sehen. Es empfiehlt sich daher, vertrauenswürdige betriebsfremde Personen mit einschlägigen Erfahrungen als Liquidatoren einzusetzen. Dieser Anforderung entsprechen die Angehörigen des Berufsstandes der WP in besonderem Maße. Dem WP (vBP) ist die Tätigkeit als Liquidator gestattet. Sofern die Wahrnehmung dieser treuhänderischen Aufgabe Anstellungsverhältnisse unvermeidbar macht, sind solche als Ausnahmeregelung gemäß § 43a,3 Nr. 2 WPO zugelassen.

D. Die Tätigkeiten als Konkurs- und Vergleichsverwalter

In der Einzelzwangsvollstreckung (§§ 704 - 945 ZPO) und dem Konkursverfahren bietet das Gesetz unterschiedliche Möglichkeiten der Anwendung staatlicher Gewalt zur Durchsetzung von Gläubigeransprüchen. Während in der Einzelzwangsvollstreckung der einzelne Gläubiger zwangsweise seine Befriedigung sucht, dient das Konkursverfahren zur gleichzeitigen und gleichmäßigen Befriedigung aller Gläubiger eines Schuldners aus dessen Vermögen. Beide Verfahren unterscheiden sich von den gerichtlichen Vergleichsverfahren. Diesem Verfahren liegt der Gedanke zugrunde, daß auch bei einem Vorliegen von Konkursgründen die Weiterführung eines verschuldeten Unternehmens im gemeinsamen Interesse von Schuldner und Gläubiger liegen kann.[2] Folglich bezweckt das gerichtliche Vergleichsverfahren die Abwendung des Konkurses, indem Schulden herabgesetzt und/oder gestundet (Erlaßvergleich, Stundungsvergleich) werden, um dem Schuldner eine Möglichkeit zur Sanierung zu geben. Bleibt das gerichtliche Vergleichsverfahren ohne Erfolg und ge-

---

1) Nach § 270,2 AktG und § 71,2 GmbHG sind für die Liquidationsrechnungslegung von Kapitalgesellschaften die umfangreichen Vorschriften über den Jahresabschluß (§§ 238 - 289, 316 - 335 HGB) entsprechend anzuwenden. Dieser Verweis bedeutet eine Angleichung der Rechnungslegung liquidierender an die Rechnungslegung werbender Kapitalgesellschaften. Insbesondere ist in der Liquidationsrechnungslegung das Anschaffungswertbzw. Realisationsprinzip zu beachten. Zudem besteht grundsätzlich eine gesetzliche Verpflichtung zur Prüfung der Liquidationsrechnungslegung mittelgroßer und großer Kapitalgesellschaften. Die Liquidationsrechnungslegung für Personenhandelsgesellschaften ergibt sich aus § 154 HGB, wonach die Liquidatoren einer OHG bzw. KG bei dem Beginn sowie bei der Beendigung der Liquidation eine Bilanz aufzustellen haben. Ein Verweis auf die handelsbilanziellen Rechnungslegungsnormen besteht für Personenhandelsgesellschaften nicht. Zum Problem der Liquidationsrechnungslegung vgl. Scherrer/Heni [1996].

2) Zum 1.1.1999 treten die Insolvenzordnung (InsO) und das Einführungsgesetz zur Insolvenzordnung (EGInsO) in Kraft (vgl. § 335 InsO i.V.m. Art. 110,1 EGInsO). Damit wird die Trennung des Konkurs- und Vergleichsverfahrens aufgehoben und beide Verfahrensarten gehen in ein einheitliches Insolvenzverfahren auf (vgl. Burger/Schellberg [1995 (1)], S. 69).

lingt die Sanierung nicht, so schließt sich an das gerichtliche Vergleichsverfahren i.d.R. ein Konkursverfahren (= Anschlußkonkurs) an. Das Konkursverfahren beginnt nur auf Antrag des Schuldners oder eines Gläubigers (§ 103 KO) und setzt als Grund die Zahlungsunfähigkeit (§ 102 KO) und bei juristischen Personen sowie bei Personengesellschaften, deren Gesellschafter ausschließlich juristische Personen sind, auch die Überschuldung (§§ 207, 209 u. 213 KO) voraus.[1] Konkursgläubiger ist jeder, der zur Zeit der Eröffnung des Konkurses einen begründeten Vermögensanspruch an den Schuldner hat. Die Einleitung des Vergleichsverfahrens erfolgt dagegen nur auf Antrag des Schuldners (§ 2 VO). Der Schuldner muß nämlich einen Vergleichsvorschlag machen, aus dem sich ergibt, ob und wie die Erfüllung des Vergleiches sichergestellt werden soll. Es müssen den Vergleichsgläubigern mindestens 35 % ihrer Forderungen gewährt werden. Dieser Mindestsatz erhöht sich auf 40 %, wenn der Schuldner eine Zahlungsfrist von mehr als einem Jahr von der Bestätigung des Vergleiches an beansprucht (§ 7 VO). Ob diese Möglichkeiten bestehen, vermag nur der Schuldner zu beurteilen.

Zur Durchführung der jeweiligen Verfahren werden vom Gericht Verwalter eingesetzt, die eine gesetzliche Treuhandtätigkeit ausüben. Die unterschiedlichen Zielsetzungen beider Verfahren bedingen unterschiedliche Befugnisse. Mit der Eröffnung des Konkursverfahrens verliert der Schuldner seine Verwaltungs- und Verfügungsmacht über die Konkursmasse. Die Konkursmasse umfaßt das gesamte, einer Zwangsvollstreckung unterliegende Vermögen des Schuldners, welches ihm zur Zeit der Konkurseröffnung gehört, einschließlich der Geschäftsbücher (§ 1 KO). Die Verwaltungs- und Verfügungsrechte gehen auf den Konkursverwalter über, der die Konkursmasse für die Gläubiger durch Liquidation zu verwerten hat. Der Vergleichsverwalter hat dagegen im wesentlichen die wirtschaftliche Lage des Schuldners zu prüfen, seine Geschäftsführung und seine Ausgaben für die Lebensführung zu überwachen (§ 39 VO).

Konkursverwalter wie Vergleichsverwalter sind zur Rechenschaftslegung verpflichtet. Beantragt ein Schuldner die Eröffnung des Konkursverfahrens, so muß er gem. § 104 KO dem Eröffnungsantrag neben einem Verzeichnis der Gläubiger und Schuldner eine Übersicht der Vermögensmasse, d.h. einen **Konkursstatus** beifügen. Nach § 124 KO hat der Konkursverwalter ein Inventar und eine Konkurseröffnungsbilanz und nach § 86 KO eine **Schlußrechnung** zu erstellen. Für die Bewertung kommen als Ansätze in der Konkurseröffnungsbilanz die vorsichtig geschätzten Einzelveräußerungspreise in Betracht. Erstreckt sich das Konkursverfahren auf längere Zeit, so sind Konkurszwischenbilanzen zu erstellen. Die Schlußrechnung erfolgt nicht mehr in Bilanzform, sondern in Form einer Einnahmen-Ausgaben-Rechnung.[2]

---

1) Im neuen Insolvenzrecht tritt als weiterer Auslösetatbestand die drohende Zahlungsunfähigkeit (§ 18 InsO) hinzu (vgl. Burger/Schellberg [1995 (2)]).

2) Vgl. zu den Problemen der Liquidationsrechnung Scherrer/Heni [1996] und zum Konkursstatus Uhlenbruck [1990 (1)], S. 127 - 133.

Analoges gilt auch für den Vergleich. Wird zur Abwendung eines Konkursverfahrens ein gerichtliches Vergleichsverfahren beantragt, so muß der Gemeinschuldner seinem Eröffnungsantrag gem. § 4 VO eine Übersicht des Vermögensstandes beifügen, in der sämtliche Vermögensgegenstände und Verbindlichkeiten einzeln unter Angabe ihres Betrages oder Wertes aufzunehmen und gegenüberzustellen sind. Diese Vergleichsbilanz - auch **Vergleichsstatus** genannt - wird aus dem letzten handelsrechtlichen Jahresabschluß entwickelt und soll den Gläubigern Auskunft über die Angemessenheit des Vergleichsangebotes geben.[1]

Beide Verwalter stehen unter der Aufsicht des Gerichtes (§ 83 KO, § 41 VO) und sind für die Erfüllung ihrer ihnen obliegenden Pflichten allen Beteiligten verantwortlich (§ 82 KO, § 42 VO). Sie haben Anspruch auf Ersatz ihrer Auslagen und angemessene Vergütung (§ 85 KO, § 43 VO).

In diesem Zusammenhang ist besonders auf den **Treuhandvergleich** und auf die **Stillhalte-Treuhand** hinzuweisen. Der Treuhandvergleich kann Bestandteil eines Zwangsvergleichs zur Beendigung eines Konkurses (§§ 173 ff KO = Liquidationsvergleich), eines Zwangsvergleichs zur Abwendung eines Konkurses nach der Vergleichsordnung oder eines außergerichtlichen Vergleichs sein. In diesen Fällen sehen Vergleichsverträge häufig vor, daß den Vergleichsgläubigern Sicherheiten gestellt werden, wenn ihre Forderungen aus dem Vergleich nicht sofort befriedigt werden. Eine Form der Sicherung kann darin bestehen, daß das der Gläubigerbefriedigung dienende Vermögen einem Treuhänder übertragen wird (vgl. z.B. § 93 VO). Beim Liquidationsvergleich werden die Vergleichsgläubiger anteilsmäßig aus dem Erlös der Vermögenswerte des Schuldners befriedigt, und die Quote der Gläubiger bestimmt sich nach der Höhe des vom Treuhänder erzielten Erlöses.[2] Die Stillhalte-Treuhand ist eine Vorstufe des außergerichtlichen Vergleichs. Sie kommt dadurch zustande, daß ein Schuldner eine Vertrauensperson damit beauftragt, in Verhandlungen mit seinen Gläubigern einzutreten, um ein **Moratorium** (oder einen Vergleich) zu erreichen. Stellt der Schuldner dieser Person als Grundlage der Verhandlungen treuhänderisch Vermögensteile zur Verfügung, die für das spätere Abkommen als Sicherheit dienen sollen, so ist eine Stillhalte-Treuhand gegeben.

Zu den berufstypischen Aufgaben der Berufsstände des wirtschaftlichen Prüfungswesens gehören auch die Tätigkeiten als Konkurs- oder Vergleichsverwalter. Allerdings ist darauf hinzuweisen, daß in der die VO bzw. KO kommentierenden Literatur die Auffassung vorherrscht, daß juristische Personen nicht zum Vergleichs- bzw. Konkursverwalter bestellt werden dürfen.[3]

---

1) Vgl. zu den Problemen eines Vergleichsstatus Uhlenbruck [1990 (2)], S. 695 - 696.

2) Vgl. IDW [1992 (2)], S. 438 - 441; Grohmann [1983].

3) Vgl. Böhle-Stammschräder/Kilger [1982], S.95; Uhlenbruck [1979], S. 209; Heilmann/Klopp [1990], S. 235. Die neue Insolvenzordnung regelt, daß zum Insolvenzverwalter nur für den jeweiligen Einzelfall geeignete, insbesondere geschäftskundige und von den Gläubigern und Schuldnern unabhängige, **natürliche** Personen bestellt werden können (vgl. § 56,1 InsO). Dies bedeutet, daß Steuerberatungs-, Wirtschaftsprüfungs- oder Buchprüfungsgesellschaften nicht als Insolvenzverwalter in Betracht kommen (vgl. Burger/Schellberg [1995 (1)], S. 70).

E. Die Tätigkeiten als Sicherungstreuhänder

Die einzelnen Anwendungsfälle der Sicherungstreuhandschaften hängen mit den verschiedenen rechtlichen Möglichkeiten einer Kreditsicherung zusammen. Die Sicherungstreuhand findet sich vor allem dort, wo ein Kreditnehmer aus seinem Vermögen eine Sicherheit (= **reale Sicherheit**) stellt. Im folgenden soll auf die bedeutsameren Formen realer Sicherheiten und die damit verbundenen Treuhandtätigkeiten eingegangen werden, und zwar unterteilt in die Kreditsicherung durch mobile und in die Kreditsicherung durch immobile Vermögenswerte.

I. Kreditsicherung durch Mobilien

Vor allem Wertpapiere, Forderungen und Vorräte sind mobile Vermögenswerte, die als Kreditsicherung dienen. Maschinen, maschinelle Anlagen und ähnliche bewegliche Sachen i.S.d. §§ 97 u. 98 BGB kommen als selbständige mobile Sicherheit deshalb weniger in Frage, weil sie oft bereits als "Zubehör" bei bestehenden Hypotheken zur Kreditsicherung herangezogen wurden und so ggf. Hypothekengläubigern mitverhaftet sind. Die Vorzüge des Mobiliarkredits liegen in seinen Kostenvorteilen bei der Bestellung und in der größeren Beweglichkeit des Sicherungsgutes. Als Formen des Mobiliarkredites kommen die Verpfändung, die Sicherungsübereignung und die Sicherungszession zur Anwendung.

a. Die Verpfändung

Nach deutschem Recht kann ein Pfandrecht als **gesetzliches Pfandrecht** (z.B. Vermieterpfandrecht des § 559 BGB) oder als **vertragliches Pfandrecht** an beweglichen Sachen und Rechten bestehen (insb. §§ 1204 - 1296 BGB). Als Sicherheit kommt für den Mobiliarkredit das vertragliche Pfandrecht in Frage. Das Wirksamwerden eines vertraglichen Pfandrechtes ist
- an das Bestehen einer Forderung,
- an die Einigung zwischen dem Gläubiger (= Pfandgläubiger) und dem Schuldner (= Verpfänder) über das Entstehen des Pfandrechtes und
- an die Übergabe der Pfandsache an den Pfandgläubiger als mittel- oder unmittelbaren Besitz

gebunden. Das Pfand haftet für die Forderungen in deren jeweiligem Bestand, insbesondere auch für Zinsen und Vertragsstrafen. Das Pfandrecht ist also streng akzessorisch, und es kann sich um eine gegenwärtige, künftige oder bedingte Forderung handeln. Wegen den strengen Vorschriften des Pfandrechtes über die Besitzverhältnisse hat heute vor allem die Verpfändung von Wertpapieren eine praktische Bedeutung. Hierbei ist von Vorteil, daß die voraussichtlichen Veräußerungswerte bei (börsengängigen) Wertpapieren relativ einfach abzuschätzen sind und der Übergang von Wertpapieren an den Pfandgläubiger i.d.R. ohne Störung des Geschäftsbetriebes des Kreditnehmers erfolgen kann.

Der Kreditgeber verwaltet meist das Sicherungsgut selbst in unmittelbarem Besitz. Besondere Verhältnisse - wie eine Mehrzahl von Gläubigern oder die Rücksichtnahme auf die Mentalität und das Prestige des Kreditnehmers - geben aber Veranlassung dafür, daß zwischen dem Gläubiger und dem Schuldner ein neutraler Dritter als Treuhänder (= Pfandhalter) eingeschaltet wird, dem die Pfandsache übertragen wird.

Der Pfandhalter nimmt die Pfandsache in unmittelbaren Besitz und verschafft sich nach § 1206 BGB den Mitbesitz neben Schuldner und Gläubiger. Dabei muß durch den Treuhandvertrag (= Pfandhaltervertrag) gewährleistet sein, daß der Verpfänder nur gemeinsam mit dem Pfandgläubiger über die verpfändete Sache verfügen kann. Alle sonstigen Vereinbarungen - wie die Höhe der zu stellenden Sicherheiten oder die Nachschußpflicht bei Kursrückgängen usw. - werden zwischen dem Kreditgeber und dem Kreditnehmer unmittelbar geregelt.

b. Die Sicherungsübereignung

Die Kreditsicherung durch Sicherungsübereignung beweglicher Sachen ist gesetzlich nicht geregelt. Bei ihr überläßt der Schuldner (= Sicherungsgeber) die zur Kreditsicherung dienenden Sachen einem Treuhänder mit der Abrede zu eigen, daß dieser nur die Verwaltungsrechte als Pfandgläubiger ausüben darf. Der Treuhänder ist im Falle der eigennützigen Sicherungstreuhand zugleich auch der Gläubiger (= Sicherungsnehmer). Wird zwischen Schuldner und Gläubiger ein Dritter als Treuhänder und Halter der Sicherheit eingeschaltet, liegt eine doppelseitige uneigennützige Treuhandschaft vor, da die Übereignung an ihn als Treuhänder des Schuldners und des Gläubigers vorgenommen wird. Die Einschaltung eines Dritten als Treuhänder kann zum einen aus dem Grund erfolgen, daß hierdurch der Kreditgeber von der Verwaltung des Sicherungsgutes befreit wird. Zum anderen wird in den Fällen, in denen viele Gläubiger vorhanden sind und/oder ein häufiger Gläubigerwechsel stattfindet (z.B. Revolvingkredit), ein ständiges Aufteilen und Weiterübertragen der dinglichen Sicherung vermieden, wenn diese auf einen Treuhänder für die jeweiligen Gläubiger übertragen wird. Schließlich fühlt sich ein Kreditnehmer gegen eine evtl. Übermacht des Kreditgebers besser geschützt, wenn das Sicherungsgut durch einen Unparteiischen, der die Interessen beider Seiten wahrnimmt, verwaltet wird.

Hauptsächlich sind Handelswaren, Halb- und Fertigerzeugnisse sowie die Vorräte an Roh-, Hilfs- und Betriebsstoffen Gegenstand der Sicherungsübereignung. Da der Sicherungsgeber das Sicherungsgut zur Aufrechterhaltung seines Betriebes im allgemeinen weiterbenutzen, weiterverarbeiten oder veräußern muß, wird die zur Eigentumsübertragung erforderliche Übergabe durch die Vereinbarung eines Rechtsverhältnisses ersetzt, welches dem Treuhänder den (erforderlichen) mittelbaren Besitz verschafft (= Besitzkonstitut gem. § 930 BGB). Hierfür können gem. § 868 BGB Miete, Pacht, Verwahrung oder ähnliche Verhältnisse in Frage kommen.[1] Meist wird ein (entgeltlicher) Verwahrungsvertrag abgeschlossen, kraft dessen der Schuldner die übereignete Sache weiter in unmittelbarem Besitz behält. In den abzuschließenden Verträgen muß das Sicherungsgut so beschrieben und bezeichnet sein, daß es sich jederzeit aussondern und getrennt vom übrigen Vermögen des Schuldners aufbewahren läßt. Der Schuldner wird gleichzeitig ermächtigt, über das Sicherungsgut durch Veräußerung oder durch Verarbeitung zu verfügen.

---

1) Nach dem Urteil des BGH vom 10.7.1961 (vgl. BGH [1961]) kann ein bestimmtes Besitzmittlungsverhältnis, das im Übereignungsvertrag nicht angegeben ist, als stillschweigend vereinbart angesehen werden.

Er wird jedoch verpflichtet, ständig einen im Wert gleichen Mindestbestand des Sicherungsgutes aufrechtzuerhalten. Außerdem kann vereinbart werden, daß der Schuldner bei Veräußerung der übereigneten Sachen die ihm hieraus erwachsenen Forderungen an den Gläubiger abtritt (= verlängerter Eigentumsvorbehalt) und für zukünftig zu erwerbende Sachen dem Treuhänder ein Anwartschaftsrecht auf Eigentum (= vorweggenommenes Besitzkonstitut) einräumt.

Die Bewahrung der Eigentumsrechte des Treuhänders bereitet besondere Probleme, wenn sicherungsübereignete Sachen im Betrieb des Kreditnehmers weiterverarbeitet werden. Für diesen Fall sind Vereinbarungen zu treffen, daß bei der Verarbeitung der Treuhänder gem. § 950 BGB als Hersteller anzusehen ist. Sollte durch die Verarbeitung das Eigentum des Treuhänders durch Vermengung oder Vermischung untergehen und der Kreditnehmer dadurch Eigentum an Gegenständen des Sicherungsgutes erwerben, so ist der Kreditnehmer vertraglich zu verpflichten, daß das durch Vermengung oder Vermischung für ihn entstehende Eigentum im Augenblick der Entstehung auf den Treuhänder übergeht.

Die Kreditsicherung durch Sicherungsübereignung bedingt eine aufwendige Überwachungstätigkeit durch den Treuhänder. Zunächst ist festzustellen, ob Gegenstände des Sicherungsgutes nicht mit Eigentumsvorbehalten belastet sind oder als Grundstückszubehör einer hypothekarischen Belastung gem. § 1120 BGB unterliegen. Auch müssen Zustand und Pflege, Art der Aufbewahrung und die Einhaltung der sonstigen Abreden - wie das Führen von Büchern über das Treuhandvermögen, die Aufrechterhaltung des vereinbarten wertgleichen Mindestbestandes u.a. - ständig überwacht werden. Sind Treuhänder und Kreditgeber nicht personengleich, liegt also der Fall der doppelseitigen Treuhand vor, ist dem Kreditgeber über diese Prüfungen regelmäßig zu berichten.

Im Treuhandvertrag muß auch die Vorgehensweise für den Fall geregelt sein, daß der Schuldner die durch die Sicherungsübereignung gesicherte Forderung nicht begleicht. Es sind hierfür in dem Treuhandvertrag Vereinbarungen aufzunehmen, in welcher Form der Treuhänder das Sicherungsgut in Besitz nimmt und in welcher Weise die aus einer Verwertung des Sicherungsgutes erzielten Erlöse mit den gesicherten Forderungen zu verrechnen sind. Der Treuhänder ist verpflichtet, das Sicherungsgut an den Schuldner zurückzuübereignen, wenn sämtliche Forderungen, die gesichert werden sollten, erfüllt sind.

c. Die Sicherungszession

Da Forderungen "geldnahe Vermögenswerte" sind, eignen sie sich besonders für die Kreditsicherung. Allerdings ist vor der Entgegennahme von Forderungen als Sicherheit die Bonität derselben im einzelnen zu prüfen. Bei der Sicherungszession tritt ein Schuldner (= Sicherungsgeber) seine Forderungen (auch zukünftige) gegen Dritte (= Drittschuldner) zur Sicherung seiner eigenen Verbindlichkeiten ab. Durch die Abtretung gehen diese Forderungen von dem bisherigen Gläubiger (= Zedent) auf einen neuen Gläubiger (= Zessionar) über. Der Zessionsvertrag gem. § 398 BGB ist abstrakt, d.h. er ist losgelöst von einem Verpflichtungsgeschäft. Auch ist zur Rechtsgültigkeit der Zession weder die Mitwirkung des Schuldners noch dessen Benachrichtigung erforderlich. Die Abtretung kann daher an den Gläubiger der zu sichernden Verbindlichkeit (= eigennützige Sicherungstreuhand) oder einen Dritten (= fremdnützige Treuhand) als Treuhänder erfolgen. Mit der Abtretung wird eine Abrede darüber verbunden, welche Verbindlichkeiten des Sicherungsgebers durch die Zession gesichert werden sollen und wie der Zessionar (Kreditgeber oder Dritter) als Treuhänder zu verfahren hat. Der Zessionar, dem durch die Abtretung die Gläubigerstellung zum Drittschuldner übertragen wurde, darf diese nur im Rahmen der ihm in der Sicherungsabrede eingeräumten Befugnisse verwenden. Er muß aus seiner Treuhänderstellung heraus auch die Interessen des Zedenten wahren, und er hat insbesondere die ihm treuhänderisch abgetretene Forderung zurückzuübertragen, wenn der Zedent die der Zession zugrunde liegenden Verbindlichkeiten erfüllt hat. Will man Schädigungen für den Zedenten, die von einer Offenlegung der Zession ausgehen können, vermeiden, besteht die Möglichkeit, daß dem Treuhänder vom Zedenten Blankoabtretungsanzeigen (= Blanketten) mit der Ermächtigung gegeben werden, daß der Treuhänder diese mit den Forderungsbeträgen versehen und unabhängig vom Zedenten den betreffenden Drittschuldnern zuleiten darf. Der Sicherungsgeber muß nur dann mit der Offenlegung der Zession rechnen, wenn er seinen Verpflichtungen aus dem Kreditverhältnis nicht nachkommt. Der Zedent ist dadurch in der Lage und wird vom Zessionar dazu ermächtigt, die zedierte Forderung unter der Voraussetzung einzuziehen, daß er sie durch gleichwertige andere Forderungen ersetzt (= revolvierende Zession).

Durch die Einschaltung eines Treuhänders bei der Sicherungszession ergibt sich für den Kreditgeber der Vorteil einer wesentlichen Verwaltungsvereinfachung. Er teilt lediglich dem Treuhänder mit, in welcher Höhe jeweils der Kreditnehmer Forderungen zu zedieren hat. Der Treuhänder veranlaßt dann den Kreditnehmer, an ihn Forderungen in der gewünschten Höhe abzutreten. Besondere Überwachungsmaßnahmen erfordert in dem Zusammenhang die stille Zession, da bei ihr alle Zahlungen der Drittschuldner auf die zedierten Forderungen nach wie vor an den Kreditnehmer geleistet werden. Es bedarf daher einer sorgfältigen Überwachung der eingehenden Beträge. Soll mit diesen eine sukzessive Rückzahlung des Kredites bewirkt werden, so sind die Erlöse an den Treuhänder zur Weiterleitung an den Kreditgeber - oder unmittelbar an diesen - abzuführen. Ist dies nicht der Fall, sind als Ersatz für die eingegangenen Forderungen neue Forderungen an den Treuhänder zu zedieren, deren Bonität von ihm zu überprüfen ist. Zur Vereinfachung der Vornahme der Ersatzzession kann vereinbart werden, daß alle die Forderungen als abgetreten gelten sollen, über die der Kreditnehmer Einzelaufstellungen und Rechnungsabschriften einreichen wird. Der Treuhänder hat dem Kreditgeber über die Ergebnisse seiner Prüfungen regelmäßig zu berichten.

II. Treuhandtätigkeiten aus der Kreditsicherung durch Immobilien

Verfügt ein Kreditnehmer über bebaute und/oder unbebaute Grundstücke, kann er dem Kreditgeber Sicherheiten in Form von **Grundpfandrechten** anbieten. Während das Pfandrecht an beweglichen Sachen durch Einigung und Übergabe des Pfandes entsteht, erfordert die Bestellung von Grundpfandrechten neben der Einigung die Eintragung der Belastung in das Grundbuch (= vom zuständigen Amtsgericht geführtes öffentliches Register der Grundstücke eines Amtsgerichtsbezirks). Für den Kreditgeber bedeutet der sog. öffentliche Glaube, den das Grundbuch gem. § 892 BGB genießt, einen besonderen Schutz, was zu einer weiten Verbreitung dieser Art der Kreditsicherung in der Praxis beigetragen hat.

Außer in Form von **Rentenschulden** können Grundpfandrechte in Form der **Hypothek** oder der **Grundschuld** vereinbart werden. Der Rentenschuld kommt als Kreditsicherungsmittel keine wesentliche Bedeutung zu. Unter einer Hypothek versteht man das aus einem Grundstück oder einem grundstücksgleichen Recht zur Sicherung einer Forderung bestellte Pfandrecht (§§ 1113 - 1190 BGB). Nach der Übertragbarkeit und der Verwertung der Rechtsansprüche ist zwischen der Verkehrshypothek, der Sicherungshypothek und der Höchstbetragshypothek als Sonderform der Sicherungshypothek zu unterscheiden. Die normale Form der Hypothek ist die **Verkehrshypothek,** bei der der Gläubiger die Höhe seiner Forderung nicht gesondert nachweisen muß, wenn er sein Pfandrecht geltend machen will. Sie wird i.d.R. durch eine Urkunde, den Pfandbrief (= Hypothekenbrief), bestätigt. Der Gläubiger erwirbt in diesem Fall die Hypothek erst mit dem Entstehen der Forderung und der Übergabe des Briefes. Die Erteilung eines Briefes kann aber auch durch Eintragung in das Grundbuch ausgeschlossen werden. Dann liegt eine **Buchhypothek** vor.

Bei einer **Sicherungshypothek** (wie auch bei der **Höchstbetragshypothek)** muß der Gläubiger vor Ausübung seines Pfandrechtes die Höhe der Forderung nachweisen. Er kann sich nicht auf die Eintragung im Grundbuch berufen. Die Sicherungshypothek ist als solche in das Grundbuch einzutragen. Die Erteilung eines Hypothekenbriefes ist ausgeschlossen. Bei einer Höchstbetragshypothek wird nicht die tatsächliche Höhe der Forderung, sondern nur ein Höchstbetrag eingetragen, bis zu dem ein Grundstück haften soll.

Im Gegensatz zur Hypothek ist die **Grundschuld** (§§ 1191 - 1198 BGB) von der zugrundeliegenden Forderung losgelöst. Der dingliche Anspruch besteht hier unabhängig von einer Forderung. Eine Grundschuld kann sowohl für einen Dritten als auch für den Eigentümer bestellt werden. Es ist möglich, daß die Grundschuld wie die Verkehrshypothek entweder nur als Bucheintragung besteht oder in einer Urkunde verbrieft wird.

Eine Hypothek bzw. eine Grundschuld kann auch für einen Treuhänder (Pfandhalter) bestellt werden. Bedeutsam für die Bestellung einer Treuhandhypothek ist jedoch, daß die der Hypothek zugrundeliegende Forderung dem Treuhänder - wenn auch nur fiduziarisch - zusteht. Im Gegensatz hierzu steht die Grundschuld. Sie kann für einen Treuhänder, also eine Person, die nicht Gläubiger zu sein braucht, bestellt werden. Die Übertragung einer Grundschuld auf einen Treuhänder bringt den weiteren Vorteil, daß hierdurch mehrere Gläubiger in demselben Rang gesichert werden können und ohne Eintragungsänderungen eine Auswechslung von Gläubigern möglich ist.

Im Zusammenhang mit der Finanzierung von Schuldverschreibungen haben Treuhandtätigkeiten der Kreditsicherung besondere Bedeutung. Grundlage solcher Tätigkeiten ist neben dem BGB das Gesetz betreffend die gemeinsamen Rechte der Besitzer von Schuldverschreibungen (= **Schuldverschreibungsgesetz**). Zu nennen sind hier die Treuhandfunktionen des Grundbuchvertreters und die des Gläubigervertreters:

Der Gläubigervertreter. Das Schuldverschreibungsgesetz sieht - sofern die Anleihe eine bestimmte Mindestgröße übersteigt - Versammlungen der Gläubiger von Schuldverschreibungen vor, durch die Mehrheitsbeschlüsse gefaßt werden können, welche sämtliche Gläubiger binden. Nach § 14 dieses Gesetzes kann die Gläubigerversammlung einen Gläubigervertreter zur Wahrnehmung der Gläubigerrechte wählen. Mit dem Beschluß über die Einsetzung eines Gläubigervertreters ist der Umfang seiner Pflichten und Befugnisse festzulegen; er darf z.B. Gläubigerversammlungen einberufen, Gegenstände zur Beschlußfassung ankündigen, in Wahrnehmung der Gläubigerrechte Prozesse führen und im Falle des Konkurses des Schuldners die Forderungen der Gläubiger anmelden. Gemäß § 14 Schuldverschreibungsgesetz ist er ein gesetzlicher Vertreter der Gläubiger[1].

Der Grundbuchvertreter. Er steht neben dem Gläubigervertreter, kann aber mit diesem personengleich sein. Einen Grundbuchvertreter sieht der § 1189 BGB für den Fall vor, daß gem. § 1187 BGB Forderungen aus einer Schuldverschreibung auf den Inhaber durch die Bestellung einer Sicherungshypothek abgesichert werden. Der Grundbuchvertreter hat eine nach außen von den Gläubigern unabhängige rechtsgeschäftliche Vertretungsmacht i.S.d. § 164 BGB. Im Innenverhältnis ist er Beauftragter (Treuhänder) des Grundstückseigentümers und der Gläubiger gem. den §§ 662 u. 675 BGB. Der Umfang seiner Vertretungsmacht ergibt sich aus der Bestellung und deren Eintragung im Grundbuch. Der Grundbuchvertreter i.S.d. § 1189 BGB ist aber nur ermächtigt, mit Wirkung für und gegen jeden späteren Gläubiger bestimmte Verfügungen über die Hypothek zu treffen und die Gläubiger bei der Geltendmachung der Hypothek zu vertreten. Dem Grundbuchvertreter können jedoch auch weitere Befugnisse durch vertragliche Vereinbarungen (d.h. die Anleihebedingungen) übertragen werden: wie z.B. dem Anleiheschuldner zu gestatten, im gleichen Rang mit dem ihm bestellten Grundpfandrecht weitere Belastungen eintragen zu lassen, Löschungen, Abtretungen und Pfandentlassungen zu bewilligen, Zwangsverwaltungen und Zwangsversteigerungen des beliehenen Grundvermögens zu veranlassen u.ä.[2] Der Grundbuchvertreter wird in der gleichen Form wie die Hypothek bestellt. Nach § 1188,1 BGB genügt in all den Fällen, in denen die Hypothek der Sicherung einer Inhaberschuldverschreibung dient, vor Begebung der Anleihe eine einseitige Erklärung des Grundstückseigentümers gegenüber dem Grundbuchamt und die Eintragung. Nach der Begebung der Schuldverschreibung und bei anderen Wertpapieren (Orderpapieren) ist anstelle der einseitigen Erklärung die Einigung gem. § 873 BGB erforderlich. Der Grundstücksvertreter ist der Vertreter der Gläubiger, er handelt aber auch zum Nutzen des Grundstückseigentümers.

Treuhandtätigkeiten aus der Sicherungstreuhandschaft dürfen von den WP (vBP) übernommen werden. Für Treuhandgesellschaften stellen sie eine ihrer ursprünglichen Aufgaben dar. Sicherungstreuhandschaften sind für einige Treuhandgesellschaften auch heute noch von wesentlicher Bedeutung.[3]

F. Die Tätigkeiten als Notvertreter und Schiedsrichter

Für Treuhandtätigkeiten als Notvertreter und Schiedsrichter sind WP (vBP), soweit sie wirtschaftliche Bereiche betreffen, aufgrund ihrer Vorbildung besonders geeignet. Auch diese Tätigkeiten sind grundsätzlich nach § 2,3 Nr. 3 WPO berufsrechtlich zulässig.

---

1) Daneben kann auch unabhängig vom Schuldverschreibungsgesetz durch Vertrag ein Vertreter der Gläubiger zur Wahrnehmung ihrer obligatorischen Rechte berufen werden. Dieser wird auch als "Vertragsvertreter" bezeichnet (vgl. Siebert [1933], S. 367, Fn. 7).

2) Vgl. Liebich/Mathews [1983], S. 328 - 331.

3) Zur heutigen Bedeutung der Sicherungstreuhandschaft vgl. Amann [1989], S. 105 - 112.

I. Die Tätigkeit als Notvertreter

Fallen die gesetzlichen Vertreter bei Unternehmen aus oder werden diese für längere Zeit an der Ausübung ihrer Funktionen gehindert, besteht das Erfordernis, einen Notvertreter (Notvorstand oder Notgeschäftsführer) zu bestellen. Dieser hat die Aufgabe, die Geschäfte eines Unternehmens vorübergehend zu führen oder bestimmte Geschäftsführungsmaßnahmen zu besorgen. Hierzu kann auch die Liquidation der Unternehmung zählen. Notvertreter müssen daher die gleichen Qualifikationen wie die ordentlichen gesetzlichen Vertreter haben. Die Bestellung eines Notvertreters ist an zwei Voraussetzungen gebunden: Erstens müssen gesetzliche bzw. satzungsgemäße Vertreter fehlen (durch Abwesenheit, Krankheit, Tod, Ausschluß, Verweigerung der Amtsausübung) und zweitens muß ein dringender Fall vorliegen. Ein solcher ist anzunehmen, wenn ein sofortiges Handeln erforderlich ist, um erhebliche Nachteile für die Beteiligten zu vermeiden. Rechtsgrundlage einer Bestellung sind die §§ 29 u. 48 BGB. Diese Bestimmungen sind anwendbar auf die AG (vgl. auch § 85 AktG), die GmbH, die Genossenschaft, den Versicherungsverein auf Gegenseitigkeit und auf die KGaA (vgl. Hessler [1960], S. 322). Für eine reine Personengesellschaft (also nicht für die GmbH & Co. KG) kann die Bestellung eines Notvertreters nicht erfolgen.

Ein Sonderfall des Notvertreters stellt die **Praxistreuhandschaft** dar, d.h. die treuhänderische Verwaltung der Praxis eines Berufsangehörigen. Die WPO enthält für dieses Problem - im Gegensatz zum StBerG - keine ausdrückliche Regelung.

Der Abschluß eines Praxistreuhandvertrages ist in § 71,1 StBerG für den Fall vorgesehen, daß die Praxis auf eine bestimmte Person (z.B. den Sohn des Verstorbenen) übertragen werden soll, die zum Zeitpunkt des Todes des Berufsangehörigen aber noch nicht eine eigene berufliche Qualifikation erworben hat. In diesen Fällen kann die zuständige Berufskammer die treuhänderische Verwaltung der Praxis für einen Zeitraum von bis zu drei Jahren - in Ausnahmefällen auch länger - gestatten. Eine solche Treuhandverwaltung darf auch gestattet werden, wenn die Witwe längere Zeit benötigt, um einen geeigneten Übernehmer der Praxis zu finden. Das StBerG bestimmt in § 71,2, daß der Praxistreuhänder die Verwaltung selbständig unter eigener Verantwortung, jedoch für Rechnung und auf Kosten der Erben, zu führen hat.

Der Notvertreter hat alle Rechte und Pflichten eines ordentlichen Vertretungsorgans. Der Bestellte ist zur Eintragung in das Handelsregister anzumelden. Die Tätigkeit des Notvertreters endet mit der Bestellung eines ordentlichen Vertretungsorgans, aber auch durch Aufhebung eines Bestellungsbeschlusses durch das Gericht, durch die Amtsniederlegung (die nicht zur Unzeit erfolgen darf) oder auf Antrag durch gerichtlichen Beschluß bei Vorliegen eines wichtigen Grundes (Unfähigkeit, Untreue, Zweifel an der Unparteilichkeit). Der Notvertreter hat Anspruch auf eine angemessene Vergütung gem. § 612,2 BGB.

II. Die Tätigkeit als Schiedsrichter

Ein Schiedsrichter i.S.d. § 1028 ZPO ist der Angehörige eines Schiedsgerichts, d.h. eines "Privatgerichts", durch welches Parteien in Zivilsachen die Entscheidung ihres Rechtsstreites - für den grundsätzlich der ordentliche Rechtsweg gegeben ist und für den sie vergleichsberechtigt sind - unter Ausschluß des Rechtsweges dem Urteil eines oder mehrerer Schiedsrichter unterstellen. In diesem Zusammenhang ist zwischen dem **Schiedsvertrag** und dem **Schiedsrichtervertrag** zu unterscheiden. Der Schiedsvertrag (man spricht auch von der Schiedsklausel, Schiedsabrede oder der Schiedsgerichtsklausel) ist nach § 1027 ZPO die schriftliche (nicht nötig bei Vollkaufleuten) Vereinbarung, daß die Entscheidung eines Rechtsstreites (das kann ein bereits vorliegender, aber auch ein möglicherweise bei der Abwicklung eines Rechtsverhältnisses noch entstehender Streit sein) durch einen oder mehrere Schiedsrichter erfolgen soll. In der Regel ist die Schiedsklausel Teil eines Hauptvertrages (z.B. Kaufvertrag), sie kann aber auch gesondert unter Bezug auf den Hauptvertrag getroffen werden. Es besteht daneben die Möglichkeit, eine Schiedsgerichtsklausel in Satzungen von Vereinen, AG, Genossenschaften oder in Gesellschafterverträgen zu verankern, um evtl. interne Unstimmigkeiten der Anteilseigner außergerichtlich ausgleichen zu können. Das trifft insbesondere bei Personengesellschaften zu, deren Entscheidungsfindung auf dem Vetoprinzip aufgebaut ist.[1] Schließlich ist zu erwähnen, daß Schiedsgerichte nach § 1048 ZPO auch durch Testament berufen werden können. Gründe für die Vereinbarung einer Schiedsgerichtsklausel können sein:

- die Kostenvorteile (Schiedsgerichte kennen keinen Anwaltszwang),
- die Schnelligkeit (Schiedsgerichte haben in aller Regel nur eine Instanz) und
- die Diskretion (Schiedsgerichte arbeiten nicht öffentlich).

Schiedsgerichte haben daher besonderen Wert, wenn es darum geht, Auseinandersetzungen in möglichst freundschaftlicher Weise beizulegen (z.B. bei Gesellschafterverträgen, Familienunternehmen, Erbschaften). Der Schiedsvertrag begründet die prozeßhindernde Einrede gegenüber einer Klage.

In der Regel wird der Schiedsrichter durch die Parteien, hilfsweise vom zuständigen Gericht, bestimmt (§§ 1028 u. 1029 ZPO). Schiedsrichter können wie Richter abgelehnt werden (§ 1032 ZPO). Durch die Annahme eines Amtes als Schiedsrichter kommt zwischen dem Schiedsrichter und den Parteien der Schiedsrichtervertrag zustande. Dieser verpflichtet den Schiedsrichter zur Mitwirkung bei der Entscheidung eines Streites, zur Befolgung der von den Parteien gemeinschaftlich dem Schiedsgericht erteilten Weisungen, zur Auskunft und Rechnungslegung sowie ggf. zur Haftung aus der schuldhaften Verletzung der Pflichten eines Schiedsrichters. Die Parteien werden durch den Schiedsrichtervertrag zur Teilnahme an dem Verfahren, zur Zahlung des Honorars (ggf. eines Vorschusses) und der Auflagen verpflichtet. Der Schiedsrichtervertrag ist an keine bestimmte Form gebunden. Auf ihn finden die allgemeinen Bestimmungen des Vertragsrechtes des BGB Anwendung.[2]

---

1) Vergleichbar mit einer solchen Schiedsgerichtsklausel ist die Tätigkeit des sog. **Treuhand-Arbiter**. Dieser erhält von den Gesellschaftern treuhänderisch einen Gesellschaftsanteil mit der Befugnis übertragen, diesen Anteil zu verwalten und das Stimmrecht unparteiisch auszuüben. Der Treuhand-Arbiter vermag so zwischen den uneinigen Gesellschaftern wie ein Schiedsrichter zu schlichten.

2) Der Schiedsrichtervertrag ist i.d.R. ein Dienstvertrag (vgl. IDW [1992 (2)], S. 455).

Jedes Schiedsgericht steht unter der Kontrolle der ordentlichen Gerichte. Das schiedsrichterliche Verfahren kann mit einem **Schiedsspruch** oder einem **Schiedsvergleich** enden. Der Schiedsspruch ist die endgültige Entscheidung über den Streitgegenstand. Er wirkt zwischen den Parteien wie ein rechtskräftiges gerichtliches Urteil (§ 1040 ZPO) und wird auf Antrag vom ordentlichen Gericht für vollstreckbar erklärt (§ 1042 ZPO). Aus bestimmten Gründen (Fehlen eines gültigen Schiedsvertrages, Verstoß des Spruches gegen die guten Sitten, Verfahrensmängel u.a.m.) kann beim ordentlichen Gericht auf Aufhebung des Schiedsspruches geklagt werden. Der Schiedsvergleich ist ein privatrechtlicher Vergleich. Er kann wie ein Schiedsspruch für vollstreckbar erklärt werden, wenn sich der Schuldner in ihm der sofortigen Zwangsvollstreckung unterworfen hat (§ 1044a ZPO).

Anhang

Ausgewählte mathematisch-statistische Zusammenhänge

1. Kapitel
Grundlagen

A. Einige grundlegende Begriffe

I. Masse, Einheit, Merkmal und Merkmalsausprägung

Statistische Masse und statistische Einheit. Für die Anwendung statistischer Verfahren ist das Vorhandensein statistischer Massen eine Grundvoraussetzung. Unter einer statistischen Masse versteht man eine große Zahl statistischer Einheiten (auch Erhebungseinheiten, Fälle, Merkmalsträger oder Elemente genannt), die sich eindeutig sachlich, räumlich und zeitlich abgrenzen lassen. Statistische Einheiten sind u.a.:
- Personen, Gegenstände (z.B. Gebäude, Waren, Aktien),
- Ereignisse (z.B. Konkurse, Eintragungen in das Handelsregister),
- Ergebnisse von Handlungen (z.B. Produktion, Umsatz, Forderungen),
- soziale und rechtliche Gebilde (z.B. Unternehmen, Aktiengesellschaften).

Merkmal und Merkmalsausprägung. Statistische Einheiten weisen charakteristische Eigenschaften auf, die Gegenstand statistischer Analyse sind. In diesem Zusammenhang ist zwischen Merkmal und Merkmalsausprägung zu unterscheiden. "Merkmal" bedeutet dann den an einer Gesamtheit von statistischen Erhebungseinheiten interessierenden Tatbestand an sich (z.B. Ordnungsmäßigkeit), auf den sich die statistische Analyse (die Buchprüfung) erstreckt. "Merkmalsausprägung" (oder "Modalität") bezeichnet die Realisation eines Merkmals, das grundsätzlich mehrere Erscheinungen annehmen kann, die nach Art des betrachteten Merkmals anhand verschiedener Skalen zu messen sind (am Merkmal der Ordnungsmäßigkeit: vollkommen ordnungsgemäß, überwiegend ordnungsgemäß, teilweise ordnungsgemäß, nicht ordnungsgemäß). Merkmale, die zumindest zwei Ausprägungen besitzen, heißen auch **Variable** oder **statistische Veränderliche**. Besitzt ein Merkmal, eine Variable, genau zwei Ausprägungen, wie z.B. das Merkmal der Korrektheit eines Beleges die Ausprägungen "korrekt" und "nicht korrekt", so spricht man auch von einem dichotom gegliederten Merkmal oder von einer **dichotomen Variablen**. Besonders zu erwähnen sind auch die **Zufallsvariablen**, das sind Variablen, die ihre Werte in Abhängigkeit vom Zufall annehmen, d.h. es läßt sich nicht im voraus konkret sagen, welcher Wert im einzelnen bei einem solchen beliebig oft, unter bestimmten Bedingungen wiederholbaren Vorgang eintreten wird. Die einzelnen Werte (Ausprägungen), die eine Zufallsvariable (z.B. das Werfen einer Augenzahl mit einem Würfel) annimmt, heißen **Realisationen** der Zufallsvariablen.

Ein zufälliges Ereignis kann als Ergebnis eines Experiments eintreten. Gewisse Experimente sind unter gleichen Bedingungen beliebig oft wiederholbar - es sind die sog. **Zufallsexperimente** -, wobei die zufälligen Ereignisse eine gewisse Stabilität des Auftretens aufweisen. Zufällige Ereignisse, die in längeren Versuchsserien diese Stabilität zeigen, heißen **stochastische Ereignisse**. Sie unterscheiden sich von den zufälligen, aber nicht stochastischen Ereignissen, wie z.B. dem Schaden, den ein Blitzschlag anrichtet.

Merkmale können außerordentlich verschieden beschaffen sein. Infolgedessen lassen sich auch verschiedenartige Differenzierungen nach Merkmalen treffen. Häufig unterscheidet man zwischen räumlichen, zeitlichen und sachlichen Merkmalen. Räumliche Merkmale kennzeichnen den Beobachtungsort oder -raum, zeitliche Merkmale den Zeitpunkt oder das Zeitintervall, in dem die statistischen Einheiten erhoben werden, und sachliche Merkmale beschreiben die statistischen Einheiten unabhängig von deren Auftreten in Zeit und Raum.

Eine bedeutsame weitere Unterscheidung, die sich hauptsächlich auf sachliche Merkmale bezieht, ist jene in **quantitative** (oder größenmäßige, zahlenmäßige) und in **qualitative** (oder artmäßige, kategoriale) Merkmale. Quantitative Merkmale zeigen die Intensitätsänderungen der statistischen Einheiten auf. Damit hängt zusammen, daß die quantitativen Merkmale eindeutig ordenbar sind. So gesehen gelten Zeitintervalle auch als quantitative Merkmale (z.B. Lieferzeiten oder Abschreibungsdauern). Quantitative Merkmale werden unterteilt in **diskontinuierliche** oder **unstetige** und in **kontinuierliche** oder **stetige** Merkmale. Diskontinuierliche (diskrete) Merkmale besitzen abzählbar viele Ausprägungen ("abzählbare Merkmale"). Dagegen sind kontinuierliche Merkmale nicht abzählbar und können prinzipiell zwischen zwei bestimmten Werten jeden Zwischenwert annehmen. Stetige Merkmale beruhen auf einem Meßvorgang (z.B. Temperatur, Gewicht), und die Genauigkeit des Meßergebnisses wird vom verwendeten Meßinstrument mit beeinflußt. So kann z.B. die Außentemperatur in einem gewissen Intervall grundsätzlich jeden beliebigen Celsiusgrad annehmen, auch wenn es nicht möglich ist, diese Temperatur mit einem gegebenen Thermometer exakt zu messen. Dieses Beispiel macht aber auch deutlich, daß solche Messungen immer diskreter Natur sind. Unter quantitativ stetigen Merkmalen lassen sich weiterhin auch diskrete, aber fein abgestimmte Merkmale, z.B. der Jahresgewinn mit der Abstufung "1 Pfennig" subsumieren. Man bezeichnet solche Größen, die innerhalb eines gewissen Intervalls sehr viele Werte annehmen können, als "praktisch stetig" oder "quasi stetig". Im Gegensatz zu quantitativen Merkmalen geben qualitative Merkmale nicht zählbare Eigenschaften an (so z.B. Güteklassen, Eigen- bzw. Fremdkapital). Unter gewissen Umständen ist es jedoch möglich, ein qualitatives Merkmal nach einer Rangordnung abzustufen (z.B. die Unterscheidung von Unternehmen in: kreditwürdig - weniger kreditwürdig - kreditunwürdig) und die betreffende Eigenschaft dadurch zu quantifizieren, daß die statistischen Einheiten nach diesen Rängen ausgezählt werden. Man gelangt so zu einer weiteren Unterteilung qualitativer Merkmale in **geordnete** qualitative und **nicht geordnete** qualitative Merkmale. Ein nicht geordnetes qualitatives Merkmal ist beispielsweise das Merkmal "Branche", für dessen Ausprägungen (Bank, Handel) es keine eindeutige Rangfolge gibt.

Diese Unterscheidung der qualitativen Merkmale in geordnete und ungeordnete artmäßige Merkmale gibt im Zusammenhang mit den quantitativen Merkmalen Veranlassung zu einer weiteren Unterscheidung in **topologisch skalierte** und **metrisch skalierte** Merkmale. Topologische Skalen vermögen lediglich (natürliche) Ordnungen zum Ausdruck zu bringen. So können z.B. Unterscheidungen in "ordnungsgemäß - nicht ordnungsgemäß" oder der Einteilung der Produkte in 1., 2. und 3. Wahl Zahlen zugeordnet werden, die diese Rangordnung wiedergeben. Selbst unter den zahlenmäßigen Merkmalen gibt es solche, die im Grunde nur eine Ordnung zum Ausdruck bringen. So beispielsweise die Dioptrie als Maß für die Sehschärfe des Auges oder Examensnoten. Diese topologischen Zahlen unterscheiden sich aber von den Zahlen "echter" quantitativer Merkmale dadurch, daß sie beliebigen monotonen Transformationen unterworfen werden können, ohne daß sich deren Aussagegehalt ändert. Topologische Skalen lassen keine kardinalen Vergleiche zu. Metrisch skalierte Merkmale lassen dagegen kardinale Vergleiche, d.h. Vergleiche von Intervallen und Differenzen, zu. Sie werden daher als **"eigentlich"-quantitative** Merkmale bezeichnet. Quantitative Merkmale werden daher unterteilt in die "eigentlich"-quantitativen Merkmale, die metrisch skaliert sind, und in die **"uneigentlich"-quantitativen** Merkmale, die zusammen mit den nicht geordneten qualitativen Merkmalen topologisch skaliert sind.

Diese Ausführungen über die Merkmalsausprägungen zeigen, daß diese je nach ihren Eigenschaften auf unterschiedlichem Niveau zu messen sind. Das Meßniveau legt aber den Kreis der anwendbaren statistischen Verfahren fest. Zum besseren Überblick sollen die auf den einzelnen Meßniveaus möglichen Aussagen und Anwendungen in Tabelle 25 zusammengefaßt werden, wobei die Spalte "Anwendung" in dem Sinne kumulativ aufgebaut ist, als die auf einem höheren Niveau gemessenen Daten auch zugänglich sind für die Anwendungsmöglichkeiten der jeweils auf niedrigerem Niveau gemessenen Daten.

Meßniveau	Mögliche Aussagen	Anwendung
Topologische Skalen		
nominal-skaliert	1. Gleichheit und Ungleichheit	Klassifizierung und Identifizierung
ordinal-skaliert	1. Gleichheit und Ungleichheit 2. Rangordnung	Graduelle Abstufungen
Metrische Skalen		
intervall-skaliert	1. Gleichheit und Ungleichheit 2. Rangordnung 3. Gleichheit von Differenzen	Skalenbildung mit gleichen Intervallen ohne absoluten Nullpunkt
verhältnis-skaliert	1. Gleichheit und Ungleichheit 2. Rangordnung 3. Gleichheit von Differenzen 4. Gleichheit von Quotienten	Skalenbildung mit gleichen Intervallen mit absolutem Nullpunkt

Tab. 25: *Übersicht über die verschiedenen Meßniveaus möglicher Aussagen und Anwendungen*

II. Das Rechnen mit Wahrscheinlichkeiten

In diesem Abschnitt sollen die Regeln der Wahrscheinlichkeitsrechnung nur soweit betrachtet werden, wie dies als Rüstzeug für die Anwendung der mathematischen Statistik im Rahmen des wirtschaftlichen Prüfungswesens erforderlich ist.[1] Den eigentlichen Kern der Wahrscheinlichkeitsrechnung bilden die Konzeption der Wahrscheinlichkeit[2], das Additions- und das Multiplikationstheorem der Wahrscheinlichkeit. Diese Fundamentalsätze der Wahrscheinlichkeitsrechnung und einige sich aus ihnen ergebende Folgerungen sollen hier anhand des Würfelexperimentes bzw. des Urnenmodells erläutert werden.[3]

a. Das Additionstheorem für Wahrscheinlichkeiten

Das Additionstheorem gestattet es, die Wahrscheinlichkeit des Eintretens eines aus mehreren Elementarereignissen[4] A_i ($i = 1,...,k$) zusammengesetzten Ereignisses E zu bestimmen. Für die Ermittlung der Wahrscheinlichkeit eines additiv zusammengesetzten Ereignisses ist es we-

---

1) Ausführliche Darstellungen der mathematischen Theorie der Wahrscheinlichkeitsrechnung findet man z.B. bei Oberhofer [1984], Fisz [1980], Rényi [1971] und Gnedenko [1970].

2) Nach moderner Auffassung besteht die Definition der Wahrscheinlichkeit darin, daß man den Ereignissen bestimmte Zahlen (Wahrscheinlichkeiten) zuordnet, wobei die Zuordnungsvorschrift die Axiome von *Kolmogoroff* erfüllen muß (vgl. z.B. Hartung/Elpelt/Klösener [1989], S. 94 und Fisz [1980], S. 27 - 33): Die Wahrscheinlichkeiten liegen für alle Ereignisse zwischen Null und Eins (Grenzen eingeschlossen); die Wahrscheinlichkeit des sicheren Ereignisses ist Eins; die Wahrscheinlichkeit der Vereinigung von paarweise unverträglichen Ereignissen ist gleich der Summe der Wahrscheinlichkeiten dieser Ereignisse. Sachlogisch erfolgt die Begründung für diese Zahl entweder nach der Konzeption der objektiven bzw. subjektiven a priori Wahrscheinlichkeit, oder sie wird nach der objektiven a posteriori (statistischen) Wahrscheinlichkeit aus Versuchen empirisch hergeleitet (vgl. Buchner [1985], S. 95).

3) Das Würfeln mit einem "idealen Würfel" und das Ziehen von Kugeln aus einer Urne stellen unterschiedliche Zufallsexperimente dar, die beide der dem klassischen Wahrscheinlichkeitsbegriff innewohnenden Vorstellung der "Gleichmöglichkeit" (= Gleichwahrscheinlichkeit) Rechnung tragen.

Beim (sechsflächigen) **Würfel** können die Augenzahlen 1,2,3,4,5 oder 6 auftreten. Bei einem Wurf tritt eine der Augenzahlen 1,2,...,6 ein, welche, kann nicht vorausgesagt werden.

Dem **Urnenmodell** liegt als Zufallsexperiment folgende Versuchsanordnung zugrunde: Eine Urne ist mit N gleich großen, gleich schweren, idealen Kugeln gefüllt. Diese Kugeln unterscheiden sich lediglich in bestimmten äußerlichen Merkmalsausprägungen, z.B. in der Farbe und/oder durch aufgebrachte Zahlen. Das Urnenmodell dient vor allem auch als gedankliches Grundexperiment der Stichprobentheorie. Die Zufälligkeit der Entnahme (= Ausgang des Zufallsexperimentes) wird durch das "blinde" Ziehen (und gutes Mischen) der Kugeln gewahrt. Es sind grundsätzlich zwei Verfahren des Ziehens zu unterscheiden. **Ziehen mit Zurücklegen:** Die gezogene Kugel wird wieder in die Urne zurückgelegt. Der Gesamtinhalt der Urne ist bei jedem Zug derselbe. Damit ist das Modell einer Urne (Grundgesamtheit) mit unendlich vielen Kugeln (Einheiten) simuliert. **Ziehen ohne Zurücklegen:** Die gezogene Kugel wird vor dem nächsten Zug nicht wieder in die Urne zurückgelegt. Mit jedem Zug vermindert sich demnach der Inhalt der Urne.

4) Als **Elementarereignis (Einzelereignis)** bezeichnet man diejenigen Ergebnisse eines Zufallsexperimentes, die sich nicht weiter aufspalten lassen. **Zusammengesetzte Ereignisse** bestehen dagegen aus mehreren Elementarereignissen. So sind die Elementarereignisse des Zufallsexperimentes "Werfen eines Würfels" durch {1}, {2}, ... ,{6} gegeben. Das zusammengesetzte Ereignis {2,4,6} (gerade Augenzahl) enthält die Elementarereignisse {2}, {4}, {6}.

sentlich festzustellen, ob die zugrunde liegenden Ereignisse miteinander **verträglich (vereinbar)** oder **unverträglich (unvereinbar)** sind. Zwei Ereignisse sind miteinander unverträglich, wenn im gleichen Versuch nicht beide Ereignisse gleichzeitig auftreten können. So kann z.B. entweder eine Eins oder eine Drei gewürfelt bzw. eine rote oder eine schwarze Kugel aus einer Urne gezogen werden. Sind mehr als zwei Merkmalsklassen bei einem Zufallsexperiment gegeben, so gilt entsprechend, daß sie dann unverträglich sind, wenn sie sich paarweise gegenseitig ausschließen.

1. Additionssatz und unverträgliche Ereignisse

Angenommen, bei einem Zufallsexperiment werden A_i ($i = 1,...,k$) paarweise unverträgliche Ereignisse beobachtet und bei der Durchführung des Experimentes ist bei m Einzelversuchen

a_1 - mal das Resultat A_1,

a_2 - mal das Resultat A_2,

...

a_k - mal das Resultat A_k

eingetreten, wobei $A_1,...,A_k$ den Ereignisraum[1] nicht vollständig ausschöpfen müssen. Identifiziert man nun die sich hieraus zu errechnenden relativen Häufigkeiten mit Wahrscheinlichkeiten, dann ist

die Wahrscheinlichkeit $W(A_1)$ des Ereignisses A_1 gleich a_1/m

die Wahrscheinlichkeit $W(A_2)$ des Ereignisses A_2 gleich a_2/m

...

die Wahrscheinlichkeit $W(A_k)$ des Ereignisses A_k gleich a_k/m.

Es wird nun gefragt, wie groß die Wahrscheinlichkeit ist, in einem gewissen Zufallsversuch irgendeines (gleich welches) der Ereignisse $A_1, A_2, ..., A_k$ zu erhalten. Dieses interessierende Ergebnis E ist als Ereignis A_1 oder A_2 oder ... oder A_k zu bezeichnen und wird in dem Zufallsexperiment von m Einzelversuchen $(a_1 + a_2 + ... + a_k)$-mal beobachtet. Somit ist die gesuchte Wahrscheinlichkeit gleich

$$\frac{a_1 + a_2 + ... + a_k}{m} = \frac{a_1}{m} + \frac{a_2}{m} + ... + \frac{a_k}{m}.$$

---

[1] Die Menge aller bei einem Zufallsexperiment möglichen Elementarereignisse wird **Ereignisraum** genannt. Man unterscheidet zwei Klassen von Ereignisräumen, und zwar solche mit endlich vielen möglichen Elementarereignissen (endliche Ereignisräume) und solche mit unendlich vielen möglichen Elementarereignissen (unendliche Ereignisräume).
Der Ereignisraum selbst läßt sich - als Vereinigung aller möglichen Elementarereignisse gesehen - auch als Ereignis auffassen. So bilden im Zufallsexperiment des Würfelns mit einem Würfel die Augenzahlen {1},{2},...,{6} die möglichen Elementarereignisse eines endlichen Ereignisraumes. Hieraus läßt sich das zusammengesetzte Ereignis S = {1,2,...,6} bilden. Dies Ereignis wird bezüglich des zugrundeliegenden Zufallsexperimentes das **sichere Ereignis** genannt, da es - wie hier beim Zufallsexperiment des einmaligen Würfelwurfs - stets eintritt (bei einem Wurf tritt eine der sechs Augenzahlen mit Sicherheit auf). Das sichere Ereignis ist (ebenso wie das **unmögliche Ereignis**, welches kein Elementarereignis enthält, d.h. der leeren Menge entspricht) als "entartetes" zufälliges Ereignis zu interpretieren.

Dieser Sachverhalt kann daher als

$$W(E) = W(A_1 \text{ oder} A_2 \text{ oder} ... A_k) = W(A_1) + W(A_2) + ... + W(A_k)$$

geschrieben werden. Das bedeutet: Schließen sich mehrere Ereignisse A_i ($i = 1,...,k$) paarweise gegenseitig aus, dann ist die Wahrscheinlichkeit für das Eintreffen irgendeines der Ereignisse $A_1, A_2, ..., A_k$ gleich der Summe der Wahrscheinlichkeiten dieser Ereignisse.

Wird z.B. nach der Wahrscheinlichkeit gefragt, bei einem Wurf mit einem Würfel eine "ungerade Zahl" zu würfeln, dann ist das Ereignis E (= ungerade Zahl) realisiert, wenn bei einem Wurf

entweder A_1 = {ein Auge} oder A_2 = {drei Augen} oder A_3 = {fünf Augen}

gewürfelt werden. Die Ereignisse A_1, A_2, A_3 schließen einander paarweise aus, und es gilt

$$W(E) = W(A_1 \cup A_2 \cup A_3) = W(A_1) + W(A_2) + W(A_3) = \frac{1}{6} + \frac{1}{6} + \frac{1}{6} = \frac{1}{2}.$$

Wendet man den Additionssatz auf paarweise unverträgliche Ereignisse A_i ($i = 1,...,k$) an, welche den Ereignisraum vollständig ausschöpfen, d.h.

$$\bigcup_{i=1}^{k} A_i = \Omega,$$

wobei Ω das sichere Ereignis bezeichnet, so folgt aus dem Additionstheorem

$$W(\Omega) = W\left(\bigcup_{i=1}^{k} A_i\right) = W(A_1) + ... + W(A_k) = 1,$$

d.h. in Worten: Die Summe der Wahrscheinlichkeiten von Ereignissen, welche die Menge aller möglichen Elementarereignisse ausschöpfen, ist gleich Eins. Eine solche Menge von Ereignissen nennt man auch **geschlossenes (vollständiges) System** von Ereignissen. Ist der Ereignisraum endlich (bzw. abzählbar unendlich), so bildet insbesondere die Menge aller Elementarereignisse ein geschlossenes System.

Der Wurf mit einem Würfel mit den Einzelereignissen A_1 = {ein Auge}, A_2 = {zwei Augen},..., A_6 = {sechs Augen} vermag ein solches System zu veranschaulichen. Diese sechs Einzelereignisse sind paarweise unverträglich, da nur ein bestimmtes der sechs Ereignisse bei einem Wurf auftreten kann, d.h. für jedes mögliche Paar $A_j, A_i, j \neq i$ ($j, i = 1,...,6$) ist die Beziehung $A_j \cap A_i = \emptyset$ erfüllt. Alle sechs Einzelereignisse sind gleichwahrscheinlich und es gilt

$$W(A_j) = \frac{1}{6} \quad (j = 1,...,6).$$

Aus dem Additionstheorem folgt dann

$$W(\Omega) = W(A_1) + W(A_2) + ... + W(A_6) = \frac{1}{6} + \frac{1}{6} + ... + \frac{1}{6} = 1.$$

Ein Sonderfall des geschlossenen Systems ist gegeben, wenn es aus nur zwei einander ausschließenden Ereignissen besteht. Man schreibt $\overline{A}$, d.h. "Nicht A", für das zu A **komplementäre Ereignis**. Komplementäre Ereignisse erfüllen demnach die Beziehung

$$A \cup \overline{A} = \Omega$$

und damit wegen des Additionstheorems auch

$$W(A) + W(\overline{A}) = 1.$$

Beim Wurf eines Würfels sei A die Menge der Augenzahlen, die kleiner als fünf ist:

$$A = \{1,2,3,4\}.$$

Dann ist $\overline{A}$ die Menge der Augenzahlen, die nicht in A ist, also

$$\overline{A} = \{5,6\}$$

und man erhält

$$W(\Omega) = W(A \cup \overline{A}) = W(A) + W(\overline{A}) = \frac{4}{6} + \frac{2}{6} = 1.$$

Diese Beziehung wird genutzt, wenn $W(A)$ (oder $W(\overline{A})$) gesucht ist, jedoch aufwendig berechnet werden müßte, dagegen aber $W(\overline{A})$ (oder $W(A)$) viel leichter ausgerechnet werden kann oder einer dieser Werte bereits bekannt ist. Man rechnet für obiges Zahlenbeispiel

$$W(A) = 1 - W(\overline{A}) = 1 - \frac{2}{6} = \frac{4}{6}.$$

Anwendung findet diese Beziehung im Zusammenhang mit speziellen Wahrscheinlichkeitsverteilungen. Eine Vorstellung davon mag folgendes Würfelproblem geben: Zwei Würfel werden geworfen. Gesucht ist die Wahrscheinlichkeit, daß die Augensumme der beiden Würfel genau vier beträgt (= Ereignis E). Beim Wurf zweier Würfel gibt es 36 gleichwahrscheinliche Einzelereignisse (j,i), wobei $j = 1,...,6$ (Ergebnis des ersten Würfels) und $i = 1,...,6$ (Ergebnis des zweiten Würfels) ist. Jedes Einzelereignis besitzt die Wahrscheinlichkeit $W(j,i) = 1/36$. Das Ereignis E setzt sich aus 3 Einzelereignissen

$$E = \{(1,3)\} \cup \{(2,2)\} \cup \{(3,1)\}$$

zusammen. Damit ist

$$W(E) = W\{(1,3)\} + W\{(2,2)\} + W\{(3,1)\} = \frac{1}{36} + \frac{1}{36} + \frac{1}{36} = \frac{1}{12}.$$

Ist nun die Wahrscheinlichkeit $W(E)$ bekannt und wird nach der Wahrscheinlichkeit des Komplementärereignisses gefragt, d.h. hier im Würfelbeispiel nach der Wahrscheinlichkeit für das Ereignis, daß die Augensumme der beiden Würfel nicht vier beträgt (= Ereignis $\overline{E}$), so ergibt sich wegen $W(E) + W(\overline{E}) = 1$

$$W(\overline{E}) = 1 - W(E) = 1 - \frac{1}{12} = \frac{11}{12}.$$

2. Additionssatz und beliebige Ereignisse

Im allgemeinen setzt sich eine statistische Masse aus Einheiten zusammen, an denen sowohl verträgliche wie unverträgliche Ereignisse beobachtbar sind. Schließen sich zwei Ereignisse A und B nicht gegenseitig aus, dann ist ihre Schnittmenge nicht leer. Wird also nach der Wahrscheinlichkeit des Vorhandenseins von gelernten Kaufleuten (Ereignis A) oder Juristen (Ereignis B) im Vorstand von Aktiengesellschaften eines bestimmten Landes gefragt, d.h. nach $W(A \cup B)$, dann muß die Wahrscheinlichkeit des Doppelberufes "Kaufmann und Jurist", also $A \cap B$, von der Summe der Einzelwahrscheinlichkeiten $W(A) + W(B)$ abgezogen werden, damit die Wahrscheinlichkeit des verträglichen Teils der Ereignisse, der Doppelberuf, nicht zweimal gezählt wird.

Die Wahrscheinlichkeit, daß bei zwei beliebigen Ereignissen bzw. einem Zufallsexperiment entweder **A oder B** oder **A und B** gemeinsam beobachtet werden, daß folglich mindestens eines von zwei verträglichen Ereignissen A oder B eintritt, ist nach dieser Überlegung gleich der Summe der Einzelereignisse abzüglich der Wahrscheinlichkeit für das gemeinsame Auftreten von A und B. Man spricht in diesem Zusammenhang auch vom **allgemeinen Additionssatz**, der damit lautet:[1]

$$W(A \cup B) = W(A) + W(B) - W(A \cap B).$$

Auch der allgemeine Additionssatz (für zwei beliebige Ereignisse) kann am Beispiel des doppelten Würfelwurfs verdeutlicht werden. Es wird gefragt, wie groß die Wahrscheinlichkeit ist, bei zweimaligem Würfeln mindestens einmal die Augenzahl vier zu werfen. Der Ereignisraum besteht aus 36 Einzelereignissen. Bezeichnen $A = \{(4,1), (4,2), (4,3), (4,4), (4,5), (4,6)\}$, also die Einzelfälle, in denen eine vier im ersten Wurf erscheint, und $B = \{(1,4), (2,4), (3,4), (4,4), (5,4), (6,4)\}$, also die Einzelfälle, in denen eine Vier beim zweiten Wurf erscheint, dann sind $W(A) = 6/36 = 1/6$ und $W(B) = 6/36 = 1/6$ gegeben. Es zeigt sich aber, daß nur ein Einzelereignis, nämlich $\{(4,4)\}$, gleichzeitig sowohl in A als auch in B enthalten ist. Hierfür besteht die Wahrscheinlichkeit $W(A \cap B) = 1/36$. Die gesuchte Wahrscheinlichkeit, bei einem Doppelwurf mindestens einmal eine Augenzahl Vier zu werfen, ist somit

$$W(A \cup B) = \frac{1}{6} + \frac{1}{6} - \frac{1}{36} = \frac{11}{36}.$$

Wie man sieht, wird durch die Subtraktion von $W(A \cap B) = 1/36$ die Doppelzählung des Ergebnisses, im ersten und zweiten Wurf eine Vier zu haben (dieser Fall zählt zu A wie auch zu B), wieder "korrigiert".

Ganz analog müssen auch bei mehr als zwei beliebigen Ereignissen Doppel- oder Mehrfachzählungen vermieden werden. So erhält man für drei Ereignisse A, B und C

---

[1] Für den Fall, daß die beiden Ereignisse A und B sich gegenseitig ausschließen, ist $W(A \cap B) = 0$ und der Additionssatz vereinfacht sich zu $W(A \cup B) = W(A) + W(B)$.

$$W(A \cup B \cup C) = W([A \cup B] \cup C) = W(A \cup B) + W(C) - W([A \cup B] \cap C)$$
$$= W(A) + W(B) - W(A \cap B) + W(C) - W([A \cap C] \cup [B \cap C])$$
$$= W(A) + W(B) + W(C) - W(A \cap B) - W([A \cap C] \cup [B \cap C]).$$

Wendet man nun auf das Ereignis $[A \cap C] \cup [B \cap C]$ das Additionstheorem für zwei Ereignisse an, so ergibt sich

$$W([A \cap C] \cup [B \cap C]) = W(A \cap C) + W(B \cap C) - W(A \cap B \cap C).$$

Einsetzen dieses Ergebnisses in die abgeleitete Beziehung für $W(A \cup B \cup C)$ führt zu

$$W(A \cup B \cup C) = W(A) + W(B) + W(C)$$
$$- W(A \cap B) - W(A \cap C) - W(B \cap C) + W(A \cap B \cap C).$$

Für k Ereignisse $A_1, A_2, ..., A_k$ erhält man entsprechend

$$W\left(\bigcup_{j=1}^{k} A_j\right) = \sum_{j=1}^{k} W(A_j) - \sum_{i<j} W(A_i \cap A_j) + \sum_{i<j<l} W(A_i \cap A_j \cap A_l) - ... + (-1)^{k+1} W\left(\bigcap_{j=1}^{k} A_j\right).$$

b. Das Multiplikationstheorem für Wahrscheinlichkeiten

In der Wahrscheinlichkeitsrechnung unterscheidet man zwei Multiplikationssätze: einen für unabhängige und einen für voneinander abhängige Ereignisse. Zwei Ereignisse sind voneinander **unabhängig**, wenn die Wahrscheinlichkeit des Ereignisses A sich nicht ändert, wenn das andere Ereignis B dazu tritt oder umgekehrt. So ist beim Doppelwurf mit einem Würfel die Augenzahl des ersten Wurfes unabhängig von der Augenzahl des zweiten Wurfes und umgekehrt. Wie man vor Anwendung des Additionstheorems die Unverträglichkeit zweier gegebener Ereignisse feststellen muß, so hat man auch vor jeder Anwendung des Multiplikationstheorems sich davon zu überzeugen, ob die Ereignisse A und B abhängig oder unabhängig voneinander sind.

1. Das Multiplikationstheorem für unabhängige Ereignisse

Im Gegensatz zur Summenregel kann mit der Multiplikationsregel die Wahrscheinlichkeit für das gemeinsame Eintreten mehrerer Ereignisse ermittelt werden. Dabei werden nun aber solche Ereignisse E betrachtet, die sich als Durchschnitt - nicht wie beim Additionstheorem als Vereinigung - von Ereignissen A_i ($i = 1,...,k$) darstellen lassen. Sind die Ereignisse A_i ($i = 1,...,k$) nicht nur paarweise, sondern in ihrer Gesamtheit voneinander unabhängig, so ist die Wahrscheinlichkeit für das Eintreten des Durchschnitts dieser Ereignisse gleich dem Produkt der Wahrscheinlichkeit für das Eintreten der Einzelereignisse, und man kann schreiben:

$$W(E) = W(A_1 \cap A_2 \cap ... \cap A_k) = W(A_1) \cdot W(A_2) \cdot ... \cdot W(A_k).$$

Im Rahmen dieser einführenden Erläuterung soll auf einen Beweis dieses Satzes verzichtet werden (vgl. hierzu Bangen [1972], S. 27 - 29). Jedoch soll dieser Satz anhand eines Würfelexperimentes, und zwar für zwei Ereignisse A und B eines endlichen Ereignisraumes und des klassischen

Wahrscheinlichkeitsbegriffes plausibel gemacht werden. Angenommen, das Würfelexperiment bestehe im zweimaligen Würfeln mit einem Würfel. Es seien

A = {Augenzahl fünf im ersten Wurf}
B = {Augenzahl zwei im zweiten Wurf}.

Der Ereignisraum besteht wieder aus 36 möglichen Augenpaaren. "Günstig" ist aber nur der eine Fall {5,2}. Damit ist

$$W(A \cap B) = \frac{1}{6} \cdot \frac{1}{6} = \frac{1}{36}.$$

Bezeichnen n_A (hier $n_A = 1$) die Anzahl der für das Ereignis A, n_B (hier $n_B = 1$) die Anzahl der für das Ereignis B günstigen Realisationen und N (hier jeweils N = 6) die für jeden Einzelversuch möglichen Realisationen, dann läßt sich dieses Ergebnis auch in folgender Form darstellen:

$$W(A \cap B) = \left(\frac{n_A}{N}\right)\left(\frac{n_B}{N}\right) = W(A) \cdot W(B) = \frac{1}{6} \cdot \frac{1}{6} = \frac{1}{36}.$$

Ein wichtiger Sonderfall des Multiplikationstheorems ist die **n-malige Wiederholung des gleichen Versuchs**. Unter der Voraussetzung, daß die Wiederholungen des Experimentes voneinander unabhängig sind, interessiert die Wahrscheinlichkeit dafür, daß in allen Versuchen das Ereignis A eintritt. Steht A_i für das Ereignis, daß im i-ten Versuch das Ereignis A eintritt, so gilt

$$W(A) = W(A_1) = W(A_2) = \ldots = W(A_n).$$

Für das Ereignis $E = A_1 \cap A_2 \cap \ldots \cap A_n$ gilt nach dem Multiplikationstheorem also die Beziehung

$$W(E) = W(A_1) \cdot W(A_2) \cdot \ldots \cdot W(A_n) = (W(A))^n.$$

Der Multiplikationssatz für die n-malige unabhängige Wiederholung des gleichen Versuches hat besondere Bedeutung für die Herleitung "theoretischer" Verteilungen. Werden bei einem solchen Vorgang nur zwei Ereignisalternativen unterschieden, die den Ereignisraum vollständig ausschöpfen und sind die Wahrscheinlichkeiten für das Eintreten der Einzelereignisse bei allen n Versuchen gleich, dann spricht man auch von einem *Bernoulli*-**Vorgang** oder *Bernoulli*-**Prozeß**. Auf diesen soll im anschließenden Abschnitt im Zusammenhang mit der Binomialverteilung noch gesondert eingegangen werden.

2. Das Multiplikationstheorem für abhängige Ereignisse

Wird der Eintritt eines zufälligen Ereignisses A durch den Eintritt eines anderen zufälligen Ereignisses B beeinflußt, spricht man auch von der bedingten Wahrscheinlichkeit des Ereignisses A bezüglich des Ereignisses B (oder der bedingten Wahrscheinlichkeit des Ereignisses A, wenn B eingetreten ist) und schreibt $W(A|B)$ bzw. $W_B(A)$. Das Ereignis $A|B$ (Ereignis A unter der Bedingung, daß B eingetreten ist) heißt **bedingtes Ereignis**.

Das Rechnen der Wahrscheinlichkeiten bedingter Ereignisse läßt sich für zwei gegebene Ereignisse anhand eines *Venn*-Diagrammes (s. Abbildung 23) erläutern.[1]

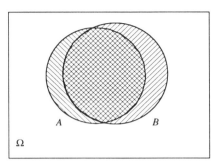

Abb. 23: *Venn-Diagramm für abhängige Ereignisse*

In dieser Abbildung sind A und B abhängig, weil die Wahrscheinlichkeit für A, unter der Voraussetzung, daß B schon eingetreten ist, größer ist, als die Wahrscheinlichkeit für A ohne diese Voraussetzung. Die bedingte Wahrscheinlichkeit $W(A \mid B)$ wird in der Abbildung durch das Verhältnis der doppelt schraffierten Fläche ($A \cap B$) zur Fläche des Ereignisses B dargestellt. Dieses Verhältnis ist offensichtlich größer als das Verhältnis der Kreisfläche des Ereignisses A zur Fläche des sicheren Ereignisses, dem gesamten Rechteck. Letzteres Verhältnis läßt sich aber gerade als die unbedingte Wahrscheinlichkeit $W(A)$ interpretieren. Für den durch das *Venn*-Diagramm dargestellten Zusammenhang gilt nun die Multiplikationsregel für abhängige Ereignisse, wonach die Wahrscheinlichkeit des gemeinsamen Eintretens zweier Ereignisse gleich dem Produkt der Wahrscheinlichkeiten des ersten Ereignisses mit der bedingten Wahrscheinlichkeit des zweiten Ereignisses ist, welche unter der Voraussetzung berechnet wird, daß das erste Ereignis eingetreten ist. Das heißt, zur Berechnung der Wahrscheinlichkeit $W(A \cap B)$ benutzt man

$$W(A \cap B) = W(A) \cdot W(B \mid A). \tag{1}$$

Da man jedes der beiden Ereignisse A bzw. B als erstes ansehen kann, ist auch

$$W(B \cap A) = W(B) \cdot W(A \mid B) \tag{2}$$

möglich und man erhält - was auch das Venn-Diagramm verdeutlicht - die wichtige Beziehung

$$W(A) \cdot W(B \mid A) = W(B) \cdot W(A \mid B).$$

Wird nach der Höhe der bedingten Wahrscheinlichkeiten $W(A \mid B)$ bzw. $W(B \mid A)$ gefragt, so gewinnt man diese durch Auflösung von (1) und (2) als

---

[1] Das Rechteck kennzeichnet das sichere Ereignis Ω. Die von den Kreisbogen eingeschlossenen Flächen lassen sich als Wahrscheinlichkeiten der Ereignisse A bzw. B interpretieren. Dabei wird vorausgesetzt, daß das Rechteck einen Flächeninhalt von Eins besitzt.

$$W(B \mid A) = \frac{W(A \cap B)}{W(A)}, \qquad (3)$$

$$W(A \mid B) = \frac{W(A \cap B)}{W(B)}. \qquad (4)$$

Einen wichtigen Anwendungsfall dieser Formeln stellt das **Bayessche Theorem** dar. Bei diesem geht man von paarweise einander ausschließenden Ereignissen $A_1, A_2, \ldots$ aus, welche den Ereignisraum ausfüllen. Das heißt, das zusammengesetzte Ereignis $A_1 \cup A_2 \cup \ldots$ ist das sichere Ereignis. Dabei sollen alle A_i mögliche Ereignisse darstellen. Es gilt also $W(A_1 \cup A_2 \cup \ldots) = 1$ und $W(A_i) > 0$ ($i = 1, 2, \ldots$). Fragt man nun nach der bedingten Wahrscheinlichkeit $W(A_i \mid B)$ bezüglich eines weiteren Ereignisses B mit $W(B) > 0$, so folgt aus der Beziehung (4)

$$W(A_i \mid B) = \frac{W(A_i \cap B)}{W(B)}.$$

Weiter gilt aufgrund der Gleichung (1)

$$W(A_i \cap B) = W(A_i) \cdot W(B \mid A_i),$$

und die Wahrscheinlichkeit $W(B)$ kann wegen $W(A_1 \cup A_2 \cup \ldots) = 1$ als

$$W(B) = W(B) \cdot 1 = W(B) \cdot W(A_1 \cup A_2 \cup \ldots) = W(B \cap (A_1 \cup A_2 \cup \ldots))$$

$$= W\{(B \cap A_1) \cup (B \cap A_2) \cup \ldots\} = W(B \cap A_1) + W(B \cap A_2) + \ldots$$

$$= W(A_1) \cdot W(B \mid A_1) + W(A_2) \cdot W(B \mid A_2) + \ldots$$

dargestellt werden. Setzt man diese Ergebnisse in die obige Beziehung für $W(A_i \mid B)$ ein, so folgt

$$W(A_i \mid B) = \frac{W(A_i) \cdot W(B \mid A_i)}{W(A_1) \cdot W(B \mid A_1) + W(A_2) \cdot W(B \mid A_2) + \ldots}$$

Diese wichtige Gleichung wird als **Bayessches Theorem** bezeichnet. Ihre besondere Bedeutung beruht darauf, daß sie es ermöglicht, intuitiv abgeleitete (subjektive) a priori-Verteilungen und objektive Wahrscheinlichkeiten zu einer sog. a posteriori-Wahrscheinlichkeitsverteilung zu vereinigen (s. Menges [1982], S. 284 - 286).

Der dargestellte Zusammenhang der Multiplikationsregel abhängiger Ereignisse läßt sich mit Hilfe des dargestellten *Venn*-Diagramms unter der Benutzung der Definition der klassischen Wahrscheinlichkeit wie folgt belegen:

Es sei ein Zufallsexperiment mit der Gesamtzahl r an möglichen Realisationen gegeben. Hiervon sind

s die Anzahl der für das Ereignis A günstigen Fälle,
t die Anzahl der für das Ereignis B günstigen Fälle,
u die Anzahl der für das Ereignis $A \cap B$ günstigen Fälle.

Es bestehen die Größenrelationen $s \leq r$, $t \leq r$ und $u \leq s, u \leq t$. Weiter ist

$$W(A) = \frac{s}{r}; \quad W(B) = \frac{t}{r}; \quad W(A \cap B) = \frac{u}{r}.$$

Setzt man diese Wahrscheinlichkeiten in (3) und (4) ein, dann erhält man

$$W(A\mid B)=\frac{W(A\cap B)}{W(B)}=\frac{u/r}{t/r}=\frac{u}{t};\quad W(B\mid A)=\frac{W(A\cap B)}{W(A)}=\frac{u/r}{s/r}=\frac{u}{s}.$$

Zu diesem Ergebnis gelangt man auch sofort durch folgende Überlegung: Ist das Ergebnis B eingetreten, so ist t als die Anzahl der "unter der Bedingung B" **möglichen** Fälle anzusehen. Da die für "A unter der Bedingung B" günstigen Fälle genau die für $A\cap B$ günstigen Fälle sind, muß gelten:

$$W(A\mid B)=\frac{\text{Anzahl der günstigen Fälle}}{\text{Anzahl der möglichen Fälle}}=\frac{u}{t}.$$

Analog gilt: Ist das Ergebnis A eingetreten, so ist s die Anzahl der "unter der Bedingung A" möglichen Fälle und die Anzahl der für "B unter der Bedingung A" günstigen Fälle gleich u, d.h. es gilt

$$W(B\mid A)=\frac{\text{Anzahl der günstigen Fälle}}{\text{Anzahl der möglichen Fälle}}=\frac{u}{s}.$$

Ein Beispiel soll das Verständnis für den Zusammenhang vertiefen. In einer Urne mögen sich $r=200$ Kugeln befinden, davon 50 weiße und 150 schwarze. Die 50 weißen Kugeln sind numeriert mit den Zahlen 1, 2, ..., 50 und die 150 schwarzen Kugeln mit den Zahlen 1, 2, ..., 150. Es wird nun nach der Wahrscheinlichkeit der Ereignisse

$A=$ {Ziehen einer der Zahlen 1,...,10, gleich welcher Farbe}

$B=$ {Ziehen einer weißen Kugel} und

$A\mid B=$ {Ziehen einer der Zahlen 1,...,10 unter der Bedingung, die Kugel ist weiß}

beim einmaligen zufälligen Ziehen einer Kugel gefragt. Die Wahrscheinlichkeiten $W(A), W(B)$ sowie $W(A\cap B)$ beziehen sich auf den gesamten Ereignisraum und es gilt:

$$W(A)=\frac{s}{r}=\frac{2\cdot 10}{200}=0{,}1;\quad W(B)=\frac{t}{r}=\frac{50}{200}=0{,}25;\quad W(A\cap B)=\frac{u}{r}=\frac{10}{200}=0{,}05.$$

Setzt man diese Werte in die Formel zur Ermittlung bedingter Wahrscheinlichkeiten ein, ergibt sich

$$W(A\mid B)=\frac{W(A\cap B)}{W(B)}=\frac{0{,}05}{0{,}25}=0{,}2.$$

Während also die Wahrscheinlichkeiten $W(A\cap B)$, $W(A)$ und $W(B)$ auf den gesamten Ereignisraum vom Umfang $r=200$ bezogen sind, zeigt sich, daß die bedingte Wahrscheinlichkeit $W(A\mid B)$ sich auf einen eingeschränkten Ereignisraum, nämlich auf die Teilmenge B bezieht. Das bedeutet, daß die Teilmenge B die für das Ereignis $A\mid B$ möglichen Fälle repräsentiert, während die Untermenge ($\subset B$) der weißen Kugeln mit den Zahlen 1, 2, ..., 10 die für dieses Ereignis günstigen Fälle umfaßt. Man kann daher auch ohne Bezug auf die Multiplikationsregel abhängiger Ereignisse schreiben

$$W(A\mid B)=\frac{\text{Anzahl der günstigen Fälle}}{\text{Anzahl der möglichen Fälle}}=\frac{10}{50}=0{,}2.$$

Ein Vergleich der "unbedingten" Wahrscheinlichkeit $W(A) = 0{,}1$ mit der bedingten Wahrscheinlichkeit $W(A \mid B) = 0{,}2$, zeigt, daß $W(A) < W(A \mid B)$ gilt. Die Wahrscheinlichkeiten für das Ereignis, eine Kugel mit einer der Zahlen 1, 2, ..., 10 zu ziehen, hat sich durch die Berücksichtigung der Information "B (weiße Kugel) sei eingetreten", erhöht.

Man nennt die dargestellte Multiplikationsregel auch den **allgemeinen Multiplikationssatz**, da in ihm die Multiplikationsregel für unabhängige Ereignisse als Sonderfall enthalten ist. Sind die Ereignisse A und B unabhängig voneinander, gilt also $W(B) = W(B \mid A)$ und $W(A) = W(A \mid B)$, so folgt aus (1) bzw. (2)

$$W(A \cap B) = W(B) \cdot W(A).$$

Der allgemeine Multiplikationssatz läßt sich auf k Ereignisse $(k > 2)$ $A_1, \ldots A_k$ erweitern. Es gilt

$$W\left(\bigcap_{i=1}^{k} A_i\right) = W(A_1) \cdot W(A_2 \mid A_1) \cdot W(A_3 \mid A_1 \cap A_2) \cdot \ldots \cdot W(A_k \mid A_1 \cap \ldots \cap A_{k-1}).$$

Ein besonderer Anwendungsfall dieser Erweiterung ist die n-fache abhängige Wiederholung des gleichen Versuchs. Ein Beispiel hierfür ist das Ziehen aus einer Urne ohne Zurücklegen. Wird eine Urne mit 50 weißen und 150 schwarzen Kugeln betrachtet und interessiert die Wahrscheinlichkeit $W(A)$, aus dieser Urne nacheinander ohne Zurücklegen drei weiße Kugeln zu ziehen, dann sind folgende Ereignisse zu definieren:

$E = A_1 = $ {die erste Kugel ist weiß}

$F = A_2 \mid A_1 = $ {die zweite Kugel ist weiß, vorausgesetzt die erste Kugel war weiß}

$G = A_3 \mid A_1 \cap A_2 = $ {die dritte Kugel ist weiß, vorausgesetzt die erste und die zweite Kugel waren weiß}.

Beim Ziehen ohne Zurücklegen vermindert sich mit jedem Zug der Inhalt der Urne um eine Kugel. Die klassische Wahrscheinlichkeitskonzeption liefert daher zunächst:

$$W(E) = \frac{50}{200}; \quad W(F) = \frac{49}{199}; \quad W(G) = \frac{48}{198}.$$

Hiermit erhält man nach der Multiplikationsregel

$$W(A) = W(E) \cdot W(F) \cdot W(G) = \left(\frac{50}{200}\right) \cdot \left(\frac{49}{199}\right) \cdot \left(\frac{48}{198}\right).$$

Das Beispiel zeigt, daß bei der Wiederholung voneinander abhängiger Ereignisse die Wahrscheinlichkeiten der Ereignisse E, F und G verschieden sind. Es handelt sich in diesem Fall also nicht mehr um einen *Bernoulli*-Prozeß. Jedoch ist dieser Sachverhalt auch wichtig für die Herleitung theoretischer Verteilungen, und zwar der sog. hypergeometrischen Verteilung, auf die im nächsten Abschnitt näher eingegangen werden soll.

Abschließend ist darauf zu verweisen, daß beim Rechnen mit Wahrscheinlichkeiten die Begriffe Unvereinbarkeit und Unabhängigkeit zweier Ereignisse A und B streng zu trennen sind. Die vorstehenden Darlegungen haben gezeigt, daß zwei Ereignisse **vereinbar und unabhängig**,

vereinbar und abhängig oder **unvereinbar und abhängig** sein können.[1] Die hiervon bestimmten Möglichkeiten der Wahrscheinlichkeitsalgebra werden in Tabelle 26 zusammengefaßt wiedergegeben.

Ereignisse	Unabhängig	Abhängig
unverträglich (schließen sich aus)	mindestens ein Ereignis ist unmöglich	$W(A \cap B) = 0$ $W(A \cup B) = W(A) + W(B)$
verträglich (schließen sich nicht aus)	$W(A \cap B) = W(A) \cdot W(B)$ $W(A \cup B)$ $= W(A) + W(B) - W(A \cap B)$ $= W(A) + W(B)$ $- W(A) \cdot W(B)$	$W(A \cap B) = W(A) \cdot W(B \mid A)$ $W(A \cup B)$ $= W(A) + W(B) - W(A \cap B)$ $= W(A) + W(B) -$ $W(A) \cdot W(B \mid A)$

Tab. 26: *Möglichkeiten der Wahrscheinlichkeitsalgebra*

III. Verteilungen

a. Häufigkeits- und Verteilungsfunktion einer diskreten Zufallsvariablen

Bei diskreten Zufallsvariablen handelt es sich um statistische Größen, die ihre abzählbar vielen Merkmalsausprägungen (Merkmalswerte) in Abhängigkeit vom Zufall annehmen. Sie heißen stochastische Variablen, wenn die Wiederholung des Zufallsexperimentes unter gleichen Bedingungen möglich ist. Die Eigenschaft einer Zufallsvariablen, stochastische Variable zu sein, erlaubt es, den Zusammenhang zwischen den Realisationen eines Zufallsexperiments und deren Wahrscheinlichkeiten mit Hilfe der Wahrscheinlichkeitsrechnung darzustellen. Man unterscheidet in diesem Zusammenhang zwischen den empirischen, d.h. den bei einer Anzahl von Zufallsexperimenten beobachteten Häufigkeiten, und den berechneten "theoretischen" Häufigkeiten.

Eine diskrete Zufallsvariable X kann selbst als Funktion (und nicht als Variable im Sinne der Analysis) gesehen werden, und zwar als eine Vorschrift, die jedem Elementarereignis eines Ereignisraums (Definitionsbereich) einen Wert x_j aus den reellen Zahlen (Wertebereich) zuordnet. Sind z.B. k Merkmalsausprägungen $x_1, x_2, ..., x_k$ eines Merkmals möglich, dann wird das Eintreffen dieser Ereignisse (Realisationen) gekennzeichnet durch $X = x_1, X = x_2, ..., X = x_k$. Durch eine Häufigkeitsfunktion bzw.

---

[1] Sind zwei Ereignisse unabhängig und unverträglich, muß mindestens eines von diesen das unmögliche Ereignis sein. Die Unverträglichkeit zweier (möglicher) Ereignisse beinhaltet nämlich unmittelbar eine Abhängigkeitsbeziehung dergestalt, daß das Eintreten des einen Ereignisses das Eintreten des anderen ausschließt. Unverträgliche (mögliche) Ereignisse sind also immer abhängig.

Wahrscheinlichkeitsfunktion werden nun in Form von relativen Häufigkeiten (bzw. Wahrscheinlichkeiten) Aussagen über das Auftreten dieser Merkmalsausprägungen gemacht. Sind z.B.

$$w_1, w_2, \ldots, w_k \quad \left(0 \leq w_j \leq 1, \sum_{j=1}^{k} w_j = 1\right)$$

die relativen Häufigkeiten (bzw. Wahrscheinlichkeiten) dafür, daß X einen Wert x_j annimmt, also

$$w_1 = W(X = x_1), \quad w_2 = W(X = x_2), \quad \ldots, w_k = W(X = x_k),$$

dann heißt die Funktion

$$g(x) = \begin{cases} w_j & \text{für } x = x_j, (j = 1, \ldots k) \\ 0 & \text{sonst.} \end{cases}$$

empirische relative Häufigkeitsfunktion bzw. **Wahrscheinlichkeitsfunktion** der diskreten Zufallsvariablen X. Diese Funktion ordnet den einzelnen Realisationen der Zufallsvariablen X die zugehörigen relativen Häufigkeiten bzw. Wahrscheinlichkeiten zu, und es ist zu beachten, daß für x-Werte, die bei einem Zufallsexperiment nicht auftreten können, die also unmögliche Ereignisse sind, $g(x)$ gleich Null ist.
Empirische relative Häufigkeitsfunktion und Wahrscheinlichkeitsfunktion entsprechen sich formal. Zur Verdeutlichung des Unterschieds kann an die Unterscheidung in **a posteriori** und **a priori Wahrscheinlichkeit** angeknüpft werden. Nimmt man z.B. einen idealen sechsflächigen Würfel, d.h. einen Würfel, bei dem die Annahme gerechtfertigt ist, daß die Wahrscheinlichkeit, nach oben zu fallen, für jede Seite gleich groß ist, dann ist die theoretische und berechenbare Wahrscheinlichkeit, eine Eins zu werfen, $1/6 \approx 0{,}167$. Man nennt diese Verhältniszahl **Wahrscheinlichkeit a priori**. Bestimmt man dagegen die Wahrscheinlichkeit aus der Erfahrung, indem beispielsweise 75, 300 und 1.200 Würfe ausgeführt werden, dann nennt man die empirisch ermittelten Häufigkeiten auch **Wahrscheinlichkeiten a posteriori**. Die tabellarische und/oder graphische Zusammenstellung der bei einem solchen Zufallsexperiment beobachteten Werte - also der absoluten und relativen Häufigkeiten[1] - bildet die empirische Häufigkeitsfunktion. Diese sind für ein spezielles Zufallsexperiment mit einem sechsflächigen Würfel in Tabelle 27 wiedergegeben.
Entsprechend lassen sich die theoretischen Wahrscheinlichkeiten auf der Basis des a priori Wahrscheinlichkeitsbegriffs aus der Beziehung

---

[1] Bezeichnen die Symbole x_j ($j=1,\ldots,k$) die unterschiedlichen diskreten Ausprägungen eines metrisch skalierten Merkmals, welche die Merkmalsträger X_i ($i=1,\ldots,N$) besitzen, so stellt die Anzahl f_j der Merkmalsträger, die die Ausprägung x_j aufweisen, die **absolute Häufigkeit** der Ausprägung x_j dar. Dividiert man die absolute Häufigkeit f_j ($j=1,\ldots,k$) durch die Anzahl N der Merkmalsträger, so erhält man die relative Häufigkeit h_j des j-ten Merkmals von N Beobachtungen.

	Empirische relative Häufigkeit				Theoretische Wahrscheinlichkeit
	$N = 75$		$N = 1200$		
x_j	Absolute Häufigkeit	Relative Häufigkeit	Absolute Häufigkeit	Relative Häufigkeit	
1	12	0,1600	205	0,1708	0,166...
2	10	0,1333	204	0,1700	0,166...
3	10	0,1333	189	0,1575	0,166...
4	11	0,1467	210	0,1750	0,166...
5	18	0,2400	193	0,1608	0,166...
6	14	0,1867	199	0,1658	0,166...

Tab. 27: *Ergebnisse eines Zufallsexperiments und zugehörige theoretische a priori Wahrscheinlichkeiten*

$$W(X = x_j) = \frac{\text{Anzahl der für } x_j \text{ günstigen Fälle}}{\text{Anzahl der insgesamt möglichen Fälle}} = w_j$$

ermitteln und tabellarisch und/oder graphisch darstellen. Sie ergeben die theoretische Wahrscheinlichkeitsfunktion, welche ebenfalls in Tabelle 27 eingetragen ist.

Das dargestellte Würfelbeispiel verdeutlicht, daß bei immer längeren Serien von Versuchen die relative empirische Häufigkeit für das Eintreten von x_j ($j = 1,...,6$) sich einem festen Wert, und zwar 0,16666, nähert. Läßt sich die Wahrscheinlichkeit $W(A)$ eines Ereignisses durch einen Zahlenwert definieren, dem sich die empirischen relativen Häufigkeiten $h_N(A)$ beliebig nähern, wenn nur N genügend groß ist, dann gilt die **Limesdefinition der Wahrscheinlichkeit**:

$$W(A) = \lim_{N \to \infty} h_N(A).$$

Abgesehen davon, daß in der Wirtschaftspraxis unendlich lange Versuchsreihen nicht auftreten, handelt es sich bei der Limesdefinition um einen anderen Grenzwertbegriff als in der Analysis. Im mathematischen Sinne bedeutet nämlich die Existenz eines Grenzwertes, daß zu jeder Zahl $\varepsilon > 0$ eine Zahl $n_0(\varepsilon)$ existiert, so daß für alle $N \geq n_0(\varepsilon)$ die empirischen relativen Häufigkeiten $h_N(A)$ sich vom Grenzwert $W(A)$ um höchstens ε unterscheiden. Daher muß für alle $N \geq n_0(\varepsilon)$ die Ungleichung

$$W(A) - \varepsilon \leq h_N(A) \leq W(A) + \varepsilon$$

mit Sicherheit gelten. Das ist aber bei den Bedingungen eines Zufallsexperimentes nicht der Fall, denn es gibt immer eine, wenn auch geringe Chance, daß die Ungleichung nicht gilt, d.h. es können in dem hier dargestellten Zufallsexperiment durchaus Serien auftreten, in denen die empirische relative Häufigkeit, eine bestimmte Augenzahl zu werfen, nicht sehr nahe bei 0,16666 liegt, auch wenn N noch so groß ist. Die Limesdefinition der Wahrscheinlichkeit beruht nämlich auf dem **stochastischen Konvergenzbegriff**. Das bedeutet: Nicht die relativen Häufigkeiten selbst konvergieren gegen $W(A)$, sondern die Wahrscheinlichkeiten dafür, daß eine Ungleichheit der Gestalt

$$W(A) - \varepsilon \leq h_N(A) \leq W(A) + \varepsilon$$

erfüllt ist, konvergieren gegen 1, also

$$\lim_{N \to \infty} W\{W(A) - \varepsilon \leq h_N(A) \leq W(A) + \varepsilon\} = 1.$$

Für unendlich lange Beobachtungsserien ist somit die Ungleichung
$$W(A) - \varepsilon \leq h_N(A) \leq W(A) + \varepsilon$$
mit Sicherheit erfüllt. Für endliche Serien hingegen, mögen sie auch noch so groß sein, ist nur die Wahrscheinlichkeit für ihre Gültigkeit groß, aber es liegt keine Sicherheit vor. Die beschriebene Grenzwertbeziehung wird in der Statistik als (*Bernoulli*sches) **Gesetz der großen Zahlen** bezeichnet.

Nur dann also, wenn die Bedingungen dieser Limesdefinition gegeben sind, entsprechen sich a priori und a posteriori Wahrscheinlichkeiten. An dem dargestellten Beispiel zeigen sich auch die Eigenschaften der Wahrscheinlichkeitsfunktion diskreter Zufallsvariablen, nämlich:

- Die Wahrscheinlichkeitsfunktion g(x) ist für alle reellen Zahlen $-\infty < x < +\infty$ definiert.
- $w_j = g(x_j)$ kann, da es sich um Wahrscheinlichkeiten handelt, nur Werte zwischen Null und Eins annehmen.
- Die Wahrscheinlichkeit für das Eintreten des Wertes x_j der Zufallsvariablen X entspricht in der graphischen Darstellung dem zu diesem Wert gehörenden Abschnitt auf der Ordinate (s. Abb. 24).

Durch die Wahrscheinlichkeitsfunktion werden Zufallsvariable und die zu ihnen gehörenden Wahrscheinlichkeiten vollständig beschrieben. Für viele Anwendungsfälle ist jedoch nicht die Wahrscheinlichkeitsfunktion von Bedeutung, sondern eine Funktion, die aus ihr durch Summierung gewonnen wird: die **Verteilungsfunktion**. Das Bedürfnis nach der Verteilungsfunktion resultiert aus der Frage, wie groß die Wahrscheinlichkeit dafür ist, daß die Zufallsvariable X Merkmalswerte kleiner oder gleich einer beliebigen festen Zahl x annimmt, also aus der Frage nach $W(X \leq x)$. Bei einer diskreten Zufallsvariablen X wird die Wahrscheinlichkeit dafür, daß X Merkmalswerte kleiner oder gleich x annimmt, so gewonnen, daß die Wahrscheinlichkeiten aller $X = x_j$ mit $x_j \leq x$ summiert werden, und man schreibt als Verteilungsfunktion

$$F(x) = W(X \leq x) = \sum_{x_j \leq x} g(x_j).$$

Die Verteilungsfunktion hat die Eigenschaften:

- Sie ist für alle reellen Zahlen $-\infty < x < +\infty$ definiert.
- Sie ist eine nicht fallende Funktion, da $W(X \leq x)$ mit wachsendem x wächst oder zumindestens nicht fällt.
- Sie bezieht sich auf Wahrscheinlichkeiten und kann daher nur Werte zwischen Null und Eins annehmen, d.h. sie hat als Wertebereich $0 \leq F(x) \leq 1$. Insbesondere gilt, daß $F(x)$ gegen Null geht bzw. gleich Null ist, wenn x gegen minus Unendlich strebt, und daß $F(x)$ gegen Eins geht bzw. gleich Eins ist, wenn x gegen plus Unendlich strebt.

Die Entwicklung der Verteilungsfunktion läßt sich mit dem bereits dargestellten Zufallsexperiment "Werfen eines Würfels" verdeutlichen. Den Ereignissen {Augenzahl = 1}, ..., {Augenzahl = 6} wird die Zufallsvariable X mit den Werten $x_1 = 1, ..., x_6 = 6$ zugeordnet. Zu diesen Werten gehören die a priori Wahrscheinlichkeiten $w_1 = w_2 = ... = w_6 = 1/6$. Man erhält dann die in Tabelle 28 wiedergegebenen Werte der Wahrscheinlichkeitsfunktion h_j und die in Tabelle 29 wiedergegebenen Werte der Verteilungsfunktion $F(x)$.

x_j	1	2	3	4	5	6
h_j	1/6	1/6	1/6	1/6	1/6	1/6

Tab. 28: *Wahrscheinlichkeitsfunktion für das Zufallsexperiment "Werfen eines Würfels"*

x	$-\infty < x < 1$	$1 \leq x < 2$	$2 \leq x < 3$	$3 \leq x < 4$	$4 \leq x < 5$	$5 \leq x < 6$	$6 \leq x < \infty$
$F(x)$	0	1/6	2/6	3/6	4/6	5/6	1

Tab. 29: *Verteilungsfunktion für das Zufallsexperiment "Werfen eines Würfels"*

Diese Tabellen machen deutlich, daß die Verteilungsfunktion $F(x)$ so gewonnen wird, daß die Werte der Wahrscheinlichkeitsfunktion sukzessive addiert werden. Die Werte der Tabellen lassen sich graphisch darstellen, und man erhält ein Bild von $F(x)$ und den Zusammenhang zwischen h_j und $F(x)$, der dem Zusammenhang zwischen Häufigkeits- und Summenhäufigkeitsfunktion entspricht.

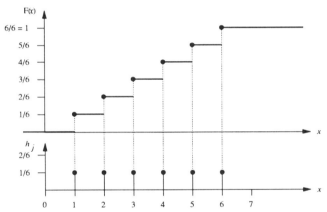

Abb. 24: *Graphische Darstellung der Wahrscheinlichkeits- und der Verteilungsfunktion für das Zufallsexperiment "Werfen eines Würfels"*

Wie Abbildung 24 zeigt, ist die Verteilungsfunktion $F(x)$ einer diskreten Zufallsvariablen X eine abschnittsweise konstante Treppenfunktion, deren Sprungstellen jeweils dort liegen, wo die Wahrscheinlichkeitsfunktion h_j ungleich Null ist. Liegt die Verteilungsfunktion $F(x)$ in graphischer Form vor, so kann $W(X \leq x)$ unmittelbar aus dem Graph ermittelt werden. So entnimmt man z.B. der Abbildung 24 die Werte
$W(X \leq 7) = F(7) = 1$ oder $W(X \leq 2,5) = F(2,5) = 2/6$.

b. Dichtefunktion und Verteilungsfunktion einer stetigen Zufallsvariablen

Stetige Zufallsvariablen treten dann auf, wenn Merkmale gemessen werden, deren Ausprägungen sich kontinuierlich - also stetig - verändern. Eine stetige Zufallsvariable X liegt dann vor, wenn sich jeder möglichen Realisation eines Zufallsexperimentes eine reelle Zahl x zuordnen läßt. Oft sind die möglichen Ausprägungen einer stetigen Zufallsvariablen nicht die gesamten reellen Zahlen, sondern ein Intervall $a \leq x \leq b$. Das bedeutet, daß die Zufallsvariable - jedenfalls theoretisch - jeden beliebigen Wert innerhalb des Kontinuums annehmen kann, in dem die Realisationen des Merkmals (= Gesamtintervall) möglich sind.

Die Wahrscheinlichkeitsfunktion einer diskreten Zufallsvariablen kann man durch die relativen Häufigkeiten approximieren, wenn man das entsprechende Experiment hinreichend oft durchführt. Auch stetige Zufallsvariablen können durch beobachtete relative Häufigkeiten approximiert werden. Dazu wird in folgender Weise ein **Histogramm** konstruiert: Mit n werde die Anzahl der beobachteten Ausprägungen x_i bezeichnet. Der Bereich der möglichen Ausprägungen der Zufallsvariablen X wird in die m Klassen K_j unterteilt. Für jede Klasse K_j bestimmt man die Anzahl f_j der beobachteten Werte, welche in diese Klasse fallen. Dabei wird festgelegt, daß Ausprägungen, die genau auf die untere Grenze einer Klasse fallen, zu dieser Klasse gehören. Haben die Klassen eine konstante Breite[1], so wird ein Histogramm konstruiert, indem über den Klassen Säulen gezeichnet werden, welche eine Höhe h_j haben, die der relativen Häufigkeit entspricht:

$$h_j = \frac{f_j}{n}.$$

Die so entstehende stückweise konstante Kurve wird auch als **Klassen-Häufigkeitsfunktion** bezeichnet. Betrachtet man beispielsweise eine große Anzahl von Unternehmen, deren Renditen alle im Intervall [1,5] liegen, so ergibt eine erste grobe Aufteilung des Intervalls in 4 Klassen z.B. das Histogramm in Abbildung 25. Eine feinere Aufteilung kann dann z.B. das in Abbildung 26 dargestellte Histogramm ergeben.

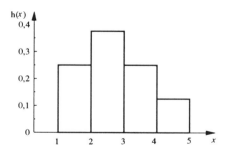

Abb. 25: *Beispiel für ein Histogramm*

---

1) Für den Fall nicht konstanter Klassenbreiten s. Buchner [1985], S. 386 - 390.

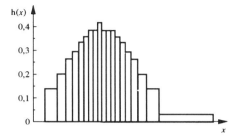

Abb 26: *Entwicklung der Häufigkeitsfunktion bei Erhöhung der Anzahl der Klassen*

Man kann sich nun vorstellen, daß die Klassen-Häufigkeitsfunktion dann in eine stetige Kurve übergeht, falls die Klasseneinteilung immer feiner vorgenommen wird, d.h. die Klassenbreite immer kleiner wird. Diese stetige Funktion f(x) bezeichnet man dann auch als Wahrscheinlichkeitsdichte bzw. Dichtefunktion. Man erhält sie formal aus der Klassen-Häufigkeitsfunktion durch Grenzübergang:

$$f(x) = \lim_{\Delta \to 0} h(x),$$

wobei Δ die Klassenbreite bezeichnet.

Die Dichtefunktion einer stetigen Zufallsvariablen X ist somit anders definiert und auch inhaltsmäßig verschieden von der Wahrscheinlichkeitsfunktion einer diskreten Zufallsvariablen. Bei einer diskreten Zufallsvariablen gibt die Ordinate des Graphs der Wahrscheinlichkeitsfunktion unmittelbar die relative Häufigkeit bzw. Wahrscheinlichkeit einer bestimmten Merkmalsausprägung x_j an, während nach obigen Überlegungen für eine stetige Zufallsvariable X die Wahrscheinlichkeit $W(X=x_j)$ den Wert Null besitzt, d.h. es ist hier nicht $h(x) = W(X=x)$ wie das für die Wahrscheinlichkeit $h_j = W(X=x_j)$ gilt. Bei stetigen Zufallsvariablen kann daher durch die Dichtefunktion nicht die Wahrscheinlichkeit für das Eintreten einer einzelnen Ausprägung angegeben werden, sondern vielmehr die Wahrscheinlichkeit dafür, daß die Zufallsvariable X einen Wert aus dem Intervall $c \leq x \leq d$ annimmt. Diese Wahrscheinlichkeit entspricht der Fläche unter der Wahrscheinlichkeitsdichte f(x), die durch die Intervallgrenzen c und d begrenzt wird. Die Fläche unter einer nur positive Werte annehmenden Funktion wird durch die Berechnung des bestimmten Integrales ermittelt. Aus dieser Überlegung ergibt sich folgende Beziehung für die Wahrscheinlichkeit, daß die stetige Zufallsvariable X einen Wert innerhalb des Intervalles $c \leq x \leq d$ annimmt:

$$W(c \leq X \leq d) = \int_{c}^{d} f(x)\, dx.$$

Hieran schließt sich die Definition der Verteilungsfunktion F einer stetigen Zufallsvariablen an:

$$F(x) = W(X \leq x) = \int_{-\infty}^{x} f(t)\, dt.$$

Aus obiger Konstruktion der Dichtefunktion f und der Definition der Verteilungsfunktion F als Integral über dieser positiven Dichtefunktion ergeben sich die gleichen Eigenschaften für die Verteilungsfunktion wie im diskreten Fall:
- Die Verteilungsfunktion ist für alle reellen Zahlen $-\infty < x < +\infty$ definiert.
- Sie ist eine nicht fallende Funktion.
- Der Wertebereich der Verteilungsfunktion ist durch $0 \leq F(x) \leq 1$ gegeben. Insbesondere strebt F(x) gegen 1 (bzw. 0), wenn x gegen minus Unendlich (bzw. plus Unendlich) strebt.

Anzumerken ist, daß die Integrationsgrenzen $-\infty$ und $+\infty$ durch a und b ersetzt werden können, falls sich die möglichen Ausprägungen der Zufallsvariablen X auf das Intervall $a \leq x \leq b$ beschränken.

Als einfach nachzuvollziehendes Beispiel soll die gleichmäßige Verteilung betrachtet werden. Eine stetige Zufallsvariable X heißt **gleichmäßig verteilt** über dem Intervall $a \leq x \leq b$, wenn sie

$$f(x) = \frac{1}{b-a}$$

als Dichtefunktion besitzt. Die Dichtefunktion ist also über dem Intervall der möglichen Ausprägungen der Zufallsvariablen X konstant.[1] Die zugehörige Verteilungsfunktion ergibt sich offensichtlich zu

$$F(x) = \begin{cases} 0, & \text{falls } x < a \\ \int_a^x f(t) \, dt = \int_a^x \frac{1}{b-a} \, dt = \frac{x-a}{b-a}, & \text{falls } a \leq x \leq b \\ 1, & \text{falls } b < x. \end{cases}$$

Sie ist damit im Bereich $a \leq x \leq b$ eine Gerade mit der Steigung $1/(b-a)$, welche die x-Achse im Punkt a schneidet.

Eine für die praktische Anwendung besonders wichtige stetige Verteilung stellt die **Normalverteilung** dar. Eine Zufallsgröße X heißt normalverteilt mit den Parametern μ und σ^2, wenn ihre Dichtefunktion durch

$$f(x) = \frac{1}{\sqrt{2\pi}\sigma} \cdot \exp\left(-\frac{(x-\mu)^2}{2\sigma^2}\right)$$

gegeben ist.[2]

Die zugehörige Verteilungsfunktion hat damit folgendes Aussehen:

$$F(x) = \int_{-\infty}^{x} \frac{1}{\sqrt{2\pi}\sigma} \cdot \exp\left(-\frac{(t-\mu)^2}{2\sigma^2}\right) \, dt.$$

---

1) Für $b-a < 1$ ist diese Konstante größer als Eins, so daß auch hier ein Unterschied zur Wahrscheinlichkeitsfunktion einer diskreten Zufallsvariablen, welche nur Werte zwischen 0 und 1 annehmen kann, sichtbar wird.

2) Hier und im folgenden wird die Exponentialfunktion e^x aus Gründen der besseren Lesbarkeit als exp(x) geschrieben.

Dieses Integral ist im Gegensatz zur Verteilungsfunktion der gleichmäßigen Verteilung nicht elementar zu berechnen. Die Werte der Verteilungsfunktion der Normalverteilung liegen daher vertafelt vor. Die Dichtefunktion f und die Verteilungsfunktion F der Normalverteilung mit den Parametern $\mu = 0$ und $\sigma^2 = 1$ sind in Abbildung 27 dargestellt.

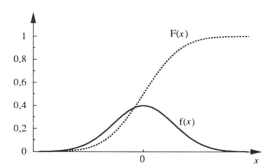

Abb. 27: *Dichte- und Verteilungsfunktion der Normalverteilung mit den Parametern* $\mu = 0$ *und* $\sigma^2 = 1$

IV. Einige statistische Maßzahlen

a. Das arithmetische Mittel

Der arithmetische Mittelwert ist ein bedeutsamer Lokalisationsparameter metrisch skalierter Merkmalsausprägungen (s. zu Lokalisationsparametern im einzelnen Buchner [1985], S. 143 - 163). Mit dem arithmetischen Mittel sollen Aussagen darüber gewonnen werden, wo das Schwergewicht der beobachteten statistischen Einheiten liegt. Es gibt an, welchen Merkmalswert jede Einheit der untersuchten statistischen Masse haben würde, wenn die Summe der Merkmalswerte gleichmäßig auf alle Untersuchungseinheiten verteilt wäre. Bei der Berechnung des arithmetischen Mittels ist insbesondere zu unterscheiden, ob ein gewogener oder ungewogener Durchschnitt berechnet werden soll.
Das ungewogene arithmetische Mittel. Weisen die N Elemente einer statistischen Masse die (nicht notwendigerweise verschiedenen) Einzelwerte x_i auf, so berechnet man das arithmetische Mittel, indem man die Summe dieser Beobachtungswerte durch die Anzahl N dieser Werte dividiert:

$$\bar{x} = \frac{1}{N}(x_1 + x_2 + \ldots + x_N) = \frac{1}{N} \sum_{i=1}^{N} x_i,$$

wobei die einzelnen Werte x_i positiv oder negativ sein können. Ein arithmetisches Mittel ist "typisch", wenn es mit einer realen Merkmalsausprägung zusammenfällt und die anderen Ausprägungen Abweichungen von diesem Wert darstellen. Als "untypisch" wird ein arithmetisches Mittel bezeichnet, das nicht mit einem beobachteten Wert zusammenfällt. Ein solcher Mittelwert ist eine rechnerische Abstraktion. So haben z.B. die fünf Merkmalswerte 2, 4, 5, 9, 10 den arithmetischen Mittelwert

$$\bar{x} = \frac{1}{5}(2+4+5+9+10) = 6,$$

der nicht in diesen Merkmalsausprägungen enthalten ist. Das Beispiel verdeutlicht, daß das arithmetische Mittel eine Fiktion darstellen kann und daher nur unter sorgfältiger Abwägung als Repräsentant für die Gesamtheit der statistischen Einheiten einer Grundgesamtheit verwendet werden darf. Des weiteren können vereinzelt auftretende Extremwerte (sog. Ausreißer) die Aussagefähigkeit des arithmetischen Mittels beeinträchtigen. Das führt zu der Forderung, arithmetische Mittelwerte nur aus homogenen Merkmalsausprägungen zu berechnen und extreme Merkmalswerte, die nur vereinzelt vorkommen, wegzulassen.

Das gewogene arithmetische Mittel. Besitzen mehrere Merkmalsausprägungen den gleichen numerischen Wert x_j und tritt der Wert dabei f_j-mal auf - wobei $f_1 + f_2 + ... + f_k = N$ gilt -, so läßt sich das arithmetische Mittel einfacher aus

$$\bar{x} = \frac{1}{N}(x_1 \cdot f_1 + x_2 \cdot f_2 + ... + x_k \cdot f_k) = \frac{1}{N} \sum_{j=1}^{k} x_j \cdot f_j$$

berechnen. Sind z.B. folgende Merkmalsausprägungen

1, 2, 2, 3, 3, 3, 4, 4, 4, 4, 5, 5, 5, 5, 5, 6, 6, 6, 6, 7, 7, 7, 8, 8, 9

gegeben, so kann man anstatt der Addition aller Einzelwerte, zunächst die Einzelwerte nach ihrer Häufigkeit zusammenfassen, anschließend die Produkte $x_j \cdot f_j$ bilden und die Summe dieser durch N zu teilenden Produkte errechnen. Man erhält

x_j	f_j	$x_j f_j$
1	1	1
2	2	4
3	3	9
4	4	16
5	5	25
6	4	24
7	3	21
8	2	16
9	1	9
	Σ 25	Σ 125

Hieraus errechnet sich

$$\bar{x} = \frac{125}{25} = 5.$$

Sind die Merkmalsausprägungen einer statistischen Masse umfangreich, so kann es vorteilhaft sein, Häufigkeiten nicht mehr jeder einzelnen Merkmalsausprägung zuzuorden, sondern die Merkmalswerte in Klassen zusammenzufassen und die Anzahl der Merkmalsträger zu bestimmen, deren Merkmalswerte in die einzelnen Klassen fallen (s. hierzu Buchner [1985], S. 103 - 107 u. S. 160). Die Anzahl der Merkmalsträger, deren

Merkmalswerte in die i-te Klasse ($i = 1, \ldots, m$) fällt, bezeichnet man als **absolute Klassenhäufigkeit** f_i. Die **relative Klassenhäufigkeit** h_i ($i = 1, \ldots, m$) ergibt sich bei m Klassen zu

$$h_i = \frac{f_i}{N} \quad \text{mit } N = \sum_{j=1}^{m} f_j.$$

Liegen die Merkmalswerte nach Größenklassen gruppiert vor, so läßt sich der arithmetische Mittelwert der Grundgesamtheit näherungsweise berechnen, wenn man davon ausgehen kann, daß sich die Merkmalswerte jeweils annähernd gleichmäßig auf eine Klasse verteilen. In diesem Fall stellen die Klassenmitten x_i' die arithmetischen Mittel der Merkmalswerte der i-ten Klasse dar, und die Formel für eine näherungsweise Berechnung des arithmetischen Mittels der Grundgesamtheit lautet

$$\bar{x} = \frac{1}{N} \sum_{i=1}^{m} x_i' \cdot f_i = \sum_{i=1}^{m} x_i' \cdot h_i.$$

So kann man für die beobachteten Werte

1, 2, 2, 3, 3, 3, 4, 4, 4, 4, 5, 5, 5, 5, 5, 6, 6, 6, 6, 7, 7, 7, 8, 8, 9

eine Gruppierung nach der Größe der Merkmalswerte in Klassen vornehmen, wie sie nachstehende Tabelle enthält, und den arithmetischen Mittelwert der Grundgesamtheit mit Hilfe der repräsentativen Werte der i-ten Klasse - dem Wert x_i' - berechnen.

Klasse	x_i'	f_i	$x_i' \cdot f_i$
1 - 3	2	6	12
4 - 6	5	13	65
7 - 9	8	6	48
		Σ 25	Σ 125

Setzt man die Werte aus dieser Tabelle in obige Formel ein, so erhält man

$$\bar{x} = \frac{1}{25} \cdot 125 = 5.$$

b. Der Erwartungswert

1. Der Erwartungswert einer diskreten Zufallsvariablen

Hierunter versteht man die Summe der möglichen Ausprägungen (Realisationen) einer Zufallsvariablen multipliziert mit ihren zugeordneten Wahrscheinlichkeiten. Bezeichnet X eine Zufallsvariable, welche die

Ausprägungen $x_1, ..., x_n$ mit den Wahrscheinlichkeiten $w_1, ..., w_n$ annimmt, so ist der Erwartungswert oder die mathematische Erwartung dieser Zufallsgröße mit endlich vielen Realisationen[1] definiert als

$$E(X) = x_1 \cdot w_1 + x_2 \cdot w_2 + ... + x_n \cdot w_n.$$

Der Erwartungswert bringt zum Ausdruck, welchen Wert eine stochastische Variable bei einer großen Anzahl von Wiederholungen des Zufallsexperiments im Mittel annimmt. Er läßt daher folgende Deutung zu: Werden für die Zufallsvariable X eines Zufallsexperiments N Ausführungen durchgeführt, deren Resultate f_1 mal x_1, f_2 mal x_2, ..., f_n mal x_n aufweisen ($f_1 + f_2 + ... + f_n = N$), dann hat diese Zufallsgröße im Mittel der Ausführungen den Wert

$$\frac{1}{N}(f_1 \cdot x_1 + f_2 \cdot x_2 + ... + f_n \cdot x_n) = \sum_{i=1}^{n} \frac{f_i}{N} x_i.$$

Wird die Anzahl der Ausführungen sehr groß, d.h. strebt $N \to \infty$, dann streben die auftretenden empirischen relativen Häufigkeiten

$$h_i = \frac{f_i}{N}, \quad (i = 1, ..., n)$$

der Merkmalswerte x_i nach der Limesdefinition der Wahrscheinlichkeit (s. S. 355) gegen die a priori Wahrscheinlichkeiten w_i, d.h. für hinreichend große N gilt:

$$\frac{f_1}{N} \approx w_1, \quad \frac{f_2}{N} \approx w_2, \quad ..., \quad \frac{f_k}{N} \approx w_k.$$

Daher gilt für große N

$$\sum_{i=1}^{n} \frac{f_i}{N} x_i \approx \sum_{i=1}^{n} w_i x_i = E(X).$$

Der Erwartungswert stellt eine rechnerische Größe dar und muß bei der Durchführung eines Zufallsexperiments nicht in Erscheinung treten, wie folgendes Beispiel ausweist: Die Zufallsvariable X (= Augenzahl beim Wurf eines idealen sechsflächigen Würfels) hat die Realisationen 1, 2, ..., 6 mit der Eintrittswahrscheinlichkeit 1/6. Hieraus errechnet sich

$$E(X) = 1 \cdot \frac{1}{6} + 2 \cdot \frac{1}{6} + 3 \cdot \frac{1}{6} + 4 \cdot \frac{1}{6} + 5 \cdot \frac{1}{6} + 6 \cdot \frac{1}{6} = 3,5.$$

Dieser Erwartungswert ist eine Größe, die nicht als spezielles Ergebnis des Würfelexperiments erwartet werden darf, da mit einem Würfel, auf dem sich die Augenzahlen 1, 2, 3, 4, 5, 6 befinden, keine Augenzahl 3,5 gewürfelt werden kann. Bildet man jedoch das arithmetische Mittel des Ergebnisses zahlreicher Würfe, so ist das Ergebnis 3,5 am wahrscheinlichsten. Die die Zahl 3,5 ist der erwartete Wert (Erwartungswert).

---

[1] Besitzt eine Zufallsgröße unendlich viele mögliche Realisationen, dann lautet die Definition

$$E(X) = x_1 \cdot w_1 + x_2 \cdot w_2 + ...,$$

wobei vorauszusetzen ist, daß diese Reihe (absolut) konvergiert. Trifft das nicht zu, so sagt man, die betreffende Zufallsgröße habe keinen Erwartungswert.

Der Erwartungswert wird in der Wahrscheinlichkeitstheorie als **bester Schätzwert** für den durch Zufallsschwankungen entstellten "wahren" Wert einer Zufallsgröße gesehen. Man spricht auch von der Erwartungseigenschaft dieses Mittelwerts und begründet sie damit, daß die Summe der Abweichungen der Realisationen vom errechneten Erwartungswert gleich Null ist und die Summe der quadrierten Abweichungen der Realisationen vom Erwartungswert ein Minimum darstellt (zur Herleitung s. Buchner [1985] S. 159).

2. Der Erwartungswert einer stetigen Zufallsvariablen

Ist X eine kontinuierlich zufällige Variable, so tritt in der Definitionsgleichung des Erwartungswertes an die Stelle des Summen- das Integralzeichen. Für eine Dichtefunktion f(x) gilt demgemäß

$$E(X) = \int_{-\infty}^{+\infty} x \cdot f(x) \, dx.$$

Ist die stetige Zufallsvariable X z.B. über dem Intervall $[a, b]$ gleichmäßig verteilt (s. S. 360), d.h. sie besitzt die Dichte

$$f(x) = \frac{1}{b-a},$$

so ergibt sich der Erwartungswert zu

$$E(X) = \int_{a}^{b} \frac{x}{b-a} \, dx = \frac{b+a}{2}.$$

3. Rechenregeln für den Erwartungswert

Um den Erwartungswert einer Zufallsvariablen Y zu berechnen, ist es oft sinnvoll, Y in einfachere Zufallsvariablen aufzuspalten, um zunächst die Erwartungswerte der einzelnen Teile zu ermitteln und diese dann zum Erwartungswert von X zu aggregieren. Folgende Rechenregeln sind bei dieser Vorgehensweise hilfreich (s. z.B. Fisz [1980], S. 93 - 94):

Ist X eine (diskrete oder stetige) Zufallsvariable, deren Erwartungswert existiert, so existiert auch der Erwartungswert der Zufallsvariablen $Y = a \cdot X$, wobei a eine beliebige reelle Zahl ist, und es gilt:

$$E(Y) = E(a \cdot X) = a \cdot E(X).$$

Auch für die Summe zweier Zufallsvariablen existiert eine entsprechende Regel. Sind X_1 und X_2 Zufallsvariablen mit existierendem Erwartungswert, so besitzt auch $Y = X_1 + X_2$ einen Erwartungswert und es gilt

$$E(Y) = E(X_1 + X_2) = E(X_1) + E(X_2).$$

Durch Kombination dieser beiden Regeln lassen sich die Erwartungswerte von komplizierten Zufallsvariablen auf die Erwartungswerte einfacherer Zufallsvariablen zurückführen.

c. Die Varianz und daraus abgeleitete Maßzahlen: Standardabweichung und Variationskoeffizient

Das arithmetische Mittel bzw. der Erwartungswert charakterisieren das Verhalten einer Variablen bzw. Zufallsgröße nur unvollkommen. Sie sagen nichts darüber aus, ob die einzelnen Merkmalswerte bzw. Realisationen eng oder weit um das arithmetische Mittel bzw. den Erwartungswert verteilt sind. So haben z.B. die Zahlen {7, 8, 9} und {1, 10, 13} den gleichen arithmetischen Mittelwert, obwohl die Zahlen {7, 8, 9} enger als die Zahlen {1, 10, 13} bei 8 liegen. Zur Abschätzung der Streuung der Merkmalswerte sind in der Statistik eine Anzahl von **Dispersionsmaßen** entwickelt worden, von denen der **Varianz** und den daraus abgeleiteten Größen **Standardabweichung** und **Variationskoeffizient** die größte Bedeutung zur Charakterisierung der Verteilung einer Zufallsvariablen zukommt.

Grundsätzlich ist zwischen der Berechnung der Varianz aus den empirischen Daten einer bekannten Grundgesamtheit und der Berechnung aus den Daten einer empirischen oder theoretischen Stichprobenverteilung zu unterscheiden. Im letzten Fall können die Varianz und die aus ihr abgeleiteten Maßzahlen als Schätzer der entsprechenden unbekannten Parameter der Grundgesamtheit dienen.

1. Die Berechnung der Varianz aus bekannten Grundgesamtheiten

Die **Varianz** (oder die Streuung) knüpft an den Merkmalswerten an. Geht man von N Merkmalswerten x_i einer metrisch skalierten Zufallsvariablen X aus, so ist das arithmetische Mittel der Summe der quadrierten Abweichungen zwischen arithmetischem Mittel $\bar{x}$ und Merkmalswerten x_i die Varianz. Man spricht hier auch vom Prinzip der zweifachen Mittelung. Die Varianz wird mit σ^2 oder var bezeichnet und ist definiert als

$$\sigma^2 = \frac{1}{N} \sum_{i=1}^{N} (x_i - \bar{x})^2,$$

wobei $\bar{x}$ das arithmetische Mittel symbolisiert. Als Dimension besitzt die Varianz das Quadrat der Dimension der Meßwerte. Werden diese z.B. in DM gemessen, dann hat die Varianz die Dimension DM^2. Der Wert der Varianz ist stets größer oder gleich Null. Sie nimmt den Wert Null an, wenn die Meßdaten einander gleich sind, d.h. mit dem Mittelwert übereinstimmen. In diesem Fall liegt also keine Streuung vor. Die Beziehung macht auch anschaulich, daß die Varianz um so größere Werte annimmt, je größer die Differenzen $x_i - \bar{x}$ sind, d.h. je weiter die einzelnen Meßwerte um den Mittelwert streuen.

Die bei der Berechnung der Varianz vorgenommene Quadrierung läßt sich in etwa "kompensieren", wenn aus der Summe der quadratischen Abweichungen die positive Quadratwurzel gezogen wird. Man gelangt dann zu einem weiteren wichtigen Streuungsmaß: der **Standardabweichung** σ. Die Standardabweichung σ von N Meßdaten x_i ist demnach definiert als

$$\sigma = \sqrt{\frac{1}{N} \sum_{i=1}^{N} (x_i - \bar{x})^2}.$$

Varianz und Standardabweichung haben den Nachteil, daß sie es nicht erlauben, die Varianzen verschiedener Gesamtheiten dann miteinander zu vergleichen, wenn die Meßwerte der einzelnen Gesamtheiten zu unterschiedlichen arithmetischen Mittelwerten führen, da sich häufig die Standardabweichung etwa proportional zum arithmetischen Mittelwert ändert. Das Erfordernis, Merkmalsstreuungen verschiedener Gesamtheiten direkt miteinander zu vergleichen, führte zur Schaffung **relativer Streuungsmaße**. Diese werden nach dem Prinzip: "absolutes Streuungsmaß dividiert durch Lagemaß" gebildet. Das wichtigste relative Streuungsmaß ist die **relative Standardabweichung** oder der **Variationskoeffizient** (Vark). Beim Variationskoeffizienten wird die Standardabweichung auf den arithmetischen Mittelwert bezogen und man erhält

$$Vark = \frac{\sigma}{\mu} \text{ bzw. } Vark = \frac{\sigma}{\mu} \cdot 100\%.$$

Der Variationskoeffizient errechnet sich also aus der Standardabweichung und dem arithmetischen Mittel. Da diese beiden Maßzahlen immer die gleichen Meßdimensionen haben (z.B. DM, kg, cm), ist der Variationskoeffizient eine dimensionslose Zahl und kann somit dazu dienen, die relative Streuung von Merkmalsausprägungen zu vergleichen, vorausgesetzt,
- für die Meßwerte existiert auf der Meßskala ein absoluter Nullpunkt, d.h. die Meßdaten müssen auf dem Verhältnisniveau gemessen sein, und
- der (positive) Mittelwert im Nenner ist keine zu kleine Zahl, da der Variationskoeffizient sonst (zu) stark auf kleinere Mittelwertunterschiede reagiert.

Die Berechnung der Varianz, der Standardabweichung und des Variationskoeffizienten lassen sich anhand der Zahlen {7, 8, 9} (= Grundgesamtheit I) und der Zahlen {1, 10, 13} (= Grundgesamtheit II) verdeutlichen. Die Konstruktion der Varianz erfolgt in vier Schritten:
- Errechnung des arithmetischen Mittelwertes $\bar{x}$ der Merkmalswerte x_i,
- bilden der Abweichungsquadrate $(x_i - \bar{x})^2$,
- Summierung der Abweichungsquadrate und
- Division der Summe der Abweichungsquadrate durch die Anzahl der Werte.

Die ersten drei Rechenschritte sind für die angegebenen Beispiele in nachstehender Tabelle angeführt:

Grundgesamtheit I				Grundgesamtheit II			
x_i	$\bar{x}$	$x_i - \bar{x}$	$(x_i - \bar{x})^2$	x_i	$\bar{x}$	$x_i - \bar{x}$	$(x_i - \bar{x})^2$
7	8	-1	1	1	8	-7	49
8	8	0	0	10	8	2	4
9	8	1	1	13	8	5	25
		Σ	2			Σ	78

Setzt man die Werte aus dieser Tabelle in die Formel zur Errechnung der Varianz ein, so ergibt sich

$$\sigma_I^2 = \frac{1}{3} \cdot 2 \approx 0{,}667 \text{ bzw. } \sigma_{II}^2 = \frac{1}{3} \cdot 78 = 26.$$

Analog erhält man für die Standardabweichungen

$$\sigma_I = \sqrt{\frac{2}{3}} \approx 0{,}816 \text{ bzw. } \sigma_{II} = \sqrt{26} \approx 5{,}099.$$

Diese Beispiele veranschaulichen, daß beide Grundgesamtheiten zwar den gleichen arithmetischen Mittelwert haben, ihre Merkmalsausprägungen verteilen sich jedoch sehr unterschiedlich um diesen Mittelwert. Diese Unterschiede werden auch von dem Variationskoeffizienten zum Ausdruck gebracht. Man errechnet für die Grundgesamtheit I bzw. II

$$\text{Vark}_I = \frac{\sigma}{\bar{x}} \approx \frac{0{,}816}{8} \approx 0{,}102 \quad \text{bzw.} \quad \text{Vark}_{II} = \frac{\sigma}{\bar{x}} \approx \frac{5{,}099}{8} \approx 0{,}637.$$

2. Die Berechnung der Varianz aus Zufallsereignissen

(a) Der Fall diskreter Zufallsvariablen

Ist X eine diskrete Zufallsvariable, welche die Realisationen $x_1, x_2, ..., x_n$ mit den Wahrscheinlichkeiten $w_1, w_2, ..., w_n$ annimmt, dann wird die Varianz als Maß der Streuung der Realisationen x_i um den Erwartungswert $E(X)$ definiert als

$$\sigma^2(X) = (x_1 - E(X))^2 \cdot w_1 + ... + (x_n - E(X))^2 \cdot w_n = \sum_{i=1}^{n} (x_i - E(X))^2 \cdot w_i.$$

Die Varianz beinhaltet somit die Summe aller Produkte der quadrierten Differenzen zwischen allen Realisationen x_i der Zufallsvariablen X und ihrem Erwartungswert und den Eintrittswahrscheinlichkeiten w_i für die einzelnen Realisationen. Der positive Wert der Quadratwurzel aus der so definierten Varianz ist die Standardabweichung (σ) und das relative Streuungsmaß - der Variationskoeffizient - ist gegeben durch

$$\text{Vark}(X) = \frac{\sigma}{E(X)} \text{ bzw. } \text{Vark}(X) = \frac{\sigma}{E(X)} \cdot 100\%.$$

Für die bereits diskutierte Zufallsvariable X = "Augenzahl beim Würfel" mit den möglichen Realisationen 1, 2, ..., 6 und den Wahrscheinlichkeiten 1/6 für alle x_i sowie dem Erwartungswert 3,5 errechnet sich[1]

---

1) Die Nebenrechnung in Form einer Tabelle lautet:

x_i	$E(X)$	$x_i - E(X)$	$(x_i - E(X))^2$	$(x_i - E(X))^2 w_i$
1	3,5	-2,5	6,25	1,0417
2	3,5	-1,5	2,25	0,375
3	3,5	-0,5	0,25	0,0417
4	3,5	0,5	0,25	0,0417
5	3,5	1,5	2,25	0,375
6	3,5	2,5	6,25	1,0417
	Σ 0,0		Σ 17,50	Σ 2,9168

$$\sigma^2(X) = (1-3{,}5)^2 \cdot \frac{1}{6} + (2-3{,}5)^2 \cdot \frac{1}{6} + (3-3{,}5)^2 \cdot \frac{1}{6} + (4-3{,}5)^2 \cdot \frac{1}{6}$$

$$+ (5-3{,}5)^2 \cdot \frac{1}{6} + (6-3{,}5)^2 \cdot \frac{1}{6} = 2{,}916.$$

Die Standardabweichung und der Variationskoeffizient belaufen sich auf

$$\sigma(X) = \sqrt{2{,}916} \approx 1{,}708 \quad \text{bzw.} \quad \text{Vark}(X) = \frac{1{,}708}{3{,}5} \approx 0{,}488.$$

(b) Der Fall stetiger Zufallsvariablen

Als Varianz $\sigma^2(X)$ einer stetigen Zufallsvariablen X mit der Dichtefunktion $f(x)$ wird das Integral

$$\sigma^2(X) = \int_{-\infty}^{\infty} (x - E(X))^2 f(x) \, dx$$

bezeichnet, sofern es absolut konvergiert. Die Standardabweichung und der Variationskoeffizient berechnen sich wie im diskreten Fall aus der Varianz.

Betrachtet man als Beispiel eine Zufallsvariable X, die über dem Intervall $[a, b]$ gleichmäßig verteilt ist (s. S. 360), so erhält man (unter Beachtung der Gleichung $E(X) = (b+a)/2$) für die Varianz

$$\sigma^2(X) = \int_a^b \left(x - \frac{b+a}{2} \right)^2 \frac{1}{b-a} \, dx = \frac{(b-a)^2}{12}.$$

Daraus folgt für die Standardabweichung und den Variationskoeffizienten

$$\sigma(X) = \frac{b-a}{\sqrt{12}}, \quad \text{Vark}(X) = \frac{b-a}{\sqrt{3}(b+a)}.$$

(c) Rechenregeln für die Varianz

Wie für den Erwartungswert auch, sollen hier einige Regeln für die Berechnung der Varianzen zusammengesetzter Zufallsvariablen angegeben werden.

Die Varianz der (stetigen oder diskreten) Zufallsvariablen X möge existieren. Sind a, b zwei beliebige reelle Zahlen, so existiert auch die Varianz der Zufallsvariablen $Y = a \cdot X + b$ und sie berechnet sich zu (s. Fisz [1980], S. 95)

$$\text{var}(Y) = \text{var}(a \cdot X + b) = a^2 \cdot \text{var}(X).$$

Hieraus wird auch deutlich, daß die Varianz einer konstanten, nicht zufallsabhängigen Größe Null ist. Eine Folgerung aus dieser Gleichung und den Rechenregeln für den Erwartungswert (s. S. 365) ist auch, daß man jede Zufallsgröße **standardisieren** kann. Besitzt die Zufallsvariable X den Erwartungswert μ und die Varianz σ^2, so gilt für Erwartungswert und Varianz der Zufallsvariablen

$$Y = \frac{X-\mu}{\sigma}$$

E(Y) = 0 und var(Y) = 1.

Im Vergleich zur Summenregel für Erwartungswerte (s. S. 365) ist eine entsprechende Regel für die Varianzen nur unter einer zusätzlichen, einschränkenden Voraussetzung gültig: Sind X_1 und X_2 Zufallsvariablen, deren Varianzen existieren und die unabhängig voneinander sind, so existiert auch die Varianz der Zufallsvariablen $Y = X_1 + X_2$ und es gilt (s. Fisz [1980], S. 108):

$$\text{var}(Y) = \text{var}(X_1 + X_2) = \text{var}(X_1) + \text{var}(X_2).$$

In die Berechnung der Varianz der Summe zweier abhängiger Zufallsvariablen geht darüber hinaus die Kovarianz als Maßzahl für diese Abhängigkeit ein (s. z.B. Fisz [1980], S. 108).

3. Die Berechnung der Varianz als Schätzwert für unbekannte Grundgesamtheiten

Die Varianz s^2 einer Stichprobe (Teilgesamtheit) kann grundsätzlich so berechnet werden wie die Varianz σ^2 der Grundgesamtheit. Wird also aus einer Grundgesamtheit eine Stichprobe vom Umfang n gezogen und werden die Werte $x_1, \ldots, x_n$ beobachtet, so gilt

$$s^2 = \frac{1}{n} \sum_{i=1}^{n} (x_i - \overline{x})^2.$$

Die Größe s^2 hängt von der zufällig gezogenen Stichprobe ab, und ist damit selber eine Zufallsvariable. Diese Zufallsvariable wird nun oft als Schätzer für die wahre, aber unbekannte Varianz σ^2 der Grundgesamtheit verwendet. Als wünschenswerte Eigenschaft dieses Schätzers ist u.a. zu fordern, daß er σ^2 im Mittel richtig schätzt. Dies bedeutet exakt formuliert, daß der Erwartungswert des Schätzers gleich σ^2 ist. Es kann jedoch gezeigt werden, daß s^2 diese Eigenschaft nicht besitzt, sondern daß

$$E(s^2) = \frac{n-1}{n} \cdot \sigma^2$$

gilt. Um einen erwartungstreuen Schätzer für die Varianz σ^2 der Grundgesamtheit zu erhalten, multipliziert man daher s^2 mit dem *Bessel*schen **Korrekturfaktor** $n/(n-1)$:

$$\hat{\sigma}^2 = \frac{n}{n-1} \cdot s^2.$$

Die Größe $\hat{\sigma}^2$ ist nun offensichtlich erwartungstreu für σ^2, d.h. es gilt

$$E(\hat{\sigma}^2) = E\left(\frac{n}{n-1} \cdot s^2\right) = \sigma^2.$$

Bei großem n nähert sich der *Bessel*sche Korrekturfaktor immer mehr Eins an, so daß der Unterschied zwischen s^2 und $\hat{\sigma}^2$ immer kleiner wird.[1]

B. Einige spezielle theoretische Verteilungen

Für eine Vielzahl stochastischer Modelle (Zufallsexperimente) mit endlichen Ereignisräumen lassen sich durch kombinatorische Überlegungen die zugehörigen Wahrscheinlichkeitsverteilungen ableiten. Die gewonnenen Verteilungsfunktionen heißen **theoretische Verteilungen**. Es liegt nahe, daß man **empirische Verteilungen** mit theoretischen Verteilungen vergleicht. Stimmen empirische und theoretische Verteilung annähernd überein, so kann das der theoretischen Verteilung zugrunde liegende stochastische Modell zur Beschreibung und Deutung jener realen Prozesse herangezogen werden, denen die empirischen Daten entstammen. Das führt auf das Problem, die Güte der Anpassung theoretischer und empirischer Daten zu "prüfen". Zur Überprüfung der Güte solcher Anpassungen, werden besondere **Anpassungstests** benutzt. Im Rahmen der statistischen Methodenlehre sind für unterschiedliche Fragestellungen eine Anzahl von "Anpassungstests" entwickelt worden.[2] Diese Anpassungstests lassen sich für bestimmte theoretische Verteilungen - wie die Binomial- und Normalverteilung - oft mit ausreichender Genauigkeit graphisch durchführen. Daneben existieren Tests, die auf einem Vergleich empirischer Häufigkeiten und theoretischer Wahrscheinlichkeiten mit sog. **Testverteilungen** beruhen. Die wichtigsten dieser Testverteilungen sind neben der Normalverteilung die Chi-Quadrat-Verteilung (mit Gammafunktion), die *Student*sche t-Verteilung und die F-Verteilung.

Zusammenfassend läßt sich also sagen, daß die in der Statistik gebräuchlichen theoretischen Verteilungen in zwei Hauptgruppen eingeteilt werden, und zwar:

(1) Verteilungen, die im Zusammenhang mit Zufallsexperimenten auftreten und aus ihnen hergeleitet werden. Solche für Fragestellungen aus dem wirtschaftlichen Prüfungswesen bedeutsamen theoretischen Verteilungen aus endlichen Ereignisräumen sind die Binomialverteilung bzw. Polynomialverteilung und die hypergeometrische Verteilung bzw. polyhypergeometrische Verteilung. Durch Grenzübergänge dieser diskreten Verteilungen endlicher Ereignisräume lassen sich mit Hilfe sog. "Grenzwertsätze" weitere für die statistische Praxis (und damit für die Problemstellungen im wirtschaftlichen Prüfungswesen) bedeutsame Verteilungen gewinnen. Als wichtige Verteilungen seien die *Poisson*-Verteilung und die Normalverteilung genannt.

(2) Verteilungen - auch als Test- oder Prüfverteilungen bezeichnet - die die Grundlage statistischer Tests bzw. Prüfverfahren sind. Hierzu zählen insbesondere die Normalverteilung, die χ^2-Verteilung, die t-Verteilung und die F-Verteilung.[3]

---

1) Zum *Bessel*schen Korrekturfaktor vgl. Buchner [1985], S. 173 - 175.

2) Neben dem Anpassungstest, zu dem mitunter auch - neben dem bereits erwähnten Vergleich einer empirischen mit einer theoretischen Häufigkeitsverteilung - die Frage gezählt wird, ob zwei Stichproben aus Gesamtheiten mit der gleichen Verteilung stammen, kennt die statistische Methodenlehre noch den **Parametertest**. Man spricht auch von **nichtparametrischen** und **parametrischen Testverfahren**.

3) Es gibt also auch Verteilungen - wie die Normalverteilung - die sowohl zu (1) wie auch zu (2) zählen.

Die für das wirtschaftliche Prüfungswesen wichtigsten der theoretischen Verteilungen sollen im folgenden dargestellt werden.[1]

I. Die Binomialverteilung

a. Herleitung

Ausgangspunkt zur Ableitung der Binomialverteilung ist der *Bernoulli*-Prozeß. Mögliche Ereignisse bei Durchführung eines *Bernoulli*-Prozesses sind A und $\overline{A}$. Diesen Ereignissen wird die diskrete Zufallsvariable X zugeordnet mit

$X = 0$, falls $\overline{A}$ (d.h. nicht A), und
$X = 1$, falls A eintritt.

Werden n Versuche durchgeführt ($n = 1,2,...$), so kann man allgemeiner die Zufallsvariable X betrachten, die angibt, wie oft das Ereignis A in den n Versuchen auftritt:

$X = j$, falls A bei der Durchführung der Versuche genau j-mal eintritt.

Wenn nun $W(A) = P$ und $W(\overline{A}) = 1 - P$ gesetzt wird[2], so hat die Wahrscheinlichkeitsfunktion $g(x)$ bei einer einmaligen Durchführung des Zufallsexperimentes folgendes Aussehen:

$$g(x) = \begin{cases} 1-P, & \text{für } x = 0 \quad (\overline{A} \text{ tritt ein}) \\ P, & \text{für } x = 1 \quad (A \text{ tritt ein}) \\ 0, & \text{sonst.} \end{cases}$$

Ein stochastisches Modell, das diesen Annahmen entspricht, ist das Ziehen mit Zurücklegen aus einer Urne, in der sich n_1 Kugeln von der Farbe F_1 und n_2 Kugeln von der Farbe F_2 befinden, wobei $n_1 + n_2 = N$ ist. Aus dieser Urne werden nacheinander zufällig n Kugeln gezogen und jede Kugel nach Feststellung ihrer Farbe in die Urne zurückgelegt. Wird beim Ziehen einer Kugel die Farbe F_1 festgestellt, so soll dieses Ereignis mit dem Symbol A gekennzeichnet werden. $\overline{A}$ bezeichnet dementsprechend das Ziehen einer Kugel der Farbe F_2. Bei mehrmaliger Ziehung symbolisiert analog A_l (bzw. $\overline{A}_l$) das Ereignis, daß die l-te gezogene Kugel die Farbe F_1 (bzw. F_2) aufweist. Gesucht ist die Wahrscheinlichkeit dafür, daß von den n gezogenen Kugeln r_1 von der Farbe F_1 und damit $n-r_1 = r_2$ von der Farbe F_2 sind.

Die Wahrscheinlichkeitsfunktion der Zufallsvariablen X läßt sich nun durch folgende Überlegung herleiten: Die Wahrscheinlichkeit dafür, daß beim n-maligen Ziehen zuerst j-mal das Ereignis A und in den restlichen n-j Versuchen das Ereignis $\overline{A}$ eintritt, ist wegen der Unabhängigkeit der Beobachtungen nach dem Multiplikationssatz für unabhängige Ereignisse durch $P^j(1-P)^{n-j}$ gegeben. Berücksichtigt man alle möglichen **anderen** Anordnungen, in denen bei n Versuchen j-mal das Ereignis A und

---

[1] Die erwähnten Verteilungen lassen sich auch als Stichprobenverteilungen oder Grenzverteilungen von Stichprobenverteilungen herleiten. Aus Vereinfachungsgründen soll an dieser Stelle lediglich auf die Binomialverteilung, die hypergeometrische Verteilung, die *Poisson*-Verteilung und die Normalverteilung eingegangen werden.

[2] Da die Ereignisse A und $\overline{A}$ komplementäre Ereignisse sind, ist $W(A) + W(\overline{A}) = 1$.

($n-j$)-mal das Ereignis $\overline{A}$ auftritt, so liegt der Fall einer Kombination ohne Wiederholung vor und nach den Regeln der Kombinatorik gibt es gerade $\binom{n}{j}$ solche Möglichkeiten.[1] Für die gesuchte Wahrscheinlichkeit $W(X = j)$ = p_j erhält man also $\binom{n}{j} P^j (1-P)^{n-j}$. Die Wahrscheinlichkeitsverteilung p_j heißt **Binomialverteilung**[2]. Die zu dieser Binomialverteilung gehörende Verteilungsfunktion $F(x)$ läßt sich hieraus dadurch gewinnen, daß die Werte p_j nacheinander addiert werden. Zu einer Binomialverteilung p_j gehört die Verteilungsfunktion

$$F(x) = \begin{cases} 0, & \text{für } x < 0 \\ \sum_{j \leq x} p_j = \sum_{j \leq x} \binom{n}{j} \cdot P^j \cdot (1-P)^{n-j}, & \text{für } 0 \leq x \leq n \\ 1, & \text{für } x > n \end{cases}.$$

b. Einige Eigenschaften der Binomialverteilung

1. Das Rechnen mit Bernoullischen Wahrscheinlichkeiten

Zur Erläuterung der Rechenmodalitäten einer Binomialverteilung wird folgendes Beispiel benutzt. Aus einer Urne, in der sich Kugeln der Farben weiß und schwarz im Verhältnis 1:1 befinden, werden nacheinander mit Zurücklegen 10 Kugeln gezogen. Die Wahrscheinlichkeit, daß bei einer Ziehung das Ereignis A (= die gezogene Kugel ist weiß) eintritt, beträgt 0,5. Es ist also die Binomialverteilung für $P = 0,5$ und $n = 10$ darzustellen. Es wird dazu die Zufallsvariable X eingeführt:

---

[1] Sind n Elemente (n = Anzahl der gezogenen Kugeln) gegeben und greift man $j (\leq n)$ Elemente heraus und stellt man diese in einer beliebigen Anordnung nebeneinander, so nennt man die erhaltene Zusammenstellung eine Kombination n-ter Ordnung oder n-ter Klasse. Darf jedes der n Elemente höchstens einmal in einer k-Kombination auftreten, so spricht man von Kombinationen ohne Wiederholungen. Ihre Anzahl C_n^j ist durch den Binomialkoeffizienten gegeben:

$$C_n^j = \binom{n}{j} = \frac{n!}{j!(n-j)!} \quad (j \leq n).$$

Zum Beispiel können aus drei Buchstaben a, b, c die folgenden Anordnungen 2. Klasse gebildet werden:

ab; ac; bc;
ba; ca; cb.

Berücksichtigt man die Reihenfolge der Anordnung, so sind das sechs **verschiedene** Kombinationen. Soll die Reihenfolge der Elemente in einer Kombination nicht berücksichtigt werden, so sind jeweils die zwei untereinander stehenden Anordnungen als **eine** Kombination zu werten, und es bleiben dann also nur noch drei "verschiedene" Kombinationen übrig. Das entspricht der oben gegebenen Formel der Kombinationen ohne Wiederholung, denn aus ihr erhält man

$$C_3^2 = \binom{3}{2} = \frac{3 \cdot 2}{2 \cdot 1} = 3.$$

[2] Eine mit den Parametern n und P binomialverteilte Zufallsvariable wird auch als $B(n,P)$-verteilt bezeichnet.

$X = j$, falls das Ereignis A (= die gezogene Kugel ist weiß) bei $n = 10$ Ziehungen genau j-mal eintritt.

Die Zufallsvariable X kann in diesem Fall die Werte $0,1,\ldots,10$ annehmen. Zu X gehört die Binomialverteilung, d.h. die Wahrscheinlichkeitsfunktion

$$p_j = W(X = j) = \begin{cases} \binom{10}{j} \cdot \left(\frac{1}{2}\right)^j \cdot \left(\frac{1}{2}\right)^{10-j} & \text{für } j = 0,1,\ldots,10 \\ 0 & \text{sonst.} \end{cases}$$

Hieraus ist zu errechnen:

$$W(X = 0) = \binom{10}{0} \cdot \left(\frac{1}{2}\right)^0 \cdot \left(\frac{1}{2}\right)^{10-0} = 1 \cdot 1 \cdot \left(\frac{1}{2}\right)^{10} = \frac{1}{1024} \approx 0{,}0010$$

$$W(X = 1) = \binom{10}{1} \cdot \left(\frac{1}{2}\right)^1 \cdot \left(\frac{1}{2}\right)^{10-1} = 10 \cdot \frac{1}{2} \cdot \left(\frac{1}{2}\right)^9 = 10 \cdot \left(\frac{1}{2}\right)^{10} = \frac{10}{1024} \approx 0{,}0098 \quad \text{usw.}$$

Die Skizzierung des Rechenganges zeigt, daß dieser meist sehr zeitraubend ist. Daher benutzt man in der Praxis Tabellen[1], in denen die Wahrscheinlichkeitswerte zusammengestellt sind. Auch finden sich inzwischen in vielen Taschenrechnern fest programmierte Programme zur Ermittlung binomialer Wahrscheinlichkeiten. In Tabelle 30 sind die Werte $W(X=j)$ für $j = 0,1,\ldots,10$ sowie die Werte der zugehörigen Verteilungsfunktion (mit einer Genauigkeit von vier Stellen hinter dem Komma) wiedergegeben.

j	$W(X = j)$	$F(x)$	j	$W(X = j)$	$F(x)$
0	0,0010	0,0010	6	0,2051	0,8281
1	0,0098	0,0107	7	0,1172	0,9453
2	0,0439	0,0547	8	0,0439	0,9893
3	0,1172	0,1719	9	0,0098	0,9990
4	0,2051	0,3770	10	0,0010	1,0000
5	0,2461	0,6230			

Tab. 30: *Binomialverteilung und zugehörige Verteilungsfunktion für $P = 0{,}5$ und $j = 0,1,\ldots,10$*

2. Mittelwert und Varianz bei der Binomialverteilung

Für theoretische Verteilungen läßt sich allgemein der Mittelwert μ angeben als die Summe der Produkte aus den möglichen Beobachtungen x_j und ihren Wahrscheinlichkeiten (s. S. 363). Speziell für die Binomialverteilung ergibt sich, da X die Werte $j = 0,1,\ldots,n$ mit den Wahrscheinlichkeiten

$$g(j) = \binom{n}{j} \cdot P^j \cdot (1-P)^{n-j}$$

---

[1] Tabellen der Binomialverteilung finden sich etwa bei Robertson [1960] oder Kreyszig [1979], S. 418 - 419. Eine weitere Möglichkeit besteht in der Anwendung einer Rekursionsformel, welche allerdings für die Ermittlung der Wahrscheinlichkeit $W(X=j)$ die vorherige Berechnung sämtlicher Wahrscheinlichkeiten $W(X=0)$, $W(X=1),\ldots,W(X=j-1)$ voraussetzt. Vgl. Härtter [1974], S. 124.

annimmt:
$$\mu = \sum_{j=0}^{n} j \cdot \binom{n}{j} \cdot P^j \cdot (1-P)^{n-j}.$$

Die rechts stehende Summe läßt sich algebraisch umformen zu[1]
$$\mu = nP.$$

Analog ergibt sich für die Varianz (s.S. 356 f) die Beziehung
$$\sigma^2 = \sum_{j=0}^{n} (j-nP)^2 \cdot \binom{n}{j} P^j \cdot (1-P)^{n-j} = nP \cdot (1-P)$$

bzw. für die Standardabweichung
$$\sigma = \sqrt{nP(1-P)}.$$

II. Die Hypergeometrische Verteilung

a. Herleitung

Als Modell für die Ableitung der Binomialverteilung diente eine Urne, der nacheinander n Kugeln zufällig entnommen wurden. Die wichtigste Voraussetzung, die zur Binomialverteilung führt, ist die Unabhängigkeit der n Versuche. Das wird gewährleistet durch das Ziehen mit Zurücklegen. Hierdurch blieb die Wahrscheinlichkeit P (= Wahrscheinlichkeit des Eintretens des Ereignisses A) von Versuch zu Versuch konstant. Werden die gezogenen Kugeln nicht mehr zurückgelegt, dann wird die Versuchsanordnung dahingehend geändert, daß die Ergebnisse der Einzelexperimente (des Ziehens) sich in bestimmter Weise wechselseitig beeinflussen. Man gelangt so zur hypergeometrischen Verteilung, und zwar durch folgende Überlegung: In einer Urne befinden sich N Kugeln, von denen M rot und N-M schwarz sind. Aus der Urne werden n Kugeln nacheinander (oder gleichzeitig) zufällig gezogen und die gezogenen Kugeln nicht wieder zurückgelegt. Gesucht ist die Wahrscheinlichkeit dafür, daß von den n gezogenen Kugeln r die Farbe rot haben.

Beim Ziehen ohne Zurücklegen hängt die Wahrscheinlichkeit für das Ziehen einer Kugel mit einer bestimmten Farbe davon ab, ob und wieviele Kugeln dieser Farbe in den vorhergehenden Ziehungen gezogen wurden. Die Wahrscheinlichkeit, daß r gezogene Kugeln von der Farbe rot sind, kann nach der Formel

$$W(X=r) = \frac{\text{günstige Fälle}}{\text{mögliche Fälle}}$$

wie folgt berechnet werden: Es gibt nach der Formel für Kombinationen ohne Wiederholungen $\binom{N}{n}$ Möglichkeiten aus N Kugeln n auszuwählen.

Günstig davon sind solche Ereignisse, in denen r Kugeln von der Farbe rot sind. Von den Kugeln dieser Farbe sind in der Urne M vorhanden und es

---

[1] Zur ausführlichen Herleitung vgl. Härtter [1974], S. 125 - 127; Fisz [1980], S. 167 - 170.

gibt $\binom{M}{r}$ Möglichkeiten, r Kugeln der Farbe rot aus den M vorhandenen zu ziehen. Jede dieser Möglichkeiten für die eine Farbe kann mit jeder Möglichkeit für die andere Farbe kombiniert werden, so daß für das betrachtete Ereignis $\binom{M}{r} \cdot \binom{N-M}{n-r}$ Fälle günstig sind. Setzt man die so erhaltenen günstigen und möglichen Ereignisse in obige Gleichung ein, so erhält man

$$W(X=r) = \frac{\binom{M}{r} \cdot \binom{N-M}{n-r}}{\binom{N}{n}}.$$

Die durch diese Wahrscheinlichkeitsfunktion definierte Verteilung bezeichnet man als **hypergeometrische** Verteilung. Die zugehörige Verteilungsfunktion von X ist im Bereich $0 \leq x \leq n$ durch

$$F(x) = \sum_{r \leq x} \frac{\binom{M}{r} \cdot \binom{N-M}{n-r}}{\binom{N}{n}}$$

gegeben.

b. Einige Eigenschaften der hypergeometrischen Verteilung

1. Das Rechnen mit hypergeometrischen Wahrscheinlichkeiten und die Approximation der hypergeometrischen Verteilung

Werden z.B. aus einer Urne mit $M = 5$ schwarzen und N-$M = 3$ roten Kugeln nacheinander $n = 4$ Kugeln zufällig gezogen und wird nach der Wahrscheinlichkeit, zweimal schwarz ($r = 2$) und zweimal rot zu ziehen, gefragt, so gilt - wegen $P = M/N = 5/8$ und $1-P = (N-M)/N = 3/8$ - nach der Binomialverteilung (Ziehen mit Zurücklegen)

$$W(X=2) = \binom{4}{2} \cdot \left(\frac{5}{8}\right)^2 \cdot \left(\frac{3}{8}\right)^2 = 0{,}3296$$

und nach der hypergeometrischen Verteilung (Ziehen ohne Zurücklegen)

$$W(X=2) = \frac{\binom{5}{2} \cdot \binom{3}{2}}{\binom{8}{4}} = 0{,}4286.$$

Ein Vergleich vorstehender Ergebnisse zeigt, was auch plausibel ist, daß die Wahrscheinlichkeit, bei viermaligem Ziehen mit Zurücklegen zweimal

rot und zweimal schwarz zu erhalten, geringer ist als beim Ziehen ohne Zurücklegen. Für große N sind die Unterschiede zwischen beiden Berechnungsarten nicht sehr groß, d.h. sie gehen für $N \to \infty$ gegen Null.[1]
Vorstehendes Rechenbeispiel beweist aber auch, daß das Rechnen hypergeometrischer Wahrscheinlichkeitsverteilungen schon für kleine Grundgesamtheiten aufwendig ist. Als Ausweg bietet sich zum einen die Programmierung der hypergeometrischen Verteilung - was bereits bei Taschenrechnern möglich ist - und zum anderen die Approximation durch weniger umständlich zu handhabende Verteilungen - wie die Binomial-, die Normal- oder die *Poisson*-Verteilung - an. Die Bedingungen, unter denen eine solche Approximation als zulässig anzusehen ist, hängen von der Tolerierbarkeit des mit einer solchen Approximation verbundenen Fehlers ab. In der Literatur werden hierfür keine allgemeinverbindlichen Regeln aufgestellt.[2]

---

[1] Beispielsweise erhält man für N = 800 Kugeln, von denen M = 500 schwarz und N-M = 300 rot sind, beim Ziehen von vier Kugeln aus der Binomialverteilung den Wert W(X=2) = 0,3296 und aus der hypergeometrischen Verteilung W(X=2) = 0,3303. Beide Größen unterscheiden sich also nur noch unwesentlich. Zur Herleitung der Binomialverteilung als Grenzverteilung der hypergeometrischen Verteilung vgl. Härtter [1974], S. 137 - 138.

[2] Es werden vielmehr unterschiedlich scharfe Bedingungen genannt:

(a) Approximation durch eine Binomialverteilung

$$N > 10, \quad \frac{n}{N} < 0,1 \text{ (bzw. } \frac{n}{N} \leq 0,05), P > 0,1$$

(vgl. z.B. Bleymüller/Gehlert/Gülicher [1992], S. 55 u. 68; Härtter [1974], S. 137 - 138; Helten [1974], S. 32; Schulte [1970], S. 101)

(b) Approximation durch eine Normalverteilung

$$\frac{N}{2} \geq n \quad \text{und} \quad n \geq \frac{9}{P(1-P)} \quad \text{bzw.} \quad n > \frac{9}{P(1-P)}$$

(vgl. z.B. Bleymüller/Gehlert/Gülicher [1992], S. 68; Schaich/Köhle u.a. [1979], S. 158) oder

$$n \geq 30 \quad \text{und} \quad 0,38 \leq P \leq 0,62$$
$$n \geq 100 \quad \text{und} \quad 0,28 \leq P \leq 0,72$$
$$n \geq 200 \quad \text{und} \quad 0,22 \leq P \leq 0,78$$
$$n \geq 400 \quad \text{und} \quad 0,15 \leq P \leq 0,85$$

(vgl. Wetzel [1973], S. 98)

(c) Approximation durch eine *Poisson*-Verteilung

$$\frac{n}{N} \leq 0,05 \quad \text{und} \quad P \leq 0,031$$

(vgl. ebenda, S. 95 u. 99 - 101) oder

$$\frac{n}{N} < 0,2 \quad \text{und} \quad \begin{cases} n \geq 10 & \text{und} \quad P \leq 0,01 \\ n \geq 20 & \text{und} \quad P \leq 0,03 \\ n \geq 50 & \text{und} \quad P \leq 0,05 \\ n \geq 100 & \text{und} \quad P \leq 0,08 \end{cases}$$

(vgl. Spurr/Bonini [1973], S. 170 u. 175 - 176) oder

$$\frac{n}{N} < 0,05 \quad \text{und} \quad n > 10 \quad \text{und} \quad P < 0,05$$

(vgl. Bleymüller/Gehlert/Gülicher [1992], S. 55 - 56).

2. Mittelwert und Varianz bei der hypergeometrischen Verteilung

Für die hypergeometrische Verteilung ergibt sich aus der allgemeinen Definitionsgleichung des Erwartungswertes

$$\mu = \sum_{r=0}^{n} r \frac{\binom{M}{r} \cdot \binom{N-M}{n-r}}{\binom{N}{n}}$$

bzw. nach einigem Umformen

$$\mu = nP.$$

Die Varianz σ^2 berechnet sich aus

$$\sigma^2 = \sum_{r=0}^{n} (r - nP)^2 \frac{\binom{M}{r} \cdot \binom{N-M}{n-r}}{\binom{N}{n}}$$

zu (s. Fisz [1980], S. 167 - 170)

$$\sigma^2 = nP(1-P)\frac{N-n}{N-1}.$$

III. Die Poisson-Verteilung

a. Herleitung

Die Bedeutung der *Poisson*-Verteilung liegt einmal darin, daß sie in der Praxis als Rechenhilfe für schwierig zu handhabende Verteilungen, insbesondere für die Binomial- und die hypergeometrische Verteilung, dient. Zum anderen vermag sie aber auch bestimmte stochastische Prozesse zu beschreiben. Im letzteren Fall ist die *Poisson*-Verteilung keine Grenzverteilung - also ein Grenzfall der Binomialverteilung -, sondern beinhaltet einen eigenständigen Wahrscheinlichkeitszusammenhang. Wirtschaftswissenschaftliche Sachverhalte, die durch einen **Poisson-Prozeß** beschrieben werden können, treten im Bereich der Versicherungswirtschaft (z.B. das Eintreten zu regulierender Schadensfälle), der Instandhaltungspolitik (z.B. das Auftreten von Pannen an den Fahrzeugen eines größeren Fuhrparks) oder des Marketings (z.B. das Eintreffen von Antworten im Rahmen einer Werbeaktion, die mit der Möglichkeit verbunden ist, Coupons an den Werbeveranstalter zurückzusenden) auf.

Wegen der skizzierten Bedeutung soll im folgenden die *Poisson*-Verteilung als Grenzverteilung der Binomialverteilung dargestellt werden. Hierzu wird von einer Folge von binomialverteilten Zufallsvariablen X_n ausgegangen, wobei die Parameter der Binomialverteilung folgenden Bedingungen genügen:

X_n ist $B(n,P_n)$-verteilt und es existiert eine reelle Konstante $\lambda > 0$ mit $n \cdot P_n = \lambda$. Diese Konstellation entspricht einer unendlichen Folge von Urnen $U_1, U_2, \ldots$ mit einem Anteil von roten Kugeln von jeweils $P_n = \lambda/n$. Aus der n-ten Urne wird eine Stichprobe vom Umfang n mit Zurücklegen gezogen. Die Zufallsvariablen X_n können nun als Anzahl der roten Kugeln in der Stichprobe, die aus der n-ten Urne gezogen wurde, interpretiert werden.

Bezeichnet W_n die Wahrscheinlichkeitsfunktion von X_n, so gilt:

$$W_n(X_n = j) = \binom{n}{j} P_n^j (1 - P_n)^{n-j}.$$

Die Grenzverteilung dieser Folge von Binomialverteilungen wird nun als *Poisson*-Verteilung bezeichnet. Die Grenzverteilung hat folgende Gestalt (s. Fisz [1980], S. 171 - 172):

$$\lim_{n \to \infty} W_n(X_n = j) = \frac{(n \cdot P_n)^j}{j!} \cdot \exp(-n \cdot P_n) = \frac{\lambda^j}{j!} \cdot \exp(-\lambda).$$

Da bei diesem Grenzübergang für $n \to \infty$ wegen der Bedingung $n \cdot P_n = \lambda$ $P_n \to 0$ geht und P_n der Anteil der roten Kugeln in der n-ten Urne ist, heißt diese *Poisson*-Verteilung auch **Verteilung der seltenen Ereignisse** oder exakter: Verteilung der Anzahl des Auftretens eines seltenen Ereignisses. Dieser Umstand erklärt auch den von *Bortkiewicz* gewählten und für die damalige Zeit zugkräftigen Titel "Das Gesetz der kleinen Zahlen" für diesen Zusammenhang. Die Bedeutung der *Poisson*-Verteilung für die Praxis liegt darin, daß man die rechnerisch unhandliche Binomialverteilung (und auch die hypergeometrische Verteilung) für große n und kleine p durch eine rechnerisch einfachere (und vielfach in Tabellenform vorliegende) *Poisson*-Verteilung mit dem Parameter $\lambda = n \cdot P$ approximieren kann.

b. Einige Eigenschaften der Poisson-Verteilung

1. Das Rechnen mit Poisson-Wahrscheinlichkeiten

Für die praktische Berechnung der Wahrscheinlichkeiten einer poissonverteilten Zufallsvariablen X können zum einen Vertafelungen der Poisson-Verteilung zugrunde gelegt werden (s. z.B. Kreyszig [1979], S. 422). Eine weitere Möglichkeit besteht in der Verwendung einer Rekursionsformel (s. Härtter [1974], S. 132 - 133) oder in der entsprechenden Programmierung von Taschenrechnern. Für eine mit dem Parameter $\lambda = 0,9$ poissonverteilte Zufallsvariable X erhält man beispielsweise folgende Wahrscheinlichkeiten:

$$W(X = 0) = \frac{\lambda^0}{0!} \cdot \exp(-\lambda) = \exp(-0,9) \approx 0,4066,$$

$$W(X = 1) = \frac{\lambda^1}{1!} \cdot \exp(-\lambda) = 0,9 \cdot \exp(-0,9) \approx 0,3659,$$

$$W(X = 2) = \frac{\lambda^2}{2!} \cdot \exp(-\lambda) = \frac{0,9^2}{2} \cdot \exp(-0,9) \approx 0,1647 \text{ usw.}$$

2. Mittelwert und Varianz der Poisson-Verteilung

Der Erwartungswert der *Poisson*-Verteilung ergibt sich durch Aufsummieren der mit ihren Eintrittswahrscheinlichkeiten gewichteten möglichen Ausprägungen zu

$$\mu = \sum_{j=0}^{\infty} j \cdot \frac{\lambda^j}{j!} \cdot \exp(-\lambda) = \lambda.$$

Die Varianz der *Poisson*-Verteilung errechnet sich ebenfalls zu[1]

$$\sigma^2 = \sum_{j=0}^{\infty} (j-\lambda)^2 \cdot \frac{\lambda^j}{j!} \cdot \exp(-\lambda) = \lambda.$$

IV. Die Normalverteilung

a. Herleitung

Bei der Herleitung der Normalverteilung und damit auch bei der Anwendung der Ergebnisse der Wahrscheinlichkeitsrechnung auf praktische Probleme spielen Grenzwertsätze eine wichtige Rolle.[2] Man unterscheidet **lokale** und **globale** (bzw. **zentrale**) Grenzwertsätze. In den lokalen Grenzwertsätzen analysiert man entweder eine Grenzwertbeziehung einer Folge von Wahrscheinlichkeitsfunktionen diskreter Zufallsvariablen oder einer Folge von Dichtefunktionen stetiger Zufallsvariablen. Demgegenüber beinhalten globale Grenzwertsätze Aussagen über Grenzwertbeziehungen einer Folge von Verteilungsfunktionen, d.h. man betrachtet die unabhängigen und nicht normalverteilten Zufallsvariablen $X_1, X_2,...$, mit den Erwartungswerten $\mu_1, \mu_2,...$ und den Varianzen $\sigma_1^2, \sigma_2^2,...$ ($\sigma_i > 0; i = 1,2,...$) und sucht nach einer Aussage über die Verteilung einer aus dieser Folge von Zufallsgrößen gebildeten neuen Zufallsvariablen (z.B. von $Y = X_1 + X_2 + ...$). Auf beide Arten von Grenzwertsätzen soll eingegangen werden.

1. Die Herleitung der Normalverteilung aus dem lokalen Grenzwertsatz

Der lokale Grenzwertsatz (von *De Moivre-Laplace*) betrifft die Aussage, daß die Normalverteilung eine Grenzverteilung der Binomial- bzw. hypergeometrischen Verteilung ist. Zur Verkürzung der Darstellung soll im folgenden der lokale Grenzwertsatz für hypergeometrisch verteilte Zufallsgrößen X dargestellt werden.[3]

Für die hypergeometrische Wahrscheinlichkeitsfunktion

---

1) Zum Beweis vgl. Fisz [1980], S. 136.

2) Die im folgenden darzustellenden Grenzwertsätze sind zu unterscheiden vom "Gesetz der großen Zahl", das in einigen Varianten (z.B. "schwaches" und "starkes" Gesetz) existiert. Von besonderer Bedeutung ist dabei das *Bernoulli*sche Gesetz der großen Zahl. Das generelle Phänomen, das durch dieses Gesetz der großen Zahl beschrieben wird, ist der Tatbestand der annähernden Übereinstimmung von relativer Häufigkeit und (statistischer) Wahrscheinlichkeit in einer Versuchsserie (vgl. Menges [1982], S. 58 - 59).

3) Zur Herleitung für binomial verteilte Zufallsgrößen X vgl. Anderson [1965], S. 251 - 254; Härtter [1974], S. 154 - 157.

$$W(X=j) = \frac{\binom{M}{j} \cdot \binom{N-M}{n-j}}{\binom{N}{n}}$$

gilt die *De Moivre-Laplacesche* Näherungsformel

$$W(X=j) = \frac{1}{\sigma \cdot \sqrt{2\pi}} \cdot \exp\left(-\frac{(j-\mu)^2}{2\sigma^2} + R\right),$$

wobei

$$\sigma = \sqrt{n \cdot \left(1 - \frac{n}{N}\right) \cdot P \cdot (1-P)}, \quad \mu = n \cdot P \quad \text{und} \quad P = \frac{M}{N}$$

ist. Für große n kann das Restglied R im Exponenten vernachlässigt werden.[1]

Die hypergeometrische Verteilungsfunktion $F(x)$ kann entsprechend durch

$$F(x) = \sum_{j \leq x} \frac{1}{\sigma\sqrt{2\pi}} \cdot \exp\left(-\frac{(j-\mu)^2}{2\sigma^2}\right)$$

angenähert werden. Approximiert man hierin die Summe durch ein Integral,[2] so erhält man[3]

$$F(x) = \int_{-\infty}^{x} \frac{1}{\sigma \cdot \sqrt{2\pi}} \cdot \exp\left(-\frac{(t-\mu)^2}{2\sigma^2}\right) dt.$$

Dies ist die Verteilungsfunktion einer Normalverteilung mit dem Erwartungswert μ und der Varianz σ^2. Die Dichte dieser Normalverteilung lautet also

$$f(x) = \frac{1}{\sigma\sqrt{2\pi}} \cdot \exp\left(-\frac{(x-\mu)^2}{2\sigma^2}\right).$$

Betrachtet man anstelle der Zufallsvariablen X mit den Realisationen $j = 0,1,2,...$ die Zufallsvariable

$$Y = \frac{X - nP}{\sigma} = \frac{X - \mu}{\sigma}$$

mit den Realisationen $(j-\mu)/\sigma$ $(j = 0,1,2,...)$, so ergibt sich für diese Variable entsprechend bei genügend großen n näherungsweise die Verteilungsfunktion

---

[1] Vgl. Buchner [1983], S. 488 - 489.

[2] Zu der Möglichkeit einer solchen Approximation und dem dabei auftretenden Fehler vgl. Bortkiewicz [1919]. Der Approximationsfehler kann durch Berücksichtigung der sog. Stetigkeitskorrektur verkleinert werden. Zur Stetigkeitskorrektur vgl. z.B. Bleymüller/Gehlert/Gülicher [1992], S. 65 - 66 u. 74.

[3] Bei allen beschriebenen Approximationen darf jedoch nicht übersehen werden, daß es sich nur um Näherungsrechnungen handelt und bei solchen die Grenzen ihrer Anwendbarkeit stets sorgfältig zu prüfen sind.

$$\tilde{F}(y) = \int_{-\infty}^{y} \frac{1}{\sqrt{2\pi}} \cdot \exp\left(-\frac{t^2}{2}\right) dt$$

und die Dichte

$$\tilde{f}(y) = \frac{1}{\sqrt{2\pi}} \cdot \exp\left(-\frac{y^2}{2}\right).$$

Die durch diese Verteilungsfunktion bzw. Dichte beschriebene Normalverteilung besitzt den Erwartungswert 0 und die Varianz 1. Man nennt sie "Standardnormalverteilung" und die Transformation der Zufallsvariablen X in die Zufallsvariable Y "Standardisierung". Die Zufallsvariable Y heißt dementsprechend "standardisierte Zufallsvariable zu X".

2. Die Herleitung der Normalverteilung aus dem globalen (zentralen) Grenzwertsatz

Der zentrale Grenzwertsatz hat unterschiedliche Varianten, von denen die älteste der Satz von *Ljapunoff* ist. Ausgangspunkt dieses Satzes ist eine Folge $X_1, X_2, \ldots$ von unabhängigen Zufallsvariablen mit den Erwartungswerten $\mu_1, \mu_2, \ldots$ und den Streuungen $\sigma_1^2, \sigma_2^2, \ldots$. Seine Aufgabe ist die Untersuchung der Verteilung der Summenvariablen $S_k = X_1 + X_2 + \ldots + X_k$ für große Anzahlen $k (k \to \infty)$. Hierzu werden die zu S_k standardisierten Zufallsvariablen[1]

$$Y_k = \frac{\sum_{i=1}^{k} X_i - \sum_{i=1}^{k} \mu_i}{\sqrt{\sum_{i=1}^{k} \sigma_i^2}}$$

und deren Verteilungsfunktionen $\tilde{F}_k$ betrachtet. Unter einigen (sehr allgemeinen) Voraussetzungen läßt sich zeigen, daß diese Folge von Verteilungsfunktionen gegen die Verteilungsfunktion der Standardnormalverteilung konvergiert (s. Fisz [1980], S. 241 - 245), d.h. es gilt

$$\lim_{k \to \infty} \tilde{F}_k(y) = \frac{1}{\sqrt{2\pi}} \cdot \int_{-\infty}^{y} \exp\left(-\frac{t^2}{2}\right) dt$$

Der Satz von *Ljapunoff* besagt also, daß sich für hinreichend große k die Verteilungsfunktion der Zufallsvariablen Y_k durch die Verteilungsfunktion einer Standardnormalverteilung approximieren läßt.

Die Verteilungsfunktion F_k der Summenvariablen S_k kann entsprechend für große k durch eine Normalverteilung mit dem Erwartungswert $\mu = \sum_{i=1}^{k} \mu_i$ und der Standardabweichung $\sigma = \sqrt{\sum_{i=1}^{k} \sigma_i^2}$ angenähert werden, d.h.:

---

[1] Der Erwartungswert bzw. die Varianz der Zufallsvariablen S_k ergibt sich als Summe der Erwartungswerte μ_i bzw. der Varianzen σ_i^2. Vgl. S. 353 bzw. 358.

$$F_k(s) \approx \frac{1}{\sigma\sqrt{2\pi}} \cdot \int_{-\infty}^{s} \exp\left(-\frac{(t-\mu)^2}{2\sigma^2}\right) dt.$$

Die besondere Bedeutung des zentralen Grenzwertsatzes von *Ljapunoff* liegt darin, daß - anders als im lokalen Grenzwertsatz von *De Moivre-Laplace* - die Verteilung der Zufallsvariablen $X_1, X_2,...$ nicht bekannt sein muß. Es wird lediglich gefordert, daß diese Zufallsvariablen voneinander unabhängig sind, und vorausgesetzt, daß ihre Verteilungen einigen - in den meisten Anwendungsfällen erfüllten - Bedingungen genügen.

Neben dem zentralen Grenzwertsatz von *Ljapunoff* gibt es, wie bereits erwähnt, weitere zentrale Grenzwertsätze, die sich von dem Satz von *Ljapunoff* durch die Bedingungen unterscheiden, die an die Zufallsvariablen X_i und ihre Verteilungen gestellt werden. Von besonderer Bedeutung ist dabei die Tatsache, daß sich ein zentraler Grenzwertsatz auch für Zufallsvariablen X_i beweisen läßt, die "schwach" voneinander abhängig sind (s. Cochran [1972], S. 56). Dieser Satz bezieht sich auf das Ziehen ohne Zurücklegen, bei dem die zufälligen Realisationen der einzelnen Ziehungen nicht mehr voneinander unabhängig sind.

b. Einige Eigenschaften der Normalverteilung

1. Das Rechnen der Normalverteilung und deren Symmetrieeigenschaften

Im Unterschied zu den bisher behandelten theoretischen Wahrscheinlichkeitsverteilungen stellt die Normalverteilung eine stetige Verteilung dar (zu stetigen und diskreten Verteilungen s. S. 353 - 361). Als solche besitzt sie eine Dichtefunktion, mit deren Hilfe sich durch Integration Wahrscheinlichkeiten zu vorgegebenen Intervallen berechnen lassen. Es gilt für eine normalverteilte Zufallsvariable X

$$W(a \leq X \leq b) = \int_{a}^{b} \frac{1}{\sigma\sqrt{2\pi}} \cdot \exp\left(-\frac{(x-\mu)^2}{2\sigma^2}\right) dx.$$

Die Integration der Dichtefunktion

$$\frac{1}{\sigma\sqrt{2\pi}} \cdot \exp\left(-\frac{(x-\mu)^2}{2\sigma^2}\right)$$

führt jedoch zu rechentechnischen Problemen. Man verwendet daher zur praktischen Berechnung der Wahrscheinlichkeiten $W(a \leq X \leq b)$ Tabellen der Standardnormalverteilung, in denen die Werte der Verteilungsfunktion

$$\tilde{F}(y) = \int_{-\infty}^{z} \frac{1}{\sqrt{2\pi}} \cdot \exp\left(-\frac{t^2}{2}\right) dt$$

aufgeführt sind.[1] Zur Berechnung der Wahrscheinlichkeiten W($a \leq X \leq b$) für eine normalverteilte Zufallsvariable X mit dem Mittelwert µ und der Varianz σ^2 gilt nun

$$W(a \leq X \leq b) = W\left(Y \leq \frac{b-\mu}{\sigma}\right) - W\left(Y \leq \frac{a-\mu}{\sigma}\right) = \tilde{F}\left(\frac{b-\mu}{\sigma}\right) - \tilde{F}\left(\frac{a-\mu}{\sigma}\right).$$

Die rechte Seite dieser Beziehung kann aus den Tabellen der Standardnormalverteilung abgelesen und berechnet werden. Beispielsweise ist die Wahrscheinlichkeit W($2 \leq X \leq 10$) für eine normalverteilte Zufallsvariable mit µ = 3 und σ^2 = 16 durch

$$W(2 \leq X \leq 10) = \tilde{F}\left(\frac{10-3}{4}\right) - \tilde{F}\left(\frac{2-3}{4}\right) = \tilde{F}(1,75) - \tilde{F}(-0,25)$$

gegeben. Einer Tabelle der Standardnormalverteilung entnimmt man nun die Beziehung

$\tilde{F}(1,75) \approx 0,9599$ und $\tilde{F}(-0,25) \approx 0,4103$,

aus denen man die gesuchte Wahrscheinlichkeit zu

W($2 \leq X \leq 10$) ≈ 0,9599 − 0,4103 = 0,5496

berechnet.

Zur Berechnung der Wahrscheinlichkeiten bei Vorliegen einer Normalverteilung läßt sich häufig die Symmetrieeigenschaft der Normalverteilung verwenden. Für die Dichtefunktion f(x) der Normalverteilung gilt nämlich

f(µ − a) = f(µ + a).

Die Dichtefunktion wird also durch eine Spiegelgerade in zwei zueinander spiegelbildliche Hälften geteilt, wobei diese Spiegelgerade die Abszisse in µ schneidet (vgl. Abbildung 28).

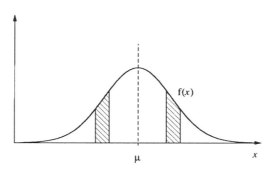

Abb. 28: *Symmetrieeigenschaft der Normalverteilung*

Aus der Symmetrieeigenschaft folgt weiter, daß Intervalle, die gleich weit von µ entfernt und gleich groß sind, die gleiche Wahrscheinlichkeit besitzen (vgl. Abbildung 26), d.h. es gilt

---

[1] Tabellen der Verteilungsfunktion finden sich bspw. bei Fisz [1980], S. 721 oder Kreyszig [1979], S. 423 - 424.

$$W(\mu - b \leq X \leq \mu - a) = W(\mu + a \leq X \leq \mu + b) \qquad (a \leq b).$$

Für die Verteilungsfunktion F(x) einer normalverteilten Zufallsvariablen X mit Erwartungswert μ folgt aus der Symmetrie der Dichtefunktion

$$F(\mu - a) = 1 - F(\mu + a).$$

Aus diesem Grund sind in den Tabellen der Standardnormalverteilung nur die Funktionswerte für positive x zu finden.

2. Mittelwert und Varianz bei der Normalverteilung

Bereits bei der Herleitung der Normalverteilung wurde festgestellt, daß die Normalverteilung mit der Dichte

$$W(x) = \frac{1}{\sigma\sqrt{2\pi}} \exp(-\frac{(x-\mu)^2}{2\sigma^2})$$

den Mittelwert μ und die Varianz σ^2 besitzt.

C. Einige wichtige Stichprobenverteilungen

I. Die Verteilung des Stichprobenmittels

Im Rahmen der heterograden Fragestellung der Statistik wird durch das Ziehen von Stichproben die Ermittlung des durchschnittlichen Wertes der Grundgesamtheit angestrebt. Dieser durchschnittliche Wert entspricht dem Erwartungswert μ der Zufallsvariablen X, die durch folgendes Experiment gegeben ist: Gegeben ist eine Urne mit N Kugeln, die sich durch aufgedruckte Zahlenwerte unterscheiden. Es wird nun zufällig eine Kugel aus der Urne gezogen und der Zufallsvariablen X der Wert auf dieser Kugel zugeordnet. Die Verteilung der Zufallsvariablen X wird auch als **Verteilung der Grundgesamtheit** bezeichnet. Die beobachteten Werte $x_1, ..., x_n$ einer Stichprobe vom Umfang n werden als Realisationen von Zufallsvariablen $X_1, ..., X_n$ intepretiert, die alle die gleiche Verteilung wie X besitzen. Dies ist allerdings nur dann korrekt, wenn die Stichprobenziehung mit Zurücklegen erfolgt ist. Diese Vorgehensweise stellt auch die Unabhängigkeit der Zufallsvariablen $X_1, ..., X_n$ sicher.

Zur Schätzung des Erwartungswertes μ der Grundgesamtheit wird oft das Stichprobenmittel $\bar{x} = \frac{1}{n}\sum_{i=1}^{n} x_i$ verwendet. Diese Größe hängt von der zufällig gezogenen Stichprobe ab, und kann daher als Ausprägung der Zufallsvariablen $\bar{X} = \frac{1}{n}\sum_{i=1}^{n} X_i$ angesehen werden. Die Verteilung dieser Zufallsvariablen $\bar{X}$ soll im folgenden betrachtet werden.

a. Ziehen mit Zurücklegen

Beim Ziehen mit Zurücklegen aus einer endlichen Grundgesamtheit wird im Prinzip eine unendliche Grundgesamtheit simuliert. Man kann also beliebig große Stichproben entnehmen, während der Stichprobenumfang beim Ziehen ohne Zurücklegen durch den Umfang der Grundgesamtheit beschränkt ist.

Die Verteilung der Zufallsvariablen $\overline{X}$ hängt natürlich von der Verteilung der Zufallsvariablen X_i ($i = 1,...,n$) ab, d.h. von der Verteilung der Grundgesamtheit. Diese ist aber nicht bekannt, da sie von den unbekannten Werten der Grundgesamtheit (d.h. den aufgedruckten Zahlenwerten auf den Kugeln) determiniert wird. Für den Erwartungswert $E(\overline{X})$ und die Varianz $var(\overline{X})$ lassen sich aber folgende Beziehungen herleiten.

Da für den Erwartungswert der Zufallsvariablen X_i $E(X_i) = \mu$ ($i = 1,...,n$) gilt, folgt aus den Regeln zur Berechnung des Erwartungswertes (s. S. 363 - 365) auch für den Erwartungswert der Zufallsvariablen $\overline{X}$

$$E(\overline{X}) = E\left(\frac{1}{n}\sum_{i=1}^{n} X_i\right) = \frac{1}{n}\sum_{i=1}^{r} E(X_i) = \frac{1}{n} \cdot n \cdot \mu = \mu.$$

Da die Stichprobenentnahme mit Zurücklegen erfolgt, sind die Zufallsvariablen $X_1,...,X_n$ stochastisch unabhängig, so daß sich die Varianz des Stichprobenmittels zu

$$var(\overline{X}) = var\left(\frac{1}{n}\sum_{i=1}^{n} X_i\right) = \frac{1}{n^2}\sum_{i=1}^{n} var(X_i) = \frac{1}{n^2} n\sigma^2 = \frac{\sigma^2}{n}$$

ergibt, wobei $\sigma^2 = var(X_i)$ ($i = 1,...,n$) ist. Entsprechend gilt für die Standardabweichung von $\overline{X}$

$$\sigma(\overline{X}) = \sqrt{var(\overline{X})} = \frac{\sigma}{\sqrt{n}}$$

Ein einfaches Beispiel soll den dargestellten Zusammenhang verdeutlichen. Die Grundgesamtheit bestehe aus der Menge $\{2,4,6,8\}$. Der Erwartungswert der Grundgesamtheit ist $\mu = 5$ und auch für die Varianz gilt $\sigma^2 = 5$. Aus dieser Grundgesamtheit wird eine Stichprobe vom Umfang $n = 2$ mit Zurücklegen gezogen. Das erwartete Stichprobenmittel $E(\overline{X})$ ist nach obigen Ausführungen gerade $\mu = 5$. Dies kann auch verdeutlicht werden, indem alle möglichen Stichproben vom Umfang 2 betrachtet werden und für jede das Stichprobenmittel berechnet wird. Beim Ziehen mit Zurücklegen gibt es (siehe Tabelle 31) 16 mögliche, gleichwahrscheinliche Stichproben.

Stichprobe	$\overline{x}$	Stichprobe	$\overline{x}$	Stichprobe	$\overline{x}$	Stichprobe	$\overline{x}$
(2,2)	2	(4,2)	3	(6,2)	4	(8,2)	5
(2,4)	3	(4,4)	4	(6,4)	5	(8,4)	6
(2,6)	4	(4,6)	5	(6,6)	6	(8,6)	7
(2,8)	5	(4,8)	6	(6,8)	7	(8,8)	8

Tab. 31: *Beispiel für die möglichen Stichprobenmittel einer Grundgesamtheit beim Ziehen mit Zurücklegen*

Da jede der aufgeführten Stichproben gleichwahrscheinlich ist, bildet man zur Berechnung des erwarteten Stichprobenmittels das arithmetische Mittel dieser 16 möglichen Stichprobenmittel und erhält, wie erwartet, $E(\overline{X}) = 5$.

Auch zur Berechnung der Varianz des Stichprobenmittels werden alle möglichen Stichprobenmittel aus der Tabelle als Grundgesamtheit aufgefaßt und man erhält (s. S. 370) $\text{var}(\overline{X}) = 2{,}5$. Dies entspricht der oben hergeleiteten Beziehung $\text{var}(\overline{X}) = \sigma^2/n = 5/2 = 2{,}5$.

Die gesamte Verteilung von $\overline{X}$ läßt sich allerdings nur bei kleiner Grundgesamtheit und geringem Stichprobenumfang leicht ermitteln. Für realistische Stichprobenumfänge und Grundgesamtheiten ist die rechnerische Ermittlung der Verteilung von $\overline{X}$ jedoch äußerst aufwendig. Lediglich im Spezialfall (annähernd) normalverteilter Grundgesamtheiten muß die Verteilung von $\overline{X}$ nicht ermittelt werden, da $\overline{X}$ ebenfalls normalverteilt ist mit den Parametern μ und σ^2 (s. Fisz [1980], S. 396).

Die im wirtschaftlichen Prüfungswesen auftretenden Grundgesamtheiten können aber meistens nicht als normalverteilt angenommen werden. Besteht beispielsweise die Grundgesamtheit aus den Positionen eines Prüfungsfeldes und das interessierende Merkmal ist die Fehlerhöhe der einzelnen Positionen (Differenz zwischen Buchwert und Sollwert), so werden erfahrungsgemäß die Mehrzahl der Elemente der Grundgesamtheit einen Fehler von Null besitzen. Die Verteilung der Grundgesamtheit ist also stark asymmetrisch, so daß in diesem Fall die Normalverteilungsannahme falsch ist.

Die Anwendung des zentralen Grenzwertsatzes (s. S. 382) erlaubt jedoch auch für beliebig verteilte Grundgesamtheiten die Aussage, daß $\overline{X}$ annähernd normalverteilt ist. Nach diesem Theorem ist $\sum_{i=1}^{n} X_i$ annähernd $N(n \cdot \mu, n \cdot \sigma^2)$-verteilt, so daß $\overline{X}$ annähernd $N(\mu, \sigma^2/n)$-verteilt ist. Voraussetzung für diese Aussage ist die Unabhängigkeit der Zufallsvariablen $X_1, \ldots, X_n$. Die Güte der Approximation der Verteilung des Stichprobenmittels durch eine Normalverteilung hängt zum einen von der Verteilung der Grundgesamtheit und zum anderen vom Stichprobenumfang n ab. Abbildung 29 verdeutlicht für verschiedene Grundgesamtheiten und für verschiedene Stichprobenumfänge diesen Zusammenhang.

Die Gefahr einer fehlerhaften Approximation durch die Standardnormalverteilung, die einen sehr hohen Stichprobenumfang impliziert, führt zu Vorschlägen, die keine festen Verteilungsannahmen benötigen. Im Prüfungswesen wird in diesem Zusammenhang die Bootstrap-Methode dis-

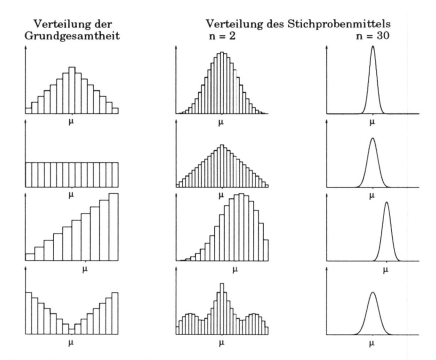

Abb. 29: *Verteilung des Stichprobenmittels für verschiedene Grundgesamtheiten und verschiedene Stichprobenumfänge*

kutiert, die auf den Informationen aufbaut, die die **Stichprobenrealisationen** $x_1, ..., x_n$ einer Stichprobe mit dem Umfang n der Zufallsvariablen $X_1, ..., X_n$ liefern.[1]

Die Idee des Bootstrap-Verfahrens besteht darin, zur Approximation der Stichprobenverteilung eine Verteilungsfunktion zu verwenden, bei deren Ermittlung neben den Stichprobenparametern $\bar{x}_n$ und $\hat{s}_n$ weitere Informationen über die Grundgesamtheit berücksichtigt werden. Nimmt man an, daß die Stichprobenrealisationen $x_1, ..., x_n$ ein repräsentatives Abbild der Grundgesamtheit darstellen, so sind in der Verteilung der Stichprobenelemente Informationen über die Verteilung der Fehlerhöhen $x^{(1)}, ..., x^{(N)}$ im gesamten Prüfungsfeld enthalten. Es liegt daher nahe, die Stichprobenergebnisse $x_1, ..., x_n$ selbst als Grundgesamtheit aufzufassen. Die

---

[1] Weitere alternative Verfahren zur Normalapproximation werden in der Risikotheorie diskutiert (vgl. z.B. Heilmann [1987], S. 90 - 107). Hier ist insbesondere die **Normal-Power-Approximation** zu nennen, die für schiefe Verteilungen oft einen Vorteil gegenüber der Normalapproximation besitzt (vgl. Albrecht [1987], S. 111 - 115). Die theoretische Herleitung dieser Approximation basiert jedoch auf der zusammengesetzten Poisson-Verteilung, die im Rahmen der Schadenversicherung oft als angemessene Verteilung angesehen werden kann (vgl. Beard/Pentikäinen/Pesonen [1984], S. 108 - 121). Ob die Normal-Power-Approximation auch für vorliegende Problemstellung geeignet ist, müßte zunächst anhand umfangreicher empirischer Studien über die Verteilung der Fehler in einem Prüfungsfeld untersucht werden.

Verteilungsfunktion des standardisierten Stichprobenmittels, das sich ergibt, wenn aus *dieser* Grundgesamtheit Stichproben vom Umfang n mit Zurücklegen gezogen werden, kann berechnet werden, da die Elemente $x_1,...,x_n$ bekannt sind.[1] Diese Verteilungsfunktion (**Bootstrap-Verteilung**) wird anstelle der Standardnormalverteilung zur Approximation der unbekannten Verteilungsfunktion F_{Z_n} herangezogen.

Zur Ermittlung der Bootstrap-Verteilung betrachtet man die Zufallsvariablen $Y_1,...,Y_n$, die für die Ergebnisse der einzelnen n Züge (mit Zurücklegen) aus der Grundgesamtheit $x_1,...,x_n$ stehen. $\overline{Y}_n$ repräsentiert entsprechend das arithmetische Mittel einer aus $x_1,...,x_n$ gezogenen **Pseudo-Stichprobe**.[2] Deren Erwartungswert und Varianz berechnen sich zu[3]

$$E(\overline{Y}_n) = E(Y) = \overline{x}_n, \qquad var(\overline{Y}_n) = \frac{1}{n} var(Y) = \frac{1}{n} s_n^2.$$

Gesucht ist die Verteilungsfunktion F_{U_n} der zu $\overline{Y}_n$ standardisierten Zufallsvariablen

$$U_n = \sqrt{n} \cdot \frac{\overline{Y}_n - \overline{x}_n}{s_n}.$$

Hierzu werden alle möglichen Ausprägungen von U_n errechnet, was aufgrund der Kenntnis der als Grundgesamtheit interpretierten Stichprobe $x_1,...,x_n$ (theoretisch) möglich ist. Aus den relativen Häufigkeiten des Auftretens dieser Ausprägungen ergibt sich die gesuchte Bootstrap-Verteilungsfunktion F_{U_n}, deren Quantile $u_{1-\alpha/2}$ und $u_{\alpha/2}$ für die Berechnung des Konfidenzintervalles für µ verwendet werden:

$$\left[\overline{x}_n - u_{1-\alpha/2} \cdot \frac{\hat{s}_n}{\sqrt{n}} \; ; \; \overline{x}_n - u_{\alpha/2} \cdot \frac{\hat{s}_n}{\sqrt{n}} \right]. \tag{2}$$

Diese Vorgehensweise der Bootstrap-Methode verdeutlicht das folgende einfache Beispiel.

Zugrundegelegt wird eine Stichprobe vom Umfang n=3 mit den Realisationen 0, 4, 5. Für den Erwartungswert und die Varianz dieser als neue Grundgesamtheit betrachteten Stichprobe erhält man

---

1) Im Gegensatz dazu sind die Elemente $x^{(1)},...,x^{(N)}$ der ursprünglichen Grundgesamtheit nicht sämtlich bekannt.

2) Der Begriff "Pseudo-Stichprobe" soll zum Ausdruck bringen, daß es sich lediglich um gedachte Stichproben aus der Menge der realen Stichproben handelt. Tatsächlich gezogen und ausgewertet werden nur die realen Stichproben, wohingegen in den Pseudo-Stichproben nur diese schon ausgewerteten Stichprobenelemente enthalten sein können.

3) Hierbei gilt

$$var(Y_i) = s_n^2 = \frac{1}{n} \sum_{i=1}^{n} (x_i - \overline{x}_n)^2.$$

In diesem Zusammenhang ist zwischen der bekannten Varianz s_n^2 der neuen Grundgesamtheit und der zur Schätzung der Varianz σ^2 im gesamten Prüfungsfeld herangezogenen Stichprobenvarianz $\hat{s}_n^2$ zu unterscheiden.

$\bar{x}_3 = 3$ und $s_3^2 = 4{,}67$.

Aus dieser neuen Grundgesamtheit ist das Ziehen von 27 unterschiedlichen Pseudostichproben vom Umfang 3 mit Zurücklegen möglich. In nachfolgender Tabelle sind die einzelnen Pseudostichproben (Kopfzeile), die entsprechenden Pseudostichprobenmittelwerte (linke Spalte) und die mittels $\bar{x}_3 = 3$ und $s_3^2 = 4{,}67$ standardisierten Mittelwerte (rechte Spalte) aufgeführt.

0,0,0		0,0,4		0,0,5		0,4,0		0,4,4		0,4,5		0,5,0	
0	-2,41	1,33	-1,34	1,67	-1,07	1,33	-1,34	2,67	-0,27	3	0	1,67	-1,07

0,5,4		0,5,5		4,0,0		4,0,4		4,0,5		4,4,0		4,4,4	
3	0	3,33	0,27	1,33	-1,37	2,67	-0,27	3	0	2,67	-0,27	4	0,80

4,4,5		4,5,0		4,5,4		4,5,5		5,0,0		5,0,4		5,0,5	
4,33	1,07	3	0	4,33	1,07	4,67	1,37	1,67	-1,07	3	0	3,33	0,27

5,4,0		5,4,4		5,4,5		5,5,0		5,5,4		5,5,5	
3	0	4,33	1,07	4,67	1,34	3,33	0,27	4,67	1,34	5	1,60

Daraus ergeben sich die absoluten und relativen Häufigkeiten der möglichen standardisierten Pseudostichprobenmittel u_n entsprechend untenstehender Tabelle.

u_n	-2,41	-1,34	-1,07	-0.27	0	0,27	0,80	1,07	1,34	1,60
Häufigkeit	1	3	3	3	6	3	1	3	3	1
rel. Häufigkeit	0,04	0,11	0,11	0,11	0,22	0,11	0,04	0,11	0,11	0,04
kum. rel. Häufigkeit	0,04	0,15	0,26	0,37	0,59	0,7	0,74	0,85	0,96	1

Aus dieser Tabelle ergeben sich für einen vorgegebenen Sicherheitsgrad $1-\alpha = 0{,}9$ die Quantile $u_{0{,}05} = -1{,}34$ und $u_{0{,}95} = 1{,}34$.[1] Durch Einsetzen dieser Werte in Beziehung (2) erhält man für den Parameter µ der unbekannten Grundgesamtheit das Konfidenzintervall [0,96 ; 5,04], wenn beachtet wird, daß die Standardabweichung σ der Grundgesamtheit durch $\hat{s}_3 = 2{,}65$ zu schätzen ist.

Eine hiervon abweichende Durchführung des Konfidenzschlusses mittels der Bootstrap-Methode erfolgt durch v. Wysocki.[2] Die empirische Bootstrap-Verteilung wird für das nicht standardisierte Stichprobenmittel $\bar{x}$ mittels Simulation ermittelt. Die Grenzen des Konfidenzintervalles werden bei dieser Vorgehensweise direkt durch "Abschneiden" von jeweils $(\alpha/2) \cdot 100\%$ von den beiden Rändern der beobachteten Häufigkeitsverteilung bestimmt. Zu beachten ist jedoch, daß diese Berech-

---

[1] Diese ergeben sich, indem jeweils 5% = 1,35 Realisationen an beiden Enden der Häufigkeitsverteilung abgeschnitten werden. Selbstverständlich können nur "ganze" Realisationen abgeschnitten werden. Um ein möglichst breites Intervall zu erhalten, wird im Beispielfall jeweils ein Element eliminiert.

[2] Vgl. v. Wysocki [1988], S. 245 - 246.

nungen nicht zum gleichen Ergebnis für das Konfidenzintervall gelangen, wie die hier vorgeschlagene indirekte Ermittlung der Intervallgrenzen. So ergibt sich aus Gleichung (1), daß eine Wahrscheinlichkeitsaussage bezüglich μ die Kenntnis bzw. Approximation der Quantile $\xi_{\alpha/2}$ und $\xi_{1-\alpha/2}$ der Verteilung des standardisierten Stichprobenmittels voraussetzt. Ein Verzicht auf die Ermittlung dieser Quantile wird daher der gestellten Problematik nicht vollständig gerecht.

Der bislang mittels Plausibilitätsüberlegungen unterstellte Vorzug der Bootstrap-Methode, welcher in der verbesserten Informationsauswertung der Stichprobe besteht, wird in der statistischen Literatur auch theoretisch nachgewiesen.[1] Der Vorteil besteht in der für $n \to \infty$ festzustellenden schnelleren Konvergenz der Bootstrap-Verteilung F_{U_n} gegen F_Z als dies bei Verwendung der Standardnormalverteilungsfunktion Φ der Fall ist. Dieses Phänomen tritt umso stärker in Erscheinung, je schiefer die Verteilung der Fehlerhöhen $x^{(1)}, ..., x^{(N)}$ in der Grundgesamtheit ist, während eine schnellere Konvergenz für den Fall symmetrischer Verteilungen nicht gegeben ist.

Die Ermittlung der Bootstrap-Verteilung erfordert für jede der n^n möglichen Pseudostichproben die Berechnung der entsprechenden Ausprägung der Zufallsvariablen U_n. In obigem Beispiel (Stichprobenumfang $n = 3$) waren somit 27 Ausprägungen zu bestimmen. Für realistischere Stichprobenumfänge ist diese Aufgabe auch mit EDV-Hilfe nicht mehr zu bewerkstelligen. So existieren für einen - immer noch sehr kleinen - Stichprobenumfang von $n = 10$ bereits 10 Milliarden zu berücksichtigende Pseudostichproben. Die zur Kostruktion des Konfidenzintervalls benötigten Quantile der Bootstrap-Verteilung F_{U_n} können also im Regelfall nicht mehr exakt berechnet werden.

Um die Bootstrap-Methode trotz dieses Problems anwenden zu können, werden im Gegensatz zur Vorgehensweise in obigem Beispiel nicht alle möglichen Ausprägungen von U_n berechnet. Vielmehr beschränkt man sich auf eine Anzahl, die mit EDV-Hilfe noch zu bewältigen ist. Die hierbei berücksichtigten Pseudostichproben werden aber nicht willkürlich oder bewußt, sondern nach dem Zufallsprinzip ausgewählt. Die empirische Verteilung der sich hieraus ergebenden Ausprägungen von U_n bestimmt sich nach den beobachteten relativen Häufigkeiten. Durch die zufällige Auswahl der in die Rechnung eingehenden Pseudostichproben ist gewährleistet, daß diese empirische Verteilungsfunktion als Approximation der eigentlich benötigten Verteilungsfunktion F_{U_n} angesehen werden kann. Diese Methode wird auch als **Simulation** bezeichnet. Charakteristisch für die Vorgehensweise bei einer Simulation ist es, die Verteilungsfunktion einer Zufallsvariablen durch die auf zufälligen Ausprägungen dieser Zufallsvariablen basierenden empirischen Verteilungsfunktion zu approximieren. Damit dieses Verfahren sinnvoll ist, ist sicherzustellen, daß die verwendeten Ausprägungen durch den der Zufallsvariablen zugrundeliegenden Zufallsmechanismus gewonnen werden. Im vorliegenden Fall ist diese Bedingung durch die zufällige Auswahl

---

[1] Vgl. Singh [1981], S. 1188; Bhattacharya/Ranga Rao [1976], S. 221 sowie Buchner [1992].

der Pseudostichproben sichergestellt, d.h. jede mögliche Stichprobe besitzt dieselbe Wahrscheinlichkeit, gezogen zu werden. Die Auswahl der Pseudostichproben findet natürlich nur innerhalb der EDV statt. Dazu werden vom Rechner erzeugte gleichverteilte Zufallszahlen verwendet.[1] Für jedes Stichprobenelement benötigt man dabei eine Zufallszahl. Obiges Beispiel der exakten Ermittlung der Bootstrap-Verteilung auf der Grundlage einer Stichprobe vom Umfang $n = 3$ wird nun abgeändert, um die Vorgehensweise bei der Simulation zu verdeutlichen. Statt sämtliche 27 möglichen Pseudostichproben auszuwerten, werden zufällig 10 Pseudostichproben ermittelt. Die zugehörigen Ausprägungen der Zufallsvariablen U_n dienen anschließend als Grundlage der Simulation von F_{U_n}. In nachfolgender Tabelle sind die zufällig gezogenen 10 Pseudostichproben mit ihren Mittelwerten und standardisierten Mittelwerten aufgeführt.

0,5,5		4,5,0		5,0,4		5,0,0		0,4,5	
3,33	0,27	3	0	3	0	1,67	-1,07	3	0

4,5,4		4,5,0		5,4,4		5,5,5		0,0,0	
4,33	1,07	3	0	4,33	1,07	5	1,6	0	-2,41

Die absoluten und relativen Häufigkeiten sind aus nachfolgender Tabelle zu ersehen.

u_n	-2,41	-1,07	0	0.27	1,07	1,6
Häufigkeit	1	1	4	1	2	1
rel. Häufigkeit	0,1	0,1	0,4	0,1	0,2	0,1
kum. rel. Häufigkeit	0,1	0,2	0,6	0,7	0,9	1

Aus dieser simulierten Verteilungsfunktion ergeben sich die Quantile $u_{0,05}$ = -2,41 und $u_{0,95}$ = 1,6.[2] Das hieraus folgende Konfidenzintervall lautet [0,55 ; 6,67].

Die Vorgehensweise bei der Ermittlung der Verteilungsfunktion F_{U_n} durch Approximation mit Hilfe des beschriebenen Simulationsverfahrens hat eine doppelte Approximation der gesuchten Verteilungsfunktion F_{Z_n} zur Folge: Die unbekannte Verteilungsfunktion F_{Z_n} wird durch F_{U_n} approximiert. Da diese ebenfalls nicht exakt bestimmbar ist, erfolgt eine Annäherung durch eine empirische Verteilungsfunktion. Es stellt sich daher die Frage, ob der oben beschriebene Vorzug der Verwendung der Bootstrap-Methode über die Verwendung der Standardnormalverteilung auch nach der dargestellten doppelten Approximation noch gegeben ist.

---

[1] Diese "Zufallszahlen" werden jedoch aufgrund bestimmter Regeln deterministisch erzeugt und daher auch oft als **Pseudozufallszahlen** bezeichnet (vgl. z.B. Lehn [1992]).

[2] Aufgrund des geringen Simulationsumfanges von $M = 10$, fallen die gesuchten Quantile in obigem Beispiel mit den extremalen Ausprägungen zusammen.

Wie die statistische Literatur zeigt, kann diese Frage bejaht werden, falls die Anzahl M der zur Simulation herangezogenen zufälligen Pseudostichproben nicht "zu klein" ist. M ist in diesem Sinne ausreichend groß, wenn es in Abhängigkeit des Stichprobenumfanges n derart gewählt wird, daß die Beziehung[1]

$$\lim_{n \to \infty} \frac{M(n)}{n \cdot \ln n} = \infty$$

gilt. Sie ist beispielsweise durch die Wahl $M(n) = n^2$, aber auch schon durch $M(n) = n \cdot \sqrt{n}$ erfüllt. Die für $n \to \infty$ bestehende schnellere Konvergenz von F_{U_n} gegen die gesuchte Verteilungsfunktion F_{Z_n} bleibt in diesem Fall auch dann bestehen, wenn F_{U_n} durch die simulierte empirische Verteilungsfunktion ersetzt wird.

b. Ziehen ohne Zurücklegen

Bei der Stichprobenentnahme ohne Zurücklegen müssen die Überlegungen etwas modifiziert werden, da hierbei - im Gegensatz zur Stichprobenentnahme mit Zurücklegen - die Unabhängigkeit der Zufallsvariablen $X_1, ..., X_n$ nicht mehr gegeben ist. Diese Zufallsvariablen stehen für die Ergebnisse der einzelnen Züge; das Ergebnis eines Zuges hängt aber beim Ziehen mit Zurücklegen von den Ergebnissen der vorangehenden Züge ab. Für die Berechnung des Erwartungswertes spielt diese Überlegung jedoch keine Rolle. Auch in diesem Fall beträgt der Erwartungswert des Stichprobenmittels $E(\overline{X}) = \mu$. Die Eigenschaft der Additivität der Varianzen ist jedoch nur für unabhängige Zufallsvariablen gegeben. Im Falle der Abhängigkeit der Zufallsvariablen hängt die Varianz der Summe von Zufallsvariablen auch noch von den sogenannten Kovarianzen[2] zwischen diesen Zufallsvariablen ab. Dadurch ändert sich die Gleichung für die Varianz für das Stichprobenmittel im Vergleich zum Ziehen mit Zurücklegen zu[3]

$$\mathrm{var}(\overline{X}) = \frac{\sigma^2}{n} \cdot \frac{N-n}{N-1},$$

wobei σ^2 wieder die Varianz der Grundgesamtheit bezeichnet. Auch diese Ergebnisse sollen durch Betrachtung der Grundgesamtheit $\{2,4,6,8\}$ veranschaulicht werden, indem die möglichen Stichproben vom Umfang $n = 2$ betrachtet werden. Beim Ziehen ohne Zurücklegen gibt es 12 mögliche gleichwahrscheinliche Stichproben, welche in Tabelle 32 mit den zugehörigen Stichprobenmitteln aufgelistet sind.

---

[1] Vgl. Buchner [1992] sowie Babu/Singh [1983], S. 999 - 1000.
[2] Zum Begriff der Kovarianz zwischen zwei Zufallsvariablen siehe z.B. Fisz [1980], S. 106.
[3] Zur Herleitung dieser Beziehung vgl. z.B. Deming [1966], S. 101 - 102.

Stichprobe	$\bar{x}$	Stichprobe	$\bar{x}$	Stichprobe	$\bar{x}$	Stichprobe	$\bar{x}$
(2,4)	3	(4,2)	3	(6,2)	4	(8,2)	5
(2,6)	4	(4,6)	5	(6,4)	5	(8,4)	6
(2,8)	5	(4,8)	6	(6,8)	7	(8,6)	7

Tab. 32: *Beispiel für die möglichen Stichprobenmittel einer Grundgesamtheit beim Ziehen ohne Zurücklegen*

Faßt man diese Stichprobenmittel wieder als Grundgesamtheit auf, errechnet sich der Erwartungswert des Stichprobenmittels als arithmetisches Mittel dieser 12 Werte zu $E(\bar{X}) = 60/12 = 5$. Dies entspricht erwartungsgemäß dem Erwartungswert μ der Grundgesamtheit. Zur Ermittlung der Varianz des Stichprobenmittels berechnet man das arithmetische Mittel der quadrierten Differenzen zwischen den 12 Stichprobenmitteln und $E(\bar{X})$ (s. S. 366 ff.) und erhält $\text{var}(\bar{X}) = 20/12 = 5/3$. Nach obiger Formel für die Varianz erhält man denselben Wert:

$$\text{var}(\bar{X}) = \frac{\sigma^2}{n} \cdot \frac{N-n}{N-1} = \frac{5}{2} \cdot \frac{4-2}{4-1} = \frac{5}{3}.$$

Durch das Wegfallen der Annahme der Unabhängigkeit der Zufallsvariablen $X_1, \ldots, X_n$ ist der zentrale Grenzwertsatz nicht mehr ohne weiteres zur Ermittlung der gesamten Verteilung des Stichprobenmittels anwendbar. Die Abhängigkeit zwischen den betrachteten Zufallsvariablen ist aber für große Grundgesamtheiten, d.h. für großes N, so gering, daß die Approximation der Verteilung des Stichprobenmittels durch eine Normalverteilung auch in diesem Fall gerechtfertigt ist (s. Cochran [1972], S. 56).

Aus der Tatsache, daß das Stichprobenmittel annähernd $N(\mu, \sigma^2/n)$-verteilt ist, folgt für das standardisierte Stichprobenmittel

$$Z_n = \sqrt{n} \frac{\bar{X} - \mu}{\sigma}$$

eine $N(0,1)$-Verteilung. Diese Beziehung erweist sich bei der Konstruktion von Konfidenzintervallen für μ als äußerst nützlich (s. S. 397 ff.).

II. Die Verteilung des Anteilswertes

Im Rahmen der homograden Stichprobentheorie wird die Grundgesamtheit auf den Anteil von Elementen mit einer bestimmten Merkmalsausprägung an der Gesamtzahl der Elemente hin untersucht. Mit Hilfe des Urnenmodells läßt sich diese homograde Fragestellung wie folgt verdeutlichen. Betrachtet wird eine Urne mit N Kugeln, die sich jedoch nicht durch aufgedruckte Zahlenwerte, sondern durch zwei verschiedene Farben unterscheiden. Die interessierende Größe ist beispielsweise die Anzahl M der roten Kugeln in der Urne. Bei bekannt vorausgesetztem Umfang N der Grundgesamtheit ist diese Frage äquivalent zu der Frage nach dem Anteil $P = M/N$ der roten Kugeln in der Urne.

Befinden sich in einer Stichprobe vom Umfang n m rote Kugeln, so ist der **Stichprobenanteil** durch $p = m/n$ definiert. Sowohl m als auch p hängen von der zufällig gezogenen Stichprobe ab, und sind deshalb Zufallsvariablen. Die Zufallsvariable m hat als mögliche Ausprägungen die Menge $\{0,1,...,n\}$ und die Zufallsvariable p entsprechend die Werte $\{0, 1/n,..., (n-1)/n, 1\}$. Der Stichprobenanteil p kann auch als spezielles Stichprobenmittel aufgefaßt werden. Dazu betrachtet man folgende Zufallsvariablen:

$$X_i = \begin{cases} 1, & \text{falls i-te Kugel rot ist} \\ 0, & \text{sonst} \end{cases} \quad (i = 1,...,n).$$

Mit dieser Bezeichnung lassen sich die Zufallsvariablen p und m schreiben als

$$p = \overline{X} = \frac{1}{n} \sum_{i=1}^{n} X_i \quad \text{und} \quad m = n \cdot \overline{X} = \sum_{i=1}^{n} X_i.$$

Statt nun die Verteilung der Zufallsvariablen p zu bestimmen, ist es einfacher, zuerst die Verteilung der Zufallsvariablen m herzuleiten. Die Verteilung von p ergibt sich anschließend sofort aus der Beziehung

$$W\left(p = \frac{k}{n}\right) = W(n \cdot p = k) = W(m = k), \quad (k = 0,1,...,n).$$

a. Ziehen mit Zurücklegen

Für den Fall des Ziehens mit Zurücklegen ergibt sich (s. S. 372 - 373) die Binomialverteilung für die Zufallsvariable m, und zwar ist m B(n,P)-verteilt. Die Wahrscheinlichkeit, daß bei einem Stichprobenumfang von n genau k rote Kugeln gezogen werden, ist also durch

$$W(m = k) = \binom{n}{k} \cdot P^k \cdot (1-P)^{n-k}, \quad (k = 0,1,...,n)$$

gegeben. Erwartungswert und Varianz von m ergeben sich demnach (s. S. 374 - 375) durch

$$E(m) = nP, \quad \text{var}(m) = nP \cdot (1-P).$$

Da $p = m/n$ ist, ergeben sich die entsprechenden Werte für p zu:

$$E(p) = E\left(\frac{m}{n}\right) = \frac{1}{n} E(m) = P \quad \text{und} \quad \text{var}(p) = \text{var}\left(\frac{m}{n}\right) = \frac{1}{n^2} \text{var}(m) = \frac{1}{n} P(1-P).$$

Oft bietet es sich an, die Verteilung der Zufallsgröße m durch andere, leichter zu handhabende Verteilungen zu approximieren. Wie auf S. 378 f. gezeigt, ergibt sich unter gewissen Bedingungen die *Poisson*-Verteilung als Grenzverteilung der Binomialverteilung. Ist P hinreichend klein,[1] so ist es also auch gerechtfertigt, die Wahrscheinlichkeit für das Auftreten von k roten Kugeln in einer Stichprobe vom Umfang n angenähert durch

$$W(m = k) = \frac{(nP)^k}{k!} \cdot \exp(-nP)$$

---

[1] Im Rahmen des wirtschaftlichen Prüfungswesens steht P meistens für den Anteil der fehlerhaften Positionen in einem Prüfungsfeld und kann somit als relativ klein angenommen werden.

zu schreiben. Diese Formel liefert auch für $k > n$ positive Wahrscheinlichkeiten, obwohl m solche Werte nicht annehmen kann. Die errechneten Wahrscheinlichkeiten sind jedoch äußerst gering.

b. Ziehen ohne Zurücklegen

Beim Ziehen ohne Zurücklegen ergibt sich als Verteilung der Anzahl[1] m der roten Kugeln in der Stichprobe die hypergeometrische Verteilung (s. S. 375 - 376). Die Wahrscheinlichkeit, daß genau k rote Kugeln in einer Stichprobe vom Umfang n sind, ist also

$$W(m = k) = \frac{\binom{M}{k} \cdot \binom{N-M}{n-k}}{\binom{N}{n}}.$$

Für die hypergeometrische Verteilung lassen sich Voraussetzungen angeben, unter denen sie durch andere, einfacher zu handhabende Verteilungen zu approximieren sind. Insbesondere ist hier die durch den lokalen Grenzwertsatz resultierende Approximation durch eine Normalverteilung zu nennen (s. S. 380 - 382).

---

[1] Gilt in diesem Fall $M < n$, d.h. die Anzahl der roten Kugeln in der Urne ist kleiner als der Stichprobenumfang, so sind die möglichen Ausprägungen für $m \in \{0,1,...,M\}$ und für $p \in \{0, 1/n,..., M/n\}$.

2. Kapitel
Anwendungsfälle

A. Schätzverfahren

I. Schätzen des Mittelwertes

Wird das Urnenmodell auf den heterograden Fall übertragen, so läßt sich die zu lösende Problemstellung folgendermaßen formulieren: Ziehe eine Stichprobe vom Umfang n. Von den auf den Stichprobenkugeln abgelesenen Zahlen schließe man auf den Durchschnittswert der Grundgesamtheit, d.h. auf das arithmetische Mittel aller in der Urne befindlichen Zahlenwerte. Eine Anwendung im Prüfungswesen ist z.B. durch die Frage gegeben, wie hoch der durchschnittliche Fehler in einem Prüfungsfeld ist.[1] Der gesuchte Mittelwert sei mit μ bezeichnet und X_i $(i=1,...,n)$ stehe für die Zufallsvariable, die das Ergebnis des i-ten Zuges beschreibt. Es bietet sich an, den unbekannten Mittelwert der Grundgesamtheit μ mit der Größe $\overline{X} = \frac{1}{n}\sum_{i=1}^{n} X_i$ zu schätzen. Liegen also Realisationen $(x_1,...,x_n)$ der Zufallsvariablen $X_1,...,X_n$ vor, d.h. wurde eine Stichprobe vom Umfang n gezogen, so wird $\overline{x} = \frac{1}{n}\sum_{i=1}^{n} x_i$ als Schätzer für μ verwendet. Der Schätzer $\overline{x}$ wird somit in Abhängigkeit der zufällig gezogenen Stichprobe ermittelt und stellt damit eine Realisation der Zufallsvariablen $\overline{X}$ dar. Dieser Schätzer nimmt daher für verschiedene Stichproben auch verschiedene Werte an. Werden jedoch "sehr viele" Stichproben gezogen und die daraus resultierenden verschiedenen Schätzer für μ berechnet, zeigt sich, daß sich der Durchschnitt dieser Schätzer mit steigender Anzahl der Stichproben um das gesuchte μ stabilisiert. Man spricht in diesem Zusammenhang auch von einem **erwartungstreuen Schätzer** (s. S. 365), d.h. der Erwartungswert der als Schätzer benutzten Zufallsvariablen ist gleich der gesuchten Größe:

$$E(\overline{X}) = \mu.$$

Diese Beziehung sagt jedoch nichts darüber aus, wie weit der tatsächlich ermittelte Schätzer von dem gesuchten Wert μ abweicht. Dies ist problematisch, da man nur von einer gezogenen Stichprobe auf den Parameter der Grundgesamtheit schließen will.

Allerdings kann mit Hilfe der sog. **Konfidenzintervallschätzung** ein Bereich angegeben werden, in dem der gesuchte Parameter zwar nicht sicher, aber mit einer vorgegebenen Wahrscheinlichkeit $1-\alpha$ liegt. Exakt läßt sich die Problemstellung der Konfidenzintervallschätzung folgendermaßen formulieren: Gesucht ist ein Verfahren, welches jeder Stichprobe ein Intervall derart zuordnet, daß nur in $\alpha \cdot 100\%$ der Fälle der Parameter μ nicht von diesem Intervall überdeckt wird. Zur Konstruktion eines solchen Intervalls wird von der Verteilung des Schätzers $\overline{X}$ Ge-

---

[1] Bei bekanntem Umfang der Grundgesamtheit ist diese Frage gleichbedeutend mit der Frage nach dem Gesamtfehlerbetrag, d.h. der Summe aller Fehler.

brauch gemacht. $\overline{X}$ ist näherungsweise $N(\mu,\sigma^2/n)$-verteilt, wobei σ^2 die Varianz der Grundgesamtheit ist. Das standardisierte Stichprobenmittel sei mit Z_n bezeichnet, d.h.

$$Z_n = \sqrt{n}\frac{\overline{X}-\mu}{\sigma}.$$

Die Standardisierung bewirkt gerade, daß Z_n standardnormalverteilt, d.h. $N(0,1)$-verteilt ist. Die Standardisierung führt damit zu dem Vorteil, daß die Verteilungsfunktion von Z_n unabhängig vom zu schätzenden Parameter μ ist. Die weitere Vorgehensweise besteht darin, zunächst ein Intervall zu konstruieren, in dem die Realisationen der Zufallsvariablen Z_n mit einer Wahrscheinlichkeit von $1-\alpha$ liegen. Bezeichnet Φ die Verteilungsfunktion der Standardnormalverteilung, so ist also ein Intervall $[l, r]$ zu finden mit der Eigenschaft

$$w(l \le Z_n \le r) = \Phi(r) - \Phi(l) = 1 - \alpha.$$

Als Intervallgrenzen bieten sich für dieses Problem die **Quantile** $t_{\alpha/2}$ und $t_{1-\alpha/2}$ der Standardnormalverteilung an. Die Quantile entsprechen der Umkehrfunktion der Verteilungsfunktion, d.h. sie sind durch die Gleichungen

$$\Phi(t_{\alpha/2}) = \alpha/2 \quad \text{und} \quad \Phi(t_{1-\alpha/2}) = 1 - \alpha/2$$

definiert und erfüllen offensichtlich die geforderte Gleichung $\Phi(t_{1-\alpha/2}) - \Phi(t_{\alpha/2}) = 1 - \alpha.$[1] Die Symmetrieeigenschaft der Standardnormalverteilung führt dazu, daß $t_{\alpha/2} = -t_{1-\alpha/2}$ gilt. Die Quantile der Standardverteilung liegen für einige gebräuchliche α vertafelt vor, so daß sich keine Probleme bei der Ermittlung ergeben.
Aus dem Intervall für Z_n wird schließlich durch einige einfache Umformungen ein Konfidenzintervall für μ abgeleitet:

$$W(-t_{1-\alpha/2} \le Z_n \le t_{1-\alpha/2}) = 1 - \alpha$$

$$\Rightarrow W\left(-t_{1-\alpha/2} \le \sqrt{n}\frac{\overline{X}_n - \mu}{\sigma} \le t_{1-\alpha/2}\right) = 1 - \alpha$$

$$\Rightarrow W\left(\overline{X} - \frac{\sigma}{\sqrt{n}} \cdot t_{1-\alpha/2} \le \mu \le \overline{X} + \frac{\sigma}{\sqrt{n}} \cdot t_{1-\alpha/2}\right) = 1 - \alpha$$

Sind in einer Stichprobe die Werte $x_1, ..., x_n$ beobachtet worden, so ergibt sich demnach das Konfidenzintervall zum Niveau $1-\alpha$ zu

$$\left[\overline{x} - \frac{\sigma}{\sqrt{n}} t_{1-\alpha/2} \;,\; \overline{x} + \frac{\sigma}{\sqrt{n}} t_{1-\alpha/2}\right].$$

---

[1] Die Wahl der Quantile $t_{\alpha/2}$ und $t_{1-\alpha/2}$ ist nicht zwingend. Jedes Paar von Quantilen t_β, t_γ mit $\beta - \gamma = 1 - \alpha$ liefert ein entsprechendes Intervall. Durch die Wahl von $t_{\alpha/2}$ und $t_{1-\alpha/2}$ als Intervallgrenzen erhält man aber aufgrund der Symmetrie der Normalverteilung das Intervall mit der kleinsten Breite.

Die Anwendung der Formel wird dadurch erschwert, daß die Standardabweichung σ der Grundgesamtheit zur Ermittlung des Intervalls benötigt wird, diese jedoch nicht bekannt ist. Man behilft sich hier meistens damit, daß man die Standardabweichung σ durch die empirische Standardabweichung $\hat{\sigma}$ der Stichprobe schätzt (s. S. 370 - 371):

$$\hat{\sigma} = \sqrt{\frac{1}{n-1} \sum_{i=1}^{1} (\bar{x} - x_i)^2}.$$

Ist eine Stichprobe vom Umfang $n = 10$ gezogen und sind folgende Werte festgestellt worden:

i	1	2	3	4	5	6	7	8	9	10
x_i	6,67	3,48	7,39	5,09	4,68	6.71	8,17	3,35	7,93	5,19

so erhält man $\bar{x} = 5,87$ und $\hat{\sigma} = 1,76$.

Um ein Konfidenzintervall zum Niveau $1 - \alpha = 0,95$ zu bilden, benötigt man das Quantil $t_{1-\alpha/2} = t_{0,975}$. In geeigneten Tabellen (so z.B. Hartung/Elpelt/Klösener [1989], S. 891) findet man $t_{0,975} \approx 1,96$, so daß sich das gesuchte Konfidenzintervall zu

$$\left[5,87 - \frac{1,76}{\sqrt{10}} \cdot 1,96 \; ; \; 5,87 + \frac{1,76}{\sqrt{10}} \cdot 1,96 \right] = [4,78 \; ; \; 6,96]$$

ergibt.[1]

In der Praxis ist vor Durchführung der Stichprobenprüfung ein hinreichend großer Stichprobenumfang n festzulegen. Zur Ermittlung eines ausreichenden Stichprobenumfanges muß der Prüfer angeben können, welcher Fehlerbetrag im Prüfungsfeld noch für tolerierbar gehalten werden kann, d.h. er muß die Breite des Konfidenzintervalles vorgeben. Häufig bezeichnet man auch die halbe Breite des Konfidenzintervalles als Fehler e (s. Wysocki [1988], S. 225). Diese Größe e hängt von Materiality-Erwägungen ab und liegt deswegen auch teilweise im Ermessen des Prüfers. Die halbe Breite des Konfidenzintervalles ist durch

$$e = \frac{\sigma}{\sqrt{n}} t_{1-\alpha/2}$$

gegeben. Durch Auflösen nach n erhält man als Mindeststichprobenumfang

$$n = \frac{\sigma^2}{e^2} t_{1-\alpha/2}^2 .$$

---

[1] Das ermittelte Konfidenzintervall darf nicht so interpretiert werden, als ob der wahre Parameter μ mit einer Wahrscheinlichkeit von 95 % in diesem Intervall liegt. μ ist eine sichere Größe und keine Zufallsvariable. Daher ist sie in dem konstruierten Intervall entweder enthalten oder nicht enthalten. Streng genommen kann man nur vor der Ziehung der Stichprobe sagen, daß mit oben beschriebener Methode ein Intervall konstruiert wird, welches den wahren Parameter mit der Wahrscheinlichkeit $1 - \alpha$ überdeckt.

Der Stichprobenumfang hängt u.a. von der Varianz σ^2 der Grundgesamtheit ab. Diese ist aber unbekannt und kann vor der Erhebung der Stichprobe auch nicht durch die Stichprobenvarianz $\hat{\sigma}^2$ geschätzt werden. Als Lösung bietet sich zu einen die Durchführung einer Vorstichprobe an, deren Stichprobenvarianz als Schätzer für σ^2 genommen werden kann. Zum anderen können auch Erfahrungswerte für die Varianz als Grundlage verwendet werden.

II. Schätzen des Anteilswertes

Die Problemstellung im homograden Fall läßt sich mit Hilfe des Urnenmodells wie folgt formulieren: Schließe von der Anzahl m der in einer Stichprobe vom Umfang n gefundenen roten Kugeln auf den Anteil der roten Kugeln in der gesamten Urne. Eine Anwendung im Prüfungswesen ist z.B. durch die Frage gegeben, wieviele fehlerhafte Positionen sich in einem Prüfungsfeld befinden[1]. Als Schätzer für den wahren, aber unbekannten Anteilswert $P = M/N$ bietet sich die Größe $p = m/n$ an. Dieser Schätzer ist zwar erwartungstreu, d.h. $E(p) = P$, weicht aber je nach gezogener Stichprobe vom wahren Anteilswert P ab. Es stellt sich also auch hier die Frage nach einem Konfidenzintervall für den Parameter P zu einer vorgegebenem Sicherheitswahrscheinlichkeit $1 - \alpha$.

Um diese Frage zu beantworten, soll vereinfachend angenommen werden, daß die Stichprobe mit Zurücklegen gezogen wird, d.h. daß die Zufallsvariable m $B(n,P)$-verteilt ist mit dem bekannten Parameter n und dem unbekannten Parameter P. Bezeichnet $F_P(m)$ die Verteilungsfunktion dieser Zufallsvariablen in Abhängigkeit des Parameters P, so ist die linke Intervallgrenze P_U durch die Gleichung

$$1 - F_{P_U}(m-1) = \sum_{k=m}^{n} \binom{n}{k} \cdot P_U^k \cdot (1-P_U)^{n-k} = \frac{\alpha}{2}$$

und die rechte Intervallgrenze P_O durch die Gleichung

$$F_{P_O}(m) = \sum_{k=0}^{m} \binom{n}{k} \cdot P_O^k \cdot (1-P_O)^{n-k} = \frac{\alpha}{2}$$

zu bestimmen.[2] Ein Auflösen dieser beiden Gleichungen nach P_U bzw. P_O ist i.a. nicht möglich. In Frage kommen zum einen näherungsweise Berechnung bzw. Ablesen aus entsprechenden Tabellen der Verteilungsfunktion der Binomialverteilung. Zum anderen existiert aber auch eine Beziehung zwischen der Binomialverteilung und der sog. F-Verteilung, die es erlaubt, die Intervallgrenzen als Quantile der F-Verteilung zu schreiben (s. Hartung/Elpelt/Klösener [1989], S. 201 u. 204). Da der F-Verteilung eine grundsätzliche Bedeutung in der Statistik zukommt, sind ihre Quantile vertafelt (s. z.B. Hartung/Elpelt/Klösener [1989], S. 895 - 900).

---

[1] Im allgemeinen spricht man dann von homograder Theorie, wenn das interessierende Merkmal nur endlich viele Ausprägungen annehmen kann. Der hier besprochene Fall ist also ein Spezialfall der homograden Theorie, da hier nur zwei Ausprägungen vorkommen können.

[2] Vgl. Buchner/Reuter [1976], S. 315; Hengst [1967], S. 146 - 150.

In Tabelle 33 sind für einige Stichprobenumfänge n und einige beobachtete Fehleranzahlen m die Konfidenzintervalle für den Fehleranteil P der Grundgesamtheit enthalten. Dabei wurde eine Sicherheitswahrscheinlichkeit von $1-\alpha = 0,95$ zugrundegelegt.

m	n				
	100	150	200	250	300
5	(0,016;0,113)	(0,011;0,076)	(0,008;0,057)	(0,007;0,046)	(0,005;0,038)
10	(0,049;0,176)	(0,032;0,120)	(0,024;0,090)	(0,019;0,072)	(0,016;0,060)
15	(0,086;0,235)	(0,057;0,160)	(0,043;0,121)	(0,034;0,097)	(0,028;0,081)
20	(0,127;0,292)	(0,083;0,198)	(0,062;0,150)	(0,050;0,121)	(0,041;0,101)
25	(0,169;0,347)	(0,111;0,236)	(0,083;0,179)	(0,066;0,144)	(0,055;0,121)
30	(0,212;0,400)	(0,139;0,273)	(0,104;0,207)	(0,082;0,167)	(0,068;0,140)
35	(0,257;0,452)	(0,168;0,309)	(0,125;0,235)	(0,099;0,189)	(0,083;0,159)
40	(0,303;0,503)	(0,198;0,345)	(0,147;0,262)	(0,117;0,211)	(0,097;0,177)
45	(0,350;0,553)	(0,228;0,380)	(0,169;0,289)	(0,134;0,233)	(0,112;0,196)
50	(0,398;0,602)	(0,259;0,415)	(0,192;0,316)	(0,152;0,255)	(0,126;0,214)

Tab. 33: *Konfidenzintervalle für den Fehleranteil bei Annahme der Binomialverteilung und einer Sicherheitswahrscheinlichkeit von 95%.*

Wurde z.B. eine Stichprobe vom Umfang $n = 200$ gezogen, welche $m = 15$ fehlerhafte Elemente enthält, so überdeckt das Intervall (0,043; 0,121) mit einer Wahrscheinlichkeit von 95 % den wahren, aber unbekannten Parameter P der Grundgesamtheit. Dieses Intervall kann durch Korrektur mit dem Endlichkeitskorrekturfaktor dem Ziehen ohne Zurücklegen angepaßt werden. Das korrigierte Intervall (P_{Uk}, P_{0k}) erhält man durch (s. Wysocki [1988], S. 200)

$$P_{Uk} = \frac{m}{n} - \left(\frac{m}{n} - P_U\right) \cdot \sqrt{\frac{N-n}{N-1}}$$

bzw.

$$P_{0k} = \frac{m}{n} + \left(P_0 - \frac{m}{n}\right) \cdot \sqrt{\frac{N-n}{N-1}},$$

wobei N den Umfang der Grundgesamtheit bezeichnet. Entstammt obige Stichprobe aus einer Grundgesamtheit von 1000 Elementen, so erhält man also das korrigierte Intervall zu (0,046; 0,116).

Eine weitere Möglichkeit besteht in der Verwendung der Normalverteilung. Nach dem lokalen Grenzwertsatz (s. S. 380) ist die Zufallsgröße p $N(P,(1-n/N)P(1-P)/n)$-verteilt. Wie bei der Konfidenzintervallermittlung für den Mittelwert erhält man auch hier unter Benutzung des Quantils $t_{1-\alpha/2}$ der Normalverteilung ein Konfidenzintervall für p:

$$[p - e, p + e],$$

mit dem Fehler

$$e = \sqrt{\frac{(1-n/N)P(1-P)}{n}} \cdot t_{1-\alpha/2}.$$

Da der wahre Fehleranteil P und damit die Varianz $(1-n/N)P(1-P)/n$ unbekannt ist, ersetzt man P durch den Fehleranteil der Stichprobe p und erhält für den Fehler

$$e = \sqrt{\frac{(1-n/N)p(1-p)}{n}} \cdot t_{1-\alpha/2}.$$

Bei einem vorgegebenen tolerierbaren Fehler e errechnet sich aus dieser Gleichung der Mindeststichprobenumfang zu

$$n = \frac{p(1-p)t_{1-\alpha/2}^2}{e^2 + \frac{p(1-p)}{N}t_{1-\alpha/2}^2}.$$

Der vor der Stichprobenziehung unbekannte Stichprobenanteil p muß bei Anwendung dieser Gleichung entweder durch eine Vorstichprobe oder durch Erfahrungswerte geschätzt werden. Eine obere Grenze für den Mindeststichprobenumfang ergibt sich, wenn man in obiger Gleichung $p = 0{,}5$ setzt, da für diesen Wert der notwendige Stichprobenumfang am größten ist, wie man auch aus Abbildung 30 ersehen kann.

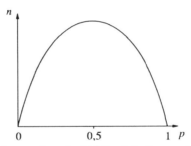

Abb. 30: *Mindeststichprobenumfang in Abhängigkeit von p bei fest vorgegebenem Fehler e und fest vorgegebener Sicherheitswahrscheinlichkeit* α

Obiges Beispiel mit einem Stichprobenumfang von $n = 200$, einer Größe der Grundgesamtheit von $N = 1000$ und $m = 15$ in der Stichprobe entdeckten Fehler (d.h. $p = 15/200 = 0{,}075$) führt bei Anwendung der Normalverteilung zu dem Konfidenzintervall [0,042; 0,108].

III. Kombination von Fehleranteils- und Fehlerbetragsschätzung

Verfahren, die eine Kombination der Fehleranteils- und Fehlerbetragsschätzung beinhalten, werden in der nordamerikanischen Prüfungspraxis unter den Bezeichnungen "Combined-Attributes-Variables-Sampling", "Monetary-Unit-Sampling" oder "Dollar-Unit-Sampling" angewendet. Die Zielsetzung dieser Verfahren stimmt im Grundsatz mit derjenigen der heterograden Fragestellung überein und besteht in der Bestimmung des maximalen Fehlerbetrages (insbesondere von Überbewertungen) in einem Prüfungsfeld bei vorgegebenem Sicherheitsgrad. Charakteristisch für diese Verfahren ist somit - neben der Verwendung bereits dargestellter größenproportionaler Auswahltechniken (s. S. 191 - 195) - die Kombination von homograder und heterograder Stichprobentheorie, da zur **wertmäßigen** Beurteilung eines Prüfungsfeldes Verfahren der **fehleranteilsmäßigen** Prüfung herangezogen werden. Im Vergleich zu (reinen) homograden Stichprobenverfahren, die lediglich eine Schätzung der Fehlerzahl bzw. des Fehleranteils ermöglichen, führt das DUS zu Aussagen über das in Geldeinheiten ausgedrückte Fehlerausmaß. Zum anderen sind im Vergleich zu heterograden Stichprobenverfahren zuverlässige Schätzungen des Fehlerausmaßes auch in den Fällen möglich, in denen der Fehleranteil im Prüfungsfeld gering ist, aber mit einzelnen wesentlichen Fehlern gerechnet werden muß.[1]

Die Auswertung einer Stichprobe im Rahmen des DUS geschieht in zwei Schritten. Zunächst wird aufgrund des Fehleranteils in der Stichprobe eine obere Grenze für den Fehleranteil der Grundgesamtheit ermittelt, die mit einer vorgegebenen Wahrscheinlichkeit nicht überschritten wird. Anschließend wird mit Hilfe dieses Fehleranteils auch eine Obergrenze für den Gesamtfehlerbetrag der Grundgesamtheit berechnet.

Bei der Ermittlung einer oberen Schranke für den Fehleranteil des Prüfungsfeldes wird zumeist angenommen, daß die Fehlerzahl in der Stichprobe poissonverteilt ist bzw. daß die richtige hypergeometrische Verteilung durch eine *Poisson*-Verteilung approximiert werden kann. Unter Verwendung der *Poisson*-Verteilung erfolgt die Bestimmung der oberen Fehleranteilsgrenze durch Lösung der folgenden Fragestellung:

Wie hoch ist bei einer Aussagesicherheit von $1 - \alpha$ der maximale Fehleranteil $\theta_0(x)$ des Prüfungsfeldes, wenn in der gezogenen Stichprobe x fehlerhaft bewertete Geldeinheiten festgestellt wurden?

Der gesuchte Fehleranteil $\theta_0(x)$ kann durch entsprechende Auflösung der Gleichung

$$w(\text{maximal } x \text{ Fehler in der Stichprobe}) = \sum_{k=0}^{x} \frac{(n \cdot \theta_0(x))^k}{k!} \cdot \exp(-n \cdot \theta_0(x)) = \alpha$$

ermittelt werden (s. Hömberg [1981], S. 245 - 247, Hartung/Elpelt/Klösener [1989], S. 214). Zur Vereinfachung der Vorgehensweise kann auf Tabellen zurückgegriffen werden, in denen die Größen $n \cdot \theta_0(x)$ (auch **obere Fehlerintensitäten** genannt) in Abhängigkeit von der gewählten Aussagesicherheit $1 - \alpha$ und der in der Stichprobe entdeckten Fehlerzahl x vertafelt sind. Tabelle 34 gibt diese Vertafelung ausschnittsweise wieder.[2]

Im nächsten Schritt ist von der ermittelten Obergrenze des Fehleranteils auf eine Obergrenze für den Fehlerbetrag zu schließen. Dabei wird hier grundsätzlich davon ausgegangen, daß in dem betrachteten Prüfungsfeld nur Überbewertungen vorliegen. In der Bewertung des Fehleranteils durch Fehlerbeträge unterscheiden sich die verschiedenen DUS-Verfahren. Exemplarisch sollen hier drei Bewertungsmethoden vorgestellt werden.

---

1) Vgl. Taylor/Glezen [1988], S. 513; Andrews/Bullington et al. [1988], S. 334; Anderson/Teitlebaum [1973], S. 34.

2) Die Differenzen von aufeinanderfolgenden oberen Fehlerintensitäten werden üblicherweise ebenfalls in den Vertafelungen angegeben, da sie für einige Auswertungsmethoden benötigt werden.

	$\alpha = 0{,}05$		$\alpha = 0{,}1$	
x	$n \cdot \theta_0(x)$	$n(\theta_0(x) - \theta_0(x-1))$	$n \cdot \theta_0(x)$	$n(\theta_0(x) - \theta_0(x-1))$
0	2,996	-	2,303	-
1	4,744	1,748	3,890	1,587
2	6,296	1,552	5,322	1,432
3	7,754	1,458	6,681	1,359
4	9,154	1,400	7,994	1,313
5	10,513	1,359	9,275	1,281

Tab. 34: *Ausschnitt aus der Tabelle der oberen Fehlerintensitäten*

1. Die **Maximalfehlermethode** geht von der pessimistischen Annahme aus, daß fehlerhaft bewertete Geldeinheiten eines Prüfungsfeldes mit insgesamt Y Geldeinheiten (= Summe der Buchwerte) stets vollständig überbewertet sind, d.h. der Sollwert der fehlerhaften Geldeinheiten ist 0. Da der maximale Anteil falsch bewerteter Geldeinheiten im Prüfungsfeld aufgrund der Stichprobe mit $\theta_0(x)$ ermittelt wurde, ergibt sich die obere Grenze für den Betrag der Falschbewertung zu

$$D_0 = \theta_0(x) \cdot Y.$$

Eine weniger pessimistische Ausprägung der Maximalfehlermethode ist verwendbar, wenn Informationen vorliegen, die die Annahme rechtfertigen, daß die Differenz zwischen Buchwert und Sollwert einen bestimmten Bruchteil d des Buchwerts nicht überschreitet. Damit ergibt sich die obere Fehlerbetragsgrenze allgemein durch

$$D_0 = \theta_0(x) \cdot Y \cdot d; \quad 0 \leq d \leq 1.$$

Dieses Verfahren geht also für alle fehlerhaften Stichprobengeldeinheiten vereinfachend davon aus, daß die zugrundeliegenden Positionen nicht vollständig, sondern nur mit derselben Rate d überbewertet sind. Außerdem werden die in der Stichprobe tatsächlich festgestellten Fehlerhöhen nicht als Information verwendet.

2. Im Gegensatz zur Maximalfehlermethode versucht die **Durchschnittsfehlermethode** die in der Stichprobe tatsächlich festgestellten Fehlerbeträge bei der Bestimmung der oberen Fehlergrenze zu berücksichtigen. Dazu wird für jede fehlbewertete Stichprobengeldeinheit die tatsächlich beobachtete Fehlerrate

$$d = \frac{\text{Buchwert - Sollwert}}{\text{Buchwert}}$$

der zugehörigen Position des Prüfungsfeldes ermittelt. Bei x entdeckten fehlbewerteten Stichprobengeldeinheiten ergeben sich so die Werte $d_1, d_2, ..., d_x$, die sämtlich zwischen 0 und 1 liegen. Die Durchschnittsfehlermethode verwendet das arithmetische Mittel $\overline{d}$ der entdeckten Fehlerraten als Faktor und erhält als obere Grenze für den Fehlerbetrag

$$D_0 = \theta_0(x) \cdot Y \cdot \overline{d}.$$

Die Durchschnittsfehlermethode unterstellt damit, daß die fehlbewerteten Geldeinheiten des Prüfungsfeldes (ebenso wie die Geldeinheiten der Stichprobe) im Durchschnitt mit der Fehlerrate $\overline{d}$ überbewertet sind. Für den Fall, daß in der Stichprobe keine fehlbewertete Geldeinheit entdeckt wurde, ist aber auch bei der Durchschnittsfehlermethode vom pessimistischsten Fall der vollständigen Überbewertung auszugehen und $d_0 = 1$ zu setzen. Dies kann aber zu dem nicht plausiblen Ergebnis führen, daß eine Stichprobe ohne Fehler eine höhere obere Fehlerbetragsgrenze impliziert als eine Stichprobe mit fehlbewerteten Stichprobengeldeinheiten, die nicht alle vollständig überbewertet sind. Das nachstehende Beispiel verdeutlicht diese Besonderheit (s. Hömberg [1981], S. 250): Werden bei einem Stichprobenumfang von $n = 100$ im Fall (a) keine fehlerhafte Geldeinheiten, im Fall (b) dagegen 5 fehlbewertete Geldeinheiten mit der durchschnittlichen Fehlerrate $\overline{d} = 0{,}25$ beobachtet, so ermitteln sich die oberen Fehlerbetragsgrenzen für $1 - \alpha = 0{,}95$ zu: (a) $D_0 = 0{,}0299 \cdot Y$ und (b) $D_0 = 0{,}10513 \cdot 0{,}25 \cdot Y = 0{,}02628 \cdot Y$. Eine Stichprobe mit 5 aufgedeckten Fehlern führt im Beispiel zu einer niedrigeren Fehlerbetragsgrenze als eine Stichprobe, die keinen Fehler ergab.

3. Bei der verbreiteten **Fehlerreihungsmethode** (s. Hömberg [1989], S. 253 - 254) kann dieses Problem nicht auftreten. Dieses Verfahren ist im Vergleich zum Durchschnittsfehlerverfahren vorsichtiger, d.h. es führt zu relativ großen oberen Fehlerbetragsgrenzen. Dazu wird zunächst unabhängig vom Stichprobenergebnis der obere Fehleranteil $\theta_0(0)$ errechnet und wie bei der Durchschnittsfehlermethode mit der maximalen Fehlerrate $d_0 = 1$ bewertet. Sind in der Stichprobe x fehlerhafte Geldeinheiten entdeckt worden, so ermittelt man des weiteren die Obergrenzen $\theta_0(1)$, $\theta_0(2),...,\theta_0(x)$. Hieraus werden für die Fehlerreihungsmethode die Differenzen zwischen allen aufeinanderfolgenden Fehleranteilen $\theta_0(1) - \theta_0(0)$, $\theta_0(2) - \theta_0(1)$, ... , $\theta_0(x) - \theta_0(x - 1)$ bestimmt. Das Prinzip der Fehlerreihungsmethode besteht darin, daß zu dem für 0 fehlerhafte Stichprobengeldeinheiten ermittelten oberen Fehlerbetrag ($\theta_0(0) \cdot Y \cdot d_0$) der durch jede einzelne fehlbewertete Stichprobengeldeinheit neu hinzukommende Fehleranteil $(\theta_0(k) - \theta_0(k-1))$, mit $k = 1, ..., x)$ mit einer bestimmten Fehlerrate (d_k) bewertet und hinzuaddiert wird:

$$D_0 = \theta_0(0) \cdot Y \cdot d_0 + Y \cdot \sum_{k=1}^{x} (\theta_0(k) - \theta_0(k-1)) \cdot d_k.$$

Die entdeckten Fehlerraten d_k haben zunächst keine sinnvolle Reihenfolge. Um das Verfahren nicht von willkürlichen Reihenfolgen der d_k abhängig zu machen, werden diese so geordnet, daß $d_1 \geq d_2 \geq ... \geq d_x$ gilt. Da die Differenzen $\theta_0(k) - \theta_0(k-1)$ mit zunehmenden k ebenfalls abnehmen (s. Tabelle 33), führt diese Vorgehensweise dazu, daß für jedes k die jeweils größte Differenz mit der größten Fehlerrate multipliziert wird. Von allen möglichen Reihenfolgen der Fehlerraten d_k errechnet sich dadurch die maximale obere Grenze D_0.

Alle dargestellten Methoden basieren auf der Voraussetzung, daß die einzelnen Geldeinheiten maximal in Höhe ihres ausgewiesenen Buchwertes fehlbewertet sein können. Das heißt, als maximal denkbare Fehlerrate wird von $d = 1$ ausgegangen. Diese Annahme entspricht im Fall der ausschließlichen Überbewertung der Realität, da eine Position höchstens um ihren Buchwert überbewertet sein kann. Ist dagegen eine Obergrenze für die maximale **Unterbewertung** im Prüfungsfeld zu bestimmen, so kann die maximale Fehlerrate grundsätzlich nicht auf höchstens $d = 1$ begrenzt werden, da eine Position auch um mehr als 100 % ihres Buchwertes unterbewertet sein kann (zu diesem Problem s. Hömberg [1981], S. 277 - 281). Im Fall der Aufdeckung von Unterbewertungen treten also sowohl Probleme bei der Auswahl als auch bei der Auswertung der Stichprobe auf. Deshalb empfiehlt sich eine Verwendung von DUS-Verfahren dann, wenn a priori vermutet werden kann, daß lediglich Überbewertungen vorliegen.

Ein weiteres mit den DUS-Verfahren verbundenes Problem ist die Bestimmung des erforderlichen Stichprobenumfangs n. Dieser hängt zum einen von der geforderten Aussagesicherheit und der Materiality-Grenze des Prüfungsfeldes ab. Zum anderen wird der Stichprobenumfang vom verwendeten DUS-Verfahren sowie von der Fehlerzahl in der Stichprobe beeinflußt. Diese Anzahl der Stichprobenfehler ergibt sich jedoch erst durch Auswertung der Stichprobe, so daß lediglich eine vom Prüfer zu schätzende Fehlerzahl zur Bestimmung des Stichprobenumfanges verwendet werden kann. Dies läßt sich beispielhaft anhand der Maximalfehlermethode verdeutlichen. Die obere Fehlergrenze berechnet sich bei dieser Methode nach der Beziehung

$$D_0 = (n \cdot \theta_0(x)) \cdot \frac{Y}{n}.$$

Zur Annahme des Prüfungsfeldes durch den Prüfer darf die obere Fehlergrenze eine vorgegebene Materiality-Grenze M nicht übersteigen, es muß $D_0 \leq M$ gelten. Soll also das Risiko der Annahme eines wesentlich überbewerteten Prüfungsfeldes maximal 5% betragen, so hat der Stichprobenumfang n folgender Ungleichung zu genügen:

$$n \geq \frac{(n \cdot \theta_0(x)) \cdot Y}{M}.$$

Die Größen $n \cdot \theta_0(x)$ liegen unabhängig vom Stichprobenumfang n in Abhängigkeit von der Aussagesicherheit und der Fehlerzahl x vertafelt vor. Zur Bestimmung des Stichprobenumfanges n ist daher die Abschätzung der Fehlerzahl x in der Stichprobe erforderlich. Vorgeschlagen wird hierzu die Vornahme einer Vorstichprobe (s. Würtele [1989], S. 240) oder die Verwendung rein subjektiv geschätzter Fehlerzahlen (s. Hömberg [1981], S. 275).

DUS-Verfahren werden insbesondere zur Prüfung von Prüfungsfeldern verwendet, die üblicherweise nur wenige überbewertete Positionen beinhalten, aber einige von diesen wesentlich falsch bewertet sein können. Beispiele hierfür bilden die Prüfungsfelder Forderungen und Vorräte (Taylor/Glezen [1988], S. 512). Die Anwendung von DUS-Verfahren soll daher am Beispiel der Prüfung eines Forderungsbestandes verdeutlicht werden. Zielsetzung der stichprobenweisen Prüfung mittels DUS-Verfahren ist die Überprüfung, ob die Überbewertungen im Prüfungsfeld bei einer vorgegebenen Aussagesicherheit die Materiality-Grenze überschreiten. Die Grundgesamtheit besteht aus 100 Forderungspositionen, deren Buchwerte (BW) in Tabelle 35 aufgeführt sind.

Die Summe der Buchwerte des Prüfungsfeldes beträgt somit 156.000 GE. Die Angaben des Beispielsfalles zeigen, daß mit einer vollständigen Prüfung eine Überbewertung von 3851 GE festgestellt werden könnte. Die Materiality-Grenze M, bei deren Überschreiten das Prüfungsfeld als wesentlich überbewertet abzulehnen ist, wird mit 10 % des Buchwertes, also 15.600 GE, festgelegt. Das Prüfungsfeld kann daher als ordnungsgemäß akzeptiert werden. Im folgenden soll gezeigt werden, zu welcher Entscheidung der Prüfer bei einer stichprobenweisen Prüfung auf Basis der verschiedenen DUS-Verfahren gelangt, wenn eine Aussagesicherheit von 95 % vorgegeben wird (Risiko der Annahme eines wesentlich überbewerteten Prüfungsfeldes 5 %).

Pos. Nr.	BW	Über-bew.	Kum. BW	Pos. Nr.	BW	Über-bew.	Kum. BW
1	1020	-	1020	51	582	-	91474
2	696	-	1716	52	1450	-	92924
3	208	-	1924	53	260	-	93184
4	1847	-	3771	54	5261	-	98445
5	1240	-	5011	55	1200	-	99645
6	5391	27	10402	56	770	-	100415
7	1190	-	11592	57	2456	-	102871
8	2554	-	14146	58	1278	-	104149
9	218	-	14364	59	2266	-	106415
10	5000	973	19364	60	1780	890	108195
11	4606	-	23970	61	3008	-	111203
12	2106	-	26076	62	3329	-	114532
13	402	-	26478	63	3175	-	117707
14	1335	-	27813	64	1080	-	118787
15	3240	-	31053	65	425	-	119212
16	2507	-	33560	66	569	-	119781
17	2824	-	36384	67	2064	-	121845
18	650	-	37034	68	-	-	121845
19	144	-	37178	69	1860	-	123705
20	669	-	37847	70	660	100	124365
21	543	-	38390	71	200	-	124565
22	730	-	39120	72	2455	-	127020
23	770	385	39890	73	3950	-	130970
24	145	-	40035	74	-	-	130970
25	7049	-	47084	75	906	-	131876
26	640	-	47724	76	100	-	131976
27	890	-	48614	77	1041	-	133017
28	238	-	48852	78	1190	-	134207
29	742	-	49594	79	576	-	134783
30	480	480	50074	80	-	-	134783
31	240	-	50314	81	10	-	134793
32	480	-	50794	82	4860	-	139653
33	845	-	51639	83	885	-	140538
34	345	-	51984	84	104	-	140642
35	1030	-	53014	85	-	-	140642
36	2035	-	55049	86	2940	-	143582
37	988	-	56037	87	576	-	144158
38	306	-	56343	88	1020	-	145178
39	5551	-	61894	89	-	-	145178
40	2652	636	64546	90	873	-	146051
41	195	-	64741	91	5218	-	151269
42	950	-	65691	92	119	-	151388
43	306	-	65997	93	720	-	152108
44	2605	-	68602	94	-	-	152180
45	3196	360	71798	95	975	-	153083
46	850	-	72648	96	1160	-	154243
47	3722	-	76370	97	540	-	154783
48	4222	-	80592	98	145	-	154928
49	5000	-	85592	99	710	-	155638
50	5300	-	90892	100	362	-	156000

Tab. 35: *Daten einer Grundgesamtheit von 100 Forderungen*

Auf Basis einer Aussagesicherheit von 95 % und der festgelegten Materiality-Grenze von 15.600 GE ist im ersten Schritt der erforderliche Stichprobenumfang n festzulegen. Die Berechnung erfolgt dabei unter Zugrundelegung der pessimistischen Maximalfehlermethode, um so einen möglichst sicheren Stichprobenumfang zu bestimmen. Eine durchgeführte Vorstichprobe konnte keine fehlerhafte Position aufdecken. Der Stichprobenumfang errechnet sich deshalb aus der Beziehung:

$$n \geq \frac{(n \cdot \theta_0(0)) \cdot Y}{M} = \frac{2{,}996 \cdot 156.000}{15.600} = 29{,}96.$$

Aus der Grundgesamtheit von 100 Forderungen ist eine Stichprobe vom Umfang n = 30 zu ziehen. Zur größenproportionalen Auswahl wird dazu die **Fixed-Interval-Methode** verwendet. Das Entnahmeintervall J errechnet sich zu 156.000 : 30 = 5.200. Als zufälliger Startpunkt der Entnahme wird durch Generierung einer Zufallszahl aus dem Intervall [0; 5.200] die 2.600te GE festgelegt. Damit ergibt sich die Stichprobe in nachstehender Tabelle 36.

Entnom- mene GE	Pos. Nr.	BW	Über- bew.	Fehler- rate d
2600	4	1847	-	-
7800	6	5391	27	0,00501
13000	8	2554	-	-
18200	10	5000	973	0,195
23400	11	4606	-	-
28600	15	3240	-	-
33800	17	2824	-	-
39000	22	730	-	-
44200	25	7049	-	-
49400	29	742	-	-
54600	36	2035	-	-
59800	39	5551	-	-
65000	42	950	-	-
70200	45	3196	360	0,113
75400	47	3722	-	-
80600	49	5000	-	-
85800	50	5300	-	-
91000	51	582	-	-
96200	54	5261	-	-
101400	57	2456	-	-
106600	60	1780	890	0,5
111800	62	3329	-	-
117000	63	3175	-	-
122200	69	1860	-	-
127400	73	3950	-	-
132600	77	1041	-	-
137800	82	4860	-	-
143000	86	2940	-	-
148200	91	5218	-	-
153400	96	1160	-	-

Tab. 36: *Stichprobe vom Umfang n = 30 aus der Grundgesamtheit in Tabelle 34*

In der Stichprobe vom Umfang $n = 30$ werden 4 fehlerhafte GE festgestellt. Bei einer Aussagesicherheit von 95 % beträgt der maximale Fehleranteil in der Grundgesamtheit deshalb $\theta_0(4) = 9{,}154 : 30 = 0{,}305$.

Nach der **Maximalfehlermethode** ermittelt sich der gesuchte obere Fehlerbetrag zu

$$D_0 = \theta_0(4) \cdot Y = 0{,}305 \cdot 156.000 = 47.580$$

Auf Grundlage dieser pessimistischen Fehlerbewertung muß der Prüfer das Prüfungsfeld als nicht ordnungsgemäß ablehnen, da die tolerierbare Materiality-Grenze der Überbewertung lediglich 15.600 GE beträgt, es aber bei der Aussagesicherheit von 95 % nach den Stichprobenergebnissen und der Maximalfehlermethode nicht ausgeschlossen werden kann, daß die Überbewertung des Prüfungsfeldes diese Materiality-Grenze übersteigt.

Die **Durchschnittsfehlermethode** bewertet dagegen den geschätzten maximalen Fehleranteil mit dem Durchschnitt aus den in der Stichprobe aufgetretenen Fehlerraten. Die durchschnittliche Fehlerrate $\bar{d}$ ergibt sich zu

$$\bar{d} = \frac{(0{,}00501 + 0{,}195 + 0{,}113 + 0{,}5)}{4} = 0{,}203.$$

Die Durchschnittsfehlermethode führt so zu einer oberen Fehlergrenze von

$$D_0 = \theta_0(4) \cdot Y \cdot \bar{d} = 0{,}305 \cdot 156.000 \cdot 0{,}203 = 9658{,}74.$$

Auf Grundlage dieser Methode kann das Prüfungsfeld als ordnungsgemäß akzeptiert werden, da die Überbewertung im Prüfungsfeld mit einer Aussagesicherheit von 95 % unter der errechneten maximalen Fehlerbetragsgrenze von 9.658,74 GE liegt und daher mit einer Sicherheit von mindestens 95 % nur unwesentliche Überbewertungen vorliegen.

Bei Anwendung der **Fehlerreihungsmethode** sind die in der Stichprobe beobachteten Fehlerraten zunächst nach abnehmender Größe zu ordnen. Daraus ergibt sich die Reihenfolge $d_1 = 0{,}5 \geq d_2 = 0{,}195 \geq d_3 = 0{,}113 \geq d_4 = 0{,}00501$. Entsprechend der Vorgehensweise der Fehlerreihungsmethode wird der mit jeder in der Stichprobe festgestellten fehlerhaften Geldeinheit hinzukommende Fehleranteil mit diesen Fehlerraten bewertet. Die erforderlichen Fehleranteilsdifferenzen können dabei Tabelle 33 entnommen werden (die Differenzen der Fehlerintensitäten müssen hierzu durch den Stichprobenumfang n dividiert werden) und lauten für $k = 1, ...,$ 4 und $n = 30$: 0,0583; 0,0517; 0,0486; 0,0467. Daraus ergibt sich als obere Fehlergrenze

$$D_0 = 0{,}0998 \cdot 156.000 + 156.000 \cdot (0{,}0583 \cdot 0{,}5 + 0{,}0517 \cdot 0{,}195$$

$$+ \, 0{,}0486 \cdot 0{,}113 + 0{,}0467 \cdot 0{,}00501) = 22.582{,}13$$

Auch auf Basis der Fehlerreihungsmethode ist das Prüfungsfeld daher bei einem Fehlerrisiko von 5 % abzulehnen.

Wie das Beispiel zeigt, sind die Maximalfehlermethode und die Fehlerreihungsmethode als sehr konservativ zu charakterisieren. Sie führen im Beispielsfall zur Ablehnung des Prüfungsfeldes, obwohl dieses nur unwesentlich überbewertet ist; zum anderen ergeben sich durch die vorsichtige Fehlerbewertung im Vergleich zur der im Beispiel tatsächlich vorgenommenen Überbewertung sehr hohe obere Fehlerbetragsgrenzen.

B. Testverfahren

I. Einfacher Hypothesentest

Neben den dargestellten Verfahren zur Schätzung eines unbekannten Parameters werden im Prüfungswesen auch die aus dem Hypothesentest der statistischen Stichprobentheorie abgeleiteten Annahmestichprobenverfahren verwendet. Im folgenden wird der Hypothesentest für die homograde Fragestellung beschrieben.

Eine Anwendungsmöglichkeit dieses Verfahrens ist dann gegeben, wenn der Prüfer die Ordnungsmäßigkeit eines Prüfungsfeldes beurteilen soll. Der Maßstab für die Ordnungsmäßigkeit eines Prüfungsfeldes - der zu testende Parameter - ist sein wahrer Fehleranteil P. Weist bspw. ein Prüfungsfeld N Geschäftsfälle auf und sind davon M Fälle fehlerhaft, so errechnet sich der Fehleranteil aus $P = M/N$. Dementsprechend ist $N-M$ die Anzahl der fehlerfrei erfaßten und gebuchten Geschäftsfälle. Setzt man die Anzahl der fehlerfreien Geschäftsfälle in Relation zum Gesamtumfang des Prüfungsfeldes, so erhält man mit $(N-M)/N = 1-P$ den fehlerfreien Anteil der zu prüfenden Geschäftsfälle.

Der Hypothesentest bedient sich des direkten statistischen Schlusses, d.h., methodisch gesehen wird von dem wahren Fehleranteil P der Grundgesamtheit auf den zu erwartenden Fehleranteil p in der Stichprobe geschlossen. Dieser wahre Fehleranteil P ist dem Prüfer jedoch unbekannt und allenfalls durch eine lückenlose Prüfung feststellbar. Deswegen kann der Prüfer seinem Schluß nicht den wahren Fehleranteil P, sondern nur Hypothesen über diesen Fehleranteil zugrunde legen. Zweckmäßigerweise werden im Fall der Buchprüfung zwei alternative Hypothesen einander gegenübergestellt; die Nullhypothese und die Gegenhypothese.[1] Die Nullhypothese unterstellt, daß das Prüfungsfeld einen zulässigen Fehleranteil P_0 aufweist, und die Gegenhypothese besagt, daß dem Prüfungsfeld ein unzulässiger Fehleranteil P_1 zugrunde liegt. Als Größenbeziehung zwischen den beiden Hypothesenwerten ist damit $P_0 < P_1$ festgelegt. Nach dem Ziehen einer Stichprobe wird unter Anwendung von Überlegungen der Wahrscheinlichkeitstheorie untersucht, ob das Stichprobenergebnis entweder auf eine Grundgesamtheit mit dem Parameter P_0 oder auf eine Grundgesamtheit mit dem Parameter P_1 zurückzuführen ist. Wenn das Stichprobenergebnis vermuten läßt, daß der Fehleranteil im Prüfungsfeld P_0 beträgt, dann wird die Nullhypothese akzeptiert und das Prüfungsfeld als ordnungsgemäß angesehen. Muß

---

[1] Zum Hypothesentest bei einer weniger speziellen Fragestellung vgl. z.B. Kreyszig [1979], S. 203 - 215.

hingegen aufgrund des Stichprobenergebnisses p angenommen werden, daß der Fehleranteil im Prüfungsfeld P_1 beträgt, so wird das Prüfungsfeld als nicht ordnungsgemäß verworfen.

Die Hypothesenwerte P_0 und P_1 werden von dem Prüfer subjektiv festgelegt und können von Prüfungsfeld zu Prüfungsfeld wechseln. Als Wert für P_1 wird im allgemeinen der Fehleranteil angenommen, der in einem ordnungsgemäßen Prüfungsfeld gerade nicht mehr tolerierbar ist (s. Wysocki [1988], S. 206). Ein solcher Wert kann z.B. aus den Grundsätzen ordnungsmäßiger Buchführung abgeleitet werden.

Zu der Festsetzung der Nullhypothese P_0 werden in der Literatur unterschiedliche Vorschläge gemacht. Nur wenn der Prüfer erwartet, daß das Prüfungsfeld ordnungsgemäß ist, ist es möglich, den vermuteten Fehleranteil im Prüfungsfeld als Wert der Nullhypothese anzusetzen (s. Leffson/Lippmann/Baetge [1969], S. 56). Zu dieser a priori-Vermutung über den Parameter P kann der Prüfer auf verschiedene Weise gelangt sein, sei es durch vorausgegangene Prüfung oder durch eine Vorstichprobe (pilot sample). Ein alternativer Wertansatz für P_0 ergibt sich, wenn als Nullhypothese die Anforderung des Prüfers an die durchschnittliche Beschaffenheit des Prüfungsfeldes angesetzt wird.[1] Häufig findet sich auch der Vorschlag, für P_0 einen Fehleranteil zu wählen, bei dessen Zutreffen die Ordnungsmäßigkeit des Prüfungsfeldes uneingeschränkt bestätigt werden kann (s. Leffson [1988], S. 187; Wysocki [1988], S. 206). *Vance* und *Neter* empfehlen, als Nullhypothese einen "wünschenswerten" (desirable) Fehleranteil zu unterstellen, bei dessen Vorkommen das Prüfungsfeld mit hoher Sicherheit nicht verworfen werden soll (s. Vance/Neter [1956], S. 38 - 40). Diesem Vorschlag soll im folgenden gefolgt werden.

Unabhängig davon, auf welche Weise die Hypothesenwerte ermittelt worden sind, ist eine völlige Gewißheit darüber, ob die Null- oder die Gegenhypothese akzeptiert werden muß, praktisch nur durch eine Vollprüfung zu erreichen. Bei der Vollprüfung können sich beliebige Werte des Parameters P ($0 \leq P \leq 1$) ergeben. Beim hier geschilderten Test werden jedoch - streng genommen - nur die Werte P_0 und P_1 gegenüber gestellt. Die beiden Hypothesenwerte vertreten aber gewissermaßen als Grenzwerte die beiden Bereiche des auf jeden Fall ordnungsgemäßen Prüfungsfeldes ($P \leq P_0$) und des nicht ordnungsgemäßen Prüfungsfeldes ($P \geq P_1$).

Ein nur stichprobenweises Prüfen des Prüfungsfeldes birgt das Risiko in sich, eine falsche Entscheidung zu treffen. Grundsätzlich sind zwei Arten von Fehlentscheidungen aufgrund eines Hypothesentests zu unterscheiden:

Fehler erster Art: Die Nullhypothese ist richtig; der wahre Fehleranteil P des Prüfungsfeldes ist kleiner gleich dem unterstellten Fehleranteil P_0. Aufgrund des zufällig in der Stichprobe aufgetretenen Fehleranteils p wird die Nullhypothese aber abgelehnt und damit das Prüfungsfeld verworfen.

Fehler zweiter Art: Die Nullhypothese ist falsch. Das bedeutet, die Gegenhypothese ist richtig. Das Prüfungsfeld wird aufgrund des Stichprobenergebnisses akzeptiert, obwohl es nicht ordnungsgemäß ist.

Angenommen, die Nullhypothese des Prüfers über den Fehleranteil des Prüfungsfeldes ist $P_0 = 0{,}02$ und die Gegenhypothese $P_1 = 0{,}04$ wobei - wie bereits angeführt - die Gegenhypothese denjenigen Fehleranteil beinhaltet, der in einem ordnungsgemäßen Prüfungsfeld gerade nicht mehr zulässig ist. Das Stichprobenergebnis p soll darüber Auskunft geben, welcher dieser beiden Hypothesen zuzustimmen ist. Dazu ist es notwendig, für das Stichprobenergebnis p ex ante eine "Trennmarke" p' ($P_0 < p' < P_1$)

---

[1] Vgl. Elmendorff [1963], S. 27. Konsequenterweise muß diese durchschnittliche Beschaffenheit, die sich in P_0 niederschlägt, eine Mindestanforderung für eine Gesamtheit von Prüfungsfeldern sein, während sich die Mindestanforderung für ein einzelnes Prüfungsfeld in der Gegenhypothese P_1 ausdrückt.

zu bestimmen, bei deren Überschreiten (also $p > p'$) der Prüfer annimmt, daß seine Hypothese, das Prüfungsfeld enthalte nur 2 % fehlerhafte Geschäftsfälle, falsch ist. Ebenso wird er beim Unterschreiten dieser Grenze p' durch das Stichprobenergebnis p (also $p < p'$) die Gegenhypothese, daß das Prüfgebiet den nicht mehr tolerierbaren Fehleranteil $p_1 = 0{,}04$ enthalte, ablehnen.

Im folgenden Diagramm (Abbildung 31) soll zunächst die Beziehung zwischen der Nullhypothese P_0, der Annahmegrenze p' in der Stichprobe und dem oben beschriebenen Fehler erster Art dargestellt werden. Auf der Abszisse sind dabei die möglichen Fehleranteile p in der Stichprobe und auf der Ordinate die zugehörige Dichtefunktion abgetragen, falls P_0 gleich dem wahren Fehleranteil P ist ($P = P_0$). Dabei ist unterstellt, daß die Zufallsvariable "Fehleranteil in der Stichprobe" normalverteilt ist mit der Nullhypothese P_0 als Erwartungswert und der Varianz $P_0 (1-P_0) / n$. Die Dichtefunktion wird in der Abbildung mit f(p) bezeichnet.

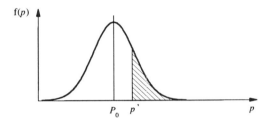

Abb. 31: *Annahme- und Ablehnungsbereich der Nullhypothese*

Wenn der Fehleranteil der Grundgesamtheit mit der Nullhypothese P_0 übereinstimmt, dann werden auch am häufigsten in den (potentiellen) Stichproben Fehleranteile vorkommen, welche in der Nähe von P_0 liegen. Stärker vom Grundgesamtheitsparameter P_0 abweichende Stichprobenparameter p werden seltener auftreten. Trotzdem können aber, auch wenn die Nullhypothese zutrifft, Stichprobenergebnisse mit $p > p'$ auftreten, bei denen also das Prüfungsfeld verworfen wird, obwohl es ordnungsgemäß ist. Die Wahrscheinlichkeit, mit der solche Stichprobenergebnisse vorkommen, die zur Verwerfung des Prüfungsfeldes führen, entspricht der schraffierten Fläche unter der Kurve der Dichtefunktion. Diese Wahrscheinlichkeit ist gleich dem Risiko eines Fehlers erster Art.

Ähnlicher Natur sind die Beziehungen zwischen Gegenhypothese, Annahmegrenze in der Stichprobe und Fehler zweiter Art; sie werden in Abb. 32 aufgezeigt, wobei diesmal unterstellt wird, daß die Gegenhypothese richtig ist, der wahre Parameter der Grundgesamtheit also P_1 ist.

Wenn die Gegenhypothese zutrifft, wird nur ein relativ kleiner Anteil der (potentiellen) Stichproben einen Fehleranteil $p < p'$ aufweisen. Nur in dieser geringen Anzahl von Fällen wird der Prüfer einen Fehler zweiter Art begehen, indem er das Prüfungsfeld als ordnungsgemäß annimmt, obwohl die Gegenhypothese zutrifft. Analog entspricht die Wahrscheinlichkeit eines Fehlers zweiter Art der schraffierten Fläche unter der Glockenkurve.

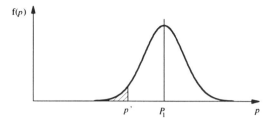

Abb.32: *Annahme- und Ablehnungsbereich der Gegenhypothese*

Wie man aus den Abbildungen 29 und 30 erkennt, hängt die Höhe des Risikos (Größe der schraffierten Fläche unter der Glockenkurve der Normalverteilung) von der Distanz zwischen P_0 bzw. P_1 und der Annahmegrenze p' in der Stichprobe ab. Je größer dieses Intervall ist, um so geringer wird das Risiko. Für vorgegebenes Risiko α des Fehlers erster Art ist also ein p' gesucht, welches die Beziehung

$$W(p > p') = \alpha$$

erfüllt. Die zu p standardisierte Größe

$$\frac{p - P_0}{\sqrt{P_0(1-P_0)}}\sqrt{n}$$

ist voraussetzungsgemäß N(0,1)-verteilt, so daß für das $(1-\alpha)$-Quantil t_0 der Standardnormalverteilung, welches für verschiedene α vertafelt vorliegt (s. z.B. Hartung/Elpelt/Klösener [1989], S. 891), die Beziehung

$$W\left(\frac{p - P_0}{\sqrt{P_0(1-P_0)}}\sqrt{n} > t_0\right) = \alpha$$

gilt. Das gewünschte p' ergibt sich hieraus durch einfache Umformung zu

$$p' = P_0 + t_0\sqrt{\frac{P_0(1-P_0)}{n}}.$$

Eine analoge Überlegung ergibt für vorgegebenes Risiko β des Fehlers zweiter Art die Beziehung

$$p' = P_1 - t_1\sqrt{\frac{P_1(1-P_1)}{n}},$$

wobei t_1 das $(1-\beta)$-Quantil der Standardnormalverteilung bezeichnet.

Zur Errechnung des erforderlichen Stichprobenumfangs n werden diese Beziehungen gleichgesetzt und man erhält über

$$P_0 + t_0\sqrt{\frac{P_0(1-P_0)}{n}} = P_1 - t_1\sqrt{\frac{P_1(1-P_1)}{n}}$$

durch Quadrieren

$$n = \left(\frac{t_0 \cdot \sqrt{P_0(1-P_0)} + t_1 \cdot \sqrt{P_1(1-P_1)}}{P_1 - P_0}\right)^2.$$

Nach der erstellten Beziehung ist also der erforderliche Stichprobenumfang n von den folgenden Komponenten abhängig:
1. von dem Wert P_0 der Nullhypothese,
2. von dem Wert P_1 der Gegenhypothese,
3. von dem Risiko eines Fehlers erster Art, das der Prüfer einzugehen bereit ist; dieses Risiko findet in t_0 seinen Niederschlag,
4. von dem Risiko eines Fehlers zweiter Art, das der Prüfer einzugehen bereit ist; dieses Risiko findet in t_1 seinen Niederschlag.

Für einen Prüfer ist es schwerwiegender, wenn unentdeckt bleibt, daß ein Prüfungsfeld nicht ordnungsgemäß ist, als wenn ein ordnungsgemäßes Prüfgebiet zurückgewiesen wird, zumal in letzterem Fall bei der Nachbearbeitung festgestellt werden wird, daß ein ordnungsgemäßes Prüfungsfeld vorgelegen hat (s. Wysocki [1988], S. 172 - 173). Der Prüfer wird also das zulässige Risiko eines Fehlers zweiter Art geringer ansetzen als das Risiko eines Fehlers erster Art. Ist der Prüfer z.B. bereit, ein Risiko eines Fehlers erster Art von $\alpha = 5\%$ einzugehen, so läßt sich in den Tabellen der Quantile der Standardnormalverteilungen ein Wert von $t_0 = 1{,}645$ ablesen. Soll das Risiko eines Fehlers zweiter Art 2 % betragen, so ergibt sich für $t_1 = 2{,}054$. Außer diesen beiden Zahlen werden noch die Werte für $P_0 = 0{,}02$ und $P_1 = 0{,}04$ in die Gleichung eingesetzt. Der erforderliche Prüfungsumfang beträgt dann

$$n = \left(\frac{1{,}645\sqrt{0{,}02 \cdot 0{,}98} + 2{,}045\sqrt{0{,}04 \cdot 0{,}96}}{0{,}04 - 0{,}02} \right)^2 \approx 1.002.$$

Durch Einsetzen des notwendigen Stichprobenumfangs $n = 1.002$ in die für p' ermittelte Beziehung läßt sich auch die Annahmegrenze p' in der Stichprobe ermitteln, und man erhält $p' = 0{,}00273$

Dieses Ergebnis läßt sich folgendermaßen veranschaulichen. Der Prüfer will vermeiden, daß ein Prüfungsfeld mit bspw. $N = 30.000$ Geschäftsfällen verworfen wird, sofern es nicht mehr als $M_0 = 600$ ($P_0 = 0{,}02$) fehlerhaft erfaßte Geschäftsfälle enthält. Wenn jedoch die wahre Fehlerzahl des Prüfungsfeldes $M_1 = 1.200$ ($P_1 = 0{,}04$) übersteigt, so wird er das Prüfungsfeld als nicht ordnungsgemäß ablehnen. Es ist jedoch nicht notwendig, daß die Entscheidung über Ablehnung und Annahme des Prüfungsfeldes unter Sicherheit erfolgt, vielmehr genügt dem Prüfer, daß er mit mindestens 98 % Sicherheit kein Prüfungsfeld akzeptiert, dessen Fehleranteil 4 % übersteigt. Für das Vermeiden eines Fehlers erster Art, daß ein ordnungsgemäßes Prüfungsfeld zurückgewiesen wird, ist eine Sicherheit von 95 % hinreichend. Dieser Sicherheitsgrad ist zudem nur erreicht, wenn die Nullhypothese P_0 des Prüfers mit dem wahren Fehleranteil P im Prüfgebiet übereinstimmt. Der Sicherheitsgrad ist größer als 95 %, wenn $P < P_0$, und geringer als 95 %, wenn $P > P_0$.

Unter diesen Bedingungen reicht es aus, wenn anstatt aller $N = 30.000$ Geschäftsfälle nur eine Stichprobe vom Umfang $n = 1.002$ nach dem Prinzip der Zufallsauswahl entnommen und geprüft wird. Die eigentliche Prüfungsarbeit wird also ganz erheblich dadurch reduziert, daß anstatt einer Vollprüfung eine stichprobenweise Prüfung durchgeführt wird. Die Risiken dieser Prüfungsmethode sind relativ gering und berechenbar. Der gesamte Prüfungsumfang vermindert sich auf wenigstens 3,5 % der Geschäftsfälle.

Die Entscheidungssituation für den Prüfer ist einfach: Ergibt sich in dieser Stichprobe ein Fehleranteil $p > p' = 0{,}0273$, befinden sich also unter den 1.002 entnommenen Geschäftsfällen 28 oder mehr fehlerhafte, so ist das Prüfgebiet zurückzuweisen; sind nur 27 oder weniger Fälle fehlerhaft, so wird das Prüfungsfeld als ordnungsgemäß angesehen.

II. Sequentialtestverfahren

a. Grundgedanken des Sequentialtests

Beim Sequentialtestverfahren ist der Stichprobenumfang nicht von vornherein festgelegt. Er ist vielmehr in Abhängigkeit von den Informationen, die man aus der Ermittlung und den Veränderungen des Testparameters während der Entnahme der Stichprobenelemente gewinnen kann, variabel (vgl. AWV [1980], S. 8; Ghosh [1970], S. 30). Die Stichprobenelemente werden der Grundgesamtheit nicht in einem Durchgang, sondern einzeln, jeweils nacheinander, entnommen. Nach jeder Entnahme einer Untersuchungseinheit wird eine der drei nachstehenden Entscheidungen getroffen:

1. Die Untersuchungsgesamtheit ist abzulehnen (d.h. die Gegenhypothese ist zu akzeptieren).
2. Die Untersuchungsgesamtheit ist anzunehmen (d.h. die Nullhypothese ist zu akzeptieren).
3. Der Stichprobenumfang ist für ein hinreichend sicheres Urteil noch nicht ausreichend, so daß eine weitere Untersuchungseinheit zu entnehmen ist.

Die Anzahl der bis zu einer Entscheidung benötigten Stichprobenbeobachtungen wird damit selbst zu einer Zufallsvariablen, die davon abhängt, wie die Beobachtungen bei den einzelnen Ziehungen ausfallen.

Die mathematisch zu beweisende Überlegung, daß bestimmte stochastische Konstellationen (die z.B. jeweils die Ablehnung der Grundgesamtheit rechtfertigen) mit hoher Wahrscheinlichkeit im Verlaufe einer Beobachtungsserie mehrmals auftreten, läßt sich zur Herabsetzung des Prüfungsumfangs ausnutzen, wenn man die Beobachtungen schrittweise hintereinander schaltet (s. Menges [1958], S. 77). Die Informationen, die nach wenigen Stichprobenziehungen vorliegen, reichen u.U. bereits aus, um ein Urteil unter Einhaltung der zulässigen Fehlerrisiken zu fällen. Im homograden Fall - der im folgenden ausschließlich dargestellt wird - ist das z.B. möglich, wenn die ersten gezogenen Stichprobenelemente fast ausschließlich fehlerhaft sind oder wenn nach Ziehung einer bestimmten Anzahl von Elementen noch kein einziger Fehler festgestellt worden ist.

Der Sequentialtest beruht auf einem Wahrscheinlichkeitsvergleich. Ist die Wahrscheinlichkeit dafür, daß die beobachtete Stichprobe bei Gültigkeit von H_0 vorliegt, im Vergleich zu der, die sich bei der Gültigkeit von H_1 ergibt, groß, so entscheidet man sich für H_0, während man sich in der umgekehrten Situation für H_1 entscheidet. Sind dagegen die beiden Wahrscheinlichkeiten ungefähr gleich, so muß noch weiter beobachtet werden. Dieses Prinzip wird im folgenden näher erläutert.

b. Sequentielle Entscheidungsfindung

Bei dem von *Wald* entwickelten sequentiellen Quotiententest wird das Verhältnis der Wahrscheinlichkeit für die Richtigkeit der beiden Hypothesen, d.h. der Quotient W_{1n}/W_{0n} (sequentieller Wahrscheinlichkeitskoeffizient) als Entscheidungskriterium verwendet. W_{1n} ist die Wahrscheinlichkeit, die Stichprobenbeobachtungsfolge $x_1, x_2, ..., x_n$ zu erhalten, wenn die Alternativhypothese richtig ist. Entsprechend bezeichnet W_{0n} die Wahrscheinlichkeit dafür, daß man die Stichprobenbeobachtungsfolge $x_1, x_2, ..., x_n$ erhält, wenn die Nullhypothese richtig ist.

1. Die Nullhypothese wird abgelehnt und die Alternativhypothese angenommen, wenn gilt

$$\frac{W_{1n}}{W_{0n}} \geq A. \tag{1}$$

2. Die Nullhypothese wird angenommen und die Alternativhypothese abgelehnt, wenn gilt

$$\frac{W_{1n}}{W_{0n}} \leq B. \tag{2}$$

3. Für

$$B < \frac{W_{1n}}{W_{0n}} < A \tag{3}$$

ist weiterzuprüfen, d.h. eine weitere Untersuchungseinheit zu entnehmen.

Der Sequentialtest nach *Wald* basiert auf der Binomialverteilung. Streng genommen müßten deshalb die Stichprobenelemente nach dem Modell "Ziehen mit Zurücklegen" erhoben werden, was nicht den Gegebenheiten (z.B. einer Stichprobeninventur) entspricht. Eine weitere Folge der Verwendung der Binomialverteilung ist, daß der Umfang der Grundgesamtheit bei der Ermittlung der Annahme- und Rückweisungsgrenzen ohne Einfluß bleibt.

Wenn x die Anzahl der fehlerhaften Untersuchungseinheiten in der Stichprobenbeobachtungsfolge $x_1, x_2, ..., x_n$ bezeichnet, so gilt

$$W_{1n} = P_1^x (1-P_1)^{n-x}$$

und

$$W_{0n} = P_0^x (1-P_0)^{n-x}.$$

Daraus ergibt sich für den sequentiellen Wahrscheinlichkeitskoeffizienten

$$\frac{W_{1n}}{W_{0n}} = \frac{P_1^x (1-P_1)^{n-x}}{P_0^x (1-P_0)^{n-x}}.$$

Zur einfacheren mathematischen Behandlung wird diese Gleichung logarithmiert und man erhält nach Umformungen:

$$\ln\left[\frac{W_{1n}}{W_{0n}}\right] = x \cdot \ln\left[\frac{P_1(1-P_0)}{P_0(1-P_1)}\right] - n \cdot \ln\left[\frac{1-P_0}{1-P_1}\right].$$

Die Vergleichsgrößen A und B können näherungsweise mit
$$A = \frac{1-\beta}{\alpha} \quad \text{und} \quad B = \frac{\beta}{1-\alpha}$$
beschrieben werden. Daraus ergibt sich für die Testungleichungen (1), (2) und (3):
1. Die Nullhypothese wird abgelehnt bei
$$x \cdot \ln\left[\frac{P_1(1-P_0)}{P_0(1-P_1)}\right] - n \cdot \ln\left[\frac{1-P_0}{1-P_1}\right] \geq \ln\left[\frac{1-\beta}{\alpha}\right]. \tag{4}$$
2. Die Nullhypothese wird angenommen bei
$$x \cdot \ln\left[\frac{P_1(1-P_0)}{P_0(1-P_1)}\right] - n \cdot \ln\left[\frac{1-P_0}{1-P_1}\right] \leq \ln\left[\frac{\beta}{1-\alpha}\right]. \tag{5}$$
3. Bei
$$\ln\left[\frac{\beta}{1-\alpha}\right] < x \cdot \ln\left[\frac{P_1(1-P_0)}{P_0(1-P_1)}\right] - n \cdot \ln\left[\frac{1-P_0}{1-P_1}\right] < \ln\left[\frac{1-\beta}{\alpha}\right]$$
ist weiterzuprüfen.

Nach Auflösung von (4) und (5) nach x und Substitution des Ungleichheitszeichens durch ein Gleichheitszeichen, ermittelt sich aus (4) die Rückweisungsgrenze
$$x_{rn} = h_1 + s\,n$$
und aus (5) die Annahmegrenze
$$x_{an} = h_0 + s\,n$$
mit
$$s = \ln\left[\frac{1-P_0}{1-P_1}\right] : \ln\left[\frac{P_1(1-P_0)}{P_0(1-P_1)}\right],$$
$$h_1 = \ln\left[\frac{1-\beta}{\alpha}\right] : \ln\left[\frac{P_1(1-P_0)}{P_0(1-P_1)}\right] \quad \text{und}$$
$$h_0 = \ln\left[\frac{\beta}{1-\alpha}\right] : \ln\left[\frac{P_1(1-P_0)}{P_0(1-P_1)}\right].$$

Die Rückweisungs- und die Annahmegrenze sind also lineare Funktionen des Stichprobenumfangs n und lassen sich als parallel verlaufende Geraden mit der gemeinsamen Steigung s darstellen.

Nachfolgende Abbildung 33 verdeutlicht die Vorgehensweise beim Sequentialtestverfahren. In ein Koordinatensystem, in dem auf der Abszisse die Anzahl der Stichprobenelemente n und auf der Ordinate die Anzahl der fehlerhaften Stichprobenelemente x abgetragen sind, werden zwei parallele Geraden mit der Steigung s eingezeichnet. Die Lage dieser Geraden (s. Buchner/Reuter [1972], S. 544; Wysocki [1988], S. 208) hängt ab von der Nullhypothese P_0, der Alternativhypothese P_1, sowie dem Fehler 1. und 2. Art (zu diesen beiden Fehlerarten s. S. 411).

Nach jeder Entnahme eines Stichprobenelementes prüft man, ob die Anzahl der bisher entdeckten Fehler schon eine Entscheidung zulassen, oder ob man noch weitere Stichprobenelemente ziehen muß.

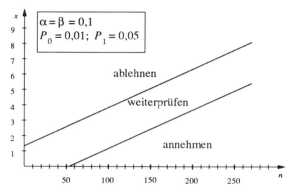

Abb. 33: *Graphische Darstellung des Stichprobenplans für einen Sequentialtest*

c. Der Anwendungsfall "Stichprobeninventur"

Eine Stichprobeninventur ist dadurch gekennzeichnet, daß der aufzunehmende Bestand an Vorräten nur teilweise körperlich, d.h. durch Zählen, Messen, Wiegen oder Schätzen aufgenommen wird. Da lediglich die in die Stichprobe einbezogenen Vorräte inventurmäßig bearbeitet werden, ergeben sich gegenüber der Vollaufnahme geringere Aufnahmekosten, denn Aufnahmezeit und Personalbedarf reduzieren sich. Wegen der Verminderung der Zahl der aufzunehmenden Positionen ist die Wahrscheinlichkeit von Erhebungsfehlern (z.B. Doppelerfassung, Übersehen) im Vergleich zu Vollerhebung geringer.

Die Anwendungsvoraussetzungen der Stichprobeninventur ergeben sich aus § 241,1 HGB (zur ausführlichen Diskussion der Anwendungsvoraussetzungen s. Quick [1991], S. 165 - 186). Danach muß ein anerkanntes mathematisch-statistisches Verfahren zur Anwendung kommen und dieses Verfahren muß den Grundsätzen ordnungsmäßiger Inventur entsprechen. Der Aussagewert eines Inventars, das auf Stichprobeninventur basiert, muß dem Aussagewert eines aufgrund einer vollständigen körperlichen Bestandsaufnahme aufgestellten Inventars gleichkommen. Anerkannte mathematisch-statistische Verfahren sind Verfahren der induktiven Statistik, also Schätz- und Testverfahren. Während bei Schätzverfahren versucht wird, den wahren Bestandswert zu schätzen, und dieser Schätzwert als Bilanzierungsgrundlage dient, dienen Testverfahren im Rahmen der Stichprobeninventur der Überprüfung der Ordnungsmäßigkeit der Lagerbuchführung. Bei den Anwendungen der Stichprobeninventur werden Schätzverfahren zur Untersuchung des Wertes, Testverfahren dagegen auch zur Untersuchung des Fehleranteils eingesetzt.

PosNr.	Buchwert	Istwert	PosNr.	Buchwert	Istwert
1	107	107	51	855	850
2	32	32	52	161	161
3	74	74	53	438	418
4	1030	1077	54	102	201
5	1782	1782	55	890	890
6	409	408	56	635	635
7	628	618	57	91	91
8	272	272	58	38	29
9	25	25	59	116	116
10	171	170	60	210	210
11	151	115	61	284	248
12	274	269	62	167	167
13	138	138	63	74	74
14	88	88	64	13	13
15	222	212	65	36	36
16	98	103	66	179	113
17	24	241	67	624	692
18	38	37	68	154	154
19	1801	1800	69	104	107
20	225	225	70	1054	1054
21	329	329	71	92	92
22	5315	5315	72	150	147
23	860	860	73	450	450
24	568	568	74	55	55
25	110	111	75	45	45
26	82	82	76	36	63
27	348	348	77	176	176
28	80	80	78	141	141
29	10	12	79	136	136
30	242	317	80	15	15
31	7	9	81	46	46
32	237	237	82	921	921
33	353	353	83	73	73
34	3	3	84	761	719
35	62	66	85	207	207
36	71	71	86	52	55
37	71	71	87	601	600
38	286	285	88	441	441
39	97	96	89	156	158
40	12	12	90	491	489
41	291	91	91	55	54
42	50	50	92	362	362
43	326	326	93	30	41
44	592	592	94	124	93
45	85	85	95	70	70
46	222	220	96	210	210
47	144	144	97	36	36
48	183	183	98	156	155
49	753	753	99	80	80
50	10	10	100	176	177

Tab. 37: *Buch- und Istwerte einer Grundgesamtheit vom Umfang N = 100*

Die Anwendung von Testverfahren im Rahmen der Stichprobeninventur wird in der Literatur als **Annahmestichprobenmethode** bezeichnet. Dabei übernimmt die Lagerbuchführung - nach Einzelkorrektur der in der Stichprobe gefundenen Differenzen - unmittelbar die Inventurfunktion, wenn die Differenzen innerhalb einer vorgegebenen Toleranz liegen, d.h. der Test zu einer Annahme der Lagerbuchführung führt. Im Vergleich zum einfachen homograden Hypothesentest bietet der Sequentialtest den Vorteil, im Durchschnitt wesentlich effizienter zu sein.

Nachfolgendes Beispiel soll die Durchführung einer Stichprobeninventur auf der Grundlage eines Sequentialtests verdeutlichen. Die Istwerte und die Werte der Lagerbuchführung einer Grundgesamtheit von Vorratspositionen zeigt vorstehende Tabelle 37.

Für den Sequentialtest seien folgende Parameter vorgegeben:
- Risiko für die Rückweisung einer ordnungsmäßigen Lagerbuchführung: $\alpha = 0{,}05$
- Risiko für die Annahme einer nicht ordnungsmäßigen Lagerbuchführung: $\beta = 0{,}025$
- Nullhypothese: Lagerbuchführung ist ordnungsmäßig, d.h. der Fehleranteil ist noch akzeptabel

$$H_0 : P_0 = 0{,}05$$

- Gegenhypothese: Lagerbuchführung ist nicht ordnungsmäßig, d.h. der Fehleranteil ist nicht mehr akzeptabel

$$H_1 : P_1 = 0{,}10$$

Aus diesen Parametern errechnet sich die Rückweisungsgrenze mit

$$x_{rn} = \frac{\ln\left[\frac{0{,}975}{0{,}05}\right]}{\ln\left[\frac{0{,}1(0{,}95)}{0{,}05(0{,}9)}\right]} + n \frac{\ln\left[\frac{0{,}95}{0{,}9}\right]}{\ln\left[\frac{0{,}1(0{,}95)}{0{,}05(0{,}9)}\right]} = 3{,}975 + 0{,}0724 n$$

und die Annahmegrenze mit

$$x_{an} = \frac{\ln\left[\frac{0{,}025}{0{,}95}\right]}{\ln\left[\frac{0{,}1(0{,}95)}{0{,}05(0{,}9)}\right]} + n \frac{\ln\left[\frac{0{,}95}{0{,}9}\right]}{\ln\left[\frac{0{,}1(0{,}95)}{0{,}05(0{,}9)}\right]} = -4{,}868 + 0{,}0724 n.$$

Aus der Rückweisungsgrenze und der Annahmegrenze ergibt sich, daß eine Rückweisung frühestens nach der Ziehung von fünf Stichprobenelementen (da erst bei fünf fehlerhaften Stichprobenelementen in Folge die Rückweisungsgrenze überschritten werden kann) und eine Annahme frühestens nach der Ziehung von 68 Stichprobenelementen (da die Annahmegrenze bei kleineren Stichprobenumfängen negativ ist) erfolgen kann.

Die Stichprobenelemente werden nach dem Verfahren der echten Zufallsauswahl unter Verwendung nachfolgender Zufallszahlentafel entnommen:

70	98	22	53	41
71	94	76	25	80
12	45	93	62	82
80	65	66	57	06
03	52	45	99	52
32	64	00	92	76
48	29	41	50	23
01	91	43	97	91

Tab. 38: *Auszug aus einer Zufallszahlentafel*

Da frühestens nach der Ziehung von fünf Stichprobenelementen eine Entscheidung getroffen werden kann, können die ersten fünf Elemente en bloc gezogen werden. Gemäß der Zufallszahlentafel sind dies die Positionen mit den Nr. 70, 98, 22, 53 und 41. Aus der Tabelle 36 ergibt sich, daß die Lagerbuchführung bei drei dieser Positionen (Nr. 98, 53 und 41) fehlerhaft war.

Für $n = 5$ ist der Wert der Rückweisungsgrenze 4,337. Da die Fehlerzahl ($x = 3$) bis jetzt unter der Rückweisungsgrenze liegt und eine Annahme frühestens bei $n = 68$ möglich ist, muß der Sequentialtest fortgeführt werden.

Als nächstes ist das Element mit der Nr. 71 zu entnehmen. Die Wertangabe der Lagerbuchführung ist korrekt, so daß die Rückweisungsgrenze weiterhin nicht überschritten wird und der Sequentialtest fortzuführen ist.

Die Überprüfung der nächsten Position (Nr. 94) zeigt einen Fehler. Der Wert der Rückweisungsgrenze liegt für $n = 7$ bei 4,4818 und wird von der Fehlerzahl ($x = 4$) noch nicht überschritten. Ein weiteres Element ist zu ziehen.

Die nächste Position (Nr. 76) ist ebenfalls fehlerhaft. Nun überschreitet die Fehlerzahl ($x = 5$) den Wert der Rückweisungsgrenze, der für $n = 8$ 4,5542 beträgt. An dieser Stelle ist der Sequentialtest beendet. Die Gegenhypothese wird angenommen, d.h. die Lagerbuchführung wird für nicht ordnungsmäßig befunden. Für die Stichprobeninventur bedeutet dieses Ergebnis, daß die Lagerbuchführung wegen ihrer schlechten Qualität nicht die Inventarfunktion übernehmen kann. Es ist entweder eine Stichprobeninventur auf Basis eines mathematisch-statistischen Schätzverfahrens oder aber eine vollständige körperliche Bestandsaufnahme durchzuführen.

d. Probleme bei der Anwendung des Sequentialtestverfahrens

Die Anzahl der Beobachtungen, die bis zu einer Entscheidung erforderlich ist, ist beim Sequentialtest vor der Prüfung unbekannt (Problem des a priori unbestimmten Stichprobenumfangs). Für die Zwecke der Kosten- und Zeitplanung werden aber gerade solche Informationen benötigt (s. Leffson/Lippmann/Baetge [1969], S. 65 - 66).

Dem Sequentialtestverfahren liegt die Binomialverteilung zugrunde. Diese basiert auf dem Modell "Ziehen mit Zurücklegen". Das tatsächliche Vorgehen (z.B. bei einer Stichprobeninventur) entspricht jedoch überwiegend dem Modell "Ziehen ohne Zurücklegen", das der hypergeometrischen Verteilung zugrunde liegt. Man müßte sich deshalb vor Anwendung der sequentiellen Entscheidungstechnik vergewissern, ob die theoretisch richtige hypergeometrische Verteilung mit hinreichender Genauigkeit durch die Binomialverteilung approximiert werden kann. Diese Approximation wird für zulässig erachtet, wenn der Auswahlsatz unter 10 % liegt ($n < 0{,}1\ N$). Da aber der zur Entscheidungsfindung führende Stichprobenumfang beim Sequentialtestverfahren eine Zufallsvariable ist, kann der Prüfer a priori keine Entscheidung über die Zulässigkeit der Approximation fällen. Die Übereinstimmung zwischen der theoretisch richtigen und der modellhaft unterstellten Verteilung nimmt beim Sequentialtest mit zunehmendem Stichprobenumfang ständig ab, denn je höher der Auswahlsatz liegt, desto weniger stimmt die dem Modell der Binomialverteilung zugrunde liegende Bedingung der stochastischen Unabhängigkeit der Beobachtungen ("Ziehen mit Zurücklegen") mit den Bedingungen des tatsächlichen Vorgehens ("Ziehen ohne Zurücklegen") überein.

Führt der Sequentialtest zu einem Stichprobenumfang, der die Grenze des Approximationskriteriums nicht überschreitet, so hat sich die den Berechnungen zugrunde gelegte Binomialverteilungshypothese nachträglich als gerechtfertigt erwiesen und die Abweichung zwischen der unterstellten und der theoretisch richtigen Verteilung kann in Kauf genommen werden. Wird die Grenze des Approximationskriteriums jedoch überschritten, so ist die Fortführung des Tests unter Beibehaltung seiner Bedingungen nicht mehr gerechtfertigt, denn mit der Zulässigkeit der Approximation entfällt auch die Basis, auf der die Entscheidungsgrenzen errechnet wurden und es erfolgt eine vom Anwender nicht registrierte Erhöhung des Urteilsrisikos. In diesem Fall ist entweder auf das Modell der hypergeometrischen Verteilung überzuwechseln oder unmittelbar auf den einfachen Hypothesentest mit ergebnisunabhängigem Stichprobenumfang überzugehen (s. hierzu Bretzke/Hövermann/Löcherbach [1972], S. 640).

Dieses Approximationsproblem läßt auch den in der Literatur genannten Vorteil des Sequentialtests, daß er unabhängig von der Größe der Grundgesamtheit angewendet werden kann (s. Weiss [1987], S. 2006), in einem anderen Licht erscheinen. Gerade bei geringem Umfang der Grundgesamtheit überschreitet der Auswahlsatz schnell die 10 %-Grenze und die Binomialapproximation wird unzulässig.

Die durch die Verwendung von sequentiellen Stichprobenplänen zu erzielende Verringerung des Stichprobenumfangs ist keine absolute, sondern eine durchschnittliche Verringerung. Als Folge der Verwendung der Binomialverteilung bleiben die Abstände zwischen der Annahmegrenze und der Ablehnungsgrenze bei jedem Stichprobenumfang gleich. Da also die Testgeraden parallel verlaufen, ist es möglich, daß trotz dauernder Ausweitung von n keine Entscheidung über eine Annahme oder eine Zurückweisung der Inventur getroffen werden kann. Dieses Problem tritt insbesondere dann auf, wenn der wahre Fehleranteil etwa in der Mitte zwischen P_0 und P_1 liegt. Im ungünstigsten Fall kann ein Beobachtungsumfang von $n = N$ erforderlich werden, wenn auch die Wahrscheinlichkeit für den Eintritt dieses Falles sehr gering ist.

Um einen zu großen Prüfungsumfang zu vermeiden, ist es zweckmäßig, den Test bei einem bestimmten Beobachtungsumfang abzubrechen. *Wald* schlägt für diesen Fall sinngemäß als Entscheidungsregel vor, die Lagerbuchführung anzunehmen (zurückzuweisen), falls die Zahl der bisher entdeckten Fehler näher bei der Annahmegrenze (Rückweisungsgrenze) als bei der Rückweisungsgrenze (Annahmegrenze) liegt (s. Wald [1947], S. 104 - 105).

Für den Zeitpunkt des Abbruchs wird vorgeschlagen, den Stichprobenumfang des einfachen Hypothesentests als maximalen Stichprobenumfang anzusetzen (s. Reuter [1975], S. 87).

Ist eine solche ungünstige Lage des Fehleranteils in der Grundgesamtheit gegeben, bietet die hypergeometrische Verteilung deutliche Vorteile. Bei ihrer Zugrundelegung bewegen sich die Intervallgrenzen aufeinander zu, d.h. die Abstände zwischen Annahme- und Rückweisungsgrenzen werden mit zunehmendem Stichprobenumfang kleiner. Bei großen Stichprobenumfängen rücken sie ggf. so eng zusammen, daß eine eindeutige Entscheidung über die Annahme oder Ablehnung der Grundgesamtheit auf jeden Fall möglich wird, d.h. die Entscheidungsalternative "Weiterprüfen" entfällt (s. Wysocki [1988], S. 212). Zum anderen wird bei der hypergeometrischen Verteilung "Ziehen ohne Zurücklegen" unterstellt. Eine in der Stichprobe gefundene Fehlerzahl x, die größer ist als die unter der Nullhypothese angenommene Fehlerzahl P_0, muß zwangsläufig zur Ablehnung der Nullhypothese führen. Sofern der wahre Fehleranteil in der Grundgesamtheit nicht genau zwischen P_0 und P_1 liegt, wird bei Verwendung der hypergeometrischen Verteilung eine Entscheidung erheblich früher als bei der Binomialapproximation erreicht (s. Pöhlmann [1987], S. 54 - 55).

Literaturverzeichnis

Accountants International Study Group [1974]: Accountants International Study Group: Materiality in Accounting. Current Practices in Canada, the United Kingdom and the United States, New York 1974.

ADS [1987]: Adler/Düring/Schmaltz: Rechnungslegung und Prüfung der Unternehmen, Loseblattsammlung, 5. Aufl., Stuttgart 1987.

AICPA [1984]: AICPA: SAS No. 47: Audit Risk and Materiality in Conducting an Audit. In: Journal of Accountancy, Vol. 157, February 1984, S. 143 - 146.

AICPA [1985]: AICPA: Audit of Small Businesses. Auditing Procedure Study, New York 1985.

AICPA [1990]: AICPA: Management of Accounting Practice Handbook, New York 1990.

Albrecht [1987]: Albrecht, Peter: Ausgleich im Kollektiv und Verlustwahrscheinlichkeit. In: Zeitschrift für die gesamte Versicherungswissenschaft, 76. Jg. (1987), S. 95 - 117.

Amann [1989]: Amann, Rolf-Dieter: Die Sicherungstreuhand - Gestaltungsformen und Interessenlage aus betriebswirtschaftlicher Sicht, Gelsenkirchen 1989.

Anderson [1965]: Anderson, Oskar: Probleme der statistischen Methodenlehre in den Sozialwissenschaften, 5. Aufl., Würzburg 1965.

Anderson [1977]: Anderson, Rodney: The External Audit I, Concepts and Technics, Toronto 1977.

Anderson/Teitlebaum [1973]: Anderson, Rodney/Teitlebaum, Albert D.: Dollarunit sampling. In: Canadian Chartered Accountants, Vol. 102 (1973), S. 30 - 38.

Andrews/Bullington [1988]: Andrews, Wesley T./Bullington, Jerry B. et al.: Auditing Concepts, Standards, Procedures, 3. Aufl., Houston 1988.

Angerer [1989 (1)]: Angerer, August: Versicherungsaufsichtsbehörden (VAB). In: Lexikon der Rechnungslegung und Abschlußprüfung, hrsg. von Wolfgang Lück, 2. Aufl., Marburg 1989, S. 831.

Angerer [1989 (2)]: Angerer, August: Die Vorschriften über die Rechnungslegung und Prüfung der Versicherungsunternehmen. In: Rechnungslegung und Prüfung der Versicherungsunternehmen, hrsg. vom IDW, Düsseldorf 1989.

Angermayer [1994]: Angermayer, Birgit: Die aktienrechtliche Prüfung von Sacheinlagen, Düsseldorf 1994.

Angermayer/Oser [1996]: Angermayer, Birgit/Oser, Peter: Die Rechnungslegung im Versicherungskonzern - Veränderungen der rechtlichen Rahmenbedingungen und geschäftszweigspezifische Problembereiche. In: WPg, 49. Jg. (1996), S. 457 - 469.

Arkin [1984]: Arkin, Herbert: Handbook of Sampling for Auditing and Accounting, 3. ed., New York et al. 1984, S. 310 - 469.

Arthur Andersen & Co. [1978]: Arthur Andersen & Co.: A Guide for Studying and Evaluating Internal Accounting Controls, o. O., 1978.

AWV [1980]: AWV (Ausschuß für wirtschaftliche Verwaltung): Sequentialtest für die Inventur von nicht bewegten Lagereinheiten in automatisch gesteuerten Lagersystemen. AWV-Fachinformation, Eschborn 1980.

Babu/Singh [1983]: Babu, J./Singh, K.: Inference on Means using the Bootstrap. In: The Annals of Statistics, Vol. 11 (1983), S. 999 - 1003.

Baetge [1970]: Baetge, Jörg: Möglichkeiten der Objektivierung des Jahreserfolges, Düsseldorf 1970.

Baetge [1989]: Baetge, Jörg: Möglichkeiten der Früherkennung negativer Unternehmensentwicklungen mit Hilfe statistischer Jahresabschlußanalysen. In: ZfbF, 41. Jg. (1989), S. 792 - 811.

Baetge [1992]: Baetge, Jörg: Überwachungstheorie, kybernetische. In: HWRev, hrsg. von Adolf G. Coenenberg und Klaus v. Wysocki, 2. Aufl., Stuttgart 1992, Sp. 2038 - 2054.

Baetge/Hense [1989]: Baetge, Jörg/Hense, Heinz Hermann: Prüfung des Konzernabschlusses. In: HdK, hrsg. von Karlheinz Küting und Claus-Peter Weber, Stuttgart 1989, S. 585 - 665.

Baetge/Hense [1990]: Baetge, Jörg/Hense, Heinz Hermann: Kommentar zu § 319 HGB. In: HdR, hrsg. von Karlheinz Küting und Claus-Peter Weber, 3. Aufl., Stuttgart 1990, S. 1963 - 2040.

Baetge/Meyer zu Lösebeck [1981]: Baetge, Jörg/Meyer zu Lösebeck, Heiner: Starre oder flexible Prüfungsplanung? In: Management und Kontrolle, Festgabe für Erich Loitlsberger zum 60. Geburtstag, hrsg. von Gerhard Seicht, Berlin 1981, S. 121 - 171.

Bähr/Fischer-Winkelmann/Kugler/Meinkert [1989]: Bähr, Gottfried/Fischer-Winkelmann, Wolf F./Kugler, Lothar/Meinkert, Michael: Beck'sches Prüfungshandbuch. Arbeitspapiere für die Jahresabschlußprüfung, Bd. 1 - 2, München 1989.

Bailey [1981]: Bailey, Andrew D., Jr.: Statistical Auditing, Review, Concepts and Problems, New York et al. 1981.

BAK [1970]: BAK: Bekanntmachung über Art, Umfang und Zeitpunkt der Depotprüfung (Richtlinien für die Depotprüfung) vom 16. Dezember 1970 (BAnz. 1970 Nr. 239, S. 2 - 6).

BAK [1992]: BAK: Verordnung über die Rechnungslegung der Kreditinstitute (RechKredV) vom 10. Februar 1992. In: BGBl. I 1992, S. 203 (zuletzt geändert durch Verordnung vom 18.6.1993, BGBl. I 1993, S. 924).

BAK [1994]: Verordnung über den Inhalt der Prüfungsberichte in den Jahresabschlüssen der Kreditinstitute (Prüfungsberichtsverordnung - PrüfbV) v. 21.7.1994, BGBl. I, S. 1803.

Bangen [1972]: Bangen, Gerd: Wahrscheinlichkeitsrechnung und mathematische Statistik, 5. Aufl., Frankfurt a. M./Berlin/München 1972.

Barclay [1963]: Barclay, Alasdair G.: Der Beitrag des Abschlußprüfers zur Steigerung der Produktivität. In: WPg, 16. Jg. (1963), S. 649 - 659.

Barnett [1973]: Barnett, Vic: Comparative Statistical Inference, London/New York 1973.

Baur [1984]: Baur, Wolfgang: Die Periodisierung von Beitragseinnahmen und Schadensausgaben im aktienrechtlichen Jahresabschluß von Schaden- und Unfallversicherungsunternehmen, Karlsruhe 1984.

BAV [1982]: BAV: Rundschreiben 3/82 vom 25.6.1982, VI 1-A-90/82. In: Veröffentlichungen des BAV (VerBAV) 1982, S. 409.

BAV [1987]: BAV: Verordnung über die Rechnungslegung von Versicherungsunternehmen gegenüber dem BAV (Interne VURev) vom 30.1.1987 (BGBl. I 1987, S. 530).

BAV [1988]: BAV: Verordnung über die Rechnungslegung bestimmter kleiner VVaG i.S.d. § 53 VAG (bkVRev) vom 27.1.1988 (BGBl. I 1988, S. 104).

Beard/Pentikäinen/Pesonen [1984]: Beard, R. E./Pentikäinen, T./ Pesonen, E.: Risk Theory, London, New York 1984.

Berg [1979]: Berg, Claus C.: Prioritätsregeln in der Reihenfolgeplanung. In: HWProd, hrsg. von Werner Kern, Stuttgart 1979, Sp. 1425 - 1433.

Bertl/Fattinger [1987]: Bertl, Romuald/Fattinger, Stefan: Akademische Ausbildung der Wirtschaftstreuhänder, Berlin 1987.

BFH [1960]: BFH-Urteil vom 28.1.1960, IV 226/58 S. In: BStBl. 1960 III S. 290 - 294.

BFH [1964]: BFH-Urteil vom 13.12.1963, VI 29/62 U. In: BStBl. 1964 III, S. 185.

BFH [1966]: BFH-Urteil vom 18.2.1966, VI 326/65. In: BStBl. 1966 III, S. 496.

BFH [1981]:BFH-Urteil vom 4.12.1980, V R 120/73. In: BStBl. 1981 II, S. 189 - 193.
BGH [1961]:BGH-Urteil vom 10.7.1961. In: WM, Teil VI, S. 1046.
BGH [1966]: BGH-Urteil vom 18.7.1966, Anw. Z(B) 1/66. In: NJW, 19. Jg. (1966), S. 2062 - 2063.
BGH [1967]: BGH-Urteil vom 9.5.67, Ib ZR 59/65. In: DB, 20. Jg. (1967), S. 1081 - 1083.
BGH [1980]: BGH-Urteil vom 22.10.1979, NotZ 5/79. In: Entscheidungen des Bundesgerichtshofs in Zivilsachen 1980, Bd. 75, S. 296 - 299.
BGH [1987]:BGH-Urteil vom 4.11.1987, In: NJW, 41. Jg. (1988), S. 561 - 563.
Bhattacharya/Ranga Rao [1976]: Bhattacharya, R./Ranga Rao, R.: Normal Approximations and Asymptotic Expansions, New York et al. 1976.
Biener/Berneke [1986]: Biener, Herbert/Berneke, Wilhelm: Bilanzrichtlinien-Gesetz, Düsseldorf 1986.
Biermann [1983]:Biermann, Peter: Neue Richtlinien der Aufsichtsbehörde für die Abschlußprüfung von Versicherungsunternehmen. In: WPg, 36. Jg. (1983), S. 237 - 246.
Bleymüller/Gehlert/Gülicher [1992]: Bleymüller, Josef/Gehlert, Günther/Gülicher, Herbert: Statistik für Wirtschaftswissenschaftler, 8. Aufl., München 1992.
BMF [1987]: Grundsätze für die Prüfung von Unternehmen nach § 53 Haushaltsgrundsätzegesetz (Anlage zur Vorl. VV Nr. 2 zu § 68 BHO). In: MinBlFin. 1987, S. 263 - 265.
Böcker/Dichtl/Penzkofer [1970]: Böcker, Franz/Dichtl, Erwin/Penzkofer, Peter: Netzplantechnik und Jahresabschlußprüfung, Frankfurt a. M. 1970.
Böhle-Stammschräder/Kilger [1982]: Böhle-Stammschräder, A./Kilger, Joachim: Vergleichsordnung, 10. Aufl., München 1982.
Borchert [1992]: Borchert, Dierk: Transaction Flow Auditing. In: HWRev, hrsg. von Adolf G. Coenenberg und Klaus v. Wysocki, 2. Aufl., Stuttgart 1992, Sp. 1939 - 1950.
Borchert [1995]: Borchert, Dierk: Kommentar zu § 275 HGB. In: HdR, hrsg. von Karlheinz Küting und Claus-Peter Weber, Band Ia, 4. Aufl., Stuttgart 1995, S. 1651 - 1736.
Boritz/Gaber/Lemon [1987]: Boritz, J. Efrim/Gaber, Brian G./Lemon, W. Morley: Managing Audit Risk. In: CA-Magazine, Vol. 120, January 1987, S. 36 - 41.
Bortkiewicz [1919]: Bortkiewicz, Ladislaus von: Das Laplacesche Ergänzungsglied und Eggenbergers Grenzberichtigung zum Wahrscheinlichkeitsintegral. In: Sitzungsberichte der Berliner Mathematischen Gesellschaft, 1919, S. 37 - 42.
Braun [1996]: Braun, Frank: Gebührendruck und Prüfungsqualität bei Pflichtprüfungen mittelständischer Unternehmen. In: BB, 51. Jg. (1996), S. 999 - 1001.
Bretzke/Hövermann/Löcherbach [1972]: Bretzke, Wolf-Rüdiger/Hövermann, Klaus/Löcherbach, Gerhard: Zur Problematik der Verteilungshypothesen bei der Anwendung von Stichprobenverfahren im Rahmen von Unternehmensprüfungen. In: BFuP, 24. Jg. (1972), S. 633 - 641.
Buchner [1961]:Buchner, Robert: Bewußte Auswahl oder Zufallsauswahl bei der aktienrechtlichen Pflichtprüfung? In: WPg, 14. Jg. (1961), S. 657 - 659.
Buchner [1967]:Buchner, Robert: Der Bericht des Vorstands über Beziehungen zu verbundenen Unternehmen nach dem neuen deutschen Aktienrecht und seine betriebswirtschaftliche Problematik. In: ZfB, 37. Jg. (1967), S. 244 - 267.
Buchner [1971]:Buchner, Robert: Zur Anwendung des Bayesschen Theorems bei Buchprüfungen auf Stichprobenbasis. In: ZfB, 41. Jg. (1971), S. 1 - 26.
Buchner [1981]:Buchner, Robert: Grundzüge der Finanzanalyse, München 1981.

Buchner [1983]: Buchner, Robert: Zur Diskussion um die Frage "Zufalls- oder Urteilsstichprobe" bei Buchprüfungen. In: ZfbF, 35. Jg. (1983), S. 478 - 502.

Buchner [1985]: Buchner, Robert: Finanzwirtschaftliche Statistik und Kennzahlenrechnung, München 1985.

Buchner [1986]: Buchner, Robert: Zur Vereinbarkeit der gemeinsamen Berufsausübung in einer Sozietät mit den Berufsgrundsätzen wirtschaftsprüfender und steuerberatender Berufe. In: Stbg, 29. Jg. (1986), S. 188 - 194.

Buchner [1992 (1)]: Buchner, Robert: Die Bootstrap-Methode als alternative Methode zur Bestimmung des Konfidenzintervalls bei Schätzstichproben. In: Rechnungslegung, Entwicklungen bei der Bilanzierung und Prüfung von Kapitalgesellschaften. Festschrift für Karl-Heinz Forster zum 65. Geburtstag, hrsg. von Adolf Moxter et al., Düsseldorf 1992, S. 79 - 99.

Buchner [1992 (2)]: Buchner, Robert: Personalzuordnungsmodelle bei der Prüfungsplanung. In: HWRev, hrsg. Adolf G. Coenenberg und Klaus v. Wysocki, 2. Aufl., Stuttgart 1992, Sp. 1376 - 1384.

Buchner [1993]: Buchner, Robert: Buchführung und Jahresabschluß, 4. Aufl., München 1993.

Buchner [1996]: Buchner, Robert: Rechnungslegung und Prüfung der Kapitalgesellschaft, 3. Aufl., Stuttgart/Jena 1996.

Buchner/Breith [1981]: Buchner, Robert/Breith, Eva: Das Problem der optimalen Allokation von Urteilsbildungsbeiträgen unter Kostenaspekt im Rahmen einer Buchprüfung. In: Management und Kontrolle, Festschrift für Erich Loitlsberger, hrsg. von Gerhard Seicht, Berlin 1981, S. 13 - 46.

Buchner/Englert [1994]: Buchner, Robert/Englert, Joachim: Die Bewertung von Unternehmen auf der Basis des Unternehmensvergleichs. In: BB, 49. Jg. (1994), S. 1573 - 1580.

Buchner/Reuter [1972]: Buchner, Robert/Reuter, Hans Henner: Der Hypothesentest - ein Mittel zur Steigerung der Wirtschaftlichkeit bei Buchprüfungen. In: BFuP, 24. Jg. (1972), S. 533 - 550.

Buchner/Reuter [1976]: Buchner, Robert/Reuter, Hans Henner: Zur approximativen Bestimmung von Schätzintervallen bei Buchprüfungen auf Stichprobenbasis. In: Bilanzfragen, Festschrift für Ulrich Leffson, hrsg. von Jörg Baetge, Adolf Moxter, Dieter Schneider, Düsseldorf 1976, S. 309 - 324.

Buchner/Schade [1993]: Buchner, Robert/Schade, Rainer: Simulationsstudie zur Eignung der Bootstrap-Methode im Rahmen der heterogenen Fragestellung bei Buchprüfungen. In: ZfbF, 45. Jg. (1993), S. 427 - 441.

Buchner/Weinreich [1979]: Buchner, Robert/Weinreich, Jürgen: Zum Optimierungsproblem Urteilsbildung und Prüfungskosten im Rahmen einer stichprobenweisen Buchprüfung. In: ZfbF, 31. Jg. (1979), S. 829 - 837.

Budde/Karig [1995]: Budde, Wolfgang Dieter/Karig, Klaus Peter: Kommentierung zu § 246 HGB. In: Beck'scher Bilanz-Kommentar, bearb. von Wolfgang Dieter Budde et al., 3. Aufl., München 1995, S. 82 - 111.

Bundeskartellamt [1979]: Bericht des Bundeskartellamtes über seine Tätigkeit im Jahre 1970 sowie über Lage und Entwicklung auf seinem Aufgabengebiet (§ 50 GWB). In: Bundestagsdrucksache 6/2380, S. 84.

Bundestagsdrucksache [1971]: Entwurf eines Partnerschaftsgesetzes (Antrag der Abgeordneten von Bockelberg, Gewandt, Lampersbach, Stücklen, Frau Griesinger, Rollmann, Ott, Josten, Dr. Luda und Genossen). In: Bundestagsdrucksache 6/2047 vom 1.4.1971.

Bundestagsdrucksache [1975]: Gesetzgebungsentwurf der Abgeordneten von Bockelberg, Kleinert, Metzger, Dr. Weber (Köln), Erhard (Bad Schwalbach) und Genossen. In: Bundestagsdrucksache 7/4089 vom 2.10.1975.

Bundestagsdrucksache [1976 (1)]: Antrag des Rechtsausschusses (6. Ausschuß) zu dem von den Abgeordneten von Bockelberg, Kleinert, Metzger, Dr. Weber (Köln), Erhard (Bad Schwalbach) und Genossen eingebrachten Entwurf eines Partnerschaftsgesetzes - Drucksache 7/4089. In: Bundestagsdrucksache 7/5402 vom 16.6.1976.

Bundestagsdrucksache [1976 (2)]: Bericht des Rechtsausschusses (6. Ausschuß) zu dem von den Abgeordneten von Bockelberg, Kleinert, Metzger, Dr. Weber (Köln), Erhard (Bad Schwalbach) und Genossen eingebrachten Entwurf eines Partnerschaftsgesetzes - Drucksachen 7/4089, 7/5402 - Bericht der Abgeordneten Metzger und Erhard (Bad Schwalbach). In: Bundestagsdrucksache 7/5413 vom 21.6.1976.

Bundesratsdrucksache [1994]: Verordnung über die Rechnungslegung von Versicherungsunternehmen (RechVersV). In: Bundesratsdrucksache 823/94 vom 6.9.1994.

Burger/Schellberg [1995 (1)]: Burger, Anton/Schellberg, Bernhard: Der Insolvenzverwalter im neuen Insolvenzrecht. In: WPg, 48. Jg. (1995), S. 69 - 80.

Burger/Schellberg [1995 (2)]: Burger, Anton/Schellberg, Bernhard: Die Auslösetatbestände im neuen Insolvenzrecht. In: BB, 50. Jg. (1995), S. 261 - 266.

Burkard/Derigs [1980]: Burkard, Rainer E./Derigs, Ulrich: Assignment and matching problems: solution methods with FORTRAN-programs, Berlin 1980.

BVerfG [1973]: BVerfG-Urteil vom 28.11.1973, 1 BvR 13/67. In: NJW, 27. Jg. (1974), S. 232 - 233.

BVerfG [1977]: BVerfG-Beschluß vom 2.3.1977, 1 BvR 124/76. In: NJW, 30. Jg. (1977), S. 892 - 894.

BVerfG [1978]: BVerfG-Beschluß vom 30.5.1978, 1 BvR 352/78. In: NJW, 31. Jg. (1978), S. 1479 - 1480.

BVerfG [1988 (1)]: BVerfG, Beschluß vom 14.7.1987 - 1 BvR 537/81. In: NJW, 41. Jg. (1988), S. 191 - 194.

BVerfG [1988 (2)]: BVerfG, Beschluß vom 14.7.1987 - 1 BvR 362/79. In: NJW, 41. Jg. (1988), S. 194 - 196.

Chandler [1984]: Chandler, Roy: Materiality in Practice. In: The Accountant, Vol. 190, March (1984), S. 179 - 181.

Chase [1979]: Chase, Kenneth W.: The Limits of Materiality. In: CA-Magazine, Vol. 112 (1979), S. 33 - 37.

CICA [1965]: CICA: Materiality in Auditing. An Audit Technique, Toronto 1965.

CICA [1980 (1)]: CICA: Financial Reporting for Non-Profit-Organizations. A Research Study, Toronto 1980.

CICA [1980 (2)]: CICA: Extend of Audit testing. A Research Study, Toronto 1980.

Clemm/Schulz/Bail [1995]: Clemm, Hermann/Schulz, Friedrich/Bail, Ulrich: Kommentierung zu § 247 HGB. In: Beck'scher Bilanzkommentar, bearb. von Wolfgang Dieter Budde et al., 3. Aufl., München 1995, S. 112 - 283.

Cochran [1972]: Cochran, William G.: Stichprobenverfahren, Berlin/New York 1972.

Coing [1973]: Coing, Helmut: Die Treuhand kraft privaten Rechtsgeschäfts, München 1973.

Cushing/Loebbecke [1983]: Cushing, Barry E./Loebbecke, James K.: Analytical Approaches to Audit Risk: A Survey and Analysis. In: Auditing, A Journal of Practice & Theory, Vol. 3, Fall 1983, S. 23 - 41.

Cushing/Searfoss/Randall [1979]: Cushing, Barry E./Searfoss, Gerald D./Randall, Reed H.: Materiality Allocation in Audit Planning: A Feasibility Study. In: Journal of Accounting Research, Vol. 17, Supplement 1979, S. 172 - 216.

Cyert/Davidson [1962]: Cyert, R.M./Davidson, Justin H.: Statistical Sampling for Accounting Information, Englewood Cliffs, New Jersey 1962.

Dahl [1967]: Dahl, Edgar: Die Unternehmensberatung, Meisenheim am Glan 1967.

Dalenius/Hodges [1959]: Dalenius, Tore/Hodges, Joseph L., Jr.: Minimum Variance Stratification. In: JASA, Vol. 54 (1959), S. 88 - 101.

Davis/Patterson [1975]: Davis, Edward W./Patterson, James H.: A Comparison of heuristic and optimum solutions in resource-constrained Project Scheduling. In: Management Science, Vol. 21 (1975), S. 944 - 955.

Deindl [1982]: Deindl, Josef: Stichprobenprüfung mit Hilfe von Dollar-Unit-Sampling. In: BB, 37. Jg. (1982), S. 1585 - 1590.

Deming [1966]: Deming, William Edwards: Some Theory of Sampling, New York 1966.

Dörner [1995]: Dörner, Dietrich: Aus der fachlichen und beruflichen Arbeit des IDW. In: WPg, 48. Jg. (1995), S. 113 - 119.

Dörner/Wirth [1995]: Dörner, Dietrich/Wirth, Michael: Anhang. In: HdR, hrsg. von Karlheinz Küting und Claus-Peter Weber, Band Ia, 4. Aufl., Stuttgart 1995, S. 1899 - 2003.

Domschke [1985]: Domschke, Wolfgang: Logistik: Transport, 2. Aufl., München/Wien 1985.

Drexl [1982]: Drexl, Andreas: Geschichtete Stichprobenverfahren, Königstein/Taunus 1982.

Drexl [1989]: Drexl, Andreas: Heuristische Scheduling-Verfahren zur Personaleinsatzplanung bei Unternehmensprüfungen. In: ZfB, 59. Jg. (1989), S. 193 - 212.

Drexl [1990]: Drexl, Andreas: Planung des Ablaufs von Unternehmensprüfungen, Stuttgart 1990.

Drexl [1992]: Drexl, Andreas: Netzplantechnik bei der Prüfungsplanung. In: HWRev, hrsg. von Adolf G. Coenenberg und Klaus v. Wysocki, 2. Aufl., Stuttgart 1992, Sp. 1307 - 1316.

Drexl/Salewski [1991]: Drexl, Andreas/Salewski, Frank: Grundlage für eine expertensystembasierte Beurteilung des Internen Kontrollsystems bei Abschlußprüfungen. In: ZfB, 61. Jg. (1991), S. 755 - 776.

Dürr/Kleibohm [1988]: Dürr, Walter/Kleibohm, Klaus: Operations Research: Lineare Modelle und ihre Anwendungen, 2. Aufl., München/Wien 1988.

Dusemond/Knop [1995]: Dusemond, Michael/Knop, Wolfgang: Kommentar zu § 266 HGB. In: HdR, hrsg. von Karlheinz Küting und Claus-Peter Weber, Band Ia, 4. Aufl., Stuttgart 1995, S. 1269 - 1331.

Ebke [1983]: Ebke, Werner: Wirtschaftsprüfer und Dritthaftung, Bielefeld 1983.

Eckardt [1984]: Eckardt, Ulrich: Kommentierung zu § 34 AktG. In: Aktiengesetz Kommentar, hrsg. von Ernst Geßler, Wolfgang Hefermehl et al., München 1984.

Eckert [1986]: Eckert, Vera: Von der Aufgabenbewältigung zur Auftragsbearbeitung - ein neuer Ansatzpunkt zur Kanzleiorganisation. In: DSWR, 15. Jg. (1986), S. 11 - 13.

Eden [1989]: Eden, Siegfried: Treuhandschaft an Unternehmen und Unternehmensteilen, 2. Aufl., Bielefeld 1989.

Efron [1979]: Efron, Bradley: Bootstrap Methods: Another look at the Jackknife. In: The Annals of Statistics, Vol. 7 (1979), S. 1 - 26.

Efron [1982]: Efron, Bradley: The Jackknife, the Bootstrap and Other Resampling Plans, Philadelphia 1982.

Egner [1970]: Egner, Henning: Zum wissenschaftlichen Programm der betriebswirtschaftlichen Prüfungslehre. In: ZfbF, 22. Jg. (1970), S. 771 - 789.

Egner [1980]: Egner, Henning: Betriebswirtschaftliche Prüfungslehre, Berlin/New York 1980.

Egner [1992]: Egner, Henning: Prüfungstheorie, verhaltensorientierter Ansatz (syllogistischer Ansatz). In: HWRev, hrsg. von Adolf G. Coenenberg und Klaus v. Wysocki, 2. Aufl., Stuttgart 1992, Sp. 1566 - 1578.

Elliott [1983]: Elliott, Robert K.: Author's Response. In: Journal of Accountancy, Vol. 156, July (1983), S. 104.

Elmendorff [1963]: Elmendorff, Karl: Anwendbarkeit von Zufallsstichproben bei der Jahresabschlußprüfung, Düsseldorf 1963.

Emmerich [1977]: Emmerich, Volker: Die Kontrolle der Kontrolleure. In: Wirtschaftsprüfung heute: Entwicklung oder Reform? Ein Bochumer Symposion, hrsg. von Walther Busse von Colbe und Marcus Lutter, Wiesbaden 1977, S. 213 - 232.

Englert [1996]: Englert, Joachim: Die Bewertung von Wirtschaftsprüfer- und Steuerberaterpraxen, Düsseldorf 1996.

Falterbaum/Beckmann [1996]: Falterbaum, Hermann/Beckmann, Heinz: Buchführung und Bilanz, 16. Aufl., Achim 1996.

Federal Trade Commission [1990]: Federal Trade Commission: Docket No. C.3297, Decision and Order. In. Journal of Accountancy, Vol. 170 (1990), S. 36 - 39.

Feller [1971]: Feller, William: An Introduction to Probability Theory and its Applications, Bd. 2, 2. Aufl., New York et al., 1971.

Fischer-Winkelmann [1992]: Fischer-Winkelmann, Wolf F.: Prüfungstheorie, empirisch-kognitiver Ansatz. In: HWRev, hrsg. von Adolf G. Coenenberg und Klaus v. Wysocki, 2. Aufl., Stuttgart 1992, Sp. 1532 - 1544.

Fisz [1980]: Fisz, Marek: Wahrscheinlichkeitsrechnung und mathematische Statistik, 10. Aufl., Berlin 1980.

Fliess [1990]: Fliess, Wolfgang: Neuordnung des Berufsrechts der Wirtschaftsprüfer und vereidigten Buchprüfer. In: WPK-Mitteilungen, 29. Jg. (1990), S. 114 - 117.

Förschle [1994]: Förschle, Gerhard: Umwelt-Audit als Betätigungsfeld für Wirtschaftsprüfer. In: WPK-Mitteilungen, 33. Jg. (1994), S. 1 - 8.

Förschle/Hermann/Mandler [1994]: Förschle, Gerhard/Hermann, Silke/Mandler, Udo: Umwelt-Audits. In: DB, 47. Jg. (1994), S. 1093 - 1100.

Forster [1976 (1)]: Forster, Karl-Heinz: Gedanken zur passiven Sicherung der Unabhängigkeit des Abschlußprüfers. In: Bilanzfragen, Festschrift für Ulrich Leffson, hrsg. von Jörg Baetge, Adolf Moxter, Dieter Schneider, Düsseldorf 1976, S. 325 - 338.

Forster [1976 (2)]: Forster, Karl-Heinz: Revisions- und Treuhandbetriebe. In: HWB, hrsg. von Erwin Grochla und Waldemar Wittmann, 4. Aufl., Bd. 3, Stuttgart 1976, Sp. 3435 - 3448.

Forster [1989]: Forster, Karl-Heinz: Prüfung öffentlicher Unternehmen. In: HWÖ, hrsg. v. Klaus Chmielewicz und Peter Eichhorn, Stuttgart 1989, Sp. 1327 - 1334.

Forster [1995]: Forster, Karl-Heinz: Metallgesellschaft, Schneider, Balsam und die Folgen - Was können Aufsichtsräte und Abschlußprüfer gemeinsam tun? In: AG, 40. Jg. (1995), S. 1 - 7.

Freidank [1993]: Freidank, Carl Christian: Revisions- und Treuhandbetriebe. In: HWB, hrsg. von Waldemar Wittmann et al., 5. Aufl., Bd. 3, Stuttgart 1993, Sp. 3774 - 3785.

Friedrich/Bulach [1988]: Friedrich, Horst/Bulach, Karl: Die Prüfung des Jahresabschlusses. Eine Anleitung für die Erstellung von Prüfungsunterlagen und für die Gestaltung von Berichten über Jahresabschlüsse mittelständischer Unternehmen, Bd. 1 - 3, Heidelberg 1988.

Gans [1986]: Gans, Christian: Betriebswirtschaftliche Prüfungen als heuristische Suchprozesse, Der Entwurf einer pragmatisch orientierten Prüfungstheorie auf der Grundlage der angelsächsischen empirischen Prüfungsforschung, Bergisch Gladbach, Köln 1986.

Gebhard [1981]: Gebhard, Gerhard: Die Eignung empirischer Untersuchungen als Grundlage für Kreditwürdigkeitsprüfungen. In: DBW, 41. Jg. (1981), S. 221 - 235.

Gerstner [1926]: Gerstner, Paul: Die Organisation der Treuhandunternehmungen. In: Grundriß der Betriebswirtschaftslehre, Bd. 10, hrsg. von W. Mahlberg et al., Leipzig 1926, S. 55 - 72.

Gnedenko [1970]: Gnedenko, Boris V.: Lehrbuch der Wahrscheinlichkeitsrechnung, 6. Aufl., Berlin 1970.

Goodfellow/Loebbecke/Neter [1974]: Goodfellow, James L./Loebbecke, James K./Neter, John: Some Perspectives on CAV sampling plans, Teil I und II. In: CA Magazine, Vol. 105 (1974), S. 23 - 30 und S. 47 - 53.

Gosh [1970]: Gosh, B. K.: Sequential Test of Statistical Hypotheses, Reading, Massachusetts/Menlo Park, California/London/Don Mills, Ontario 1970.

Göttelmann [1957]: Göttelmann, Gustav: Aktienrechtliche Pflichtprüfung und genossenschaftliche Betreuungsprüfung, Diss. Köln 1957.

Grohmann [1983]: Grohmann, Thomas: Die Rechtsstellung des Treuhänders und ihre Auswirkung auf die Abwicklung eines Treuhandliquidationsvergleichs, Diss. Göttingen 1983.

Guy/Alderman/Winters [1993]: Guy, Dan M./Alderman, C. Wayne/Winters, Alan J.: Auditing, 3rd edition, Fort Worth, Texas 1993.

Grünefeld [1972]: Grünefeld, Klaus-Peter: Das betriebswirtschaftliche Gutachten, Düsseldorf 1972.

Hagen [1978]: Hagen, Karl: Revisions- und Treuhandwesen, Stuttgart/Berlin/Köln/Mainz 1978.

Hagest [1976]: Hagest, Joachim: Die Urteilsstichprobe des Abschlußprüfers, eine Stichprobe zweiter Klasse? In: Praxis des Prüfungswesens, hrsg. von Klaus v. Wysocki und Joachim Hagest, München 1976, S. 113 - 127.

Härtter [1974]: Härtter, Erich: Wahrscheinlichkeitsrechnung für Wirtschafts- und Naturwissenschaftler, Göttingen 1974.

Hanseatisches OLG [1985]: Hanseatisches Oberlandesgericht, Urteil vom 31.7.1985, 8 U 52/85. In: Stbg, 29. Jg. (1986), S. 19 - 20.

Hartung/Elpelt/Klösener [1989]: Hartung, Joachim/Elpelt, Bärbel/Klösener, Karl-Heinz: Statistik, 7. Aufl., München/Wien 1989.

Hässel [1988]: Hässel, Günter: EDV- und Kanzleiorganisation in der Praxis der Steuerberater, Wirtschaftsprüfer und Rechtsanwälte. In: DB, 41. Jg. (1988), Beilage Nr. 15, S. 15 - 19.

Havermann [1992]: Havermann, Hans: Fachorganisationen der Wirtschaftsprüfer, internationale. In: HWRev, hrsg. von Adolf G. Coenenberg und Klaus v. Wysocki, 2. Aufl., Stuttgart 1992, Sp. 513 - 528.

Heigl [1980]: Heigl, Anton: Stand und Entwicklung der akademischen Ausbildung im Bereich des Prüfungswesens, dargestellt am Beispiel der Universität Erlangen-Nürnberg. In: ZIR, 15. Jg. (1980), S. 66 - 83.

Heilmann [1987]: Heilmann, W.-R.: Grundbegriffe der Risikotheorie, Karlsruhe 1987.

Heilmann/Klopp [1990]: Heilmann, Hans/Klopp, Onno: Der Konkursverwalter. In: Insolvenzrechts-Handbuch, hrsg. von Peter Gottwald, München 1990, S. 234 - 247.

Helten [1974]: Helten, Elmar: Wahrscheinlichkeitsrechnung. In: Techniken der empirischen Sozialforschung, Bd. 6, hrsg. von Jürgen van Koolwijk, Maria Wieken-Mayser, München/Wien 1974, S. 9 - 39.

Hengst [1967]: Hengst, Martin: Einführung in die Mathematische Statistik und ihre Anwendung, Mannheim/Wien/Zürich 1967.

Herschel [1964]: Herschel, Wilhelm: Freier Beruf und Arbeitsverhältnis, dargestellt am Beispiel der Wirtschaftsprüfung und der Technischen Überwachung, Heidelberg 1964.

Hessler [1960]: Hessler, Heinz-Dieter: Der Wirtschaftsprüfer als Notvertreter von Unternehmungen. In: WPg, 13. Jg. (1960), S. 322 - 328.

Hicks [1974]: Hicks, Ernest L.: Standards for the Attest Function. In: Journal of Accountancy, Vol. 135 (1974), S. 39 - 45.

Hintner [1949]: Hintner, Otto: Die Praxis der Wirtschaftsprüfung, 3. Aufl., Ravensburg 1949.

Hofmann [1990]: Hofmann, Rolf: Prüforgane in den USA und in der Bundesrepublik Deutschland sowie sich wandelnde Zuständigkeit der Internal Auditors in den Vereinigten Staaten im Zusammenhang mit der externen Berichterstattung der Unternehmen. In: ZIR, 25. Jg. (1990), S. 98 - 109.

Hollai [1961]: Hollai, Stephan Georg: Betriebswirtschaftliche Probleme der Unternehmensberatung, Diss. Basel 1960.

Hömberg [1981]: Hömberg, Reinhold: Methoden und Probleme der Urteilsbildung bei Unternehmensprüfungen, Habilitationsschrift Wien 1981.

Hömberg [1989]: Hömberg, Reinhold: Fehlerreihungsmethode. In: Lexikon der Rechnungslegung und Abschlußprüfung, hrsg. von Wolfgang Lück, 2. Aufl., Marburg 1989, S. 253 - 254.

Hönle [1978]: Hönle, Bernd Michael: Die Unabhängigkeit des aktienrechtlichen Abschlußprüfers, Baden-Baden 1978.

Horváth [1992]: Horváth, Péter: Organisationsprüfung. In: Handwörterbuch der Organisation, hrsg. von Erich Frese, 3. Aufl., Stuttgart 1992, Sp. 1602 - 1618.

Hövermann [1979]: Hövermann, Klaus: Grundsätze der Prüffelder- und Reihenfolgeplanung bei Jahresabschlußprüfungen. In: WPg, 32. Jg. (1979), S. 62 - 71.

Ibert [1986]: Ibert, Wolfgang: Erfahrungen bei der Einführung und Überprüfung von Stichprobenverfahren. In: WPg, 39. Jg. (1986), S. 467 - 473.

IDW [1967]: IDW: FG 1/1967. Grundsätze ordnungsmäßiger Durchführung von Abschlußprüfungen. In: WPg, 20. Jg. (1967), S. 158 - 161.

IDW [1968]: IDW (Hrsg.): Wirtschaftsprüfer-Handbuch 1968, 5. Aufl., Düsseldorf 1968.

IDW [1970]: IDW: FG 1/1970. Grundsätze ordnungsmäßiger Berichterstattung über Abschlußprüfungen. In: WPg, 23. Jg. (1970), S. 614 - 616.

IDW [1971]: Gebühren der Wirtschaftsprüfer und Wirtschaftsprüfungsgesellschaften, Feststellungen vom Vorstand und Verwaltungsrat des IDW in Düsseldorf e.V. vom 22. Juni 1971. In: Thümmel, Manfred: Düsseldorfer Gebührenberater für Steuerberatung, Prüfung und Treuhandwesen, Düsseldorf 1972, S. 43.

IDW [1977 (1)]: FG 1/1977. Grundsätze ordnungsmäßiger Durchführung von Abschlußprüfungen. In: WPg, 30. Jg. (1977), S. 210 - 214.

IDW [1977 (2)]: FG 2/1977. Grundsätze ordnungsmäßiger Berichterstattung bei Abschlußprüfungen. In: WPg, 30. Jg. (1977), S. 214 - 217.

IDW [1977 (3)]: FG 3/1977. Grundsätze für die Erteilung von Bestätigungsvermerken bei Abschlußprüfungen. In: WPg, 30. Jg. (1977), S. 217 - 221.

IDW [1982]: VO 1/1982: Zur Gewährleistung der Prüfungsqualität. In: WPg, 35. Jg. (1982), S. 38 - 43.

IDW [1985]: IDW (Hrsg.): Wirtschaftsprüfer-Handbuch 1985/86, Bd. 1, 9. Aufl., Düsseldorf 1985.

IDW [1986]: IDW (Hrsg.): Wirtschaftsprüfer-Handbuch 1985/86, Bd. 2, 9. Aufl., Düsseldorf 1986.

IDW [1988 (1)]: FG 1/1988: Grundsätze ordnungsmäßiger Durchführung von Abschlußprüfungen. In: WPg, 42. Jg. (1989), S. 9 - 19.

IDW [1988 (2)]: FG 2/1988: Grundsätze ordnungsmäßiger Berichterstattung bei Abschlußprüfungen. In: WPg, 42. Jg. (1989), S. 20 - 27.

IDW [1988 (3)]: FG 3/1988: Grundsätze für die Erteilung von Bestätigungsvermerken bei Abschlußprüfungen. In: WPg, 42. Jg. (1989), S. 27 - 36.

IDW [1988 (4)]: HFA 1/1988: Zur Anwendung stichprobengestützter Prüfungsmethoden bei der Jahresabschlußprüfung. In: FN, o. Jg. (1988), S. 105 - 111.

IDW [1989 (1)]: IDW (Hrsg.): Die Abschlußprüfung der mittelgroßen GmbH, Düsseldorf 1989.

IDW [1989 (2)]: IDW (Hrsg.): Das IDW 1988/89, Tätigkeitsbericht, Düsseldorf 1989, S. 39 - 73.

IDW [1989 (3)]: IDW: Zusammenstellung der internationalen Verlautbarungen des IFAC, des IASC und der UEC - Stand: 15.6.1989. In: FN, o. Jg. (1989), S. 236a - 236d.

IDW [1991]: HFA 3/1991: Zur Aufstellung und Prüfung des Berichts über Beziehungen zu verbundenen Unternehmen (Abhängigkeitsbericht nach § 312 AktG). In: WPg, 44. Jg. (1991), S. 91 - 94.

IDW [1992 (1)]: IDW (Hrsg.): Wirtschaftsprüfer-Handbuch 1992, Bd. I, 10. Aufl., Düsseldorf 1992.

IDW [1992 (2)]: IDW (Hrsg.): Wirtschaftsprüfer-Handbuch 1992, Bd. II, 10. Aufl., Düsseldorf 1992.

IDW [1996]: IDW (Hrsg.): Wirtschaftsprüfer-Handbuch 1996, Bd. I, 11. Aufl., Düsseldorf 1996.

Ijiri/Kaplan [1971]: Ijiri, Yuji/Kaplan, Robert S.: Integrating Sampling Objectives in Auditing. In: Journal of Accounting Research, Vol. 9 (1971), S. 73 - 87.

Jäckel [1960]: Jäckel, Günther: Die Unabhängigkeit der Abschlußprüfer bei der Pflichtprüfung von Aktiengesellschaften der "öffentlichen Hand", Hamburg/Berlin/Bonn 1960.

Jenkis [1989]: Jenkis, Helmut W.: Wohnungsunternehmen. In: HWÖ, hrsg. von Klaus Chmielewicz und Peter Eichhorn, Stuttgart 1989, Sp. 1832 - 1842.

Jessen [1978]: Jessen, Raymond J.: Statistical Survey Techniques, New York et al., 1978.

Kammergericht [1971]: Kammergerichtsurteil vom 12.10.1970, 12 U 98/70. In: NJW, 24. Jg. (1971), S. 566.

Kellerer [1963]: Kellerer, Hans: Theorie und Technik des Stichprobenverfahrens, 3. Aufl., München 1963.

Kicherer [1970]: Kicherer, Hans-Peter: Grundsätze ordnungsmäßiger Abschlußprüfung, Berlin 1970.

Kicherer [1972]: Kicherer, Hans-Peter: Die Fachgutachten des Instituts der Wirtschaftsprüfer (IDW) über die Grundsätze ordnungsmäßiger Abschlußprüfung. In: BB, 27. Jg. (1972), Beilage Nr. 4, S. 68 - 74.

Kinney [1989]: Kinney, William R. Jr.: Achieved Audit Risk and the Audit Outcome Space. In: Auditing: A Journal of Practice & Theory, Vol. 8, Supplement 1989, S. 67-84.

Kistner [1981]: Kistner, Klaus-Peter: Produktions- und Kostentheorie, Würzburg/Wien 1981.

Knief [1990]: Knief, Peter: Gastkommentar: Die Zukunft der wirtschaftsberatenden freien Berufe. In: DB, 43. Jg. (1990), Heft 16, S. I.

Knolmayer [1981]: Knolmayer, Gerhard: Die Beurteilung der Leistung des dispositiven Faktors durch Prüfungen höherer Ordnung. In: Management und Kontrolle, Festgabe für Erich Loitlsberger, hrsg. von Gerhard Seicht, Berlin 1981, S. 365 - 390.

Knop [1983]: Knop, Wolfgang: Eine Möglichkeit zur optimalen Planung einer einzelnen Jahresabschlußprüfung unter besonderer Berücksichtigung der Beurteilung des internen Kontrollsystems, Thun/Frankfurt a. M. 1983.

Knop [1984]: Knop, Wolfgang: Eine Prüfungsstrategie zur Prüfung des internen Kontrollsystems (IKS) einer Unternehmung durch den Abschlußprüfer. In: WPg, 37. Jg. (1984), S. 313 - 319 und S. 348 - 355.

Knop/Küting [1995]: Knop, Wolfgang/Küting, Karlheinz: Kommentar zu § 255 HGB. In: HdR, hrsg. von Karlheinz Küting und Claus-Peter Weber, Band Ia, 4. Aufl., Stuttgart 1995, S. 1011 - 1149.

Koch [1950]: Koch, Waldemar: Eignungsprüfungen für den Accountant-Beruf. In: Der Wirtschaftsprüfer, 3. Jg. (1950), S. 65 - 69.

Koch [1957]: Koch, Waldemar: Der Beruf des Wirtschaftsprüfers, Berlin 1957.

Köhler [1935]: Köhler, Ludwig von: Grundlehren des Deutschen Verwaltungsrechts, Stuttgart/Berlin 1935.

Köllhofer [1989]: Köllhofer, Dietrich: Moderne Verfahren der Bilanz- und Bonitätsanalyse im Firmenkundengeschäft der Bayerischen Vereinsbank AG. In: ZfbF, 41. Jg. (1989), S. 974 - 981.

Kornblum [1988]: Kornblum, Udo: Abschied vom Werbeverbot - die Werbeverbote der wirtschaftsprüfenden Freien Berufe im Lichte der neuesten Rechtsprechung des Bundesverfassungsgerichts. In: WPg, 41. Jg. (1988), S. 253 - 260.

Kosiol [1962]: Kosiol, Erich: Organisation der Unternehmung, Wiesbaden 1962.

Köster [1974]: Köster, Heinrich: Computer-gestützte Prüfungsmethoden, Düsseldorf 1974.

Krane [1973]: Krane, Hans-Günter: Zum Problem des optimalen Personaleinsatzes bei Prüfungen, Diss. Gießen 1973.

Krause [1993]: Krause, Clemens: Kreditwürdigkeitsprüfung mit Neuronalen Netzen, Düsseldorf 1993.

Kraushaar [1971]: Kraushaar, Peter: Die Anwendung der Netzplantechnik bei Abschlußprüfungen, Berlin 1971.

Kreyszig [1979]: Kreyszig, Erwin: Statistische Methoden und ihre Anwendungen, 7. Aufl., Göttingen 1979.

Kroneberger [1980]: Kroneberger, Wolf: Die Auswertung des Internen Kontrollsystems im Rahmen der Jahresabschlußprüfung - Vorgehensweise und Probleme in der Praxis. In: Wirtschaftsprüfung und Wirtschaftsrecht. Beiträge zum 75jährigen Bestehen der Treuhandvereinigung Aktiengesellschaft, Stuttgart 1980, S. 201 - 234.

Krug/Krane [1968]: Krug, Henning/Krane, Hans-Günter: Die Anwendung mathematischer Optimierungsverfahren auf die Planung des Personaleinsatzes im Wirtschaftsprüferbetrieb. In: WPg, 21. Jg. (1968), S. 621 - 627.

Kupsch [1992]: Kupsch, Peter: Mehrjähriger Prüfungsplan. In: HWRev, hrsg. von Adolf G. Coenenberg und Klaus v. Wysocki, 2. Aufl., Stuttgart 1992, Sp. 1299 - 1306.

Lachnit [1992]: Lachnit, Laurenz: Globalabstimmung und Verprobung. In: HWRev, hrsg. von Adolf G. Coenenberg und Klaus v. Wysocki, 2. Aufl., Stuttgart 1992, Sp. 719 - 742.

Lang [1988]: Lang, Arno: Die Rechtsprechung des Bundesgerichtshofes zur Dritthaftung der Wirtschaftsprüfer und anderer Sachverständiger. In: WM, 42. Jg. (1988), S. 1001 - 1008.

Laux [1991]: Laux, Helmut: Entscheidungstheorie, Grundlagen, 2. Aufl., Berlin/Heidelberg/New York 1991.

Leffson [1988]: Leffson, Ulrich: Wirtschaftsprüfung, 4. Aufl., Wiesbaden 1988.

Leffson/Lippmann/Baetge [1969]: Leffson, Ulrich/Lippmann, Klaus/Baetge, Jörg: Zur Sicherheit und Wirtschaftlichkeit der Urteilsbildung bei Prüfungen, Düsseldorf 1969.

Lehn [1992]: Lehn, J.: Special Methods for Pseudorandom Number Generation. In: Bootstrapping and Related Techniques, hrsg. von Jöckel, K.-H./Rothe, G./Sendler, W., Berlin et al. 1992, S. 13 - 19.

Leifer [1957]: Leifer, Franz: Das Berufsrecht der Wirtschaftstreuhänder, Wien 1957.
Leslie [1985]: Leslie, Donald A.: Materiality. The Concept and its Application to Auditing. A Research Study, Toronto 1985.
Lichtner/Korfmacher [1994]: Lichtner, Rolf/Korfmacher, Wilhelm: Das Dritte Gesetz zur Änderung der Wirtschaftsprüferordnung. Berufsrecht der Wirtschaftsprüfer und der vereidigten Buchprüfer novelliert. In: WPK-Mitteilungen, 33. Jg. (1994), S. 207 - 219.
Liebich/Mathews [1983]: Liebich, Dieter/Mathews, Kurt: Treuhand und Treuhänder in Recht und Wirtschaft - ein Handbuch, 2. Aufl., Herne/Berlin 1983.
Loitlsberger [1953]: Loitlsberger, Erich: Theorie der Prüfung. In: Grundlagen der Buchführung, hrsg. von Leopold L. Illetschko, Bd. 1, Wien 1953, S. 20 - 56.
Loitlsberger [1966]: Loitlsberger, Erich: Treuhand und Revisionswesen, 2. Aufl., Stuttgart 1966.
Loitlsberger [1978]: Loitlsberger, Erich: Der gegenwärtige Stand des herkömmlichen Treuhandwesens. In: Treuhandwesen, hrsg. von Karl Lechner, Wien 1978, S. 35 - 53.
Loitlsberger [1992]: Loitlsberger, Erich: Prüfungstheorie, spieltheoretischer Ansatzpunkt. In: HWRev, hrsg. von Adolf G. Coenenberg und Klaus v. Wysocki, 2. Aufl., Stuttgart 1992, Sp. 1558 - 1565.
Lück [1975]: Lück, Wolfgang: Materiality in der internationalen Rechnungslegung - das pflichtgemäße Ermessen des Abschlußprüfers und der Grundsatz der Wesentlichkeit, Wiesbaden 1975.
Lück [1986]: Lück, Wolfgang: Wirtschaftsprüfungs- und Treuhandwesen, Stuttgart 1986.
Lück [1991]: Lück, Wolfgang: Wirtschaftsprüfungs- und Treuhandwesen, 2. Aufl., Stuttgart 1991.
Ludewig [1993]: Ludewig, Rainer: Revisions- und Treuhandwesen. In: HWB, hrsg. von Waldemar Wittmann et al., 5. Aufl., Bd. 3, Stuttgart 1993, Sp. 3786 - 3798.
Luik [1977]: Luik, Hans: Diskussionsbeitrag. In: Wirtschaftsprüfung heute: Entwicklung oder Reform? Ein Bochumer Symposion, hrsg. von Walther Busse von Colbe und Marcus Lutter, Wiesbaden 1977, S. 125 - 126.
Lutter [1975]: Lutter, Marcus: Der Wirtschaftsprüfer und seine Aufgaben in unserer Zeit. In: Bericht über die Fachtagung 1974 des Instituts der Wirtschaftsprüfer in Deutschland e.V., Düsseldorf 1975, S. 227 - 247.
MacNeill [1962]: MacNeill, James: Accounting Practice Management Handbook, New York 1962.
Mandl [1984]: Mandl, Gerwald: Untersuchungen über Anwendungsvoraussetzungen und Effizienz statistischer Stichprobenverfahren in der Buchprüfung, Wien 1984.
Martens [1972]: Martens, Helmut: Organisationsprüfung. Grundsätze und Verfahren, Wiesbaden 1972.
Mathews [1978]: Mathews, Kurt: Rechenschaftslegung über Treuhandverhältnisse, Behandlung im Jahresabschluß und Geschäftsbericht, Herne/Berlin 1978.
Mattern [1984]: Mattern, Erhard: Rating im internationalen Kreditgeschäft. In: Die Bank, o. Jg. (1984), S. 374 - 378.
Mayer [1989 (1)]: Mayer, Helmut: Depotprüfung. In: Lexikon der Rechnungslegung und Abschlußprüfung, hrsg. von Wolfgang Lück, 2. Aufl., 1989, S. 192 - 193.
Mayer [1989 (2)]: Mayer, Helmut: Prüfung der Kreditinstitute. In: Lexikon der Rechnungslegung und Abschlußprüfung, hrsg. von Wolfgang Lück, 2. Aufl., Marburg 1989, S. 588 - 589.
McRae [1964]: McRae, T. W.: The Impact of Computer on Accounting, London/New York/Sydney 1964.

Meisel [1992]: Meisel, Bernd Stefan: Geschichte der deutschen Wirtschaftsprüfer, Entstehungs- und Entwicklungsgeschichte vor dem Hintergrund einzel- und gesamtwirtschaftlicher Krisen, Köln 1992.
Menges [1958]: Menges, Günther: Das Sequentialtestverfahren, insbesondere seine betriebswirtschaftliche Anwendung. In: ZfB, 28. Jg. (1958), S. 75 - 81.
Menges [1982]: Menges, Günter: Die Statistik, zwölf Stationen statistischen Arbeitens, Wiesbaden 1982.
Mertens [1977]: Mertens, Hans Joachim: Erwartung und Wirklichkeit der aktienrechtlichen Pflichtprüfung. In: Wirtschaftsprüfung heute: Entwicklung oder Reform? Ein Bochumer Symposion, hrsg. von Walther Busse von Colbe und Marcus Lutter, Wiesbaden 1977, S. 13 - 28.
Metz [1988]: Metz, Egon: Kommentierung zu § 53 GenG. In: Lang/Weidmüller Genossenschaftsgesetz, Kommentar, hrsg. von Egon Metz und Hans-Jürgen Schaffland, 32. Aufl., Berlin/New York 1988.
Meyer-Landrut [1989]: Meyer-Landrut, Andreas: Die Europäische Wirtschaftliche Interessenvereinigung (EWIV) als neues Instrument für grenzüberschreitende Kooperation. Ein interessantes Rechtsformangebot auch für Wirtschaftsprüfer und vereidigte Buchprüfer. In: WPK-Mitteilungen, 28. Jg. (1989), S. 56 - 61.
Meyer zu Lösebeck [1983]: Meyer zu Lösebeck, Heiner: Unterschlagungsverhütung und Unterschlagungsprüfung, Düsseldorf 1983.
Moser [1975]: Moser, Helmut Martin: Die Zukunft der treuhändigen Wirtschaftsberatung, Berlin 1975.
Mottershead [1978]: Mottershead, Arthur: The small company audit - the answer? In: Accountancy, Vol. 89, Februar (1978), S. 78 - 82.
Müller [1980]: Müller, K.: Kommentar zum GenG, Bd. 2, Bielefeld 1980.
Müller/Kropp [1992]: Müller, Christian/Kropp, Manfred: Die Überprüfung der Plausibilität von Jahresabschlüssen. In: DB, 45. Jg. (1992), S. 149 - 158.
Munkert [1971]: Munkert, Michael: Die externe aktienrechtliche Gründungsprüfung, München 1971.
Munkert [1992]: Munkert, Michael: Gründungsprüfung. In: HWRev, hrsg. von Adolf G. Coenenberg und Klaus v. Wysocki, 2. Aufl., Stuttgart 1992, Sp. 778 - 790.
Murthy [1967]: Murthy, M. N.: Sampling. Theory and Methods, Calcutta 1967.
Neitemeier [1979]: Neitemeier, Harald: Die Übernahme fremder Urteile bei Prüfungen, Düsseldorf 1979
Neter/Loebbecke [1975]: Neter, John/Loebbecke, James K.: Consideration in Choosing Statistical Sampling Procedure in Auditing. In: The Journal of Accounting Research, Vol. 13, Supplement 1975, S. 38 - 52.
Niehaus [1987]: Niehaus, Hans Jürgen: Früherkennung von Unternehmenskrisen, Düsseldorf 1987.
Niehus [1992]: Niehus, Rudolf J.: Peer Review. In: HWRev, hrsg. von Adolf G. Coenenberg und Klaus v. Wysocki, 2. Aufl., Stuttgart 1992, Sp. 1339 -1351.
Niehus [1993]: Niehus, Rudolf J.: Die Qualitätskontrolle in der Abschlußprüfung, Düsseldorf 1993.
Nordemann [1989]: Nordemann, Hermann H.J.: Der Europäische Wirtschaftsprüfer - Mythos oder Realität? In: WPg, 42. Jg. (1989), S. 671 - 679.
Oberhofer [1984]: Oberhofer, Walter: Wahrscheinlichkeitstheorie, München/Wien 1984.
OLG Bamberg [1990]: OLG Urteil vom 14.2.1990, 3 U 103/89, nicht rechtskräftig. In: WPK-Mitteilungen, 29. Jg. (1990), S. 101 - 102.
OLG Frankfurt [1952]: OLG Urteil vom 31.1.1952, 6 U 77/51. In: NJW, 5. Jg. (1952), S. 792.

OLG Karlsruhe [1996]: OLG Urteil vom 23.11.1995, 9 U 24/95, nicht rechtskräftig. In: WPK-Mitteilungen, 35. Jg. (1996), S. 56 - 57.

OLG Stuttgart [1977]: OLG-Urteil vom 15.10.1976, ZU 31/76. In: WPg, 30. Jg. (1977), S. 269 - 270.

Patterson [1967]: Patterson, Robert G.: Materiality and the Economic Environment. In: AR, Vol. 42 (1967), S. 772 - 774.

Pfleger [1988]: Pfleger, Günter: Checklisten für die Jahresabschlußprüfung bei mittelständischen Unternehmen, Freiburg im Breisgau 1988.

Pöhlmann [1987]: Pöhlmann, Helmut: Jahresabschlußprüfung auf Stichprobenbasis. Die Anwendung von Verfahren der statistischen Qualitätskontrolle auf die Jahresabschlußprüfung, Pfaffenweiler 1987.

Potthoff [1982]: Potthoff, Erich: Prüfung der Ordnungsmäßigkeit der Geschäftsführung, Stuttgart et al. 1982.

Pougin/Wysocki [1970]: Pougin, Erwin/Wysocki, Klaus v.: Zum System der Unternehmensberatung. In: WPg, 13. Jg. (1970), S. 149 - 153.

Quick [1990]: Quick, Reiner: Die Entstehungsgeschichte der aktienrechtlichen Pflichtprüfung in Deutschland. In: Zeitschrift für Unternehmensgeschichte, 35. Jg. (1990), S. 217 - 236.

Quick [1991]: Quick, Reiner: Grundsätze ordnungsmäßiger Inventurprüfung, Düsseldorf 1991.

Quick [1996]: Quick, Reiner: Die Risiken der Jahresabschlußprüfung, Düsseldorf 1996.

Rackles [1961]: Rackles, Rolf: Das Problem der repräsentativen Auswahl bei der aktienrechtlichen Abschlußprüfung, Diss. Frankfurt a. M. 1961.

Rätsch [1953]: Rätsch, Herbert: "Public Relations" des Wirtschaftsprüferberufs. In: WPg, 6. Jg. (1953), S. 506 - 507.

Rätsch [1960]: Rätsch, Herbert: Prüfungsanweisungen und Arbeitspapiere. In: WPg, 13. Jg. (1960), S. 117 - 121.

Reichmann [1990]: Reichmann, Thomas: Controlling mit Kennzahlen, 2. Aufl., München 1990.

Reinhardt [1952]: Reinhardt, Rudolf: Die gesellschaftlichen Fragen der Gestaltung der Unternehmensformen. In: Verhandlungen des 39. Deutschen Juristentages, Tübingen 1952, B 5 - B 40.

Rényi [1971]: Rényi, Alfréd: Wahrscheinlichkeitsrechnung, 3. Aufl., Berlin 1971.

Reuter [1975]: Reuter, Hans Henner: Prüfungsumfang und Urteilsbildung im Rahmen einer Buchprüfung auf Stichprobenbasis, Frankfurt am Main/Zürich 1975.

Richter [1964]: Richter, Gerhard: Zur Frage der Wirtschaftlichkeit im Wirtschaftsprüfungswesen, Diss. Frankfurt a. M. 1964.

Richter [1975]: Richter, Martin: Die Sicherung der aktienrechtlichen Publizität durch ein Aktienamt, Köln et al. 1975.

Richter/Graf von Treuberg [1989]: Richter, Horst/Graf von Treuberg, Hubert: Der Konzernabschluß (mit Exkurs: der Abhängigkeitsbericht). In: Rechnungslegung und Prüfung der Versicherungsunternehmen, hrsg. vom IDW, 3. Aufl., Düsseldorf 1989, S. 555 - 630.

Roberts [1978]: Roberts, Donald M.: Statistical Auditing, New York 1978.

Robertson [1960]: Robertson, H. W.: Tables of the Binomial Distribution Function for Small Values of P, Sandia Corporation Monograph SCR - 143, January 1960.

Röder [1992]: Röder, Alfons: Wohnungsunternehmen, Prüfung der. In: HWRev, hrsg. von Adolf G. Coenenberg und Klaus v. Wysocki, 2. Aufl., Stuttgart 1992, Sp. 2342 - 2348.

Rommelfanger [1994]: Rommelfanger, Heinrich: Fuzzy Decision Support-Systeme, Entscheiden bei Unschärfe, 2. Aufl., Berlin, Heidelberg u.a. 1994.
Roth [1987]: Roth, Gerhard: Auftragsabwicklung und Honorarabrechnung im Verbund. In: DSWR, 16. Jg. (1987), S. 261 - 264.
Saage [1965]: Saage, Gustav: Die Prüfung der Geschäftsführung, Stuttgart 1965.
Schaich/Köhle et al. [1979]: Schaich, Eberhard/Köhle, Dieter et al.: Statistik I für Volkswirte, Betriebswirte und Soziologen, 2. Aufl., München 1979.
Schäuble [1971]: Schäuble, Wolfgang: Die berufsrechtliche Stellung der Wirtschaftsprüfer in Wirtschaftsprüfungsgesellschaften, Diss. Freiburg 1971.
Schedlbauer [1984]: Schedlbauer, Hans: Sonderprüfungen, Stuttgart 1984.
Scherrer/Heni [1996]: Scherrer, Gerhard/Heni, Bernhard: Liquidations-Rechnungslegung, 2. Aufl., Düsseldorf 1996.
Scherrer/Obermeier [1981]: Scherrer, Gerhard/Obermeier, Irmgard: Stichprobeninventur, München 1981.
Schmid/Uecker [1985]: Schmid, Reinhold/Uecker, Peter: Zusammenfassung von Teilurteilen zum Gesamturteil bei Jahresabschlußprüfungen. In: ZfbF, 37. Jg. (1985), S. 981 - 992.
Schmidt [1968]: Schmidt, Ferdinand: Prüfung von Genossenschaften, Herne/Berlin 1968.
Schmidt [1978]: Schmidt, Kurt: Das Berufsrecht der Wirtschaftstreuhänder. In: Treuhandwesen, hrsg. von Karl Lechner, Wien 1978, S. 591 - 622.
Schmidt [1988]: Schmidt, Joachim: Zeiterfassung mit System. In: DSWR, 17. Jg. (1988), S. 154 - 155.
Scholz [1992]: Scholz, Walter: Kreditinstitute, Prüfung der. In: HWRev, hrsg. von Adolf G. Coenenberg und Klaus v. Wysocki, 2. Aufl., Stuttgart 1992, Sp. 1128 - 1142.
Schöttler [1979]: Schöttler, Jürgen: Möglichkeiten und Grenzen zur Vereinfachung der Inventur mit Hilfe mathematisch-statistischer Methoden nach dem deutschen Bilanzrecht, Thun/Frankfurt a. M. 1979.
Schottelius [1996]: Schottelius, Dieter: Der zugelassene Umweltgutachter - ein neuer Beruf. In: BB, 51. Jg. (1996), S. 1235 - 1238.
Schruff [1973]: Schruff, Lothar: Der Wirtschaftsprüfer und seine Pflichtprüfungsmandate - eine Marktstrukturuntersuchung, Düsseldorf 1973.
Schruff [1992]: Schruff, Lothar: Wirtschaftsprüfer, Formen der Berufsausübung. In: HWRev, hrsg. von Adolf G. Coenenberg und Klaus v. Wysocki, 2. Aufl., Stuttgart 1992, Sp. 2190 - 2199.
Schruff [1996]: Schruff, Lothar: Zur Rechenschaftslegung und Prüfung politischer Parteien. In: Rechnungslegung, Prüfung und Beratung - Herausforderungen für den Wirtschaftsprüfer, Festschrift für Rainer Ludewig, hrsg. von Jörg Baetge u.a., Düsseldorf 1996, S. 951 - 978.
Schubert [1989]: Schubert, Werner: Kommentierung zu §§ 311 - 318 AktG. In: HdK, hrsg. von Karlheinz Küting und Claus-Peter Weber, Stuttgart 1989, S. 1733 - 1776.
Schulte [1970]: Schulte, Elmar B.: Quantitative Methoden der Urteilsgewinnung bei Unternehmensprüfungen, Düsseldorf 1970.
Schulze-Osterloh [1976]: Schulze-Osterloh, Joachim: Zur öffentlichen Funktion des Abschlußprüfers. In: Zeitschrift für Unternehmens- und Gesellschaftsrecht, 5. Jg. (1976), S. 411 - 434.
Schulze-Osterloh [1977]: Schulze-Osterloh, Joachim: Stellung und Unabhängigkeit des Wirtschaftsprüfers. In: Wirtschaftsprüfung heute: Entwicklung oder Reform? Ein Bochumer Symposion, hrsg. von Walther Busse von Colbe und Marcus Lutter, Wiesbaden 1977, S. 92 - 119.
Schulze zur Wiesch [1963]: Schulze zur Wiesch, Dietrich Wilhelm: Grundsätze ordnungsmäßiger aktienrechtlicher Abschlußprüfung, Düsseldorf 1963.

Schumacher [1968]: Schumacher, Wilhelm: Die Übernahme von Handelsgeschäften und Mitgliedschaften an Personengesellschaften durch den Testamentsvollstrecker. In: Wirtschaftsprüfer im Dienste der Wirtschaft, Festschrift für Ernst Knorr, hrsg. von Erwin Pougin und Klaus v. Wysocki, Düsseldorf 1968, S. 51 - 75.

Schwarz [1966]: Schwarz, Max: Zur Rechnungslegung der Treuhandgesellschaften. In: WPg, 19. Jg. (1966), S. 591 - 596.

Schweinitz [1975]: Schweinitz, Wolf Bernhard von: Rechtsberatung durch Juristen und Nichtjuristen, insbesondere durch Wirtschaftsprüfer, Berlin 1975.

Seibert [1994]: Seibert, Ulrich: Die Partnerschaft. Eine neue Gesellschaftsform für die freien Berufe, Bonn 1994.

Seicht [1965]: Seicht, Gerhard: Die Ermittlung des optimalen Einsatzes von Revisionsassistenten mit Hilfe der Matrizenrechnung. In: WPg, 18. Jg. (1965), S. 90 - 92.

Selchert [1971]: Selchert, Friedrich W.: Der Absatz im Wirtschaftsprüfungsbetrieb. In: Die Unternehmung, 25. Jg. (1971), S. 1 - 15.

Seitz [1994]: Seitz, Jürgen: Die Verordnung über den Inhalt der Prüfungsberichte zu den Jahresabschlüssen und Zwischenabschlüssen der Kreditinstitute. In: WPg, 47. Jg. (1994), S. 489 - 499.

Selchert [1976]: Selchert, Friedrich W.: Prüfungen anläßlich der Gründung, Umwandlung, Fussion und Beendigung von Unternehmen, Düsseldorf 1976.

Selchert [1996]: Selchert, Friedrich W.: Jahresabschlußprüfung der Kapitalgesellschaften, 2. Aufl., Wiesbaden 1996.

Sennetti [1990]: Sennetti, John T.: Toward a more consistent Model for Audit Risk. In: Auditing, A Journal of Practice & Theory, Spring 1990, S. 103 - 112.

Serfling/Pries [1990]: Serfling, Klaus/Pries, Andreas: Möglichkeiten und Grenzen des Ratings. In: Die Bank, o. Jg. (1990), S. 381 - 383.

Sieben/Hunger [1979]: Sieben, Günter/Hunger, Joe R.: Der akademische Berufsnachwuchs und die Anforderungen der Wirtschaftsprüfer. Ergebnisse einer Umfrage. In: WPg, 32. Jg. (1979), S. 221 - 234.

Siebert [1933]: Siebert, Wolfgang: Das rechtsgeschäftliche Treuhandverhältnis, Marburg 1933 (Neudruck 1959).

Singh [1981]: Singh, K.: On the Asymptotic of Efron's Bootstrap. In: The Annals of Statistics, Vol. 9 (1981), S. 1187 - 1195.

Sperl [1978]: Sperl, Andreas: Prüfungsplanung, Düsseldorf 1978.

Spur/Bonini [1973]: Spur, William A./Bonini, Charles P.: Statistical Analysis for Business Decisions, Homewood, Illinois 1973.

Statistisches Bundesamt [1994]: Statistisches Bundesamt (Hrsg.): Kostenstruktur bei Rechtsanwälten und Anwaltsnotaren, bei Wirtschaftsprüfern, Steuerberatern und Steuerbevollmächtigten, bei Architekten und Beratenden Ingenieuren, Berichtsjahr 1991, Fachserie 2, Reihe 1.6.2, Stuttgart 1994.

Stratmann [1985]: Stratmann, Benno: Flowcharts. In: Handbuch der Abschlußprüfung, hrsg. von Adolf G. Coenenberg und Klaus v. Wysocki, Stuttgart 1985, Sp. 925 - 940.

Stringer [1975]: Stringer, Kenneth W.: A Statistical Technic for Analytical Review. In: Journal of Accounting Research, Vol. 13, Supplement 1975, Studies on Statistical Methodology in Accounting, S. 1 - 9.

Strobel [1995]: Strobel, Wilhelm: Das Umweltauditgesetz mit dem neuen Umweltgutachter. In: DStR, 33. Jg. (1995), S. 1715 - 1721.

Swoboda [1963]: Swoboda, Peter: Verbundene Leistungserstellung und -verwertung und betriebliches Rechnungswesen. In: Empirische Betriebswirtschaftslehre, Festschrift zum 60. Geburtstag von L. Illetschko, hrsg. von Erich Loitlsberger, Wiesbaden 1963, S. 165 - 186.

Taylor/Glezen [1988]: Taylor, Donald H./Glezen, William G.: Auditing: Integrated Concepts and Procedures, 4. Aufl., New York et al. 1988.
Thumb [1975]: Thumb, Norbert: Grundlagen und Praxis der Netzplantechnik, Bd. 1, 3. Aufl., München 1975.
Thümmel [1971]: Thümmel, Manfred: Die Partnerschaft - eine neue Gesellschaftsform für Freiberufler. In: WPg, 24. Jg. (1971), S. 399 - 400.
Thümmel [1982]: Thümmel, Manfred: Einzelfragen zur neuen Steuerberatergebührenverordnung. In: DB, 35. Jg. (1982), S. 1192 - 1195.
Thümmel [1983]: Thümmel, Manfred: Zur Haftung des Wirtschaftsprüfers. Referat anläßlich der 7. WP-Versammlung am 2.6.1981 in Frankfurt. In: Anlage zum WPK-Mitteilungsblatt Nr. 95 vom 30.7.1983.
Thümmel [1992 (1)]: Thümmel, Manfred: Gebührenwesen bei externen Revisionen. In: HWRev, hrsg. von Adolf G. Coenenberg und Klaus v. Wysocki, 2. Aufl., Stuttgart 1992, Sp. 591 - 597.
Thümmel [1992 (2)]: Thümmel, Manfred: Kundmachung und Auftragsschutz. In: HWRev, hrsg. von Adolf G. Coenenberg und Klaus v. Wysocki, 2. Aufl., Stuttgart 1983, Sp. 1174 - 1180.
Toan [1960]: Toan, Arthur B., Jr.: The Auditor and EDP. In: Journal of Accountancy, Vol. 109 (1960), S. 42 - 46.
Trappmann [1964]: Trappmann, Bernd Friedhelm: Statistische Methoden bei der Lagerinventur, Diss. Köln 1964.
UEC [1961]: UEC: Europäische Berufsgrundsätze. In: WPg, 14. Jg. (1961), S. 470 - 473.
Treuberg/Angermayer [1995]: Treuberg, Hubert Graf von/Angermayer, Birgit: Jahresabschluß von Versicherungsunternehmen, Stuttgart 1995.
UEC [1980]: UEC-Empfehlung - Berufsgrundsätze - Nr. 2: Kundmachung. In: FN (1980), S. 272 - 273.
Uhlenbruck [1979]: Uhlenbruck, Wilhelm: Insolvenzrecht, Baden-Baden 1979.
Uhlenbruck [1990 (1)]: Uhlenbruck, Wilhelm: Konkursgründe als Verfahrensauslöser. In: Insolvenzrechts-Handbuch, hrsg. von Peter Gottwald, München 1990, S. 120 - 133.
Uhlenbruck [1990 (2)]: Uhlenbruck, Wilhelm: Das Vergleichseröffnungsverfahren. In: Insolvenzrechts-Handbuch, hrsg. von Peter Gottwald, München 1990, S. 682 - 708.
Ulmer [1986]: Ulmer, Peter: Die Gesellschaft bürgerlichen Rechts, Systematischer Kommentar der §§ 705 - 740 BGB, 2. Aufl., München 1986.
Vance/Neter [1956]: Vance, Lawrence L./Neter, John: Statistical Sampling for Auditors and Accountants, New York/London 1956.
Velten [1984]: Velten, Eva: Zur Ermittlung des "wahrscheinlichen" Wertes nach § 40 Abs. 3 HGB unter besonderer Berücksichtigung "anerkannter" mathematisch-statistischer Verfahren im Rahmen der pauschalierten Forderungsbewertung, Diss. Mannheim 1984.
Vogelsang [1988]: Vogelsang, Jürgen: Wirtschaftsprüfung und Werbung im Rahmen einer internationalen Werbewirtschaft, Bergisch Gladbach/Köln 1988.
Voss [1930]: Voss, Wilhelm: Handbuch für das Revisions- und Treuhandwesen, Stuttgart 1930.
Wald [1947]: Wald, Abraham: Sequential Analysis, New York/London/Sidney 1947.
Wanik [1992]: Wanik, Otto: Internes Kontrollsystem, Prüfung. In: HWRev, hrsg. von Adolf G. Coenenberg und Klaus v. Wysocki, 2. Aufl., Stuttgart 1992, Sp. 896 - 908.
Weidhaas [1988]: Weidhaas, Jutta: Die öffentliche Bestellung und Vereidigung von Sachverständigen. In: Der Sachverständige in der Praxis, hrsg. von Carl R. Wellmann, 5. Aufl., Düsseldorf 1988, S. 111 - 134.

Weirich [1965]: Weirich, Siegfried: Zur Ermittlung des optimalen Einsatzes von Revisionsassistenten. In: WPg, 18. Jg. (1965), S. 93 - 96.

Weiss [1987]: Weiss, Heinz-Jürgen: Anmerkungen zur Zulässigkeit des Sequentialtests als Verfahren der Werkstattinventur. In: DB, 40. Jg. (1987), S. 2006 - 2007.

Wellmann [1988]: Wellmann, Carl R.: Die Pflichten des Sachverständigen und seine zivilrechtliche Verantwortung. In: Der Sachverständige in der Praxis, hrsg. von Carl R. Wellmann, 5. Aufl., Düsseldorf 1988, S. 1 - 33.

Westrick [1963]: Westrick, Peter: Abschlußprüfung und Abschlußprüfer nach geltendem und zukünftigem Recht, Heidelberg 1963.

Wetzel [1973]: Wetzel, Wolfgang: Statistische Grundausbildung für Wirtschaftswissenschaftler II. Schließende Statistik, Berlin/New York 1973.

Wiedemann [1968]: Wiedemann, Herbert: Warum kein Aktienamt in Deutschland? In: Frankfurter Allgemeine Zeitung, Nr. 73 vom 26.3.1968, S. 14.

Windmöller [1996]: Windmöller, Rolf: Unabhängigkeit und Unbefangenheit - Internationales Verständnis und deutsche Grundsätze in Rechnungslegung, Prüfung und Beratung. In: Rechnungslegung, Prüfung und Beratung - Herausforderungen für den Wirtschaftsprüfer, Festschrift für Rainer Ludewig, hrsg. von Jörg Baetge u.a., Düsseldorf 1996, S. 1089 - 1127.

Witt [1990]: Witt, Frank-Jürgen: Assessments für die Interne Revision - Baustein für das Personalmanagment. In: ZIR, 25. Jg. (1990), S. 1 - 14.

Wöhe [1979]: Wöhe, Günter: Probleme des Treuhandwesens aus betriebswirtschaftlicher und steuerrechtlicher Sicht. In: Steuerkongreß-Report 1979, München 1979, S. 301 - 357.

Wöhe [1992]: Wöhe, Günter: Bilanzierung und Bilanzpolitik, 8. Aufl., München 1992.

Wöhe [1995]: Wöhe, Günter: Treuhandverhältnisse. In: HdR, hrsg. von Karlheinz Küting und Claus-Peter Weber, Band Ia, 4. Aufl., Stuttgart 1995, S. 249 - 273.

Wolz [1996]: Wolz, Matthias: Die Krisenwarnfunktion des handelsrechtlichen Jahresabschlußprüfers - Ein Beitrag zur Objektivierung der Redepflicht nach § 321 Abs. 1 S. 4 und Abs. 2 HGB, Diss., Mannheim 1996.

WPK [1978]: Wirtschaftsprüferkammer (Hrsg.): Berufsgerichtliche Entscheidungen sowie Rügen in Wirtschaftsprüfersachen, Bd. 1 (November 1961 bis Februar 1978), Düsseldorf 1978.

WPK [1987]: Wirtschaftsprüferkammer (Hrsg.): Richtlinien für die Berufsausübung der Wirtschaftsprüfer und vereidigten Buchprüfer, Düsseldorf 1987.

WPK [1993 (1)]: O.V.: Statistische Übersichten zum Berufsstand (1.1.1993). In: WPK-Mitteilungen, 32. Jg. (1993), S. 26 - 30.

WPK [1993 (2)]: Wirtschaftsprüferkammer (Hrsg.): Berufsgerichtliche Entscheidungen sowie Rügen in Wirtschaftsprüfersachen, Bd. 2 (März 1978 bis Juni 1992), Düsseldorf 1993.

WPK [1996 (1)]: Statistische Übersichten zum Berufsstand (1.1.1996). In: WPK-Mitteilungen, 35. Jg. (1996), S. 45 - 49.

WPK [1996 (2)]: Satzung über die Rechte und Pflichten bei der Ausübung der Berufe des Wirtschaftsprüfers und des vereidigten Buchprüfers (Berufssatzung der Wirtschaftsprüferkammer) vom 11. Juni 1996.

WPK [1996 (3)]: Verlautbarung des Vorstandes der Wirtschaftsprüferkammer zur Abgrenzung von Prüfung und Erstellung (§ 319 Abs. 2 Nr. 5 HGB).

WPK [1996 (4)]: Hinweise zur Kundmachung in Telefon- und Adreßbüchern. In: WPK-Mitteilungen, 35. Jg. (1996), S. 97.

WPK/IDW [1995]: WPK/IDW 1/1995: Zur Qualitätssicherung in der Wirtschaftsprüferpraxis. In: WPK-Mitteilungen, 35. Jg. (1996), Beilage zu Heft 1/1996, S. 1 - 23.

Würtele [1989]: Würtele, Günther: Die Operationalisierung des Grundsatzes der Materiality bei Abschlußprüfungen, Pfaffenweiler 1989.

Wysocki [1975]: Wysocki, Klaus v.: Zur Verwendung von Nomogrammen in der Auswertung von Zufallsstichproben. In: WPg, 25. Jg. (1975), S. 484 - 499.

Wysocki [1977 (1)]: Wysocki, Klaus v.: Grundsätze ordnungsmäßiger Bilanzierung und Prüfung. In: Wirtschaftsprüfung heute: Entwicklung oder Reform? Ein Bochumer Symposion, hrsg. von Walther Busse von Colbe und Marcus Lutter, Wiesbaden 1977, S. 172 - 183.

Wysocki [1977 (2)]: Wysocki, Klaus v.: Grundlagen des betriebswirtschaftlichen Prüfungswesens, 2. Aufl., München 1977.

Wysocki [1988]: Wysocki, Klaus v.: Grundlagen des betriebswirtschaftlichen Prüfungswesens, 3. Aufl., München 1988.

Wysocki [1992]: Wysocki, Klaus v.: Prüfungstheorie, meßtheoretischer Ansatz. In: HWRev, hrsg. von Adolf G. Coenenberg und Klaus v. Wysocki, 2. Aufl., Stuttgart 1992, Sp. 1545 - 1557.

Wysocki [1996]: Wysocki, Klaus v.: Zum Prüfungsverbot nach § 319 Abs. 2 Nr. 5 HGB zugleich Anmerkungen zum Urteil des OLG Karlsruhe vom 23.11.95. In: Rechnungslegung, Prüfung und Beratung - Herausforderungen für den Wirtschaftsprüfer, Festschrift für Rainer Ludewig, hrsg. von Jörg Baetge u.a., Düsseldorf 1996, S. 1128 - 1146.

Zimmermann [1954]: Zimmermann, Erhard: Theorie und Praxis der Prüfungen im Betriebe, Essen 1954.

Zindler [1956]: Zindler, Hans-Joachim: Über Faustregeln zur optimalen Schichtung bei Normalverteilung. In: AStA, Bd. 40 (1956), S. 168 - 173.

Zuber/Elliott/Kinney/Leisenring [1983]: Zuber, George R./Elliott, Robert K./Kinney, William R./Leisenring, James J.: Using Materiality in Audit Planning. In: Journal of Accountancy, Vol. 155 (1983), S. 42 - 54.

Index

Abhängigkeit, Gefahr in WPG, 32
Abhängigkeitsvermutung, 263
Ablaufdiagramm, 230
Ablauforganisation, 120, 123
ABOS, 138
Abrechnungszettel, 135
Abstimmungsprüfung, 232
Additionstheorem, 342
  allgemeines, 346
  für unverträgliche Ereignisse, 343
Akademikerprinzip, 25
Aktienaufsichtsamt, 50
Alpha-Fehler, 204
Analytical review, 232
Anderkonten, 54
Annahmegrenze, 417
Annahmestichprobe, 197
Anpassungsmaßnahmen, 118
  intensitätsmäßige, 119
  nachfrageregulierende, 119
  quantitative, 119
  unternehmensinterne, 119
  zeitliche, 119
Anschlußkonkurs, 325
Anzeigen, 67
  siehe Kundmachung
Arbeitsanweisungen, 160
Arbeitsgemeinschaft, 107
Arbeitspapiere, 249
Arbeitszeitnachweis, 136
Arithmetisches Mittel, 361
  gewogenes, 362
  ungewogenes, 361
Auditing-by-exception, 239
Aufbauorganisation, 120, 121
Aufgaben der Berufsstände, 35
  Ordnungsaufgabe, 35
  Schutzfunktion, 35
  Überwachungsaufgabe, 35
Auftragsbuch, 135
Auftragsformular, 135
Auftragsgemeinschaft, 106
Ausbildungsfach, 17
Ausschluß von Einzelprüfern, 42
Ausschluß von Prüfungsgesellschaften, 44
Auswahl
  auf das Geratewohl, 175
  bewußte, 172, 175, 204
  detektivische, 175, 202
  geschichtete, 187, 188
  gezielte, 172
  Klumpenauswahl, 187, 190, 202
  Konzentrationsprinzip, 175
  Kosten, 177
  Mehrphasenauswahl, 187, 191
  mehrstufige, 187
  nach Buchstaben, 177
  nach Datum, 177
  nach Geburtstagen, 177
  nach Wesentlichkeit, 202
  Schlußziffernverfahren, 177
  Stufenauswahl, 187
  systematische, 177
  Trombenauswahl, 187
  typischer Geschäftsvorfälle, 175, 202
  Zellenauswahl, 194
  Zufallsstart, 177, 192
Auswahlamt, 49
Auswahlprüfung, 203
Auswahlsatz, 177
Auswahlverfahren, 171, 175
Average prudent investor, 244

Balance sheet audit, 165
Bayes'scher Rückschluß, 196, 199
Bayessches Theorem, 350
Begutachtung, 299, 300
Belegprinzip, 226
Belegprüfung, 226
Beratung, 299, 300, 302
  entscheidungsmitwirkend, 302
  entscheidungsvorbereitend, 302
  exekutiv, 303
  in der Anregungsphase, 303
  in der Optimierungsphase, 303
  in der Realisationsphase, 303
  in der Suchphase, 303
  konfirmativ, 303
  Managementberatung, 304
  Rechtsberatung, 306
  Steuerberatung, 304, 307
  Steuerdeklarationsberatung, 305
  Steuergestaltungsberatung, 305
  Steuerrechtsdurchsetzungsberatung, 305
  Unternehmensberatung, 304
Beratungslehre, 17
Berichts- und Gutachtenbuch, 137
Berichtskritik
  formelle, 248
  materielle, 248
Bernoulli-Prozeß, 348
Berufsaufsicht, 24, 49, 71, 87
Berufsausübung
  Formen der, 9
  institutionelle, 9
  persönliche, 9, 11
Berufsbezeichnung, 64
Berufsbild
  des vBP, 32
  des WP, 23
Berufseid, 23, 33, 308, 309
Berufsfehler, 126
Berufsgerichtsbarkeit, 71
  Berufsausschluß, 73
  Berufsverbot, 73
  Bestrafung, 72
  Geldbuße, 73
  Rüge, 71
  Verweis, 73
  Warnung, 73
Berufsgrundsätze, 89, 255
  Abhängigkeit, 41, 49
  Abwerbeverbot, 68
  Auftragsschutz, 68
  Berufsordnung, 36
  berufswürdiges Verhalten, 57
  Besorgnis der Befangenheit, 39, 46

Eigenverantwortlichkeit, 50, 120
Erfolgshonorar, 60
Finanzielle Interesse, 39
Geschenkannahme, 60
Gewissenhaftigkeit, 35, 121
Hauptberuflichkeit, 58
kollegiales Verhalten, 68
Kundenabhängigkeit, 39
Kundmachung, 36
Objektivität, 38, 48
Personelle Verflechtungen, 39
Persönliche Beziehungen, 40
Provision, 60
Residenzpflicht, 52
Sachkenntnis, 55
Sachverständigentätigkeit, 40, 49
Sorgfalt, 53
Treue, 57
Unabhängigkeit, 38, 41, 120
Unbefangenheit, 38, 45
Unparteilichkeit, 35, 53
Verschwiegenheit, 35, 55, 121
Werbeverbot, 63
Berufshaftpflicht, 31
Berufsordnung, 23
Berufspflichten, 35, 84, 255, 300
  Einhaltung, 37
  Geltungsbereich, 37
  Rechtsnatur, 37
Berufsrechtliche Verantwortlichkeit, 70
Berufsregister, 70, 87
Berufssatzung, 36, 68, 84, 89
Besitzkonstitut, 328
Besorgnis der Befangenheit, 208
Besselscher Korrekturfaktor, 370
Bestätigungsvermerk, 242, 258, 262, 264
Bestellung, 23
Bestimmungsfaktoren Kreditwürdigkeit
  allgemeine, 290
  spezielle, 291
Beta-Fehler, 204
Beurteilungsbögen, 130
Beurteilungsobjekt, 300
Beurteilungsprozeß, 300
Bevollmächtigter, 316
Binäres Programm, 221
Binomialverteilung, 182, 372, 373, 395
  Mittelwert und Varianz, 374
Blanketten, 330
Bonitätsklassen, 289
Bonitätsrisiko, 288
BPG, Anerkennung, 34
Bücherrevisoren, 3
Buchhypothek, 331
Bürogemeinschaft, 106
BvB, 97
  berufliche Fortbildungsmaßnahmen, 98
  Interessenvertretung, 97
  organisatorischer Aufbau, 98
Bootstrap-Verteilung, 389

Cell-Method-Sampling, 194
Certified Internal Auditor, 8
Combined-Attributes-Variables-Sampling, 191
Critical Path Method, 216

Dauerakte, 249
De Moivre-Laplace-Transformation, 183
Dichtefuntkion, 358
Differenzschätzung, 200
Dollar-Unit-Sampling, 191, 202, 402
Doppelvertretung, 57
Double standards, 235
Dringlichkeit der Prüfung, 207
Dual purpose test, 227
Durchschnittsfehlermethode, 404, 409

Eigentumsvorbehalt, verlängerter, 329
Einstellungskriterien, 18
Einzelfallprüfung, 227
Einzelpraxis, 105
Einzelzwangsvollstreckung, 324
End results method, 165
Endlichkeitskorrekturfaktor, 401
Entdeckungsstichprobe, 197
Entscheidung, 302
Entscheidungsfeld, 302
Entscheidungsmodell, 302
Ereignis
  bedingtes, 348
  Einzelereignis, 342
  Elementarereignis, 342
  geschlossenes System, 344
  komplementäres, 345
  sicheres, 343
  stochastisches, 339
  unabhängiges, 347
  unmögliches, 343
  unvereinbares, 343
  unverträgliches, 343
  vereinbares, 343
  verträgliches, 343
  vollständiges System, 344
  zusammengesetzes, 342
Ereignisraum, 343
Ereignisse, Verteilung der seltenen, 379
Erfolgsvorschaurechnung, 292
Erkenntnisobjekt, 17
Ermächtigter, 316
Erwartungswert, 363
  des Stichprobenanteilswertes, 395
  einer diskreten Zufallsvariablen, 363
  einer stetigen Zufallsvariablen, 365
  Rechenregeln, 365
EU-Öko-Audit-Verordnung, 296
Europäische Wirtschaftliche Interessenvereinigung, 107
Externe Revision, 3
Externes Prüfungswesen, 3
  freie Berufe, 3
  historische Entwicklung, 3

Fachgutachten, 78
Fachorganisation, 86
FEE, 101
Fach-Wirtschaftsprüfer, 301
Fehler
  bewußte, 241
  erster Art, 411
  systematische, 240

unbewußte, 241
Zufallsfehler, 241
zweiter Art, 411
Fehleranteilschätzung, 400
Fehlerausgleich, 247
Fehlerfeldteilung, 233
Fehlerfeststellungsprozeß, 234
Fehlerintensitäten, 403
Fehlerreihungsmethode, 405, 409
Fehlerrisiko, 203, 204
Feststellungen, 299
Financial Auditing, 7
Finanzflußrechnung, 292
Fixed-Interval-Methode, 193, 408
Flaschenhalsmodell, 212
Floodsche Zurechnungstechnik, 210, 211
Fortbildung, 207
Fragebogentechnik, 230
Fragestellung, heterograde, 385
Funktionstrennung, 241

Gegenhypothese, 410
Genauigkeitsgrad, 204
Genossenschaftsprüfung, 12
Gesamtrechtsnachfolge, 320
Geschäftsbriefbogen, 66
Gläubigervertreter, 332
Gleichartigkeit, 173
Globalprüfung, 232
GoP, 75, 78
    Berichterstattung, 80
    Bestätigungsvermerk, 82
    Durchführung, 78
    Rechtsnatur und Ermittlung, 75
    Zielsetzung, 79
Grenzwertsatz
    global, 380, 382
    lokal, 380
    zentral, 380, 382
Grundbuchvertreter, 332
Gründerlohn, 267
Grundgesamtheit, normalverteilte, 387
Grundpfandrechte, 330
Grundschuld, 331
Gründungsaufwand, 267
Gründungsentschädigung, 267
Gutachtertätigkeit, 307
    Erklärungsgutachten, 307
    Ermittlungsgutachten, 309
    Handlungsalternativen, 309
    Parteiengutachter, 311
    Prognosegutachten, 309
    Schiedsgutachtenauftrag, 312
    Schiedsgutachtenvertrag, 312
    Schiedsgutachter, 312, 313

Handelsbilanz I, 260
Handelsbilanz II, 260
Häufigkeitsfunktion
    empirische relative, 354
    Klassen-Häufigigkeitsfunktion, 358
Heterograde Fragestellung, 186
Heterograde Theorie, 179
Histogramm, 358
Hochrechnung, gebundene, 199
Höchstbetragshypothek, 331
Homogenität, 173
Homograde Fragestellung, 180
Homograde Theorie, 179
Hypergeometrische Verteilung, 181, 375, 396
    Approximation, 376
    Mittelwert und Varianz, 378
Hypothek, 331
Hypothekenbrief, 331
Hypothesentest, 198
    einfacher, 410
    homograde Fragestellung, 410

IASC, 101
IDW, 91
    Ausbildungsprogramme, 93
    Fachausschuß, 92
    Fachveranstaltung, 93
    Hauptfachausschuß, 92
    organisatorischer Aufbau, 94
    Sozialeinrichtungen, 94
IFAC, 100
Informationsbeschaffung, 223
Interne Revision, 3
Internes Kontrollsystem, 206
Internes Prüfungswesen, 7
Interviewtechnik, 230
Istobjekt, 226, 227
Istobjektermittlungsprozeß, 226, 227
Istzustand, 226

Kapitalgesellschaft, Größenklasse, 254
Klassenhäufigkeit
    absolute, 363
    relative, 363
Klumpeneffekt, 190
Kollektivwerbung
    siehe Kundmachung
Kompetenzbündelung, 241
Konfidenzintervall, 196, 204, 397, 398, 400
Konfidenzschluß, 196, 199
Konkurrenzschutzklausel, 69
Konkurs, 322, 324
    Eröffnungsbilanz, 325
    Schlußrechnung, 325
Konkursstatus, 325
Konkursverfahren, 324
Kontrolle, 157
Kontrollrechnung, summarische, 232, 238
Konzernrevision, 8
Kostenmatrix, 209
Kostenplanung, 219
Kostenrechnung der Prüfungsunternehmen, 146
    Äquivalenzzahlen, 148
    Auftragsauswahl, 151, 152
    Deckungsbeitrag, 152
    dispositive Verbundenheit, 147
    Divisionskalkulation, 148
    Teilkostenrechnung, 150
    Vollkostenrechnung, 148
    Zuschlagskalkulation, 149
Kreditrisikoanalyse, 289

Kreditsicherung
 durch Immobilien, 330
 Mobilien, 327
 reale Sicherheiten, 327
Kreditstatus, 292
Kreditwürdigkeitsanalyse, 289
Kreditwürdigkeitsgutachten, 293
Kritische Tätigkeit, 218, 219
Kritischer Pfad, 218, 219
Kritisches Prüfungsfeld, 219
Kündigung des Prüfungsauftrags, 255
Kundmachung, 66

Leerkapazität, 300
Leitungsspanne, 51
Liquidation, 322
 Eröffnungsbilanz, 323
 materielle, 322
 Rechnungslegung, 324
 Schlußbilanz, 323
 stille, 322
 Zwischenbilanz, 324
Liquidationsvergleich, 326
Liquidationswert, 292
Liquidatoren
 befohlene, 323
 geborene, 323
 gekorene, 323
Ljapunoff, Satz von, 382
Loyalitätsverpflichtung, 312

Management Auditing, 7
Mandantenveröffentlichung
 siehe Kundmachung
Manuals, 228
Massenerscheinung, 172
Materiality, 203, 204, 244
 in der Prüfung, 243
 in der Rechnungslegung, 243
Materiality-Grenze, 244, 246
Materiality-Richtgröße, 244, 245
Materiality-Standard, 244, 245
Maximalfehlermethode, 404, 409
Merkmal, 339
 diskontinuierliches, 340
 eigentlich quantitatives, 341
 geordnetes, 340
 kontinuierliches, 340
 metrisch skaliertes, 340
 nicht geordnetes, 340
 praktisch stetiges, 340
 qualitatives, 340
 quantitatives, 340
 quasi stetiges, 340
 stetiges, 340
 topologisch skaliertes, 340
 uneigentlich quantitatives, 341
 unstetiges, 340
Merkmalsausprägung, 339
Metrapotentialmethode, 216
Millotsches Verfahren, 183
Mittelwert, 397
Moratorium, 326
Multiplikationssatz, allgemeiner, 352
Multiplikationstheorem, 347

 für abhängige Ereignisse, 348
 für unabhängige Ereignisse, 347

Nachgründung, 265
Nachlaßinventar, 321
Nachlaßpflegschaft, 320, 321
Nachlaßverwaltung, 320, 321
Nachschau, 249
Namens- und Adreßverzeichnisse, 66
Nebenbedingung, 208
Negativerklärung, 278
Netzplan, 221
Netzplantechnik, 215
Netzwerkanalyse, 217
Normalapproximation, 183
Normalverteilung, 183, 360, 380
 Mittelwert und Varianz, 385
Notvertretung, 333
Nullhypothese, 410

Öko-Audit-Prozeß, 296
Operational Auditing, 7
Opportunitätskosten, 222
Optimierungsverfahren, 210, 215

Partnerschaftsgesellschaft, 109, 133
Pauschalhonorar, 61
Peer Review, 248
Personalplanung, 207, 214, 219, 220, 222
 Aufgaben, 208
 persönliche Integrität, 70
PERT, 217
Pfandbrief, 331
Pfandhalter, 327
Pfandhaltervertrag, 328
Pfandrecht
 gesetzliches, 327
 vertragliches, 327
Planungsphase, 161
Poisson-Prozeß, 378
Poissonverteilung, 183, 184, 378
 Mittelwert und Varianz, 380
Praxisschilder, 66
Praxistreuhandschaft, 333
Prioritätsregelverfahren, 221, 222
Protective Auditing, 7
Prozeßabhängigkeit, 157
Prüferbehörden, 15
Prüfertätigkeit, 316
Prüferzuordnung, 208, 220, 221
Prüfung
 Abhängigkeitsbericht, 262
 Aufdeckungsprüfung, 288, 294
 Auswahlprüfung, 171
 Beglaubigungsprüfung, 251
 Begriff, 157
 Buchprüfung, 157
 Deliktsprüfung, 294
 Depotgeschäft, 278
 der Bilanz, 256
 der Buchführung, 256
 der Genossenschaft, 272
 der Geschäftsführer, 229
 der GVR, 256

der Ordnungsmäßigkeit, 229
der Rechnungslegung, 254
der Wirtschaftlichkeit, 229
des Anhangs, 257
des Lageberichts, 257
Dokumentation, 248
ergebnisorientierte, 165, 229, 235, 239, 241
formelle, 226, 236
freiwillige, 251, 287
Funktionsprüfung, 241
Geschäftsführung, 272, 273, 285, 286
gesetzlich vorgeschriebene, 253
gesetzlich vorgesehene, 254
Gründungsablauf, 266
Gründungsbericht, 268
Gründungsordnung, 265
Institutionsprüfung, 288
internes Kontrollsystem, 239
Kapitalanlagegesellschaft, 280
konsolidierter Abschluß, 261
Konsolidierungskreis, 260
Konzernanhang, 261
Konzernlagebericht, 262
Konzernrechnungslegung, 259
Konzernrechnungslegung nach PublG, 270
Kreditinstitute, 275
Kreditüberwachung, 293
Kreditwürdigkeit, 288
lückenlose, 171
materielle, 226, 236
öffentlicher Unternehmen, 284
Ordnungsprüfung, 288
Parteien, 252
Pflichtprüfung, 251, 253
progressive, 235, 236
Prüfungsrisiko, 162
Quantifizierungsprüfung, 251
Rechnungslegung der Genossenschaft, 274
Rechnungslegung nach PublG, 269
retrograde, 235, 236, 237
Satzung, 267
Situationsprüfung, 288
systemorientierte, 166, 230, 239
Transformationsprüfung, 241
Überraschungsprüfung, 294
Überwachung, 248
Umweltprüfung, 296
Verhütungsprüfung, 251
Vermögenslage, 273
Versicherungsunternehmen, 280
Vollprüfung, 171
von Buchungskreisen, 233
Vorbehaltsprüfung, 251
wirtschaftlicher Verhältnisse, 272
Zuschreibungsformel, 233
Prüfungsablaufplan, 221
Prüfungsanweisungen, 228
Prüfungsarten, 251, 253
Prüfungsbehörden, 11
Prüfungsbereitschaft, 170
Prüfungsbericht, 243, 258, 262, 264, 286
Prüfungsberichtsverordnung
des BAK, 278
Prüfungsdurchführung

direkte, 12
indirekte, 13
Normen, 228, 229
Prüfungseinrichtungen der öffentlichen Körperschaften, 15
Prüfungsfeld, 167, 215
Prüfungsfeldergruppen, 167
Prüfungsgebiet, 167
Prüfungsgesellschaft, 109
Prüfungshandbücher, 228
Prüfungshandlung, globale, 238
Prüfungskette, 237
unverzweigte, 238
verzweigte, 238
Prüfungskosten, 177
Prüfungslehre, 17, 158
Prüfungsordnung, 226, 228
Prüfungspersonalplanung, 161
Prüfungsplan, 206
Prüfungsplanung, 158, 207
Prüfungsprogramm, 206
Prüfungsprogrammplanung, 161, 164
Prüfungsprozeß, 158
Prüfungsrichtlinien des BAK, 271
Prüfungsrichtung, 235
Prüfungsrisiko, 162
Aufdeckungsrisiko, 162
inhärentes Risiko, 162
Joint-Risikomodell, 164
Kontrollrisiko, 162
Posteriori-Risikomodell, 164
Risikomodelle, 162
Prüfungsschwerpunkt, 205, 206, 214
Prüfungsstellen der Sparkassen- und Giroverbände, 15
Prüfungsstrategie, 164, 168, 234
Prüfungsumfang, 203
Prüfungsunternehmen
Aus- und Weiterbildung, 129
Besoldungs- und Beförderungswesen, 129
manuelle Auftragserfassung, 135
Mitarbeiterauswahl, 129
Rechnungswesen
siehe Rechnungslegung Prüfungsunternehmen
Weisungsrecht, 128
Willensbildung, 125, 127
Prüfungsverbände, 12
genossenschaftliche, 12
wohnungswirtschaftliche, 14
Prüfungszeitplanung, 161
Prüfungsziel, 234
Prüfverfahren, 198
Pseudo-Stichprobe, 389
Public Accountants, 5

Qualitätssicherung, 77, 83
Quality Control, 248
Quantile, 398
Quotiententest, sequentieller, 416

Rating, 289
Rechnungslegung der Prüfungsunternehmen

Anhang, 144
Buchführungspflicht, 131, 133
 dokumentarisches Rechnungswesen, 131
 EDV-gestützte Auftragserfassung, 137
 einheitliche Fachnormen, 125, 128
 Einnahmenüberschuß, 132
 Fertiggestellte Einzelaufträge, 142
 Gesamtkostenverfahren, 143
 Herstellungskosten, 141
 instrumentales Rechnungswesen, 131
 Kosten der Auftragserlangung, 141
 Nichtfertiggestellte Einzelaufträge, 141
 Treuhand-Status, 146
 Treuhandtätigkeiten, 145
 Umsatzkostenverfahren, 143
 unfertige Leistungen, 141, 144
 Vertriebsaufwand, 142
Rechtsberatung, 306
Referentenprinzip
 siehe Zuordnung von Prüfern
Regressionsschätzung, 201
Reihenfolgebedingung, 170, 207, 214, 215, 220, 221
Rentenschuld, 331
Reproduktionskostenwert, 292
Residenzpflicht, 29
Revolvingkredit, 328
Richtlinien für die Berufsausübung, 89
Richtungweisende Feststellung, 89
Risikomodelle, 162
Rückverweisungsnotwendigkeit, 170
Rückweisungsgrenze, 417
Rundschreiben
 siehe Kundmachung

Sacheinbringung, 267
Sacheinlage, 265
Sachgründung, verschleierte, 267
Sachübernahme, 265
Sachverständigenbeweis, 310
Sachverständigeneid, 309
Sachverständigengutachten
 siehe Sachverständiger
Sachverständigentätigkeit, 49, 299, 300, 316
Sachverständiger
 amtlich anerkannter, 308
 Auswahl, 310
 öffentlich bestellter, 308
 Verweigerungsgründe, 310
Saisonabhängigkeit, 300
Saldenbestätigung, 227
Sampling
 corrective, 172
 preventive, 172
 protective, 172
 representative, 172
Schätzer, erwartungstreuer, 397
Schätzstichprobe, 197
Schätztheorie, 195
Schätzverfahren, 198
Scheinvorgang, 216, 217
Schichtungseffekt, 201
Schiedsrichtertätigkeit, 333
Schiedsrichtervertrag, 334

Schiedsspruch, 335
Schiedsvergleich, 335
Schiedsvertrag, 334
Schlußbesprechung, 242
Sequentialtest, 1981, 415
Sequentialtestverfahren, Probleme, 421
Sicherheitsgrad, 196, 204
Sicherungsgeber, 328, 329
Sicherungshypothek, 331
Sicherungsnehmer, 328
Sicherungstreuhandschaft, 327
Sicherungsübereignung, 328
Sicherungszession, 329
Simplex-Algorithmus, 210
Single purpose test, 227
Sollobjekt, 226, 228
 Ersatzsollobjekt, 238
Sollobjektermittlung
 direkte, 229, 235
 indirekte, 232, 238
Sollobjektermittlungsprozeß, 228
Sollzustand, 226
Sondervorteil, 267
Sozietät, 10, 107
Spezialisierung, 115
 branchenweise, 301
 funktional, 301
Spezialistenprinzip
 siehe Zuordnung von Prüfern
Standardabweichung, 366, 368
Standardnormalverteilung, Symmetrieeigenschaft, 398
Standesnormen, 36, 127
Standesorganisation
 siehe Fachorganisation
Standortwahl, 113
Statistische Einheit, 339
Statistische Masse, 173, 339
Statistische Veränderliche, 339
Stellungnahme der WPK und des IDW, 83
Steuerausweichung, 305
Steuerflucht, 305
Steuerhinterziehung, 305
Steuertäuschung, 305
Steuerverweigerung, 305
Stichprobe, 395
 geschichtete, 199, 201
 Klumpenstichprobe, 199
Stichprobendegression, 197
Stichprobenmittel
 erwartetes, 386
 Varianz, 393
 Varianz des, 387
Stichprobenrealisation, 388
Stichprobentheorie, homograde, 394
Stichprobenumfang, 399, 402, 406, 413
Stillhalte-Treuhand, 326
Stimmrechtspool, 315
Strohmann, 317
Strukturplanung, 216
Stufengesetz der Buchprüfung, 170, 213, 221, 227
Stundenplan, 218
Summenprüfung, systematische, 232
Symmetrieeigenschaft, 383
Systemprüfung, 229
Systems method, 166

Tätigkeitsbericht, 136
Tätigkeitskreise, 168
Teamprinzip
siehe Zuordnung von Prüfern
Teilabstimmung, 233
Teilobjekt, 215
Teilprüfung, 206
Terminplanung, 217
Terminzuordnung, 215
Testamentsvollstreckung, 319
Testverfahren, 204
Testverteilung, 371
Transaction audit, 165, 166
Transportmodell, 212
Transportproblem, 209, 212
Treugeber, 316
Treuhand, 316
  Doppeltreuhand, 317
  eigennützig, 317
  einseitig, 317
  mehrseitig, 317
  offene, 317
  uneigennützig, 317
  verdeckte, 317
Treuhand-Arbiter, 334
Treuhandbuchführung, 318
Treuhänder, 316
Treuhandfunktion, 314
  Schutzfunktion, 315
  Sicherungsfunktion, 315
  Umgehungsfunktion, 315
  Verbergungsfunktion, 315
  Vereinfachungsfunktion, 314
Treuhandgesellschaften, 5
Treuhandgut, 316
Treuhandhypothek, 331
Treuhandlehre, 17
Treuhandtätigkeit, 5, 6, 133, 138, 300, 307, 314, 316
  Belegsammlung, 139
  Bestandsverzeichnis, 134, 138
  Rechenschaft, 133
  Rechnungslegung, 145
  Schlußbestandsverzeichnis, 139
  Schriftwechselsammlung, 139
  Treuhandbuchführung, 140
  Treuhandkreis, 139
Treuhandvergleich, 326
Treuhandverhältnis, 318
  gesetzlich, 318, 319
  öffentlich, 318
  Rechnungslegung, 318
  rechtsgeschäftlich, 318
Treuhandvermögen, 316
Treuhandwesen, 5, 316
Treuhandzweck, 314
Trustees, 5
Turnusprüfung, 206

Überraschungsaffinität, 170
Überwachungsprozeß, 248
Umwelt-Audit, 296
Umweltgutachter, 296
Ungarn-Methode, 210
Universalsukzession, 320

Unparteilichkeit, 312
Unternehmensform, 105
Unternehmensgröße, 115
Urnenmodell, 179, 180, 186
Urteil
  Alternativurteil, 242
  formfreies, 242
  formgebundenes, 242
  Gradurteil, 242
  Quantitätsurteil, 242
Urteilsbildungsprozeß, 241
Urteilsmitteilungsprozeß, 241

Variable, 339
  dichotome, 339
Varianz, 366
  des Stichprobenanteilswertes, 395
  diskreter Zufallsvariablen, 368
  einer Stichprobe, 370
  Rechenregeln, 369
  stetiger Zufallsvariablen, 369
Variationskoeffizient, 366, 367, 368
Varying-Interval-Sampling, 194
vBP, 4
Vergleich, 324
Vergleichsbilanz, 326
Vergleichsprozeß, 234, 235
Vergleichsstatus, 326
Vergleichsverfahren, 324
Verhältnisschätzung, 200
Verkehrshypothek, 331
Veröffentlichungen, 66
Verpfändung, 327
Verprobung, 232, 234
Verschwiegenheitspflicht, in WPG, 32
Versorgungswerk, 94
Verteilung, 204
Verteilungsfunktion, 356
Verteilungshypothese, 179
Vertrauenswürdigkeit, 35
Vogelsche Approximationsmethode, 211
Vollständigkeitsprüfung, 236
Vorbehaltsprüfung, 6

Wahrscheinlichkeit
  a posteriori, 354
  a priori, 354
Wahrscheinlichkeitkoeffizient
  sequentieller, 416
Wahrscheinlichkeitsfunktion, 354
Werthonorar, 61
Wesensgleichheit, 173
Widerruf der Bestellung, 255
Wiederholungsprüfung, 214
WP, 5
WPG
  Anerkennung, 28
  Beteiligungsverhältnisse, 30
  Haftungsbasis, 30
  Rechtsformen, 29, 31
  Verantwortliche Leitung, 29
WPK, 23, 37, 86
  Arbeitsgemeinschaft, 86
  Aufgaben, 87
  Berufsausbildung, 89

Beurlaubung, 88
Interessenvertretung, 89
organisatorischer Aufbau, 90
Wurzelstichprobe, 237

Zedent, 329
Zeiterfassungsgeräte, 138
Zeithonorar, 61
Zeitplan
  Einzelplan, 223, 225
  Grobplan, 223, 224
  Planungs-Board, 224
Zeitplanung, 213, 219, 220, 222
Zentraler Grenzwertsatz, 186
Zession, revolvierende, 330
Zessionar, 329
Zessionsvertrag, 329
Zufallsauswahl, 172, 176, 178
  echte, 176
  einfache, 180

eingeschränkte, 187
größenproportionale, 187, 191
normale, 192
unechte, 177
Zufallsexperiment, 179, 339
Zufallsstichprobe, 176
Zufallsvariable, 339
  diskrete, 353
  gleichmäßig verteilte, 360
  normalverteilte, 360
  stetige, 358
Zufallszahlentabellen, 176
Zulassungsverfahren, 24
  fachliche Voraussetzungen, 27, 33
  Prüfung, 25, 27, 34
Zuordnung von Prüfern, 124
  Referentenprinzip, 125
  Spezialistenprinzip, 124
  Teamprinzip, 124
Zuordnungsproblem, 208
  lineares, 209, 210

Weitere Werke des Autors:

Buchner, Grundzüge der Finanzanalyse
Von Prof. Dr. Robert Buchner. 1981. XI, 426 Seiten. Gebunden
DM 64,-. ISBN 3-8006-0885-5
(Vahlens Handbücher der Wirtschafts- u. Sozialwissenschaften)
Dieses Handbuch gibt einen systematischen Überblick über die Hauptarbeitsgebiete der modernen Finanzanalyse und die dabei angewandten analytischen Verfahren: Finanzwirtschaftliche Rechentechniken, Bilanzanalyse, Gewinnschwellenanalyse (Break-Even-Analyse), Liquiditätsanalyse, Kreditwürdigkeitsanalyse, Wertpapier- (Aktien-)Analyse, Unternehmenswertanalyse.
Das Buch wendet sich an Studierende der Betriebswirtschaftslehre sowie an interessierte Praktiker - insbesondere der beratenden und prüfenden Berufe.

Buchner, Finanzwirtschaftliche Statistik und Kennzahlenrechnung
Von Prof. Dr. Robert Buchner. 1985. X, 430 Seiten. Gebunden
DM 72,-. ISBN 3-8006-1082-5
(Vahlens Handbücher der Wirtschafts- u. Sozialwissenschaften)
Im ersten Teil dieses umfassenden Lehr- und Nachschlagewerkes werden die finanzwirtschaftlichen Einzelkennzahlen und Kennzahlensysteme dargestellt. Der zweite Teil behandelt die mathematisch-statistischen Verfahren der finanzanalytischen Kennzahlenbildung und -auswertung. Gegenstand des dritten Hauptteils schließlich sind die Probleme der finanzanalytischen Datenbeschaffung und -darstellung.

Buchner, Buchführung und Jahresabschluß
Von Prof. Dr. Robert Buchner. 5. verbesserte und erweiterte Auflage. 1996. Kartoniert
Zielsetzung dieses Lehrbuches ist es, das Grundwissen der Buchführung und des Jahresabschlusses verständlich und mit praktischem Bezug darzustellen. Hierbei wird das didaktische Konzept verfolgt, neben der Erörterung der Buchführungstechnik Kenntnisse für die wissenschaftliche Durchdringung der Probleme des Jahresabschlusses zu vermitteln.
Das Buch wendet sich an Studierende sowie an interessierte Praktiker - insbesondere der beratenden und prüfenden Berufe.

Verlag Franz Vahlen München

Buchner, Rechnungslegung und Prüfung der Kapitalgesellschaft
Von Prof. Dr. Robert Buchner. 3., neubearbeitete und erweiterte Auflage, Stuttgart, Jena, 1996. XVIII, 587 Seiten. Kartoniert
Grundwissen der Ökonometrie - BWL

Inhalt: Rahmenbedingungen der externen Rechnungslegungsprüfung: Beziehungen zwischen externen Prüfern und geprüfter Unternehmung - Die Normen der externen Rechnungslegungsprüfung - Die Organisation der externen Rechnungslegungsprüfung - **Die Rechnungslegungsprüfung der prüfungspflichtigen Kapitalgesellschaft:** Die Rechnungslegungsnormen der prüfungspflichtigen Kapitalgesellschaft - Die Prüfung der Rechnungslegung der prüfungspflichtigen Kapitalgesellschaft - **Die besondere Rechnungslegungsprüfung der abhängigen Kapitalgesellschaft:** Die Rechnungslegungsnormen des Abhängigkeitsberichts - Die Prüfung des Abhängigkeitsberichts - **Die Rechnungslegungsprüfung des prüfungspflichtigen Konzerns:** Die Rechnungslegungsnormen des prüfungspflichtigen Konzerns - Die Prüfung der Konzernrechnungslegung

Mit diesem Lehrbuch legt der Autor eine problemorientierte Einführung in die Bereiche "Externe Rechnungslegung" und "Rechnungslegungsprüfung der Kapitalgesellschaft" vor. Neben einer umfassenden Darstellung und Interpretation der handels- und aktienrechtlichen Rechnungslegungsvorschriften des Einzelabschlusses, des konsolidierten Abschlusses und des Abhängigkeitsberichts sowie der handelsrechtlichen Prüfungsvorschriften vermittelt der Band Kenntnisse der Prüfungstechnik und erläutert die spezifischen Prüfungsprobleme der verschiedenen Rechnungslegungsinstrumente.

Damit dient das Taschenbuch nicht nur Studenten der Betriebswirtschaftslehre, sondern auch Wirtschaftsprüfern, Buchprüfern, Steuerberatern, Fachanwälten und deren Mitarbeitern während der Ausbildung als Hilfe zur Examensvorbereitung und im Beruf als übersichtliches Nachschlagewerk.

Lucius et Lucius Verlag Stuttgart